Reconstruire l'Église après la Révolution

HISTOIRE RELIGIEUSE DE LA FRANCE

10

THIERRY BLOT

RECONSTRUIRE L'ÉGLISE
APRÈS LA RÉVOLUTION

THIERRY BLOT

RECONSTRUIRE L'ÉGLISE APRÈS LA RÉVOLUTION

Le diocèse de Bayeux sous l'épiscopat
de Mgr Charles Brault
(1802-1823)

Préface de Maurice Quenet,
recteur de l'académie de Créteil

Ouvrage publié avec le concours du ministère de la Culture
(direction des Archives de France)

Histoire religieuse de la France

LES ÉDITIONS DU CERF
PARIS
1997

Tous droits réservés. La loi du 11 mars 1957 interdit les copies ou reproductions destinées à une utilisation collective. Toute représentation ou reproduction intégrale ou partielle faite par quelque procédé que ce soit, sans le consentement de l'auteur et de l'éditeur, est illicite et constitue une contrefaçon sanctionnée par les articles 425 et suivants du Code pénal.

© *Les Éditions du Cerf*, 1997
(29, boulevard Latour-Maubourg
75340 Paris Cedex 07)

ISBN 2-204-05466-6
ISSN 1248-6396

PRÉFACE

Entre le moment où Thierry Blot, alors étudiant de diplôme d'études supérieures d'histoire du droit, choisit un sujet de thèse et la publication de cette même thèse dans une collection savante et prestigieuse, bien des années se sont écoulées. Bien des changements se sont produits dans le statut de l'auteur. Thierry Blot a, en effet, poursuivi, en parallèle à ses recherches, d'autres études de théologie et de droit canonique à l'université pontificale Saint-Thomas-d'Aquin de Rome, études qui l'ont conduit à l'obtention des grades, mais surtout, ce qui était sa vocation, à la réception des ordres. C'est donc, aujourd'hui, la thèse d'un jeune prêtre, curé de paroisses rurales, qui est publiée.

Il est particulièrement agréable au signataire de ces lignes de souligner l'originalité de ce double cursus et de rendre à M. l'abbé Thierry Blot, qui maintient l'heureuse tradition du clergé savant dans les sciences profanes, l'hommage qu'il mérite. Cette vocation ecclésiastique, sans doute présente in pectore, *était tout à fait ignorée du directeur de thèse au moment du choix du sujet. Simplement le jeune « doctorant », du régime assez libéral des thèses d'État, avait choisi sans hésitation, parmi plusieurs sujets, celui qui portait sur les relations entre l'Église et l'État dans le diocèse de Bayeux à partir du concordat de 1801. Il plaçait dans ce choix une grande conviction qui lui permit de mener à bien cette recherche en dépit des autres activités et études qui le retenaient, et de parvenir à une brillante soutenance en avril 1989. Ce sujet, reposant d'abord sur le dépouillement d'archives départementales et diocésaines, se prêtait cependant mal à l'éloignement géographique qu'imposaient les séjours au séminaire de Paray-le-Monial ou à l'université de Rome. Une bienveillante sollicitude de la part de ses supérieurs ecclésiastiques a très certainement facilité une tâche qui leur doit beaucoup. Néanmoins la conclusion de ce travail est d'abord le résultat d'une volonté opiniâtre, au service de nombreuses autres qualités qui sont l'attention critique aux sources, la maîtrise de la bibliographie, la prise en compte des conseils et une grande humilité devant les résultats. De la recherche à la publication cette ténacité n'a jamais été prise en défaut.*

Le sujet choisi, il est vrai, méritait que l'on s'y arrête. Depuis une trentaine d'années, l'histoire religieuse s'est profondément renouvelée, en particulier grâce à la longue et belle série des thèses de lettres portant sur l'histoire des diocèses au XIXe siècle. Nous connaissons beaucoup mieux la pratique religieuse, la gestion des paroisses, l'établissement ou le rétablissement des congrégations, les vocations sacerdotales ou religieuses, les manifestations de la piété des fidèles, la trame générale des relations entre l'Église et l'État et aussi la personnalité des évêques, loyaux certes envers les pouvoirs en place, mais moins serviles que le langage fleuri et les émotions élégiaques du premier XIXe siècle ne pourraient le laisser penser. Nous connaissons ces questions beaucoup mieux aujourd'hui qu'au moment où le sujet de cet ouvrage fut retenu comme sujet de thèse, ce qui ne signifie pas, bien au contraire, que l'intérêt en soit dépassé car ce sujet est original à plusieurs titres.

Historien et juriste, l'auteur s'est fort inspiré des méthodes des facultés de droit, lesquelles cultivent un intérêt particulier pour l'État. En dépit de la banalité du rappel, il est bon de se souvenir qu'au XIXe siècle l'État atteint l'un des sommets de l'activité normative. Certes, par rapport à la fin du XXe siècle, bien des domaines échappent à sa vigilance. En revanche, ce qui est de sa compétence est, en général, efficacement géré. Or, à cette époque, la question des cultes est au cœur des préoccupations étatiques. Tout comme le mariage, la relation entre l'Église et l'État paraît indissoluble, en dépit, dans l'un et l'autre cas, de l'exception révolutionnaire. Tout comme dans un mariage, cette relation institutionnelle dissimule mal les querelles et n'empêche pas les conflits. «Concordats orageux», disait le doyen Le Bras. Il est donc particulièrement intéressant d'associer sur ce sujet le regard du juriste et la perspective de l'historien, avec la rigueur qu'impose la science et la sérénité qu'accorde la distance. Quel moment est plus propice à l'observation que la reprise des relations, c'est-à-dire le concordat de 1801 ?

L'administration préfectorale, l'Église concordataire et les Codes sont les trois grands legs du premier Empire au XIXe siècle, pour les citer par ordre d'apparition. Au moment où les institutions reprennent leur cours régulier, le dialogue entre le préfet impérial et l'évêque concordataire constitue un face-à-face particulièrement intéressant à observer. Intéressant et inédit, car les relations entre les évêques d'Ancien Régime et les intendants se situaient dans un contexte sensiblement différent.

Dans l'exemple étudié, et c'est un autre motif d'intérêt, le diocèse, celui de Bayeux, et le département, celui du Calvados, se confondent, situation qui n'est pas générale, loin s'en faut, à l'époque. Le département du Calvados, en tant que département, est déjà riche d'une histoire plutôt agitée. Cette terre est, en effet, en situation de quasi insurrection depuis 1793 à partir du mouvement fédéraliste et la chouannerie y domine les campagnes jusqu'à l'exécution du marquis de Frotté en 1800. Il s'agit donc d'un excellent terrain d'observation pour mesurer l'efficacité des « reconstructions » de la période consulaire et impériale. Par chance, le premier évêque, Charles Brault (1802-1823), bénéficie d'une grande longévité et il a en face de lui un préfet, Charles Caffarelli (1801-1810), notablement stable. Si l'épiscopat du premier fournit un excellent cadre chronologique à l'ouvrage, le face-à-face entre les deux lui fournit une grande partie de son intérêt.

Il s'agit, en effet, de deux fortes personnalités. Le premier, c'està-dire l'évêque Brault, est né à Poitiers en 1752 dans la famille d'un procureur au présidial. Il a accompli une belle carrière ecclésiastique. Chanoine de Sainte-Radegonde, grand vicaire de Mgr de Saint-Aulaire, telles sont ses charges et dignités en 1789. Belle carrière, certes, à trente-sept ans, mais carrière achevée. L'épiscopat lui est, en effet, fermé comme à son confrère Sieyès. Le grand vicaire Brault ne suivra pas, cependant, la même voie. Il refusera le serment et émigrera discrètement en Suisse puis en Italie, où il survivra en devenant précepteur d'enfants de nobles familles. La progression des années de la Révolution le contraindra à glisser de plus en plus vers le sud jusqu'en Sicile. En dépit de la double émigration du chanoine Charles Brault et de son frère Mathurin, prêtre lui aussi, la famille n'est pas véritablement engagée dans la Contre-Révolution. Un troisième frère, Louis, avocat à Poitiers, devient président du tribunal criminel de la Vienne en 1793, avant d'être élu député aux Anciens, puis au Corps législatif. C'est donc plus par l'effet d'une cabale que pour l'expression de la vérité, que des manifestants crient « les Chouans, les Vendéens », lors de l'installation de l'évêque concordataire de Bayeux le 27 juin 1802.

Le second acteur de notre pièce concordataire, le préfet Caffarelli, né en 1758, est lui aussi prêtre et également chanoine en 1789, chanoine de la cathédrale de Toul, bien loin de son Languedoc natal. Là s'arrête cependant la ressemblance avec l'évêque, car le préfet est issu d'une famille qui présente une autre surface sociale. Les nombreux frères Caffarelli, nobles et engagés dans les ordres ou sous les armes avant la Révolution, auraient peut-être accédé à quelques grands emplois. Seraient-ils parvenus, tous, à l'extraordinaire niveau de réussite sociale que leur assura la faveur de Bonaparte ? Laissons de côté l'aîné des frères, Maximilien, né en 1756, général de brigade, tué devant Saint-Jean-d'Acre en 1799. C'est sans doute au plus jeune des frères que la famille doit sa singulière distinction. Auguste Caffarelli, né en 1766, ancien sous-lieutenant en Piémont, est, en effet, choisi par le Premier consul, après le 18 Brumaire, pour être son aide de camp et le colonel de la garde consulaire. Cette mission de confiance le mènera loin, jusqu'au portefeuille de ministre de la Guerre du royaume d'Italie, et son ascension entraînera toute la famille. Charles, né en 1758, notre ancien chanoine, sera préfet de l'Ardèche dès l'installation des préfets; Joseph, né en 1760, ancien lieutenant de vaisseau de la Marine royale, sera conseiller d'État, de la première promotion lui aussi, et préfet maritime de Brest en l'an VIII; Jean, né en 1763, prêtre réfractaire à Toulouse, sera nommé évêque de Saint-Brieuc, toujours dans la première promotion des évêques concordataires. Ainsi, dès le début du Consulat, la famille Caffarelli est solidement installée dans les commandements militaires, les hautes responsabilités administratives et les dignités ecclésiastiques. C'est peut-être cette assurance de la confiance du Maître qui explique la relative indépendance dont fait preuve le préfet du Calvados face à Portalis et même à Fouché.

Le préfet du Calvados et l'évêque de Bayeux sont donc dans une situation assez différente. Ils s'entendront, cependant, fort bien, car ils sont de la même génération, possédant la même culture et le même goût du travail, et conservent, l'un et l'autre, au milieu des honneurs, un train de vie modeste. Cette relation connaîtra d'ailleurs une issue assez inattendue et fort édifiante. Devenu archevêque d'Albi en 1823, Mgr Brault saura ramener son ami Caffarelli dans le giron de l'Église et conduira ainsi l'ancien préfet à achever sa carrière comme il l'avait commencée, en qualité de chanoine d'Albi. L'itinéraire de ce parfait représentant des «élites de Brumaire» est donc assez original, en un temps, il est vrai, où les péripéties ne manquent pas. Mais la rencontre d'un ministère épiscopal et d'une action préfectorale, aussi notoires soient-ils, ne constitue que l'un des points forts de l'ouvrage de l'abbé Blot.

Toute la reconstruction concordataire est présente de manière exemplaire et quasi exhaustive, selon un plan à la fois historique et thématique. Tous les aspects en sont passés en revue, depuis les plus quotidiens, ceux de la gestion des paroisses, jusqu'aux plus complexes, et plus particulièrement la fusion des deux clergés, le constitutionnel et le réfractaire. De cet examen il ressort que les bases du XIXe siècle catholique sont véritablement posées dès le premier Empire, en particulier l'installation des séminaires, la création des écoles, l'établissement des congrégations. Certes, la longévité de Mgr Brault lui permettra d'exploiter les conséquences de la politique plus favorable de la Restauration et ainsi de parachever son œuvre. En vingt ans, tout est acquis. Ce résultat est, certes, à porter au crédit de l'évêque, mais également, dans la première période, la plus difficile, au concours du préfet. Le Calvados semble avoir eu, par moment, deux «préfets violets».

L'ouvrage qui nous est présenté dépasse cependant, par les conclusions générales que l'on peut en tirer, le cadre restreint d'une monographie diocésaine. Il établit très clairement la rapidité avec laquelle la France a pu sortir des troubles de la Révolution et des convulsions des guerres civiles. Certes, chacun le sait, la Terreur n'a pas duré très longtemps. Cependant, en constatant la rapidité du rétablissement des institutions ecclésiastiques et la solidité d'une œuvre qui produira ses effets pendant près de cent cinquante ans, bien des interrogations se posent : sur l'état réel du catholicisme en 1789 d'abord, sans doute bien meilleur qu'on ne l'a cru ou dit pour des raisons pas toutes désintéressées, et plus généralement sur ce que l'on pourrait appeler l'état de la France à la fin de l'Ancien Régime.

En effet, en dépit de la grande rupture des échanges internationaux liés au commerce atlantique, malgré le poids fiscal et humain des guerres impériales, un certain équilibre est rapidement retrouvé. Sans doute la démographie, l'état de la société et la volonté des hommes y concouraient. Sans doute, également, la France de 1789 était assez riche, puissante et organisée pour accomplir la Révolution, en accepter les réformes, en engranger les bénéfices et en supporter les convulsions, sans y trouver sa perte ni même un déclin durable. On ne reconstruit, l'ouvrage de M. l'abbé Blot nous le montre, que sur un terrain solide.

MAURICE QUENET
professeur à l'université Paris-II,
recteur de l'académie de Créteil.

*À mes parents.
Aux paroissiens et aux prêtres
de Saint-Étienne de Caen.*

AVANT-PROPOS

L'attachement que je porte au diocèse de Bayeux et Lisieux, terre de sainteté[1], qui est celui de mes ancêtres, m'a incité à mener à son terme cette étude avec l'aide bienveillante et continue de M. Quenet, ancien professeur à la faculté de droit de Caen, et aujourd'hui recteur de l'académie de Nantes. Il m'était réservé de découvrir peu à peu la figure d'un prélat doté d'une personnalité tout à fait étonnante; chez Mgr Brault, la dignité du prince de l'Église s'allie parfaitement au dévouement sans limite qu'il porte à la mission que lui ont confiée le souverain pontife et le gouvernement français : établir sur des bases solides le nouveau régime concordataire qui doit rendre à l'Église catholique les moyens de sa mission évangélisatrice dans une société minée par le rationalisme des Lumières. L'œuvre de cet évêque, aidé par des collaborateurs de premier ordre et encouragé par des préfets conscients de l'importance du Concordat, ressemble aux fondations d'un nouvel édifice dont la pierre angulaire porterait le nom de : renouveau. La finesse de son jugement, liée à une opiniâtreté digne de celle d'un Normand, malgré ses origines poitevines, lui ont permis de surmonter maintes épreuves liées au contexte politique mouvementé de cette période, qui commence sous le Consulat et s'achève à la fin du règne de Louis XVIII. Ce travailleur acharné, dont le train de vie fruste n'entachait nullement l'apparat auquel il devait consentir dans l'exercice de

---

1. Ce diocèse est une terre de sainteté : il me plaît de citer saint Exupère, premier évêque de Bayeux, saint Jean Eudes, l'apôtre du Sacré-Cœur et du Cœur immaculé de Marie, le Bx Jean Hébert, martyr de la Révolution, massacré aux Carmes, sainte Thérèse de l'Enfant-Jésus et de la Sainte-Face, patronne secondaire de la France et patronne des missions, saint Pierre Maubant, mort martyr en Corée et canonisé en 1981 par Sa Sainteté Jean-Paul II, enfin, le Bx Pierre-François Jamet, second fondateur du Bon-Sauveur de Caen, que cette thèse évoque longuement puisqu'il était contemporain de Mgr Brault. J'ai eu la grâce d'assister à la cérémonie de sa béatification le 10 mai 1987 sur la place Saint-Pierre, à Rome.

ses fonctions épiscopales, n'eut d'autre ambition que de servir l'Église *Ad majorem Dei gloriam*. L'épiscopat de Mgr Brault demeure donc, pour l'historien du droit, un modèle de restauration réussie.

Je m'efforce d'apporter ici mon humble pierre à l'étude du concordat de 1801 en vue d'une nouvelle synthèse qui sera réalisée à l'échelle du diocèse de Bayeux et Lisieux, de la province de Normandie et de la France entière.

Il me reste un agréable devoir à accomplir, celui d'exprimer ma reconnaissance à tous ceux qui m'ont aidé : M. Quenet, qui a bien voulu me guider et patronner cette thèse devant la faculté de droit de Caen; M. Imbert, membre de l'Institut, président de l'université Paris-II-Panthéon, qui m'a fait profiter de sa vaste érudition en tant qu'historien du droit; M. le chanoine Guiot, doyen du chapitre de la cathédrale de Bayeux, qui m'a permis d'accéder aux archives diocésaines; la Révérende Mère supérieure et Sœur Frégères de l'Institut du Bon-Sauveur d'Albi, ainsi que M. le marquis d'Aragon, pour la communication de quelques pièces sur l'épiscopat de Mgr Brault à Albi; Mme de Vigan, née Sabine Brault, pour l'envoi de documents concernant la famille Brault; M. le supérieur du séminaire de Paray-le-Monial, Mgr Bagnard, aujourd'hui évêque de Belley-Ars, et le conseil du séminaire, en particulier le Révérend Père Macé, s.j.m., professeur d'histoire de l'Église, pour les facultés qu'ils m'ont accordées afin de poursuivre cette thèse durant mes années de séminaire; M. le supérieur des Rogationistes du Cœur de Jésus, le Révérend Père Ciranni, ainsi que la communauté de l'institut théologique de Grottaferrata, près de Rome, en particulier le Père Francesco Bruno, pour leur bienveillant accueil et leur soutien fraternel pendant la rédaction de cette thèse qui correspondait à mes études de droit canonique à l'université pontificale Saint-Thomas-d'Aquin; ma famille, en particulier mes parents et ma sœur Florence, pour leur participation au moment de la correction du manuscrit, ainsi que leurs encouragements affectueux.

Grottaferrata (Rome), 29 juin 1988,
en la fête des saints Pierre et Paul, apôtres.

CPL. 1182. Carte du Calvados. /Librairie Abel Plon & Cie. A. Le Vasseur gendre et successeur. Editeur, rue de Fleurus, 33, Paris. – Carte imprimée, en couleur. – 10 lieues communes de France : 9,85 cm; 29,4 x 29,7 cm, sur feuille 35,5 x 39,5 cm (XIXe siècle.) Archives départementales du Calvados.

Mgr Brault [1802 jusqu'en 1809],
créé baron de l'Empire par lettres patentes du 18 mars 1809.

D'azur, au C et B entrelacés d'or.

[DEPUIS 1809 JUSQU'EN 1823.]

Coupé, le 1er parti d'argent, à l'Agneau pascal d'azur et de gueules à la croix alaisée d'or ; le 2e de pourpre à la couleuvre d'or, accostée à dextre et à senestre d'une colombe volant de même.

ARMES ET SCEAU DU CHAPITRE DE BAYEUX.

Il ne faut pas confondre les *armes* avec le *sceau* du chapitre. Les armes ont été décrites comme il suit dans les *manuscrits* de l'abbé Beziers. Elles consistaient en une aigle d'or à deux têtes, placée sur un fond de gueules. Deux branches de palmier – de sinople – croisées en sautoir par le bas, accompagnaient l'écu. – Il existe à la cathédrale un sceau en argent, de cinq centimètres de diamètre, qui, au XVe siècle, était à l'usage du chapitre de Bayeux. La Vierge y est assise; elle tient sur ses genoux l'Enfant Jésus. Deux anges sont représentés à droite et à gauche dans les ciselures. – Pendant la vacance du siège, le sceau employé par le chapitre est toujours à l'image de Notre-Dame.

Abréviations utilisées

A. N.   Archives nationales.
A. D.   archives départementales du Calvados.
A. E.   archives diocésaines ou épiscopales de Bayeux.
s. d.   sans date.

PROLOGUE

1. Le Calvados au XIXe siècle.

Sous l'Ancien Régime, la Normandie était partagée entre les trois généralités de Rouen, de Caen et d'Alençon. On forma le Calvados en arrachant à la généralité de Rouen le pays de la Touques, à celle d'Alençon la plaine de Falaise, mais il fallut abandonner les régions de Granville, Coutances et Cherbourg, qui formèrent un autre département, la Manche. Ce nom, Calvados, déchaîna l'enthousiasme des officiers municipaux de Bayeux : «Bravo! Notre département porte donc un beau nom! Vous avez fait comme les dieux, ils firent sortir Vénus du sein des eaux et c'est sous les eaux que vous avez puisé le titre, le superbe titre de notre département.» Ce nom fut, en effet, emprunté à des rochers situés dans la Manche, à peu de distance de la côte entre les embouchures de la Seulles et de la Vire.

La partie occidentale du département se rattache au massif armoricain. La mer borde le Calvados au nord : tout d'abord, depuis Honfleur jusqu'à la Dives, de hautes falaises dominent la côte, sauf dans la vallée de la Touques; puis, de la Dives jusqu'à la Seulles, le rivage est couvert de dunes de sable, qui cèdent la place de nouveau aux falaises entre l'embouchure de la Seulles, et celle de la Vire. Ce département, qui comprend depuis l'arrêté du 6 brumaire an X (28 octobre 1801), cinq arrondissements et trente-sept cantons [1], est un pays fertile et bien cultivé. Sur 570 427 hectares, le Calvados compte 36 988 hectares de forêts. Ses cours d'eau sont la Vire, grossie de l'Aure, la Seulles, l'Orne, qui a pour affluents le Noireau, le Laize et l'Odon, la Dives dans laquelle se jettent la Vie et le

---

1. *Arrondissement de Caen* : neuf cantons : Bourguébus, Caen-est, Caen-ouest, Creully, Douvres, Évrecy, Tilly-sur-Seulles, Troarn, Villers-Bocage. – *Arrondissement de Bayeux* : six cantons : Balleroy, Bayeux, Caumont, Isigny, Ryes, Trévières. – *Arrondissement de Falaise* : cinq cantons : Bretteville-sur-Laize, Falaise-nord, Falaise-sud, Morteaux-Coulibœuf, Thury-Harcourt. – *Arrondissement de Lisieux* : six cantons : Lisieux (1re section), Lisieux (2e section), Livarot, Mézidon, Orbec, Saint-Pierre-sur-Dives. – *Arrondissement de Pont-l'Évêque* : cinq cantons : Blangy, Cambremer, Dozulé, Honfleur, Pont-l'Évêque.

Laizon, enfin, la Touques, qui est accrue de l'Orbec. Les pays de plaine constituent l'arrondissement de Caen et une partie de ceux de Bayeux et de Falaise : sur ces sols calcaires mélangés d'un peu d'argile on cultive le blé, l'orge, l'avoine, le seigle et un peu de sarrasin. Le paysan se sert de la charrue à roue ; les herses à dent de fer et de bois et le rouleau sont en usage. La récolte du blé et du seigle se fait à la faucille ; celle de l'avoine et de l'orge à la faux. Le blé et les autres grains sont battus au fléau.

Le Bessin, autour de Bayeux, est un pays accidenté, boisé et assez vallonné. Dans la vallée de l'Aure, les pâturages couverts de nombreux arbres fruitiers sont excellents ; on y élève des bœufs venus de Bretagne ou du Poitou, et des vaches qui produisent le beurre de Trévières et d'Isigny.

Le Bocage correspond à l'arrondissement de Vire, avec une extension dans ceux de Bayeux et de Falaise. De nombreuses collines rompent la monotonie du paysage, surtout autour de Thury-Harcourt, où se trouve le point culminant du diocèse, le Mont-Pinçon (365 mètres). Son sol graveleux, mélangé d'une petite quantité d'argile, est peu fertile. On trouve beaucoup de prairies naturelles créées et entretenues par les eaux. Les récoltes sont médiocres : seigle, sarrasin, avoine, blé trémois et un peu de blé froment ; en revanche, l'élevage est très développé : bovins, porcs et volailles. Il reste qu'une grande partie du Bocage est couverte de landes et de terres infertiles.

Le pays d'Auge (arrondissements de Lisieux et de Pont-l'Évêque) est recouvert d'argile. Arrosées par la Dives et la Touques, ses terres sont très humides et fertiles. Ses pâturages sont excellents ; le paysan de cette région convertit le lait en fromages ; il élève aussi des moutons, des chevaux, de la volaille, et produit du bois, du cidre et de l'eau-de-vie. Près de Lisieux, on trouve quelques cultures sur le plateau du Lieuvin. À l'est de cette contrée, le pays d'Ouche, au sol couvert d'argile à silex, est un pays de forêts avec quelques cultures éparses.

Au début du XIXe siècle, le nombre des petites exploitations est important et les baux des fermiers sont brefs ; le système de la jachère disparaît progressivement, surtout aux environs des villes.

Le secteur industriel, dans le Calvados, est assez développé et comprend tout d'abord le textile, qui occupe la place la plus importante dans ce département : les manufactures de dentelle de fil, de soie noire et de soie blanche emploient beaucoup d'ouvriers, surtout les filles dès l'âge de dix ans, à Bayeux, Caen, Honfleur et Falaise. Leurs produits sont vendus dans toute la France et exportés vers la Grande-Bretagne et vers l'Espagne. Le prix de la dentelle a chuté et les ouvrières, classe la plus pauvre des faubourgs urbains, vivent dans la misère. On trouve aussi à Lisieux des manufactures de toile unie de lin ou de chanvre, d'étoupes de lin et de chanvre : les toiles «cretonnes» (de Creton, fabricant de cette ville), qui sont exportées vers l'Amérique par le port de Honfleur. Des entreprises semblables existent à Bayeux, Caen et Falaise. On fabrique aussi des toiles ouvrées pour nappes et serviettes à Bayeux, Vire et Caen (entreprise Graindorge). Des filatures de coton sont installées à Falaise et emploient beaucoup de monde dans cet arrondissement. Toutefois, le commerce a diminué avec l'apparition des machines à filer Jenny, dont le nombre augmente à Condé et à Caen. Il faut aussi mentionner une manufacture de draps à Vire, une manufacture de frocs, flanelles et molletons à Lisieux et une de bonneterie à Caen.

Hormis le textile, l'activité industrielle dans le Calvados est peu importante. On note ainsi : à Caen, des fabriques de limes et de poteries en argile ou en grès, des manufactures de porcelaine et de tabac, des papeteries ; à Falaise, une coutellerie, qui, vers 1800, est en train de disparaître ; à Lisieux, des teintureries et une papeterie ; à Vire, une manufacture de cordes à carder et une papeterie ; à Honfleur, une fabrique de sulfate de fer... Le pays d'Auge possède de nombreuses tuileries et briqueteries. On extrait le sel blanc et gris à Touques et à Isigny. On trouve aussi des moulins à huile près de Caen et de Falaise, des moulins à foulon près de Vire et de Lisieux. Enfin, il faut noter le nombre considérable de bouilleries d'eau-de-vie qui sont surtout établies dans le pays d'Auge et le Bocage.

Les ports les plus importants sont ceux de Honfleur et de Trouville pour la pêche, de Caen, Colleville, Courseulles et Isigny.

La population recensée en 1800 s'élève à 457 114 habitants ; le Calvados se situe donc au troisième rang par rapport aux autres départements normands qui comptent, à cette époque, 610 000 habitants en Seine-Inférieure, 531 000 dans la Manche, 403 000 habitants dans l'Eure, et 396 000 habitants dans l'Orne, soit un total d'environ 2 400 000 habitants pour toute la Normandie, ce qui représente 8,5 % de la population de la France.

Le mouvement de la population dans le Calvados est légèrement excédentaire. En l'an XII (1804), le nombre de naissances est de 11 452, dont 5 550 garçons, 5 043 filles, 464 enfants naturels et 395 enfants abandonnés. Le nombre de décès s'élève à 11 480. On compte 3 040 mariages et 11 divorces. La population du Calvados diminue depuis sa création en 1789 : elle est de 486 540 en 1793 et de 476 149 habitants en 1797. Toutefois, elle commence à croître à partir de 1800, si bien qu'en 1820, elle aura presque retrouvé le niveau de 1793 avec 485 251 habitants. La population de Caen a, elle aussi, baissé entre 1790 et 1800, passant de 38 000 habitants en 1790 à 35 000 habitants en 1793 et à 32 500 en 1800. En 1820, elle s'élève à 36 644. En 1820, la population des autres villes est de 10 403 habitants à Lisieux, 10 280 habitants à Bayeux, 9 912 habitants à Falaise, 9 631 habitants à Honfleur, 8 381 habitants à Vire, 5 436 habitants à Condé-sur-Noireau, 3 135 habitants à Vassy et 2 092 habitants à Pont-l'Évêque.

2. *Le diocèse de Bayeux.*

Le décret du 12 juillet 1790 ne laissa subsister que quatre-vingt-trois diocèses, soit un par département. Le diocèse de Bayeux, tel qu'il est constitué au début de la Révolution, correspond donc au département du Calvados. Son territoire, dont la superficie a presque doublé, a subi des transformations importantes. On peut distinguer deux grands ensembles : le territoire de l'ancien diocèse de Bayeux, dont les limites ont été modifiées, et une partie du territoire de l'ancien diocèse de Lisieux, qui comprend la région connue sous le nom de pays d'Auge[1].

L'ancien diocèse de Bayeux était borné, à l'est par la Dives, qui le séparait du diocèse de Lisieux et à l'ouest par la Vire, qui le séparait de celui de Coutances ; au sud, il touchait les diocèses d'Avranches, de Sées et du Mans. Il possédait, en outre dans le diocèse de Lisieux, une enclave de neuf paroisses, l'exemption de Cambremer, et une enclave de cinq paroisses dans celui de Coutances, l'exemption de Sainte-Mère-Église. En revanche, le diocèse de Lisieux possédait sur le territoire du diocèse de Bayeux l'abbaye de Mondaye, la cure de Nonant et trois paroisses : Ellon, Juaye et Verson ; l'abbaye de Fécamp possédait les paroisses Saint-Jean et Saint-Patrice d'Argences, Sainte-Paix près de Caen, Mondeville... Ces enclaves remontaient à des concessions réciproques des évêques de Normandie. L'évêque de Bayeux était le premier suffragant de la province de Rouen ; en l'absence du métropolitain, l'archevêque de Rouen, c'était donc lui qui présidait les assemblées ecclésiastiques. La justice ecclésiastique était rendue par deux officialités sises à Bayeux et à Caen, qui se partageaient les doyennés, mais les abbayes de Saint-Étienne et de la Trinité de Caen avaient leur propre officialité où se traitaient les affaires de leurs exemptions. Le revenu de l'évêché s'élevait à cent mille livres. Le temporel

---

1. Carte des anciens et nouveaux diocèses normands : voir annexe 1, p. 388.

était constitué par les baronnies de Saint-Vigor-le-Grand, Neuilly et Isigny, le Bois-d'Elle, la Ferrière-Harang, Douvres, le Plessis-Grimoult et Cambremer. Quoique ces terres eussent été érigées en haute justice par Louis XI en faveur de Mgr Louis d'Harcourt, l'évêque de Bayeux ne s'attribuait que le droit de basse et moyenne justice sur ses terres; sa juridiction temporelle était exercée par un sénéchal. Le diocèse comprenait trois chapitres : celui de la cathédrale de Bayeux était composé de douze dignitaires, du grand pénitencier et de quarante-neuf chanoines; le chapitre de la collégiale du Saint-Sépulcre à Caen, fondée en 1219 par Robert Des Ablèges, comprenait dix chanoines; enfin, le chapitre de la collégiale de Croissanville, érigée en 1352 par l'évêque Pierre de Vilaines, comprenait six chanoines. Le diocèse était divisé en 620 cures réparties en quatre archidiaconés : le Bocage[1], Caen[2], Hyesmes[3] et les Veys[4]. Enfin, le diocèse de Bayeux comptait douze abbayes d'hommes[5] et deux abbayes de femmes[6].

Le premier évêque de Bayeux porte le nom de Saint-Exupère (390-405). Jusqu'au IXe siècle, vingt-neuf évêques se sont succédé, dont treize sont honorés comme saints. À partir de Hugues II (1015-1049), quarante-huit évêques se sont succédé jusqu'au concordat de 1801 et l'entrée en fonction de Mgr Charles Brault (1802-1823)[7]. Il faut ajouter les trois évêques constitutionnels de l'époque de la Révolution : Claude Fauchet[8], élu en 1791 et mort en 1793, Julien Duchemin,

---

1. Comprenant les doyennés de Condé, Évrecy, Fontenay, Villers et Vire.
2. Comprenant les doyennés de Bayeux, Caen, Creully, Douvres et Maltot.
3. Comprenant les doyennés de Cinglais, Troarn et Vaucelles.
4. Comprenant les doyennés de Campigny, Couvains, Torigni et Trévières.
5. De l'Ordre des bénédictins : les abbayes de Cerisy, Saint-Étienne de Caen, Saint-Étienne de Fontenay, Notre-Dame de Longues et Saint-Martin de Troarn. De l'Ordre des cisterciens : les abbayes de Notre-Dame d'Aulnay-sur-Odon, Notre-Dame de Barbery, Notre-Dame de Torigni et Notre-Dame du Val-Richer. De l'Ordre des chanoines réguliers de Saint-Augustin : l'abbaye Notre-Dame du Val à Saint-Omer. De l'Ordre des prémontrés : les abbayes Notre-Dame d'Ardennes et Notre-Dame-de-Belle-Étoile à Cerisi-Belle-Étoile.
6. Il s'agit de l'abbaye aux Dames ou de la Trinité, à Caen, et de l'abbaye Saint-Laurent-du-Cordillon près de Lingèvres.
7. Le nom patronymique de l'évêque Charles Brault n'est généralement pas précédé d'un titre dans cette étude car il est considéré comme un personnage historique.
8. Né à Dornes (Nièvre), Claude Fauchet (1744-1793) fit de bonnes études. Il devient vicaire général et chanoine honoraire de Bourges. Prieur de Saint-Nicolas de Ploërmel, dans le diocèse de Saint-Malo, en 1782, ses talents d'orateur lui valurent d'être nommé prédicateur du roi. Il avait obtenu ces divers titres grâce à ses intrigues, car, après son ordination, il

mort peu après son entrée en fonction en 1799, enfin, Louis-Charles Bisson, évêque du Calvados depuis 1799.

Au XVIIIe siècle, le diocèse fut dirigé, de 1662 à 1715, par Mgr François de Nesmond, fondateur du séminaire, restaurateur de la discipline aussi bien chez les réguliers (réforme de Saint-Étienne de Caen) que chez les séculiers (statuts synodaux), fondateur d'un hôpital, organisateur de retraites spirituelles dans les campagnes et dans les villes... De 1719 à 1728, Mgr François de Lorraine-Armagnac marqua le diocèse par un jansénisme agressif puisqu'il osa même conférer les saints ordres à des candidats envoyés par l'Église d'Utrecht. Le dernier évêque de l'Ancien Régime fut Mgr Joseph-Dominique de Cheylus, né en Avignon en 1717, docteur de la faculté de Paris, chanoine de Lisieux en 1754, puis vicaire général de ce diocèse. Nommé évêque de Tréguier en 1761, puis transféré à Cahors en 1766, il arriva à Bayeux en 1776.

L'ancien diocèse de Lisieux, situé non loin de l'embouchure de la Seine, était arrosé par la Touques, qui traverse Lisieux, la Dives qui coule dans le pays d'Auge et séparait les diocèses de Lisieux, Bayeux et Sées, la Risle qui passe à Pont-Audemer et séparait ce diocèse de ceux de Sées, d'Évreux et de Rouen. L'évêque, suffragant de l'archevêque de Rouen, réunissait les deux pouvoirs : chef du chapitre, il était aussi comte et seigneur de Lisieux. Son comté était formé des sept baronnies de Nonant, dans le Bessin, Thiberville, Glos et Courtonne, Gacé, Touques, Canapville et Bonneville-la-Louvet. Le chapitre comptait neuf dignitaires et trente et un chanoines. Les 484 paroisses du diocèse étaient réparties en

---

avait été choisi comme précepteur des enfants du marquis de Choiseul et était entré ensuite à la communauté des prêtres de Saint-Roch de Paris où un scandale lui valut d'être interdit par l'archevêque pendant quelque temps. Il était libéral et, sa verve oratoire ayant déplu à la Cour, on lui retira le titre de prédicateur ordinaire du roi. Cette disgrâce l'encouragea à embrasser la Révolution. Il prit part à la prise de la Bastille, fut élu, le 18 avril 1791, évêque constitutionnel du Calvados, sacré par Gobel, évêque métropolitain de Paris, le 1er mai suivant, et arriva à Bayeux le 15. Il s'opposa à la municipalité de cette ville, qu'il trouvait trop modérée; il indisposa aussi les membres du district de Bayeux en présentant un projet de réforme agraire, fondée sur un partage des terres, et fut dénoncé au ministre de la Justice. Celui-ci retint l'accusation, ce qui obligea Fauchet à se cacher dans la ville de Caen; mais les électeurs de cette ville l'envoyèrent siéger à la Législative. Il se rangea d'abord parmi les plus intransigeants, puis, voyant le sang couler, il modéra ses opinions. Dans un mandement du 28 octobre 1792, il se prononça contre le mariage des prêtres et pour le maintien du culte catholique. Durant le procès de Louis XVI, il vota contre la mort du roi : girondin, il s'attira la haine des Montagnards. Le 31 mai 1793, les Girondins furent mis en accusation, et Fauchet fut exécuté, avec vingt et un autres députés le 31 octobre 1793.

quatre archidiaconés : le Lievin [1], l'Auge [2], Pont-Audemer [3] et Gacé [4]. Le diocèse de Lisieux comprenait aussi deux exemptions : celle de Nonant, près de Bayeux, et celle de Saint-Claude, dans le diocèse de Rouen. Enfin, il comptait la collégiale de Saint-Nicolas de Merlerault, six abbayes d'hommes [5] et deux abbayes de femmes [6].

On ignore les noms des premiers évêques de Lisieux, mais la tradition cite ceux de saint Ursin, saint Patrice et saint Candé. Le premier évêque connu est Thibaud, qui vécut vers 538-549. Cinquante-quatre évêques se sont succédé jusqu'en 1790, parmi lesquels le garde des sceaux de France, Guillaume du Vair (1618-1621), Philippe Cospéau (1635-1640), grand orateur, et les deux Matignon (1646-1715). Le dernier évêque de Lisieux, Mgr Jules-Basile de La Ferronays, né à Saint-Mars-les-Ancenis, dans le diocèse de Nantes, en 1735, qui fut vicaire général du diocèse de Couserans, assista à l'assemblée générale du clergé de France de 1765 comme député du second ordre et accompagna à Rome le cardinal de Bernis au conclave de 1769 qui élit Clément XIV. Nommé évêque de Saint-Brieuc en 1769, il fut transféré à Bayonne en 1774, puis à Lisieux en 1783.

3. *Le Calvados dans la Révolution.*

Dans le Calvados, les premières réformes concernant l'Église furent accueillies sans émotion ; ni la « mise à la disposition de la nation » des biens du clergé (décret du 24 novembre 1789), ni la suppression des ordres religieux dans lesquels sont prononcés des vœux perpétuels (décret des 13-19 février 1790) n'ont suscité de réaction. La condamnation formelle de Mgr de Cheylus, évêque de Bayeux, de la nouvelle organisation de l'Église de France (décret du 12 juillet 1790, qui prévoit une circonscription des diocèses calquée sur celle des départements, la suppression des chapitres...) dans le mandement du 20 novembre 1790, entraîne l'opposition de la plupart des curés, des professeurs de séminaires et de l'université de Caen. Il faut noter que, dans une déclaration rendue

---

1. Comprenant les doyennés de Moyaux, Cormeilles, Bernay et Orbec.
2. Comprenant les doyennés du Mesnil-Mauger, Beuvron et Beaumont.
3. Comprenant les doyennés de Touques, Honfleur et Pont-Audemer.
4. Comprenant les doyennés de Gacé, Livarot, Montreuil-l'Argillé et Vimoutiers.
5. De l'Ordre des bénédictins : Saint-Évroult, Bernay, Saint-Pierre-de-Préaux, Grétain et Cormeilles. De l'Ordre des prémontrés : Mondaye.
6. Il s'agit des religieuses bénédictines de Saint-Léger-de-Préaux et de Notre-Dame-du-Pré à Saint-Désir.

publique le 25 mai 1791, cette dernière se prononce contre le serment exigé par le décret du 27 novembre 1790. Face à la résistance de l'Église dans le Calvados, les autorités départementales réagissent vigoureusement. Les municipalités, de leur côté, se divisent et, tandis que dans les campagnes, la population prend fait et cause pour les prêtres réfractaires, la fièvre révolutionnaire s'empare des villes, surtout de Caen et de Falaise. Le 11 mars 1791, Mgr de Cheylus publie son dernier mandement, dans lequel il déplore le serment; l'ayant refusé, il est considéré comme démissionnaire. Le 18 avril 1791, Claude Fauchet [1] est élu évêque constitutionnel du Calvados; il entre triomphalement à Caen, le 11 mai suivant. Élu à la Législative, puis à la Convention, l'évolution de son attitude reflète bien celle des habitants de son nouveau diocèse. En effet, après avoir été exclu des Jacobins de Paris, Claude Fauchet vote contre la mort du roi et, finalement, il rompt avec les Montagnards. Dans le même temps, les administrateurs du Calvados préconisent, de leur côté, la protection de la Convention contre les émeutes populaires inspirées par ces mêmes Montagnards. L'adhésion des habitants de Caen se manifeste lors de la formation, en février 1793, d'une société «républicaine et patriote», les «Carabots de Caen», qui constitue une légion indépendante de la garde nationale. Dans la nuit du 30 au 31 mai 1793, à l'annonce de nouveaux troubles parisiens, le Conseil du département décide de créer, avec l'aide des corps administratifs de la ville de Caen et des «Carabots», une force armée «dans le département du Calvados, et notamment la ville de Caen». Une délégation est envoyée à la Convention, mais celle-ci refuse de la recevoir et décrète, le 2 juin, l'expulsion des députés girondins. Au retour de la délégation à Caen, une assemblée générale, composée des mêmes membres que celle qui s'était réunie le 31 mai, adopte, dans la nuit du 8 au 9 juin, une proposition de Bougon-Longrais, procureur-syndic du département, la proclamation de l'état d'insurrection à l'oppression afin de rendre à la Convention sa liberté. Félix de Wimpfen, général de l'armée des côtes de Cherbourg, reçoit le commandement des forces insurgées. Caen devient, pour le nord-ouest de la France, la capitale de la résistance provinciale contre la Montagne. Le mouvement fédéraliste breton se joint aux Normands et envoie trois bataillons. On décide de marcher sur Paris; le 13 juillet 1793, alors que Charlotte de Corday d'Armont, descendante de Corneille, républicaine modérée, assassine Marat que les Girondins rendent responsable de leur chute, l'armée des Départements Réunis est mise en déroute à Brécourt, dans l'Eure, par une poignée de volon-

---

1. Biographie de Fauchet, voir ici p. 25, n. 8.

taires parisiens. Le 29 juillet, l'armée de la Convention entre dans Caen. Toutefois, la Terreur fait peu de victimes dans le Calvados grâce à l'esprit de tolérance de la population et à la modération des représentants en mission. Certes, Claude Fauchet et Charlotte Corday sont exécutés à Paris, Bougon-Longrais est fusillé à Bordeaux... mais Gohier de Jumilly, curé constitutionnel de Saint-Jean de Caen, l'un des chefs de file de la révolte fédéraliste, doit à la modération de Robert Lindet, représentant en mission, d'avoir la vie sauve.

À l'automne 1793, les regards se tournent vers les campagnes d'où provient la rumeur de la révolte des paysans de l'Ouest. Le directoire du département apprend que les Vendéens, pourchassés en octobre 1793 dans leur département d'origine, poursuivent leur pénible exode vers le Nord. Ils entrent en Mayenne, puis pénètrent en Normandie; ils traversent Avranches et, finalement, occupent Granville en novembre. La Rochejaquelein prend Villedieu, sur la route de Caen, mais doit rebrousser chemin. Le Calvados est donc épargné, mais le passage des Vendéens réveille l'esprit de rébellion des Normands. Les premiers groupes de chouans se constituent dans le Bocage, avec l'apport de fugitifs de l'armée vendéenne, écrasée près du Mans en décembre. Tout d'abord clandestin, ce soulèvement se renforce et se généralise tout au long de l'année 1794. L'écart entre la ville et la campagne ne fait que se creuser; en effet, l'échec du fédéralisme est dû, pour une bonne part, au désintérêt des paysans pour la cause girondine. La loi de février 1793 décrétant la mobilisation de trois cent mille hommes, puis la levée en masse imposée en août, portent à son comble leur exaspération. Leur patience cède enfin, en 1794, à cause de la disette et de l'ordre donné par les représentants en mission de fermer toutes les églises. En liaison avec la chouannerie bretonne, ce mouvement s'est infiltré dans tout le Bocage. Durant l'hiver 1794-1795, cinq cents chouans défient l'armée des Bleus dans le Bocage, dirigée par le général Hoche, mais ils ne disposent pas encore d'un chef incontesté. Il faut attendre mai 1795 pour que la rébellion s'organise avec l'arrivée du marquis Louis de Frotté, nommé lieutenant-colonel par Louis XVIII. La guerre s'étend de juin 1795 à juillet 1796. Tout le Bocage est «infecté» jusqu'aux abords de Caen et de Falaise. Fin juin 1796, on estime que six mille hommes suivent Frotté. Le gouvernement du Directoire, mis en place depuis le 26 octobre 1795, cherche en vain à conclure une trêve durant neuf mois; elle est enfin signée le 6 juillet 1796. Début 1797, Frotté reçoit du comte d'Artois le brevet de commandant en chef des royalistes de la Basse-Normandie et du Cotentin. On croit alors au retour prochain de la monarchie. Le coup d'État du 18 fructidor an V (4 septembre 1797) anéantit cette espérance. Frotté est prêt à reprendre les armes, mais le comte d'Artois interdit l'insurrection. Durant l'année 1798, tout concourt à provoquer la montée des mécontentements : la poursuite de la déchristianisation, la guerre extérieure avec la conscription, les réquisitions de grains et de fourrage alors que les récoltes sont médiocres, la multiplication des taxes (nouvel impôt sur les portes et fenêtres, taxe sur les routes, dite droit de passe...). L'année 1799 est marquée par des incidents de plus en plus nombreux, qui aboutissent à une nouvelle guerre à partir d'octobre 1799. Les Chouans remportent encore quelques victoires ; toutefois, ils ne peuvent occuper Vire et préfèrent tenir la campagne. Les 18 et 19 brumaire an VII (9 et 10 novembre 1799), le général Bonaparte, de retour d'Égypte, s'empare du pouvoir. Il cherche à diviser les chefs insurgés en proposant une suspension d'armes. La conférence de Candé autour du général Hédouville, en janvier 1800, est un échec. Les Chouans dominent dans le pays d'Auge, le pays d'Ouche, le Perche... En janvier 1800, les Chouans du pays d'Auge se soulèvent autour de Livarot ainsi qu'aux confins du Perche, à Vimoutiers. Frotté apprend que le nouveau commandant de l'armée de l'Ouest, Brune, arrive avec soixante mille hommes. Afin d'éviter une nouvelle effusion de sang, il accepte les pourparlers offerts par Bonaparte. Il se rend à l'endroit indiqué par l'émissaire du Premier Consul, mais, au mépris de la parole donnée, Bonaparte le fait arrêter et exécuter le 18 février 1800. Les victoires des armées de la République et la politique de pacification du Consulat achèvent de calmer les esprits et mettent fin à la Révolution.

Au terme de ces dix ans de révolution, le Calvados s'est transformé : la terre a échappé au clergé et a glissé des mains de la noblesse dans celles des bourgeois et des paysans aisés, étape importante d'un renouvellement social qui s'amplifiera par la suite. L'économie a beaucoup souffert : le commerce extérieur, déjà atteint en 1786, continue à baisser ; le tissage et l'agriculture, surtout l'élevage en raison des réquisitions, régressent. La vie intellectuelle a fléchi : écoles devenues rares, disparition de l'université. Mais, surtout, la province a perdu son autonomie car la coutume a dû céder devant la loi commune ; la naissance du Calvados correspond donc au triomphe de l'uniformité, la Normandie s'intégrant de plus en plus dans un État centralisé [1].

---

1. Ouvrages ayant servi pour le Prologue : J. LAFFETAY, *Histoire du diocèse de Bayeux*, p. 242-247 (ancien diocèse de Lisieux) et p. 300-306 (ancien diocèse de Bayeux) ; M. H. FISQUET, *La France pontificale...* ; R. PATRY, *Une ville de province. Caen pendant la Révolution de 1789*, Condé-sur-Noireau, 1983 (Introduction historique : «Le Calvados dans la Révolution»). – Les références des ouvrages cités dans la Bibliographie (p. 474) ne sont pas donnés dans les notes.

PREMIÈRE PARTIE

LES DIFFICULTÉS DE L'INSTALLATION

CHAPITRE PREMIER

LE PRÉFET VIOLET

En 1801, le diocèse de Bayeux est dirigé par l'évêque constitutionnel Bisson, qui dispose de la confiance de son clergé. Tandis que les prêtres réfractaires sortent de leur retraite forcée ou rentrent en grand nombre de leur lieu d'exil, le nouvel évêque concordataire, Charles Brault, arrive à Caen dans l'indifférence générale. Son installation à Bayeux est marquée par une querelle avec son prédécesseur au sujet du statut du clergé constitutionnel dans la future organisation des paroisses. La rupture entre les deux évêques et l'humiliation infligée à Bisson exacerbent les passions. Le conflit s'envenime encore lors de l'organisation de la ville épiscopale, Bayeux, qui est marquée par l'éviction du clergé constitutionnel mené par Moulland. La réconciliation voulue par le Concordat va-t-elle échouer?

La nomination du nouvel évêque.

Le siège épiscopal de Bayeux, suffragant du siège archiépiscopal de Rouen, est l'un des soixante diocèses érigés par le pape Pie VII dans les deux bulles: *Ecclesia Christi* du 15 août 1801 et *Qui Christi Domini vices* du 29 novembre 1801, édictées à Rome, près de Sainte-Marie-Majeure.

Le 10 avril 1802, le cardinal-prêtre Jean-Baptiste Caprara[1], légat du Saint-Siège auprès du Premier consul, signe le décret

---

1. Jean-Baptiste Caprara (1733-1810). Il naquit à Bologne, devint vice-légat à Ravenne en 1758, nonce à Iconium avec le titre d'archevêque d'Iconicum en 1766, nonce à Lucerne en 1775, nonce à Vienne en 1785. Créé cardinal en 1792, il entra au service de la curie en 1793 (Congrégation des évêques, de la propagande...) jusqu'en 1800. Atteint par la disgrâce de Pie VII, celui-ci le nomma évêque d'Iesi. Bonaparte convainquit le pape de le désigner comme légat après la signature du Concordat. Il présida donc au rétablissement du culte catholique en France en traitant avec Portalis, par l'entremise de Bernier. Il négocia ensuite le Concordat avec la République italienne au nom de Bonaparte, fut nommé archevêque de Milan en 1802 et sacra Napoléon Ier, roi d'Italie en 1805. Il séjourna à Paris, où il mourut, de nouveau disgracié par le pape, mais loué par l'Empereur. Il fut inhumé au Panthéon.

d'érection du siège épiscopal de Bayeux. Dans ce document, il rappelle que Bayeux est l'un des soixante diocèses rétablis par Pie VII ; il maintient cette église sous le patronage de l'Assomption de Notre-Dame, l'érige en cathédrale et y institue un chapitre dont le nombre de dignitaires sera fixé ultérieurement. Comme territoire, il assigne au diocèse de Bayeux le département du Calvados. Le légat insiste enfin sur les trois points suivants : les limites territoriales des futures paroisses devront être établies selon les besoins des fidèles ; l'évêque fondera un séminaire diocésain pour la formation des prêtres ; il sera créé un mont-de-piété pour le soulagement des pauvres. Le cardinal Caprara achève son décret en demandant que le découpage des paroisses soit conforme à la loi de l'Assemblée nationale du 5 février 1790, qui divise le département du Calvados en six districts et soixante et onze cantons [1].

Il reste alors à nommer le nouvel évêque de Bayeux. Jean Portalis [2], ministre des Cultes, choisit Charles Brault [3].

Né le 4 août 1752 à Poitiers dans une famille de onze enfants, Charles Brault est le quatrième fils de Jean-Thomas Brault, procureur au présidial de cette ville et de Jeanne Thénault. Deux de ses frères, Mathurin de deux ans son aîné et Bertrand, sont, comme lui, devenus prêtres [4]. Charles Brault est intelligent ; c'est pourquoi, tonsuré dès l'âge de 14 ans, il

1. A. D., F 5661.
2. Jean-Étienne-Marie Portalis (1746-1807). Né au Beausset (Var) le 1er avril 1746, fils d'un professeur de droit canon à l'université d'Aix, il fut avocat à Aix et député aux états de Provence. Arrêté sous la Terreur, il est libéré le 9 thermidor an II (27 juillet 1794) qui marque la chute de Robespierre et la fin de la Convention. Il est avocat à Paris, puis député de la Seine au Conseil des Anciens en l'an IV (septembre 1795) dont il est le président en 1796. Lors du coup d'État du 18 fructidor an V (4 septembre 1797) exécuté par les membres républicains du Directoire (Barras, La Revellière-Lepréaux, Rewbell) avec le soutien de l'armée (Hoche et Augereau envoyés d'Italie par Bonaparte), il est proscrit en même temps que dix autres membres influents de la droite modérée. Il rentre lors du coup d'État du 18 brumaire an VIII (9 novembre 1799) ; il est nommé conseiller d'État en septembre 1800. Il négocie le Concordat, rédigeant les articles organiques d'inspiration gallicane. Pour le récompenser, Bonaparte le nomme, le 16 vendémiaire an X (8 octobre 1801), conseiller d'État «chargé de toutes les affaires concernant les cultes», jusqu'à sa mort.
3. M. H. FISQUET, *La France pontificale...*, p. 136-139. A. D., F 5663, notes de Michel et Laffetay.
4. Né en 1759, Bertrand est resté pendant la Révolution chez son frère plus jeune, Thomas, à Treillé ; nommé curé de Saint-Julien-l'Ars en 1814, il y est mort en 1829. Parmi les frères, on trouve encore : Vincent (1754-1836), sous-préfet, puis président du tribunal de Châtellerault et, surtout, l'aîné, Louis : né en 1748, il fut avocat et procureur de l'élection de Poitiers en 1789 et devint, sous la Révolution, procureur général-syndic de la Vienne (1790-1792), puis président du tribunal criminel de la Vienne (1793-1794). Il fut élu député au Conseil des Anciens (an IV-an VII), puis au Corps législatif du 4 nivôse an VII à la fin de l'an XI. Il fut alors nommé proviseur du lycée de Poitiers (1804-1810), puis conseiller à la cour d'appel de Poitiers de 1811 jusqu'à sa mort en 1830.

fait de brillantes études à l'université de Poitiers et devient professeur de rhétorique et docteur. D'abord sous-chantre du chapitre de Notre-Dame-la-Grande à Poitiers [1], il est appelé après son ordination sacerdotale à enseigner la philosophie et les sciences physiques dans un établissement ecclésiastique de La Rochelle. Puis il est nommé curé de Notre-Dame-la-Petite et, enfin, chanoine de la collégiale Sainte-Radegonde. Les talents qu'il déploie dans ses diverses fonctions lui valent d'obtenir le titre d'archidiacre de Briançay [2] et la responsabilité de grand vicaire sous l'épiscopat de Mgr Beaupoil de Saint-Aulaire dont il a conquis l'estime. Celui-ci le nomme aussi vice-promoteur, puis professeur de théologie à l'université de Poitiers. En 1787, il est nommé représentant du clergé à l'assemblée d'élection de Poitiers et, en 1789, délégué pour la nomination des députés aux états généraux.

Au moment de la Révolution, Charles Brault prend parti contre la Constitution civile du clergé et doit s'exiler vers 1791-1792. Alors que son frère Mathurin part pour l'Angleterre, Charles Brault se retire en Suisse, dans le Valais, puis à Verceil (Piémont) où il devient précepteur dans la riche et noble famille Avogrado. Il part ensuite pour la Sicile, se sentant sans doute menacé lors de l'invasion du nord de l'Italie par l'armée française, et devient sous-précepteur dans une autre famille. Passant ses loisirs à herboriser, il se confectionne un herbier qu'il conservera précieusement. En 1801, la signature du Concordat le fait sortir de sa retraite. De Sicile, il se rend à Rome, puis visite les grandes villes d'Italie et, enfin, revient à Poitiers, sa ville natale, où il retrouve son frère Mathurin qui, depuis lors, ne l'a jamais quitté.

Les Poitevins espèrent que Brault sera nommé évêque de Poitiers mais, si son nom figure bien sur les listes des candidats promus à l'épiscopat retenus par Portalis, le conseiller d'État songe à lui pour un autre siège. Les premiers évêques concordataires appartiennent à l'une des trois catégories suivantes : la première rassemble onze évêques constitutionnels et quelques prêtres jureurs [3] ; la deuxième des prêtres insermentés ; la troisième, une vingtaine d'évêques réfractaires. Parmi les trente et un prêtres non jureurs de la deuxième catégorie promus à l'épiscopat, Bonaparte choisit quatre des cinq évêques de la province ecclésiastique de Normandie : Cambacérès [4], chanoine de Montpellier et frère du deuxième consul, devient archevêque de Rouen et primat de Norman-

---

1. *Dictionnaire d'histoire et de géographie ecclésiastiques*, t. X, Paris, 1938, p. 454.
2. *Ibid.*
3. Officiellement, le prêtre jureur est dit «assermenté» ou «constitutionnel». Le prêtre non jureur est appelé «insermenté» ou «réfractaire». «Jureur», «non jureur» sont des termes populaires.
4. Étienne-Hubert de Cambacérès (1756-1828). Né à Montpellier le

die; Boischollet, vicaire général de Nantes, évêque de Sées; Rousseau, ancien vicaire général d'Albi, évêque de Coutances, et Brault, évêque de Bayeux. Seul le nouvel évêque d'Évreux, Bourlier [1], est un prêtre jureur [2].

Charles Brault reçoit donc, par l'intermédiaire de Bernier [3], évêque d'Orléans, la bulle du cardinal-légat Caprara, signée du 4 mai 1802, qui l'institue évêque de Bayeux [4]. Dans ce docu-

11 septembre 1756, il devint prêtre et ne prit aucune part à la Révolution. L'élévation de son frère aux premières charges de l'État, après le 18 Brumaire, lui permit de devenir archevêque de Rouen le 11 avril 1802; créé cardinal l'année suivante, il reçut le cordon de grand officier de la Légion d'honneur. Le département de l'Hérault l'ayant élu candidat au Sénat, il y fut appelé le 1er février 1805 et s'y montra un adulateur du régime. Un mandement publié après Austerlitz, particulièrement remarqué, lui valut d'être reconnu comme un ardent bonapartiste. Pourtant, les défaites de 1813-1814 ébranlèrent son dévouement de prélat courtisan. Il adhéra, le 8 avril 1814, à la résolution du Sénat concernant la déchéance de l'Empereur. En 1815, Napoléon lui pardonnant, le nomma pair de France, le 2 juin. La rentrée de Louis XVIII l'obligea à quitter la scène politique et à retourner à ses fonctions épiscopales. Il mourut le 25 octobre 1828.

1. Jean-Baptiste Bourlier (1731-1821). Né à Dijon le 1er février 1731, il entra dans l'état ecclésiastique et perdit, à la Révolution, les bénéfices dont il était pourvu, ce qui ne l'empêcha point de se déclarer en faveur des idées nouvelles. Il prêta serment à la Constitution civile du clergé et, après quelques persécutions sous la Terreur, il fut sacré évêque d'Évreux le 23 avril 1802. Il fut nommé baron, puis comte d'Empire, président du collège électoral d'Évreux le 14 mai 1806 et candidat au corps législatif d'Évreux en novembre 1806. Réélu le 6 avril 1812, il obtint la dignité de sénateur. Après le divorce de Napoléon, il accueillit l'impératrice Joséphine, qui s'était retirée à Navarre, dans son diocèse et devint le distributeur des aumônes de cette princesse. Malgré son attachement à Napoléon, il se soumit à Louis XVIII et, le 4 juin 1814, fut nommé pair de France. Il refusa toute responsabilité politique durant les Cent-Jours et fut maintenu dans la pairie en août 1815.

2. A. D., F 5661. Voir aussi : «L'épiscopat concordataire (1802-1823)», annexe 2, p. 389.

3. Étienne-Alexandre Bernier (1762-1806) : Né à Daon (Mayenne), il fut docteur en théologie, professeur à l'université d'Angers, curé de Saint-Laud à Angers au début de la Révolution. Il refusa de prêter serment et rejoignit l'armée vendéenne après la prise de Saumur. Il devint l'un des chefs du pays insurgé : après la mort de Charette et de Stofflet, Louis XVIII le nomma agent général des armées catholiques et royales. Le coup d'État de brumaire lui permit d'abandonner cette résistance sans espoir et d'offrir ses services à Bonaparte. Il négocia avec le général Hédouville, en janvier 1800, la pacification de Montfaucon. Il partit pour Paris; Bonaparte le chargea de négocier avec Spina lors des tractations sur le Concordat; il travailla ensuite à son application comme agent de liaison entre Portalis et Caprara. Le double jeu auquel il se livra entre la France et le Saint-Siège entraîna sa disgrâce. Il escomptait le siège de Paris ou celui de Tours; il fut nommé à Orléans. Le Premier consul lui avait promis le chapeau de cardinal; il resta cardinal *in pectore*. Il réorganisa néanmoins son diocèse avec sagesse et méthode. Talleyrand recourut à lui pour les négociations du concordat italien, du concordat germanique et du sacre impérial. Il rédigea la fameuse note qui décida Pie VII à venir en France et régla avec le pape le cérémonial du couronnement. Il essaya vainement de se faire nommer nonce en Allemagne et mourut prématurément à Paris.

4. A. D., F 5661. Dans une lettre du 10 novembre 1802, le cardinal-légat

ment, Caprara exprime l'espoir que «la vie pure» de Charles Brault, «ses mœurs honnêtes et sa providence des choses spirituelles» seront très utiles et fructueuses pour le diocèse de Bayeux. Brault se rend aussitôt à Paris afin de prêter le serment exigé par le Concordat. Portalis l'avertit, le samedi 8 mai, que la cérémonie aura lieu le lendemain matin à dix heures et demie au palais des Tuileries. Il s'y rend en soutane, rochet et camail et, s'étant mis à genoux devant Bonaparte, Premier consul, la main droite sur l'évangile, il prononce la formule du serment : «Je, Charles Brault, nommé évêque de Bayeux, jure et promets à Dieu sur les saints évangiles, de garder obéissance et fidélité au gouvernement établi par la constitution de la République française. Je promets aussi de n'avoir aucune intelligence, de n'assister à aucun conseil, de n'entretenir aucune ligue, soit au-dedans, soit au-dehors, qui soit contraire à la tranquillité publique et si, dans mon diocèse ou ailleurs, j'apprends qu'il se trame quelque chose au préjudice de l'État, je le ferai savoir au gouvernement[1].»

Quelques jours plus tard, le nouvel évêque reçoit une lettre très cordiale du préfet du Calvados, Charles Caffarelli, datée du 8 mai : «Vous êtes déjà connu sous un jour favorable et tous souhaitent votre arrivée; je me félicite d'une nomination qui saura imposer silence au fanatisme, faire cesser la discorde entre les prêtres et ramener le règne de la religion et la pureté des mœurs. Donnez-moi la date de votre arrivée; vous pourrez loger chez moi, même si mon logement est modeste[2].»

Le 16 mai 1802, quatrième dimanche après Pâques, Brault est sacré évêque à Saint-Roch par Jean-Amand de Roquelaure, archevêque de Malines, assisté des évêques consécrateurs : Baptiste de Maillé-la-Tour-Landry, évêque de Rennes, et Étienne de Beaumont, évêque de Gand. Il est maintenant en mesure de prendre possession du siège de Bayeux.

Avant son départ pour Bayeux, Brault reçoit de Portalis une instruction datée du 19 prairial an X (8 juin 1802); le ministre demande à tous les évêques de France de mettre en œuvre résolument le Concordat, présenté comme le moyen de rétablir l'unité dans le clergé[3]. Deux jours plus tard, le 21 prairial an X (10 juin 1802) Caprara adresse aux nouveaux évêques la déclaration qu'ils doivent exiger des prêtres constitutionnels : «J'adhère au concordat et je suis dans la commu-

---

Caprara fera envoyer les bulles qui confirment l'institution canonique de Brault sur le siège de Bayeux. Ce paquet, envoyé à Bayeux, sera transmis par Bernier, évêque d'Orléans, pour éviter les frais de poste.
1. A. N., AF IV 1317. Serment de fidélité prêté par Charles Brault, évêque de Bayeux, le 19 floréal an X (9 mai 1802) à Paris, palais des Tuileries, selon l'article 6 du concordat du 15 juillet 1801.
2. A. D., F 5661, Notes de Michel et Laffetay.
3. *Ibid.*

nion de mon évêque nommé par le premier consul et institué par le pape[1]. » Brault demande à l'archevêque de Rouen, Cambacérès, sa lettre de communion, qui lui est envoyée le 12 juin[2]. Le 14 juin, Portalis presse l'évêque, qui habite alors 6, quai Voltaire, de se rendre au plus vite dans son diocèse. Il a reçu, en effet, une lettre du ministre de la Police qui fait état de la grande inquiétude qui règne dans les esprits à cause des propos malveillants colportés çà et là par des détracteurs au sujet de la personnalité de Brault. Il semble même que des opposants cherchent à provoquer des troubles avant l'arrivée du prélat dans son diocèse. Certains prétendent que l'évêque exigerait dès son arrivée des rétractations de la part des prêtres assermentés et font circuler une formule. Brault, de Paris, assure qu'elle n'est pas de lui et que son unique désir est de rétablir la concorde[3].

Dans le diocèse de Bayeux, en effet, le malaise ne cesse de grandir depuis l'annonce de la nomination du nouvel évêque concordataire. Cette décision est ressentie par les prêtres jureurs comme une menace et même une provocation. L'un des représentants les plus notoires de ce groupe hostile à Brault, un certain Gohier de Jumilly, avait posé cette question aux administrateurs diocésains qui l'avaient étudiée au cours de leur réunion du 12 prairial an X (1er juin 1802) : « Est-il licite à un prêtre de ce diocèse de faire la promesse de fidélité à la constitution de l'an VIII et y a-t-il des peines canoniques ou interdits qui doivent être portés contre ceux qui souscrivent à cette promesse ? » Les vicaires généraux de la Cour, Renault et d'Audibert, réunis à Bayeux chez le doyen du chapitre, de Marguerie, avaient répondu à l'unanimité qu'il n'avait jamais été défendu de souscrire à cette promesse et que les écrits qui s'étaient propagés dans le diocèse ne venaient pas des administrateurs diocésains. « Toutefois, ajoutaient-ils, ceux qui sont ou qui seront requis de le faire pourront le faire licitement et suivant leur conscience. » Réponse prudente de la part de prêtres hostiles au parti jureur qui, ignorant tout de l'avenir, spécialement de l'attitude du nouvel évêque, ne voulaient pas accentuer les tensions dont souffrait le clergé du diocèse[4]. Gohier de Jumilly avait fait part de ses inquiétudes à l'évêque lui-même, dans une lettre datée du 14 prairial an X (3 juin 1802) : « Je vous transmets un acte que Bonhomme, ancien curé de Saint-Nicolas de Caen, actuelle-

---

1. A. N., F 7-3021.
2. A. D., F 5661, Notes de Michel et Laffetay.
3. A. D., F 5661, Notes de Jauffret.
4. A. D., F 5661, Notes de Michel et Laffetay.

ment "vicaire général de l'archevêque de Narbonne, de Boisjugan", qui fut lui-même chanoine de Bayeux et vicaire général de Mgr de Cheylus, et se disant donc, à ce titre, administrateur du diocèse de Bayeux "sede vacante", propose de faire signer aux prêtres soumis de votre diocèse. Le texte semblerait indiquer qu'il émane de vous; tout porte à croire qu'il n'en est rien et que c'est une manœuvre des prêtres insoumis qui cherchent à vous impliquer. Malheureusement, nous n'avons pas encore entendu votre voix et nous ne savons quelle est la formule à laquelle vous désirez que nous souscrivions. Pourtant, personne plus que nous désire le retour à la paix et, malgré les invitations de nos confrères de nous ranger dans leur système moyennant de gros avantages, nous avons refusé avec le calme d'une bonne conscience. Nous n'avons cessé de nous soumettre aux papes Pie VI puis Pie VII; la Constitution civile du clergé de l'an 90 n'existe plus et se trouve remplacée par le concordat et les lois organiques auxquels nous souscrivons. Nous vous regardons donc comme notre évêque légitime et nous attendons avec impatience vos instructions paternelles. Arrivez, monsieur l'évêque, parlez et vous serez écouté et il n'y aura plus qu'un seul et même parti[1]. »

Brault avait transmis cette lettre à Portalis et cette nouvelle pièce avait renforcé chez le conseiller d'État la conviction que le ministre de la Police avait raison : le nouvel évêque devait gagner son diocèse sans tarder[2].

L'arrivée de Charles Brault dans le diocèse (juin-juillet 1802).

La lettre du pape Pie VII signée à Rome le 15 août 1801, qui annonce le rétablissement des relations avec la République française, est publiée dans le Calvados vers le 20 octobre de la même année. Quelques mois plus tard, le 18 germinal an X (8 avril 1802), le texte du concordat signé entre Pie VII et Bonaparte le 26 messidor an IX (15 juillet 1801) est affiché à Caen. Dans les rues de la ville, on entend les cris de : « Vive Bonaparte ! À bas les Jacobins ! »[3]. Dix jours plus tard (28 germinal – 18 avril), les *decadi* sont abolis; on observe de nouveau le dimanche à compter de ce jour dans le Calvados et, le 5 floréal an X (25 avril 1802), les habitants de Caen apprennent qu'un nouvel évêque sera nommé prochai-

---

[1]. A. D., F 5661.
[2]. A. D., F 5661, Notes de Michel et Laffetay.
[3]. A. D., Chapitre de Bayeux 880, Journal de Dufour; «Concordat du 15 juillet 1801 et loi du 18 germinal an X (articles organiques)» : voir l'annexe 2, p. 389.

nement. Un arrêté préfectoral précise, en outre, que les prêtres réfractaires qui exercent leurs fonctions dans les maisons particulières peuvent continuer leurs activités pastorales jusqu'à l'arrivée du nouvel évêque[1].

Répondant à l'invitation de Caffarelli, Brault se rend à Caen, la préfecture du Calvados. En passant à Lisieux, l'évêque rencontre l'abbé de Créqui, ancien vicaire général de Mgr de La Ferronays, qui l'informe de l'hostilité des prêtres constitutionnels de cette ville à son égard. Brault lui donne tous pouvoirs pour exiger d'eux une rétractation afin de faire cesser leur résistance[2].

«Brault arriva à Caen le 24 juin (5 messidor) sur les deux heures de relevée», dit Laurent Esnault dans ses *Mémoires sur Caen*, «soit qu'on ignorât le moment de son arrivée, soit qu'on ne voulût pas se déranger, on ne lui rendit aucun honneur. On sonna seulement les cloches et il se présenta à la municipalité où il ne trouva ni maire, ni adjoint; il s'en fut alors loger à l'hôtel de Sourdeval, et non à la préfecture...» Et Esnault ajoute : «on ne le connaissait pas ici; on disait qu'il avait été à l'armée des chouans, ce qui ne fit aucune sensation»[3]. Dans son Journal, Dufour ne partage pas tout à faut l'avis de l'avocat Esnault. Il affirme que Brault a reçu chez Mme de Sourdeval (paroisse Saint-Julien) de nombreux prêtres assermentés et non assermentés. Caffarelli, le préfet, d'Aigremont de Saint-Manvieux[4], le maire de Caen, et ses adjoints, sont allés le voir[5]. Il semble que, le soir de son arrivée, Brault soit allé célébrer la messe dans une église de la ville; il s'agit certainement de la chapelle de l'hôpital Saint-Louis, premier lieu de culte officiellement ouvert depuis l'entrée en vigueur du Concordat, sur ordre et en présence de l'évêque[6]. Après la messe, Brault a donné la bénédiction du saint sacrement devant une petite foule de fidèles, dans laquelle se trouvaient quelques

---

1. A. D., Chapitre de Bayeux 880, Journal de Dufour.
2. R. PATRY, *Le Régime de la liberté des cultes dans le département du Calvados pendant la première séparation (1795-1802)* Paris, 1921, p. 251.
3. L. ESNAULT, *Mémoires sur Caen*, bibliothèque municipale de Caen, fonds normand, 1927, f° 21.
4. Jean-Baptiste d'Aigremont de Saint-Manvieux. Né à Caen le 29 mai 1761, il fut, au début de la Révolution, pourvu de la charge d'avocat du roi au présidial de sa ville natale, puis membre du conseil municipal et maire. Porté au Corps législatif en 1805 par le Calvados, il fut, à l'expiration de son mandat, en 1810, nommé conseiller à la Cour impériale, refusa de prêter serment pendant les Cent-Jours et lors de la seconde Restauration, fut élu membre de la Chambre introuvable parmi les ultras. Non réélu après le 5 septembre 1816, il obtint de l'avancement dans la magistrature, et fut nommé président de Chambre à la cour royale de Caen. Il redevint député en 1824 et vota constamment avec le ministère.
5. A. D., Chapitre de Bayeux 880, Journal de Dufour.
6. A. D., F 5661, Notes de Jauffret.

détracteurs qui lui adressèrent des propos inconvenants[1]. De son côté, un imprimé de l'époque : *Journal, affiches, annonces et avis divers du département du Calvados*, du 5 messidor an X (24 juin 1802), raconte l'arrivée de Brault en des termes qui veulent exprimer l'enthousiasme de toute une population : «Caen. Enfin, l'évêque de Bayeux est arrivé dans nos murs. Il était attendu avec la plus grande impatience. Il est descendu à l'hôtel Sourdeval où on lui a fait une réception digne de lui. Les corps constitués se disposent à lui rendre visite. Toutes les cloches, c'est-à-dire celles que la Révolution n'a pas fondues, se sont fait entendre hier pour la première fois depuis dix ans. Les sons éclatants et majestueux, l'affluence du monde qui se précipitait sur ses pas, la beauté du ciel qui invitait même à des sentiments religieux, ont produit un spectacle nouveau, aussi simple qu'intéressant. L'horreur des guerres civiles et étrangères avait si longtemps déchiré la France[2]!»

Le lendemain, 5 messidor (24 juin), Brault reçoit des prêtres durant toute la journée à l'hôtel Sourdeval, où il reviendra, dès le 19 messidor (8 juillet), après son installation à Bayeux[3].

Que faut-il retenir de ce premier contact de Charles Brault avec son nouveau diocèse et, particulièrement avec la ville de Caen, siège de la préfecture? Un accueil mal organisé, peu officiel, mitigé, qui montre qu'à cette époque la cité est encore troublée, traversée de mouvements contradictoires, tel ce fort parti de prêtres jureurs mené par Gohier de Jumilly, curé de Saint-Jean, importante paroisse du centre-ville. La froideur de l'accueil réservé au nouvel évêque concordataire montre que la population demeure dans l'expectative et, même si quelques fidèles, moins prudents, osent manifester un certain enthousiasme, tous sont conscients que le retour de la paix civile et religieuse est encore bien précaire.

Le 7 messidor (26 juin), Charles Brault se rend à Bayeux, la ville épiscopale, où doit avoir lieu son installation officielle. À son arrivée, il est accueilli par Louis-Charles Bisson, évêque constitutionnel du Calvados, accompagné de neuf prêtres jureurs, ayant à leur tête Michel Moulland, ancien curé de Saint-Martin de Bayeux[4]. Brault sait que, la veille encore,

---

1. A. D., F 5661, Notes de Jauffret. A. D., F 5662, Notes de Bertomé.
2. A. D., F 5661, Notes de Michel et Laffetay.
3. A. D., Chapitre de Bayeux 880, Journal de Dufour.
4. Les noms des huit autres prêtres jureurs sont : Étienne Caillot, du clergé de la cathédrale de Bayeux; Pierre Lécuyer, ancien curé de Saint-Jean de Bayeux; Jean-Claude Auchard, curé de Saint-Loup de Bayeux; Jean Le Court, ancien curé de Reviers; Pierre-Jacques du Castel, ancien curé de Vaux-sur-Seulles; Jean-Nicolas Jourdain, curé de Condé-sur-Seulles; et deux anciens prêtres habitués, François Allan et Jacques-François Legros. PATRY, p. 251.

Bisson, imbu de son pouvoir, donnait la confirmation dans la cathédrale[1]. Ce petit groupe d'opposants désire régler deux problèmes : celui de la cérémonie d'investiture, à laquelle doit paraître Bisson, et celui des formules d'adhésion que les prêtres jureurs refusent de signer. Il semble en réalité que le préfet Caffarelli, connaissant ces difficultés, et craignant pour la tranquillité de la cérémonie du lendemain, ait été l'instigateur de cette rencontre et qu'il ait élaboré ce projet avec l'assentiment de l'évêque. Bisson demande à Brault la faveur d'assister à son installation; Brault accepte, mais exige, en contrepartie, que Bisson consente à écrire une lettre de soumission au pape, lui-même en joindra une en signe de communion. Bisson donne son accord sur le principe, mais les deux évêques ne parviennent pas à s'entendre sur les termes de la lettre; alors, Bisson déclare qu'il ne viendra pas à la cérémonie[2]. Comme prévu, les neuf prêtres jureurs, qui accompagnent Bisson, passant au second point de l'ordre du jour de la rencontre, protestent avec véhémence contre les formules d'adhésion qui leur ont été imposées au nom de l'évêque[3]. Alors Bisson se retire, suivi par les prêtres jureurs, qui se rendent aussitôt chez le notaire Vaultier, où ils rédigent un acte de protestation contre la formule d'adhésion[4].

Le lendemain matin, au moment où l'évêque se prépare à sortir pour se rendre à la cérémonie, Vaultier vient lui faire la notification de l'acte de protestation. Brault avertit aussitôt le préfet, qui ordonne au maire de Bayeux de convoquer les prêtres jureurs à la sous-préfecture. Caffarelli leur fait connaître son indignation et les prêtres se justifient en invoquant les discours de l'évêque hostiles à l'Église constitutionnelle. Le préfet leur répond alors qu'ils doivent mettre fin aux querelles qui ont tant divisé la France. Cette conférence dure plus d'une heure et demie. Le sous-préfet de Bayeux, Louis-Alexandre Guillot, connu de tous ces prêtres, intervient pour apaiser les esprits; Brault, lui-même, qui assiste à cette conférence, fait tout pour ramener la concorde et voit finalement quelques prêtres se rallier à lui en reconnaissant leurs torts. Quelques instants plus tard, le doyen du chapitre, de Marguerie, entre dans la cathédrale avec auprès de lui le nouvel évêque, Charles Brault, qu'il vient présenter au clergé et aux fidèles du diocèse. D'après Caffarelli, qui assiste à la cérémonie avec les corps constitués, une foule importante de fidèles emplit la cathédrale, accueillant avec enthousiasme le nouvel

---

1. A. D., F 5661, Notes de Michel et Laffetay.
2. *Ibid.*
3. A. D., F 5661, Notes de Jauffret.
4. A. D., V 5, Caffarelli à Portalis, 14 messidor an X (3 juillet 1802).

évêque et comblant de bénédictions le gouvernement et son chef, à qui ils doivent le rétablissement du culte[1]. Le préfet veut manifestement montrer à Portalis, à qui il raconte ces évènements, que, malgré quelques heurts, la cérémonie d'installation de l'évêque a pu se dérouler sans incident. Bisson, dans ses Mémoires n'est pas de cet avis; il affirme, au contraire, que, au moment où Brault et son clergé firent leur entrée dans la cathédrale, on entendit les cris de : «Les Chouans! Les Vendéens[2]!». En effet, des individus n'avaient-ils pas fait courir le bruit, colporté par les prêtres jureurs, que Brault avait figuré dans la guerre de Vendée, qu'ils l'avaient vu et que l'un d'entre eux lui avait même coupé une partie de l'oreille[3]? Le doyen du chapitre, de Marguerie, n'avait-il pas, disait-on, dépensé «des tonnes d'eau bénite» afin de purifier la cathédrale[4]? La conclusion de cette journée mémorable est donnée par le préfet Caffarelli dans le rapport qu'il adresse le 14 messidor an X (3 juillet 1802) au conseiller d'État Portalis : «Bientôt, il n'y aura plus dans le Calvados de distinction entre les prêtres et leurs dénominations seront oubliées. Cela sera dû aux qualités du nouvel évêque. Quant à lui, il appliquera avec exactitude toutes les nouvelles lois sur le culte[5].»

Portalis répond à Caffarelli en se félicitant tout d'abord que l'installation du nouvel évêque se soit bien passée, nouvelle qu'il n'a pas manqué de transmettre au Premier consul. Il approuve aussi la manière dont l'incident des neuf prêtres jureurs a été réglé : «Ils n'ont pas à se plaindre, ajoute-t-il, car on n'exige d'eux que la déclaration d'adhérer au concordat et de vivre dans la communion de l'évêque nommé par le premier consul et institué par le pape.» Le conseiller d'État chargé des Cultes annonce ensuite qu'il vient d'écrire une circulaire destinée à tous les évêques, dans laquelle il leur prescrit la conduite à tenir dans l'avenir; enfin, il rappelle au préfet que l'évêque et lui-même doivent se concerter pour le choix des curés et des vicaires, car seul Caffarelli peut instruire Brault d'un pays qui lui est encore étranger[6].

Le *Journal, affiches, annonces et avis divers du département du Calvados*, qui avait raconté l'arrivée de Brault à Caen sans faire état du caractère peu chaleureux de l'accueil, reconnaît

---

1. A. D., V 5.
2. E. SEVESTRE, *La Vie religieuse dans les principales villes normandes pendant la Révolution (1787-1801)*, p. 116, n. 3.
3. A. D., F 5661, Notes de Jauffret.
4. SEVESTRE, p. 116, n. 3.
5. A. D., V 5.
6. A. D., V 5, Portalis à Caffarelli, 18 messidor an X (7 juillet 1802).

cette fois, dans son numéro 80 du 14 messidor an X (3 juillet 1802), que la cérémonie d'installation du nouvel évêque de Bayeux s'est déroulée dans le calme, « malgré quelques incidents à son arrivée dans la ville épiscopale » ; toutefois, le journal s'empresse d'ajouter que le discours de Brault a été bien accueilli par la population, ce qui a contribué à la réconciliation générale. L'article s'achève par un « Chant sacré » composé en l'honneur de l'évêque de Bayeux[1]. Brault va maintenant devoir se mettre au travail...

La querelle des évêques (juillet-août 1802).

Louis-Charles Bisson, en tant qu'évêque constitutionnel du Calvados, est le chef de file du parti des prêtres jureurs. Né à Geffosses en 1742, dans le diocèse de Coutances (département de la Manche), il est nommé à la cure de Saint-Louet-sur-Lozon près de Saint-Lô, en 1769. La Révolution le surprend dans cette fonction ; il choisit de prêter serment à la Constitution civile du clergé et devient premier vicaire de Bécherel, évêque constitutionnel de la Manche. Lors de la suppression du culte catholique, il refuse de rendre ses lettres de prêtrise et cette attitude courageuse lui vaut dix mois de détention. Élu évêque constitutionnel du Calvados en 1799, à la suite du décès de Julien-Jean-Baptiste Duchemin, il est sacré à Notre-Dame de Paris, le 6 octobre, par Royer, évêque métropolitain, et arrive à Bayeux le 20. Il visite son diocèse et remplit ses fonctions épiscopales avec conscience, soutenant le clergé constitutionnel qui, en guise de reconnaissance, lui restera profondément attaché[2].

Lors de la négociation du Concordat, il avait été décidé qu'il serait demandé aux évêques constitutionnels de se retirer ; toutefois, le Saint-Siège ne voulait pas qu'on fît mention de ces schismatiques dans le texte de l'accord ; c'est pourquoi, après bien des tergiversations, on passa du premier projet, qui traitait les évêques constitutionnels d'« anciens évêques » au texte définitif (ou projet IX) qui les désigne sous le titre de « titulaires actuels ». Après la signature du Concordat (le 26 messidor an IX, 15 juillet 1801), le pape, à la demande de Bonaparte, accepte d'envoyer le bref *Post multos labores* aux archevêques et évêques de France qui, sans institution du souverain pontife, occupent les sièges archiépiscopaux et épis-

---

1. A. D., F 5661, Notes de Michel et Laffetay, « Chant sacré » composé en l'honneur de Ch. Brault pour la cérémonie de son installation : voir annexe 3, p. 421.
2. A. D., F 5661-5663, Notices biographiques sur l'épiscopat de Mgr Brault, de l'abbé Michel, ancien secrétaire, et de l'abbé Laffetay pour son *Histoire du diocèse de Bayeux.*

copaux. Bisson adopte l'attitude des autres évêques constitutionnels ; sans contester, il remet sa démission au cardinal-légat *a latere* Caprara car, pour lui, comme pour ses confrères, l'obéissance au gouvernement l'emporte sur celle qu'il doit au pape [1]. Il reste que Bisson choisit de demeurer à Bayeux jusqu'à la nomination de son successeur et il continue donc à exercer sérieusement ses fonctions. Son attitude montre que, s'estimant toujours revêtu de la dignité épiscopale, il exige qu'une place honorable lui soit réservée dans la nouvelle organisation du diocèse ; mais laquelle ? Le Concordat n'a rien prévu, sinon la démission pure et simple... Les circonstances vont contribuer à combler cette lacune...

Dans la semaine qui suit son installation, Brault annonce que, le dimanche 4 juillet, il désire réunir à la cathédrale de Bayeux tous les prêtres jureurs et non jureurs afin de faire cesser l'esprit de division qui règne encore dans le clergé et qui s'est manifesté au grand jour le 8 messidor (27 juin) durant la cérémonie d'investiture. La veille de cette rencontre, le 14 messidor (3 juillet), Bisson lui adresse une lettre de communion : il approuve l'initiative de Brault et manifeste son intention de participer à cette messe ; il ajoute qu'il n'aurait pas voulu se présenter devant le nouvel évêque sans l'avoir prévenu et conclut en affirmant que sa démarche prouve, d'une part, son adhésion au Concordat et, d'autre part, sa communion pleine et entière avec Brault qu'il reconnaît comme l'évêque légitime de Bayeux [2]. Mais, le lendemain matin, 15 messidor (4 juillet), Bisson paraît dans la cathédrale, revêtu de ses ornements épiscopaux, les bas violets et la croix pectorale, et assiste ainsi à l'office dominical dans le chœur [3]. Brault interprète cette attitude comme une provocation intolérable. Il avertit le préfet Caffarelli qui interdit à Bisson de se présenter désormais à la cathédrale revêtu de ses ornements pontificaux. L'affaire est portée devant le conseiller d'État chargé des Cultes, Portalis, qui approuve la position du préfet [4]. Dans une lettre du 30 messidor an X (19 juillet 1802) adressée à Brault, Portalis rappelle que les évêques et archevêques qui ne sont pas employés dans la nouvelle organisation, c'est-à-dire qui n'ont pas été nommés par le Premier consul et institués par le pape, ne peuvent plus faire état de leur dignité ; ainsi, ils n'ont le droit de porter ni la croix pectorale, ni le costume d'évêque. « En effet, ajoute Portalis, il ne peut y avoir qu'un

---

1. J. LEFLON, *La Crise révolutionnaire : 1789-1846*, p. 204 ; A. D., F 5661-5663, Notices biographiques sur l'épiscopat de Mgr Brault.
2. A. D., F 5661.
3. A. D., F 5663, Notes Laffetay.
4. *Ibid.*

premier pasteur dans chaque diocèse, sinon les fidèles seraient divisés ; or, la France vient de sortir de dix années d'anarchie religieuse. » Enfin, le ministre se réserve le droit d'accorder quelques dérogations à la demande expresse des évêques concordataires [1]. Brault se gardera bien d'appliquer cette ultime disposition. Ce premier incident permet aux protagonistes de délimiter leurs positions respectives. Brault, de son côté, comprend que, s'il refuse tout compromis avec son rival, le gouvernement ne le désavouera pas. Il sort donc renforcé de cette confrontation.

L'incident de la cathédrale est rapidement connu des fidèles, et des libelles commencent à circuler. Les partisans de l'évêque concordataire sont les plus véhéments ; ils sentent que la grande majorité de la population, qui souhaite avant tout la consolidation de la paix religieuse, est prête à abandonner Bisson. Un libelle, bien composé, intitulé «Examen des titres de L. C. Bisson, ci-devant évêque soi-disant de Bayeux, par un fidèle », contribue particulièrement à jeter le discrédit sur l'Église constitutionnelle. Son auteur rappelle, tout d'abord, que dans sa lettre pastorale de prise de possession, l'évêque assermenté affirmait : «Ma promotion à l'épiscopat a été conforme aux lois de l'Église. Tous ont été consultés pour que, comme le dit le pape saint Léon, celui qui est à la tête de tous soit choisi par tous.» Bisson s'était alors déclaré «légitimement à la tête de tous, parce que tous ont été légalement consultés et que nous avons été choisis par tous». L'auteur condamne cette interprétation qui relève, d'après lui, d'une conception démocratique de l'Église et il ajoute : «Vous, citoyen Bisson, vous, évêque de Bayeux ! Vous n'y pensez pas ! Cela sent l'Ancien Régime et ne pouvait convenir à un apôtre aussi démocrate. Pour être évêque de Bayeux, du moins fallait-il qu'il existât encore un diocèse de ce nom et, suivant vos principes révolutionnaires, il n'en existait plus. Fauchet fut conséquent en se disant évêque du Calvados ; mais l'imiter en cela, s'il vous en eût pris fantaisie, c'eût été de votre part une autre inconséquence, puisque la constitution qui l'autorisait à prendre cette qualité était aussi complètement anéantie, que son clergé s'était lâchement avili. Vous n'étiez pas comme évêque constitutionnel. Non, vous n'avez pas plus succédé au citoyen Fauchet qu'à monsieur de Cheylus. Votre généalogie ne remonte qu'à l'an VI de l'ère républicaine : vous n'avez eu qu'un seul et unique devancier et déjà c'en est fait de cette nouvelle race sacrilège et bâtarde. Il n'est donné qu'à la seule légitime, qu'à la seule sainte, de pouvoir subsister jusqu'à la consommation des siècles.»

1. A. D., V 5, Portalis à Brault, 30 messidor an X (19 juillet 1802).

L'auteur conclut son pamphlet en rappelant que Bisson avait pris l'engagement, dans sa lettre de prise de possession, de renoncer à toutes ses fonctions ecclésiastiques et de se retirer si jamais l'union et la paix l'exigeaient. «Or, constate-t-il, Bisson refuse maintenant de partir à l'heure du concordat; il faut qu'il se retire»[1].

Brault, soutenu par le gouvernement, encouragé par une opinion publique qui lui est largement favorable, se montre intraitable dans cette affaire, dont dépend son autorité dans le diocèse. Le rétablissement de la concorde dans le clergé exige qu'il n'y ait qu'un seul chef, incontesté, et ce dernier, nommé par le gouvernement et institué par le pape, est l'évêque concordataire, c'est-à-dire lui-même. Brault sait aussi que Bisson a bien administré le diocèse, qu'il a encore de nombreux et fidèles partisans parmi les prêtres jureurs, qui ne désarmeront pas tant qu'une place honorable ne lui sera pas offerte dans la nouvelle organisation de l'Église de Bayeux. L'évêque concordataire regrette que le gouvernement n'ait pas obligé les évêques constitutionnels à résider hors de leur diocèse respectif, moyennant une bonne pension[2]. Il réfléchit donc durant de longues semaines, refusant même de faire entrer Bisson dans le chapitre de la cathédrale qu'il réorganise provisoirement le 14 fructidor an X (1er septembre 1802)[3]. Il ne désire pas nommer Bisson chanoine titulaire, car il devrait alors l'accueillir dans son conseil épiscopal[4]. Il faut donc l'écarter du gouvernement du diocèse, tout en le nommant à une place honorifique qui convient à son rang. Bisson lui a demandé par deux fois d'assister aux offices dans le chœur de la cathédrale. Il s'obstine d'ailleurs à venir célébrer la messe, chaque jour, en compagnie de quelques prêtres jureurs, ce qui provoque un grand désarroi parmi les fidèles[5]. En janvier 1803, constatant que Bisson s'obstine à ne pas quitter Bayeux, Brault se résout, enfin, à le nommer chanoine honoraire avec le titre de doyen. Il prend cette décision avec regret, mais il avoue qu'il ne peut plus souffrir la dissidence de Bisson et de ses partisans qui entretient l'esprit de parti et compromet la réussite de la politique religieuse déterminée par le gouvernement. Brault a pris conscience aussi que Bisson ne cédera pas et il ne veut pas non plus l'assimiler aux simples prêtres : «Je devais lui épargner, m'épargner et à tout le clergé cet état de nullité»[6]. Il est décidé que Bisson, en

---

1. A. D., Chapitre de Bayeux 739.
2. A. D., F 5661, Brault à Renault, 22 nivôse an XI (12 janvier 1803).
3. A. D., F 5661, Notes de Michel et Laffetay.
4. A. D., F 5661, Brault à Renault, 22 nivôse an XI (12 janvier 1803).
5. A. D., F 5661, Brault à Renault, 16 nivôse an XI (6 janvier 1803).
6. *Ibid.*

tant que doyen, occupera au chœur la stalle près du trône épiscopal, où siégeaient les ci-devant évêques étrangers quand ils étaient les hôtes de l'évêque de Bayeux; dans la procession, il sera sur la même ligne que le doyen du chapitre (des chanoines titulaires). Brault pense alors avoir fait tout ce qui est en son pouvoir pour contribuer au rétablissement de la concorde; il affirme que tel a toujours été son vœu et qu'il n'a jamais «lésiné sur les moyens» pour y parvenir[1]. Pourtant, le nouvel évêque est aussi certain d'avoir écarté son ennemi le plus dangereux : celui-ci est «neutralisé», dit-il, car il n'a plus qu'un seul droit : celui d'assister à l'office, et rien de plus. Il n'a plus désormais les moyens de renforcer son parti. Brault sait, enfin, que s'il avait refusé toute place à Bisson, ce dernier aurait demandé une compensation financière substantielle au gouvernement et que cette pension, jointe à sa fortune personnelle, aurait pu lui permettre de consolider le clan des prêtres assermentés[2]. Bisson accepte cette place de doyen des chanoines honoraires, ce dont Brault «était sûr d'avance[3]», et son nom apparaît effectivement dans l'organisation définitive du chapitre présentée au gouvernement le 12 nivôse an XI (2 janvier 1803)[4]. Le 12 ventôse an XI (3 mars 1803), Bisson informe Brault qu'il se rendra à Caen «au lieu indiqué» pour prêter le serment prescrit par le Concordat et il ajoute : «Quant au rang que j'occuperai à la cathédrale, je m'en réfère à notre convention, signée par l'entremise de Croisilles, votre vicaire général»[5]. À cette date, l'affaire, apparemment, est close, à la satisfaction des deux parties en présence.

La trêve est bientôt rompue par Bisson, qui relance la polémique. Voici, en effet, comment Brault décrit au préfet l'attitude de l'évêque assermenté : «Vous savez que j'ai accordé une place au chœur de la cathédrale à Bisson et qu'il fut mis au nombre des chanoines honoraires. Il prétend paraître en costume épiscopal : soutane violette, rochet, camail, croix pectorale etc. Ces prétentions étant contraires aux instructions reçues du gouvernement, dans une circulaire du ministre du Culte du 30 messidor dernier, j'ai fait savoir à Bisson que je m'y opposais. Il m'a fait savoir que, depuis cette date, il y avait de nouvelles dispositions en exhibant quelques lambeaux de gazette de son parti. J'ai persisté dans mon refus et j'y persisterai[6].»

1. A. D., F 5661.
2. A. D., F 5661, Brault à Renault, 22 nivôse an XI (12 janvier 1803).
3. A. D., F 5661, Le Moussu à Renault, 25 nivôse an XI (15 janvier 1803). C'est Le Moussu, secrétaire provisoire de l'évêque, qui s'exclame : «J'en étais sûr d'avance», se faisant sans doute l'interprète autorisé de Brault.
4. A. D., F 5661.
5. Ibid.
6. A. D., F 5661, Brault à Caffarelli, février 1803.

Brault demande ensuite à Caffarelli d'intervenir auprès de Portalis afin de lui faire comprendre que Bisson s'obstinera dans son projet de faire échouer le plan du gouvernement. Or, s'il paraît ainsi à la cathédrale, il en résultera les plus grands inconvénients : « Ce serait diviser l'autorité, élever autel contre autel. » Le ministre doit être convaincu que Bisson est poussé par les Jacobins qui ont en haine la religion et le gouvernement actuel. Et Brault conclut : « On ne peut se faire d'idée de l'orgueil et de l'entêtement de cet homme »[1]. Le conflit ne cesse de s'envenimer ; les incidents se multiplient et, de plus en plus, l'évêque concordataire prend conscience que l'entente ne sera jamais rétablie et qu'il va devoir utiliser l'arme ultime de la sanction. Il s'en plaint auprès de Bisson en affirmant qu'en le nommant chanoine honoraire, il avait cru le gratifier. Il lui avait semblé que l'ancien évêque constitutionnel avait été sensible à ce geste, mais il déplore qu'ensuite il ait refusé de paraître aux offices durant de longues semaines, alors qu'il était à Bayeux et en parfaite santé. Brault lui fait remarquer qu'il est tout d'abord resté silencieux, faisant preuve de patience, puis il rappelle qu'il l'a requis de paraître de nouveau à la cathédrale, ce qu'il fit, mais en refusant de remplir les fonctions qui lui ont été assignées. L'attitude négative de Bisson doit être due, selon Brault, à son hostilité à l'égard du gouvernement actuel. Il en fournit une preuve : le dimanche 26 février, alors que des prières publiques ont été ordonnées pour la découverte de la conjuration contre l'État, Bisson tient des propos séditieux dans la sacristie de la cathédrale. Ensuite, il reste absent durant les deux jours consacrés aux prières. Brault se contente d'engager un de ses amis à lui en faire la remarque, mais l'attitude de Bisson ne change pas, car il refuse d'accomplir les fonctions liturgiques ordonnées par l'évêque concordataire. Brault envoie successivement l'un de ses grands vicaires, d'Audibert, puis un chanoine, Renault, afin d'organiser une rencontre. Bisson refuse, à son grand regret. Alors, l'évêque concordataire, ayant épuisé tous les moyens relevant de la diplomatie, décide d'employer l'arme ultime de la sanction. D'une part, il supprime tous les pouvoirs de confesser et de prêcher qu'il avait accordés à Bisson ; d'autre part, il lui retire son titre de chanoine honoraire et lui interdit l'accès au chœur de la cathédrale. De plus, l'évêque annonce qu'il se réserve le droit de prendre ultérieurement toutes les mesures disciplinaires visant à réprimer les propos que Bisson a tenus publiquement, le 26 février[2].

---

1. *Ibid.*
2. *Ibid.*

Malgré l'interdit prononcé contre lui, Bisson ne cède pas; il fait part au grand vicaire, de Croisilles, de son intention de particper aux offices de la cathédrale, revêtu du costume épiscopal, et transmet au préfet les récentes sanctions que Brault a prononcées contre lui. Le 15 ventôse an XI (6 mars 1803), Brault se contente de lui rappeler les ordres du gouvernement à l'égard des anciens évêques assermentés [1]. Brault rend compte au préfet, dans une lettre du 17 ventôse (8 mars), des derniers développements de cette affaire; il profite de cette opportunité pour affirmer que les plaintes de Bisson sont dénuées de tout fondement; ce dernier a toujours été libre de faire ce qu'il a voulu. Brault, avec une mauvaise foi évidente, nie donc l'existence de toute sanction contre Bisson et il veut montrer à Caffarelli que, loin d'être un persécuteur, il est au contraire la victime d'une conspiration dont Bisson est l'instigateur. Il prétend qu'il n'a jamais gêné l'ancien évêque, ne lui a fait aucun reproche, tout en sachant qu'il exerçait le saint ministère sans son approbation et que sa maison est un «centre d'intrigants». Il lui avait offert la place de chanoine honoraire, afin de ne pas l'obliger à prêter le serment prévu par le Concordat. Toutefois comme l'arrêté préfectoral invite les chanoines honoraires à la cérémonie de prestation du serment, si Bisson qui est hostile au gouvernement ne veut pas paraître à cette cérémonie, revêtu de l'habit des chanoines, Brault accepte qu'il se présente en habit court [2].

Le 16 ventôse (7 mars), Bisson rappelle à l'évêque que, même sans fonction, il est évêque. Donc il a le droit de porter le costume épiscopal, au moins dans l'église. Il estime que le réduire au costume de simple prêtre le dégrade et que, de plus, aucun évêque, en France, ne s'est permis de prendre une telle mesure; ainsi, les évêques démissionnaires de Paris portent toujours leurs costumes épiscopaux. Enfin, il affirme de nouveau qu'il ne conteste pas la nomination de l'actuel évêque de Bayeux [3]. Bisson s'adresse le 18 ventôse (9 mars) au préfet Caffarelli en déplorant, tout d'abord, les difficultés qui viennent de s'élever entre le nouvel évêque et lui-même, alors qu'il croyait avoir obtenu une réconciliation avec Brault en occupant «paisiblement» la place de premier chanoine honoraire. Il demande à Caffarelli de régler définitivement le différend portant sur l'habit qu'il convient pour lui de porter au chœur, et lui rappelle que tous ses collègues, à Paris, ont obtenu sans peine de conserver dans l'église le costume épiscopal. Or, Brault, en voulant le réduire au simple habit de prêtre,

---

1. A. D., V 5.
2. A. D., F 5661.
3. A. D., V 5.

lui inflige une dégradation qu'il affirme n'avoir pas méritée et à laquelle il aurait honte de souscrire. En attendant la réponse du préfet, Bisson estime qu'il ne peut ni renoncer à la place qui lui revient, ni perdre l'occasion de paraître à la cérémonie de prestation du serment prévue par le Concordat [1].

Informé conjointement par les deux évêques, le préfet prend le parti de Brault et se contente de rappeler à Bisson les ordres du gouvernement, afin qu'il s'y soumette au plus vite [2]. La décision du préfet étant sans appel, Bisson se trouve placé devant l'alternative suivante : résister ou se retirer. Il préfère se retirer.

Brault sort vainqueur de cette lutte sans merci contre son rival et prédécesseur, l'évêque constitutionnel Bisson. Il a su se montrer à la fois habile et diplomate quant à la forme, mais intraitable sur la question de l'autorité dont il est investi par le Concordat. Il a certainement cru, un moment, parvenir à un accord honorable qu'un homme moins intelligent, moins ambitieux – d'aucuns diraient moins orgueilleux – que Bisson aurait pu accepter. Certes, l'évêque démissionnaire est un homme fier, mais sa sincérité ne peut être mise en cause ; ses principes, respectables, sont ceux de l'Église constitutionnelle. Poussé par un parti puissant de prêtres jureurs inquiets de leur propre sort, qui l'ont choisi naturellement comme leur chef, il estime, avec justesse, qu'il a correctement administré le diocèse dans un contexte très difficile ; il désirait donc une juste place qui, à ses yeux, devait reconnaître l'œuvre accomplie par l'Église constitutionnelle, sans laquelle, selon lui, la foi catholique aurait sombré. Brault, soumis à un gouvernement, à qui il doit sa fonction épiscopale, et soutenu par le préfet Caffarelli, ne voulut pas accéder aux désirs du parti des prêtres jureurs. Quand il s'aperçut que la situation était devenue insoluble, il n'hésita pas à engager le fer contre Bisson et à le frapper d'interdit, montrant ainsi qu'il ne transigerait jamais sur la question, essentielle, de l'autorité. Les sanctions sévères qu'il asséna à Bisson prouvent qu'il peut être implacable. Puis, il recula, car le gouvernement, représenté par Caffarelli, était favorable à une politique d'apaisement. Pour se disculper, il n'hésita pas à faire preuve de mauvaise foi et il triompha, enfin, de son adversaire grâce à l'appui sans faille que lui manifesta le préfet, ce qui acheva de décourager Louis-Charles Bisson qui, alors, se retira...

La personnalité déroutante de Charles Brault se révèle donc, à l'occasion de cette première affaire, décisive pour la suite de son épiscopat : à la fois ferme et résolu quant à l'objectif à

---

1. A. D., F 5661.
2. *Ibid.*

atteindre, il peut faire preuve d'une grande générosité pastorale quand l'adversaire se plie à ses exigences. Pourtant, cette victoire est moins la sienne que celle de Caffarelli, et donc du gouvernement, auquel il est tellement inféodé qu'il n'hésite pas à sacrifier son honneur, quand il désire recouvrer un peu de liberté dans la conduite des affaires. Amère victoire...

Que deviendra Louis-Charles Bisson ? L'avocat Esnault, dans son Journal, note simplement qu'il demeura à Bayeux, en refusant obstinément toutes les places que l'évêque consentait à lui offrir [1]. En réalité, Bisson continua pendant quelque temps à assister aux offices du dimanche en habit séculier « dont la couleur tirait sur le violet », comme l'affirme un témoin anonyme de l'époque. Il se plaçait dans l'une des hautes stalles, du côté droit, près du trône épiscopal. Puis, de guerre lasse, il se retira définitivement, demeura dans la ville épiscopale, sortant peu, sauf pour une courte promenade quotidienne sur la route de Littry, située près de son domicile. Il célébrait la messe chez lui et recevait encore quelques prêtres assermentés qui lui restèrent fidèles jusqu'à la mort [2]. Il partageait son temps entre la prière et la culture des lettres [3]. Il se consola, en effet, en se consacrant à l'érudition et en écrivant ses Mémoires intitulées : *Mémoires pour servir à l'histoire du diocèse de Bayeux et du département du Calvados*, qui, rédigées dans les premières années de l'Empire, avec des additions postérieures, font suite à *L'Histoire du diocèse de Bayeux* de J. Hermant, publiée à Caen en 1705, et vont donc de l'épiscopat de Mgr François de Nesmond à l'intronisation de Charles Brault [4]. Il mourut le 28 février 1820, assisté par Moulland, son confesseur, ancien prêtre jureur et curé de Balleroy [5].

La consolidation du siège épiscopal.

Deux jours après son installation, Brault réorganise la ville épiscopale. Il fait part de sa décision aux habitants de Bayeux dans une lettre qu'il leur adresse le 10 messidor an X (29 juin 1802). La ville est alors acquise au clergé réfractaire, hormis une minorité de fidèles qui assistent aux offices des prêtres assermentés dans les églises Saint-Laurent et Saint-Patrice, récemment rendues au culte. Le clergé hostile à

---

1. ESNAULT, f° 21, n. 2.
2. A. D., Chapitre de Bayeux 739, « Trois questions posées à un témoin de l'époque du rétablissement du Concordat ».
3. A. D., F 5661-5663, Notices biographiques sur l'épiscopat de Mgr Brault...
4. SEVESTRE, p. 118, n. 1.
5. A. D., Chapitre de Bayeux 739, « Trois questions... »

l'Église constitutionnelle se montre de plus en plus hardi et l'opposition des fidèles ne cesse de se manifester comme le prouvent les multiples incidents qui éclatent durant les offices. Les prêtres insermentés réclament, en effet, la restitution des églises qui ont été vendues et l'ouverture de la cathédrale qui est très endommagée et menace de tomber en ruine. Le culte réfractaire s'étend partout dans les maisons particulières et, quand la situation devient dangereuse, les prêtres se réfugient non loin de Bayeux, à Cottun, à Saint-Loup et à Ver, où les fidèles se rendent en grand nombre [1]. Ce clergé insermenté plus influent et mieux organisé qu'à Caen, la principale ville du diocèse, est due à la présence d'un certain nombre de collaborateurs éminents de Mgr de Cheylus qui, obéissant à l'ordre de leur ancien évêque, ne l'avaient pas suivi lors de son exil. Celui-ci, en effet, avait demandé à d'Audibert de la Villasse, son vicaire général et archidiacre de Bayeux, de le représenter avec le titre de vicaire général. Comme il voyageait constamment dans le diocèse, d'Audibert avait délégué ses pouvoirs à Nicolas Renault et à Jean-Joseph Maffre, ancien official, que devait seconder l'ancien doyen du chapitre et vicaire général, Jean-François de Marguerie [2]. Ces quatre prêtres avaient contribué à fédérer les prêtres réfractaires isolés en maintenant un embryon d'organisation clandestine, même au plus fort de la tourmente révolutionnaire. À partir de l'an IV (fin 1795), l'action de la chouannerie encouragea le parti des réfractaires, surtout lorsque Bayeux fut placé en état de siège par le marquis Louis de Frotté, qui apparaissait comme le sauveur du catholicisme [3]. Depuis 1799 et surtout l'établissement du Concordat, les prêtres insermentés exilés étaient revenus en grand nombre. Le nouvel évêque avait donc pris la mesure, dès son arrivée, de la prépondérance du clergé réfractaire dans la ville épiscopale, qui représentait quelque soixante-dix prêtres résidant à Bayeux. Il savait néanmoins que la plus grande anarchie régnait parmi ces ecclésiastiques, qui avaient pris l'habitude de célébrer la messe là où ils trouvaient le gîte et le couvert. Tout était donc à réorganiser et l'état souvent lamentable des lieux de culte, dont certains étaient encore occupés par les prêtres jureurs, ne contribuait guère à lui faciliter la tâche.

Avant de statuer définitivement sur les limites des cures et des succursales, Brault choisit de réunir les prêtres de la ville sous la direction de l'un d'entre eux qui est chargé d'assurer les

---

1. SEVESTRE, p. 112-113.
2. J. LAFFETAY, *Histoire du diocèse de Bayeux*, p. 423.
3. SEVESTRE, p. 114.

fonctions de curé de Bayeux. L'évêque nomme donc Nicolas Renault à la cure de la cathédrale qui devient l'église paroissiale pour toute la ville de Bayeux, les autres lieux de culte demeurant fermés [1]. Quinze prêtres insermentés, sous l'autorité de Renault, desservent la ville épiscopale ; ils ont vécu dans la clandestinité pendant la Révolution ; seuls deux d'entre eux se sont exilés : La Brecque, ancien curé de Saint-Patrice, rentré d'Angleterre en l'an IX (1801), au moment du Concordat, et Siméon, ancien vicaire de Saint-Loup, qui a effectué un véritable périple qui l'a mené successivement en Angleterre, en Belgique, aux Pays-Bas et en Allemagne, avant son retour en France en l'an VI (fin 1797-1798) [2].

Charles Brault se plaint auprès du préfet du logement peu convenable qui lui a été attribué à son arrivée. Il désire rentrer en possession de l'ancien évêché et réclame, de plus, quelques subsides pour des réparations urgentes à la cathédrale et au séminaire. Caffarelli lui répond que le Concordat n'oblige pas l'État à assurer le logement de l'évêque ; le conseil général du Calvados devrait donc pourvoir à ses besoins dans ce domaine, en vertu de l'article organique 71 : « Les conseils généraux de département sont autorisés à procurer aux archevêques et évêques un logement convenable. » Caffarelli reconnaît aussi que le ministre de l'Intérieur a autorisé les préfets à disposer des anciens évêchés s'ils ne sont ni vendus, ni occupés par un service public. Malheureusement, celui de Bayeux a été requis par les autorités administratives locales et le préfet ne peut en changer la destination. Caffarelli assure néanmoins l'évêque qu'il s'est empressé de lui trouver un logement convenable ; il s'agit de la maison du doyen qu'il a acquise au nom du département, avec l'accord du conseil général. Il s'engage à donner des ordres nécessaires pour faire réparer ce bâtiment et le mettre en état de le recevoir. Quant aux réparations urgentes de la cathédrale et du séminaire, le préfet ne peut rien promettre sans avoir obtenu l'assentiment du conseil général. Il avertit déjà l'évêque que ce sujet sera à l'ordre du jour de la prochaine session. Selon Caffarelli, Brault a peu de chances d'obtenir satisfaction car, d'une part, les fonds disponibles sur les centimes additionnels de l'an IX sont déjà épuisés et, d'autre part, moyennant un déficit de plus de dix mille

---

1. A. D., F 5661, Brault aux habitants de Bayeux, 10 messidor an X (29 juin 1802).
2. E. SEVESTRE, p. 117 ; A. D., F 5661, Notes de Michel et Laffetay. Les noms des treize autres prêtres insermentés : Délinchamps, ancien religieux prémontré, curé de Coulombs avant la Révolution, et Guérin, Rossignol, du Rozier, Le Perrey, Le Menard, Piperel, Onfroy, Martine, Guillot, Le Bourgeois, Nouvet et Godefroy.

francs, les centimes additionnels, en l'an XI, seront à peine suffisants pour les dépenses auxquelles ils sont affectés. Néanmoins, Caffarelli assure l'évêque qu'il fera tout pour appuyer ses réclamations; il l'a d'ailleurs devancé en faisant part au gouvernement de son embarras [1].

Brault se tourne alors vers le conseil général, dont le pouvoir de décision a été si fortement souligné par le préfet. Il présente sa requête, en insistant sur l'état pitoyable de son diocèse. Il fait observer que la cathédrale de Bayeux doit être réparée : couverture, flèches, statues et images des chapelles sont bien abîmées; la sacristie est démunie de vases sacrés, de linge d'autel, d'ornements... Alors, les prêtres, plus nombreux que partout ailleurs, doivent emprunter les objets nécessaires à la célébration du culte divin. Les jours de fête et les dimanches, il faut, pour la dignité des cérémonies, quatre choristes, deux chapiers, deux servants, deux évangélistes et six enfants de chœur. Brault pense donc que, cette église étant cathédrale, l'administration de son temporel regarde les habitants du diocèse, et non ceux de la seule paroisse; il demande par conséquent au conseil général d'émettre un avis sur le nombre de marguilliers qui devront constituer la fabrique de la cathédrale. De plus, comme un grand nombre de curés et de desservants sont âgés ou infirmes, il sera impossible de leur procurer des successeurs si un séminaire n'est pas bientôt fondé. Brault propose au conseil général de soutenir cette initiative, afin qu'une demande conjointe soit adressée au gouvernement pour la restitution de l'ancien couvent des bénédictines où il songe à établir son séminaire. Enfin, l'évêque réclame quelques subsides pour venir en aide à certains prêtres âgés qui vivent dans la misère [2].

L'évêque prend bientôt possession d'un évêché, qui fait pâle figure auprès du palais épiscopal de Mgr de Cheylus, mais il attendra en vain les secours du département pour l'ouverture du séminaire diocésain et les réparations de la cathédrale Notre-Dame [3].

La mise en place de l'organisation provisoire de Bayeux se heurte à une très vive résistance de la part de quelques prêtres assermentés que Brault a volontairement écartés. Tandis que l'évêque subit les attaques de son prédécesseur, Bisson, il doit aussi affronter les critiques acerbes de Michel Moulland qui a

1. A. D., F 5661, Caffarelli à Brault, 14 messidor an X (3 juillet 1802).
2. A. D., F 5661, Brault au conseil général du Calvados, messidor an X (juillet 1802).
3. A. N., F 19-5668, Brault à Portalis, 1er thermidor an X (20 juillet 1802). Dans ce rapport sur l'état du diocèse de Bayeux, l'évêque constate que le conseil général ne lui a accordé aucune subvention.

incarné la vie religieuse dans la ville épiscopale durant la Révolution [1].

Né le 4 décembre 1757, Michel Moulland fut l'un des quatre curés de Bayeux qui prêtèrent serment à la Constitution civile du clergé en 1790, en compagnie de son vicaire, Pierre-François Jouet. Doté d'un tempérament fougueux, il devint le chef incontesté des prêtres assermentés. Parmi eux, les plus notoires étaient : le curé de Saint Jean : Pierre Lécuyer, celui de la Madeleine : Jean-Pierre Biel, celui de Saint-Sauveur : Pierre Lemenand, et son vicaire : Honorey-François Delaunay, enfin le vicaire de Saint-Patrice : Pierre Seigle, qui était opposé à son curé, La Brecque, jusqu'au départ de ce dernier pour l'Angleterre. Il faut aussi citer, en dehors des paroisses : le principal du collège, Bon-Michel de Baudre, puis le professeur de philosophie, Guillaume Michel, enfin le chapelain de l'hôpital, François-Denis Paysant. Durant l'épiscopat de Claude Fauchet (1791-1793), Moulland contribua à la nomination de ses amis à la tête des quatorze paroisses de Bayeux que l'évêque constitutionnel avait décidé de conserver; lui-même était demeuré à la tête de Saint-Martin, sa paroisse, ainsi que Lécuyer à Saint-Jean, Biel à la Madeleine, et Lemenand à Saint-Sauveur; les autres églises abandonnées par leurs curés insermentés furent desservies par Jouet, ancien vicaire de Moulland (Saint-Ouen-des-Faubourgs), Paysant (Saint-Malo), Seigle (Saint-André), de Baudre (Saint-Exupère), du Mesnil (Saint-Vigor-le-Petit), Hamel (Saint-Patrice), Anchard (Saint-Loup-Hors). Trois religieux, Robert du Gudinel du Routel, bénédictin, Jean-Baptiste Dumont, cordelier, et François Samson, prieur de l'abbaye de Mondaye, desservaient respectivement les paroisses de la Poterie, Saint-Laurent et Saint-Ouen-du-Château. Puis, Moulland assista à l'installation du culte révolutionnaire qui entraîna la fermeture de nombreuses églises (dont Saint-Laurent, transformée en atelier de salpêtre), et surtout à l'effondrement du clergé constitutionnel, qui se dispersa. Alors qu'à la cathédrale se déroulaient les cultes de la Raison et de l'Être suprême, une seule voix s'éleva dans le clergé constitutionnel pour condamner ce nouveau paganisme, celle de Michel Moulland, curé de Saint-Martin. Quelques prêtres assermentés demeurés à leur poste le rejoignirent : Lemenand, Anchard et Lécuyer; ils allèrent ensemble célébrer la messe à la cathédrale, le 1er juin 1793. Face à cette résistance organisée et opiniâtre du clergé constitutionnel, la municipalité de Bayeux céda et Moulland put récupérer tous les édifices et restaurer la liturgie catholique. Sa popularité augmenta car, grâce à lui, l'implantation des cultes païens

---

1. SEVESTRE, p. 99-106; A. D., Chapitre de Bayeux 880, Journal de Dufour.

révolutionnaires avait totalement échoué. Pendant la vacance du siège épiscopal, de 1793 à 1799, Moulland devint le responsable du Presbytère, une réunion de douze prêtres chargés d'administrer le diocèse, parmi lesquels figuraient les noms de cinq autres curés de Bayeux : Lécuyer, Anchard, Lemenand, Drumont et Seigle. Il fut l'un des deux représentants du Calvados au concile national d'août 1797 et c'est lui qui convoqua les électeurs du département afin d'élire un évêque ; Bisson lui devait donc son siège. Moulland devint alors son conseiller, comme il était son confesseur, et il le persuada de demeurer à Bayeux lors du rétablissement du Concordat, afin que le parti des prêtres jureurs pût obtenir du nouvel évêque la place qui leur revenait. Or, Moulland constate que Brault l'a sciemment oublié dans l'organisation provisoire de la paroisse de Bayeux. La place de curé qu'il convoitait est occupée par Nicolas Renault, un réfractaire notoire qui est devenu l'un des deux conseillers les plus intimes du nouvel évêque avec son frère, Mathurin Brault. De plus, Moulland observe que le clergé de la paroisse ne comprend que des prêtres insermentés et que tous ses amis du Presbytère ont été, comme lui, écartés ; le parti des réfractaires triomphe donc et Moulland, ne se faisant plus d'illusion sur les sentiments de Brault à l'égard de l'Église constitutionnelle, considère désormais l'évêque concordataire comme un ennemi irréductible.

Le 19 messidor an X (8 juillet 1802), avant de partir pour Caen, Brault adresse une première lettre au clergé de son diocèse [1]. Il annonce avec joie que, à l'occasion de la cérémonie d'investiture, il a pu rencontrer tous les prêtres constitutionnels de Bayeux et de son canton, qui ont affirmé, à l'unanimité, leur adhésion au Concordat et leur désir de vivre en communion avec leur évêque légitime. « Cette démarche est un hommage rendu à l'autorité de l'Église et aux lois de la République ; elle a suffi pour détruire le mur de séparation qui existait entre eux et leurs confrères », affirme Brault qui, persuadé que tous les prêtres jureurs du diocèse vont imiter ceux du canton de Bayeux, les invite à se présenter à lui. Michel Moulland lui envoie aussitôt une longue lettre, dans laquelle il réfute point par point les assertions de l'évêque ; elle est répandue dans tout le diocèse par les prêtres assermentés, sous la forme d'un libelle, et contribue à augmenter l'exaspération des partisans du clergé constitutionnel [2]. Moulland conteste d'abord l'expression « évêque légitime » que Brault s'attribue et il pose cette question : « En affectant de se dire légitime, Mgr Brault estime-t-il que Fauchet,

---

[1]. A. D., V 133.
[2]. A. D., F 5661, Notes de Michel et Laffetay.

Duchemin et Bisson n'étaient pas légitimes quant à eux ? Ils n'avaient pas de bulles, certes, mais les évêques de Bayeux en eurent-ils jamais ? » Moulland s'étonne ensuite de la joie éprouvée par l'évêque, alors que le prélat a constamment refusé de recevoir le ci-devant clergé constitutionnel qui « a rallié des milliers de citoyens à la Religion et à la République », alors qu'il a refusé de se réconcilier avec le « respectable Bisson », à qui il n'a pas daigné rendre visite, alors qu'il a accompli tant de visites...

« Bisson, ce vénérable apôtre qui, au sein des troubles et de la misère, a déployé tant de courage en montant sur le siège de Bayeux et est encore plus méritant par la modestie avec laquelle il en est descendu, supporte la conduite odieuse de Brault envers lui. » « Brault affirme que le mur de séparation entre constitutionnels et réfractaires est abattu ! » s'exclame Moulland, alors, « pourquoi Brault nomme-t-il à la tête des paroisses des prêtres qui n'ont prêté aucun serment ? pourquoi les prêtres patriotes sont-ils interdits ? Le citoyen Bisson n'a pas la permission de dire la messe et d'assister à l'office dans la cathédrale et un prêtre soumis n'a pu obtenir une hostie pour communier un malade ! Empêcher les prêtres assermentés d'administrer les sacrements, c'est en éloigner ceux qui ont pris part à l'établissement de la République. Les acquéreurs de biens nationaux, les électeurs, les magistrats, les militaires se confesseront-ils à des curés dont ils ont acheté les biens et qu'ils ont dû souvent chasser ? »

Moulland rappelle ensuite que, « au mépris de toutes les règles et au scandale de tous, malgré les défenses des anciens prélats, la cathédrale a été fermée par le préfet puis rouverte par le doyen du chapitre de peur que quelque constitutionnel ne la souillât par sa présence. Les patriotes sont indignés et les plus chrétiens fondaient en larmes ». Moulland accuse ensuite Brault de réclamer des rétractations de la part des prêtres qui ont prêté serment, sans prononcer ce mot, car le gouvernement le défend; l'évêque veut donc que les prêtres jureurs reconnaissent les brefs de Pie VI qui condamnent les serments de 1791. Et ce réquisitoire, implacable, s'achève par cette phrase : « En un mot, l'installation de Brault sur le siège de Bayeux ressemble plus à l'entrée d'un conquérant dans une ville prise d'assaut qu'à celle d'un successeur des Exupère, des Regnobert et des Vigor. »

Le succès du libelle encourage Moulland à accentuer son opposition. Le 14 thermidor an X (2 août 1802), il adresse une pétition à l'évêque, revêtue de cinq cents signatures de prêtres jureurs et de fidèles, qui réclame la nomination d'un certain nombre de curés constitutionnels dont Lécuyer, Anchard,

Lemenand... et lui même [1]. Brault, prenant conscience de l'influence de Moulland et de l'importance du parti qui s'oppose à lui, accepte de nommer l'ancien responsable du Presbytère à la cure de Belleroy. Ses amis obtiennent eux aussi satisfaction : Lemenand est nommé curé de Trévières, Lécuyer, aidé d'Anchard, desservant d'Arromanches, tandis que Seigle s'établit à Monceaux... L'évêque prend bien soin de regrouper les prêtres assermentés dans deux cantons du Bessin : Balleroy et Trévières. Il réussit à les éloigner de Bayeux moyennant la cession de deux cures et espère ainsi avoir réduit l'opposition des prêtres jureurs. Fin stratège, Brault, après avoir pacifié la ville épiscopale, peut maintenant s'attaquer à la seconde place forte du clergé constitutionnel : la ville de Caen.

---

1. SEVESTRE, p. 118, n. 2.

CHAPITRE II

L'ÉCHEC DE L'APPLICATION PACIFIQUE DU CONCORDAT

Charles Brault organise son diocèse selon les normes concordataires. À Caen, principale ville du diocèse, les prêtres réfractaires harcèlent le clergé constitutionnel qui occupe encore la plupart des paroisses. L'évêque veut rétablir l'ordre ; il compte sur l'aide bienveillante du préfet, Caffarelli, pour écarter son principal adversaire, le prêtre assermenté Gohier de Jumilly. Toutefois, il doit demeurer prudent car il sait qu'une confrontation brutale pourrait provoquer un soulèvement général du clergé constitutionnel. La réorganisation de la ville de Caen doit servir de modèle à celle que l'évêque doit réaliser au niveau du diocèse ; en effet, il doit présenter au gouvernement une nouvelle circonscription des paroisses, puis désigner parmi les prêtres constitutionnels et réfractaires ceux qui feront partie du personnel concordataire. La réussite d'une telle entreprise dépend beaucoup de l'attitude des prêtres assermentés inquiets pour leur avenir, et surtout de l'acceptation de la nouvelle carte paroissiale par les fidèles.

Église concordataire, Église constitutionnelle : de la confrontation à la rupture.

La situation à Caen en 1801 [1].

Comme à Bayeux, la réorganisation des paroisses de la ville de Caen doit être précédée de l'éradication de toute opposition au Concordat. Or, Brault sait que, s'il ne règle pas cette question en se rendant lui-même sur place, la nomination des

---

1. E. SEVESTRE, *La Vie religieuse dans les principales villes normandes pendant la Révolution*, p. 123. 237.

nouveaux curés et desservants risque de provoquer une explosion de colère de la part des prêtres jureurs, dont l'influence demeure importante parmi les fidèles. Leur chef de file, Gohier de Jumilly, comme Moulland à Bayeux, a assumé des responsabilités importantes pendant la Révolution. Né le 20 décembre 1744, il se distingua dès 1789 en devenant président d'un Comité général pour veiller à la sécurité publique, suscité par les autorités municipales à la suite des émeutes du mois d'août. Son rôle politique s'affirma alors, si bien que ses détracteurs lui reprochèrent plus tard d'être plus un politicien qu'un prêtre. Il faut reconnaître, toutefois, qu'il fit preuve en toutes circonstances d'une grande ténacité et d'une fidélité sans faille à l'Église constitutionnelle. En février 1790, il devint membre de la nouvelle municipalité qui venait de se constituer et s'empara de la cure de Saint-Jean, à la place de Busnel, qui s'était réfugié dans la clandestinité. Le 17 avril 1791, il se présenta en vain contre Claude Fauchet lors de l'élection de l'évêque constitutionnel du Calvados; ce dernier le nomma néanmoins vicaire épiscopal [1].

Lors de la révolte fédéraliste de mai-juin 1793, Gohier de Jumilly fut parmi les plus ardents ennemis de la Convention, puisqu'il faisait partie du groupe des notables qui proposèrent de marcher sur Paris. Il subit la répression consécutive à l'entrée des armées de la Convention dans la ville de Caen, le 23 juillet, et fut emprisonné durant dix-huit mois. En 1795, alors que le clergé constitutionnel se disloquait et disparaissait, Jumilly se maintint grâce à ses fonctions de procureur général du district. Pourtant, la situation des prêtres jureurs dans le Calvados, spécialement à Caen, devenait intolérable; en effet, Jean-Pierre Lévêque, commissaire du pouvoir exécutif, était favorable aux cultes révolutionnaires et pourchassait le clergé constitutionnel. Alors, Jumilly quitta la ville et se fit nommer commissaire du pouvoir exécutif dans l'administration municipale du canton de Saint-Martin de Fontenay. Il sortit de sa retraite à la suite de la nomination du premier préfet du Calvados, le général Dugua (13 fructidor an VIII, 31 août 1800) [2],

---

1. J. LAFFETAY, *Histoire du diocèse de Bayeux*, p. 236-239, 256.
2. Charles-François Dugua (1744-1802). Né à Valenciennes (Nord) le 26 février 1744, Il entra dans l'armée en 1760, fut nommé lieutenant de gendarmerie en juin 1791, rejoignit l'armée des Pyrénées orientales et fut promu le 14 août 1793 général à titre provisoire. Il prit part au siège de Toulon et passa général de division le 3 frimaire an II (23 novembre 1793). Il se battit encore en Vendée, en Italie, en Égypte et contribua à la prise de Rosette et à celle du Caire. Le 25 germinal an VI (14 avril 1798), il fut élu par le Calvados député au Conseil des Cinq-Cents. Sous le Consulat, le 19 fructidor an VIII (31 août 1800), il fut nommé préfet du Calvados et le 11 brumaire an X (2 novembre 1801), il fut désigné comme chef d'état-major de l'armée de Saint-Domingue. Il mourut d'une maladie contagieuse au Cap (Saint-Domingue), le 16 octobre 1802.

car celui-ci favorisait de nouveau le clergé constitutionnel; il reprit possession de la paroisse Saint-Jean, dont il était toujours le curé en titre, malgré quelques hésitations de Dugua.

Dans le centre de la ville, non loin de Saint-Jean, la paroisse Saint-Pierre est dirigée par un homme remarquablement intelligent et habile, Gervais de la Prise, le meilleur allié de Gohier de Jumilly. La fidélité du curé de Saint-Pierre résistera à l'épreuve du temps; il est vrai qu'il montrera quelques réserves lorsque Jumilly prétendra dominer, seul, le clergé de la ville. Il se démarquera aussi du curé de Saint-Jean quand ce dernier attaquera trop violemment l'autorité en place, qu'elle soit politique ou religieuse. Il faut avouer qu'à la différence de Gohier de Jumilly, Gervais de la Prise demeurera en toutes circonstances un prêtre succombant moins que son ami aux charmes de la politique.

Né à Bray-en-Cinglais le 5 décembre 1734, bachelier en droit civil et en droit canon, Charles-René Gervais de la Prise fut d'abord curé de Médavy, puis doyen d'Écouché, dans le diocèse de Sées. Nommé curé de Saint-Pierre de Caen en 1775, il s'opposa très tôt à Mgr de Cheylus, l'évêque de Bayeux, qui lui reprochait ses idées libérales et, comme certains paroissiens et confrères, sa tenue négligée et son caractère velléitaire. Il était, toutefois, très populaire grâce à la pureté de ses mœurs, son zèle pastoral, l'austérité de sa vie et sa charité envers les pauvres. Cela explique pourquoi nombreux furent ses ennemis politiques qui lui pardonnèrent ses prises de position durant la Révolution. Sa popularité, jointe à son habileté, sont sans doute, les causes de la longévité exceptionnelle de Gervais de la Prise à la tête de la paroisse Saint-Pierre de Caen qu'il ne quitta pas jusqu'à sa mort, le 9 novembre 1810. Gervais de la Prise accueillit favorablement la Révolution; il refusa de signer la déclaration des curés de la ville de Caen du 7 janvier 1791, dans laquelle ils assuraient Mgr de Cheylus de leur indéfectible attachement, et prêta serment à la Constitution civile du clergé[1]. Sa popularité était telle que, le 13 mars 1791, son église fut choisie pour la réunion de l'assemblée électorale chargée de désigner le nouvel évêque du Calvados. Gervais de la Prise fut élu par 314 voix sur 411 votants. Il ne désirait pas quitter ses paroissiens et voulait donc fixer le siège épiscopal à Caen; de plus, afin de consolider son autorité, il demandait qu'un concile national ratifiât l'élection qui avait fait de lui le successeur de Saint-Exupère... et de Mgr de Cheylus, en exil. Les électeurs

---

1. R. PATRY, *Une ville de province. Caen pendant la Révolution de 1789*, Condé-sur-Noireau, 1983, p. 236.

refusèrent et, après bien des tergiversations, Claude Fauchet, un prêtre de la paroisse Saint-Roch de Paris, fut élu, le 18 avril. Gervais de la Prise fut, toutefois, nommé curé constitutionnel de Saint-Pierre. L'église Saint-Pierre devint dès lors la principale église de la ville de Caen ; Fauchet, en effet, la choisissait volontiers lorsqu'il voulait tenir un discours important. On imagine la fierté de Gervais de la Prise! Lors de la révolte fédéraliste de mai-juin 1793, Gervais de la Prise prêta le serment exigé, mais, plus prudent que Gohier de Jumilly, il ne fit pas de déclaration ardente contre la Convention. Il évita donc de justesse l'emprisonnement, et bien que Saint-Pierre fût rebaptisée «temple de la Raison», il demeura courageusement à son poste durant toute la période de la Terreur. Il était alors le seul curé constitutionnel de la ville de Caen qui réussissait encore à rassembler quelques fidèles, sans crainte d'être inquiété. Lorsque, en 1795, les cultes révolutionnaires entrèrent en décadence, le curé de Saint-Pierre fut le premier à les chasser en rouvrant solennellement son église, le 16 prairial an III (4 juin), en la fête du Saint-Sacrement[1]. Sûr de lui, Gervais de la Prise défendit sa paroisse, car il voulait qu'elle recouvre sa prépondérance. Il profita donc de la situation favorable créée par l'arrivée du préfet Dugua, qui protégeait les prêtres jureurs, pour lui adresser pétition sur pétition (vendémiaire an IX, octobre 1800) afin qu'il déclarât Saint-Pierre principale église de la ville, mais il échoua, car Dugua avait bien d'autres problèmes plus urgents à régler...

À la périphérie de Caen, la paroisse Saint-Michel de Vaucelles est, elle aussi, dirigée par un prêtre constitutionnel : Hébert. Né le 12 mai 1735, Louis Hébert est un homme de valeur et un excellent administrateur. Sur le plan politique, il fit preuve, au début de la Révolution, d'une certaine prudence, puis s'engagea plus résolument dans le parti des prêtres assermentés, révélant des talents d'ardent polémiste. Il refusa de signer, comme Gervais de la Prise, la déclaration du 7 janvier, puis il se rétracta[2]. Il prêta néanmoins le serment et l'assemblée électorale d'avril-mai 1791 le nomma curé constitutionnel de Vaucelles. L'évêque Claude Fauchet le fit

---

1. PATRY, p. 517.
2. PATRY, p. 237, n. 5 : les *Affiches* du 16 janvier publient une déclaration de Hébert datée du 13 : «Nous, prêtre, curé de la paroisse Saint-Michel de Vaucelles, avons nous-même rayé notre signature par rétractation n'ayant eu aucune intention d'adhérer à plusieurs phrases dont nous n'avons eu idée ni connaissance, ne nous étant pas trouvé à aucune assemblée le 7.» Sa signature n'en figure pas moins, très clairement, au bas du document. Patry affirme que le personnage est mal connu. Il cite une lettre du 23 janvier 1789 de Duperre de Lisle au procureur général de Rouen, Belbeuf, peu flatteuse pour Hébert, décrit comme un pasteur despotique et querelleur, peu estimé par ses paroissiens.

entrer, le 19 juin suivant, dans son conseil épiscopal [1] et le nomma supérieur du grand séminaire de Bayeux, après le départ des lazaristes. Chargé de l'organisation des nouvelles paroisses de Caen, Hébert fit preuve d'une grande virulence à l'égard des sœurs du Bon-Sauveur, afin de les obliger à quitter leur état.

La quatrième paroisse dirigée par un prêtre assermenté a beaucoup souffert pendant la Révolution; il s'agit de Saint-Gilles qui, paradoxalement, était considérée comme le symbole de la résistance à l'Église constitutionnelle, car elle fut le théâtre d'un drame qui marqua beaucoup la mémoire des habitants de Caen. En 1789, le curé de Saint-Gilles, Toussant-Jean-Marin Gombault, était très respecté à cause de sa grande piété jointe à une humilité remarquable [2]. Il refusa de prêter serment et l'assemblée électorale de 1791 nomma Postel curé constitutionnel. Gombault se réfugia à Paris, trouvant un asile précaire chez les eudistes, puis il revint en Normandie au printemps 1793. C'était l'époque où, en vertu d'un décret du 18 mars, la peine de mort pouvait être prononcée contre tout prêtre insermenté. Gombault fut arrêté le 2 avril et conduit à Caen. Traduit devant une commission militaire, il plaida non coupable, en affirmant qu'il ignorait l'existence du décret. Il fut néanmoins condamné à mort. Le 5 avril, une foule énorme envahit la place Saint-Sauveur pour assister à l'exécution. Le prêtre, de nature sensible, eut un moment de défaillance, mais il se ressaisit et monta à l'échafaud «avec le même recueillement qu'il aurait eu en montant à l'autel», assure Laurent Esnault dans ses Mémoires. La foule avait assisté à l'exécution dans un profond silence [3]. Le clergé réfractaire de Caen avait trouvé, en la personne de Gombault, son martyr. Le renom de ce curé et de sa paroisse devint tel que, durant le Directoire, lorsque les cultes révolutionnaires s'effondrèrent, Saint-Gilles, rouverte le 4 brumaire an IV (26 octobre 1795), fut la seule église occupée pendant quelque temps par des prêtres insermentés. Mais le curé constitutionnel, Postel, chassa bientôt les réfractaires et permit ainsi au clergé constitutionnel de se maintenir dans cette grande paroisse.

La cinquième et dernière église desservie par un prêtre assermenté est Saint-Étienne, ci-devant abbaye aux Hommes.

---

1. LAFFETAY, p. 256.
2. E. DE ROBILLARD DE BEAUREPAIRE, *Caen illustré : son histoire, ses monuments*, Bruxelles, 1977, p. 164.
3. PATRY, p. 378 : les prêtres jureurs de Saint-Sauveur recueillirent son corps et l'inhumèrent dans l'église des cordeliers, selon le rite réservé aux ecclésiastiques. Cette église est devenue la chapelle du couvent des bénédictines du Saint-Sacrement après le Concordat.

Après l'expulsion des moines, le 2 novembre 1790, l'église abbatiale fut abandonnée, tandis que le district s'installait dans la salle du chapitre et tenait ses réunions extraordinaires dans le grand réfectoire. L'église paroissiale Saint-Étienne était alors desservie par Charles Beaunier, qui refusa de prêter serment à la Constitution civile du clergé. L'assemblée électorale d'avril-mai 1791 supprima l'église Saint-Étienne, qui devint une écurie, et transféra le titre paroissial à l'ancienne abbaye aux Hommes, qui fut de nouveau ouverte au culte. Pierre Rozée fut élu curé constitutionnel, mais il partit bientôt pour Rots, car un personnage plus important convoitait la place : Richard-François Chaix-Destange, qui était arrivé de Paris avec le nouvel évêque, Claude Fauchet. Celui-ci le nomma vicaire général et curé de Saint-Étienne. Chaix-Destange se montra particulièrement virulent au moment de la révolte fédéraliste, car il fut de ceux qui proposèrent aux citoyens de Caen de marcher sur Paris. Il fut jeté en prison, en compagnie de Gohier de Jumilly, pendant dix-huit mois. Les cultes révolutionnaires remplacèrent l'Église constitutionnelle et Saint-Étienne devint le temple de l'Être suprême ; on enferma dans le tabernacle le texte de la Constitution et de la Déclaration des droits de l'homme et du citoyen[1]. Lorsque Chaix-Destange sortit de prison, il put reprendre ses fonctions de curé de Saint-Étienne, car les cultes révolutionnaires étaient en pleine décomposition. Après son départ pour Reims[2], la paroisse Saint-Étienne fut reprise par un autre prêtre constitutionnel, Adam, plus paisible, qui se maintint jusqu'à l'arrivée de l'évêque concordataire[3].

En dehors de ces cinq églises desservies par le clergé constitutionnel, les autres édifices du culte sont dans un état lamentable : l'église Saint-Martin a été détruite ; Saint-Nicolas et Saint-Étienne ont été transformées en écuries et Saint-Sauveur en halle aux grains ; Saint-Georges-du-Château, Saint-Ouen, Notre-Dame, Sainte-Paix, la collégiale du Saint-Sépulcre et l'abbaye aux Dames sont devenues des entrepôts de vivres et de matériel. Du côté des congrégations religieuses, la désolation est totale : les églises des Jacobins et du couvent des carmélites ont été détruites ; l'hôtel-Dieu a installé ses services dans la chapelle des religieuses qui tenaient cet hôpital. Les chapelles des couvents des ursulines, de la Charité et de la Visitation ont été réquisitionnées par les ministères de la Guerre et de la Marine. Enfin, les chapelles des trois collèges : collège des Arts, collège du Bois et collège

---

1. P. GOUHIER, *L'Abbaye aux Hommes, Saint-Étienne de Caen*, p. 13.
2. LAFFETAY, p. 256.
3. A. D., Chapitre de Bayeux 880, «Journal» de Dufour.

du Mont, ont été vendues à des particuliers ; celle du séminaire abrite le culte décadaire et celle de Beaulieu a été transformée en prison.

Hormis la courte occupation de Saint-Gilles en l'an IV (fin 1795), le clergé réfractaire n'a pas réussi à s'emparer d'une église. Il est pourtant très influent, surtout depuis l'exécution de Gombault, en avril 1793 ; l'avance des chouans qui, au début de l'an VII (septembre-octobre 1798), mirent le siège devant la ville, l'a galvanisé. Il est, de plus, bien organisé : son chef administratif, Claude Godefroy de Boisjugan, représente Mgr de Cheylus dans la région de Caen [1]. Son chef doctrinal, Étienne Bonhomme, ancien curé de Saint-Nicolas, est un homme de science, réputé pour sa grande vertu et son intransigeance [2]. L'armature du clergé insermenté est constituée par les eudistes qui, hormis Dalidan, avaient tous refusé le serment. Leur supérieur, Pierre Dumont, était resté à Caen avec la plupart de ses confrères, tandis que son coadjuteur, le bienheureux François Hébert, fut compté parmi les victimes des massacres de septembre 1792, au couvent des carmes à Paris. Pendant toute la durée de la Révolution, les prêtres insermentés célébrèrent le culte dans les maisons particulières ainsi que dans certaines églises de la région de Caen : Saint-Contest, Verson, Saint-Germain-la-Blanche-Herbe, la Folie. En 1801, la situation reste précaire, car, galvanisés par Bonhomme, ils se montrent particulièrement agressifs et préfèrent demeurer dans l'ombre en attendant de pouvoir s'emparer par la force des lieux de culte.

Après la signature du Concordat, la situation devient dangereuse : d'une part, le flot des prêtres réfractaires revenant de l'exil ne cesse de grossir, d'autre part, les révolutionnaires disposent encore de solides points d'appui dans la population et accentuent leurs attaques dans les journaux. La presse est, en effet, plutôt républicaine et donc hostile aux émigrés. Le préfet Dugua, afin de prévenir tout affrontement, ordonne aux journaux de ne pas parler de religion ; *Le Journal du Calvados* n'obéit pas et publie dans son numéro 154, sous le titre «Variétés», le 17 fructidor an IX (4 septembre 1801) un article consacré à la religion catholique et aux prétendus droits de la papauté de réglementer l'exercice du culte en France. Le Concordat est présenté comme un complot du

---

1. LAFFETAY, p. 424-425.
2. DE ROBILLARD DE BEAUREPAIRE, p. 106, affirme que E. Bonhomme est mort le 6 mai 1802 ; c'est une erreur sans doute, car selon Dufour dans son Journal, il fut nommé vicaire de Saint-Étienne, puis chanoine lors de la constitution définitive du chapitre (2 janvier 1803). Dans un état ultérieur de 1810, son nom n'apparaît plus ; il est donc décédé à cette date.

clergé réfractaire en vue d'anéantir l'Église constitutionnelle. Pourtant la population demeure calme et réserve même un bon accueil aux prêtres insermentés qui arrivent chaque jour d'Angleterre. Le clergé réfractaire voit s'éloigner avec soulagement le général Dugua favorable aux prêtres constitutionnels ; avec l'arrivée du nouveau préfet, Caffarelli, le 17 nivôse an X (7 janvier 1802), la situation se retourne en faveur des insermentés. La première mesure qu'il prend est de renvoyer tous les prêtres jureurs employés dans les bureaux de la préfecture, dont Vitral, que Dugua avait nommé premier secrétaire. Desbordeaux décide alors de tenter un coup de force afin de reprendre ses fonctions de curé de Saint-Julien. Caffarelli ne l'en empêche pas, malgré les protestations des prêtres constitutionnels. Le clergé réfractaire réussit donc à occuper une église ; c'est sa première grande victoire [1]. Peu avant l'arrivée de l'évêque, un scandale survenu dans le rang des prêtres assermentés lui permet de consolider sa position : le 24 floréal an X (14 mai 1802), les bans pour le mariage d'un prêtre jureur, Quesnot, professeur de mathématiques à l'école centrale du Calvados, sont affichés à l'hôtel de ville. Le jeudi de l'Ascension suivant (7 prairial, 27 mai), alors que Quesnot célèbre son mariage civil [2], Desbordeaux, voulant montrer aux autorités administratives l'influence du clergé réfractaire, organise des cérémonies somptueuses en l'église Saint-Julien, qui sont suivies par de nombreux fidèles.

Le clergé réfractaire ne cesse de se renforcer durant le printemps 1802 ; ainsi, le 13 prairial (2 juin), soixante prêtres arrivent d'Angleterre et, le lendemain, quarante-deux autres. Ces retours sont célébrés le jour même, dans l'allégresse, par la remise en place d'une statue de la Vierge au bas de la rue du Gaillon, que les révolutionnaires avaient enlevée. Pour les prêtres jureurs, ce climat de restauration religieuse empreinte de triomphalisme devient insupportable ; l'affrontement tant redouté éclate alors à l'occasion d'un libelle lancé contre le nouvel évêque concordataire.

Le conflit et la réorganisation provisoire de la ville de Caen (juillet-août 1802).

Brault connaît le point de vue de Gohier de Jumilly depuis la lettre du 12 prairial an X (1er juin 1802) que le curé de Saint-Jean lui a adressée dès l'annonce de sa promotion à

---

1. A. D., Chapitre de Bayeux 880, Journal de Dufour.
2. Dufour cite le texte d'une chanson, révélatrice de l'état des esprits à Caen, écrite à l'occasion du mariage de ce prêtre : voir annexe 4, p. 424.

l'épiscopat. Il lui présente un état de la situation du diocèse, telle que les prêtres assermentés la voient; il évoque ainsi les rétractations demandées «en l'absence de Brault» à certains ecclésiastiques du clergé constitutionnel et il s'exclame finalement : «le fanatisme règne!» La lettre s'achève par une apologie du prédécesseur de l'évêque concordataire, le «très aimé et regretté Bisson»[1]. Brault sait donc que Gohier de Jumilly a définitivement pris parti pour Bisson, contre lui; cette lettre, humiliante, est irrecevable et l'incite à adopter une attitude intransigeante : il refuse tout contact personnel avec Jumilly et ne veut pas revenir à Caen tant que le curé assermenté de Saint-Jean n'aura pas démissionné.

Un médiateur se présente alors : Gervais de la Prise qui jouit d'une certaine popularité dans le clan des révolutionnaires. Dans une lettre du 14 messidor (3 juillet), il offre ses services à l'évêque en lui proposant de venir célébrer la messe, le dimanche suivant à Saint-Pierre, à laquelle assisteront Gohier de Jumilly, Hébert, le curé de Saint-Michel de Vaucelles et ceux de l'autre opinion que Brault désignera. Après cette réconciliation «éclatante», Gervais de la Prise conseille à Brault de maintenir Gohier de Jumilly dans ses fonctions de curé de Saint-Jean[2]. L'intention de Gervais de la Prise transparaît dans ces lignes : il désire sauver l'Église constitutionnelle, tout en se présentant comme l'ultime recours. L'évêque ne tombe pas dans le piège. Il écarte résolument la proposition de Gervais de la Prise, et nomme ses propres médiateurs : Renault et son frère Mathurin[3]. Le curé de Saint-Pierre s'obstine à se présenter comme le seul prêtre apte à résoudre ce conflit[4]. Alors, Brault change de stratégie. Il prend lui-même la route de Caen, le 19 messidor (8 juillet) et descend à l'hôtel Sourdeval où il reçoit un grand nombre de prêtres des deux partis[5]. Parmi eux figure Gervais de la Prise qui demande audience le 20 messidor (9 juillet) et qui est reçu le surlendemain[6]. Brault refuse les propositions du curé de Saint-Pierre et demande au préfet de pouvoir se rendre en l'église Saint-Étienne pendant son séjour à Caen afin de «satisfaire à ses devoirs de religion et au vœu du gouvernement pour le rétablissement du culte». Le préfet signe l'arrêté demandé, qu'il soumet au ministre des Cultes le lendemain[7]. Brault ordonne alors à Adam, curé

1. A. D., F 5661.
2. *Ibid.*
3. A. D., F 5661, Notes de Michel et Laffetay.
4. A. D., F 5661, Gervais de la Prise à Mathurin Brault, 16 messidor an X (5 juillet 1802).
5. A. D., Chapitre de Bayeux 880, Journal de Dufour.
6. A. D., F 5661, Notes de Michel et Laffetay.
7. A. N., F 19-335, Caffarelli à Portalis, 21 messidor an X (10 juillet 1802).

constitutionnel de Saint-Étienne, de lui remettre les clefs de l'église, ce qu'il fait aussitôt le 21 messidor (10 juillet) ; le prélat célèbre le lendemain la messe dominicale dans l'ancienne abbaye aux Hommes, entouré d'un grand nombre de prêtres, en majorité non jureurs [1]. L'intrigant et ambitieux curé de Saint-Pierre est donc écarté du gouvernement du diocèse ; le choix de Saint-Étienne par l'évêque est le symbole de la défaite et de l'humiliation qu'à son tour Brault lui inflige sans hésitation.

Le 24 messidor an X (13 juillet 1802), Brault constitue provisoirement les paroisses de Caen, en les répartissant autour des deux cures de Saint-Étienne et de Saint-Jean. Six églises et chapelles sont érigées en succursales : Saint-Michel de Vaucelles, Saint-Pierre, Saint-Gilles, Saint-Nicolas, les Cordeliers et les Jésuites. L'évêque permet, en outre, aux habitants des églises supprimées et demeurant fermées de réclamer leur ouverture et un prêtre desservant, s'ils acceptent de le rétribuer [2]. L'organisation provisoire de la ville de Caen enlève tout espoir à Gervais de la Prise de faire de Saint-Pierre la principale église de la cité ; en effet, Brault, ne désirant pas se compromettre avec ce prêtre intelligent et populaire, relègue la paroisse Saint-Pierre au rang de succursale et la place sous l'autorité de Saint-Jean, qui est toute proche. Il préfère donner la primauté à Saint-Étienne, la prestigieuse abbaye aux Hommes, éloignée du centre-ville, donc des intrigues des prêtres jureurs. Pour bien marquer la prépondérance de cette paroisse, située à l'est de Caen, l'évêque lui attribue une superficie très vaste puisqu'elle comprend les territoires respectifs des paroisses de Saint-Étienne (dit « le Vieux »), de Saint-Martin (maintenant détruite) et, un peu plus tard, de Saint-Nicolas (dit « des Champs ») [3]. À sa tête, Brault nomme un prêtre réfractaire intransigeant : Beaunier, curé de Saint-Étienne avant la Révolution, devient donc curé provisoire.

L'évêque, sur ordre du préfet, a dû limiter le nombre des succursales ; le bouillant Desbordeaux, curé de Saint-Julien, doit quitter son église ; il continue, toutefois, à desservir sa paroisse à partir du domicile du jardinier Bonpain [4]. Le 24 brumaire an XI (14 novembre 1802), avec l'accord du préfet, Brault accepte la réouverture de Saint-Julien et nomme Desbordeaux, curé provisoire.

---

1. A. D., Chapitre de Bayeux 880, Journal de Dufour.
2. *Ibid.*
3. GOUHIER, p. 13.
4. A. D., Chapitre de Bayeux 880, Journal de Dufour.

Si Saint-Étienne a été libérée sans coup férir par le curé constitutionnel, il n'en est pas de même pour Saint-Gilles. Au moment où, le 28 messidor (17 juillet), le commissaire de police se présente à l'église pour se faire remettre les clefs de l'église, Postel, le curé, et son vicaire, Lentrain, résistent, aidés de quelques paroissiens. Le nouveau desservant Thomas-Charles Anquetit parvient, toutefois, à célébrer la messe, le lendemain, ainsi que les vêpres qui sont précédées d'un rite de la bénédiction de l'église. Ces rites de purification sont interprétés comme un défi par l'ancien curé, qui se présente pour officier. Le commissaire l'expulse sans ménagement. Pour affirmer l'autorité du nouveau desservant, l'évêque viendra, le 10 thermidor (29 juillet) donner la confirmation, en présence d'une grande foule, enfin acquise à Anquetit [1].

Sur les cinq paroisses détenues par les prêtres constitutionnels lors de l'arrivée de Brault, ceux-ci n'en occupent plus que deux : Saint-Pierre et Saint-Michel de Vaucelles, que dirige l'intrépide Hébert. À Saint-Jean, Gohier de Jumilly est remplacé par Jean-Jacques Paris, une figure éminente du clergé réfractaire, que Mgr de Cheylus avait nommé vicaire général pour la région du Bocage, avant son départ pour l'exil. Ce choix accentue l'hostilité de Gohier de Jumilly. Il refuse d'obéir au préfet qui, intervenant à la demande de l'évêque, lui ordonne de remettre les clefs de l'église ; il obtempère pourtant le 12 thermidor (31 juillet) sur injonction du commissaire de police. L'église est rouverte et Paris, nouveau curé provisoire, célèbre la messe, le 13 thermidor (dimanche 1er août) avec le concours de quarante prêtres [2]. La victoire des réfractaires est complète.

Gohier de Jumilly réagit vigoureusement le lendemain même de la première messe, particulièrement provocante, de son remplaçant. Dans une lettre adressée à l'évêque (14 thermidor, 2 août), il affirme que l'arrêté d'expulsion, qui lui a été signifié le 12 thermidor (31 juillet), est illégal et menace de poursuivre Brault devant les tribunaux [3]. Le 17 thermidor an X (5 août 1802), l'évêque se contente d'envoyer la lettre à Caffarelli. Le préfet lui répond, le 19 thermidor (7 août), en l'assurant de son soutien sans faille ; il condamne Gohier de Jumilly et Gervais de la Prise, deux prêtres qui, «sans le savoir, se rendent les instruments des factieux et oublient le caractère de l'évêque». Il annonce enfin qu'il va leur écrire le

---

1. A. D., Chapitre de Bayeux 880, Journal de Dufour ; R. PATRY, *Le Régime de la liberté des cultes dans le département du Calvados pendant la première séparation (1795-1802)*, p. 251.
2. A. D., Chapitre de Bayeux 880, Journal de Dufour.
3. A. D., F 5661 ; A. D., V 5.

jour même pour les rappeler à leur devoir, en espérant que cet avertissement sera suffisant [1].

Toutefois, Gohier de Jumilly ne désarme pas. Tandis que Gervais de la Prise tente une fois encore de calmer les esprits en proposant une médiation au frère de l'évêque, l'abbé Mathurin Brault [2], l'ancien curé constitutionnel de Saint-Jean s'attaque directement à son successeur, Paris. Durant le mois de septembre, il trouble l'ordre public dans l'église avec l'aide de Dubois, son vicaire, et de quelques paroissiens. Le curé, se sentant menacé, n'ose même plus venir célébrer la messe dominicale. Face à ce coup de force inadmissible, l'évêque intervient lui-même ; le 1er vendémiaire (23 septembre), il convoque Gohier de Jumilly à Bayeux et lui intime l'ordre de ne plus revenir à Saint-Jean, puis il écrit à Paris pour l'engager à faire preuve de plus d'audace. Il fait savoir, d'ailleurs, que lui-même viendra à Saint-Jean le samedi suivant afin de manifester clairement que le seul desservant, officiellement reconnu par l'autorité épiscopale, est Paris. Le 3 vendémiaire (samedi 25 septembre), Brault officie à Saint-Jean de Caen sans encombre et, le lendemain, la messe dominicale est célébrée sans le moindre trouble par le curé Paris sous la surveillance de la force publique mandée par le préfet. La détermination de l'évêque, jointe à celle du préfet, provoque l'abandon de Gohier de Jumilly ; il quitte la paroisse Saint-Jean de Caen [3] et, le 21 vendémiaire (13 octobre), il écrit à Portalis pour lui demander une place... à Vire, sachant que le préfet Caffarelli a obtenu de l'évêque trente places pour les prêtres constitutionnels dans l'organisation définitive du diocèse. Informés par Portalis, le préfet et l'évêque refusent cette proposition car ils désirent écarter définitivement le chef de file des prêtres jureurs [4]. À la fin de septembre 1802, Gohier de Jumilly se retire à Saint-Martin de Fontenay, comme aux heures les plus chaudes de la Révolution [5]. De même que Moulland, le départ de Gohier de Jumilly sonne le glas de l'Église constitutionnelle à Caen ; Brault peut alors procéder à la nomination définitive des curés et desservants.

---

1. A. D., V 5, Brault à Caffarelli, 17 thermidor an X (5 août 1802).
2. A. D., F 5661, Gervais de la Prise à Mathurin Brault, 22 thermidor an X (10 août 1802).
3. A. D., Chapitre de Bayeux 880, Journal de Dufour ; A. D., F 5661, Notes de Bertomé.
4. A. N., F 19-335, Gohier de Jumilly à Portalis, 21 vendémiaire an X (13 octobre 1802).
5. SEVESTRE, p. 241.

Les prémices de la réorganisation du diocèse (août-septembre 1802).

La carte paroissiale et son échec.

Le nouvel évêque doit établir une nouvelle carte paroissiale et procéder à des nominations provisoires de desservants. Ce travail s'annonce bien délicat puisque Brault doit tenir compte de deux principes posés par le Concordat, que le cardinal Caprara a rappelés dans la bulle d'érection du diocèse de Bayeux[1]. D'une part, l'article organique 60 exige qu'il soit établi au moins une paroisse par justice de paix; le légat du pape rappelle que le découpage territorial des paroisses doit être conforme à celui du département tel qu'il a été établi dans la loi du 5 février 1790, soient six districts et soixante et onze cantons. D'autre part, le même article 60 des organiques ajoute que, lors de l'établissement des succursales, il devra être tenu compte des «besoins des fidèles», et l'article 61 précise que le nombre et l'étendue des succursales seront déterminés par l'évêque, de concert avec le préfet. L'agrément ultérieur du gouvernement est requis pour l'exécution de ce travail[2]. Dans son propre décret du 10 avril 1802, Caprara avait insisté pour que le découpage des futures paroisses soit bien établi en fonction des besoins des fidèles. Si l'évêque suivait à la lettre les conditions légales posées par le Concordat, il n'y aurait donc qu'une seule paroisse par justice de paix et quelques succursales concédées par le gouvernement avec parcimonie. L'évêque va donc essayer d'augmenter le nombre des succursales en se référant au critère pastoral du «besoin des fidèles» qu'il détermine grâce à trois instruments de travail : l'état des églises aliénées, la correspondance avec les élus locaux favorables à l'Église constitutionnelle et la situation numérique du clergé réfractaire.

L'état des édifices du culte fut établi en janvier 1802 d'après l'enquête ordonnée par le préfet du Calvados, Caffarelli. Les maires avaient transmis la liste des églises non aliénées qui étaient ouvertes au culte, l'état dans lequel elles se trouvaient et le nombre de personnes qui pouvaient s'y réunir[3]. Il ressort de cette enquête que plupart des communes rurales disposent d'une «ancienne église non aliénée», selon la terminologie employée à l'époque, qu'elle fut souvent abandonnée durant

---

1. A. D., F 5661, Décret du 10 avril 1802.
2. A. Latreille, *L'Explication des textes historiques*, Paris, 1944, p. 184-187.
3. A. D., V 2, Circulaire de Caffarelli, préfet, aux maires du Calvados, 22 nivôse an X (12 janvier 1802).

la Révolution et fermée, surtout à l'époque de la Terreur, et que, depuis environ cinq mois, c'est-à-dire depuis juillet 1801, date de la signature du Concordat, les «citoyens» se sont de nouveau rassemblés dans l'église, même en l'absence de prêtre. Les bâtiments, demeurés à l'abandon, sont généralement en mauvais état, mais parfois, les réparations les plus urgentes ont pu être réalisées grâce à la contribution de la population, comme à Carpiquet[1].

Brault dispose d'une série de réclamations, signées des maires au nom des habitants de leurs communes, qui ont été adressées au préfet depuis le rétablissement du culte en 1801 ou qu'il a reçues lui-même depuis son arrivée dans le diocèse, le 24 juin 1802. Elles visent au maintien de prêtres constitutionnels qui sont estimés pour leur courage et leur zèle au service des paroisses, à la tête desquelles ils sont demeurés même au plus fort de la tourmente révolutionnaire. Ainsi, le 23 prairial an X (12 juin 1802), alors que Brault est encore à Paris, le maire adjoint d'Argences, en l'absence du maire, présente une requête au préfet du Calvados en faveur du desservant Lefèvre, un prêtre jureur, qui est estimé de la population. Il s'émeut à la suite de l'arrêté préfectoral qui a ordonné aux maires de se faire remettre les clefs des églises par les curés constitutionnels qui sont encore en activité et il affirme, au nom des habitants d'Argences, qu'il considère toujours Lefèvre comme le curé en titre de la paroisse jusqu'à la nomination de son remplaçant[2]. Le préfet répond au maire, le 30 prairial (19 juin), qu'il maintient les mesures contenues dans son arrêté; l'église d'Argences est donc désormais fermée et, de plus, ajoute-t-il sèchement à l'endroit de l'adjoint, ce dernier «doit prendre l'habitude de transmettre les ordres du préfet sans les discuter[3].

À Langrune-sur-Mer, la situation est explosive car le vicaire qui, depuis dix-huit ans, sert dans cette paroisse, est devenu la cible de ceux que le maire appelle «la clique jacobine», c'est-à-dire les ennemis du gouvernement consulaire qui veulent profiter des nouvelles nominations pour l'écarter. Le 30 prairial an X (19 juin 1802), le maire demande l'aide du préfet contre cette «horde de brigands» qui ont lancé un libelle diffamatoire contre ce prêtre qui «a la confiance des honnêtes gens», et il conclut : «Sachez, monsieur, que le jacobinisme est une maladie incurable dont toute personne qui est attaquée ne guérit jamais»[4]. Dans sa réponse du 4 messidor an X

---

1. A. D., V 2, Le maire de Carpiquet au préfet du Calvados, 11 pluviôse an X (31 janvier 1802).
2. A. D., V 5.
3. *Ibid.*
4. *Ibid.*

(23 juin 1802), le préfet fait observer tout d'abord que le qualificatif de «monsieur» en ce qui le concerne est abusif, car le maire doit employer le vocable que le gouvernement a prescrit pour les fonctionnaires; puis, que, n'étant pas chargé de la nomination des curés, il ne voit pas en quoi le prétendu libelle pourrait l'intéresser; enfin, que la haine du maire envers les Jacobins est ridicule et qu'il ne doit plus employer ce genre de dénominations dans une période où le gouvernement cherche à rétablir la paix sociale [1].

Brault connaît bien la situation du clergé réfractaire, c'est-à-dire ses effectifs et son état d'esprit. En ce qui concerne les effectifs, il dispose de quelques statistiques qui seront rassemblées, à la demande du préfet, dans l'état du 13 fructidor an XIII (31 août 1805) [2]. Les résultats sont éloquents : sur un total de 1 594 prêtres, 1 054 sont considérés comme des insermentés, soient les deux tiers et, parmi eux, 668 se sont exilés, c'est-à-dire une écrasante majorité. Les lieux de leur déportation sont essentiellement l'Angleterre (559), puis, loin derrière ce pays, l'Allemagne (38). En ce qui concerne la date de leur rentrée en France, la plupart choisissent les années 1801 et 1802 : 517 entre le 1er vendémiaire an X (23 septembre 1801) et le 1er vendémiaire an XI (19 août 1802), qui correspond à la période comprise entre la ratification du Concordat et les nominations provisoires des curés et desservants dans le diocèse de Bayeux. Dix-huit seulement rentreront à la fin de 1802 (14) et en 1803 (4) [3]. À cette date, tous les prêtres réfractaires du diocèse sont donc revenus. L'analyse par arrondissement permet de nuancer cette étude globale et réserve même quelques surprises. La plus forte proportion de prêtres jureurs par rapport aux prêtres réfractaires se trouve dans les arrondissements de Bayeux (137 jureurs, 175 réfractaires) et de Vire (133 jureurs, 165 réfractaires), pourtant haut lieu de la chouannerie. À l'inverse, dans les autres arrondissements, on peut estimer que près des trois quarts des prêtres ont refusé le serment (303 sur 415 dans celui de Caen; 118 sur 148 dans celui de Pont-l'Évêque; 143 sur 194 dans celui de Falaise et, seulement,

---

1. *Ibid.*
2. A. D., V 48, État du clergé du diocèse de Bayeux, adressé au préfet du Calvados en l'an XIII (1805) : voir l'annexe 5, p. 426.
E. SEVESTRE, *Le Personnel de l'Église constitutionnelle en Normandie (1791-1795)*, livre I, *Liste critique des insermentés et assermentés (janvier-mai 1791)*, Paris, 1925, p. 29-88 : cet ouvrage comprend la liste critique des ecclésiastiques du Calvados par district et par canton avec : le nom de la paroisse, le nom du prêtre dans la catégorie insermenté ou assermenté, les qualités, âge ou date de naissance, et la date de prestation du serment.
3. Ces quatre derniers prêtres, revenus en 1803, sont originaires des arrondissements de Vire (2), Bayeux (1) et Falaise (1).

150 sur 237 dans celui de Lisieux). Les prêtres réfractaires originaires de la région du Bessin ont préféré rester en France, puisque 86 seulement contre 89 se sont exilés, soit la moitié. On sait déjà que Mgr de Cheylus avait demandé à ses principaux collaborateurs, dont d'Audibert de la Villasse, son vicaire général, de demeurer sur place afin d'organiser la résistance à l'Église constitutionnelle. En dehors de l'arrondissement de Bayeux, l'écrasante majorité des prêtres réfractaires sont partis pour l'Angleterre, surtout dans les arrondissements de Pont-l'Évêque (90 exilés, 28 restés), de Falaise (95 exilés, 48 restés) et de Caen (les deux tiers se sont exilés, soient 202 sur 303). Dans les arrondissements de Vire (105 exilés sur 165) et surtout de Lisieux (90 exilés sur 150), une forte minorité de prêtres insermentés se sont réfugiés dans la clandestinité. Au moment où l'évêque de Bayeux établit la nouvelle carte paroissiale, un flot de prêtres réfractaires arrivent chaque jour d'Angleterre, surtout dans les arrondissements de Caen et de Pont-l'Évêque. Il doit tenir compte de leur présence, car tous reviennent spontanément dans leur ancienne paroisse et retrouvent leurs condisciples qui s'étaient réfugiés dans la clandestinité. Brault n'ignore pas leur état d'esprit car il a pris connaissance d'un rapport établi peu après la conclusion du Concordat (thermidor an X, juillet 1801) par l'ancien préfet Dugua qui était favorable au clergé constitutionnel. À cette époque, beaucoup de prêtres réfractaires étaient déjà sortis de la clandestinité ou revenaient d'exil. Dugua avait demandé aux sous-préfets d'établir une liste des prêtres de leur arrondissement qui méritaient la confiance du gouvernement, en mentionnant si ces ecclésiastiques exerçaient ou non et dans quelle condition ; Dugua précisait qu'il désirait « vérité, sûreté et célérité » dans cette enquête [1]. Les conclusions du rapport général adressé au ministre de l'Intérieur sont toujours valables un an plus tard : les prêtres insoumis s'opposent violemment au gouvernement en faisant preuve d'une grande virulence dans leurs propos. Dans les communes rurales, ils occupent souvent l'ancien presbytère s'il n'a pas été aliéné et se font remettre les clefs de l'église par le maire. Ils reprennent alors leur fonction de curé sans autorisation légale, car ils sont sûrs de leur bon droit ; pour eux, la Révolution n'a été qu'un intermède qui n'a pas rompu le droit légitime qu'ils exercent sur leur paroisse, droit qui leur a été remis par Mgr de Cheylus, mort en exil à Jersey. Ils sont certains que le nouvel évêque les confirmera dans leurs charges [2]. Brault ne peut

---

1. A. D., V 5, Dugua, préfet du Calvados, aux sous-préfets du Calvados, 6 thermidor an IX (25 juillet 1801).
2. A. D., V 5, Le préfet du Calvados au ministre de l'Intérieur, 16 fructidor an IX (3 septembre 1801).

donc pas ignorer l'état d'esprit de cette fraction du clergé si influente auprès de la grande majorité des fidèles.

De nombreux prêtres insermentés rentrent donc dans des paroisses encore tenues par des curés constitutionnels; les plus timorés, constatant que, parfois, les fidèles ont quelque estime, voire une certaine vénération pour le curé en place, se retirent chez des particuliers et continuent d'exercer leur ministère. D'autres, plus hardis, soutenus par une partie de la population, se rendent à l'église et exigent, soit le départ du curé constitutionnel, soit la cohabitation, c'est-à-dire un accord qui permet à chacun de venir célébrer l'office à une heure différente, en s'ignorant mutuellement. Dans ces villages, la population se divise en deux partis, et, souvent, une tension très vive règne entre les partisans des deux curés, et peut dégénérer en heurts, voire en révoltes, au moindre incident. Le ministre de la Police, Fouché [1], est donc alerté par le préfet et même par quelques maires, tel un certain Roustel, maire de Douville, qui, avec Vandon, suppléant du juge de paix, se plaint des «progrès effrayants du fanatisme» depuis le retour des prêtres réfractaires, dont il leur semble que le gouvernement est mal instruit : «Ces prêtres affichent publiquement leur haine vis-à-vis du clergé demeuré fidèle à la patrie; au mépris du concordat, ils s'immiscent dans l'administration des paroisses desservies par des prêtres légalement nommés, disent la messe dans des chambres et peignent les prêtres constitutionnels comme des schismatiques.» Roustel et

---

1. Joseph Fouché (1759-1820). Né à Nantes, membre de l'Oratoire, il ne devint jamais prêtre. Il enseigna aux collèges de Niort, Arras et Nantes. Au moment de la Révolution, après la dispersion de l'Oratoire, il fut élu à la Convention. Il vota la mort du roi et rejoignit les Montagnards. Nommé représentant en mission, il sema la terreur à Nantes, Troyes et Dijon. Il fut chargé, en octobre 1793, de la destruction de Lyon, à l'issue de la révolte fédéraliste (massacre des Brotteaux). Désavoué par Robespierre, il fut du complot qui aboutit au 9 thermidor. Nommé par le Directoire au poste de ministre de la Police, il s'employa avec succès au coup d'État du 18 brumaire; il fut maintenu dans ses fonctions jusqu'au lendemain de la paix d'Amiens et la publication du Concordat (15 septembre 1802). Il participa à la fondation du régime impérial, ce qui lui valut d'être de nouveau ministre de la Police en 1804. Il organisa la police de l'Empire, mais devint suspect à partir de 1808 à cause de ses liens avec Talleyrand. L'Empereur lui enleva finalement le portefeuille de la Police en 1810, le fit duc d'Otrante, l'envoya gouverner l'Illyrie, puis le chargea d'une mission à Rome. Il offrit ses services aux Bourbons lors de la première Restauration; il fut de nouveau ministre de la Police durant les Cent-Jours. Il intrigua avec les alliés et, après Waterloo, il assura le retour de Louis XVIII avec l'aide de Talleyrand. Le roi se sépara de l'ex-régicide. Il fut banni par la Chambre introuvable en janvier 1816 et mourut en exil, à Trieste, au milieu de sa famille, sans aucun remords.

Vandon affirment que ces « fanatiques » désirent faire haïr tout ce qui rappelle la Révolution et qu'ils doivent être manipulés par l'étranger. Ils s'en prennent enfin au cardinal Caprara dont l'attitude montre le parti pris en faveur des prêtres réfractaires puisqu'il a, paraît-il, accepté qu'on exige du clergé constitutionnel un serment de rétractation en latin [1]. Fouché transmet ces plaintes à Caffarelli, en lui ordonnant de ne pas favoriser le clergé réfractaire. Ainsi, dans une lettre du 14 germinal an X (4 avril 1802), il lui envoie les noms de plusieurs prêtres insermentés qui exercent le culte clandestinement dans des maisons particulières, notamment dans l'arrondissement de Lisieux. Il demande au préfet de se montrer plus sévère, c'est-à-dire de vérifier si ces renseignements sont exacts, de faire surveiller les suspects et d'appliquer contre les contrevenants les peines prévues par la loi [2].

Saint-Pierre-sur-Dives, bourg important de l'arrondissement de Lisieux, est une bonne illustration de la confusion qui règne dans les paroisses en cette année 1802. Dans ce chef-lieu de canton, les habitants sont très divisés, car, face au curé constitutionnel Pierre Vaudon toujours en place, trois prêtres réfractaires émigrés se sont présentés en mai 1802. Parmi eux, Le Roy, ancien carme et chapelain de l'hôpital [3], qui vivait en Allemagne depuis 1792. Le préfet de l'Escaut a écrit au préfet du Calvados le 20 floréal an X (10 mai 1802) que ce prêtre, ayant exprimé le désir de rentrer en France, s'est soumis à la procédure prévue par la loi afin d'obtenir l'autorisation de revenir dans son diocèse d'origine. Le Roy s'est présenté devant le préfet ; celui-ci a établi un dossier sur son compte, auquel il a joint une déclaration signée de la main du prêtre, par laquelle Le Roy s'engage à prêter le serment exigé par le Concordat. Le dossier a été adressé au ministre de la Police afin d'obtenir un passeport pour le prêtre ; comme Le Roy est en mauvaise santé, le préfet de l'Escaut a pris sur lui de ne pas attendre la réponse du ministre et d'autoriser le prêtre à rentrer en France, à condition qu'il se présente au préfet du Calvados dès son arrivée [4]. Pierre Le Roy rentre donc à Saint-Pierre-sur-Dives en prairial an X (juin 1802), en même temps que l'ancien curé, Charles-Joseph de Montigny, et l'ancien vicaire, Jean-Pierre Bouvet,

---

1. A. D., V 5, Vandon et Roustel à Fouché, 29 prairial an X (18 juin 1802).
2. A. D., V 5.
3. A. D., V 48 ; d'après l'état du clergé du diocèse de Bayeux en l'an XIII (1805) : voir l'annexe 5, p. 426.
4. A. D., M 2816, Le préfet de l'Escaut au préfet du Calvados, 20 floréal an X (10 mai 1802).

qui avaient émigré en Angleterre. Il reconstitue aussitôt un conseil de fabrique et présente une réclamation au maire, avec le soutien des nouveaux marguilliers ; il désire faire enlever le bonnet phrygien fixé au-dessus de la croix qui surmonte la grande tour de l'abbatiale. Le maire, Mazier, timoré et convaincu que certains fidèles n'admettent pas le Concordat, estime que cette demande est insidieuse, et refuse. Dans leur réunion du 29 prairial an X (18 juin 1802), les marguilliers, estimant représenter la majorité de la population, décident de remplacer le bonnet phrygien par le coq. Les habitants se scindent alors en deux camps hostiles, ayant chacun à leur tête l'un des deux curés. L'affaire s'aggrave à cause de l'exécution d'une décision antérieure du maire : des bûcherons abattent l'arbre de la liberté, mort depuis quinze mois... Les partisans du curé constitutionnel s'insurgent et montent sur le clocher de l'église d'où ils retirent le coq qui avait été placé. Malheureusement, le bonnet phrygien est introuvable ; on apprend alors que le bedeau l'a emporté ; celui-ci doit le remettre et il est replacé sur le clocher. Pendant ce temps, l'église subit des dégradations ; ainsi, on lacère le tissu recouvrant les sièges des marguilliers situés dans le chœur ; le maire intervient. Il saisit le juge de paix qui envoie la force publique ; Mazier se fait remettre le bonnet et l'emporte chez lui, puis il rappelle aux marguilliers que seule l'autorité administrative supérieure peut trancher le litige. Il adresse effectivement une demande au sous-préfet de Lisieux, Le Cordier-Valencourt, qui, constatant combien les esprits sont échauffés à Saint-Pierre-sur-Dives et qu'une rixe sanglante peut éclater d'un moment à l'autre, hésite, écrit une lettre, qu'il raie ensuite, et, finalement, soumet l'affaire au préfet. Caffarelli lui ordonne d'écrire au maire de Saint-Pierre-sur-Dives pour l'inviter à montrer plus de détermination dans ses décisions ; il lui demande, tout en manifestant une certaine modération, d'appliquer la décision du conseil de fabrique. Les prêtres réfractaires remportent une première victoire [1].

Pourtant, les heurts continuent jusqu'à la fin du mois de juin. Le 10 messidor (29 juin), le commandant de gendarmerie avertit le maire qu'une rixe a éclaté, ne faisant aucune victime. Celui-ci écrit alors au sous-préfet de Lisieux pour lui expliquer la situation : « Il existe à Saint-Pierre-sur-Dives depuis longtemps des rivalités entre les familles consécutives aux orages de la Révolution. Actuellement, le bourg semble revenir à la situation de 1791 où une guerre civile avait failli

---

1. H. VAUTORTE, *Une querelle de clocher à Saint-Pierre-sur-Dives*, p. 484-489.

éclater. On parle de vengeances et le retour des prêtres n'arrange rien.» Puis, le maire tente de justifier la position de neutralité qu'il essaie de maintenir malgré les pressions qui s'exercent sur lui : le sous-préfet doit savoir que les prêtres réfractaires attaquent le gouvernement et ne font rien pour le retour de la paix civile et religieuse; des pétitions diverses circulent, les unes en faveur de l'ancien curé et les autres en faveur du curé actuel : «même les patrons font campagne!» «Or, ajoute le maire, chaque parti désire mon soutien; je désire rester neutre et ramener le calme.» Enfin, le premier magistrat de Saint-Pierre-sur-Dives propose une solution au sous-préfet : il pense qu'il faudrait nommer curé un homme de bonne moralité, étranger à cette contrée; il compte sur le sous-préfet pour trouver cet homme et il conclut ainsi sa lettre : «Ah! Citoyen sous-préfet, qu'il est temps d'apporter remède au mal!» La réponse de Le Cordier-Valencourt est positive; il annonce au maire de Saint-Pierre-sur-Dives que sa proposition est retenue par le préfet [1].

Dans les villes [2], les curés constitutionnels desservent encore les principales paroisses autour d'un chef de file incontesté; c'est pourquoi les prêtres réfractaires n'osent pas les affronter directement. Nous l'avons constaté à Bayeux, autour de Moulland, et à Caen, autour de Gohier de Jumilly; c'est vrai aussi à Vire, avec Bertrand Porquet, qui dessert Notre-Dame; à Falaise, avec Joseph Lemonier, curé de Saint-Gervais, et à Honfleur, avec Léon Martin qui célèbre à Sainte-Catherine. Lisieux, ancienne ville épiscopale, est dominée par les deux curés constitutionnels de Saint-Jacques (Gondouin-Desportes) et de Saint-Désir (Allaire), tandis que la cathédrale Saint-Pierre demeure fermée. Enfin, à Pont-l'Évêque, la désolation est complète et l'anarchie règne car même le clergé constitutionnel a abandonné ses fonctions; l'église Saint-Michel est fermée.

Brault présente son projet de carte paroissiale à la fin de juillet 1802 [3]. Il est approuvé par le préfet le 21 thermidor (9 août) en application de la circulaire gouvernementale du 23 floréal an X (13 mai 1802). Caffarelli l'envoie à Portalis avec le projet des nominations le 22 thermidor (10 août) et le document revient le 30 thermidor (18 août) avec quelques observations mineures concernant la place de quelques cures. Le nouveau diocèse de Bayeux compte 452 paroisses curiales et succursales, soient 479

---

1. A. D., V 5, Le maire de Saint-Pierre-sur-Dives au sous-préfet de Lisieux, 10 messidor an X (29 juin 1802); Réponse, début juillet 1802.
2. SEVESTRE, *La Vie...* ; Vire, p. 27 s.; Lisieux, p. 50-63; Bayeux, p. 99 s.; Caen, p. 238; Falaise, p. 262 s.; Honfleur, p. 333 s.
3. J. LASPOUGEAS, «La carte paroissiale du nouveau diocèse de Bayeux au début du XIXe siècle», p. 58-60.

de moins que sous l'Ancien Régime (il en comptait, en 1789, 931), ce qui équivaut à une diminution très importante de l'ordre de la moitié. Les succursales, conformément au découpage du Calvados en districts établi par la loi du 5 février 1790, modifiée par l'arrêté consulaire du 6 brumaire an X (28 octobre 1801) qui a réduit le nombre des cantons de soixante et onze à trente-sept, s'ordonnent autour des cures suivantes : – arrondissement de Caen : Fontenay-le-Marmion, Creully, Douvres, Évrecy, Tilly-sur-Seulles, Troarn, Villers-Bocage et Caen (deux cures : Saint-Étienne et Saint-Jean); – arrondissement de Pont-l'Évêque : Blangy, Cambremer, Dives, Honfleur et Pont-l'Évêque; – arrondissement de Vire : Aunay, Bény-Bocage, Condé-sur-Noirceau, Saint-Sever, Vassy et Vire; – arrondissement de Lisieux : Livarot, Mesnil-Mauger, Orbec, Saint-Pierre-sur-Dives et Lisieux (deux cures : Saint-Pierre et Saint-Désir); – arrondissement de Bayeux : Balleroy, Caumont, Isigny, Crépon, Trévières et Bayeux; – arrondissement de Falaise : Saint-Sylvain, Coulibœuf, Harcourt et Falaise (deux cures : Sainte-Trinité et Saint-Gervais).

Deux raisons ont incité le gouvernement à limiter le nombre des curés : d'une part, ceux-ci sont répartis en deux classes (article organique 66) et sont rétribués par le Trésor public, selon l'article 14 du Concordat; d'autre part, le principe de l'inamovibilité des détenteurs des cures, affirmé dans l'article 10 du Concordat et dans la section IV des articles organiques, intitulés : «Des curés», peut les inciter à échapper progressivement au contrôle politique rigoureux des pouvoirs publics. L'arrêté consulaire du 28 octobre 1801 a répondu à ces exigences, tout en accentuant l'inconvénient majeur de la nouvelle organisation concordataire : la diminution importante du nombre des cantons, et donc des cures, accentue l'inadéquation entre le découpage administratif établi par la Révolution et les réalités humaines, sur lesquelles s'est modelée, au long des siècles, la carte paroissiale traditionnelle. Le travail de l'évêque est le résultat d'un compromis; Brault a essayé de faire correspondre deux cartes : celle qui est imposée par le gouvernement et celle de l'Église, dont il hérite et dont la restauration est réclamée par les fidèles. Il a donc établi les succursales en essayant de respecter les délimitations des anciennes paroisses. Pourtant, la nouvelle carte comprend deux fois moins de paroisses que celle de l'Ancien Régime pour une population qui est passée de 480 000 habitants en 1793 à 484 000 sous le Consulat[1]. Ainsi, la carte de 1802 accroît la charge d'âmes,

---

1. J. M. LÉVY, «Y a-t-il eu un dénombrement général de la population en l'année 1793?», *Bulletin de la société des antiquaires de Normandie*, t. LV, 1959-1960, Caen-Rouen, 1961, p. 155-160; cité par LASPOUGEAS, p. 59.

toujours trop lourde et souvent inégale. Elle est de 990 dans l'ancien diocèse de Lisieux, d'un millier dans le Bessin et de 1 100 dans le Bocage, mais elle atteint des chiffres record dans les villes, où elle est toujours supérieure à 2 500, soient 3 000 à Falaise, 3 300 à Lisieux et 5 100 à Caen. De plus, les nouvelles cures ne correspondent pas toujours aux chefs-lieux de cantons : Brault a préféré Crépon à Ryes, Fontenay-le-Marmion à Bourguébus, Saint-Sylvain à Bretteville-sur-Laize et Mesnil-Mauger à Mézidon. Ces réticences montrent l'embarras de l'évêque; Portalis lui en fait la remarque dans la lettre d'approbation de son travail du 30 thermidor (18 août), en lui demandant de rectifier ces quelques points afin de se conformer aux vœux du gouvernement [1]. Brault refusera. Dans l'arrondissement de Vire, Brault a même tenté d'ériger une cure supplémentaire; cette «erreur» n'a pas échappé à la vigilance de Portalis qui ordonne la réduction de cette cure en succursale [2].

Les deuxième, quatrième et cinquième districts : Caen, Lisieux et Falaise, présentent les mêmes caractéristiques; le chef-lieu d'arrondissement, qui est réparti entre deux cantons, est divisé en deux cures. Les paroisses de la ville de Caen et des environs constituent les cures de Saint-Étienne et de Saint-Jean; par rapport au travail d'organisation de la ville du 13 juillet 1802, quelques modifications sont à noter : les succursales ne sont plus que cinq au lieu de six; Saint-Nicolas et les cordeliers sont supprimées, tandis que l'église Notre-Dame est ouverte au culte. Ainsi, autour de la cure de Saint-Étienne, Brault place les succursales de Notre-Dame et des jésuites [3] et autour de la cure de Saint-Jean celles de Saint-Pierre, Saint-Gilles et Saint-Michel de Vaucelles [4]. La ville de Lisieux et les communes toutes proches se répartissent autour de la cathédrale Saint-Pierre et de l'église de Saint-Désir, à laquelle est rattachée la succursale Saint-Jacques. Enfin, Falaise est, elle aussi, divisée en deux cures : Sainte-Trinité, à laquelle est rattachée Notre-Dame de Guibray et Saint-Gervais, dont dépend la succursale Saint-Laurent. Les villes du Calvados, du fait du découpage de trois d'entre elles, ont désormais un statut inégal. Lisieux, l'ancienne ville épiscopale, et Falaise sont privilégiées. Elles conservent leurs paroisses : trois dont deux cures à Lisieux, quatre dont deux cures à Falaise. Bayeux et Honfleur, au contraire, sont sacrifiées : la ville épiscopale n'a plus que quatre paroisses sur les quatorze qu'elle comptait

1. A. D., V 49.
2. Ibid.
3. Avec, dans les environs de Caen : Louvigny, Bretteville-sur-Odon, Saint-Germain-la-Blanche-Herbe, Saint-Contest et Épron.
4. Avec, dans les environs de Caen : Hérouville-Saint-Clair, Mondeville, Cormelles, Ifs et Allemagne (Fleury-sur-Orne).

avant la Révolution[1]; désormais, de la cure de Notre-Dame (la cathédrale) dépendent les succursales de Saint-Patrice, Saint-Exupère et Saint-Loup-Hors. À Honfleur, Saint-Léonard est fermée et Sainte-Catherine devient l'unique paroisse de la ville avec le rang de cure. La ville de Vire, autrefois divisée entre les diocèses de Bayeux (église Notre-Dame) et de Coutances (chapelle Sainte-Anne), constitue une seule paroisse dont le curé dessert l'église Notre-Dame. Seule la ville de Pont-l'Évêque ne change pas de statut puisqu'elle n'a toujours constitué qu'une seule paroisse : Saint-Michel, qui est érigée en cure. Enfin, la ville de Caen, malgré ses deux cures, perd la moitié de ses paroisses et apparaît donc, avec Bayeux et Honfleur, comme la grande perdante de ce nouveau découpage. Ce statut inégal des villes n'est pas la seule situation aberrante créée par la nouvelle carte paroissiale de 1802. En effet, le taux de suppression des paroisses rurales est impressionnant; ainsi, dans le pays d'Auge, il oscille entre 30% dans le canton de Blangy à plus de 65% dans celui de Saint-Pierre-sur-Dives. De même, le Bocage, qui comptait auparavant deux cents paroisses, n'en conserve que cent vingt-quatre et le Bessin n'est pas plus favorisé : soixante-neuf paroisses au lieu de cent cinquante et une; enfin, dans la campagne de Caen, ce sont six paroisses sur dix qui disparaissent dans les cantons de Troarn et de Bourguébus.

Face à l'intransigeance du gouvernement, l'évêque n'a pas pu faire prévaloir les raisons pastorales légitimes qui l'incitaient à conserver certaines succursales ou à transférer quelques cures dans des communes plus importantes. Il a dû se soumettre aux nouvelles dispositions légales qui ne poursuivaient qu'un seul but : calquer la carte paroissiale sur la nouvelle organisation administrative issue de la Révolution afin de placer l'Église, et donc ses ministres, sous la tutelle de l'État. Les déchirements ultérieurs et finalement l'échec de cette première réorganisation du diocèse ont leur origine dans ce décalage, voire cette inadéquation, entre les deux réalités que veulent imposer l'Église et l'État : entre les anciennes paroisses et les nouvelles communes, la correspondance n'est pas encore réalisée, essentiellement pour des raisons financières. Il faudra du temps, et donc bien des litiges, pour que les habitants eux-mêmes fassent prévaloir leur point de vue et obligent les autorités civiles et ecclésiastiques à confectionner

---

1. Les quatorze paroisses de Bayeux avant la Révolution : la Poterie, Saint-Malo, Saint-André, Saint-Laurent, Saint-Jean, la Madeleine, Saint-Martin, Saint-Sauveur, Saint-Exupère, Saint-Vigor-le-Petit, Saint-Ouen-des-faubourgs, Saint-Ouen-du-Château, Saint-Patrice, Saint-Loup-Hors. Avaient déjà été supprimées avant 1789 : Notre-Dame-des-Fossés, Saint-Georges et Saint-Floxel : d'après SEVESTRE, *La Vie*, p. 72, n. 4.

d'autres cartes paroissiales plus proches de leurs véritables besoins pastoraux. Il reste que la première carte paroissiale établie en 1802 par le nouvel évêque concordataire marque une étape décisive dans l'histoire du diocèse de Bayeux; désormais, comme partout ailleurs en France, il est vain d'espérer le rétablissement des 931 paroisses de l'Ancien Régime, car la carte administrative interdit de créer plus de paroisses que de communes existantes, c'est-à-dire 721 [1]. C'est donc vers ce nouveau chiffre que vont tendre les efforts de reconstitution des paroisses menés par Brault et ses successeurs. «Ainsi, comme l'affirme J. Laspougeas, pour la paroisse, cadre par excellence de la vie religieuse de la population comme du ministère et du magistère du clergé, la "reconstruction" concordataire n'est que la continuation de la destruction du réseau paroissial urbain et rural, inauguré par la Constitution civile du clergé... En ville, la paroisse cesse d'être le cadre humain aux dimensions adaptées à l'apostolat chrétien. Dans la considération des fluctuations religieuses contemporaines, on ne saurait exagérer l'importance des choix qui furent faits et subis à la fin du XVIIIe et au début du XIXe siècle.»

Les nominations des curés et desservants.

Dans la circulaire du 19 prairial an X (8 juin 1802), adressée aux évêques de France au sujet des nouvelles nominations, le conseiller d'État chargé des Cultes, Portalis, donne des instructions très précises afin, dit-il, «de ramener la concorde tout en évitant un retour au passé»; c'est pourquoi il exige que chaque évêque choisisse l'un de ses vicaires généraux parmi les prêtres constitutionnels et que ceux-ci, dans une proportion de un tiers à un quart, soient nommés curés, chanoines ou desservants. Il ajoute que le gouvernement est attaché à l'article 44 de la loi du 18 germinal an X qui prohibe, sauf autorisation spéciale et motivée, les chapelles domestiques et les oratoires particuliers, car ceux-ci éloignent les fidèles des offices paroissiaux et sont souvent les lieux de rassemblements suspects; il recommande, enfin, aux évêques d'empêcher la superstition de s'établir, de faire surveiller les prêtres réfractaires revenus en France depuis moins d'un an avant de les nommer dans une paroisse et de ne pas hésiter à frapper d'interdit les prêtres insoumis qui correspondraient avec les évêques qui ont refusé de démissionner[2]. Le préfet

---

1. A. D., V 48; d'après l'état du clergé du diocèse de Bayeux en l'an XIII (1805) : voir l'annexe 5, p. 426.
2. A. N., F 7-3021, Circulaire de Portalis aux évêques de France, 19 prairial an X (8 juin 1802); évoquée dans J. LEFLON, *La Crise révolutionnaire : 1789-1846* (p. 211-213).

du Calvados réagit, le 29 prairial (18 juin) en avouant son embarras : il craint, en effet, des relations difficiles avec le nouvel évêque à l'occasion de l'organisation des cultes, car il sait que ses sentiments le portent à favoriser un clergé réfractaire dont, d'ailleurs, il fait partie. Caffarelli a donc décidé d'adopter la conduite suivante : Brault aura toute liberté pour nommer les prêtres de son choix, mais le préfet lui fera connaître ceux contre lesquels il aurait de justes sujets de plaintes; donc, ce qu'il désire avant tout afin d'établir de bonnes relations entre l'Église et l'État, c'est de ne pas s'immiscer indûment dans les affaires de conscience tout en empêchant tout ce qui pourrait gêner l'ordre public en provoquant quelque scandale[1].

Brault établit un premier projet en profitant du climat de confiance qui s'est instauré entre le préfet et lui-même dès les premiers jours, lors de son installation à Bayeux, puis pendant son séjour à Caen. Nous allons constater que sa liberté de manœuvre est très large; mais il va en abuser. En ce qui concerne la nomination des desservants, Brault envoie une note aux maires par l'intermédiaire des sous-préfets : il rappelle que, si les fidèles d'une paroisse désirent que leur église soit érigée en succursale, il faut, avant toute demande, qu'ils assurent l'autorité, par acte notarié, qu'ils donneront une existence honnête non seulement au desservant mais aussi à ses successeurs. Une copie de cet acte doit être envoyée au préfet et à l'évêque à laquelle doit être jointe une pétition des habitants; les deux autorités donneront leur avis; si celui-ci est favorable, le gouvernement érigera la succursale demandée. Brault ajoute qu'il a dû prendre ces dispositions car le gouvernement a déjà accordé l'ouverture de nombreuses églises succursales à la demande des fidèles; or, l'évêque déplore que ceux-ci refusent de recevoir le desservant dès qu'ils apprennent qu'ils doivent subvenir à ses besoins[2].

Le 3 thermidor (22 juillet), Brault demande au préfet la liste des pensionnaires ecclésiastiques; le 12 thermidor (31 juillet), il reçoit une lettre de Portalis qui le presse d'achever son travail avant le 27 thermidor (15 août), qui est le jour anniversaire de la naissance de Bonaparte et de la signature du Concordat[3]. Caffarelli envoie la liste demandée par l'évêque le 15 thermidor

---

1. A. N., F 19-5668, Caffarelli à Portalis, 29 prairial an X (18 juin 1802).
2. A. D., F 5661, Note de Brault destinée aux maires des communes du Calvados, juillet 1802.
3. Signé le 15 juillet 1801, le Concordat fut ratifié par le pape Pie VII le 15 août, par BONAPARTE, Premier consul, le 8 septembre, et l'échange des ratifications eut lieu à Paris le 10 septembre suivant : LEFLON, p. 194. Voir, pour le texte du Concordat et des articles organiques, l'annexe 2, p. 389.

(3 août) et le travail est achevé en hâte quatre jours plus tard (19 thermidor, 7 août); il est aussitôt (le 21 thermidor, 9 août), agréé par le préfet qui l'envoie à Portalis[1]. Le 25 thermidor (13 août), Caffarelli annonce à l'évêque que, à la sa suite de sa demande, il a ordonné au maire de Luc-sur-Mer de remettre aux autorités ecclésiastiques la statue très vénérée de Notre-Dame de la Délivrande afin qu'elle soit replacée avec éclat dans la chapelle où elle se trouvait avant la Révolution[2]. Les processions des paroisses vers ce lieu de pèlerinage, symbole de l'unité du diocèse, vont donc pouvoir reprendre[3]. Le 27 thermidor (15 août), trois jours après la parution, à Caen, du décret selon lequel Bonaparte est nommé Premier consul à vie, en cette fête de l'Assomption qui est aussi celle de Bonaparte et du Concordat, le rétablissement de la paix religieuse est marqué par d'imposantes cérémonies. L'évêque, qui n'a pas quitté Caen depuis le 8 juillet, achève son séjour dans cette cité, encore agitée par l'affaire Gohier de Jumilly, où il a achevé le travail d'organisation provisoire du diocèse. Tandis qu'à la Délivrande, la statue de la Vierge noire est replacée solennellement, ce qui symbolise de la résurrection du diocèse de Bayeux, le préfet et l'évêque assistent aux réjouissances auxquelles participent tous les corps constitués de la ville de Caen et du département : salves d'artillerie et sonneries de cloches; rassemblement des personnalités civiles et religieuses, place de la Liberté; défilé jusqu'à l'église Saint-Étienne, où sont rassemblés les prêtres assermentés et non assermentés de la ville de Caen. Brault célèbre la grand-messe pontificale suivie du *Te Deum*, non sans avoir obtenu auparavant de tous ces prêtres qu'ils se donnent mutuellement le baiser de paix en signe de réconciliation. Un peuple en liesse acclame l'évêque concordataire et le préfet, les cloches sonnent de nouveau et cette journée mémorable s'achève par l'illumination de la ville[4]... Mais, le 30 thermidor (18 août), Portalis fait savoir par lettre à Brault qu'il refuse d'agréer son travail[5].

Dans le préambule de sa lettre, Portalis accuse réception des deux documents envoyés par le préfet : l'organisation des nouvelles circonscriptions paroissiales et les nominations pro-

---

1. A. D., F 5661.
2. *Ibid.*
3. En effet, d'après le Journal de Dufour, dès le mois de septembre 1802 les paroisses de la ville de Caen se rendent en pèlerinage à la Délivrande : la première est la paroisse Saint-Julien, le 12 septembre. L'évêque s'était rendu à la Délivrande dès le 28 messidor (17 juillet); c'est sans doute à cette occasion qu'il avait demandé au préfet de lui remettre la statue de la Vierge Marie.
4. A. D., Chapitre de Bayeux 880, Journal de Dufour.
5. A. D., F 5661.

visoires des curés et desservants. Il se montre plutôt satisfait, ne doutant pas que l'évêque ait désiré se conformer aux vœux du gouvernement. Pourtant, il est désolé de devoir lui renvoyer le travail concernant les nominations des curés et desservants et annonce qu'il a de nombreuses observations à lui présenter sur ce sujet. Il regrette que, dans ce domaine, Brault ait agi en ne respectant pas ses directives, pourtant très rigoureuses ; il semble que l'évêque ait abusé de la liberté que le préfet a bien voulu lui octroyer pour mener à bien son travail. Tout d'abord, s'il a bien nommé deux vicaires généraux, conformément à l'article organique 21, ceux-ci appartiennent à la catégorie des prêtres réfractaires[1] d'Audibert de la Villasse, né le 5 avril 1750, ancien vicaire général de Bayeux que Mgr de Cheylus, son proche parent, avait désigné comme son représentant avant son départ pour l'île de Jersey[2], et Naudin, ancien vicaire général de Lisieux, que Mgr de La Ferronays, lorsqu'il partit pour la Suisse en 1791, avait nommé administrateur de son diocèse et qui s'était ensuite retiré à Évreux[3]. La volonté du nouvel évêque était sans doute d'unir ainsi plus étroitement les anciens diocèses de Bayeux et de Lisieux ; pourtant, Portalis lui demande de révoquer l'un des deux grands vicaires et de nommer à sa place un prêtre constitutionnel. En revanche, le ministre accepte sans peine la promotion, attendue, de Nicolas Renault, ancien chanoine et curé provisoire de la paroisse de Bayeux, à la tête du secrétariat général de l'évêché. Renault, en effet est devenu, avec Mathurin Brault, l'un des hommes de confiance de l'évêque, qui n'avait pas hésité à l'envoyer à Caen, en compagnie de son frère, pour contrer l'intrigant curé de Saint-Pierre, Gervais de la Prise, dans l'affaire Gohier de Jumilly.

Portalis refuse d'agréer les nominations des curés et desservants pour les deux raisons suivantes : tout d'abord, il rappelle que dans la circulaire adressée aux évêques de France, le 19 prairial an X (8 juin 1802), il avait exigé la nomination d'un tiers à un quart de prêtres constitutionnels dans chaque diocèse. Or, il s'aperçoit que Brault n'a retenu que quatre-vingt-seize prêtres assermentés ; il demande donc à l'évêque quelles sont les raisons qui l'ont déterminé à ne pas atteindre le *quorum* exigé. De plus, dans cette même circulaire, le ministre avait recommandé de ne pas placer les prêtres réfractaires rentrés en France depuis moins d'un an ; or, l'évêque n'a pas du tout tenu compte de cette prescription, puisque la plupart des succursales et la quasi-totalité des cures sont occupées par de tels prêtres. En conclusion, le ministre

---

1. A. D., F 5661.
2. LAFFETAY, p. 423.
3. SEVESTRE, *La Vie*, p. 51, n. 2.

demande à Brault, avant d'établir un nouveau projet de nominations, de lui fournir un état des prêtres de son diocèse, en mentionnant, s'ils ont prêté ou non le serment, s'ils ont quitté ou non la France, et à quelle époque ils sont revenus d'exil.

Le 22 fructidor an X (9 septembre 1802), Brault envoie au préfet du Calvados le travail demandé par le ministre en ajoutant sur un ton courroucé, que, au cas où Caffarelli approuverait ce nouvel état des prêtres du diocèse de Bayeux, sa réponse devrait lui être adressée le plus rapidement possible car «j'ai grandement à cœur de terminer enfin cette opération[1]». À la lettre sont joints deux décrets datés du 14 fructidor précédent (1er septembre 1802) : le premier concerne la nomination des vicaires généraux; Brault obéit à Portalis et nomme un prêtre constitutionnel à la place de Naudin : Jean-Jacques de Croisilles, né le 12 août 1715, ancien secrétaire et vicaire général de Cambrai à la veille de la Révolution. Il prêta serment à la Constitution civile du clergé et partit pour Paris. Il fit la connaissance de Claude Fauchet qui l'appela dans le Calvados, ainsi que son frère, et le nomma vicaire épiscopal. À partir de 1794, de Croisilles fut pris de remords et se retira chez son frère, dans le canton d'Harcourt, où il demeura jusqu'au rétablissement du culte. Dès la signature du Concordat, il fit publier, dans le diocèse de Bayeux, une rétractation solennelle de son serment, dans laquelle il proclamait ne plus vouloir remonter à l'autel jusqu'à l'arrivée du nouvel évêque[2]. Brault accepta de le recevoir et lui permit de reprendre ses fonctions sacerdotales. L'évêque choisit donc, à la place de Naudin, cet homme modéré, réputé pour son sérieux et ses qualités d'administrateur dévoué et impartial, tout en maintenant d'Audibert de la Villasse comme premier vicaire général[3]. Le second décret porte constitution provisoire du chapitre de la cathédrale de Bayeux; il est tout d'abord rappelé que le chapitre de la cathédrale de Lisieux est supprimé à perpétuité et que cette église devient paroissiale sous le vocable de «Saint-Pierre». Puis, conformément aux articles 11 du Concordat et 35 des organiques, l'évêque nomme dix chanoines titulaires dans l'ordre suivant : Louis d'Audibert de la Villasse, premier vicaire général; Jean-François de Marguerie, ancien doyen du chapitre de Bayeux, reconduit dans ses fonctions; Jacques Montsaint, ancien archidiacre de Pont-

---

1. A. D., V 5.
2. J. TORCAPEL, «Guerre ecclésiastique ou conduite de M. Brault, évêque de Bayeux, envers les prêtres soumis à l'autorité», s. d., B. R. 7565; «Rétractation de Jean-Jacques de Croisilles, prêtre du diocèse de Bayeux, 1er septembre 1795» : voir l'annexe 6, p. 431.
3. A. D., F 5663, Notes de Michel et Laffetay.

Audemer et ancien official du diocèse de Lisieux ; Jean Maffre, ancien official du diocèse de Bayeux ; Nicolas Renault, secrétaire général ; Jean-Jacques de Croisilles, second vicaire général ; Mathurin Brault, son frère ; Pierre-Jean Audios, un ami, originaire, comme lui, du diocèse de Poitiers ; Thomas-François de Cussy et Charles Beauquet de Grandval. Il convient de noter que le vicaire général constitutionnel a été relégué à la sixième place, tandis que d'Audibert est nommé à la tête de la liste, avant le doyen. De plus, Jacques Montsaint est le seul représentant de l'ancien chapitre de Lisieux ; il est nommé à une place honorable afin de rendre hommage au diocèse disparu. Les autres dignitaires sont les plus proches collaborateurs de l'évêque ; ils travaillent dans les bureaux de l'évêché tels son frère, Mathurin, Audios et Maffre, sous l'autorité de Renault, et seront, à l'occasion, ses émissaires pour le règlement des affaires les plus importantes, dans le diocèse, ou à Paris, auprès des ministères où à cette époque se trouve de Cussy. Brault associe, à ces dix chanoines titulaires, quinze chanoines honoraires «pour la beauté du culte», qui auront rang au chœur. Parmi eux, six anciens chanoines de Bayeux, dont le doyen Clément-François Juhiet de Meuville. Le chapitre est entièrement constitué de prêtres réfractaires, hormis Jean-Baptiste Scelles, ancien curé de Houtteville (diocèse de Bayeux). La réaction du ministre ne se fait pas attendre : il accepte la nomination des vicaires généraux, rejette la constitution provisoire du chapitre qui ne comporte qu'un prêtre constitutionnel, et demande à l'évêque de lui présenter un nouveau projet de nominations [1].

L'évêque de Bayeux trouve un défenseur en la personne du préfet Caffarelli. Celui-ci, constatant qu'entre Brault et Portalis la situation est totalement bloquée, s'adresse au ministre, le 28 fructidor an X (15 septembre 1802), afin de lui expliquer le contexte dans lequel ont été faites les nominations et pourquoi l'évêque ne peut pas bouleverser son travail et le corriger selon les vœux du gouvernement [2]. Caffarelli estime qu'il devait faire confiance à l'évêque dans cette affaire. Il sait que Brault désire rétablir l'union dans le clergé du diocèse : «ses paroles ne sont que douceur et il incite les prêtres à s'attacher au gouvernement». Pour lui, la ligne de conduite du prélat a été la suivante : il a choisi de ne pas déplacer les prêtres constitutionnels qui desservaient déjà les paroisses pour éviter des troubles supplémentaires et il a autorisé les prêtres insermentés à desservir certaines communes quand celles-ci en avaient fait la demande. Or, la plupart des curés réfrac-

[1]. A. D., F 5661, Notes de Michel et Laffetay.
[2]. A. D., V 5.

taires étant revenus dans leurs anciennes paroisses, il n'a pas pu leur refuser, dans la plupart des cas, de reprendre leurs fonctions antérieures. D'ailleurs, il semble que les prêtres insermentés soient plus estimés du peuple que les constitutionnels car leurs malheurs, les persécutions qu'ils ont subies, montrent aux fidèles qu'ils sont les vrais défenseurs de «l'antique religion», alors que, malgré quelques exceptions, les constitutionnels se sont «vautrés dans les excès révolutionnaires les plus dégoûtants».

L'attitude de Caffarelli, face au gouvernement, ne manque pas de courage, mais sa plaidoirie en faveur de Brault n'est pas entendue par le ministre des Cultes; Portalis demeure inflexible. L'évêque, de son côté, refuse de céder, car il craint, sans doute avec raison, une rébellion générale des deux fractions de son clergé. Alors, faute de pouvoir présenter un nouveau projet de nominations, l'évêque continue à administrer son diocèse sur la base de celui que le préfet a envoyé à Portalis, le 21 thermidor (9 août). Cette situation anormale, voire illégale, va durer jusqu'au début de l'année 1803, mettant en péril l'autorité, pourtant si fragile, du nouvel évêque.

L'échec de l'organisation provisoire du diocèse.

Les prêtres constitutionnels, à qui Brault a confié quatre-vingt-seize cures et succursales, sont réduits à la portion congrue. En effet, ils occupent seulement trois des vingt-sept cures rurales, toutes situées dans l'arrondissement de Bayeux : Balleroy, Trévières et Crépon (canton de Ryes)[1]. Le curé de Balleroy est Michel Moulland, qui compte de nombreux partisans parmi les desservants des paroisses environnantes, comme Olivier Fouques à Littry, Robert Le Guélinel à Vaubadon et Guillaume Postel à Le Vernay. La cure de Trévières, dirigée par Pierre Lemenand, se partage à égalité entre prêtres constitutionnels et prêtres réfractaires; enfin, le canton de Ryes ne compte qu'un tiers de prêtres jureurs, dont le curé de Crépon, Jacques Fontaine. Partout ailleurs, la proportion des prêtres constitutionnels est très faible, surtout dans l'arrondissement

---

1. Sur les trente-sept cantons du Calvados, on considère que dix d'entre eux sont urbains; il s'agit des cantons de : Caen-Nord, cure de Saint-Jean de Caen; Caen-Sud, cure de Saint-Étienne de Caen; Bayeux, cure de Bayeux; Pont-l'Évêque, cure de Pont-l'Évêque; Honfleur, cure de Honfleur; Lisieux 1, cure de Saint-Pierre de Lisieux; Lisieux 2, cure de Saint-Désir de Lisieux; Falaise 1, cure de Sainte-Trinité de Falaise; Falaise 2, cure de Saint-Gervais de Falaise; Vire, cure de Vire.

de Caen. Leur présence est plus marquée dans les cantons suivants : arrondissement de Bayeux : Isigny; arrondissement de Falaise : Coulibœuf; arrondissement de Lisieux : Orbec; arrondissement de Pont-l'Évêque : Saint-Pierre-sur-Dives et Cambremer; arrondissement de Vire : Aunay, Bény-Bocage, Saint-Sever et Vassy [1].

Les prêtres réfractaires s'installent dans les paroisses où l'évêque les a nommés ou rétablis; les litiges se multiplient entre eux et les curés constitutionnels qui refusent de quitter leurs fonctions, creusant ainsi un peu plus le fossé qui les sépare et retardant d'autant le rétablissement de la concorde tant souhaitée par l'évêque. Le but pour lequel le gouvernement a choisi Brault comme évêque de Bayeux, non seulement n'est pas atteint, mais encore il est gravement compromis par l'attitude partiale du prélat, qui agit avec la complicité du préfet. En cette fin d'année 1802, la perspective d'un retour de la paix religieuse semble s'éloigner; on est donc étonné de lire ces lignes que Portalis adresse à Bonaparte, le 27 frimaire an XI (18 décembre) : «Le général Grouchy, qui revient du Calvados, m'assure que les affaires religieuses s'améliorent [2]». À l'approche de la fête de Noël, l'évêque édicte cette mesure significative, qui est approuvée par le préfet : par crainte de conflits entre les deux partis, les messes de minuit sont interdites dans tout le diocèse [3]. Le triomphe des réfractaires met en péril l'ordre public dans un département qui était moins agité quelques mois auparavant, c'est-à-dire entre la conclusion du Concordat, en juillet 1801, et l'arrivée du nouvel évêque, à la fin de juin 1802, à l'époque où l'on attendait avec confiance la nomination d'un pasteur qui rétablirait définitivement la paix. Les exemples abondent, qui montrent la volonté délibérée de Brault d'éliminer les prêtres constitutionnels, avec le soutien de Caffarelli. Ainsi, dès juillet 1802, alors que l'évêque n'a pas encore envoyé son projet de nominations à Portalis, il convainc le préfet d'écarter le curé constitutionnel de Rots, Pierre Rozée, éphémère curé de Saint-Étienne de Caen, élu en 1791, qui avait été remplacé par Chaix-Destange. Caffarelli envoie donc au maire de Rots l'arrêté suivant, daté du 18 messidor an X (7 juillet 1802) : «Vu la nomination comme desservant de Leduc le 14 messidor par M. Brault et approuvée par moi-même, considérant que Leduc a prêté serment conformément au concordat, ordonne que l'église de Rots et ses dépendances soient mises

---

1. A. D., Chapitre de Bayeux 880, Journal de Dufour, «noms des cantons, communes du Calvados avec curés et desservants», août 1802.
2. A. N., AF IV-1044.
3. PATRY, Le Régime..., p. 267.

par le maire à la disposition de Leduc; le maire en est personnellement responsable et il doit exécuter cet arrêté dans les vingt-quatre heures [1].»

Le maire répond le lendemain à Caffarelli qu'il ne peut pas obéir au préfet; en effet, Pierre Rozée, qui est curé depuis onze ans, a fait preuve de beaucoup de zèle et jouit de l'estime populaire; il a adhéré au Concordat et détient légitimement les clefs de l'église. De plus, il habite légalement la commune, puisqu'il paie ses impôts fonciers. Le maire ne voit donc pas comment lui enlever les clefs de l'église pour les remettre au nouveau desservant. Il sait que la loi lui interdit de s'immiscer dans les affaires du culte, sauf ordre exprès du préfet. Il a donc décidé d'accueillir Leduc, à condition que celui-ci veuille bien traiter avec l'ancien curé «qui professe les principes du gouvernement français et du culte romain»[2]. Rots, donc, sera administrée par deux curés «légitimes», qui ont adhéré au Concordat. À Sannerville, le conflit qui oppose le maire et son adjoint, en cette fin de juillet 1802, reflète bien la division des esprits dans maints villages du Calvados. Le maire, en effet, refuse de remettre les clefs de l'église au nouveau desservant; le prédécesseur profite de cette aubaine pour venir célébrer l'office. L'adjoint se plaint auprès du préfet et de l'évêque de l'attitude du maire en leur signalant qu'il arrive que «l'église soit encore ouverte à trois heures du matin, exposée au pillage[3]». Ce genre d'affaires se multipliera jusqu'à la fin de l'année 1802.

Les quatre-vingt-seize prêtres constitutionnels retenus par l'évêque dans la nouvelle organisation du diocèse ont été nommés dans des paroisses rurales. Nous avons vu que leur présence est particulièrement sensible dans l'arrondissement de Bayeux, où trois des six cures : Balleroy, Trévières et Crépon, leur ont été attribuées[4]. Ils sont donc en position de force, ce qui provoque des heurts violents avec des groupes de fidèles qui, encouragés par les prêtres réfractaires, réclament leur départ. Les plaintes deviennent tellement pressantes et nombreuses que, sur ordre de Caffarelli, le sous-préfet de Bayeux, Claude-Joseph Lalouette, doit adresser une circulaire à tous les maires, datée du 5 fructidor an X (23 août 1802), pour leur rappeler que le travail de circonscription et de nominations dans les paroisses est terminé et que, désormais, il ne doit plus être adressé de réclamations ni aux autorités admi-

1. A. D., V 5.
2. *Ibid.*
3. A. D., V 5, Le maire adjoint de Sannerville à Brault et à Caffarelli, 4 thermidor an X (23 juillet 1802).
4. A. D., F 5661.

nistratives, ni à l'évêque; de plus, toute réunion de citoyens organisée pour s'opposer aux décisions ratifiées par le gouvernement doit être considérée comme un «attroupement» et punie comme il se doit [1].

Dans l'arrondissement de Lisieux, Brault a finalement nommé Montigny, curé de Saint-Pierre-sur-Dives; il est secondé par Le Roy et Bouvet. Les partisans du prêtre constitutionnel, Vaudon, refusent de reconnaître le nouveau curé. Le maire déplore, auprès du sous-préfet de Lisieux, que des injures soient fréquemment échangées dans les cabarets et autres lieux publics. Un jour, une rixe éclate sur la place du village, aussitôt calmée par l'intervention de la gendarmerie; lors de la seconde rixe, dix ou douze hommes se battent et deux d'entre eux «restent sur le carreau»; le préfet traduira dans son propre rapport : ils étaient «presque morts»[2]. Le maire, Mazier, considérait pourtant que, depuis l'affaire du clocher, la haine entre les deux partis commençait à faiblir; mais, à la suite de la nomination officielle de Montigny, les incidents ne cessent de s'aggraver. Il propose donc de nouveau qu'un prêtre étranger à la paroisse soit nommé à Saint-Pierre-sur-Dives[3]. Le ministre de la Police, Fouché, apprend cette affaire et s'émeut; il demande un rapport détaillé au préfet du Calvados sur les deux arrondissements les plus troublés : Lisieux et Pont-l'Évêque, qui dépendaient de l'ancien diocèse de Lisieux[4], il déplore que, par exemple, à Touques, les esprits «sont tellement échauffés qu'on craint un massacre» et qu'à Pont-l'Évêque «des femmes ci-devant religieuses de l'hospice aient repris l'habit et qu'un ex-capucin, le père Hyacinthe, ait prêché lors de cette cérémonie[5]. Le ministre regrette donc l'attitude de l'évêque de Bayeux, qui a remplacé les curés constitutionnels par des prêtres réfractaires. Or, ces derniers «rompent le lien social, divisent les familles, soufflent la vengeance, arment les citoyens et semblent vouloir rallumer le flambeau de la guerre civile». Fouché dénonce donc la partialité de Brault et demande au préfet de ne pas hésiter à sanctionner les maires qui pactiseraient avec les ennemis du gouvernement[6].

---

1. *Ibid.*
2. A. D., V 5, Caffarelli au sous-préfet de Lisieux, 19 fructidor an X (6 septembre 1802).
3. A. D., V 5, Le maire de Saint-Pierre-sur-Dives au sous-préfet de Lisieux, 24 fructidor an X (11 septembre 1802).
4. Hormis Cambremer qui formait une exemption dépendant du diocèse de Bayeux.
5. Les deux faits évoqués par Fouché sont rapportés par Caffarelli à Mollien, sous-préfet de Pont-l'Évêque, dans une lettre datée du 19 fructidor an X (6 septembre 1802) : A. D., V 5.
6. A. D., V 5, Fouché à Caffarelli, 10 fructidor an X (28 août 1802).

Les atteintes à l'ordre public ne cessent de se multiplier; les autorités civiles et ecclésiastiques assistent, avec effroi, à l'apparition des symptômes qui annoncent une reprise de la guerre civile. Le Calvados va-t-il sombrer dans l'anarchie?

La défaite de l'Église constitutionnelle.

Dans les communes rurales, l'attitude intransigeante des prêtres insermentés révolte bon nombre d'habitants; la plupart des maires, nommés pendant la Révolution, craignent un retour à l'Ancien Régime et se font donc volontiers les porte-parole de leurs administrés. Les plus modérés adoptent une attitude de neutralité, ce qui leur vaut souvent les sarcasmes des deux partis en présence; ainsi, Mazier, maire de Saint-Pierre-sur-Dives, subit les remontrances que le nouveau curé, Montigny, lui adresse chaque dimanche depuis la chaire de vérité[1]. Les maires les plus courageux n'hésitent pas à défendre les curés constitutionnels contre les attaques violentes, et, à leurs yeux, injustifiées, des réfractaires qui cherchent, par ce moyen, à les chasser des paroisses. Dans l'arrondissement de Lisieux, le canton de Saint-Pierre-sur-Dives est particulièrement agité : à Hiéville, Vieux-Pont, Viette, La Gravelle, Le Tilleul, Saint-Martin-du-Fresnay, Saint-Georges et Mittois, les prêtres assermentés subissent les assauts des réfractaires menés par un certain Le Paulmier, constitutionnel rétracté, qui agit comme «un évêque de canton[2]» : l'un des prêtres desservant Saint-Pierre-sur-Dives, Le Roy, lui permet de célébrer l'office dans son église et l'encourage dans ses prétentions; en effet, Le Paulmier se dit délégué par l'évêque pour distribuer des indulgences et bénir des chapelets[3]; de plus, il «rebaptise», «remarie», donne les sacrements et encourage ses confrères à faire de même en leur recommandant de ne pas reconnaître la validité des actes des prêtres assermentés. À Viette, Dumont, qui dessert la paroisse depuis cinquante ans, subit les assauts de l'ancien curé de Blangy, Marie-François Le Testre, rentré depuis peu d'Angleterre, qui parcourt les communes environnantes en compagnie de Sorel, prêtre constitutionnel rétracté, «faisant les offices dans les maisons, baptisant et rebaptisant, mariant et remariant[4]». À

---

1. A. D., V 5, Le maire de Mittois au sous-préfet de Lisieux, 26 fructidor an X (13 septembre 1802).
2. Citation du maire de Mittois : voir A. D., 5661.
3. PATRY, *Le Régime...*, p. 259.
4. Citation du maire de Mittois : voir A. D., 5661.

Saint-Georges, le nouveau curé, nommé par l'évêque, refuse de baptiser les enfants quand il apprend que le parrain ou la marraine ne partage pas ses opinions; de même, il a refusé d'inhumer un vieillard de quatre-vingt-quatorze ans qui avait été administré par Dumont. Le maire de Mittois, qui dénonce ces faits, se plaint du propre desservant de sa commune, Blivet, qui le calomnie, menaçant de le faire chasser par la population s'il ne renvoie pas le prêtre constitutionnel qui a desservi la paroisse avec zèle et compétence depuis le début de la Révolution.

Dans les villes l'évêque a systématiquement écarté les prêtres constitutionnels des cures et de la plupart des succursales. Nous avons vu que Caen et Bayeux ont fait l'objet de son attention particulière. À Caen, seuls Gervais de la Prise, à la succursale de Saint-Pierre, et Hébert, à celle de Saint-Michel de Vaucelles, sont maintenus dans leurs fonctions, à cause de leur popularité et pour éviter des troubles[1]. À Bayeux, la réduction du nombre des paroisses de quatorze à quatre a permis de ne placer autour de Nicolas Renault, curé provisoire de la cathédrale et secrétaire général, que des prêtres réfractaires (hormis le vicaire de Saint-Exupère) : Philippe de la Brecque à Saint-Patrice, Louis-Marin Délinchamp à Saint-Exupère et Joseph-Eustache Siméon à Saint-Loup-Hors[2].

Dans les autres villes, l'évêque se heurte à une résistance plus ou moins forte de la part des prêtres constitutionnels; leur influence est importante à Lisieux, Falaise et Honfleur, pratiquement nulle à Vire et inexistante à Pont-l'Évêque. Brault adopte la même ligne de conduite que dans les paroisses rurales : le maintien du *statu quo*. Certes, officiellement, les paroisses occupées par les prêtres constitutionnels leur sont retirées; pourtant, l'évêque, qui se heurte à de fortes résistances, les laisse, évite de prendre parti dans les querelles qui les opposent aux nouveaux desservants concordataires. Il les laisse donc résider sur le territoire de leurs anciennes paroisses et tolère même qu'ils célèbrent la messe dans les églises. À Falaise, la désunion des prêtres réfractaires aurait dû profiter au curé constitutionnel de Saint-Gervais, Joseph Lemonnier. Le sous-préfet lui-même intervint en sa faveur en vantant ses «mœurs pures, sa conduite sage et modérée[3]». Toutefois, Louis Godechal, ancien curé de Saint-Gervais, a de nombreux partisans qui réclament son rétablissement à la

---

1. A. D., Chapitre de Bayeux 880, Journal de Dufour.
2. SEVESTRE, *La Vie...*, p. 117.
3. A. D., V 49, Rulhières à Brault, 5 thermidor an X (24 juillet 1802).

tête de la paroisse ; l'évêque nomme son rival, Jean-François Loriot, à la cure de Sainte-Trinité et tranche en faveur de Godechal. Lemonnier, lui, est autorisé à demeurer sur le territoire de son ancienne paroisse [1].

À Lisieux, les prêtres constitutionnels, Gondouin-Desportes, à Saint-Jacques, et Allaire, à Saint-Désir, espèrent que l'évêque les reconduira dans leurs fonctions. Brault ne tient aucun compte de leurs doléances et confie les trois paroisses de la ville à des prêtres réfractaires, dont Jacques Blondel, nommé à la cathédrale Saint-Pierre, qui est officiellement rouverte [2]. Les prêtres constitutionnels, de concert, font face : Gondouin-Desportes refuse de remettre les clefs au nouveau desservant de Saint-Jacques [3] tandis qu'Allaire exige de pouvoir célébrer à Saint-Désir [4]. L'évêque, prudent, ne réagit pas ; la cohabitation des deux clergés continue donc, émaillée d'incidents de plus en plus violents, surtout à Saint-Désir.

À Honfleur, Brault rétablit à l'unique cure de la ville, Sainte-Catherine, l'ancien curé, Jean-Pierre Allais, tandis que Jean-Baptiste Pestel est nommé à la succursale Saint-Léonard. Ces nominations sont rejetées par une partie de la population qui réclame l'ancien curé constitutionnel, Léon Martin. L'évêque ne cède pas, ce qui provoque quelques incidents à Sainte-Catherine lors de l'installation d'Allais [5].

À Vire, où le parti des prêtres constitutionnels est moins puissant, l'évêque peut agir plus librement. Il fait preuve d'habileté en confiant la succursale Saint-Martin de Tallevende au curé constitutionnel de Notre-Dame, Bertrand Porquet, ce qui lui permet de nommer à sa place Thomas-François Allais, qui était le vicaire de cette paroisse avant la Révolution [6].

Enfin, à Pont-l'Évêque, où l'église Saint-Michel est fermée faute de desservant, l'évêque nomme un prêtre réfractaire de l'ancien diocèse de Lisieux, Julien-Robert Roney, qui s'était exilé en Angleterre [7].

1. SEVESTRE, *La Vie...*, p. 286.
2. *Ibid.*, p. 64.
3. A. D., V 5, Mémoire justificatif de Gondouin-Desportes adressé à Portalis, le 16 frimaire an XIII (7 décembre 1804).
4. SEVESTRE, *La Vie...*, p. 64, n. 1.
5. *Ibid.*, p. 337.
6. *Ibid.*, p. 30.
7. *Ibid.*, p. 313.

Conclusion : Un évêque dans la tourmente.

À la fin de l'année 1802, Brault est parvenu à écarter les prêtres constitutionnels, avec le concours bienveillant du préfet et en dépit des mises en garde provenant de Portalis et de Fouché. Les ministres, en effet, n'admettent pas cette éviction brutale de prêtres qui ont servi fidèlement la Révolution. Sur place, le préfet Caffarelli fait preuve, au contraire, d'une grande indulgence à l'égard des décisions épiscopales, car il a mesuré la force et la popularité grandissante du parti des prêtres réfractaires. De plus, il a placé spontanément toute sa confiance dans ce prélat qu'il estime et dont il apprécie les qualités morales; il est donc convaincu que l'évêque est capable de rétablir la paix religieuse dans le diocèse. Il reste que la carte paroissiale d'août 1802 à laquelle étaient jointes les nominations provisoires des curés et des desservants, se solde par un échec, à cause du rejet conjoint des fidèles, soutenus par les prêtres réfractaires mécontents de la disparition d'un grand nombre de paroisses, et du clergé constitutionnel qui considère désormais l'évêque de Bayeux comme un ennemi irréductible. La seconde période qui s'ouvre à partir de janvier 1803 va être marquée par une lutte sans merci entre Brault et ses multiples détracteurs; l'évêque a peu d'alliés, mais ils sont sûrs : quelques proches dans le clergé, qu'il a placés aux postes clefs de l'administration diocésaine, et le préfet, Caffarelli. Ces quelques soutiens, joints à ses qualités personnelles d'habileté, d'audace et d'opiniâtreté dans les épreuves, peuvent lui permettre de triompher et de conserver son siège, mais une question se pose : le préfet du Calvados acceptera-t-il de soutenir jusqu'au bout un évêque aussi peu populaire, même contre son gouvernement?

DEUXIÈME PARTIE

LA VICTOIRE
DE L'ÉGLISE CONCORDATAIRE

CHAPITRE PREMIER

LA MISE EN PLACE DU PERSONNEL CONCORDATAIRE

De novembre 1802 à mars 1803, Charles Brault visite la plupart des villes importantes de son diocèse, puis il tente de faire accepter par le gouvernement son nouveau travail de nominations. La tension demeure très vive dans les paroisses, surtout dans celles qui ont été supprimées. L'évêque doit donc faire preuve de persuasion, voire d'autorité, pour convaincre prêtres et fidèles d'accepter le nouveau concordat. Du côté du gouvernement, la situation demeure inchangée : Portalis et Brault s'opposent toujours au sujet de la place qui doit être réservée aux prêtres assermentés dans le personnel concordataire ; le prélat se prépare à résister au ministre en espérant que le préfet, Caffarelli, le soutiendra. L'enjeu de cette confrontation est grave pour l'évêque : sera-t-il contraint de remettre sa démission ?

À la découverte du diocèse
(les visites pastorales de novembre-décembre 1802).

Hormis Caen et Bayeux, Brault ne connaît pas encore les villes de son diocèse. Il décide de se rendre compte sur place de la désunion du clergé.

Vire.

Vire [1] est la ville la plus décentrée du diocèse : ne dit-on pas, en effet, que le curé de Vire est aussi indépendant qu'un évêque ? Brault choisit de ne pas visiter le chef-lieu du Bocage

---

1. E. SEVESTRE, *La Vie religieuse dans les principales villes normandes pendant la Révolution (1787-1801)*, p. 4-30.

car le curé qu'il a nommé, Allais, ne rencontre pas d'opposition sérieuse; bien connu d'une population marquée par la chouannerie, et donc acquise aux prêtres réfractaires, son tempérament vigoureux s'est aussitôt imposé à cette cité que le concordat de 1801 a réunie. Avant la Révolution, en effet, les huit mille habitants se partageaient entre les deux diocèses de Bayeux et de Coutances, séparés par la rivière, la Vire. Deux clergés cohabitaient : d'un côté, le curé de l'église Notre-Dame (diocèse de Bayeux), Georges de Parfouru, desservait une population bourgeoise; de l'autre côté de la Vire, dans le diocèse de Coutances, un noyau de fidèles, habitant un quartier populaire de la ville, se groupait autour de la chapelle Sainte-Anne que desservait le prieur de l'hôtel-Dieu, Michel Guéret. Les clergés des deux diocèses rivalisaient de zèle et entraient souvent en confrontation, si bien qu'à Vire, très exceptionnellement, on ignorait les litiges entre prêtres nommés et prêtres habitués, pourtant très nombreux. Au moment de la Révolution, le clergé paroissial n'avait pas prêté serment; la population ignorait donc les déchirements que connaissaient d'autres villes du Calvados, telles que Caen et Bayeux.

Le 10 avril 1791, Jean Allais, professeur de rhétorique, était nommé curé constitutionnel de la ville. Il s'enfuit sous la Terreur et partit pour Paris, où il se maria. L'église Notre-Dame fut fermée jusqu'en l'an V, puis, le seul prêtre étranger à la paroisse demeurant dans la ville, Bertrand Porquet, desservit Notre-Dame. Lors du rétablissement du culte, Allais et Renault, les deux anciens vicaires de Parfouru qui était mort le 3 février 1791, rentrèrent en France et, aussitôt, la population se groupa autour d'eux. La réunification de la ville fut facilitée par la décision de ne pas rouvrir la chapelle Sainte-Anne.

Lisieux.

La visite pastorale de l'évêque, accomplie en brumaire-frimaire an XI (novembre-décembre 1802) va le conduire successivement à Lisieux [1], Pont-l'Évêque, Honfleur et Falaise.

Le préfet Caffarelli envoie au ministre des Cultes Portalis, le 24 brumaire an XI (15 novembre 1802), un rapport très optimiste sur le voyage de l'évêque dans l'ancienne ville épiscopale : «Le voyage de l'évêque à Lisieux s'est passé dans le calme; les prêtres ont assisté à ses exhortations et ils se sont ralliés à lui; ce voyage a produit les effets que j'avais escomptés. Vous n'entendrez donc certainement plus parler d'agitation religieuse dans le Calvados, sauf pour quelques intrigants [2].»

---

1. E. SEVESTRE, p. 36-63, 75-80.
2. A.N., F 19-5668.

En réalité, Brault n'est pas parvenu à réconcilier prêtres constitutionnels et prêtres réfractaires, car il s'est heurté à une forte résistance de la part des prêtres jureurs, dont l'influence est encore très grande. Il faut savoir, en effet, qu'à la différence de Bayeux, où un grand nombre de prêtres réfractaires étaient demeurés sur place, unis autour des représentants de l'évêque en exil, Mgr de Cheylus, Lisieux s'était trouvée abandonnée dès le début de la Révolution [1]. Comme Mgr de Cheylus, l'évêque de Lisieux, Mgr de La Ferronays, avait bien accueilli la Révolution, à cette différence près : Mgr de Cheylus avait feint d'adopter les idées nouvelles, en acceptant même la place de maire que lui avaient offerte les Bayeusins ; il avait un tempérament de lutteur ; c'est pourquoi au moment de la rupture, c'est-à-dire lors du vote de la Constitution civile du clergé, il demeura sur place, à Bayeux, se cachant chez la baronne de Wimpfen, puis, après un séjour à Paris, exprima le désir de revenir dans son diocèse afin de continuer la lutte. Il ne partit pour Jersey, avec regret, que le 13 septembre 1792, non sans avoir fait connaître qu'il refusait l'élection de l'évêque constitutionnel du Calvados, Claude Fauchet. Mgr de La Ferronays, de son côté, avait cru sincèrement à la Révolution, jusqu'au vote de la Constitution civile du clergé. Il ne s'effraya pas, car il pensait qu'il s'agissait d'un mouvement populaire visant à la réforme des privilèges. On vit le vicaire général, Naudin, bénir les drapeaux de la garde nationale et Mgr de La Ferronays accepter qu'en sa présence un commissaire du roi fît un discours dans la chaire de la cathédrale. La Constitution civile du clergé (12 juillet-24 août 1790) provoqua un grand désarroi chez cet évêque conciliant, d'autant que l'Assemblée constituante, ayant décidé de faire coïncider les circonscriptions ecclésiastiques avec les nouveaux cadres administratifs, c'est-à-dire les départements (décret du 22 décembre 1789), avait supprimé le diocèse de Lisieux et réparti ses dépouilles entre les diocèses d'Évreux, de Sées et de Bayeux. Certes, seuls quatre prêtres sur les trente-trois qui desservaient alors la ville de Lisieux [2] prêtèrent le serment, mais parmi eux se trouvaient les deux curés des paroisses les plus importantes de la ville : Jean Saffrey, curé de Saint-Jacques, et Jean-Pierre Hauvel, curé de Saint-Désir [3]. L'évêque, refusant le serment, ne fit pas preuve d'une grande témérité ; il se laissa traîner devant un tribunal qui décida son expulsion. Il partit sans protester, à la fin de l'année 1791, en

---

1. Les limites de l'ancien diocèse de Lisieux dans l'annexe 1, p. 388.
2. Lisieux comptait alors environ dix mille habitants.
3. La troisième paroisse était Saint-Germain.

laissant le vicaire général, Naudin, pour le représenter. Mais, Naudin, constatant que le diocèse de Lisieux n'existait plus, partit lui aussi pour Rouen où il se cacha. Les prêtres réfractaires se dispersèrent alors; seuls quatre ou cinq vieux chanoines restèrent à Lisieux, ainsi que deux prêtres qui s'étaient cachés près de la ville épiscopale : de Créqui, frère de l'abbesse des bénédictines de Saint-Désir, et Chastran de la Fayette.

De Jersey, Mgr de Cheylus, constatant que désormais Lisieux faisait partie de son diocèse, nomma de Créqui son représentant sur place. Le départ des réfractaires permit aux prêtres constitutionnels de tenir les paroisses sans rencontrer de résistances, comme à Bayeux ou à Caen. Leur nombre grossit. Les deux curés jureurs demeurèrent dans leur fonction et Jean-Baptiste Burel, vicaire jureur de Saint-Désir, fut élu en avril 1791, curé de Saint-Germain. Les trois paroisses furent desservies sans interruption jusqu'à la suppression de l'Église constitutionnelle décidée par la Convention à la fin de l'an II (septembre 1794), et proclamée solennellement dans la loi du 3 ventôse an III (21 février 1795), qui portait séparation de l'Église et de l'État. Les églises furent fermées, sauf la cathédrale Saint-Pierre où les autorités civiles organisèrent le culte de l'Être suprême; celui-ci eut quelques succès auprès d'une population impressionnée par la splendeur des cérémonies et les discours enflammés du maire, mais il sombra peu à peu et la cathédrale fut, elle aussi, fermée. Le clergé constitutionnel se dispersa; son chef, Saffrey, curé de Saint-Jacques, se maria... Quand les églises s'ouvrirent de nouveau à partir de l'an V (1797), sous le Directoire, le clergé constitutionnel revint occuper Saint-Désir et Saint-Jacques. Saint-Germain, qui avait été vendue, était détruite et la cathédrale demeurait fermée. S'installèrent à Saint-Désir : Jean-Pierre Hauvel, l'ancien curé; à Saint-Jacques : Guillaume Gondouin-Desportes. Le clergé constitutionnel était donc plus fort que jamais.

L'évêque arrive à Lisieux, le 16 brumaire (7 novembre); il se rend à la cathédrale où il est accueilli par le nouveau curé, Jacques Blondel; il célèbre la messe en présence du clergé de la ville, c'est-à-dire les seuls prêtres réfractaires. Allaire, qui occupe Saint-Désir, l'invite dans sa paroisse. L'évêque refuse «faute de temps», affirme-t-il. Pourtant, il passe la journée du 17 brumaire (8 novembre) à visiter les manufactures de la ville. Avant de quitter Lisieux, le 18 brumaire (9 novembre), Brault rend visite au chef de file des prêtres constitutionnels, Gondouin-Desportes, et l'assure qu'il ne désire pas le remplacer[1]. Brault a donc préféré ne pas s'affronter aux prêtres

---

1. A. D., V 5, Mémoire justificatif de Gondouin-Desportes adressé à Portalis, 16 frimaire an XII (8 décembre 1803).

constitutionnels soutenus par une partie de la population; il a tout fait pour les éviter et a feint d'accepter la situation établie. À Saint-Désir, Allaire continue à exercer le culte, se heurtant au prêtre réfractaire, Lecordier, que Brault a nommé desservant provisoire. Les habitants protestent en vain auprès du ministre des Cultes dans une pétition adressée le 4 frimaire an XI [1].

Pont-l'Évêque et Honfleur.

Brault se rend ensuite dans les deux villes rivales de l'ancien diocèse de Lisieux : Pont-l'Évêque, où le catholicisme a persisté envers et contre tout, et Honfleur, qui fit preuve d'une instabilité perpétuelle [2]. Il affronte alors les deux catégories d'opposants au Concordat : la Petite Église, à Pont-l'Évêque, et les prêtres constitutionnels, à Honfleur.

Avant la Révolution, les deux villes s'opposaient à la fois sur le plan administratif et sur le plan religieux. Pont-l'Évêque, faiblement peuplée (3 000 habitants en 1790), était le siège d'une subdélégation renommée et d'une élection [3], alors que Honfleur, trois fois plus peuplée que Pont-l'Évêque (9 259 habitants en 1790), à la vie économique florissante [4], n'était que le siège d'un bailliage créé seulement en 1749 et qui n'avait pu devenir présidial. La subdélégation était peu importante et le gouverneur, ainsi que le lieutenant général de l'Amirauté, peu renommés. Sur le plan religieux, au contraire, Honfleur prenait le pas sur Pont-l'Évêque; alors que cette dernière n'était qu'une paroisse, Honfleur était le chef-lieu d'un doyenné. À Pont-l'Évêque, toutefois, le catholicisme était solidement implanté : nombreuses confréries, congrégations florissantes; le curé, qui desservait l'église Saint-Michel, Louis Morin, était vénéré. À Honfleur, au contraire, le catholicisme demeurait fragile : la ville était divisée en deux paroisses rivales : Jean-Pierre Allais desservait Sainte-Catherine et Saint-Étienne; Jean-Baptiste Bourdin desservait Notre-Dame-de-Grâce, lieu d'un pèlerinage célèbre, et Saint-Léonard. De plus, les confréries étaient peu

---

1. A. N., F IV-1046, Pétition des habitants de la paroisse Saint-Désir de Lisieux à Portalis, 4 frimaire an XI (25 novembre 1802).
2. SEVESTRE, p. 293-311, 317-336.
3. Pont-l'Évêque, étant à la fois élection et subdélégation, avait la maîtrise de la recette des tailles et des aides.
4. Honfleur était un centre économique important avec ses cultures maraîchères (melon), ses industries (chantiers de constructions navales, manufactures de produits chimiques, tanneries et fabriques de dentelle), son port de pêche et la foire de Sainte-Catherine, très fréquentée durant trois semaines, à compter du 25 novembre de chaque année.

actives et les congrégations religieuses étaient peu représentées. En revanche, le protestantisme et la franc-maçonnerie étaient vigoureux, alors qu'ils étaient inexistants à Pont-l'Évêque. Les attitudes des deux villes pendant la Révolution furent diamétralement opposées.

À Pont-l'Évêque, le décret du 24 novembre 1789, qui mit les biens de l'Église à la disposition de la nation, puis le décret des 13-19 février 1790, qui supprima les ordres religieux, ne furent pas appliqués par la nouvelle municipalité de tendance modérée. De même, lorsque le 13 février 1791, Morin affirma publiquement en chaire, face à la municipalité, qu'il refusait de prêter serment, celle-ci, conciliante, se tut. Lorsque, à partir de mai 1791, on dut élire les prêtres constitutionnels, trois scrutins en mai, juillet et octobre, furent nécessaires pour obtenir enfin l'élection de l'ex-prêtre habitué, Jean-Baptiste Bourrée. Des incidents éclatèrent entre le nouveau clergé constitutionnel et les prêtres réfractaires qui étaient tous demeurés à leur poste, hormis Morin, très âgé, qui avait préféré s'exiler à Portsmouth, où il mourut en 1795. Lors de son voyage des 25-27 mai, Fauchet, venant de Honfleur, fut accueilli fraîchement. Le clergé constitutionnel ne tarda pas à sombrer : Bourrée renonça à la prêtrise et se maria, le 3 décembre 1793. Pont-l'Évêque, en 1793, comme Caen, prit parti pour la Gironde et pour le fédéralisme[1], alors que Honfleur demeura franchement montagnarde. L'armée de la Convention occupa Pont-l'Évêque, à la fin de juillet, après la défaite de Brucourt (près de Vernon) et la ville fut rebaptisée : Pont-Chaslier. Le culte de la Montagne fut alors imposé et Bourrée le célébra dans une église Saint-Michel totalement dépouillée. Elle demeura fermée, mais le clergé réfractaire, soutenu par la population, célébrait dans les maisons particulières.

À Honfleur, au contraire, la municipalité approuva la Constitution civile du clergé et affronta des prêtres qui la refusaient en bloc. Elle appliqua consciencieusement les lois, si bien que les congrégations furent obligées de se disperser. Le clergé constitutionnel fut installé dans l'enthousiasme ; faute d'avoir pu élire un prêtre de la ville, on fit appel à deux prêtres étrangers : Jacques-Léon Martin, l'un des deux prêtres habitués qui, à Pont-l'Évêque, avait prêté serment, fut nommé à Sainte-Catherine et Saint-Étienne, tandis que Robert Goguet fut désigné comme curé de Saint-Léonard et chapelain de Notre-Dame-de-Grâce. Tous deux étaient brillants et s'attirèrent la faveur de la population, d'autant que les prêtres réfrac-

---

1. Sur le fédéralisme dans le Calvados, voir Prologue, p. 21s.

taires avaient fui. Quand, le 25 mai 1791, on apprit que Fauchet était à Lisieux, la municipalité l'envoya chercher; il fut acclamé par la population. En octobre 1792, Martin fut nommé maire. Pourtant, la municipalité montagnarde rompit avec Fauchet quand, le 28 novembre 1792, celui-ci, dans une lettre pastorale, fit savoir son opposition à la législation sur le divorce et sur le mariage des prêtres : les deux curés constitutionnels prirent parti pour la municipalité et participèrent au dépouillement de leurs églises, qui devinrent des magasins pour les subsistances. Ils abdiquèrent de leurs fonctions de prêtres. Les cultes révolutionnaires apparurent dès 1790 avec les fêtes de la Fédération de 1790, 1791, 1792, qui en constituaient les prémices, suivies par les fêtes civiques, dont les honneurs funèbres à Mirabeau, connurent un grand succès à Honfleur. La participation des curés constitutionnels à ces cérémonies, puis la disparition des prêtres jureurs, augmentèrent l'audience de ces cultes païens, fait unique dans le Calvados. À partir de nivôse an II (fin décembre 1793), la municipalité montagnarde multiplia les fêtes [1]. Le Directoire ne ralentit pas cette ferveur populaire. Mais le curé constitutionnel Martin fit volte-face et, profitant de la popularité qu'il avait conservée dans certains milieux, il prit la tête d'un mouvement de résistance qui lui permit peu à peu de renverser les cultes révolutionnaires et de rétablir l'Église constitutionnelle. Il devint instituteur et utilisa habilement cette fonction pour exercer discrètement son ministère et rendre peu à peu Sainte-Catherine au culte catholique. Martin demeurait le seul représentant du catholicisme, car le clergé réfractaire, hormis quelques intrusions de prêtres venus de Pont-l'Évêque, était inexistant. En l'an XI (1801), seulement, le clergé réfractaire revint et Sainte-Catherine étant occupée par les représentants de l'Église constitutionnelle, il s'installa à Saint-Léonard, dont l'eudiste Jacques Tranchepain prononça la réouverture au culte le 3 floréal (23 avril). La ville était donc divisée entre les deux partis, avec un avantage pour les constitutionnels grâce au prestige de Martin et à l'occupation de l'église la plus importante, Sainte-Catherine.

Venu de Lisieux, Brault arrive à Pont-l'Évêque le 19 brumaire (10 novembre); il est accueilli par Julien-Robert Roney qu'il a nommé à la tête de l'unique cure de la ville, Saint-Michel. Les habitants peuvent être satisfaits : le statut de leur

---

1. Par exemple, cette fête mémorable organisée par la municipalité : les 10 et 26 nivôse an II (30 décembre 1793 et 15 janvier 1794), on procéda à la plantation des arbres de la liberté; on déposa un drapeau tricolore aux pieds de Notre-Dame-de-Grâce, puis on le transporta au temple de la Raison, l'ancienne église Sainte-Catherine.

paroisse est maintenant conforme à sa stature de chef-lieu d'arrondissement; elle est érigée en cure et elle est desservie par un prêtre réfractaire originaire de l'ancien diocèse de Lisieux. Pourtant, une fraction de la population, très marquée par les persécutions religieuses, et donc totalement acquise aux prêtres réfractaires, rejette le nouveau clergé concordataire et se porte vers la Petite Église. Brault rencontre ici une nouvelle catégorie d'opposants, aussi intraitables que les plus ardents constitutionnels, mais moins puissants, car ils ne sont bien implantés que dans le pays d'Auge, où ils ont trouvé un terrain d'accueil favorable, surtout à Pont-l'Évêque. Les partisans de la Petite Église sont royalistes et gallicans. Ils s'opposent à la fois au gouvernement et au pape car, fidèles aux principes en vigueur sous l'Ancien Régime (concordat de 1516[1], Déclaration des Quatre Articles de 1682[2]), ils ne reconnaissent comme évêques légitimes que ceux qui ont été choisis par

---

1. Le concordat de 1516. Le concordat est signé le 18 août 1516 après l'entrevue, à Bologne, de François Ier et de Léon X. Il règle les rapports de la France et du Saint-Siège jusqu'en 1789. Le concordat ne reprend pas les deux premiers principes de la Pragmatique Sanction (1438) qui renferment les deux décrets du concile de Constance sur la périodicité décennale des conciles œcuméniques et la supériorité du concile œcuménique sur le pape. De plus, le pape octroie le concordat comme un acte de son autorité souveraine et par la bulle *Pastor aeternus* de 1516 abolit la Pragmatique Sanction et renouvelle la constitution *Unam sanctam* de Boniface VIII. – L'Église catholique n'a qu'un chef, le Christ; son représentant sur terre, ou son vicaire, est le souverain pontife, successeur de Saint-Pierre; donc, les deux glaives, le spirituel et le temporel, appartiennent à l'Église. Le pape retient dans sa main le glaive spirituel et il confie le glaive temporel aux rois qui ne peuvent s'en servir que selon la volonté du pape, juge de leurs actions pour le bien de l'Église. En application de ce principe, le roi reçoit le droit de nommer les évêques, abbés et prieurs, droit qui appartenait jusque-là aux chanoines et aux moines; le pape ne se réserve que le droit de veto. C'est une conquête importante pour la royauté qui dispose de toutes les grandes charges ecclésiastiques. La papauté, de son côté, bénéficie de nouveau du revenu des annates, rente considérable que lui avait retirée la Pragmatique Sanction. En échange, le roi reçoit une autre rente, un décime sur tous les biens ecclésiastiques que la papauté n'accordait autrefois que dans des cas exceptionnels, notamment les croisades. Le pape et le roi se partagent de même la juridiction ecclésiastique. Les droits des collateurs de bénéfices inférieurs sont, enfin, diminués au profit des deux puissances contractantes. Cet accord, qui met fin à la tentative de substituer à la primauté de Saint-Pierre un régime d'assemblées délibérantes et encourage les tendances absolutistes de la monarchie, suscite de vives protestations en France. Le Parlement ne l'enregistre le 22 mars 1518 que sur sommation royale et François Ier, pour triompher des oppositions, doit transférer, en 1527, le jugement des affaires ecclésiastiques au Grand Conseil, c'est-à-dire un tribunal extraordinaire qui sera à l'origine de la justice administrative.

2. La Déclaration du clergé de France *Clerici gallicani de ecclesiastica potestate declaratio*, dite «Déclaration des Quatre Articles». Cette déclaration fut rédigée par Bossuet et approuvée par l'assemblée générale extraordinaire du

le roi et à qui le pape a conféré l'investiture canonique. Pour eux, le bref de Pie VII : *Pastoralis sollicitudo*, publié au moment du Concordat, qui demande aux évêques de l'Ancien Régime «le sacrifice de leurs démissions», est entaché d'une double nullité : d'une part, il a été envoyé à la suite d'un accord conclu avec un pouvoir illégitime; d'autre part, le pape n'a pas respecté la liberté de l'Église gallicane en demandant à ces évêques de remettre des sièges qu'ils détiennent légitimement du Roi Très-Chrétien. Louis XVIII encourage la dissidence, organise la résistance et obtient un résultat prometteur : quarante-cinq évêques, contre cinquante-deux, refusent de démissionner. Toutefois, le schisme n'est consommé que par deux d'entre eux : Mgr de Thémines [1], évêque de Blois, et Mgr de Coucy, évêque de La Rochelle. Les autres, constatant le succès de la politique de pacification religieuse de Bonaparte, s'abstiendront de toute intervention dans leurs diocèses d'origine [2]. Quelques prêtres isolés, rassemblant des groupes de fidèles royalistes et gallicans qui ont particulièrement souffert de la Révolution, parviennent à établir la Petite Église dans quelques diocèses. Ainsi, à Rouen, l'abbé Clément Dubois [3] s'est insurgé contre le cardinal Cambacérès [4] et réclame que, du fait du décès de

---

clergé, le 19 mars 1682. Les quatre articles affirment : 1) les rois, dans les affaires temporelles, ne sont pas soumis au pape, qui ne peut donc les déposer ni dispenser leurs sujets de l'obéissance à leur égard; 2) le pouvoir du Saint-Siège dans le domaine spirituel est limité par celui du concile œcuménique ; 3) le pouvoir pontifical doit s'exercer selon les règles de l'Église et, en France, selon les usages de l'Église gallicane ; 4) le jugement du pape sur les questions de foi n'est irréformable qu'après le consentement de l'Église universelle. Louis XIV, érigea immédiatement cette déclaration en loi, tandis qu'Innocent XI, espérant la faire modifier, retardait la publication du bref qui la condamnait. Finalement, la situation politique obligea le roi à renoncer à son application (1693). Elle continua néanmoins à être enseignée jusqu'à la fin de l'Ancien Régime.
 1. Alexandre-François de Lauzières de Thémines (1742-1829). Né le 13 février 1742 à Montpellier, Thémines fut grand vicaire de Senlis et aumônier du roi, puis Louis XVI le nomma évêque de Blois en 1776. Dans l'assemblée du clergé de 1788, il éleva seul la voix en faveur du parlement de Paris, exilé à Troyes. Il refusa de prêter serment à la Constitution civile du clergé, se réfugia en Savoie et protesta contre l'élection de son successeur, l'abbé Grégoire. Il passa ensuite en Espagne, et vers 1810 se rendit à Londres. Dans sa lettre du 21 octobre 1801 adressée à Pie VII, il avait refusé de donner sa démission, pourtant demandée par le pape, et en 1802 il s'était associé à la protestation de ses collègues contre le Concordat. Jusqu'à sa mort, il persista dans son refus. Il devint le chef incontesté de la Petite Église, refusa de revenir en France en 1814 et partit pour Bruxelles en 1829 où il mourut le 3 novembre de cette même année.
 2. J. LEFLON, *La Crise révolutionnaire (1789-1846)*, p. 219-222.
 3. Clément Dubois est né à Caen; incardiné dans le diocèse de Rouen, il était chapelain des carmélites de Dieppe au moment de la Révolution.
 4. Biographie de Cambacérès : voir p. 35, n. 4.

Mgr de La Rochefoucauld, archevêque de Rouen, des grands vicaires soient élus selon les formes prévues par le droit canon en cas de vacance du siège épiscopal [1]. Un prêtre, originaire de Bernay (diocèse d'Évreux), Olivier, disciple de Dubois, est parvenu à rassembler un groupe de fidèles à Pont-l'Évêque et dans son arrondissement, où il est connu de la population, puisqu'il était curé de La Houblonnière, près de Lisieux, avant la Révolution. Son influence est tellement importante que Brault a demandé son arrestation ; le substitut du procureur de la République, ayant reconnu qu'il troublait l'ordre public, a engagé des poursuites contre lui et a ordonné son internement préventif à Pont-l'Évêque. Cette affaire, transmise au ministre de la Police, n'est pas encore tranchée au moment où Brault arrive à Pont-l'Évêque.

Au cours de la cérémonie de réconciliation qui a lieu en l'église Saint-Michel, Brault constate avec joie que tous les prêtres de la ville sont présents, sauf Olivier, à qui les autorités civiles avaient offert la liberté contre ce geste de soumission. Certains de ses partisans se présentent devant l'évêque et réclament avec véhémence son élargissement inconditionnel. Brault se plaint de cette opposition dans le rapport qu'il adresse le 20 brumaire an XI (11 novembre 1802), au ministre des Cultes à l'issue de sa visite : « Seul un prêtre a voulu troubler mon séjour à Pont-l'Évêque ; il s'agit d'Olivier... qui est un exalté, disciple d'un certain Clément, de Rouen. Il ne reconnaît comme évêque légitime, que ceux qui sont restés en Angleterre. Malgré mes remontrances, ce prêtre continue à répandre ses idées par des discours et des écrits... Je demande son renvoi dans son diocèse, car je crains un nombre restreint de "dévots et de dévotes", apitoyés sur son sort, d'autant que ce prêtre souffre avec patience les rigueurs de la captivité et se montre charitable avec les prisonniers [2]. »

L'évêque quitte Pont-l'Évêque, le 20 brumaire (11 novembre) sans avoir résolu le schisme de la Petite Église, mais en constatant l'absence totale de prêtres constitutionnels. Sa présence a permis de consolider le pouvoir du nouveau curé concordataire.

Arrivé à Honfleur le 21 brumaire (12 novembre), Brault préside une cérémonie solennelle de réconciliation en l'église Sainte-Catherine, puis il s'entretient longuement avec les diverses personnalités civiles et religieuses de la ville. Il constate que Honfleur est divisée en trois camps : tout d'abord, les fidèles qui soutiennent le clergé concordataire ; puis les partisans des prêtres réfractaires, déçus par la nouvelle organisation

---

1. A. D., F 5663, Note de Laffetay.
2. A. N., F 19-5668.

de la ville : l'une des deux cures est supprimée (Saint-Léonard est devenue une succursale), deux églises sont fermées dont Notre-Dame-de-Grâce ; l'eudiste Tranchepain menace donc de se rebeller ; enfin, le parti des prêtres constitutionnels n'accepte pas la mise à l'écart de Martin, ancien curé assermenté et maire de la ville. Brault parvient à calmer les esprits et sa présence contribue au ralliement des partisans des prêtres réfractaires. Seul le clergé constitutionnel demeure dans une opposition prête à dégénérer en révolte à la moindre occasion. Le 23 brumaire au XI (14 novembre 1802). Brault, qui sent que la situation est encore précaire, exprime ainsi les impressions de son séjour au ministre Portalis : «J'ai trouvé à Honfleur un clergé accueillant, plus que je ne l'espérais... Les prêtres semblent avoir atténué leurs dissensions à partir des discours publics et des entretiens privés qu'ils ont eus avec moi. Le maire m'a beaucoup aidé. Le voyage que le premier consul avait fait dans cette ville m'a aussi aidé ; quand j'ai prononcé son nom, tout le monde a fait preuve d'enthousiasme parmi le clergé. J'espère que toute tension a maintenant disparu [1].»

Falaise.

Brault quitte Honfleur le 23 brumaire (14 novembre) et revient à Bayeux. Il achève son travail d'organisation définitive du diocèse et l'envoie au ministre des Cultes ; l'acceptation officielle tarde à venir. Le 13 frimaire (4 décembre), il part pour Falaise. Cette ville, qui a connu une histoire mouvementée pendant la Révolution, est dominée, comme Lisieux, par les prêtres constitutionnels. En 1789, elle appartenait au diocèse de Sées et comptait entre onze mille et quatorze mille habitants. Elle était le siège d'une subdélégation, d'un bailliage et d'une élection. Sa vie économique était florissante, car, outre ses ateliers textiles, elle constituait un centre commercial important avec ses sept foires annuelles dont celle de Guibray, en août. Les quatre paroisses de la Trinité (desservie par Jean-François Loriot), de Saint-Gervais (desservie par Louis-François Godechal), de Notre-Dame de Guibray (desservie par Jean Masson) et de Saint-Laurent (desservie par Pierre-Michel Loriot) bénéficiaient de l'excellente entente qui unissait leurs curés. On notait aussi quelques congrégations religieuses et un bon séminaire épiscopal dirigé par Nicolas-François Delaunay. La Révolution fut bien accueillie, jusqu'au vote de la Constitution civile du clergé et à la réorganisation des diocèses. Falaise accepta mal d'être

---

1. *Ibid.* Bonaparte, en effet, était venu en pèlerinage à Notre-Dame-de-Grâce quelques semaines auparavant.

rattachée unilatéralement au diocèse de Bayeux; les quatre curés et leurs vicaires, le supérieur et les professeurs du séminaire refusèrent de prêter serment et s'insurgèrent contre la réorganisation des paroisses qui ne laissait subsister que deux cures : la Trinité et Saint-Gervais avec deux succursales : Saint-Laurent et Notre-Dame de Guibray. En avril 1790, des prêtres étrangers au clergé de la ville furent élus curés constitutionnels : à Saint-Gervais, Joseph Lemonnier, et à la Trinité, Jacques Saussier de la Borderie; Saint-Laurent fut desservie par La Rivière jusqu'au 1er octobre 1792, puis par Jacques-François Legros, et Notre-Dame de Guibray par Noël Faucillon. Encouragés par les prêtres réfractaires, les Falaisiens accueillirent mal Claude Fauchet, évêque du Calvados, qui vint visiter la ville les 30 et 31 mai 1791. Celui-ci encouragea les sociétés populaires à persécuter le clergé réfractaire, qui dut quitter la ville et s'exiler. Les fidèles abandonnèrent alors l'Église constitutionnelle qui s'écroula, car ses représentants quittèrent tous leur état. Le catholicisme fut remplacé par les cultes révolutionnaires grâce à l'action conjointe d'une société populaire très active et d'un comité de surveillance, créé en octobre 1793, dans le but de déchristianiser la ville. Inaugurés le 15 ventôse an II (5 mars 1794), les cultes révolutionnaires prirent corps avec les fêtes de la Raison et celle de l'Être suprême. Les quatre églises servirent tour à tour de sanctuaires, surtout la Trinité qui fut successivement appelée «temple de la Raison» et «temple de l'Être suprême». Puis, toutes furent fermées. À partir de 1795, les prêtres réfractaires rentrèrent d'exil et une trentaine d'entre eux se regroupèrent autour du représentant désigné par Mgr d'Argentré, évêque de Sées, Pierre-Gilles Langevin. Ils se montrèrent conciliants et prêtèrent serment à la Constitution de l'an VIII, ce qui leur permit de célébrer librement le culte. Langevin occupa même Sainte-Trinité, dont il prit solennellement possession le 25 mars 1801. Face aux réfractaires, l'Église constitutionnelle s'était reconstituée autour de Joseph Lemonnier, mais, à cause du nombre important de rétractations, on ne comptait plus qu'une dizaine de prêtres assermentés qui desservaient les trois autres églises : Joseph Lemonnier à Saint-Gervais, Noël Faucillon à Notre-Dame de Guibray et Jacques-François Legros à Saint-Laurent.

Au moment du Concordat, Langevin faillit faire basculer le clergé de Falaise dans la Petite Église. Refusant le nouvel accord, il s'obstinait à ne reconnaître comme supérieur hiérarchique que l'évêque de Sées, retiré à Münster. Mgr d'Argentré, poussé par le prêtre Clément Dubois, de Rouen, instigateur de la Petite Église en Normandie, se déclara administrateur de la province de Rouen, privée d'évêques; il était, en effet, le seul survivant... Langevin déclara ne tenir son pouvoir d'ordre que de cet évêque et s'intitula «prêtre catholique», refusant de reconnaître Brault comme son évêque légitime. Pourtant, il ne fut pas suivi par les autres prêtres réfractaires à cause de son autoritarisme, et il fut écarté, sans heurt, lors des premières nominations de Brault. Le parti des constitutionnels demeurait puissant, car Lemonnier n'avait pas accepté son éviction de Saint-Gervais au profit de l'ancien curé de cette paroisse, Godechal[1].

Le 13 brumaire (4 décembre), Brault visite les quatre églises de Falaise; les deux succursales, Notre-Dame de Guibray et Saint-Laurent, sont encore occupées par les prêtres constitutionnels. Il rencontre personnellement Faucillon et Legros, puis le responsable, Lemonnier, et leur demande d'oublier toute division. Il se montre certainement très persuasif car tous ces prêtres acceptent de participer à la messe solennelle célébrée à Saint-Gervais le dimanche suivant, 15 frimaire (6 décembre). La présence des autorités et d'une foule immense qui acclame l'évêque contribue cette fois au succès sans partage de Brault; les prêtres constitutionnels se rallient à lui et cessent toute prétention, ce qui fait dire au sous-préfet de Falaise, Rulhière, dans le rapport qu'il adresse à Caffarelli le 17 frimaire (8 décembre) : «Brault a été très bien accueilli; sa douceur, son esprit de modération et d'union ont ramené à lui beaucoup de gens que l'esprit de parti avait cherché à prévenir contre lui[2].»

Dans son dernier rapport au ministre des Cultes, le 15 frimaire au XI (6 décembre 1802), l'évêque peut déclarer : «J'ai terminé avec Falaise la tâche que je m'étais imposée de visiter toutes les villes de mon diocèse avant l'hiver pour y ramener la paix et la concorde. J'ai atteint mon but car, des différentes villes où je suis passé, je reçois des nouvelles de calme et d'union[3].»

Cet optimisme exagéré, qui masque la situation précaire du clergé concordataire à Lisieux et à Honfleur, est destiné à rassurer un ministre qui n'a toujours pas accepté les nominations définitives. Brault insinue, habilement, que le retard apporté à la ratification de son travail fait courir quelques dangers à l'ordre public; Portalis serait donc responsable de l'échec éventuel de sa mission de pacification religieuse : «Je n'éprouve qu'une difficulté : calmer les inquiétudes des gens au sujet de la nouvelle organisation du diocèse; j'espère recevoir son acceptation officielle; comme je pense que ce retard est dû à des mauvaises impressions qu'on aurait pu vous inspirer à mon sujet, je désire me rendre à Paris pour me justifier»[4].

1. SEVESTRE, p. 285-286.
2. A. D., V 5.
3. A. N., F 19-5668.
4. *Ibid.*

Les nominations définitives et le serment (janvier-mars 1803).

L'âpreté des négociations et l'accord.

Brault ne se rend pas à Paris mais envoie un négociateur, Nicolas Renault, secrétaire général, afin de hâter la conclusion du travail de nominations; en son absence, Le Moussu est nommé secrétaire provisoire. Renault arrive à Paris le 3 janvier 1803 et loge chez Mme de Nicolay, amie de Mme Fénelon de Campigny, de Bayeux, avec laquelle la famille Brault entretient d'excellentes relations [1]. La position du gouvernement n'a pas changé; il désire toujours qu'une place honorable soit offerte au clergé constitutionnel; cette fermeté est encouragée par les nombreuses plaintes que les prêtres assermentés lui adressent. De son côté, Brault ne cède pas non plus; les négociations sont âpres et révèlent que l'évêque préférerait démissionner plutôt que de céder sur un point qui lui paraît essentiel. Certes, il fait bien quelques concessions en ce qui concerne l'évêque Bisson, mais la visite de son diocèse lui a permis de mesurer que le temps joue en sa faveur; il sait que la population veut avant tout la paix religieuse, et ce désir ne peut qu'inciter les fidèles à mettre leur confiance dans le nouveau clergé concordataire, preuve sensible de l'union retrouvée.

La constitution du chapitre symbolise l'entente qui doit ensuite s'établir au sujet de la nomination des desservants; c'est pourquoi elle fait l'objet d'un premier accord. Il est convenu que les chanoines titulaires nommés dans le décret du 14 fructidor an X (1er septembre 1802) seront reconduits, sauf l'un d'entre eux, Charles Beauquet de Grandval, le dernier du rang, qui est nommé chanoine honoraire. Brault fait une mince concession en nommant un prêtre constitutionnel, Louis Grosourdy de Saint-Jores [2]. Le gouvernement exige que de nouveaux chanoines honoraires soient désignés parmi les prêtres constitutionnels, dont Bisson, l'ancien évêque du Calvados. Brault songe plutôt à accorder une place honorable à l'ancien chapitre de Lisieux en la personne de De Créqui et de Vitrouil (ancien théologal de Lisieux); il désire aussi faire entrer dans le chapitre des prêtres des anciens diocèses de Coutances et de Sées, incardinés maintenant dans le diocèse de Bayeux, tels Roti et Vannier (Coutances), ainsi que Fran-

---

1. A. D., F 5661, Mme Fénelon de Campigny à Renault, 4 janvier 1803.
2. A. D., F 5661, Décret de nomination des chanoines, 12 nivôse an XII (2 janvier 1803). Pourtant, de Saint-Jores démissionnera, le 29 avril 1803; il sera remplacé par... Beauquet de Grandval, le 5 novembre 1803.

çois-Robert du Taillis, ancien curé de Villy, près de Falaise, docteur en théologie. Il exige néanmoins que tous les anciens chanoines honoraires de Bayeux aient une place au chœur. En ce qui concerne les prêtres constitutionnels, il accepte que Bisson soit nommé doyen des honoraires et propose quelques noms, dont Gervais de la Prise, curé de Saint-Pierre de Caen[1]. Le 12 nivôse an XII (2 janvier 1803), la nomination des chanoines est agréée par le gouvernement. Celui-ci peut-être satisfait : cinq chanoines honoraires sur quinze, soit le tiers, sont d'anciens prêtres constitutionnels; il s'agit de Bisson, doyen, Castel des Isles, Le Tual, Scelles et Caillot. Les anciens chanoines de Bayeux retrouvent leur siège canonial; ce sont Blanc, Juhiet de la Cour, Sounet, Amiaud, de Carderac de Gouy et Le Barbey d'Aunay. Les trois derniers sont : Bonhomme, ancien curé de Saint-Nicolas de Caen, Le Vasnier, originaire de Bayeux, et Beauquet de Grandval. Faute de place, l'ancien chapitre de Lisieux n'est pas honoré, ainsi que les prêtres originaires des anciens diocèses de Coutances et de Sées.

Le 16 nivôse (6 janvier), Brault annonce à Renault que Caffarelli et lui-même ont écrit à Portalis afin qu'il accepte de lui accorder une audience. Il doit convaincre le ministre que, parmi les prêtres qu'il a nommés, il n'en est presque pas dont la nomination n'ait été vivement sollicitée par les habitants des communes concernées. Il doit aussi lui dire que l'opinion publique est peu favorable aux constitutionnels et qu'il a fait tout son possible pour enrayer la division du clergé en acceptant la nomination de certains d'entre eux, comme Moulland à Balleroy. En conclusion, Brault encourage Renault à se montrer ferme : «Je suis certain que vous réussirez dans votre mission et vous engage à ne pas revenir sans rapporter votre travail. S'il faut faire des sacrifices pour hâter son expédition, dans les bureaux, vous savez ce que je vous ai dit; je m'en rapporte à vous; vous ne devez proposer aucun remplacement sans instruction de ma part[2].»

Portalis accepte de recevoir Renault, mais il ne cède pas. Le préfet du Calvados affirme que son frère, le général Caffarelli[3], qui travaille auprès du Premier consul, lui a

---

1. A. D., F 5661, Notes autographes de Mgr Brault, décembre 1802.
2. A. D., F 5661.
3. Auguste Caffarelli (1766-1849). Né à Falga (Haute-Garonne) le 7 octobre 1766, il entra dans l'armée et devint sous-lieutenant dans les troupes sardes. Il quitta ce corps en 1791, fit partie de l'armée du Roussillon et y devint adjudant général. Après le 18 Brumaire, Bonaparte le nomma colonel de la garde consulaire et il devint l'un de ses aides de camp. Après Marengo, Caffarelli, promu général de brigade, devint commandant

annoncé que Bonaparte a signé le travail de nominations[1]. Or, cela est faux, car le document est toujours sur le bureau du ministre. Portalis exige, en effet, d'autres concessions de la part de l'évêque de Bayeux; Brault rétorque : «Je suis surpris que l'on mette encore des obstacles à mon travail»; il fait remarquer que la nomination de Bisson comme doyen des chanoines honoraires est une preuve de sa bonne volonté; elle est aussi la concession ultime qu'il accepte de faire; puis, constatant avec amertume que la situation demeure inchangée, l'évêque menace de rompre les négociations et de rappeler Renault[2]. Le 25 nivôse an XI (15 janvier 1803), Le Moussu, au nom de l'évêque, demande à Renault «de faire le sacrifice de M. de Jumilly, puisqu'il est voulu par l'autorité». Étant donné que le ministre a accepté que Gothier de Jumilly ne soit pas nommé à la cure de Saint-Jean de Caen, «le prélat désire que vous essayiez de placer Jumilly à une succursale, puisqu'on s'est rabattu jusque-là. Placez-le à Saint-André de Fontenay; il a acquis le presbytère de Saint-Martin de Fontenay, commune réunie à Saint-André; il a une fortune de 2 400 francs et, s'il se corrige, tout ira bien; s'il persiste, on fera usage de l'interdit et le gouvernement n'aura plus rien à dire en sa faveur.» Enfin, Le Moussu ajoute : «Il faut que le travail revienne vite, car l'organisation devient de jour en jour plus nécessaire... plus vous attendriez, plus on vous ferait demander»[3].

Le 27 nivôse (17 janvier), le frère de l'évêque, l'abbé Mathurin Brault, encourage de son côté Renault dans le même sens : il lui demande de faire preuve d'intransigeance et de rapidité avec cette recommandation qui diffère de celle de Le Moussu : il doit éviter de demander conseil à l'évêque, car il perd un temps précieux. Mathurin Brault se démarque de

---

de la Légion d'honneur. En l'an XII (1804), il fut envoyé en mission à Rome auprès du pape pour le décider à venir sacrer Napoléon. De retour de cette mission, il fut nommé gouverneur du château des Tuileries et général de division, se battit à Austerlitz, et fut nommé ministre de la Guerre du royaume d'Italie jusqu'en 1810. Le 15 janvier 1809, il fut créé comte d'Empire, puis nommé en 1811 gouverneur de la Biscaye. Demeuré en France en 1814, il accompagna l'impératrice Marie-Louise et le roi de Rome jusqu'à Vienne. Il accepta ensuite de Louis XVIII la croix de Saint-Louis et le commandement de la 13e division militaire. Au retour de l'Empereur, il commanda la 1ère division militaire, se rendit à l'armée de la Loire, fut licencié et mis en disponibilité; enfin, il fut admis à la retraite. Il mourut à Leschelles (Aisne) le 23 février 1849.
1. A. D., F 5661, Mathurin Brault à Renault, 19 nivôse an XI (9 janvier 1803) et Charles Brault à Renault, 22 nivôse an XI (12 janvier 1803).
2. A. D., F 5661, Brault à Renault, 24 nivôse an XI (14 janvier 1803).
3. A. D., F 5661.

son frère, car il lui semble que la présence de Renault à Paris ne fait que desservir la cause de l'évêque de Bayeux : «Nos adversaires vous ont devancé à Paris pour faire triompher leur point de vue. Nous l'avons su par une lettre confidentielle du ministre à l'évêque qui lui rendait justice pour l'affaire Jumilly et son travail concernant l'organisation du diocèse; si vous n'aviez pas paru, tout se serait bien passé. On profite de votre présence pour en tirer parti. Il fallait accepter les dernières propositions qu'on vous a faites; à quoi bon en référer à l'évêque? Si c'était mon affaire, je tiendrais ferme comme un rocher. De grâce, apportez à l'évêque l'organisation sans le consulter davantage[1]».

Ainsi, les partisans des prêtres constitutionnels essaient de retarder la ratification officielle pour arracher d'ultimes concessions; après avoir réussi à placer leurs deux chefs de file, Bisson et Moulland, ils portent leur attention sur Gohier de Jumilly, dont ils réclament le maintien à Saint-Jean de Caen; or, l'évêque n'acceptera jamais cette solution, car il livrerait ainsi la principale ville du diocèse à la dissension. Le préfet Caffarelli, dans cette affaire, ne cherche pas à se dérober; il approuve Charles Brault et fait connaître sa position au gouvernement avec grande déférence : «[...] Bien que j'aie été appelé par l'évêque à participer à la nouvelle organisation, j'ai dû faire preuve de retenue dans l'emploi que je pouvais faire de l'influence que me donnait mon titre de préfet et la confiance de l'évêque. Je le devais par principe et par égards, et aussi pour des raisons personnelles qu'il est inutile d'exposer ici. Je vous assure que le Calvados est très calme, que les querelles des prêtres sont finies, que le peuple n'y accorde aucun intérêt et qu'on attend avec impatience la nouvelle organisation du clergé, qu'elle sera acceptée dans le calme. Certes, les personnes ne sont pas réconciliées, mais il suffit au gouvernement qu'ils agissent comme s'ils étaient d'accord. J'espère que vous approuverez le travail de l'évêque et toutes les intrigues cesseront[2].»

Pourtant, Caffarelli est embarrassé; son estime pour l'évêque ne peut aller jusqu'à l'encourager dans une opposition catégorique aux directives gouvernementales; il temporise donc en ces termes : «Tranquillisez-vous, je vous prie, monsieur», dit-il à Charles Brault le 27 nivôse an XI (17 janvier 1803) «toutes vos tracasseries sont finies. Il vous reste peu de choses à faire; si l'on veut absolument que Jumilly soit quelque chose, créez, s'il le faut, une succursale

---

1. *Ibid.*
2. A. N., F 19-5668, Caffarelli à Portalis, 17 nivôse an XI (7 janvier 1803).

dans la partie la plus commune du département. Il faut que le public considère que c'est le gouvernement et non vous qui l'a placé ; je suis furieux d'en venir là, mais la raison d'État, la nécessité n'ont pas de loi. Ce qui me détermine à vous donner ce conseil, c'est le besoin extrême qu'éprouvent les habitants de voir organiser leur culte d'une manière légale. Il faut donc user du seul moyen que vous avez pour cela [1]. »

En ce qui concerne Gohier de Jumilly, le préfet encourage donc l'évêque à ne pas faire de concession ; une simple succursale suffit amplement. Brault confirme le 28 nivôse (18 janvier), à son envoyé, Renault, que cette proposition est la dernière ; si le gouvernement ne cède pas, il envisage alors de rompre les négociations mais sans présenter sa démission : «... de grâce, finissons une opération qui me tue par ses longueurs. Le retard accroît l'audace des méchants et donne libre cours aux intrigues. Si je ne peux obtenir l'expédition de mes nominations, je ne donnerai pas ma démission ; je ne l'offrirai même pas et je demeurerai ferme à mon poste jusqu'à ce qu'on me le retire. Ce n'est pas que les honneurs de l'épiscopat me flattent, ni les avantages matériels qui y sont attachés, mais je suis évêque par la grâce de Jésus-Christ. L'Église m'a donné la mission et je ne la pourrai céder que lorsque je serai convaincu que mon ministère ne peut plus être utile à mes diocésains. Or, vous savez que, malgré les tracasseries que l'on a suscitées, il s'est fait beaucoup de bien dans le diocèse depuis que j'y suis et il s'en fait encore beaucoup chaque jour. Prenons donc patience, car si les hommes ne nous récompensent pas, comme on cessera sans doute de me payer, n'achetez aucun meuble ; si tout va bien, au contraire, achetez [2]... ».

La fermeté de l'évêque porte ses fruits ; le gouvernement cède enfin et Portalis envoie à l'évêque son travail d'organisation du diocèse, le 6 pluviôse an XI (26 janvier 1803) [3]. Brault exprime sa satisfaction dans cette lettre adressée à Renault le 10 pluviôse (30 janvier) : « [...] Je suis ravi que cette grande affaire soit terminée ; Jumilly a tout fait pour ranimer la rage de ses partisans. Il faut qu'il ait écrit à ses correspondants. Dimanche dernier, on répandit le bruit, ici à Caen, et ailleurs, que le travail avait été cassé, que personne ne serait nommé sans que, avant, tous les constitutionnels ne soient placés... Il faudra en interdire certains pour en imposer aux autres [4] ».

1. A. D., F 5661.
2. *Ibid.*
3. *Ibid.*
4. *Ibid.*

Les nominations définitives et la prestation du serment.

Les nominations définitives marquent la déroute de l'Église constitutionnelle, puisque sur les 905 prêtres recensés dans l'état de l'an XIII, 691 sont d'anciens réfractaires et 214 seulement d'anciens jureurs [1]. Les arrondissements dans lesquels le clergé constitutionnel est le plus fortement implanté sont ceux de Bayeux et de Vire. Dans l'arrondissement de Bayeux, les prêtres assermentés (60 contre 128 prêtres insermentés) occupent toujours les trois cures de Balleroy, Crépon et Trévières; ce sont d'ailleurs les seules qui leur sont dévolues dans tout le diocèse. Dans l'arrondissement de Vire, contrée marquée par la chouannerie, on note avec surprise une forte proportion de prêtres jureurs : 41 contre 77 prêtres réfractaires. Au contraire, le clergé constitutionnel est faiblement représenté surtout dans les arrondissements de Falaise (18 sur 124 prêtres) et de Lisieux (39 sur 143 prêtres). La situation de chacun des cantons (ou cures) reflète cet état général : dans chacun des deux arrondissements de Bayeux et de Vire, quatre cantons sont très marqués par la présence du clergé constitutionnel. Dans l'arrondissement de Bayeux, outre les trois cures détenues par lui, on note aussi celle d'Isigny. Dans l'arrondissement de Vire, ce sont les cantons d'Aunay, de Saint-Sever, de Bény-Bocage et de Vassy. Notons que seuls deux cantons comptent une majorité de prêtres jureurs : Trévières, dans l'arrondissement de Bayeux (17 contre 11 réfractaires) et Bény-Bocage dans l'arrondissement de Vire (15 contre 10 réfractaires). Les arrondissements de Caen, Falaise et Lisieux n'ont respectivement qu'un seul canton où les prêtres assermentés sont nombreux : Évrecy (arrondissement de Caen), Coulibœuf (arrondissement de Falaise) et Cambremer (arrondissement de Lisieux). L'arrondissement

---

1. A. D., V 48, État du clergé an XIII. L'état de l'an XIII, évidemment postérieur aux nominations de janvier 1803, est le plus complet qui nous soit parvenu. Il est aussi le plus crédible, car il constitue un recensement exhaustif du clergé vivant dans le diocèse de Bayeux à cette époque : prêtres concordataires et prêtres habitués. Il reste que ces chiffres officiels sont sujets à caution. En effet, l'étude récente des fiches individuelles réalisée dans certains diocèses (ainsi celle de Plongeron pour Paris) montre que les statistiques publiées par le ministère des Cultes tendent à majorer le nombre des prêtres réfractaires. De plus, les chiffres mentionnés ici ne correspondent pas à ceux que l'évêque déclare auprès du gouvernement en vue de la rétribution d'une partie du clergé concordataire (les curés et un certain nombre de desservants). Il est supérieur, puisque à cette époque, 641 prêtres seulement sont rémunérés par l'État. Toutefois, il est préférable de fonder notre étude sur l'ensemble du clergé incardiné dans le diocèse, quel que soit le mode de sa rémunération. Pour les statistiques complètes : voir l'annexe 5, p. 426.

de Pont-l'Évêque, très marqué par la Petite Église, est donc bien la terre d'élection du clergé réfractaire. Dans les villes, les curés concordataires sont confirmés dans leurs fonctions : à Caen, Jean-Jacques Paris demeure curé de Saint-Jean [1], tandis que François Desbordeaux, ancien curé de Saint-Julien, est nommé à la tête de la cure de Saint-Étienne [2]. Sur le territoire de la cure de Saint-Jean, la succursale Saint-Pierre ne change pas de titulaire : Charles-René Gervais de la Prise est désormais le seul desservant constitutionnel de la ville [3], car à Saint-Michel de Vaucelles Jean Hébert a finalement été remplacé par Jean-François Gaugain [4]. Saint-Gilles est desservie par Thomas-Charles Anquetit, ancien vicaire de Saint-Martin [5]. La cure de Saint-Étienne est difficile à organiser, car l'évêque ne désire ouvrir que deux églises; or, il existe quatre édifices : Saint-Julien, Notre-Dame, les jésuites et Saint-Ouen. La fermeture définitive de Saint-Ouen est décidée; le territoire de cette paroisse est réuni à Saint-Étienne. La succursale des jésuites est desservie par Charles Beaunier, ancien curé provisoire de Saint-Étienne [6]. Le territoire de l'ancienne paroisse Saint-Sauveur est constitué par la réunion de trois anciennes paroisses : celle de Saint-Sauveur, dont l'église est désaffectée, celle de Notre-Dame et celle de Saint-Julien. Les églises Notre-Dame et Saint-Julien sont situées aux deux extrémités de la paroisse. L'évêque décide que la succursale Saint-Sauveur aura pour église Saint-Julien et nomme Gilles Noël, ancien curé de Saint-Ouen, à la tête de cette paroisse. L'église Notre-Dame-de-Froide-Rue n'est plus qu'une simple chapelle; «on n'y chantera donc ni la grand-messe, ni les vêpres; on n'y dira que trois messes basses», déclare le mandement de l'évêque. Les paroissiens de Saint-Sauveur et de Notre-Dame, qui auraient préféré que Brault retienne l'église Notre-Dame, protestent contre cette décision. Le 8 juillet 1803, l'évêque vient donner la confirmation à Saint-Julien; il annonce à cette occasion que l'église

---

1. Aidé des vicaires Jean-Baptiste Leflaynais, réfractaire et Jean-Jacques Lecouze, réfractaire.
2. Aidé des vicaires Edmond Surasne, réfractaire, Jean-François Lebreton, réfractaire, Jean-Baptiste Bobhier, réfractaire, et Martin Lecointe, réfractaire.
3. Aidé des vicaires Jacques et Jean-François Pinçon, réfractaires, et Jean-Jacques Hébert, constitutionnel.
4. Aidé des vicaires Pierre-Nicolas Daumesnil, réfractaire, et Jean-François Robert, réfractaire.
5. Aidé des vicaires François Lemoine, réfractaire, et Pierre Sicot, réfractaire.
6. Aidé des vicaires Louis Bellenger, réfractaire, et François Jouvin, réfractaire.

des cordeliers va être restaurée, puis rouverte ; elle tiendra lieu d'église pour la paroisse réunie de Saint-Sauveur ; les deux autres églises seront alors fermées. Cette fois, les paroissiens de Saint-Julien se mêlent aux protestations indignées des habitants des deux anciennes paroisses voisines. Un arrangement définitif est conclu à la suite de ce soulèvement général : à la grand-messe paroissiale du dimanche 23 novembre 1803, il est annoncé que le projet de l'évêque est abandonné ; désormais, l'office sera célébré alternativement, une semaine sur deux, dans les deux églises Saint-Julien et Notre-Dame ; on chantera la grand-messe dans une église et on dira les messes basses dans l'autre. Le 25 décembre 1803, Notre-Dame-de-Froide-Rue prend le nom de Saint-Sauveur, tandis que le vocable «Notre-Dame» est transféré à l'église des jésuites. Elle est placée sous la direction de Noël ; Saint-Julien, en tant qu'«église supplémentaire» réunie à Saint-Sauveur, est desservie par Paul Chemin, ancien vicaire de Saint-Gilles[1]. Les paroissiens de Saint-Ouen réclament la réouverture de leur église ; le 7 messidor an XI (26 juin 1803), Brault accepte qu'elle soit ouverte comme chapelle annexe ; elle sera desservie par le clergé de Saint-Étienne ; on y chantera une grand-messe à huit heures chaque dimanche, ainsi que les vêpres, mais on n'y fera aucun baptême, ni mariage, ni enterrement, qui seront célébrés à Saint-Étienne ; on pourra faire les enterrements dans le cimetière de Saint-Ouen[2].

À Bayeux, Charles-François Le Moussu remplace Renault, secrétaire général, à la tête de la cure de Notre-Dame ; les trois succursales de Saint-Exupère, Saint-Patrice et Saint-Loup-Hors ne changent pas de titulaires[3]. À Lisieux, Jacques Blondel et ses trois vicaires sont confirmés à la tête de la cure de la cathédrale Saint-Pierre, tandis qu'à la cure de Saint Désir et à la succursale Saint-Jacques les prêtres constitutionnels sont écartés. À Saint-Désir, Allaire doit laisser la place à Lecordier et, à Saint-Jacques, Gondouin-Desportes doit s'écarter devant Dufresne. À Honfleur, Jean-Pierre Allais et Jean-Baptiste Pestel sont confirmés dans leurs fonctions respectives de curé de Sainte-Catherine et de desservant de Saint-Léonard. L'ancien curé constitutionnel Martin n'a pas obtenu de fonction dans l'organisation définitive de la ville ; il se résigne à demander une place d'instituteur, car les écoles

---

1. Les deux autres vicaires de Saint-Sauveur sont Jean-Baptiste Mulot, réfractaire, et Jean-Baptiste Lemasson, réfractaire.
2. A. D., Chapitre de Bayeux 880, Journal de Dufour.
3. Il faut noter que les vicaires des quatre paroisses de Bayeux ne changent pas d'affectation, hormis celui de Saint-Patrice : Jean-Baptiste Maupas, qui est remplacé par Jacques Lemarchand, réfractaire.

manquent de maîtres[1]. Dans chacune des deux paroisses, l'évêque désigne un vicaire : Pierre Fossey, à la cure de Sainte-Catherine, et Pierre Aubrée, à la succursale de Saint-Léonard. Les prêtres réfractaires les plus intransigeants ont été écartés, dont l'ancien eudiste, Tranchepain; ils deviennent prêtres habitués; ainsi, Tranchepain est autorisé à participer aux activités paroissiales de Saint-Léonard, sans recevoir de titre officiel. À Falaise, l'évêque écarte Lemonnier et Faucillon, prêtres assermentés, ainsi que Langevin, partisan de la Petite Église. Ces derniers se soumettent et quittent leur état. Brault nomme un vicaire dans chacune des cures, toujours détenues par Jean-François Loriot et Louis Godechal; ce sont, respectivement, Louis-François Esnault (Sainte-Trinité) et Charles Royer (Saint-Gervais). Les deux succursales sont desservies par Jacques Letellier, ancien premier vicaire de Sainte-Trinité (Notre-Dame de Guibray) et Louis Loriot, ancien curé de Pierrefitte (Saint-Laurent). À Pont-l'Évêque, Brault adjoint deux vicaires à Robert Roney : les frères Jean-Pierre et Nicolas Labbé, originaires de Pont-l'Évêque, qui s'étaient exilés en Angleterre et étaient revenus en mai 1802. Deux prêtres habitués, anciens réfractaires, participent à la vie paroissiale de la cure Saint-Michel : Jean-Baptiste Pellegar et Pierre Varin. Enfin, à Vire, Thomas-François Allais est confirmé dans sa fonction de curé, jusqu'à sa mort en 1815, tandis que Pierre Renault, l'ancien second vicaire, rentré d'Angleterre en 1802, est écarté; il demeurera prêtre habitué et mourra dans cet état en 1810[2].

Le troisième dimanche de carême, le 22 ventôse an XI (13 mars 1803), les prêtres nommés à la tête des cures et succursales du diocèse de Bayeux se rassemblent autour de leur évêque en l'église Saint-Étienne de Caen pour prêter le serment prescrit par le Concordat. Dufour, dans son journal, note : «Le clergé, composé de douze à quinze prêtres, est allé chercher l'évêque à la préfecture, avec le préfet, le maire et son adjoint, les généraux de la 14e division militaire et son état-major. À leur arrivée en procession, on a chanté le "Veni Creator", puis la grand-messe. Dehors, les troupes rendaient les armes. Après la messe de 11 heures, l'évêque tint un discours sur le concordat, le serment fut prêté et la cérémonie s'acheva à 14 h 10[3].»

---

1. SEVESTRE, p. 338, n. 2 : Martin mourra en 1815, à Honfleur, après avoir quitté ses fonctions d'instituteur.
2. Les vicaires de la cure Notre-Dame de Vire : Robert Marie, réfractaire, Pierre-François Bazin, réfractaire, Nicolas Marie, réfractaire, et Louis Duchemin, constitutionnel.
3. A. D., Chapitre de Bayeux 880.

Un rapport défavorable sur cette cérémonie est adressé par les partisans des prêtres constitutionnels au ministre de la Justice, qui le transmet à Portalis. Ses auteurs affirment qu'une soixantaine de prêtres, refusant de prêter serment, ont omis de se rendre à la cérémonie; ils ont manifesté ainsi leur déception de ne pas avoir assisté, à l'occasion du Concordat, au retour «à l'ancien ordre des choses». Portalis, après s'être informé auprès de Caffarelli et de Brault, est en mesure de rassurer le ministre de la Justice : ces allégations sont dénuées de tout fondement [1]. Sur quatre cent soixante-sept prêtres convoqués, quatre-vingt-treize étaient effectivement absents, mais pour des raisons valables. Le 21 ventôse, il neigeait fort; certains prêtres, souvent âgés, ne purent emprunter des chemins impraticables; c'est pourquoi un grand nombre d'ecclésiastiques manquaient. Sur les quatre-vingt-treize absents, vingt-six avaient écrit pour être dispensés de faire le voyage et le préfet les avait autorisés à prêter serment devant le sous-préfet de leur arrondissement. Vingt-huit autres avaient écrit pour être dispensés à cause de leur âge ou de leurs infirmités ou faute de moyens financiers; Brault affirme qu'il vérifie en ce moment leurs déclarations, ne doutant pas de la bonne foi du plus grand nombre. Huit sont morts; quatre sont partis pour Évreux ou Sées; treize ont reçu la lettre de convocation après la cérémonie et viendront ultérieurement à Caen pour prêter serment; deux ont présenté à l'appui de leur refus des raisons non valables; enfin, douze n'ont pas encore répondu.

L'évêque, auteur de ce rapport conclut : «Par ce détail, vous voyez bien que les accusations sont injustes et sans fondements. Les installations se font partout dans le calme et les prêtres sont accueillis avec enthousiasme [2].»

L'installation du nouveau personnel (mars 1803).

La date de la réception des curés et desservants a été fixée de concert par l'évêque et le préfet au dimanche 29 ventôse (20 mars 1803) pour les desservants. Le cérémonial doit mettre en valeur l'union entre l'autorité administrative locale, c'est-à-dire le maire, et l'autorité ecclésiastique représentée dans la commune par le curé ou le desservant. L'évêque et le préfet comptent sur la réussite de ces cérémonies d'installation, car ils désirent montrer aux fidèles que la réconciliation

---

1. A. N., F 7-8058, Le conseiller d'État chargé des Cultes au grand juge, ministre de la Justice, 19 germinal an XI (9 avril 1803).
2. A. N., F 7-8058, Brault à Portalis, 14 germinal an XI (4 avril 1803).

entre l'Église et le gouvernement issu de la Révolution est devenue une réalité et que le rétablissement de la paix religieuse est définitif, grâce au Concordat qui lui a donné une base légale incontestable. Le 24 ventôse (15 mars), Caffarelli adresse des instructions précises aux maires du Calvados[1]: la cérémonie devra avoir lieu en présence d'un commissaire délégué par l'évêque et des maires et adjoints des communes composant la paroisse, à l'exclusion de ceux de l'arrondissement de justice de paix qui ne font pas partie de la paroisse. Les maires et adjoints devront avoir une place réservée dans le chœur ainsi que les autres autorités administratives, judiciaires et militaires. Le maire de la commune où se trouve l'église sera chargé de la police du culte; il ne devra prononcer aucun discours, ni apposer aucune publication dans l'église sans en avoir reçu l'autorisation expresse du préfet. Les prêtres, eux, ne devront pas outrepasser leurs fonctions, afin que les consciences soient libres et ils feront tout pour ramener la paix entre les citoyens. Caffarelli rappelle ensuite que les prêtres ne seront pas autorisés à célébrer la messe dans une église supprimée ni un oratoire privé; c'est pourquoi, la veille de la cérémonie d'installation, les maires des communes, dont les églises sont supprimées, s'y rendront et assigneront les prêtres à quitter ces églises qu'ils feront fermer. S'ils rencontraient quelque opposition, ils pourraient requérir sur-le-champ la gendarmerie nationale. Enfin, le dimanche suivant l'installation, les maires convoqueront les citoyens à l'église conservée afin d'y installer la fabrique. L'assemblée nommera un président, un secrétaire et trois scrutateurs; on procédera à l'élection de cinq marguilliers et d'un trésorier. Caffarelli conclut : «Le rétablissement de la religion doit permettre un retour à l'union des esprits et non de nouvelles dissensions. Les ministres nommés par l'évêque doivent être bien accueillis.»

Les cérémonies d'installation se font dans une certaine tension. À Caen, pour la réception des desservants, Beaunier, à l'église des jésuites, et Gaugain, à Saint-Michel de Vaucelles, le commissaire de police, craignant des troubles, envoie des troupes[2]. Les autorités administratives craignent des réactions de la part des desservants non reconduits dans leurs fonctions. À Louvigny, on a frôlé l'incident; le maire raconte : «Nous nous sommes rendus processionnellement à la principale

---

1. A. D., V 49.
2. A. D., Chapitre de Bayeux 880, Journal de Dufour. Beaunier est reçu par le curé de Saint-Étienne, Desbordeaux, et Gaugain par le curé de Saint-Jean, Paris.

porte de l'église qu'on a ouverte. Le citoyen Gohier, à son entrée, a pris l'eau bénite, a été conduit dans le même ordre aux degrés du sanctuaire, a entonné le "Veni Creator" est monté au maître-autel, l'a baisé, a ouvert le tabernacle, touché les vases sacrés, s'est assis dans la première stalle et dans le confessionnal, a visité les fonts baptismaux et est monté en chaire, où il a fait un discours très analogue aux circonstances. Alors, le bon ordre a manqué d'être troublé par quelques personnes gagnées et séduites par le citoyen Burcle, ancien curé, mais la bonne tenue du citoyen Gohier les a rappelés au respect dû aux lieux et à la soumission au gouvernement, dont il ne leur est pas permis en quelques circonstances que ce soit de s'écarter[1].»

Le cérémonial de prise de possession de l'église met en valeur les diverses fonctions ministérielles du curé, tout en montrant qu'il tient son pouvoir du gouvernement, dont le représentant qualifié au niveau local, le maire, lui remet les clefs de l'église. L'installation du desservant de Tallevende-le-Petit, dans l'arrondissement de Vire, est, à cet égard, très significative : le conseiller municipal désigné par le sous-préfet, en l'absence du maire, s'est rendu en compagnie du desservant à la mairie, où tous deux ont pris connaissance de l'arrêté préfectoral du 24 ventôse an XI (15 mars 1803); puis, la garde nationale a été requise afin que «la cérémonie fût faite avec toute la solennité voulue». Le conseiller municipal a attendu, à la tête de la garde nationale, avec son drapeau déployé et la musique de la garde nationale de Vire, le desservant à l'entrée de l'église, où il l'a accueilli. Après l'avoir placé à sa droite, le délégué de l'évêque étant à sa gauche, il l'a conduit à la porte de l'église, où, après lui avoir remis les clefs, il a assisté à son installation. Une messe a été chantée solennellement avec un *Te Deum* d'action de grâces. Puis le conseiller a reconduit le desservant de la même manière au presbytère[2].

Trois jours après l'installation de la plupart des desservants, le 9 germinal an XI (30 mars 1803), Brault adresse sa première lettre pastorale, suivie d'un mandement au clergé et aux fidèles de son diocèse. Dans la lettre pastorale, l'évêque exprime d'abord sa joie d'avoir été nommé sur «l'un des plus beaux sièges de l'Église de France»; il se présente ensuite comme le successeur légitime des évêques d'Ancien Régime, excluant ainsi les évêques constitutionnels; il s'exclame avec

---

1. A. D., V 49, Le maire de Louvigny au préfet du Calvados, 23 prairial an XI (12 juin 1803).
2. A. D., V 49, Le sous-préfet de Vire au préfet du Calvados, 18 germinal an XI (8 avril 1803).

emphase : « Que sommes-nous pour succéder à tant de saints personnages et pour occuper auprès de vous la place des deux derniers évêques dont les sièges réunis forment ce nouveau diocèse ? » Puis, il rend hommage au pape Pie VII qui, « après avoir sauvé la barque de Pierre de la plus horrible tempête, la dirige et la conduit avec tant de sagesse... », mais plus encore au gouvernement et à Bonaparte pour le rétablissement de la paix religieuse : « Mais que ne devons-nous pas au gouvernement paternel que le souverain arbitre des empires nous a donné dans sa miséricorde pour sécher nos larmes et guérir nos maux ! Qu'étions-nous ? Qui sommes-nous ? Par qui sommes-nous ce que nous sommes ? Nous étions parvenus au comble du malheur, nous sommes heureux ! Notre bonheur est l'ouvrage du Héros qui nous gouverne. » Brault assigne au nouveau personnel concordataire la tâche de maintenir la paix sociale : « par une conduite toujours plus sage et modérée, justifions la Religion des calomnies que l'on a vomies contre elle ; prouvons à l'impie que, bien loin de troubler l'État, elle est le plus sûr garant de la tranquillité publique... »

Le mandement contient une mesure rigoureuse visant à écarter les prêtres constitutionnels et réfractaires qui n'ont pas été retenus dans la nouvelle organisation : l'évêque leur retire leur pouvoir de juridiction, sauf s'ils acceptent de se présenter avant un mois soit à l'évêque, soit à l'un de ses vicaires généraux pour obtenir, « s'il y a lieu », une nouvelle approbation. Brault ordonne enfin qu'un *Te Deum* soit chanté le dimanche de Pâques en la cathédrale de Bayeux et le dimanche qui suivra la publication du présent mandement dans toutes les églises paroissiales « en action de grâces de la paix générale et du rétablissement de l'exercice public de la Religion ».

Enfin, Brault annonce qu'il présidera à la cathédrale de Bayeux un service solennel pour ses deux prédécesseurs Mgr de Cheylus, évêque de Bayeux et Mgr de La Ferronays, évêque de Lisieux [1].

L'évêque engage maintenant la lutte décisive pour imposer définitivement son autorité et celle du personnel concordataire. Il va devoir affronter deux catégories d'opposants : les partisans de la Petite Église et le clergé constitutionnel.

---

1. Recueil des mandements de Mgr Brault, f° 11, bibliothèque du séminaire de Caen, lettre pastorale et mandement du 9 germinal an XI (30 mars 1803).

CHAPITRE II

L'ÉCRASEMENT DES OPPOSANTS

L'installation du nouveau personnel ne résout pas toutes les difficultés rencontrées par l'évêque pour unifier son clergé. Les deux catégories d'adversaires au Concordat se rebellent en rejetant systématiquement la nouvelle organisation : l'influence de la Petite Église est bien circonscrite car son opposition est de nature schismatique; ses partisans ne transigent pas avec le concept de légitimité; l'évêque sait donc qu'ils ne se rallieront jamais à l'Église concordataire. Avec l'appui du préfet, il cherche à réduire sans ménagement ce groupe d'opposants très actifs pour éviter la propagation de leurs idées et le recrutement de nouveaux membres parmi des fidèles qui ont la nostalgie de l'ordre social antérieur. La résistance de l'Église constitutionnelle se cristallise autour de l'ancien évêque, Bisson, pourtant réduit au silence depuis quelques mois. Moins bien organisée que la Petite Église, elle peut fléchir en fonction de l'attitude plus ou moins conciliante des pouvoirs publics et de l'évêque. Il suffirait, en effet, que les prêtres assermentés prêts à oublier leurs erreurs du passé soient traités avec ménagement, c'est-à-dire qu'ils ne soient pas contraints de rétracter leurs serments. On assisterait alors à un ralliement massif de cette catégorie d'ecclésiastiques autour de l'évêque concordataire. Toutefois, Brault désire-t-il vraiment la présence d'anciens prêtres jureurs dans son nouveau clergé ? Son passé et son entourage ne l'encouragent guère dans cette voie; seul le gouvernement, s'il le désire, peut l'obliger à se montrer plus conciliant, mais les ordres de Bonaparte, que Portalis transmet fidèlement à l'évêque, sont parfois déconcertants...

L'effondrement de la Petite Église.

En avril 1803, l'attitude de la Petite Église se durcit car trente-six des quarante-cinq évêques français qui ont refusé de démissionner au moment du Concordat, publient à

Londres un manifeste dans lequel ils se déclarent inamovibles. La politique religieuse de Napoléon, en particulier sa lutte contre le pape Pie VII, renforce cette position qui profite du ralliement d'un certain nombre de curés et de fidèles qui se détachent du régime. Le gouvernement impérial est impitoyable; il oblige les évêques concordataires à prononcer l'interdit contre les prêtres récalcitrants qui, alors, se réfugient dans la clandestinité pour exercer leur ministère. Des Petites Églises dissidentes se constituent, surtout dans l'ouest de la France (Poitou, Mayenne, Sarthe, Vendée) et dans le Lyonnais. Mgr de Thémines, le seul évêque demeuré dans le schisme, en devient le chef suprême à partir de sa résidence de Londres [1]. En Normandie, le schisme n'entame pas la population en profondeur. En dehors de Rouen, deux départements sont atteints : la Manche (Cherbourg, Valognes, Coutances) et, dans une proportion moindre, le Calvados [2].

Dans le diocèse de Bayeux, les partisans de la Petite Église sont surtout actifs dans les arrondissements de Bayeux et de Pont-l'Évêque. Comme le chef de file, Olivier, réside à Pont-l'Évêque, on peut considérer que les prêtres anticoncordataires de l'arrondissement de Bayeux ne sont que des cas isolés qui n'ont que peu d'influence. Parmi eux, Brault dénonce au gouvernement Gombault, un ancien capucin demeurant à Bayeux, Jean de Lamare, ancien curé d'Isigny, et son vicaire, Duclos de la Haye, Noël Descaneaux, originaire de Bayeux et demeurant à Isigny, et Vautier, ancien vicaire de Verson. Brault constate que tous se sont retirés et affirme que les plus turbulents ont été interdits. Olivier, en revanche, continue à attaquer le Concordat malgré l'interdit que Brault a prononcé contre lui; il répand des libelles contre le gouvernement et les nouveaux évêques; son appui le plus sûr est un certain Picard, ancien bénédictin demeurant à Beaumont en Auge [3]. L'opposition de la Petite Église, qui se cristallise autour d'Olivier, va durer jusqu'en 1809. Son centre géographique est Pont-l'Évêque et son influence s'étend sur tout le pays d'Auge, jusque dans l'arrondissement de Lisieux. Les prêtres réfractaires, nombreux dans cette région et sans emploi, vont dans les paroisses rurales et qualifient les prêtres concordataires de schismatiques; ils menacent de la damnation ceux qui assistent à leurs offices et estiment que les sacrements dispensés par les desservants officiels sont invalides; c'est pourquoi, ils rebaptisent, remarient et ne veulent pas

---

1. DROCHON, *La Petite Église*, p. 55 s., 202-206.
2. C. LÈDRE, *Le Cardinal Cambacérès, archevêque de Rouen (1802-1818)*, p. 220 (1re éd.).
3. A. D., V 5, Brault à Caffarelli, 21 germinal an XII (11 avril 1804).

officier dans une église tenue par un prêtre concordataire avant qu'ils ne la rebénissent. Le gouvernement paraît impuissant à juguler cette opposition; le substitut Morin, de l'arrondissement de Lisieux, s'en étonne : «Le gouvernement a-t-il l'intention de sévir? Une instruction authentique devient très urgente[1]!»

De multiples dénonciations, semblables à celles qu'on va lire, lui parviennent en effet, qui rendent urgentes des mesures draconiennes :

«Un prêtre réfractaire nommé Léger rôde dans la commune de Meulle (canton d'Orbec, arrondissement de Lisieux) célébrant des messes dans les maisons. Il a séduit de multiples personnes sans instruction et provoque la désunion de personnes mariées depuis quinze à vingt ans; il monte les enfants contre les parents et les domestiques contre les maîtres. Quand une personne à l'agonie a été administrée par un prêtre soumis aux lois, il entre et essaie de lui faire entendre qu'elle est damnée et qu'il peut la sauver contre un peu d'argent. Quand il est accepté par le malade, il se fait apporter de l'eau dans une chaudière; il la fait placer sur le feu et, regardant l'eau, il parle bas en disant beaucoup de paroles et surtout : "Satan, Satan" et, après, il renverse la bassine dans le feu et il déclare que l'âme est sauvée. Les individus qui doivent aller au service militaire sont détournés par lui de cette obligation... Il dit depuis deux mois la messe à La Halboudière, avec la permission du maire; au prône, il recommande les princes aux prières des fidèles. Il refuse de célébrer ou de prier pour des défunts morts dans le schisme et inhumés par des prêtres soumis aux lois. Il ne veut pas baptiser ni catéchiser les enfants des parents qu'il dit dans le schisme[2].»

Le 28 ventôse an XIII (19 mars 1805), le préfet avertit le ministre des Cultes que le prêtre Olivier dispose de cent vingt disciples qu'il envoie dans la région de Pont-l'Évêque pour faire des prosélytes; lui-même s'est rendu à Honfleur où on l'a vu confesser. Face à l'extension de la Petite Église qui risque de porter atteinte à l'ordre public, Caffarelli demande l'autorisation d'arrêter Olivier. Il note toutefois que cet individu a déjà été appréhendé en novembre 1802 et jugé pour les mêmes faits, mais qu'il a été acquitté, faute de preuves[3]. Le 5 germinal (26 mars), le préfet signale en outre qu'Olivier fait

---

1. A. N., F 19-5668, Morin à Portalis, 28 brumaire an XI (19 novembre 1802).
2. A. N., F 19-5668, Dénonciation adressée par un citoyen de Meulle à Morin, substitut, nivôse an XI (janvier 1803).
3. A. N., F 19-5668, Dossier sur l'affaire Olivier.

diffuser un libelle diffamatoire contre Brault dans l'arrondissement de Pont-l'Évêque[1]. Dans sa réponse, datée du 14 germinal (4 avril), Portalis fait savoir au préfet qu'il transmet le dossier Olivier au ministre de la Police. Fouché ordonne aussitôt l'arrestation du prêtre, mais, faute de preuves, il ne peut pas être déféré au parquet. Il est relâché de nouveau et reprend ses activités. Le 9 mars 1808, l'évêque est enfin en mesure de dénoncer Olivier au préfet, en invoquant les deux infractions suivantes : il célèbre l'office dans une chapelle sans tenir compte des fêtes supprimées et, surtout, il a célébré le mariage religieux de deux personnes non mariées civilement. L'évêque demande donc «l'arrestation de ce prêtre turbulent qui professe une doctrine contraire aux lois de l'Empire[2]». Caffarelli interroge Olivier, le 20 avril 1808 ; ce dernier fait preuve d'une grande habileté : dans un premier temps, il confesse les principes traditionnels de la Petite Église : ainsi, il avoue ne pas admettre le concordat de 1801, reconnaît l'autorité du pape dans les affaires où il ne commet pas d'erreur et refuse de considérer Charles Brault comme un évêque légitime, «car il ne descend pas des apôtres». Cependant, Olivier nie les deux infractions qui lui sont imputées en faisant un acte de soumission au gouvernement : «Je dis l'office dans une chapelle, car j'obéis à ce que Dieu me commande ; je reconnais l'autorité de l'empereur et fais prier pour les autorités ; je prêche la soumission aux autorités. Je ne me souviens pas d'avoir béni le mariage qu'on me reproche. Je nie être affilié à la secte des Clémentins, car je suis soumis à l'empereur et à ses délégués[3].»

Caffarelli informe, le 27 avril, le ministre de la Police de l'arrestation d'Olivier ; il veut éviter un procès qui pourrait aboutir à un nouvel acquittement. Puisque les faits reprochés à ce prêtre n'intéressent que la vie interne de l'Église, le préfet demande à Fouché s'il ne serait pas bon de placer cet individu en résidence surveillée dans une ville éloignée. Le ministre de la Police demande l'opinion du ministre des Cultes, le 29 avril ; ce dernier lui propose l'enfermement dans un séminaire. Le 21 mai, Fouché propose cette solution à Brault, tout en avouant qu'il craint une évasion. Brault refuse, le 30 mai, car «le séminaire de Bayeux est en restauration ; ce n'est donc pas une maison sûre, car il est plein d'ouvriers qui le réparent». Il propose donc que «ce prêtre soit traité comme un fou, car il s'estime inspiré par Dieu et prétend n'obéir qu'à lui» ; le ministre devrait le faire enfermer dans une maison d'aliénés.

---

1. A. N., A F IV-1493, Bulletin de police.
2. A. N., F 7-8058.
3. *Ibid.*

Après une détention de quelques mois, Olivier est libéré sous condition en mars 1809 ; il doit se rendre dans sa ville natale de Bernay et se retirer dans sa famille. Toutefois, dès le mois d'avril, le préfet de l'Eure signale à Caffarelli qu'Olivier a quitté Bernay. Il est arrêté à Caen et reconduit à Bernay où il sera désormais étroitement surveillé. La Petite Église, privée de son chef, s'éteindra rapidement dans le département du Calvados. Une résurgence tardive sera signalée en 1822, à la fin de l'épiscopat de Mgr Brault. L'abbé Blanchard, originaire du diocèse de Lisieux, ancien curé de Saint-Hippolyte-du-Bout-des-Prés et émigré en Angleterre dès le début de la Révolution, adresse une profession de foi anticoncordataire au concile de Strigonie, signée par vingt prêtres, dont trois du Calvados : F. Morin, curé de Vendes, Le Barbier, curé de Troarn, et J. J. Morel, curé de Tierceville [1].

La mort des prêtres anticoncordataires, qui ne seront pas remplacés, le ralliement des fidèles au clergé officiel et le décès de Mgr de Thémines, en 1829, contribueront à résorber progressivement le schisme de la Petite Église. Quelques fidèles se maintiendront, toutefois, sans clergé, jusqu'à nos jours, en Vendée et à Lyon [2].

La résistance de l'Église constitutionnelle.

Une lutte sans merci.

L'opposition des prêtres constitutionnels est très violente ; elle s'exprime sous la forme de libelles dans lesquels l'évêque est accusé d'imposer aux prêtres assermentés une formule de rétractation. Brault, dans la lutte sans merci qu'il livre à ses adversaires, doit tenir compte de l'attitude du gouvernement et du Saint-Siège ; or, la politique religieuse de Bonaparte va se modifier entre le Consulat et l'Empire. Dès la promulgation du Concordat, le gouvernement exige qu'aucune rétractation ne soit demandée aux prêtres constitutionnels ; leur simple soumission aux nouveaux évêques ainsi que leur adhésion au Concordat doivent en tenir lieu [3]. Ce souci de traiter tous les prêtres réfractaires et constitutionnels sur le même plan est difficilement accepté par le légat Caprara. Le pape estime, en effet, que les prêtres réfractaires ont droit à un traitement de faveur en guise de reconnaissance pour leur fidélité

---

1. Drochon, p. 148-149.
2. Lèdre, p. 220.
3. A. D., F 5663, Notes de Michel et Laffetay.

indéfectible envers le Saint-Siège. En juin 1802, des instructions très précises sont adressées conjointement par Portalis et Caprara. Dans une lettre circulaire du 19 prairial an X (8 juin 1802), Portalis rappelle aux évêques de France qu'«ils ne doivent exiger aucune rétractation de la part des prêtres constitutionnels, pas plus que les évêques constitutionnels ne doivent exiger de nouvelles déclarations de certains prêtres... Aucun parti ne doit triompher[1]». Caprara, dans une instruction du 10 juin 1802, adressée aux évêques concernant la déclaration qu'ils doivent demander aux prêtres constitutionnels, impose le texte suivant : «J'adhère au concordat et je suis dans la communion de mon évêque nommé par le premier consul et institué par le pape[2]. Bonaparte, estimant que cette déclaration est encore trop exigeante pour les prêtres constitutionnels, ordonne à Caprara de retirer son décret, ce qu'il fait le 10 août 1802. Caprara se borne alors à recommander aux anciens schismatiques de «mettre de l'ordre dans leur conscience». Les évêques concordataires, face à l'opposition puissante et organisée des prêtres assermentés de leurs diocèses respectifs, désobéissent souvent aux ordres du gouvernement. Quelques prélats s'emparent de l'expression de Caprara et, l'interprétant, y introduisent une formule de rétractation ; c'est le cas de Fesch[3], archevêque de Lyon, pourtant oncle de Bonaparte et lui-même ancien constitution-

---

1. A. N., F 7-3021.
2. *Ibid.*
3. Joseph Fesch (1763-1839). Né à Ajaccio, il entra au séminaire à treize ans. Durant la Révolution, cet oncle maternel de Napoléon renonça à l'état ecclésiastique et devint commissaire des Guerres, organisant à Bâle un club des Jacobins. Le Consulat venu et Bonaparte désireux de rétablir les cultes, l'ancien prêtre, dont l'intelligence était quelque peu limitée, entra de nouveau dans les ordres et fut nommé, en 1802, archevêque de Lyon. Cardinal primat des Gaules l'année suivante, il persuada le pape Pie VII d'aller sacrer l'empereur à Paris et reçut, en contrepartie, les titres de grand aumônier de France, de comte et de sénateur des mains de son neveu. Toutefois, dans le conflit opposant Pie VII à Napoléon, il prit fait et cause pour le souverain pontife. L'Empereur exila alors son oncle dans son diocèse de Lyon. Mais ce fut en 1811 que le cardinal tomba définitivement en disgrâce, lors du concile durant lequel il manifesta ouvertement son opposition à la politique impériale. Dès la première abdication, il se retira à Rome mais retrouva son diocèse durant les Cent-Jours. Bien qu'ayant été nommé pair de France en 1815, il refusa le siège et retourna, après l'exil de Sainte-Hélène, se réfugier à Rome. N'ayant pu obtenir du nouveau souverain, Louis XVIII, de recouvrer son archevêché de Lyon, il s'établit non loin du Vatican, réunit une belle collection de tableaux et acheva paisiblement ses jours aux côtés de sa demi-sœur, Letizia Bonaparte, Madame Mère.

nel, d'Aviau[1] à Bordeaux, de Boisgelin à Tours. Au contraire, Bernier[2], évêque d'Orléans, se montre docile au gouvernement. En Normandie, Cambacérès[3], archevêque de Rouen, donne le ton en adoptant une attitude intermédiaire : il feint d'accepter les ordres du gouvernement mais s'efforce en secret d'obtenir des rétractations lorsqu'il juge que les prêtres peuvent les accorder[4]. Dès sa nomination, l'évêque de Bayeux adopte la même attitude, mais il est aussitôt dénoncé à Portalis par Gohier de Jumilly et Moulland[5]. Le préfet, Caffarelli, reçoit des instructions de Fouché : « Vous devez veiller à ce qu'on n'exige des prêtres aucune déclaration contraire aux principes de la liberté de l'Église gallicane et, de plus, vous devez veiller à ce qu'aucun des deux partis qui divisent l'Église n'exige de l'autre aucune espèce de rétractation[6]. » Caffarelli veut avant tout gagner la confiance du nouvel évêque ; il refuse donc d'adopter l'attitude intransigeante préconisée par Fouché et fait preuve d'une grande prudence : « La rumeur publique affirme que le nouvel évêque a d'avance demandé des rétractations, mais comme le bruit est vague et que ces faits se situent au niveau de la conscience et ne donnent lieu à aucun scandale, j'estime ne pas avoir à m'en occuper[7]. »

Le ministre des Cultes Portalis s'empare de cette affaire et, le 26 juillet 1802, envoie à l'évêque de Bayeux une lettre de remontrances très sévère : « Je reçois des réclamations multiples des prêtres constitutionnels. On vous rend justice de ce que vous n'exigez aucune rétractation écrite mais que vous voulez les forcer indirectement à s'avouer hérétiques ou schismatiques dans des rencontres que vous avez avec eux et que vous désignez des confesseurs pour les absoudre. Je ne sais pas jusqu'où ces réclamations peuvent être fondées. Je vous fais remarquer, toutefois, que si ces faits sont vrais, vous excédez les bornes que doit se prescrire la sollicitude d'un pasteur

---

1. Charles-François d'Aviau du Bois de Sanzay (1736-1826). Né le 7 août 1736 au château de Bois-Sanzay (diocèse de Poitiers), il étudia chez les jésuites, à La Flèche, et au séminaire de Saint-Sulpice à Paris. Chanoine et grand vicaire du diocèse d'Angers, il fut nommé en 1789 archevêque de Vienne. Il refusa le serment et émigra en 1792 à Annecy puis à Rome. Il rentra en 1797 dans son diocèse et fut appelé après le Concordat, le 9 avril 1802, sur le siège de Bordeaux, jusqu'à sa mort le 11 juillet 1826.
2. Biographie de Bernier : voir p. 36, n. 3.
3. Biographie de Cambacérès : voir p. 35, n. 4.
4. J. LEFLON, *Le Clergé de second ordre sous le Consulat et le premier Empire*, p. 106-107.
5. A. D., F 5661, Notes de Michel et Laffetay ; A. D., F 5661, Gohier de Jumilly à Brault, le 14 prairial an X (3 juin 1802).
6. A. D., V 5, Fouché à Caffarelli, 18 prairial an X (7 juin 1802).
7. A. N., F 19-5668, Caffarelli à Portalis, 29 prairial an X (18 juin 1802).

aussi éclairé que vous. Un évêque qui gouverne n'est pas un casuiste, qui est spontanément consulté dans le for intérieur par un fidèle ou un prêtre; il doit suivre les formes consacrées sans exercer aucune domination, aucune inquisition sur les consciences. Dès qu'un prêtre a fait le serment prescrit, il est quitte. Vous devez vous abstenir de toute initiative tendant à réveiller les querelles. Vous n'avez point à sonder les cœurs; seul Dieu peut y lire. Tant pis pour ceux dont la déclaration ne serait pas sincère. Je sais, citoyen évêque, que vos intentions sont droites et pures, mais vous savez aussi qu'il ne suffit pas de faire le bien et qu'il faut encore le bien faire... Un prélat ne peut s'assimiler à un confesseur, qui peut dans le secret s'enquérir des intentions. À quoi s'exposerait un évêque qui, voulant sonder les cœurs, nommerait des confesseurs? Il laisserait croire que ceux-ci révèlent les secrets de leurs pénitents. Il faut donc jeter franchement un voile sur le passé[1].»

Il semble que, suite à cette injonction ministérielle, Brault ait fait preuve d'une plus grande prudence. Toutefois, le prélat accepte mal le ton autoritaire de Portalis; il se plaint de l'attitude du ministre auprès de Caffarelli et le prend à témoin; le 20 vendémiaire an XI (12 octobre 1802), le préfet Caffarelli incite Brault à la patience en lui montrant que lui aussi subit des calomnies: «Ce qu'il y a de mieux à faire est d'attendre l'évènement. Bien que je ne sois en place que depuis deux ans environ, j'ai aussi subi tant de calomnies que je ne fais plus cas d'aucune; votre conduite répondra pour vous. Et si le conseiller d'État veut écouter les accusateurs, il vous sera facile de vous défendre; vous pouvez compter sur mon appui; on a voulu que nous fassions cause commune; j'y consens volontiers parce que vous et moi n'avons qu'un seul objet en vue, le bien public[2].»

Brault est donc obligé d'accepter une ligne de conduite plus modérée, conformément aux directives ministérielles; il est aidé dans cette tâche par la défection de nombreux prêtres constitutionnels; certains se rétractent, tel Gervais de la Prise, desservant de Saint-Pierre de Caen, d'autres se retirent comme Lemonnier, à Falaise, ou Martin, à Honfleur, à la suite des visites pastorales de la fin de l'année 1802, au cours desquelles l'évêque ne demande aucune rétractation, ni en public, ni en privé. Pour encourager le ralliement du clergé constitutionnel au Concordat, le gouvernement a recours à l'évêque de Soissons, Leblanc de Beaulieu, ancien évêque métropolitain de Rouen qui connaît bien les prêtres assermentés du Calvados; celui-ci leur prêche la modération et la

---

1. A. D., F 5661.
2. *Ibid.*

soumission aux nouvelles lois qui régissent l'exercice du culte catholique. Brault attend donc avec patience l'heure de la confrontation, c'est-à-dire les nominations définitives des curés et des desservants; il veut profiter de cette opportunité pour déplacer ou ne pas nommer les prêtres assermentés qui se sont fait remarquer par leur opposition virulente au Concordat[1].

En 1802, Bonaparte subit encore l'ascendant de Fouché qui l'incite à favoriser les prêtres constitutionnels. Les lettres dans lesquelles le Premier consul intervient directement dans les affaires ecclésiastiques en prenant parti pour eux sont nombreuses; cependant, Bonaparte se méfie des prêtres réfractaires, surtout de ceux qui se sont exilés, car il doute de leur patriotisme. Ainsi, quand, en janvier 1803, Brault décide d'écarter Moulland de la cure de Balleroy, Portalis reçoit cette remarque cinglante de Bonaparte : « Écrivez à l'évêque de Bayeux qu'il a déplacé dans la commune de Balleroy le curé qui y était, qu'il n'avait pas ce droit et que cela est contraire à mon intention. Dites bien à tous les évêques que, dans l'arrangement définitif, je veux des constitutionnels, tant parmi les curés que parmi les grands vicaires et les chanoines[2]. »

L'attitude du gouvernement à l'égard des prêtres constitutionnels change au cours de l'année 1803, grâce aux rapports des préfets qui font état de leur hostilité grandissante à l'égard du régime consulaire. Ainsi, Caffarelli fait observer au ministre des Cultes, le 17 messidor an XI (6 juillet 1803) que « la déclaration de la guerre a ranimé les espoirs des prêtres constitutionnels, à cause de leur liaison ininterrompue avec les jacobins. L'arrivée de ces prêtres dans certains endroits, où règne déjà le mauvais esprit, a fait l'objet de vrais scandales... Ils ont aussi des correspondances entre eux et leur action est souvent concertée[3]. » Le gouvernement prend peu à peu conscience que, dans des départements comme le Calvados, les véritables ennemis de l'ordre public ne sont plus les réfractaires, mais les constitutionnels qui s'attaquent avec virulence à l'évêque concordataire, compromettant ainsi le retour de la paix religieuse. D'ailleurs Caffarelli ne confie-t-il pas à Portalis, dans cette même lettre de messidor an XI, que « le temps est passé où les prêtres réfractaires étaient redoutables » et qu'il fait plutôt surveiller les ecclésiastiques qui ont prêté

---

1. A. D., F 5661, « Conduites de Mgr Brault envers les constitutionnels », Notes de Michel et Laffetay.
2. Comte D'HAUSSONVILLE, *L'Église romaine et le premier Empire*, t. 1, 1870, p. 280-281.
3. A. N., F 7-8058.

serment à la Constitution civile du clergé? Bonaparte prend acte de ce nouveau fait politique. Ses convictions religieuses sont bien connues : il est déiste et, en ce domaine, naturellement opportuniste. À partir de 1803, il prend peu à peu le contre-pied de la voie suivie jusque-là ; son attitude ne cesse de se modifier jusqu'au sacre. On le constate dans les nominations d'ecclésiastiques que la naissance et les opinions classent comme nettement anticonstitutionnels. Toutefois, le Premier consul, devenu empereur des Français, voulant éviter une rébellion des prêtres assermentés, ne les abandonnera jamais totalement et refusera de souscrire à des mesures trop draconiennes à leur encontre [1]. Dans un rapport de 1804 adressé au préfet du Calvados au sujet des prêtres hostiles au Concordat, Brault circonscrit deux foyers d'opposition du clergé constitutionnel : les arrondissements de Caen et de Lisieux [2]. À Caen, une première génération de prêtres constitutionnels disparaît : Hébert, l'ancien curé de Saint-Michel de Vaucelles, se retire et se rend maintenant à Saint-Pierre où Gervais de la Prise l'accueille volontiers ; il meurt le 24 avril 1807. Gohier de Jumilly quitte la ville et se retire à Cagny où il mourra en 1815, après avoir reconnu ses erreurs [3]. Dans cet arrondissement, Brault dénonce Coquille-Deslongchamps comme «l'ennemi le plus virulent de l'ordre actuel», qui inspire l'action de Torcapel, demeurant à Escoville. À Lisieux, Gondouin-Desportes semble adhérer au Concordat, mais ses discours et ses liaisons avec les ennemis du gouvernement prouvent le contraire. L'évêque se montre plus explicite dans le rapport sur l'état du diocèse envoyé, en cette même année 1804, au souverain pontife [4]. À partir de cette analyse, plus approfondie et plus complète que la précédente, sur l'importance du clergé assermenté on comprend que cette opposition constitue alors le problème majeur de l'administration diocésaine, qu'elle est d'une telle ampleur que l'évêque est obligé d'en tenir compte dans la détermination de ses orientations pastorales. Brault reconnaît que tous ces prêtres sont encouragés par Bisson qui, bien qu'ayant officiellement renoncé au siège épiscopal, ne cesse de les recevoir et de leur écrire en déclarant qu'il est toujours évêque de Bayeux ; Brault signale à cette occasion que Bisson refuse toujours de se présenter devant le légat du pape pour être relevé des peines encourues à cause de son ordination illicite. La plupart des prêtres

---

1. D'HAUSSONVILLE, p. 213.
2. A. D., V 5, Brault à Caffarelli, 21 germinal an XII (11 avril 1804).
3. A. D., F 5661, Notes de Bertomé.
4. A. D., F 5661, Brault à Pie VII, 1804.

constitutionnels ont, certes, adhéré au Concordat, mais leur accord est souvent formel, car ils prennent parti contre lui dans les conversations privées et même «dans la chaire de vérité». Ils considèrent le Concordat comme une nouvelle Constitution civile du clergé, ce qui leur fait adopter une attitude soumise au gouvernement mais hostile à l'autorité épiscopale, car ils contestent la légitimité du nouvel évêque, comme le prouve leur attachement à Bisson; ils saisissent donc la moindre occasion pour dénoncer Brault au gouvernement. L'évêque, de son côté, dispose de moyens de défense très restreints. S'il prononce des censures ecclésiastiques en dehors des cas prévus, c'est-à-dire pour des fautes graves à l'encontre de la foi ou des mœurs, les prêtres assermentés se pourvoient devant les autorités administratives supérieures pour exercice arbitraire de l'autorité épiscopale. Brault déplore donc la suppression des officialités, car les juridictions civiles se déclarent incompétentes pour traiter des litiges concernant la foi ou la discipline ecclésiastique; elles limitent, en effet, leurs interventions aux seules affaires qui provoquent un trouble grave de l'ordre public. Les prêtres constitutionnels, ordonnés pendant la Révolution, dont certains à l'âge de dix-sept ou dix-huit ans, sont ignorants et sans mœurs. Les plus compétents sont maintenant vicaires, mais le plus grand nombre persiste à vivre dans le scandale; certains sont mariés, d'autres ont des emplois civils et un bon nombre réside dans les paroisses où ils exerçaient auparavant; ils y entretiennent l'esprit de discorde et gênent les curés qui refusent de les laisser célébrer les saints mystères, quand ils n'ont pas signé la formule d'adhésion au Concordat. Après avoir beaucoup réfléchi sur la manière de tirer parti de ces prêtres, Brault propose au pape de les réunir pendant quelque temps dans un séminaire «pour les former aux vertus de leur état», ou, à défaut, de les engager à se retirer dans d'autres diocèses, mais ils refusent de partir et, sans l'appui du gouvernement, Brault ne peut les y contraindre. L'évêque conclut que «ces ennuis auraient été dissipés si on avait obligé les prêtres constitutionnels à se rétracter sur leurs actes de désobéissance à l'égard des brefs de Pie VI[1]».

Contrairement à la rébellion de la Petite Église, qui est bien circonscrite, celle du clergé constitutionnel est plus vaste que les deux foyers principaux d'insurrection que Brault a signalés au gouvernement. À partir de 1804, les prêtres constitutionnels accentuent leur opposition; ils sont poursuivis par les autorités administratives avec une grande sévérité : les auteurs

---

1. *Ibid.*

de libelles sont pourchassés et arrêtés. Le préfet Caffarelli trouve un encouragement à sa rigueur dans l'attitude de plus en plus circonspecte de Bonaparte, donc de Portalis, à leur égard. Le 27 pluviôse an XII (17 février 1804), il avertit l'évêque que le gouvernement le charge de surveiller tous les prêtres qui ont refusé le Concordat; Brault doit l'aider en lui indiquant les noms des prêtres hostiles, en particulier les auteurs de libelles «incendiaires[1]». L'évêque répond, le 16 ventôse (7 mars), en lui envoyant deux libelles[2], suivis de la dénonciation explicite des auteurs : d'une part, Coquille-Deslongchamps (Caen), d'autre part, Gondouin-Desportes (Lisieux)[3]. Caffarelli manifeste alors son indignation, tout en encourageant l'évêque à demeurer patient : «Je connaissais les deux imprimés que vous m'adressez, je suis comme vous choqué de l'indécence avec laquelle les auteurs de ces libelles osent les colporter. J'ai écrit à Portalis une lettre détaillée à laquelle j'ai joint ces imprimés. Je ne peux que vous inviter à la patience. Je souhaite autant que vous la fin de ces désordres[4].»

Toutefois, Brault doit demeurer prudent, car les prêtres constitutionnels ont encore un appui au gouvernement, Fouché, le Jacobin, qui, en décembre 1804, n'hésite pas à rappeler l'évêque à ses devoirs, l'accusant de se montrer injuste et intraitable à l'égard d'une fraction de son clergé. Brault plaide fermement sa cause, mais sa prudence et son habileté l'incitent à se présenter comme un homme modéré et conciliateur, non dénué de mérites : «Je n'ai pas oublié mes devoirs. Je ferai tout pour contribuer à la prospérité et à la sûreté de l'Empire ainsi qu'au triomphe de la religion catholique... Les prêtres que la Révolution avait entraînés dans des opinions exagérées m'ont suscité des tracasseries sans fin; la plupart sont revenus à des sentiments plus modérés. Si j'ai employé contre un petit nombre des mesures de sévérité, ce n'est jamais sans avoir tenté de ramener par la douceur ces sujets connus pour leurs mauvaises mœurs. La religion me fait un devoir de traiter les ecclésiastiques sur un pied d'égalité, n'ayant égard qu'à leur bonne conduite et leur fidélité à l'Église et à l'empereur. Si je ne pouvais venir à bout de certains récalcitrants, je demanderais votre aide[5].»

Le clergé constitutionnel de Lisieux, dominé par Gondouin-Desportes, aidé d'Allaire, ne cesse de se durcir. Ces

---
1. A. D., F 5661.
2. *Ibid.*
3. A. D., V 5, Brault à Caffarelli, 21 germinal an XII (11 avril 1804).
4. A. D., F 5661, Caffarelli à Brault, 24 ventôse an XII (19 mars 1804).
5. A. D., F 5661, Brault à Fouché, Copie d'une lettre de décembre 1804.

deux prêtres résistent aux deux desservants nommés par l'évêque, en affirmant qu'ils ont été désignés grands vicaires pour la ville de Lisieux par Bisson, leur «évêque légitime [1]». À l'arrivée de leurs successeurs, ils tentent d'obtenir de pouvoir exercer le culte conjointement et alternativement, mais ils reçoivent la même réponse, c'est-à-dire un refus catégorique. Gondouin-Desportes parvient à étendre la révolte contre l'évêque à d'autres paroisses situées non loin de Lisieux. Ainsi, Brault le dénonce au préfet comme l'instigateur des troubles qui ont éclaté, le 19 thermidor an XI (7 août 1803), à Sainte-Marguerite-la-Vieille [2]. Finalement, le 22 brumaire an XII (14 novembre 1803), Gondouin-Desportes est condamné par défaut à un an de suspense par l'évêque; Allaire subit bientôt le même sort.

Dans l'arrondissement de Caen, les prêtres Coquille-Deslongchamps et Torcapel propagent des libelles très violents contre l'évêque aussi bien dans le clergé que dans la population. Torcapel est arrêté et, le 7 germinal an XII (28 mars 1804), Descotils, substitut du commissaire du gouvernement près du tribunal criminel du Calvados, transmet l'interrogatoire du prêtre au préfet Caffarelli. L'ecclésiastique est accusé de troubler l'ordre public par la diffusion d'un libelle diffamatoire contre l'évêque, daté du 24 frimaire an XII (16 décembre 1803) [3]. Toutefois, les autorités administratives se montrent clémentes en l'espèce; sur proposition du substitut, le préfet ordonne la remise en liberté de l'accusé. Il reste que les peines canoniques, c'est-à-dire l'interdit, qui frappent Torcapel et Coquille-Deslongchamps, qui sont du seul ressort de l'évêque, demeurent, malgré la clémence des autorités administratives [4].

La victoire de l'évêque.

Brault a-t-il contrevenu aux instructions gouvernementales et demandé une rétractation orale ou écrite des prêtres constitutionnels? Cette accusation, maintes fois répétée contre lui par cette fraction du clergé, est-elle mensongère ou correspond-elle à une certaine réalité? La question demeure controversée sans doute parce que, au long des années, l'attitude de

---

1. A. D., V 5, Récit du maire de Lisieux dans une lettre adressée au préfet du Calvados, le 24 germinal an XI (14 avril 1803).
2. A. D., V 5, Brault à Caffarelli, 23 thermidor an XI (11 août 1803).
3. A. D., V 5, Descotils à Caffarelli, 7 germinal an XII (28 mars 1804). Brochure : «Guerre ecclésiastique ou conduite de M. Brault, évêque de Bayeux, envers les prêtres soumis à l'autorité», de Jacques TORCAPEL; voir l'annexe 7, p. 432.
4. A. D., V 5, Caffarelli à Descotils, 10 germinal an XII (31 mars 1804).

l'évêque vis-à-vis du clergé constitutionnel, a changé en fonction de celle du gouvernement.

Pour Leflon[1], il ne fait aucun doute que Brault se situe dans le groupe le plus intransigeant des évêques de France, qui ne se contentent pas, à la différence de Bernier, l'évêque d'Orléans, ou de Cambacérès, l'archevêque de Rouen[2], d'ajouter à l'adhésion au Concordat une absolution secrète pour les prêtres jureurs qui consentent à renier leur serment. Suivant l'exemple du cardinal Fesch, Brault, d'après Leflon, comme les archevêques et évêques de Bordeaux, Tours, Rennes, Digne et Angers, introduit une formule de rétractation dans le serment d'adhésion au Concordat. L'évêque exprime cette intention dès sa nomination en juin 1802 ; c'est pourquoi Gohier de Jumilly le dénonce[3] et les réactions conjointes de Portalis[4] et de Fouché[5] l'incitent à adopter une attitude beaucoup plus prudente. Cela permet à Laffetay dans son *Histoire du diocèse de Bayeux* de faire cette déclaration surprenante, tout à fait contraire à Leflon : « Les conférences particulières de Brault avec les prêtres constitutionnels n'aboutirent pas ; ils prétendirent dans une plainte adressée au gouvernement, qu'il avait voulu qu'ils avouassent verbalement qu'ils étaient hérétiques et schismatiques... On leur recommanda de s'écarter des agitateurs qui les incitaient à la révolte. Le légat, de son côté, fortifiait Brault par ses conseils en vue de mesures de conciliation et de paix. Or, les plaintes des prêtres assermentés étaient fausses car Brault n'exigeait pas de rétractation ni verbale, ni écrite. Tous ceux qui, après avoir fait leur déclaration, demandaient des lettres de communion, les obtenaient[6]. »

Laffetay note le changement d'attitude de Brault à partir du sacre de Bonaparte, le 2 décembre 1804. Le pape, en effet, constatant que plusieurs évêques, choisis parmi les prêtres constitutionnels, tiennent encore à leur serment schismatique, demande que Napoléon leur impose une rétractation. L'Empereur donne son consentement et se voit opposer, soit une acceptation sincère de la part de la majorité des évêques, soit une adhésion de pure forme ; pourtant, certains n'hésitent

---

1. J. LEFLON, *La Crise révolutionnaire (1789-1846)*, p. 211. LEFLON, *Le Clergé...*, p. 106.
2. LEFLON, *La Crise...*, p. 211.
3. A. D., F 5661, Notes de Michel et Laffetay ; A. D., F 5661, Gohier de Jumilly à Brault, 14 prairial an X (3 juin 1802).
4. A. D., F 5661, Portalis à Brault, 26 juillet 1802.
5. A. D., V 5, Fouché à Caffarelli, 18 prairial an X (7 juin 1802).
6. A. D., F 5661, Notes de Michel et Laffetay pour *Histoire du diocèse de Bayeux*, inachevé.

pas, tels Le Coz, archevêque de Besançon, ainsi que les évêques de Cambrai, de Grenoble, de Strasbourg et d'Angoulême. Rassuré sur le nouvel état d'esprit du gouvernement et «imitant le pape», Brault, d'après Laffetay, aurait exigé alors, à partir de 1804, une rétractation de la part de tous les prêtres constitutionnels à qui il confiait une succursale ou un vicariat; il en aurait même demandé une à quelques ecclésiastiques qui occupaient déjà une fonction officielle.

De son côté, Raoul Patry[1] renforce la thèse de Leflon en donnant des exemples concrets. Ainsi, à Caen, Lentrain, curé de Saint-Gilles, a été remplacé par Anquetit lors de l'organisation provisoire de la ville en août 1802, à cause de son refus de rétracter son serment. Patry opte donc pour l'intention délibérée de l'évêque dès le début de son épiscopat. Pour lui, Brault a imposé aux prêtres constitutionnels les conditions les plus dures : ils doivent condamner la Constitution civile du clergé, avouer être demeurés dans le schisme, adopter un confesseur assermenté et adhérer à la lettre de Caprara. De nombreux curés et desservants constitutionnels, tels que Croisy à Mittois, Fouques à Littry, Guillemin à Longueville, Hamel à Ver, Héroult à Touques, Le Baron à Tour, Lescot à Baynes, Lestot à Fierville, Marette à Nonant, Jean-Luc Martin à Honfleur, Guillaume Postel à Isigny et Sauvage à Valsemé sont écartés. Ils sont remplacés par des insermentés; l'évêque leur impose des confesseurs et ne les autorise qu'à célébrer une messe basse, après laquelle ils doivent quitter l'église. Patry cite même un personnage, Delaunay, qui, se faisant passer pour le représentant du légat, Caprara, parcourt le diocèse afin d'obtenir des rétractations : «Quand le résultat est atteint, on convoque le plus de monde possible à un office solennel; le pénitent réitère publiquement son repentir, reçoit l'absolution, est admis à la communion laïque, puis on lui remet un surplis, une étole et on le réintègre dans ses fonctions. C'est ainsi que se passent les choses pour Le Français, à Caen, la cérémonie étant présidée par Desbordeaux.»

Les archives contiennent de nombreuses affaires qui paraissent corroborer la thèse de la rétractation et donc l'opinion selon laquelle l'évêque de Bayeux a adopté une attitude dure, voire intransigeante, à l'égard des prêtres jureurs. Les témoignages des curés constitutionnels les plus notoires sont formels, et même, parfois, accablants. Ainsi, Gohier de Jumilly prétend évidemment que Brault a exigé de lui une rétractation[2]. Le curé de Mesnil-Mauger, Pierre-Thomas

---

1. R. PATRY, *Le Régime de la liberté des cultes dans le département du Calvados pendant la première séparation (1795-1802)*, Paris, 1921, p. 252.
2. A. N., F 7-7978, Témoignage de Gohier de Jumilly, prêtre.

Delafosse, accuse le secrétaire de l'évêque de lui avoir fait signer un acte d'adhésion, puis de lui avoir tenu ces propos : « Monseigneur vous relève de vos censures, mais vous ne pouvez plus avoir aucune fonction, pas même de dire la messe [1]. »

Le maire de Bénerville, près de Honfleur, conte à Hébert, l'irréductible curé de Saint-Michel de Vaucelles, à Caen, cette affaire troublante : le desservant de sa paroisse, Dubosq, se rend à l'évêché, où il est reçu par des prêtres « fanatiques »; ceux-ci lui déclarent que, si Brault n'exige aucune rétractation, il ne confie de places qu'aux jureurs qui acceptent de rétracter d'eux-mêmes leurs serments. Dubosq cède ; il convient de la nullité des sacrements qu'il a administrés, de la profanation du Sacrifice... Quinze jours plus tard, ayant réfléchi, il regrette sa rétractation, mais son confesseur, Roussel, qu'on lui a commis d'office, refuse et ajoute même que l'évêque pourrait prononcer contre lui la peine de l'interdit : alors, Dubosq, pris de folie et se croyant damné, se noie [2].

L'affaire Youf, qui date de 1808, donc tardive, est révélatrice de la pensée profonde de l'évêque vis-à-vis du clergé constitutionnel ; à cette époque, en effet, le prélat est libre de faire preuve de la plus grande sévérité, s'il le désire, car il ne craint plus les remontrances d'un gouvernement qui favorise les anciens réfractaires.

Le 24 novembre 1808, Youf fait parvenir une pétition au ministre des Cultes par l'intermédiaire de l'un de ses frères qui est attaché au service de S. A. I. la princesse Élisa [3]. Il affirme avoir été convoqué par l'évêque de Bayeux, le 23 septembre précédent, et reçu par le vicaire général, de Croisilles. Ce dernier, avant de lui accorder une place désirait connaître ses opinions et c'est pourquoi il lui demanda de faire une déclaration selon laquelle il était « de cœur et d'esprit » soumis au pape et à ses décisions. Youf a refusé en invoquant les libertés de l'Église gallicane ; pour lui, son seul devoir était, selon le Concordat, de faire un acte de soumission au gouvernement. Il reconnut toutefois qu'il était soumis au pape et à ses décisions « mais pas en aveugle ». Croisilles lui a dit que cela était insuffisant et il a exigé son adhésion aux brefs de Pie VI sur les affaires de France. Youf refusa en invoquant l'article premier des organiques qui interdit de reconnaître un bref de la cour de Rome non approuvé par le gouvernement. Croisilles n'a rien répondu et l'entretien s'est achevé sans aboutir à un accord [4]. Le 16 décembre, l'évêque défend sa position auprès

---

1. A. N., F 7-7978, Témoignage de P. T. Delafosse, prêtre.
2. A. N., F 7-7978, Témoignage du maire de Bénerville.
3. A. N., F 19-5668.
4. A. N., F 19-5668, Pétition de Youf adressée à Portalis, 3 novembre 1808.

du ministre en ces termes : il n'aborde pas la question de la rétractation, ce qui équivaut peut-être à un aveu, et il justifie son intransigeance en présentant Youf comme un prêtre constitutionnel qui refuse obstinément d'adhérer au Concordat et constitue un danger pour l'ordre public : «Youf m'a fait l'éloge pompeux de la Constitution civile du clergé, la jugeant préférable au concordat, pour lequel il ne semble avoir que du mépris. Le plus grave est que ses discours pourraient mobiliser le peuple contre Sa Majesté et sa politique de pacification religieuse. Vous devez savoir que j'emploie les prêtres constitutionnels comme les autres, lorsqu'ils sont raisonnables, mais j'éloigne ces hommes des factieux quelle qu'ait été leur opinion pendant la Révolution [1].»

Convaincu, le ministre note à la date du 21 décembre : «sans suite», sur le dossier.

En examinant de plus près certains dossiers, on s'aperçoit que l'évêque a tenté d'accueillir certains prêtres constitutionnels en faisant preuve de mansuétude. Avant 1804, il n'hésite pas à accorder un certificat de communion aux prêtres jureurs les plus modérés, dont la vie sacerdotale n'est entachée d'aucune faute grave contre la foi ou les mœurs. Parfois, sans reconnaître officiellement le prêtre constitutionnel d'une paroisse, il arrive qu'il le laisse cohabiter avec le nouveau desservant concordataire; il prononce l'interdit contre le prêtre jureur quand il juge que l'unité de la paroisse peut être menacée par un conflit survenu entre les deux ecclésiastiques. Un exemple peut illustrer ce propos.

À Auvillars (arrondissement de Pont-l'Évêque), en 1803, le prêtre constitutionnel Villeroy, soutenu par le maire, est resté dans la paroisse lors de l'arrivée de son remplaçant, Desprez. L'évêque laisse faire. Le 2 nivôse an XII (24 décembre 1803), les marguilliers adressent à Brault une supplique dans laquelle ils demandent à l'évêque d'éloigner Villeroy. Ce dernier, en effet, toujours soutenu par le maire, «fait des quêtes durant la messe, dit les évangiles, fixe l'heure de la messe, la fait sonner». À la supplique est joint un extrait du registre de la mairie d'Auvillars dans lequel le maire, prenant en considération une pétition des habitants de la commune et considérant l'article 48 du Concordat qui stipule que les fidèles sont appelés aux offices par le son de la cloche, décide que, pour assurer la paix, la messe du curé constitutionnel sera dite provisoirement à huit heures et annoncée par le son de la cloche [2]. L'évêque fait part, le jour même, de cette affaire au préfet et,

---

1. A. N., F 19-5668.
2. A. D., V 5.

estimant que le maire n'est pas compétent pour fixer l'heure de la messe d'un curé qui ne fait pas partie du personnel concordataire, il annonce qu'il va ordonner à Villeroy de quitter la paroisse d'Auvillars[1].

Pour Brault, la promesse d'une réhabilitation est souvent suivie d'effets, si le prêtre assermenté vient à résipiscence, ce qui prouve que l'évêque est capable d'apprécier les qualités sacerdotales d'un ecclésiastique qui se traduisent, selon lui, en une obéissance inconditionnelle à ses ordres.

L'exemple de Louis Barassin illustre bien le cas de ces prêtres réhabilités. Le 29 pluviôse an XII (19 février 1804), Brault dénonce au préfet du Calvados cet ancien desservant constitutionnel de Fontenay-le-Marmion, qui, en demeurant dans cette paroisse malgré la nomination d'un nouveau curé, entretient la division, encouragé par une partie de la population. Certains de ses partisans ont insulté le desservant concordataire, en cassant même les vitres de sa maison et en commettant d'autres voies de fait. Barassin a refusé toutes les places que Brault lui a offertes; la loi du 18 germinal an X privant de sa pension tout ecclésiastique qui refuse les places offertes par l'évêque, Brault demande au préfet l'exécution de cette disposition à l'égard de Barassin[2]. Trois ans plus tard, Brault s'adresse au ministre des Cultes pour requérir la suspension des mesures de rigueur prononcées contre Barassin; celui-ci, en effet, qui, jusqu'à maintenant n'avait jamais voulu être employé dans le diocèse, se contentant de la fonction d'instituteur à Fontenay-le-Marmion, vient d'accepter la succursale de Cabourg[3].

L'hostilité du clergé constitutionnel perd rapidement de sa vigueur. Certes, lors d'une cérémonie de confirmation, en messidor an XI (juin 1803), dans la paroisse de Gervais de la Prise, Saint-Pierre de Caen, Brault se fait traiter de chouan par les poissonniers du quartier[4]. Malgré cet incident, l'opposition faiblit tout au long de cette année 1803. Dès le 13 nivôse an XI (3 janvier), le général Gouvion, de Caen, rapporte : «Les prêtres des deux bords commencent à ne plus faire parler autant de leurs querelles[5].» C'est encore faire preuve d'un grand optimisme à cette époque... Pourtant, le clergé concordataire acquiert progressivement une vraie autorité, comme le montrent les mesures d'apaisement et de réhabilitation qui sont prises au cours des mois suivants : rétablis-

1. A. D., V 5.
2. A. D., M 2814.
3. A. D., Chapitre de Bayeux 739.
4. A. D., Chapitre de Bayeux 880, Journal de Dufour.
5. A. N., AF IV-1053.

sement des processions du Saint-Sacrement en juin; à Noël, les messes de minuit sont de nouveau autorisées et sont célébrées à Caen sans incident; les prêtres peuvent de nouveau sortir dans la rue, revêtus de la soutane sans crainte d'être inquiétés... Roederer[1] dans son rapport au Premier consul sur la sénatorerie de Caen, écrit, le 9 frimaire an XII (1er décembre 1803) : «[...] Les trois évêques, surtout celui de Bayeux et celui de Sées, auraient été disposés à éliminer les prêtres constitutionnels et à rebénir les églises et à refaire baptêmes et mariages avec beaucoup d'éclat, si les prêtres de l'Orne et de la Manche n'y eussent mis obstacle et si le peuple du Calvados n'eût montré une forte opposition au système... Les évêques, surtout ceux de Bayeux et de Sées, ayant marqué leur préférence pour les prêtres émigrés et le peuple, dans le Calvados surtout, ayant marqué la sienne pour les constitutionnels qui se sont bien comportés pendant La Révolution, on pourrait craindre quelque chose pour la suite, mais quant à présent, il paraît que la modération des curés et desservants des deux partis prévient les difficultés et les scandales[2].»

---

1. Pierre-Louis, comte Roederer (1754-1835). Né à Metz, il était le fils d'un magistrat. Il acheta en 1780 une charge de conseiller au parlement de Metz, publia en 1788 une brochure sur *La Députation aux états généraux* et collabora au *Journal de Paris*. Élu député du tiers par le bailliage de la ville de Metz le 26 octobre 1789 il s'occupa surtout de l'organisation financière, au sein de l'Assemblée constituante (lois sur le timbre, sur les patentes, sur les contributions foncières et immobilières, sur l'émission des assignats), et prit aussi une part importante à l'élaboration du nouveau système judiciaire. Procureur-syndic du département de la Seine (11 novembre 1791), membre du club des Jacobins, il se rapprocha néanmoins de la Cour après la journée du 20 juin 1792 et, le 10 août, c'est lui qui conseilla à la famille royale de se réfugier à l'Assemblée (il relatera ces évènements dans sa remarquable *Chronique des cinquante jours*). Menacé par la Commune, il fut soustrait par la Législative au jugement du Tribunal révolutionnaire du 17 août. Pendant la Convention, il s'effaça mais ne craignit pas de nier à cette assemblée le droit de juger Louis XVI. Après le 31 mai 1793, il cessa d'écrire dans le *Journal de Paris* et ne reprit ses activités qu'après le 9 Thermidor. Nommé professeur d'économie politique aux écoles centrales et membre de l'Institut (1796), il fonda le *Journal d'économie publique, de morale et de législation*, puis soutint le coup d'État du 18 brumaire. Il évita la rupture entre Bonaparte et Sieyès, devint conseiller d'État (1799), puis sénateur (1802), prépara le remplacement des écoles centrales par les lycées et rédigea l'Acte de médiation de la Confédération helvétique (1803). Ministre des Finances de Joseph Bonaparte à Naples (1806), il fut ensuite ministre-secrétaire d'État du grand-duché de Berg (1810) et enfin commissaire à Strasbourg (1814). La seconde Restauration lui retira toutes ses fonctions et dignités publiques, mais Louis-Philippe le rendit à l'Institut et à la politique. Nommé pair de France en 1832, il soutint le pouvoir personnel du roi dans une «Lettre aux constitutionnels» (1835) et mourut peu après, au Bois-Roussel.
2. A. N., AF IV-1053.

Sous la Restauration, l'opposition libérale au régime voit encore en Bisson l'un de ses chefs de file ; des prêtres constitutionnels persistent à venir lui rendre visite à Bayeux ; quittant fort peu souvent son domicile, il continue à célébrer la messe grâce à l'indult que lui a accordé le légat Caprara. Moulland, curé de Balleroy, l'ancien dirigeant du Presbytère, lui demeurera fidèle jusqu'au bout. Bisson meurt le 28 février 1820 à l'hôpital de Bayeux, au milieu des pauvres [1]. Son inhumation est l'occasion de la dernière manifestation d'envergure du clergé constitutionnel contre l'évêque concordataire. Brault exige qu'il soit enterré comme un simple paroissien, à la cathédrale, sa paroisse. Ses partisans obligent le curé, Le Moussu, à placer sur son cercueil la croix pectorale, la mitre et l'étole, ainsi qu'à prononcer l'oraison *pro episcopo*. Les journaux font état d'une masse de souscripteurs du parti de l'opposition, qui veulent ériger un monument à Bisson ; ce projet échoue [2]. Aux rédacteurs de *La Chronique religieuse*, qui ont attribué à Bisson le titre d'ancien évêque de Bayeux, Brault fait adresser cette note : « M. Bisson n'a jamais eu le titre d'évêque de Bayeux, mais d'évêque constitutionnel du Calvados... Il est vrai que Bisson fut choisi en 1803 par l'évêque de Bayeux pour être chanoine honoraire de la cathédrale, mais il ne s'est jamais fait installer. Quoique résidant à Bayeux, il n'assistait à aucun office canonial, à aucune réunion du chapitre. Depuis quinze ans, il n'entrait pas dans la cathédrale. Donc, il ne peut être considéré comme membre du chapitre, mais comme paroissien et il fut inhumé comme tel. Je vous prie d'insérer cette remarque dans le prochain numéro de *La Chronique* [3]. »

De son côté, le curé de la cathédrale défend ainsi son point de vue : Bisson ne faisait pas partie du chapitre ; il l'a donc visité comme l'un de ses paroissiens et l'inhumation fut célébrée par lui et le clergé paroissial, et non par le chapitre, dans la chapelle destinée à ses fonctions curiales et non dans le chœur de la cathédrale. Ce fut une cérémonie solennelle, au cours de laquelle on a sonné les trois cloches de la cathédrale, comme on les sonna pour le service du duc de Berry [4].

---

1. A. D., Chapitre de Bayeux 739.
2. *Ibid.*
3. A. E., Épiscopat de Mgr Brault, année 1820. Brault à Mme veuve Nicole, imprimeur, à Bayeux, 9 mars 1820.
4. Charles-Ferdinand de Bourbon, duc de Berry (1778-1820). Second fils du comte d'Artois, futur Charles X, et de Marie-Thérèse de Savoie, il naquit à Versailles en 1778 et émigra avec ses parents au début de la Révolution. Il servit dans l'armée de Condé en 1792 avant de s'établir en Angleterre. Rentré en France en 1814, il s'enfuit à Gand avec Louis XVIII, son

L'évêque ne lui avait donné aucun ordre et ne lui a adressé aucun reproche. L'absence des membres du clergé de la ville et des séminaristes s'explique par le fait qu'ils ne sont jamais invités aux inhumations ; d'ailleurs, les prêtres avaient mieux à faire, puisqu'ils devaient confesser à l'approche de Pâques [1].

Conclusion : L'enracinement des nouvelles institutions.

La mise en place de la nouvelle carte paroissiale constituait l'épreuve de vérité pour le concordat napoléonien ; Brault le savait ; c'est pourquoi il ne ménagea pas ses efforts, choisissant une ligne de conduite intransigeante dont il ne s'est départi ni face à ses opposants (Petite Église et Église constitutionnelle), ni dans ses relations avec un gouvernement qui fut parfois tenté de lui imposer quelques concessions. Cette attitude de l'évêque de Bayeux ne fut pas seulement le fruit d'une option partisane en faveur du clergé réfractaire ; elle s'est surtout imposée comme une nécessité pastorale. En effet, durant les visites des localités importantes de son diocèse, à la fin de l'année 1802, Brault avait pu observer que les fidèles désiraient avant tout le maintien de la paix religieuse. Il nota aussi leur ralliement spontané au ministre du culte légitime, c'est-à-dire au curé ou au desservant désigné par l'évêque. De plus, il savait que de la constitution d'un clergé homogène dépendait la réussite de la mise en place des institutions concordataires. Il a donc opté pour les éléments du clergé réfractaire qui acceptaient d'entrer dans la nouvelle organisation, mais, à aucun moment, il ne leur a laissé entendre qu'un retour au régime antérieur était envisageable. Son opiniâtreté fut appréciée par le préfet, Caffarelli, qui, plus que jamais, le soutint et l'encouragea dans sa lutte contre l'Église constitutionnelle. Cette conjonction des deux autorités administrative et ecclésiastique fut décisive dans la victoire remportée par l'évêque ; Caffarelli devait connaître la vérité au sujet des rétractations... Il s'est tu pour ne pas gêner Brault dans son

---

oncle, et revint à Paris, en juillet 1815. Il épousa, le 17 juin 1816, Marie-Caroline de Bourbon-Sicile. Il se situa parmi les ultras et, de ce fait, fut haï par les libéraux. Le 13 février 1820, devant l'Opéra, il fut assassiné par Louvel, un déséquilibré, qui voulut, en le frappant, éteindre la race des Bourbons. Son fils posthume, Henri, sera duc de Bordeaux, puis Henri V, enfin comte de Chambord.

1. A. E., Épiscopat de Mgr Brault, année 1820. Le Moussu aux rédacteurs de *La Chronique religieuse*, 25 avril 1820.

travail de réduction des opposants et d'épuration du clergé. Il reste que cet enracinement contraint et forcé des institutions concordataires provoqua bien des rancœurs dans les rangs des fidèles les moins conservateurs. Que Bisson ait été considéré comme un symbole par l'opposition libérale au régime de la Restauration est une bonne illustration de ce propos ! Mais il est vrai que toute mutation juridique importante, avant de s'inscrire dans les mentalités, engendre des déchirements que le temps, seul, peut permettre de résorber.

TROISIÈME PARTIE

LES TRÔNES ET L'AUTEL

CHAPITRE PREMIER

LES VICISSITUDES DE L'ALLIANCE : L'EMPIRE

Durant les premières années du règne de Napoléon, le «Sauveur», l'évêque de Bayeux se situe parmi les plus ardents bonapartistes : Brault encense l'Empereur dans les nombreux mandements publiés à l'occasion des victoires militaires. Le souverain, de son côté, apprécie le zèle de cet évêque, qui a gagné la confiance des préfets, Caffarelli et Méchin. En 1809, l'occupation de Rome, qui fait grand bruit en France, n'entame pas la fidélité du prélat; ses positions gallicanes lui valent même de jouer un rôle de premier plan au concile national de 1811. Il faut attendre la disette, qui sévit à Caen au cours de l'année suivante, pour que l'évêque de Bayeux modifie son attitude. Il constate l'hostilité croissante d'une population, exaspérée par les rappels incessants de nouveaux conscrits, et note le ralliement progressif du clergé et des fidèles aux Bourbons. Malgré la publication de quelques mandements au ton résolument bonapartiste, Brault s'enferme peu à peu dans un silence prudent et se prépare à renier Napoléon, le «Tyran».

Napoléon, le «Sauveur».

Analyse des mandements.

Le premier mandement de Brault, le 11 août 1802, célèbre le sénatus-consulte du 2 août qui nomme Bonaparte consul à vie[1]. Puis, le 30 mars 1803, l'évêque annonce dans un mandement la fin de la persécution religieuse : «Les nuages noirs qui obscurcissaient depuis longtemps l'Église de France sont

---

1. A. D., V 159.

dissipés. » Pie VII est remercié et Bonaparte est décrit longuement comme un « héros », le restaurateur de l'ordre, « celui que la foi nous présente comme l'image de Dieu sur la terre », un exemple de paix et de concorde [1].

Le mandement du 16 juin 1803 ordonne des prières publiques pour la prospérité des armes de la République : « Le chef d'une Nation brave et généreuse peut-il laisser flétrir les lauriers dont la victoire l'a si souvent couronné ? Non, il doit opposer la force à la force ; il doit compter sur la bravoure des soldats qui l'ont si souvent considéré comme chef et sur la fidélité du peuple. Il doit croire que tous les Français sont avec lui. » Il est donc ordonné : 1) jusqu'à la paix, l'oraison pour les consuls sera chantée à toutes les messes ; 2) le clergé de Bayeux ira prier sur la tombe de Saint Exupère et fera durant trois jours dans la cathédrale la prière des quarante heures avec exposition du saint sacrement ; il en sera de même dans toutes les paroisses du diocèse et le clergé fera, à Caen, une procession de Saint-Étienne à Saint-Jean [2]. Cette cérémonie a lieu le 26 juin ; une foule énorme suit cette première procession autorisée depuis le rétablissement du culte, qui est présidée par l'évêque ; on chante le *Miserere* pour implorer la miséricorde de Dieu contre les ennemis de l'État [3].

Nouveau mandement, le 5 août 1803, qui ordonne que le 15 août de chaque année sera consacré à une fête d'action de grâces pour le rétablissement de la religion. Bonaparte est de nouveau qualifié de « jeune héros », avec cette fois la « qualité des vieillards », qui est la « sagesse » ; les titres de « restaurateur de la religion », de « sauveur de la France » lui sont attribués. À la fin du document, on peut noter une mise en garde contre ceux qui cherchent à éloigner le peuple de la religion ; les prêtres sont particulièrement chargés de surveiller les opposants [4].

---

1. A. D., V 159.
2. *Ibid.*
3. A. D., Chapitre de Bayeux 880, Journal de Dufour.
4. A. D., V 159 ; « l'Église de France était dans la désolation, ses prêtres errants et dispersés çà et là, les églises en ruines ou utilisées à des usages profanes. Les prières des fidèles ont été exaucées, car Dieu a suscité un jeune héros à qui il a donné la sagesse des vieillards. Il a rétabli la sainte religion en signant, le 15 août, jour de l'Assomption, avec le Souverain Pontife, une transaction sainte. Jour de consolation pour Pie VII qui a retrouvé ses enfants, jour de gloire pour le Premier Consul : la France lui accorda le pouvoir sa vie durant et la faculté de se choisir un successeur. L'Église lui a donné le titre de restaurateur de la religion ; la postérité lui donnera celui de sauveur de la France. Ainsi, en ce jour du 15 août, jour de l'Assomption et jour anniversaire de la naissance du Premier Consul, nous ordonnons des prières pour la France. Vous, prêtres, appliquez-vous à éloigner le peuple des séducteurs qui cherchent encore à l'éloigner de la religion sainte. »

Le 24 février 1804, par mandement l'évêque ordonne des prières publiques pour rendre grâce à Dieu de la découverte de la conjuration contre Bonaparte. Il s'agit du complot royaliste, organisé par Cadoudal, Pichegru et Moreau, qui fut déjoué avant sa réalisation [1]. Le 6 juin 1804, un mandement est édicté à l'occasion du sénatus-consulte qui proclame Napoléon Bonaparte, empereur des Français. Brault développe deux thèmes : d'une part, Napoléon est un monarque qui tient son trône de Dieu, ce qui est une manière d'écarter les Bourbons qui, seuls, d'après eux, sont rois par la volonté de Dieu; d'autre part, Napoléon est un monarque chrétien, «comme Clovis et Charlemagne», le premier roi français catholique et le grand empereur d'Occident. L'évêque désire donc que les prêtres le secondent et lui soient fidèles autant qu'à leurs anciens rois. L'Empereur est «la vivante image de Dieu sur la terre, la seconde majesté après Dieu»[2]. Le 17 juin, une cérémonie solennelle célèbre l'établissement de l'Empire

---

1. A. D., V 159; «Le gouvernement anglais, désespérant de venir à bout de la France par les armes, n'a pas craint d'employer la trahison et la perfidie. Il a réuni des hommes jusque-là divisés dans leurs opinions et il les a vomis sur nos côtes; il les a armés pour assassiner le Premier Consul. En perdant le Premier Consul, la France aurait perdu un père et sa gloire. On eût vu à nouveau le renversement des saints autels, l'abolition du code immortel de lois sages qu'il a créé, la dégradation du sacerdoce, l'autorité méprisée, l'industrie languissante et la jeunesse sans éducation. La patrie aurait été livrée à la pire des anarchies. Que les prêtres rappellent à leurs ouailles tout ce qu'ils doivent au gouvernement, qu'ils les incitent à lui obéir et qu'il les éloigne des traîtres et des ennemis du gouvernement.»
– La Constitution de l'an VIII (1800), qui instaure le régime du Consulat, a remis à Bonaparte le pouvoir effectif. L'opposition royaliste se durcit : le 24 décembre 1800, l'attentat de la rue Saint-Nicaise, à Paris, organisé par Georges Cadoudal, l'un des chefs chouans, fait vingt-deux morts. Le consulat à vie, décrété par le sénatus-consulte du 2 août 1802, est ratifié par un plébiscite; la plupart des royalistes se rallient à Bonaparte ou, du moins, cessent la lutte armée à partir du vote de la loi qui amnistie les émigrés. Les plus intransigeants organisent encore un complot : Cadoudal, le général Jean-Victor Moreau, déçu par Bonaparte, et le général Charles Pichegru, rallié à la cause royaliste grâce aux généreuses propositions du prince de Condé, désirent renverser le pouvoir consulaire. Le coup d'État doit avoir lieu en février 1804. Pichegru est dénoncé; il est arrêté et trouvé étranglé dans sa cellule, le 6 avril 1804. Cadoudal est arrêté et exécuté, le 25 juin 1804. Enfin, Moreau doit s'exiler aux États-Unis. Cet attentat fournit l'occasion à Bonaparte de rompre définitivement avec les royalistes, en faisant enlever et exécuter le duc d'Enghien, le 21 mars 1804.
2. A. D., V 159; «Dieu avait suscité Bonaparte pour rétablir l'ordre. Toutes les voix du peuple s'écrièrent alors : "vive Napoléon; qu'il soit notre empereur!" Quels sont, nous demandez-vous, les droits de Napoléon à l'empire? Ce sont les droits de Dieu; Dieu a voulu que Napoléon rende les services les plus grands à la France. Soyez assurés, fidèles qui aimez l'Église, que la foi de Napoléon est la foi de Clovis et celle de Charlemagne. Écoutez les paroles de l'empereur : il demande aux prêtres de le seconder;

à Saint-Étienne de Caen. Autour de l'évêque, qui préside, on note la présence du clergé de la ville et des autorités civiles et militaires. On chante le *Veni Creator*, puis Brault donne la bénédiction du saint sacrement et entonne le *Te Deum*. La municipalité s'associe à ces réjouissances en ordonnant l'illumination de la ville. Le 2 décembre, l'évêque de Bayeux est à Notre-Dame de Paris, où il assiste au sacre. En 1805, lors de la brillante campagne contre la troisième coalition, qui s'achève par la prise de Vienne, la victoire d'Austerlitz (2 décembre) et le traité de Presbourg (26 décembre), l'évêque ordonne des prières dans tout le diocèse à partir du 29 octobre, durant trois dimanches (mandements des 10 et 29 octobre); le jour de Noël, il fait célébrer un *Te Deum* à la cathédrale de Bayeux, en sa présence, et en l'église abbatiale Saint-Étienne de Caen [1].

En 1806, un mandement daté du 6 juillet présente les deux solennités du régime impérial : le 15 août, jour de la Saint-Napoléon, de l'Assomption et jour anniversaire de l'Empereur et de la signature du Concordat, et le premier dimanche de décembre, pour la commémoration du sacre et de la victoire d'Austerlitz [2]. Le mandement du 22 octobre suivant ordonne «des prières publiques pour la prospérité des armes de Sa Majesté l'empereur», à l'occasion de la campagne contre la Prusse et la Russie coalisées. À cette date, les Prussiens sont déjà écrasés à Iéna et Berlin sera prise cinq jours plus tard, le 27 octobre. Brault cite Bossuet, le théoricien de la monarchie de droit divin, pour montrer que les droits du souverain sont

qu'il sache que ceux-ci seront fidèles, autant qu'à leurs anciens rois. Ainsi, l'empereur protégera la religion, et les prêtres la conserveront dans toute sa pureté. Respectez l'empereur qui est la vivante image de Dieu sur la terre, la seconde majesté après Dieu.»
1. A. D., Chapitre de Bayeux 880, «Journal de Dufour. Les deux mandements des 10 et 29 octobre 1805 se suivent, si bien que les prières de supplications dans le premier deviennent des prières d'action de grâces dans le second.
2. A. D., V 159; «Les plus célèbres empereurs païens avaient cru tout faire pour leur gloire; ils étaient puissants et respectés mais oubliaient qu'ils étaient mortels et ne rougissaient pas de recevoir les honneurs qu'on ne doit qu'à Dieu. Un empereur chrétien, que Dieu a mis sur les trônes et les empires, qui établit seul les maisons régnantes, est conscient, malgré cette gloire, qu'il n'est ou qu'un homme et que sa puissance ne dépend que de Dieu. Napoléon, après avoir rempli l'univers du bruit de ses actions, veut encore l'édifier par sa piété; il demande à l'Église d'instituer deux fêtes solennelles en l'honneur de son Empire. La première aura lieu le 15 août, jour de l'Assomption de la très Sainte Vierge, patronne de la France, et du glorieux martyr dont l'empereur porte le nom, jour anniversaire du concordat; la deuxième sera la fête du premier dimanche de décembre, anniversaire de la fondation de l'Empire et de la victoire d'Austerlitz.»

inséparables de ceux de la patrie. Il profite de cette opportunité pour appeler les fidèles à plus de ferveur, afin d'attirer la bénédiction de Dieu sur les armées impériales [1]. Après les victoires simultanées de l'Empereur à Iéna et de Davout à Auerstedt contre les Prussiens (14 octobre 1806), qui sont célébrées par un nouveau mandement du 6 novembre 1806 [2], Napoléon est entré en Pologne où il va affronter les Russes à Eylau (8 février 1807), bataille très meurtrière et incertaine. À la fin de janvier, l'annonce des premières victoires provoque la parution d'un mandement daté du 23, qui prescrit un *Te Deum* d'action de grâces [3]. Puis ce sont les mandements du 15 juin (prise de Danzig [4]) et du 5 juillet (bataille de Friedland [5]). En 1809, la guerre reprend contre l'Autriche : des mandements saluent la victoire d'Eckmühl (6 mai [6]) et la prise de Vienne (26 mai [7]). Les fêtes organisées à l'occasion de l'anniversaire du sacre sont particulièrement brillantes : l'évêque préside le *Te Deum* traditionnel à Saint-Étienne de Caen ; Blondel, curé de la cathédrale Saint-Pierre de Lisieux, assure la prédication. La municipalité de Caen convie six cents invités au bal qui a lieu à l'hôtel de ville, après l'inauguration du muséum et de la bibliothèque [8]. En 1810, des prières sont ordonnées pour demander «l'heureuse délivrance» de l'impératrice [9], et le 14 mai 1811 un mandement ordonne de nouveau un *Te Deum* à l'occasion de la naissance et du baptême du roi de Rome [10].

1. A. D., V 159 ; «Au moment où on parlait de la paix, le bruit des armes se fit entendre en Allemagne de la part d'un roi qui se disait allié de la France. Vous connaissez les raisons de ce changement d'attitude ; nous nous contenterons de vous rappeler vos devoirs pour demeurer dans les bornes de notre ministère. Il faut ranimer votre zèle envers la patrie et envers le souverain, dont les droits, dit Bossuet, sont inséparables des droits de la patrie. Il faut changer de conduite et réformer ses mœurs, depuis quatre ans Dieu n'a cessé de vous combler de ses bienfaits ; mais il ne faut pas le lasser en désobéissant à ses commandements. Alors, vivez en chrétiens et le Seigneur continuera de répandre ses bénédictions sur les aigles victorieuses de notre illustre empereur.»
2. A. D., V 159 ; Les deux mandements, des 22 octobre et 6 novembre 1806, entrent en vigueur simultanément. Comme en 1805, les prières de supplications deviennent des prières d'action de grâces...
3. A. D., V 159 ; «Les monarques de Prusse et de Russie portaient à l'empereur des paroles de paix, mais s'unissaient contre lui. Leurs armées innombrables ont été dispersées et anéanties par nos invincibles légions. L'empereur maintenant désire donner à ses peuples une paix stable et solide.»
4. A. D., V 159.
5. *Ibid.*
6. *Ibid.*
7. *Ibid.*
8. A. D., Chapitre de Bayeux 880, Journal de Dufour.
9. A. D., V 159, Mandement de Brault, 16 novembre 1810.
10. A. D., V 159.

Durant la campagne de Russie (juin-décembre 1812), un mandement du 1er octobre annonce triomphalement l'entrée de l'Empereur à Moscou[1]. Toutefois, la Grande Armée doit battre en retraite; pour la première fois, le trône impérial vacille. La conspiration républicaine du général Malet échoue mais oblige Napoléon à revenir de Russie. Brault, fidèlement, publie un mandement, un mois plus tard, le 22 novembre 1812, afin de rappeler, en invoquant une nouvelle fois Bossuet, que seule la conservation de la monarchie peut assurer la tranquillité publique[2].

En 1813, alors que les ennemis deviennent toujours plus menaçants (coalition Prusse, Autriche, Russie et Suède), les mandements épiscopaux exaltent toutes les victoires françaises, ne manquant pas une occasion pour encourager les catholiques à demeurer fidèles au régime; on célèbre ainsi les victoires de Lützen et de Bautzen sur les Russes et les Prussiens[3], la fête du 15-Août[4], la victoire de Dresde (26 et 27 août)[5] et la fête

---

1. A. D., V 159; «Napoléon a brisé les fers de la Pologne; elle est redevenue indépendante et libre, puis, de victoire en victoire, il est entré à Moscou après la victoire de la Moskova. Toute l'Europe sait que Napoléon a offert la paix à la Russie et que celle-ci l'a refusée, ou du moins à des conditions déshonorantes.»
2. A. D., V 159; «La plupart des hommes, légers et avides de nouveautés, oublient les évènements les plus importants et ne regardent même plus les monuments érigés en leur honneur. Les fidèles doivent venir dans les églises remercier l'Éternel de leur avoir donné un tel empereur qui a placé depuis dix ans la France au-dessus de toutes les nations; seule la conservation de la monarchie peut maintenir la tranquillité des familles et la prospérité. Vous l'avez bien compris lorsque vous avez méprisé les conspirateurs qui ont voulu répandre des bruits insensés et alarmants. Il faut rappeler la phrase de Bossuet : les intérêts du Prince sont inséparables de ceux de l'État.» – Le général Claude-François Malet (1754-1812), après avoir servi Bonaparte, lui devient hostile à partir du sacre; arrêté en 1808, il est placé dans une maison de santé. S'évadant dans la nuit du 22 au 23 octobre 1812, il annonce la mort de l'Empereur, entraîne quelques troupes parisiennes, libère les généraux républicains Guidal et Lahorie et forme un gouvernement provisoire. Le général Hulin, commandant la place de Paris, lui résiste et l'arrête. Il est fusillé le 29 octobre. Cet évènement qui montre la fragilité de son pouvoir, incite l'Empereur à revenir immédiatement dans la capitale.
3. A. D., V 159; Mandement de Brault, 16 mai 1813 (victoire de Lützen); Mandement de Brault, 3 juin 1813 (victoire de Bautzen).
4. A. D., V 159, Mandement de Brault, 6 août 1813 : «Ce n'est pas pour vous annoncer de nouvelles victoires remportées sur les ennemis de l'État que nous vous appelons dans les églises, mais pour célébrer l'anniversaire du jour où l'empereur, le libérateur de la France, naquit. Depuis Lützen, les ennemis disent renoncer à leurs prétentions exagérées et écouter les propositions pacifiques de l'empereur.»
5. A. D., V 159, Mandement de Brault, 20 septembre 1813.

du Couronnement[1]. Puis, c'est le silence, car Napoléon, après la défaite de Leipzig (ou bataille des Nations : 16-18 octobre 1813), qui ouvre la campagne de France (janvier-mars 1814), abdique, le 4 avril 1814.

La fidélité de l'évêque et la religion impériale.

Charles Brault exprime, dans ses mandements, l'opinion générale de l'épiscopat français. Les évêques concordataires pensent, en effet, que seul Bonaparte, qui a mis fin à la persécution religieuse grâce au Concordat, peut empêcher une nouvelle révolution et permettre à l'Église de France de se reconstituer. Quand, en 1803-1804, le Premier consul annonce son intention de rétablir la monarchie avec le concours du pape, cette initiative balaie les dernières réticences; les mandements épiscopaux rivalisent de zèle et d'applaudissements. Pie VI était mort en captivité en France en 1799; cinq ans plus tard, son successeur, Pie VII, traverse le pays « au milieu d'un peuple à genoux », selon ses propres termes. On peut croire alors rétablies non seulement la religion, mais encore l'union entre le trône et l'autel; certes, la dynastie a changé, mais le titre impérial peut évoquer la vieille alliance du Sacerdoce et de l'Empire[2]...

Au début de son épiscopat, Charles Brault bénéficie des rapports favorables du préfet Caffarelli. Ainsi, le 28 fructidor an X (15 septembre 1802), le préfet loue auprès de Portalis cet évêque dont la conduite est « sage et mesurée », qui n'est que « douceur et fidélité au gouvernement »[3]. Ce portrait d'un homme modéré et sage revient sans cesse; le gouvernement apprécie cet excellent administrateur, dont la fidélité lui est acquise, si bien qu'au fil des années, son crédit ne cesse de grandir[4]. Brault réussit même à convaincre Fouché[5], le méfiant ministre de la Police. En 1804, il lui a confié sa ligne de conduite, dont il ne variera pas jusqu'en 1814 : « Je ferai tout pour contribuer à la prospérité et à la sûreté de l'Empire ainsi qu'au triomphe de la religion catholique. » Il estime que son devoir est de veiller à la bonne conduite de ses prêtres

---

1. A. D., V 159, Mandement de Brault, 22 novembre 1813 : « Au sujet de la fête du couronnement de Sa Majesté, je compte sur les prêtres pour inspirer au peuple l'amour de la patrie et de son chef; tant que les Français aimeront l'empereur, la France, qui est sortie de luttes et de circonstances plus difficiles, n'a rien à craindre. »
2. *Dictionnaire d'histoire et de géographie ecclésiastiques*, Paris, 1938, bibliothèque de l'université de Caen, Lettres, fascicule 102-103, p. 114.
3. A. N., F 19-5668.
4. *Dictionnaire d'histoire et de géographie ecclésiastiques*, t. X, p. 454.
5. Biographie de Joseph Fouché : voir p. 77, n. 1

ainsi qu'à leur fidélité à l'Église et à l'Empereur[1]. Une preuve de son attachement est son ardeur à fournir des informations sur son clergé et à dénoncer des conspirateurs. Ainsi, en 1809, le curé de Blangy signale à l'évêque qu'un véritable complot vise à attaquer le clergé de la campagne pour jeter la terreur parmi le peuple. Ces hommes semblent au service de l'Angleterre; ils considèrent les curés comme la meilleure armée contre l'Empereur. Ils voudraient organiser un maquis près de Blangy, puis gagner les autres cantons, en profitant de l'apport de conscrits réfractaires qui viendront certainement grossir leurs rangs[2]. L'évêque transmet fidèlement cette information au préfet. Le ministre de la Police répond à Brault en faisant état de plusieurs visites de nombreux agents à la solde de l'Angleterre auprès de certains curés; or, seul celui de Blangy a dénoncé ce fait; le silence des autres est inquiétant. Si l'évêque pouvait les convaincre de sortir de leur réserve, Fouché «serait heureux de montrer à l'empereur la fidélité du clergé de Bayeux[3]». L'évêque répond que le silence des curés ne doit pas l'inquiéter car lui-même a pris toutes les dispositions pour les faire surveiller; il a nommé dans chaque canton un ecclésiastique qui, exerçant les fonctions d'archiprêtre, est chargé de la correspondance avec tous les desservants du canton, veille au bon ordre et reçoit les informations des curés. Il assure le ministre qu'il lui transmettra tous les renseignements dès qu'ils lui parviendront[4].

Le ministre des Cultes, Portalis[5], apprécie les capacités de Brault qui unit «la charité et la prudence au zèle et à la fermeté». Même dans les affaires les plus délicates, qui peuvent donner lieu à un conflit, l'évêque s'exprime auprès du ministre avec dignité, convenance et sagesse. Roederer[6], dans ses rapports sur la sénatorerie de Caen, n'est pas moins élogieux. En 1805, il déclare dans deux rapports différents: «l'évêque passe pour avoir plus de zèle apostolique que de zèle politique», décrivant Brault comme un homme très éloigné de toute intrigue politique et totalement consacré à son ministère et aussi comme un «homme de talent et de mérite»[7].

1. A. D., F 5661.
2. A. E., Dossier Mgr Brault, année 1809, Le curé de Blangy à l'évêque de Bayeux, 14 juin 1809.
3. *Ibid.*, Fouché à Brault, 7 juillet 1809.
4. *Ibid.*, Brault à Fouché, 9 juillet 1809. Le 26 juillet, le curé de Blangy écrit à l'évêque que cette affaire l'a tellement troublé «que le sang s'est porté violemment à la tête et qu'il n'a pas pu marcher durant cinq-six semaines». Il a reçu par la poste une lettre de Paris écrite par un homme qu'il a connu en Angleterre et avec lequel il n'a plus de relation: «je vous l'écris comme à mon évêque», conclut-il.
5. Biographie de Jean Portalis: voir p. 34, n. 2.
6. Biographie de Pierre-Louis Roederer: voir p. 145, n. 1.
7. A. D., F 5661, Appréciations sur Mgr Brault par Laffetay.

L'alliance avec le pape, exprimée par le Concordat et officialisée par le sacre, n'influence pas, néanmoins, la politique religieuse de Napoléon sur le plan intérieur. Les articles organiques sont appliqués sans concession, en particulier ceux qui ont trait au domaine politique, réunis dans le titre III. Il est prescrit qu'un catéchisme doit être publié (art. 39). Napoléon veut inculquer aux enfants le respect de son autorité, c'est-à-dire, concrètement, la fidélité à l'impôt et surtout à la conscription. Toutefois, la publication du catéchisme est soumise à l'approbation ecclésiastique; le pape se dérobe ainsi que la commission cardinalice chargée de son examen. Finalement, le légat du pape, le cardinal Caprara[1], l'accepte, ce qui permet à Bernier[2], l'évêque d'Orléans, de présenter le catéchisme comme venant de Rome. Il paraît par décret du 4 avril 1806[3]. Brault n'est pas enthousiaste; il ne dément pas lorsque le curé de la cathédrale Saint-Pierre de Lisieux, Blondel, lui confie qu'il a entendu dire que le catéchisme impérial ne sera pas encore publié en cette année 1806[4]. Pourtant, le gouvernement le rappelle à l'ordre et, dès le 30 novembre 1806, le catéchisme impérial paraît à Caen[5].

Un décret du 19 février 1806 décide que Napoléon, un saint inconnu, sera fêté le 15 août, jour de l'Assomption. La fête principale de l'Empire français se greffe donc sur celle de l'Ancien Régime et l'Assomption, trop liée au vœu de Louis XIII et donc aux Bourbons, est reléguée au second plan. Pie VII veut protester, mais Caprara a déjà donné son assentiment au nom du souverain pontife[6]. Le mandement de Brault du 6 juillet exalte le Sauveur de la patrie[7]. Chaque année, l'évêque ne manque pas de relater au ministre des Cultes le déroulement des cérémonies solennelles qui sont organisées à Bayeux et à Caen, à l'occasion de la Saint-Napoléon. Dans la ville-préfecture, les réjouissances, en 1807, durent trois jours, du vendredi 14 au soir au dimanche 16 août : danses publiques, divertissements; sonneries de cloches et salves d'artillerie chaque matin et chaque soir; le samedi 15 août : processions des diverses paroisses de Caen jusqu'à Saint-Étienne, en présence des

---

1. Biographie de Jean-Baptiste Caprara : voir p. 33, n. 1.
2. Biographie d'Étienne-Alexandre Bernier : voir p. 36, n. 3.
3. J. LEFLON, *La Crise révolutionnaire (1789-1846)*, p. 236.
4. A. D., 78 F 188, Blondel à Brault, 26 septembre 1806.
5. A. D., Chapitre de Bayeux 880, Journal de Dufour.
6. LEFLON, p. 236-237. Le décret précise en outre que le 2 décembre, fête du couronnement et de la bataille d'Austerlitz, on fera des prédications spéciales. Portalis, dans une circulaire du 5 décembre 1806, envoie des recommandations précises à ce sujet : d'après E. SEVESTRE, *L'Histoire, le Texte et la Destinée du concordat de 1801*, p. 57, n. 1.
7. Voir p. 154, n. 2.

corps constitués et du pasteur protestant; le soir, illumination de la ville. Le dimanche 16 : feu d'artifice à la tombée de la nuit, sur la place impériale. À Bayeux, des festivités analogues sont organisées; Brault officie dans sa cathédrale [1]. En 1809, le ministre des Cultes fait part de sa satisfaction : la beauté des cérémonies «prouve le bon esprit de vos diocésains; je placerai cette lettre sous les yeux de l'empereur dès que possible [2]».

L'évêque participe avec zèle au contrôle des opinions politiques de son clergé. Ainsi, en 1810, à la suite d'une instruction de Fouché, ministre de la Police générale, Brault assure le préfet que, dans son diocèse, aucun ouvrage religieux ne comporte de principes contraires à la Déclaration du clergé de France de 1682 et que l'enseignement dispensé au séminaire de Bayeux est conforme à ces principes gallicans (article organique 24) [3].

Les articles organiques 51 à 53 règlent le régime des prônes : obligation de réciter les prières publiques prévues pour l'État et ses représentants (art. 51); interdiction de critiquer l'autorité (art. 52) et de diffuser des publications étrangères au culte, hormis celles qui sont autorisées par le gouvernement (art. 53). En 1806, le ministre des Cultes fait savoir à l'évêque que de nombreux curés négligent la prière pour l'État, qui doit être récitée au prône, selon l'article organique 51. Aussitôt, l'évêque publie une lettre circulaire, le 28 avril de la même année, pour rappeler cette obligation à tous les pasteurs de son diocèse [4]. Se fondant sur l'article organique 53, l'Empereur ordonne, en 1805, que soient lus au prône de la messe dominicale les numéros des bulletins de la Grande Armée. Le curé de Vire refuse d'obtempérer; l'évêque le rappelle à l'ordre et publie, de nouveau, une circu-

---

1. A. D., Chapitre de Bayeux 880, Journal de Dufour.
2. A. E., Dossier de Mgr Brault, année 1809, Portalis à Brault, 25 août 1809. En 1810, les sœurs de la Charité du Refuge demandent les restes de leur fondateur, le Bx Jean Eudes. Or, Mgr Brault a sollicité le préfet de faire transférer les reliques dans le chœur de la chapelle du ci-devant séminaire; toutefois, celle-ci doit devenir sous peu une salle électorale. Le 30 janvier, le préfet adresse à l'évêque une expédition de son arrêté qui autorise la translation des reliques à l'église Notre-Dame, paroisse où est situé l'ancien séminaire. Les religieuses protestent, affirmant qu'il est préférable de confier les restes du Bx Jean Eudes à ses filles plutôt qu'aux fidèles qui ne peuvent avoir la même vénération à son égard. Elles comptent sur la protection spéciale de Madame Mère et du cardinal Fesch pour obtenir satisfaction. Finalement, l'évêque leur accorde la tête et les deux fémurs du bienheureux : d'après Baiocana, Caen, 1910, p. 240-243.
3. Déclaration du clergé de France de 1682 : voir p. 108, n. 2.
4. A. D., V 159.

laire sur ce sujet, destinée à tous les curés et desservants de son diocèse[1]. Le contenu même des sermons est étroitement surveillé ; des dénonciations, provenant de fidèles bonapartistes, sont adressées aux maires, qui les transmettent aux sous-préfets. Il arrive, toutefois que les propos reprochés à tel curé soient déformés ou exagérés. L'évêque adopte alors une attitude qui vise à satisfaire le gouvernement sans pour autant sanctionner injustement le curé. Ainsi, le 4 décembre 1810, le procureur impérial de Pont-l'Évêque transmet au ministre des Cultes un procès-verbal dans lequel on affirme que, le 2 décembre, le frère Théodore Sarrasin, chapelain de l'hôpital de cette ville, a déclaré au cours de la messe célébrée pour le couronnement et la bataille d'Austerlitz : « Le vice est sur le trône et l'iniquité dans les tribunaux de justice. » Il a donc enfreint l'article organique 52[2]. L'évêque étant parti dans le Poitou, son pays natal, le vicaire général traite cette affaire et, après enquête, se dit convaincu de l'innocence du prêtre. Il explique au ministre des Cultes que la phrase incriminée se trouve dans l'exorde d'un ancien sermon qu'il a prêché il y a plus de vingt-cinq ans ; elle est extraite de l'Ecclésiaste 3 (16-17) et, « n'était pas plus applicable à Louis XVI qu'elle ne l'est à notre auguste et très cher empereur ». Il ajoute que le frère Théodore fait par ailleurs grand hommage au souverain pour ses exploits[3]. Le préfet prend le parti du vicaire général et propose au ministre des Cultes qu'à l'avenir, afin de prévenir de semblables ennuis, « les prédicateurs présenteront leurs sermons à l'autorité supérieure quand ils prêcheront dans des circonstances solennelles où leur mission est plus politique que religieuse[4] ». Le ministre des Cultes demeure inflexible : « Il faut quand même avouer qu'il y a eu quelque malveillance de la part de ce prêtre de choisir cette citation, propre à faire naître des idées défavorables à sa Majesté dans l'esprit des auditeurs et même si elle n'a pas été rapportée avec une intention coupable, la prédication doit être interdite à un chapelain qui a eu assez peu de tact pour ne pas prévoir l'effet qui résulterait d'une citation pareille[5]. »

Dès son retour, Brault écrit au ministre, le 25 janvier 1811 : il défend modérément le frère, ancien capucin, qui, dit-il, est attaché à l'Empereur et n'a mis aucune méchanceté dans ses

---

1. A. D., Z 2433, Le préfet du Calvados au sous-préfet de Vire, 11 décembre 1805.
2. A. N., F 19-5668.
3. A. N., F 19-5668, De Croisilles, vicaire général, à Bigot de Préameneu, ministre des Cultes, 26 décembre 1810.
4. A. N., F 19-5668, Méchin, préfet du Calvados, à Bigot de Préameneu, ministre des Cultes, 28 décembre 1810.
5. A. N., F 19-5668, Bigot de Préameneu à Brault, 9 janvier 1811.

propos. Toutefois, l'évêque ajoute qu'il est «vivement affligé par la gaucherie, j'ai presque dit la bêtise de ce prédicateur qui a mal choisi le sujet de son discours et qui l'a traité plus mal encore». Il décide donc d'interdire ce prêtre de prédication quand un sermon de cette importance devra être prononcé. Le ministre approuve cette décision [1].

L'enseignement dans les écoles, collèges et lycée fait l'objet d'une surveillance tout aussi étroite. L'évêque donne des instructions très strictes à l'aumônier du lycée de Caen, afin qu'il vérifie si l'enseignement est bien conforme à la religion et au respect dû aux autorités gouvernementales. De nombreux maîtres manifestent une opposition de plus en plus résolue au régime, à cause de cette censure qui dépasse les bornes de l'entendement. Par exemple l'aumônier envoie à l'évêque, en 1808, la copie d'un texte que La Rivière a dicté à ses élèves de grammaire en classe de troisième [2]. L'évêque transmet au ministre des Cultes. Il se révèle, après enquête, que le texte incriminé est de Tacite. Pourtant, l'évêque prétend que les professeurs devraient s'abstenir d'extraire de ces auteurs classiques des maximes contraires à la souveraineté des monarques. En l'espèce La Rivière aurait dû prémunir ses élèves contre les erreurs de Tacite avant de leur présenter le texte; s'il ne l'a pas fait, c'est qu'il est mû par une arrière-pensée coupable [3]! Le ministre fait savoir à l'évêque que La Rivière a reçu un blâme [4]. Les ecclésiastiques, anciens réfractaires émigrés, soupçonnés d'avoir encore quelque correspondant en Angleterre, sont particulièrement surveillés. Ainsi, le ministre de la Police signale Grain, curé de Formigny, qui a servi autrefois de correspondant aux agents anglais. Bien qu'il n'ait aucune preuve de la poursuite de ses activités, il exige que cet individu soit éloigné de la côte [5]. L'évêque obtempère aussitôt; bien qu'il reconnaisse l'excellente conduite de ce desservant et sa fidélité à l'égard de l'Empereur, il lui ordonne de se rendre aussitôt à Bayeux; il résidera au séminaire jusqu'à sa nomination dans une cure éloignée de la côte [6]. Brault pousse même son obédience jusqu'à réclamer la présence des autorités civiles à des cérémonies où le gou-

---

1. A. N., F 19-5668.
2. A. N., F 19-5668, L'évêque de Bayeux au ministre des Cultes, 9 janvier 1808.
3. *Ibid.*, 15 janvier 1808.
4. A. N., F 19-5668, Le ministre des Cultes à l'évêque de Bayeux, 23 janvier 1808.
5. A. N., F 19-5668, Le ministre de la Police au ministre des Cultes, 8 janvier 1814.
6. A. N., F 19-5668, L'évêque de Bayeux au ministre des Cultes, 13 janvier 1814.

vernement ne les a pas obligées à se rendre. Ainsi, en 1804, Pie VII proclame un jubilé de trente jours en action de grâces du rétablissement du culte catholique en France. Il est annoncé dans un mandement de Brault, le 19 mars[1]. L'évêque décide d'ouvrir le jubilé en l'église Saint-Jean de Caen. Il écrit au préfet pour l'inviter à cette cérémonie, car sa venue permettrait de rendre manifeste la bonne entente entre l'Église et l'État[2]. Le 13 mai, Brault ouvre le jubilé, comme prévu, en présence des corps constitués; après la messe solennelle célébrée à Saint-Jean, à laquelle participe tout le clergé de la ville, l'évêque se rend dans la soirée à Saint-Étienne où les complies sont célébrées; une procession a lieu jusqu'à Notre-Dame des jésuites et, au retour, dans l'église abbatiale Saint-Étienne, l'évêque donne la bénédiction jubilaire[3].

L'ascension de Brault.

L'ascension véritable de Brault commence en 1808; à cette date, une note confidentielle de la secrétairerie d'État impériale sur les archevêques et évêques de France lui décerne cette mention «va bien»[4]. Il reçoit le titre de baron d'Empire par lettres patentes du 18 mars 1809 et, le 15 août 1810, il est décoré de la Légion d'honneur dans le grade de chevalier[5]. Il remplace ses armoiries qui étaient depuis son accession ses initiales (d'azur, au C et B entrelacés d'or) par un véritable blason : «coupé, le 1er parti d'argent, à l'Agneau pascal d'azur et de gueules à la croix alaisée d'or; le 2e de pourpre à la couleuvre d'or accostée à dextre et à senestre d'une colombe volant de même[6]». La confiance de l'Empereur ne faiblira pas avec le temps; en effet, durant les Cent-Jours, le préfet, Richard, avouera au vicaire général, de Croisilles, qu'en le nommant préfet du Calvados, le premier homme dont Napoléon lui a parlé en le citant comme modèle est l'évêque de Bayeux, Charles Brault.

Dans un rapport de 1804 adressé au ministre des Cultes, Brault définit ainsi les relations qu'il entend avoir avec le préfet du Calvados : pour lui, il est bon qu'un évêque concordataire consulte le préfet avant de prendre une décision impor-

---

1. A. D., V 159.
2. A. D., M 2837, Brault à Caffarelli, 17 floréal an XII (7 mai 1804).
3. A. D., Chapitre de Bayeux 880, Journal de Dufour.
4. A. N., AF IV-1046, Note confidentielle sur les archevêques et évêques de France, 1808.
5. *Dictionnaire d'histoire...*, t. X, p. 454.
6. Armoiries de Mgr Brault : voir p. 18.

tante, mais si celui-ci est un homme ambitieux, c'est-à-dire jaloux de son autorité, ou s'il ignore les règles de la discipline ecclésiastique, Brault craint des litiges ; son propre ministère risque d'être « avili », et, s'il résiste au préfet, il peut se heurter à des tracasseries désagréables [1]. Or, le premier préfet avec lequel Brault est appelé à travailler jusqu'en 1810 correspond tout à fait à ses vues ; avec Caffarelli, ses craintes ne se révèlent pas fondées. Dès l'abord, une entente cordiale s'établit entre eux, ce qui va leur permettre, lors de la mise en place du Concordat, de surmonter toutes les oppositions. Caffarelli demeure donc le préfet préféré de Brault. Afin de comprendre les raisons de cette estime réciproque, il suffit de présenter la biographie du baron Charles Caffarelli.

Né au château de Falga (arrondissement de Villefranche, canton de Revel), en Haute-Garonne, le 15 janvier 1758, il est le fils cadet de Pierre-Maximilien Caffarelli, seigneur du lieu, et de Marie-Félicité d'Anceau de Lavelanet ; il a cinq frères. Orphelin de père, sa mère l'envoie au collège de Sorèze où il reçoit une forte instruction classique. Il se destine à la prêtrise sous les auspices de son oncle maternel, le chanoine titulaire, Lavelanet, de la cathédrale de Toul, auquel il succède en 1775, après avoir reçu le sacerdoce. Il accueille la Révolution sans déplaisir ; tandis que son frère Jean [2], prêtre à Toulouse, refuse le serment, Charles l'accepte. Nommé officier municipal de Toul, le 6 février 1790, il revient au Falga lors de la suppression des chapitres et il est nommé administrateur du district de Revel. Il est interné pendant la Terreur à Toulouse et il est libéré en thermidor. Son frère aîné, Maximilien [3], général, sert Bonaparte ; ce dernier

---

1. A. D., F 5661.
2. Jean Caffarelli (1763-1815) : né à Falga (Haute-Garonne) le 1er avril 1763. Prêtre du diocèse de Toulouse, il refusa le serment et dut fuir en Espagne en l'an VII. Il rentra en France en l'an IX et fut nommé évêque de Saint-Brieuc au moment du Concordat, jusqu'à sa mort, le 11 janvier 1815.
3. Maximilien Caffarelli (1756-1799). Né à Falga (Haute-Garonne) le 13 février 1756, il suivit la carrière des armes ; lieutenant d'artillerie en 1781, il fut nommé capitaine, quand, le 1er avril 1791, un boulet lui enleva la jambe gauche. Le 17 frimaire an IV (8 décembre 1795), il se trouvait au passage du Rhin sous les ordres de Jourdan et dut battre en retraite à Meisenheim. Promu général de brigade, le 26 frimaire (17 décembre), il rejoignit l'armée avec une jambe de bois, passa en Égypte, se battit courageusement à Sahahich et, en visitant une tranchée, fut atteint d'une balle qui lui fracassa le coude droit. Amputé, il succomba devant Saint-Jean-d'Acre (Syrie), le 27 avril 1799.

comble la famille d'honneurs : Jean est nommé évêque de Saint-Brieuc, Joseph [1], conseiller d'État et préfet maritime de Brest ; Auguste [2], général, et Charles, préfet de l'Ardèche, le 3 mars 1800. Il est transféré dans le Calvados le 2 novembre 1801. Caffarelli est un homme dévoué et intègre. Il laissera un souvenir durable dans ce département qu'il a su organiser en favorisant l'agriculture, l'élevage, et en s'occupant des routes et des travaux publics. Brault apprécie en lui ses qualités morales et son sens de l'organisation, car il est un excellent administrateur. Leurs relations personnelles sont empreintes d'estime réciproque, car les connaissances littéraires de Caffarelli, acquises au collège de Sorèze, jointes à un esprit courtois et aimable, le font apprécier de la haute société du Calvados dont Brault fait partie. De plus Caffarelli, par ses antécédents et sa parenté, se trouve tout préparé à mener l'œuvre de réconciliation nationale qui est le programme du Consulat et dont le Concordat constitue le chapitre religieux : parmi ses frères, il compte : un général de Bonaparte tué à Saint-Jean-d'Acre ; un colonel des armées de l'émigration fusillé à Quiberon ; un prêtre insermenté nommé premier évêque concordataire de Saint-Brieuc ; un colonel de la garde consulaire, promu ensuite général et comte d'Empire et un ancien officier de la Marine royale, devenu préfet maritime de Brest. Caffarelli maintient donc l'ordre public dans le Calvados. Brault rencontre en lui un peu son double : même génération et origines communes, puisqu'ils ont été avant la Révolution, l'un chanoine de Poitiers (Brault), et l'autre chanoine de Toul (Caffarelli) ; même probité ; même ardeur au travail et même train de vie fruste, tous deux dédaignant les fastes des réceptions. Tout comme Brault réorganise son diocèse, Caffarelli réorganise son département en menant une vie de labeur et d'études remarquable, tout en conservant certaines habitudes ecclésiastiques, telle la récitation du bréviaire en privé. Caffarelli donne sa démission en 1810 à la suite d'un diffé-

---

1. Joseph Caffarelli (1760-1845). Né à Falga (Haute-Garonne) le 21 février 1760, il débuta dans la marine et devint lieutenant de vaisseau. Il entra au Conseil d'État en l'an VIII comme membre de la section de la Marine. Nommé la même année préfet maritime à Brest, il demeura dans cette fonction durant neuf ans. Il fut décoré de la Légion d'honneur en l'an XII dans le grade de grand officier et reçut le titre de comte d'Empire, le 15 juillet 1810. Après la capitulation de Paris, il prêta allégeance à Louis XVIII et fut nommé maréchal de camp et conseiller d'État honoraire. Au retour de l'île d'Elbe, l'Empereur le nomma pair de France et, au second retour des Bourbons, il disparut de la vie politique. Il mourut à Lavelanet (Ariège), le 14 août 1845.
2. Biographie d'Auguste Caffarelli : voir p. 115, n. 3.

rend qui l'oppose à Fouché. Il s'agit de l'assassinat du vicomte d'Aché, impliqué dans un complot royaliste [1]. Nommé préfet de l'Aube, une préfecture de rang inférieur, il est remplacé, le 12 février 1810, par Méchin. Tout comme Brault, il se ralliera à la Restauration, et, s'étant retiré au château de Falga, il reverra l'évêque, nommé en 1823 archevêque d'Albi. Celui-ci le convaincra de revenir à la prêtrise et le nommera chanoine titulaire. Il mourra le 6 novembre 1826 [2].

Avec Alexandre Méchin, les relations de l'évêque demeurent correctes, mais Brault n'éprouve aucune sympathie pour ce personnage qui, il est vrai, n'a rien de commun avec son prédécesseur, Caffarelli. Né à Paris le 8 mars 1762, Méchin est le fils d'un commis du département de la Guerre. Après de bonnes études à l'université de Paris, il accueille la Révolution avec ferveur, se lie aux Girondins et échappe de peu à l'échafaud en ralliant discrètement la Montagne. Son ascension commence sous le Directoire : chef de cabinet du ministre de l'Intérieur, puis gouverneur de Malte en 1798, il ne peut atteindre cette île en raison des troubles survenus à Naples. Estimé de Bonaparte, devenu Premier Consul, il commence une carrière préfectorale : il est nommé, en 1801, préfet des Landes; en 1802, préfet de la Roër; en 1805, préfet de l'Aisne et, en 1810, préfet du Calvados. En arrivant à Caen, il a du

---

1. L'affaire d'Aché. Le 7 juin 1806, une diligence transportant 60 000 livres de fonds d'État est dévalisée sur la route entre Falaise et Caen par une bande manipulée par les royalistes : le vicomte d'Aché, Mme Acquet de Férolles et la marquise de Combray sont impliqués dans l'affaire. Mme Acquet de Férolles, condamnée à mort, est exécutée, le 6 octobre 1809; la marquise de Combray est condamnée à vingt-deux ans de fers et le vicomte d'Aché, vendu par Pontecoulant et Mme Vaubadon, est assassiné sur ordre de Fouché et de Réal, par le sous-lieutenant de gendarmerie Foisson. Ce dernier est promu chevalier de la Légion d'honneur; le préfet s'abstient de la lui remettre et confie cette mission au premier président de la cour d'appel, Le Menuet de La Jugannière qui la remplit avec tout le mépris possible.
2. G. BERTIER DE SAUVIGNY, « Ferdinand de Bertier, préfet du Calvados», t. LIV, p. 204-207 ; E. GAUTIER, «Les préfets du Calvados sous le Consulat et l'Empire (1800-1814)», p. 476-484 ; JÉRÔME, *Trois préfectures entre deux canonicats. Charles de Caffarelli, chanoine de Toul, et trois fois préfet (1758-1826)*, Nancy-Paris-Strasbourg, 1933, p. 3-19; E. SEVESTRE, *La Vie religieuse dans les principales villes normandes pendant la Révolution (1787-1801)*, p. 239, n. 6. Notons que, le 31 décembre 1809, Caffarelli est nommé baron d'Empire. Les notables du Calvados, voulant lui manifester leur reconnaissance, le choisissent comme témoin le 10 décembre 1810. En février 1814, devant l'avance des alliés, il quitte Troyes, ce qui provoque la fureur de l'Empereur qui le destitue le 21 février. Il se rallie à la Restauration, refuse une préfecture, rentre à Falga, est élu conseiller général de la Haute-Garonne le 30 septembre 1815 et secrétaire du conseil général jusqu'à sa mort.

mal à conquérir l'estime de la population qui chuchote que, d'extraction modeste, il a dû son ascension aux Beauharnais. Pourtant, Brault l'accueille bien, car il sait que, dans l'Aisne, Méchin a fait appliquer les lois concernant la conscription avec tolérance et qu'il a soutenu les prêtres âgés et infirmes, demandant pour eux un supplément de traitement. Les deux hommes collaborent bien, malgré quelques frictions, sans pour autant entretenir des relations personnelles. Méchin est un libéral qui refuse tout retour à l'Ancien Régime, alors que Brault, malgré son ralliement réaliste au bonapartisme, a la nostalgie de cette époque [1].

Parmi les sous-préfets de l'Empire, on peut citer les noms suivants : Philippe Rulhière, Hippolyte Le Cordier-Valencourt et Marc-Antoine Genas-Duhomme. Nommé sous-préfet de Falaise, le 23 juillet 1801, Philippe Rulhière [2] est très estimé des préfets Caffarelli et Méchin, qui apprécient son honnêteté et sa droiture; l'évêque partage cette opinion et le rencontre volontiers lors de ses déplacements dans son arrondissement. Il ne quitte cette fonction qu'en 1815, à la fin des Cent-Jours. Louis-Hippolyte Le Cordier-Valencourt, sous-préfet de Lisieux, ne doit sa renommée qu'à la longévité de sa charge, puisque, nommé le 26 avril 1800, il n'est destitué que sous la seconde Restauration. Il est reconnu incapable par Méchin car, de nature faible, il subit l'influence de son secrétaire, Courant. L'évêque trouve toutefois en lui un allié dans l'affaire Gondoin-Desportes en l'an XI et lors de la révolte de la Petite Église, en 1803-1804. Le sous-préfet le plus marquant de cette époque

---

1. G. BERTIER DE SAUVIGNY, p. 207-211; GAUTIER p. 484-494. Notons qu'après sa destitution lors de la première Restauration, le 3 novembre 1814, Méchin est nommé sous les Cent-Jours, le 6 avril 1815, préfet d'Ille-et-Vilaine, puis, de nouveau destitué par Louis XVIII, il s'installe comme banquier à Paris. Il se fait élire député de l'Aisne dans l'opposition libérale et harcèle le gouvernement grâce à ses connaissances administratives et à ses talents oratoires. Réélu en 1821 et 1827, il prend part activement aux mesures qui conduisent à la Révolution de 1830. Il est nommé par Louis-Philippe Ier préfet du Nord en 1830, jusqu'en 1834, et devient alors conseiller d'État. En 1839, il est nommé président de la commission des Monnaies. Il prend sa retraite l'année suivante et se retire à Paris. Il meurt en 1849 à quatre-vingt-sept ans.

2. Philippe Rulhière, né en 1762, neveu de l'académicien et historien du même nom, il est sous-lieutenant au régiment provincial de Paris, et fait partie de la mission Choiseul-Gouffier en Turquie. À son retour, en 1788, il est nommé lieutenant de maréchaussée à la résidence de Saint-Denis. Capitaine de gendarmerie en Eure-et-Loir sous la Révolution, il démissionne en l'an II et entre au 18 Brumaire dans les bureaux du ministère de la Guerre. Il est nommé sous-préfet de Falaise, le 23 juillet 1801, poste qu'il quittera le 30 avril 1815. Il succède à Chryseuil Rulhière, né à Saint-Denis en 1764, nommé sous-préfet de Falaise le 19 brumaire an IX (10 novembre 1800) et préfet de la Roër le 18 ventôse an X (9 mars 1802); mort avant son installation, le 26 prairial an X (15 juin 1802).

demeure Marc-Antoine Genas-Duhomme (1757-1845), avec lequel l'évêque entretient des relations personnelles. Ancien procureur du roi au bailliage de Bayeux, il est membre du conseil général du Calvados en 1800, puis président du collège électoral de l'arrondissement de Bayeux en 1804 et maire de cette ville, à partir du 30 septembre 1805. L'évêque le rencontre souvent et apprécie cet administrateur remarquable, homme intelligent, quoique peu éloquent. Fils d'un subdélégué de Bayeux, il en impose par sa connaissance du pays. Les préfets Caffarelli et Méchin l'estiment et lui font entièrement confiance. Le 18 septembre 1811, il est nommé sous-préfet de Vire, puis il est transféré à Bayeux, le 16 juillet 1814[1].

En mai 1811, Brault participe à l'accueil des souverains tout d'abord à Caen, puis à Bayeux. Napoléon se rend à Cherbourg pour donner une nouvelle impulsion aux grands travaux entrepris par Louis XVI dans le but de rendre ce port imprenable et de le mettre en état de protéger la flotte qui surveille l'Angleterre. Le maire de Caen, Lentaigne de Logivière[2], annonce, le 17 mai, que l'Empereur passera à Caen. Aussitôt, on construit un arc de triomphe et un obélisque sur la place impériale. Le 21 mai, le vice-roi d'Italie, Eugène de Beauharnais, le ministre de la Police, Fouché et Lebrun, duc de Plaisance, arrivent à Caen, rejoints le lendemain par Murat, roi de Naples, et Joseph Bonaparte, roi d'Espagne. Le 22 mai, vers vingt-deux heures trente, les souverains sont accueillis sur la place impériale et peuvent lire cette inscription sur l'obélisque : « Au restaurateur des cultes. Au législateur qui édicte des lois que l'Europe adopte. Au fondateur du plus grand des empires. Au héros qui par sa sagesse a réuni tous les Français. » Le jeudi 23, jour de l'Ascension, Mgr Brault célèbre la messe dans les appartements de l'impératrice, à l'hôtel d'Hautefeuille, rue Guilbert. Il participe à l'audience des corps constitués et dîne à

---

1. BERTIER DE SAUVIGNY, p. 237-238 ; J. LAS, *Les Notables du Calvados sous l'Empire*, p. 181.
2. Jacques-Guy Lentaigne de Logivière (1769-1839). Né à Caen le 28 février 1769, la Révolution le surprit à Paris, où il travaillait chez le receveur général des Finances pour la généralité de Caen. Il fut employé dans l'administration des hôpitaux de l'armée du Nord et, à ce titre, fut chargé de missions importantes aux Pays-Bas et à Paris. Le 6 floréal an VIII (26 avril 1800), Bonaparte le nomma adjoint au maire de Caen, puis maire par décret impérial du 28 février 1806. Il fut élu par le Calvados au Corps législatif en 1810 sans être appelé à y siéger. Bonapartiste convaincu et fidèle, il eut quelques démêlés avec le préfet ultra Bertier de Sauvigny en novembre-décembre 1815, ainsi qu'en janvier 1816, qui aboutirent à sa révocation par le ministre de l'Intérieur, Vaublanc (ordonnance royale du 31 janvier 1816). Il se retira de la vie politique et servit encore la ville de Caen comme membre de la commission des Hospices. Maire de Soliers où il résidait (août 1823-décembre 1831), puis conseiller municipal, il mourut le 2 février 1839.

vingt heures avec les souverains en présence du seul préfet, Alexandre Méchin. Le 25 mai, l'impératrice Marie-Louise visite l'abbaye aux Hommes ; elle est reçue par le curé, l'abbé Desbordeaux. Le 26, les souverains quittent Caen et passent par Bayeux où Mgr Brault, son clergé et le maire les accueillent sous une vaste tente dressée près de l'église Saint-Exupère. Ils quittent ce jour même la ville épiscopale pour Isigny. À leur retour, le 31 mai, les souverains repassent par Bayeux où ils déjeunent en compagnie de Mgr Brault [1].

Napoléon, le « Tyran ».

Le conflit entre le Sacerdoce et l'Empire.

La dégradation des relations entre le régime napoléonien et l'Église, à partir de 1809, ne vient pas d'un différend entre l'Empereur et son clergé, mais d'un conflit politico-religieux entre le souverain et le pape. Après la proclamation du royaume d'Italie, en mai 1805, et sa conquête (Joseph Bonaparte devient roi de Naples en février 1806), Napoléon veut soumettre ce pays aux lois françaises et donc oblige le souverain pontife à rompre avec ses alliés, dont l'Angleterre, et à reconnaître la souveraineté de la France sur Rome. Pie VII et

---

1. A. MICHEL, « Napoléon Ier dans le Calvados. Sa réception à Bayeux et Isigny, le 26 mai 1811 », s. d., Bibliothèque nationale ; A. N., F 1-C III Calvados 13 ; A. D., Chapitre de Bayeux 880, Journal de Dufour et Journal d'Esnault ; Esnault signale que, dans l'après-midi de l'Ascension (23 mai), Napoléon sort à cheval dans les rues de Caen ; il parcourt tous les quartiers (le port, les promenades, le château, le lycée, l'abbaye aux Dames...) en deux heures et « à une telle vitesse qu'on avait à peine le temps de le voir. On disait que c'était par crainte, ne croyant pas que les habitants lui fussent sincèrement attachés, en quoi il ne se trompait guère, au moins pour le plus grand nombre ». Dufour raconte que, le 24 mai, Napoléon se rend à Colleville-sur-Mer par Ouistreham. À Ouistreham, il est accueilli par le curé, revêtu de ses habits sacerdotaux, qui l'attend à l'entrée de la ville. Le curé lui fait remarquer combien sa paroisse est démunie. L'Empereur offre 2 000 francs au curé, autant pour l'église et 3 000 francs pour les pauvres. – Le 24 août 1813, l'impératrice Marie-Louise arrive à Caen, en route vers Cherbourg, où elle va inaugurer le port ; Napoléon est retenu au congrès de Prague. Elle reçoit les corps constitués et assiste à l'illumination de la ville en son honneur. Dès 8 heures du matin, le 25, elle repart alors que le canon du château tonne et que les cloches de la ville sonnent ; elle traverse Caen à grand galop, ce qui empêche les habitants de l'apercevoir comme ils l'auraient désiré. Elle revient le 1er septembre et repart vers Paris dès le lendemain. Elle paraît triste, car elle vient d'apprendre que son père, l'empereur d'Autriche, a déclaré la guerre à la France.

son secrétaire d'État, Consalvi[1], résistent; ils refusent en particulier que le concordat de 1801 serve de précédent pour les autres gouvernements et donc s'opposent à son extension aux États satellites. Pourtant, Napoléon, s'identifiant à un nouveau Charlemagne, maître de l'Occident chrétien, étend le Concordat à la Lombardie, à Gênes, à Lucques, à Naples et à l'Espagne. Les refus du pape d'annuler le mariage de Jérôme Bonaparte et d'adhérer au blocus continental provoquent l'occupation de Rome par le général Miollis (1808) et l'annexion des États pontificaux, qui sont divisés en départements (décret du 17 mai 1809). Le gouvernement français annonce que Pie VII résidera alternativement à Paris et à Rome, mais le pape, s'estimant prisonnier, suspend l'application du Concordat. Il refuse donc de donner l'investiture canonique aux évêques nommés par Napoléon. De plus, il publie la bulle *Quum memoranda* du 10 juin 1809 qui excommunie l'empereur. Napoléon fait enlever Pie VII, en juillet, ensuite le fait transporter à Grenoble, puis à Savone, où il reste jusqu'en 1812. Les cardinaux de son entourage sont retenus prisonniers à Paris ou en province[2].

La bulle pontificale d'excommunication, sur ordre de l'Empereur, n'est pas publiée sur le territoire français, hormis par quelques écrits clandestins qui ont pour auteurs Émery[3] et Lamennais. La Grande Aumônerie n'interrompt pas son ser-

---

1. Hercule Consalvi (1757-1824). Né à Rome, il fit de brillantes études au collège de Frascati; la protection du cardinal d'York lui permit de faire une belle carrière dans l'Église. Juge de la Rote, puis ministre de la Police de l'État pontifical jusqu'à l'occupation française, il contribua à l'élection du pape Pie VII lors du conclave de Venise (1800). Il fut nommé secrétaire d'État et créé cardinal. Il négocia le concordat de 1801 avec la France et celui de 1802 avec l'Italie. Le gouvernement français l'obligea à présenter sa démission en 1806. Exilé pendant la captivité du pape, il fut l'un des «cardinaux noirs». À la chute de Napoléon, Pie VII lui rendit sa fonction de secrétaire d'État; il participa au congrès de Vienne, où il obtint le rétablissement des États pontificaux. Il conclut divers accords avec Naples, Lucques, Modène, le royaume lombardo-vénitien, l'Autriche, la Bavière et la Prusse. Il mourut à Anzio.
2. *Dictionnaire d'histoire...*, fasc. 102-103, p. 118-121.
3. Jacques-André Émery (1732-1811). Né à Gex, il fut supérieur de la congrégation de Saint-Sulpice sous l'Ancien Régime. Au moment de la Révolution, Monsieur Émery accepta les idées nouvelles, mais rejeta le principe de la Constitution civile du clergé, ce qui lui valut d'être emprisonné sous la Terreur. Après la signature du Concordat, il fut nommé grand vicaire de l'archevêché de Paris et obtint de Bonaparte la réouverture de Saint-Sulpice. L'Empereur le tenait en grande estime; il le nomma conseiller de l'Université en 1808. Peu avant sa mort, Émery critiqua fermement l'attitude de Napoléon envers le pape Pie VII; le monarque apprécia sa franchise, mais ne modifia pas sa position. Il mourut à Issy-les-Moulineaux.

vice à la Cour et les évêques continuent à exalter les victoires de Sa Majesté dans leurs mandements. Brault suit le mouvement général ; il conserve un mutisme prudent sur le litige avec le pape, car il craint les foudres de Napoléon ; il veut éviter aussi de troubler les fidèles à une époque où le pouvoir impérial est au faîte de sa puissance et où il semble que rien ne saurait l'ébranler. Il choisit donc l'Empereur contre le pape. Même les cardinaux de curie, retenus à Paris, paraissent aux fêtes des Tuileries et de Saint-Cloud. Le pape, en refusant l'investiture canonique aux nouveaux évêques, embarrasse Napoléon. À la fin de 1810, dix-sept sièges sont vacants, dont celui de Paris, du fait de la mort du cardinal de Belloy[1], le 10 juin 1808. Le comité ecclésiastique de 1809 propose la tenue d'un concile national pour résoudre cette question ; Napoléon, ne voulant adopter cette solution qu'en dernier ressort, tente par deux fois des négociations directes auprès du pape retenu à Savone ; c'est un double échec[2]. L'Empereur impose alors Maury[3] au siège de Paris ; l'émotion est considérable ; comme certains de ses collègues nommés sans investiture canonique, Maury assiste à la rébellion de son clergé, dont le chapitre de la cathédrale de Paris, qui refuse de le reconnaître[4]. Les rapports avec le pape se dégra-

---

1. Jean-Baptiste de Belloy (1709-1808). Né à Morangles près de Senlis, il fut vicaire général, official et archidiacre de Beauvais, puis évêque de Glandèves en 1751. Il assista en cette qualité à l'assemblée du clergé de 1755 et se rangea parmi les modérés. Il devint évêque de Marseille, à la mort de Belsunce. Au moment de la Révolution, il se retira à Chambly, non loin de Senlis, et attendit en paix le retour au calme. En 1801, il fut l'un des premiers évêques à faire le sacrifice de son titre pour faciliter la conclusion du Concordat. Il fut nommé, en 1802, archevêque de Paris et créé cardinal, l'année suivante. Il mourut, presque centenaire, le 10 juin 1808.
2. LEFLON, p. 257-260.
3. Jean Siffrein Maury (1746-1817). Né à Valréas, il était le fils d'un cordonnier. Il reçut les ordres sacrés en 1771. Sa superbe éloquence lui ouvrit les portes de l'Académie française en 1784. Élu député du clergé de Péronne aux états généraux, l'abbé Maury, hostile à la Révolution, devint l'un des chefs du parti des «aristocrates». Émigré à Rome en 1791, il fut nommé par le pape archevêque *in partibus*, évêque de Montefiascone, puis créé cardinal en 1794. Il représenta Louis XVIII, émigré, auprès du Saint-Siège. Malgré ses antécédents, il se rallia à Napoléon, en 1806. Tête de proue du gallicanisme, il soutint l'Empereur contre Pie VII. Napoléon le fit sénateur, premier aumônier du prince Jérôme et, en octobre 1810, archevêque de Paris. À cause de ses prises de position politique et de l'acceptation du pallium, le prélat encourut la condamnation du Saint-Père et, la royauté restaurée, il dut abandonner son siège épiscopal (1814). Parti pour l'Italie, le cardinal Maury fut quelque temps emprisonné à Rome, au château Saint-Ange, avant de retrouver la confiance du pape. Il mourut à Rome.
4. *Dictionnaire d'histoire...*, fasc. 102-103, p. 120.

dent encore à l'occasion du divorce de l'Empereur ; son union avec Joséphine de Beauharnais est déclarée nulle par l'officialité métropolitaine de Paris, mais pas par le pape, dont cette question relève directement [1]. Lors du remariage de Napoléon avec Marie-Louise de Habsbourg, le 2 avril 1810, treize cardinaux (les « cardinaux noirs »), qui ont refusé d'assister à la cérémonie religieuse, sont exilés [2].

L'Empereur se résout à convoquer le concile national ; un second comité ecclésiastique prépare cette réunion et, après deux autres tentatives infructueuses auprès du pape, le concile est convoqué. Il s'ouvre à Notre-Dame de Paris, le 17 juin 1811 ; il est présidé par le cardinal Fesch [3], archevêque de Lyon et oncle de Napoléon, et réunit six cardinaux, huit archevêques et quatre-vingt-un évêques, soient quatre-vingt-quinze prélats, dont quarante-deux Italiens [4]. La première congrégation générale a lieu le 20 juin ; on procède à diverses élections [5]; Brault est élu promoteur à cause de sa réputation de sagesse et de modération ; il est donc chargé de faire des propositions à l'assemblée, surtout en cas de litige. Un message de l'Empereur est lu par le ministre des Cultes concernant l'objet du concile. Le cardinal Fesch propose qu'une commission rédige une adresse à l'Empereur au sujet de l'investiture canonique des évêques. Le 21 juin, le concile adopte cette proposition et Brault se fait remarquer en proposant sept noms, en compagnie de Mgr de Broglie [6], évêque de Gand.

1. En raison de leur qualité de souverains catholiques.
2. SEVESTRE, L'Histoire..., p. 58-59.
3. Biographie de Joseph Fesch : voir p. 132, n. 3
4. LEFLON, p. 265.
5. Le cardinal Consalvi note dans ses mémoires : « les bureaux furent composés, au moins pour le plus grand nombre, des sujets les plus appréciés et les mieux pensants ; il en fut de même pour ceux qui furent appelés aux différents emplois et charges. Les têtes chaudes, les personnes dévouées sans mesure à la Cour, les personnes discréditées etc. se retrouvèrent presque toutes écartées » (cité par J. CRÉTINEAU-JOLY, Mémoires du cardinal Consalvi, annexe, « Mémoires sur le concile de 1811 », p. 740).
6. Maurice-Jean de Broglie (1766-1821). Né au château de Broglie le 5 septembre 1766, il émigra en Pologne pendant la Révolution. À son retour en France, en 1803, il fut nommé aumônier de l'Empereur et, en 1805, évêque d'Acqui en Piémont. Puis devenu évêque de Gand, de partisan de l'Empereur il entra dans l'opposition, refusant la Légion d'honneur et s'exprimant contre Napoléon au concile national de 1811. Au lendemain de la dissolution de cette assemblée, il fut enfermé à Valenciennes, puis exilé à Beaune, enfin relégué en Provence, sur l'île de Sainte-Marguerite. Après la chute de Napoléon, il rentra dans son diocèse. Il s'opposa au pouvoir du roi Guillaume et, condamné par contumace à la déportation par la cour d'assises de Bruxelles, il se réfugia à Paris où il mourut le 20 juillet 1821.

Les pères du concile sont, dans leur immense majorité, favorables au pape. Ils craignent la réaction de leurs fidèles et de leur clergé qui les abjurent de prendre le parti du prisonnier de Savone, et l'attitude des prêtres parisiens, dressés contre Napoléon depuis la nomination de Maury, les impressionne. Ces fidèles de Napoléon, à qui ils doivent leurs sièges épiscopaux, vacillent pour la première fois, à cause de l'opinion publique et ils envisagent de renier leur maître... La majorité est emmenée par de Broglie, Boulogne[1], évêque de Troyes, Hirn, évêque de Tournai, et d'Aviau[2] archevêque de Bordeaux. En face, le cardinal Fesch se fait le porte-parole fidèle de l'Empereur, mais sans conviction, tandis que Duvoisin[3], le bouillant évêque de Nantes, organise ardemment la résis-

---

1. Étienne-Antoine de Boulogne (1747-1825). Né à Avignon le 26 décembre 1747, il fit ses études chez les frères de la Doctrine chrétienne et fut ordonné prêtre en 1771. Il s'attacha au clergé de Sainte-Marguerite, puis de Saint-Germain-l'Auxerrois à Paris, puis fut vicaire général de Châlon-sur-Marne. Il prêcha devant la Cour en 1783, et en 1784, l'évêque de Châlon, Mgr de Clermont-Tonnerre, le nomma archidiacre et chanoine. Il refusa le serment et demeura à Paris durant la Terreur; arrêté trois fois, condamné, au 18 fructidor, à la déportation, il se cacha et échappa à la police. Sans emploi lors du Concordat, l'évêque de Versailles le nomma chanoine, puis vicaire général. Promu en 1807 au siège d'Acqui, après avoir été un des chapelains de l'Empereur, il refusa ce siège et, finalement, reçut celui de Troyes. Lors de l'ouverture du concile national de 1811, il prononça un discours hostile à l'Empereur, mais fut nommé secrétaire. Il fut arrêté au lendemain de la dissolution du concile, emmené à Valenciennes, puis exilé à Falaise. Sa sortie de prison avait été acceptée par lui moyennant sa démission; le pape ne l'admit pas et sa soumission au jugement du Saint-Siège provoqua de nouveau son incarcération à Vincennes, en 1813. Il revint dans son évêché, en 1814, à la chute de Napoléon et, le 21 janvier 1815, il prononça l'oraison funèbre de Louis XVI à Saint-Denis devant le roi. Il se retira à Vaugirard pendant les Cent-Jours. Nommé archevêque de Vienne en 1817, les circonstances l'empêchèrent de gagner son siège. Il fut fait pair de France en 1822 et mourut à Paris le 13 mai 1825.
2. Biographie de Charles-François d'Aviau du Bois de Sanzay : voir p. 133, n. 1
3. Jean-Baptiste Duvoisin (1744-1813). Né à Langres le 16 octobre 1744, il fit ses études chez les jésuites de cette ville, puis au séminaire Saint-Sulpice de Paris. Après avoir soutenu les conférences de Saint-Nicolas-du-Chardonnet, il fut successivement professeur en Sorbonne, promoteur de l'officialité de Paris, censeur royal, chanoine d'Auxerre, vicaire général et chanoine de Laon. Prêtre réfractaire, il s'exila en 1792 en Angleterre, puis à Bruxelles. Face à l'avance des armées françaises, il se réfugia à Brunswick, où, sous la protection du duc Charles-Guillaume, il enseigna les sciences et les belles-lettres jusqu'en 1801, date à laquelle il rentra en France. Il fut nommé évêque de Nantes et devint un tel partisan de l'Empereur que celui-ci le chargea de résider auprès de Pie VII lors de son séjour forcé à Savone, puis à Fontainebleau. Il reçut les titres de conseiller d'État et de baron d'Empire et mourut à Nantes le 9 juillet 1813.

tance. L'attitude de Brault est difficile à cerner; il s'est rangé aux côtés de l'évêque de Gand au moment de la nomination de la commission. Il semble donc prendre le parti du pape. La commission, acquise au Saint-Siège, ne parvient pas à trancher en faveur d'un autre mode d'investiture canonique; elle se déclare donc incompétente pour changer la discipline ecclésiastique. C'est le blocage. Mgr de Broglie et ses partisans veulent pousser l'avantage jusqu'à faire adopter cette résolution en congrégation générale, mais Fesch, sur ordre de l'Empereur, refuse de réunir les évêques tant que la commission n'aura pas changé d'avis. Brault est envoyé par de Broglie pour engager des négociations avec Fesch; il est donc considéré par la majorité comme un proche de l'Empereur, digne de confiance, à la différence de Duvoisin. Il échoue dans sa tentative; la commission vote de nouveau son incompétence. Le concile se réunit, enfin, en congrégation générale. Fesch entraîne les évêques à réciter le serment rituel d'obéissance au pape. L'Empereur, irrité de cette fronde, multiplie les scènes violentes à son oncle et aux évêques. La dernière congrégation générale a lieu le 10 juillet : les évêques se proposent d'aller voir l'Empereur pour réclamer la libération du pape. Le concile se déclare incompétent sur la question des investitures canoniques tant qu'il n'aura pas pris connaissance des intentions du souverain pontife à ce sujet [1]. Le 11 juillet, le concile est dissout; le 12, les irréductibles : de Broglie, Boulogne et Hirn, sont conduits au donjon de Vincennes [2]. Le cardinal Fesch est renvoyé dans son diocèse de Lyon et les prélats les plus hostiles à l'Empereur regagnent leurs évêchés. Brault prend le parti de demeurer à Paris, révélant ainsi sa véritable position : un partisan modéré mais convaincu et fidèle, du pouvoir impérial. Ce choix va lui valoir la reconnaissance du régime. L'Empereur ordonne au ministre des Cultes, Bigot de Préameneu [3], de recevoir, un à

---

1. LEFLON, p. 266.
2. On envoie ensuite ces trois évêques dans une ville de France assez peu éloignée de Paris, qui n'est pas siège épiscopal. Broglie va à Beaune, Hirn à Gien et Boulogne à Falaise, dans le Calvados. L'Empereur remplace d'office ces trois évêques, ce qui provoque la colère des chapitres cathédraux, car les prélats n'ont pas présenté leur démission au pape. À Falaise, le préfet du Calvados est chargé de faire signer sa démission à Boulogne, qui refuse, le 1er septembre 1813. En novembre, un officier de gendarmerie le ramène à Vincennes : d'après d'HAUSSONVILLE, *L'Église et le premier Empire*, t. V, p. 181.
3. Félix Bigot de Préameneu (1747-1825). Né à Rennes, il était avocat de profession. Il se fit élire député à l'Assemblée législative. Conseiller d'État sous le Consulat, il fit partie de la commission nommée par Bonaparte en 1800 pour l'élaboration du Code civil. À la mort de Portalis en 1807, Napoléon le nomma ministre des Cultes, fonction qu'il occupa jusqu'à la fin de l'Empire en 1814.

un les évêques demeurant à Paris pour les persuader de conclure dans le sens escompté en gagnant leur confiance [1]. Le 5 août, Napoléon rappelle le concile. Les bureaux sont de nouveau formés et, cette fois, ils sont uniquement composés de partisans de l'Empereur [2]. Seuls Duvoisin et Brault sont de nouveau choisis [3]. Brault est nommé secrétaire, à cause de ses talents personnels, de son esprit de conciliation et de son attachement à Napoléon. Duvoisin connaît la même promotion. Pourtant, les deux hommes sont différents : Brault, fidèle à l'Empereur, ne se compromettra pas, au-delà d'une certaine limite ; Duvoisin, qui est un courtisan de Napoléon, sera fidèle jusqu'au bout et sera même surnommé «l'âme damnée de Napoléon», ce qu'on n'a jamais dit de Brault [4]. Durant les débats, seul d'Aviau, archevêque de Bordeaux, ose élever la voix avec vigueur et courage. Un décret impérial, en cinq articles, qui remet le pouvoir de nomination des évêques de France et d'Italie entre les mains de l'Empereur est voté de force. Sur quatre-vingts prélats, seuls treize ne le votent pas ; Brault, lui, le vote [5]. Il faut encore que ce décret soit ratifié par le pape pour être applicable. Or, il est certain que celui-ci va refuser ; il faut donc lui arracher son accord. Une députation de huit évêques part pour Savone ; Napoléon choisit Duvoisin, mais pas Brault, réputé trop modéré et incertain. Au bout de trois semaines de pourparlers, le pape cède et signe le bref du 20 septembre 1811 ; pourtant, certains termes importants sont un camouflet pour Napoléon, qui va le rejeter : d'abord la non-reconnaissance de l'assemblée de Paris comme concile national, ensuite la qualification de l'Église de Rome de *mater et magistra* des Églises, enfin l'institution canonique remise au métropolitain qui l'exerce «au nom du pape». L'impasse est totale.

La persécution contre le pape s'accentue alors : il est transporté à Fontainebleau, où il arrive presque mourant, le 20 juin 1812. Cela provoque la réserve, puis l'hostilité de Brault à l'égard du régime ; cette attitude est encouragée par les premiers revers militaires à partir de la retraite de Russie (fin 1812). Certes, dans ses mandements, Brault soutient

---

1. D'HAUSSONVILLE, p. 315.
2. Il est certain que la veille Brault a participé à un dîner à Ivry (hôtel de Saxe) avec les archevêques de Tours et de Turin, le patriarche de Venise, les évêques de Nantes, Trèves, Pavie, Feltre et Plaisance, au cours duquel la liste des sujets à élire dans les bureaux a été établie. Dès la première congrégation, ils sont élus à la majorité des voix. D'après CRÉTINEAU-JOLY, p. 767, n. 2 (fin).
3. CRÉTINEAU-JOLY, p. 767, n. 2 (début).
4. A. D., F 5661, Abbé Michel à Laffetay, s. d.
5. D'HAUSSONVILLE, p. 367-369.

toujours, fidèlement le pouvoir impérial, mais il le fait de plus en plus contraint et forcé [1].

La question de la conscription.

La question de la conscription tient une place essentielle dans les relations entre l'évêque et le gouvernement. Durant toute cette période, Napoléon a besoin de conscrits de plus en plus nombreux pour mener à bien ses conquêtes, puis pour les protéger, enfin, pour défendre le territoire national contre l'invasion. Il a recours aux évêques pour entretenir le civisme des fidèles et leur expliquer les raisons du rappel de plus en plus fréquent des classes de conscrits. Les évêques ont pour mission de dissuader les jeunes appelés de déserter et donc de leur rappeler, ainsi qu'à leurs familles, leurs devoirs de citoyens français.

Les années 1805-1807 sont marquées par des conquêtes successives qui façonnent la carte de l'Europe : entre la rupture de la paix d'Amiens par l'Angleterre (1803) et l'entrevue de Tilsit avec le tsar Alexandre 1er, le 25 janvier 1807, Napoléon 1er entreprend une série de campagnes qui le mènent de plus en plus vers l'est, ce qui va lui permettre d'assurer sa domination sur ses deux grands rivaux : la Russie et l'Autriche, l'Angleterre, puissance maritime, demeurant invincible (défaite navale de Trafalgar du 21 octobre 1805). L'année 1805 s'achève avec Austerlitz; c'est la déroute des ennemis. Dans le Calvados, le tirage au sort des conscrits de l'an XIII a lieu le 1er ventôse (20 février); dès le mois de septembre, ceux de l'an XIV sont appelés; telle est la décision du sénatus-consulte du 2 vendémiaire an XIV (23 septembre 1805), soient quatre-vingt mille hommes, dont huit cent dix-huit pour le Calvados et deux cent deux pour le seul canton de Caen. Le tirage au sort a lieu quelques jours plus tard en présence du préfet, Caffarelli [2]. Après Austerlitz, l'Empereur veut écraser définitivement ses ennemis sur le continent, c'est-à-dire la Prusse et la Russie; cette nouvelle guerre dure toute l'année 1806 jusqu'au traité de Tilsit (8 juillet 1807); la carte de l'Europe est remodelée avec la création des États satellites : Naples et la Hollande reviennent aux frères Bonaparte; la Confédération du Rhin est organisée le 12 juillet 1806; la Prusse est écrasée à Iéna, le 14 octobre 1806; le blocus continental est établi, le 21 novembre 1806; enfin, la Grande Armée entre en Pologne et écrase les Russes à Eylau (8 février 1807). Tilsit marque la réduction de la Prusse et la

---

1. A. D., F 5661, Abbé Michel à Laffetay, s. d.
2. A. D., Chapitre de Bayeux 880, Journal de Dufour.

constitution de deux nouveaux États satellites : le grand-duché de Varsovie et le royaume de Westphalie. En vue de ces campagnes, quarante mille conscrits sont demandés, à la fin de décembre 1805. En septembre 1806, les conscrits de l'armée de réserve sont rappelés, puis ceux de 1807, le 5 décembre 1806. À cet effet, une lettre de Portalis trace le plan de la lettre pastorale qui doit annoncer cette nouvelle levée de conscrits avant la date officielle prévue par la loi[1]. Enfin, dès avril 1807, les conscrits de 1808 sont tirés au sort. Malgré les victoires de Napoléon, la conscription devient lourde à supporter ; dès cette époque, on note des désertions. À Caen, le 19 mai 1807, a lieu l'enterrement d'un malheureux conscrit mort d'angoisse, qui avait été tiré le 10 courant[2]. Des conscrits font tout pour échapper au service militaire : mutilation volontaire du pouce ou de l'index, ou absorption de plantes toxiques qui leur donnent des ulcères aux bras ou aux jambes, ou qui font tomber leurs dents, ce qui les empêche de mordre les cartouches[3]... L'évêque intervient trois fois pour encourager le civisme des citoyens. Le nombre des désertions est tellement important que le préfet ressent le besoin de publier un arrêté qui menace de la peine de mort les déserteurs. Il obtient de l'évêque que ce document soit envoyé aux curés et desservants dans une lettre pastorale, publiée le 7 janvier 1806. Brault se range de bon gré du côté du pouvoir politique en adjurant les curés et desservants d'agir auprès des citoyens réticents ; l'arrêté du préfet devra être lu en chaire à toutes les messes dominicales. La mesure du gouvernement, transmise par Caffarelli, est qualifiée de « juste et nécessaire » ; Brault ose même cette question : « Les curés seraient-ils de vrais pasteurs s'ils étaient insensibles à l'opprobre dont se couvrent ceux qui refusent de se réunir au vainqueur d'Austerlitz[4] ? » Une nouvelle instruction de Brault sur la désertion est publiée sept mois plus tard, le 4 juillet 1806 ; adressée aux curés, desservants et marguilliers, elle doit être lue aux prônes du dimanche : « L'empereur a communiqué au ministre des Cultes les motifs qui le poussent à appeler à nouveau la jeunesse aux armées. Il veut que nous encouragions les jeunes au dévouement ; nous acceptons avec autant de respect que de reconnaissance cet honorable emploi. Si l'empereur veut opposer aux ennemis des forces puissantes, ce n'est pas dans le but de conquérir, puisque par deux fois la victoire l'a rendu maître des États de l'empereur

---

1. SEVESTRE, p. 54, n. 2.
2. A. D., Chapitre de Bayeux 880, Journal de Dufour.
3. A. CHAUDEURGE, *La Chouannerie normande*, p. 144, n. 12.
4. A. D., V 159 et V 133.

d'Autriche, et il a rétabli par deux fois ce prince sur son trône. Il aurait pu à Austerlitz anéantir l'armée russe; il l'a laissée repartir. Qui ignore les sacrifices pour maintenir la paix avec la Prusse? Non, Napoléon ne veut pas asservir les nations étrangères, mais les libérer d'une puissance rivale, l'Angleterre; il veut que le commerce soit libre et conquérir une paix durable. Jeunes Français, sortez de vos retraites obscures et rejoignez l'empereur. Que les prêtres montrent aux réticents toutes les récompenses que l'empereur leur prépare; au retour dans leur patrie, entourés de leurs parents et amis, ils recevront la bénédiction du peuple [1].»

En avril 1807, l'Empereur décide le rappel des conscrits de 1808 pour achever la campagne contre les Russes, après la bataille d'Eylau; l'évêque est chargé d'expliquer les raisons de cette nouvelle ponction, six mois avant la date prévue. Son argumentation s'articule autour de trois thèmes : la nécessité de l'instruction des nouvelles recrues, l'obligation de faire la guerre pour obtenir une paix durable et l'unité autour du monarque.

Après avoir rappelé que l'Empereur a prévu la levée de conscrits pour mieux protéger la paix malgré ses offres à l'Angleterre et à la Russie, qui refusent avec obstination, «les conscrits de 1808, qu'il rappelle aujourd'hui, auraient été exposés à des dangers certains, sans peut-être en retirer de gloire; appelés six mois plus tôt, instruits, pendant cet intervalle de temps, par des capitaines consommés, que leurs talents et les services qu'ils ont rendus à la patrie ont fait choisir pour être membres du premier corps de l'État, ils pourront se présenter avec confiance devant l'ennemi. Et, qui ne sait en effet que l'art et la discipline militaire sont les plus sûrs garants de la victoire? Or, messieurs, dans ces circonstances, quels sont les devoirs que la religion impose à ses ministres? Vous en trouverez la règle dans les instructions que nous vous avons précédemment transmises : elles sont conformes aux maximes invariables de l'évangile, aux exemples que nous ont donnés nos pères et nos maîtres dans la foi. Le zèle qui vous anime pour le bien public, votre dévouement au prince et à la patrie, l'attachement que vous portez au peuple confié à votre sollicitude pastorale, vous porteront à saisir toutes les occasions qui se présenteront, soit dans vos instructions publiques, soit dans les relations particulières que votre ministère vous donne avec vos paroissiens pour leur faire connaître les intentions paternelles de Sa Majesté Impériale et Royale qui ne fait la guerre que pour obtenir la paix et qui ne veut la paix que

---

1. A. D., V 159.

pour obtenir le bonheur de ses sujets, la tranquillité de l'Europe, faire fleurir les sciences et les arts, encourager l'agriculture, vivifier le commerce, rendre à la religion son salutaire empire, améliorer le sort de ses ministres. Si les sacrifices qu'un si grand bien exige font répandre quelques larmes, c'est à vous, messieurs, qu'il appartient de les essuyer : vous porterez dans les familles désolées les douces consolations que la religion seule peut suggérer à ceux qui les donnent et faire goûter à ceux qui les perçoivent. Vous offrirez le sacrifice de l'Agneau sans tache pour les braves qui seront morts sur le champ d'honneur; et si l'obstination de nos ennemis oblige encore nos invincibles légions à les combattre, vous tiendrez vos mains élevées vers le ciel qui, seul, peut assurer la victoire. Ce concours mutuel de tous les membres de ce vaste Empire, cette correspondance parfaite entre le Monarque qui veille à la sûreté du peuple et le peuple qui contribue de tout son pouvoir à soutenir l'autorité du monarque, étonnera, confondra nos ennemis; ils seront forcés de recourir à la générosité d'un prince dont ils auraient voulu anéantir la puissance : tous les potentats, tous les peuples de l'Europe avoueront enfin que si les Français possèdent le plus grand des empereurs, ils méritent une faveur si signalée, par leur générosité, leur grandeur d'âme, leur fidélité et leur reconnaissance. Souvenez-vous de moi, Messieurs, devant Dieu et recevez l'assurance de mon attachement et de mon parfait dévouement[1].»

En 1808, la guerre se porte en Espagne et au Portugal. Les conscrits de 1809 sont tirés au sort dans le Calvados dès mars 1808 et, après l'insurrection des Espagnols (Madrid, le 2 mai 1808), suivie de la répression sanglante des Français, Napoléon adresse un message au Sénat, en septembre, dans lequel il annonce son intention de lever quatre-vingt mille hommes sur les années 1806-1809. Brault transmet cette directive aux curés et desservants dans une lettre circulaire du 15 septembre 1808. Son argumentation change; il présente cette fois la guerre, non comme le moyen le plus sûr de parvenir à la paix, mais comme «un fléau que Dieu envoie, comme un châtiment du non-respect des règles de la religion». Il faut donc que les curés exhortent les fidèles à «prier Dieu de leur ramener leurs fils saufs, non comme des déserteurs couverts d'opprobres, mais comme des soldats victorieux et couverts de gloire[2]». Le ton se durcit et, en plus des désertions, on va assister, à partir de 1809, à de véritables révoltes de conscrits.

---

1. A. N., F 19-5668 et A. D., V 159, Lettre pastorale de Brault aux curés et desservants, 28 avril 1807.
2. A. D., V 159.

1809 est encore une année marquée par une grande campagne menée, cette fois, contre les Autrichiens : les victoires d'Abensberg, Ratisbonne, Eckmühl, Essling et Wagram (6 juillet) conduisent à la paix de Vienne (14 octobre 1809), mais, cette fois, les pertes françaises sont très élevées (trente-quatre mille morts à Wagram). L'Empereur a besoin de plus en plus de soldats : dès le 8 janvier, la conscription de 1810 est appelée, un an en avance! Puis, en mai, on rappelle quarante mille hommes, dont vingt mille sur 1810 et vingt mille sur les années 1806-1809. Le dimanche 3 septembre, on lève trois mille hommes dans le Calvados parmi les veufs sans enfant et les célibataires, de vingt à soixante ans; le tirage au sort a lieu le 10. Des jeunes gens se révoltent à Bayeux, le 19 septembre; neuf d'entre eux sont emprisonnés. En octobre, trente-six mille hommes des classes 1806-1810 sont encore mobilisés sur tout le territoire français. À partir de cette époque, les prêtres encouragent les familles à dissuader leurs fils de partir à l'armée. Le préfet du Calvados, Méchin, écrit au ministre de l'Intérieur, le 10 juillet 1813 : «Les réfractaires sont poursuivis à outrance dans leurs personnes et dans leurs familles [1].»

Au début de 1814, alors que les alliés occupent les régions frontalières de la France (Béarn, Alsace, Franche-Comté), la nouvelle levée de trois cent mille hommes parvient dans le Calvados, le 8 janvier. Les hommes mariés sont recrutés dans la garde nationale. Les désertions sont massives : les gardes nationaux du Calvados et de la Manche devraient être cinq à six cents; on n'en compte que cent cinquante à cent soixante! À la fin de janvier, les déserteurs errent dans les campagnes, malgré le rappel de la classe 1815 [2]. L'évêque de Bayeux, sur ordre du préfet Méchin [3], publie une dernière lettre circulaire sur ce sujet, encore plus vigoureuse que les précédentes : les prêtres, qui ont conseillé aux conscrits de déserter sont menacés d'être châtiés; pour éviter cela, il leur est enjoint, afin d'enlever tout soupçon à l'autorité civile, de flétrir ostensiblement la désertion dans leurs sermons. Il n'est pas écouté [4].

En 1806, Napoléon est soucieux de s'attirer les bonnes grâces du clergé. Or, l'une des difficultés principales des évêques est le recrutement sacerdotal. L'Empereur prend une

---
1. CHAUDEURGE, p. 144, n. 13.
2. A. D., Chapitre de Bayeux 880, Journal de Dufour.
3. BERTIER DE SAUVIGNY, p. 209-211.
4. A. D., V 159, Lettre circulaire de Brault aux curés et desservants, 7 février 1814.

mesure très populaire : une circulaire du préfet du Calvados, du 25 nivôse an XI (15 janvier 1803), fait part de la décision du gouvernement d'exempter les ecclésiastiques du service militaire et de celui de la garde nationale [1]; cela concerne, non seulement les clercs, mais encore les séminaristes. Pour obtenir l'exemption, ces derniers doivent être présentés par leurs curés, puis leurs noms réunis sur une liste signée par l'évêque. Certains maires acceptent mal ce privilège; ils n'hésitent pas à mettre en garde le préfet contre tel séminariste qui, d'après eux, est indigne de l'état clérical et, donc, devrait être astreint à la conscription. Les évêques s'émeuvent; Portalis obtient de l'Empereur une décision ferme [2] : le décret du 7 mars 1806 rappelle, en un article, que «les ecclésiastiques engagés dans les ordres» sont exemptés de la conscription et du service de la garde nationale [3]; le maire de Caen accuse réception du décret, envoyé par le préfet, le 9 avril [4]. Aussitôt, certains maires posent le problème d'interprétation suivant : qu'entend-on par «ecclésiastiques engagés dans les ordres?» S'agit-il, demandent-ils au préfet, de ceux qui ont reçu les ordres majeurs (prêtres, diacres, sous-diacres), les ordres mineurs ou même les simples séminaristes? Le sous-préfet de Bayeux, Lalouette, leur répond, au nom de Caffarelli, que le décret n'établit aucune distinction entre les ordres. Le mot «engagés» indique, pour celui qui reçoit ledit ordre, «un engagement indispensable aux yeux de la religion». De plus, comme les ordres se confèrent après l'âge de la conscription, il faut en conclure que le décret vise les séminaristes qui ne les ont pas encore reçus, sinon le décret serait inapplicable [5]. Il reste que la population demeure convaincue qu'il s'agit d'un privilège; il est de plus en plus mal ressenti au fur et à mesure que la conscription devient plus lourde à supporter. Un autre facteur provoque la fureur de certains fidèles et des autorités administratives, surtout locales : les exonérations abusives de séminaristes qui ne sont entrés dans cette voie que pour échapper à la conscription. Cela est surtout vrai pour les petits séminaires où il n'est pas rare de trouver des jeunes gens, parfois, âgés de vingt ans! Ainsi, à l'école secondaire de Vire, Allais, le curé de cette ville, signale deux élèves qui, petits séminaristes, ont été recrutés par le tirage au sort. Il s'inquiète aussi pour le nommé

---

1. A. D., V 5.
2. A. D., 78 F 15, Portalis à Brault, 12 avril 1806.
3. *Dictionnaire d'histoire...*, fasc. 102-103, p. 117.
4. A. D., V 5, Le maire de Caen au préfet du Calvados, 9 avril 1806.
5. A. D., V 5, Lalouette aux maires, 12 avril 1806.

Porquet, qui est un sujet brillant mais qui, ayant tiré le numéro 65, devrait partir aussitôt. Une supplique signée par quatre professeurs et l'aumônier de l'hospice est jointe à la lettre : ne peut-on pas ajouter Porquet à la liste des séminaristes? Il est, hélas, trop tard; l'évêque a déjà envoyé son état et Porquet doit partir[1]... Jusqu'en 1812, l'évêque se borne à mentionner les noms des séminaristes exemptés; les états sont dressés par le supérieur du séminaire[2], qui reçoit quelques rappels à l'ordre, car il fait preuve de négligence : ses états sont incomplets ou illisibles[3]. Les curés recommandent à l'évêque, souvent avec succès, certains jeunes gens de leur paroisse dans le but de les sauver de la conscription, tel celui-ci qui, bien qu'étant pieux, ne peut certainement pas être considéré comme un séminariste : il s'agit d'un jeune homme âgé de dix-sept ans, présenté par l'abbé Mouchel, curé de Maisoncelles, en ces termes : « tenant les petites écoles, instruisant avec fruit, il est joli de physique, yeux doux, recueilli, modeste dans l'église et approchant souvent des sacrements; en un mot, je le crois accompli; il chante très bien, il écrit supérieurement[4]... » Les autorités supérieures finissent par s'émouvoir. En 1808, le ministère de la Guerre dénombre quatre mille quatre-vingt-treize réfractaires et huit cents à neuf cents déserteurs dans le Calvados[5]. Le ministre des Cultes demande au préfet des explications au sujet du nombre de jeunes séminaristes qui échappent à la conscription. Le préfet rassure le ministre : le séminaire de Bayeux n'est pas encore ouvert et les jeunes sont formés chez des prêtres désignés dans chaque canton par l'évêque. Seuls vingt-deux jeunes gens ont échappé, cette année, à la conscription en tant qu'ecclésiastiques; il y en avait quatorze l'an dernier. Ce nombre est faible par rapport à la population du département. Il faut savoir, en outre, que beaucoup d'entre eux auraient été réformés à cause de leur mauvaise santé. Le préfet assure néanmoins le ministre qu'il exercera une surveillance étroite sur les demandes d'exemptions[6]. Les autorités administratives demandent à l'évêque de leur adresser désormais des certificats concernant chaque séminariste en

---

1. A. D., 78 F 196 : Allais à Brault, 25 mars 1807; Allais à Brault, 13 mai 1807; Moutier, directeur de l'école secondaire de Vire, à Brault, 24 novembre 1807.
2. A. D., 78 F 15, Brault à Durozier, supérieur du grand séminaire de Bayeux, 1er octobre 1808.
3. A. D., 78 F 15, Brault à Durozier, 28 novembre 1808.
4. A. D., 78 F 94, Mouchel à Brault, 28 avril 1808.
5. BERTIER DE SAUVIGNY, p. 210.
6. A. D., V 38, Le préfet du Calvados au ministre des Cultes, 14 avril 1808.

quête de l'exemption ; ils seront établis à partir d'une enquête mettant en valeur les motivations profondes du candidat au sacerdoce. Brault charge donc un prêtre, dans chaque arrondissement, d'établir ces documents. Dans celui de Lisieux, cette responsabilité revient à l'abbé de Créqui, qui est assisté de Foubert-Despallières, le principal du collège et directeur du petit séminaire. Voici un exemple d'interrogatoire, établi le 1er juillet 1812 :

> Certificat établi par de Créqui, prêtre, ancien abbé de l'abbaye de Saint-Maur, délégué par M. l'évêque de Bayeux, pour examiner et interroger les clercs de l'arrondissement de Lisieux qui se trouvent compris dans la conscription de 1813, assisté de Médéric Foubert-Despallières, principal du collège de Lisieux et directeur du petit séminaire de la même ville.
> S'est présenté le sieur Pollin Louis, de la paroisse de Coquainvilliers, arrondissement de Pont-l'Évêque.
> – on lui demande son âge.
> Répondu : 19 ans.
> – où a-t-il commencé ses études ?
> R : au petit séminaire de Lisieux.
> – depuis quelle époque ?
> R : depuis dix-huit mois.
> – dans quelles intentions les a-t-il commencées ?
> R : celle d'entrer dans l'état ecclésiastique.
> – qui lui a suggéré cette intention ?
> R : j'en ai conçu la première idée moi-même et je me suis décidé après avoir manifesté mes intentions à mon curé et à mes parents.
> – s'il avait le même désir ?
> R : oui.
> – s'il ne comptait point par là se tirer de la conscription ?
> R : non, et loin d'avoir cette idée, j'étais bien disposé à obéir à la loi qui m'appellerait. Si j'avais cherché à m'y soustraire, je n'aurais jamais pris le parti de la dissimulation sous l'habit ecclésiastique.
> – si tout ce qu'il déclarait était conforme à la vérité et à la sincérité ?
> R : je le déclare dans toute la sincérité de mon âme.
> – s'il persistait dans sa déclaration ?
> R : que oui.
> Lisieux, 1er juillet 1812 [1].

Finalement, une circulaire du 25 septembre 1812, adressée par le directeur général de la conscription aux préfets, transmet l'instruction du ministre des Cultes, du 25 avril 1812, dans laquelle il fait part de la volonté de l'Empereur de ne

---

1. A. D., 78 F 191.

plus accorder d'exemption en faveur des séminaristes. Tous devront, désormais, déclarer leurs infirmités devant les sous-préfets et être réformés, s'il y a lieu, par le conseil de recrutement [1].

La rupture de l'alliance.

Durant l'hiver 1811-1812, le mécontentement grandit [2]; à cause de l'augmentation du prix du blé, les pauvres ont beaucoup de mal à se nourrir. La misère gagne les familles les plus modestes et la disette menace dans le Calvados. Le 13 janvier, il neige à Caen; des hommes sont trouvés morts de froid. À la fin de janvier, on entend parler de vols nombreux, commis par des miséreux dans la ville de Caen et les environs; le préfet Méchin promulgue un arrêté qui crée un dépôt de mendicité à l'abbaye aux Dames. Au début de février, on compte les deux tiers des ouvriers au chômage et la misère est à son comble; les prix sont très élevés : le sac d'orge coûte de 36 à 40 francs et le sac de blé de 54 à 58 francs; seuls les légumes sont bon marché. Le 15 février, on signale encore de nombreux vols dans les boutiques de Caen. Le lundi 2 mars, la révolte éclate à la halle. Les paysans sont roués de coups par des citadins affamés; le préfet et le maire se rendent sur les lieux; Méchin, pour pouvoir échapper à une foule en furie, doit lui lancer de l'argent. Le sac de blé coûte alors 70 francs. La halle est mise au pillage. Dans la soirée, les mutins se rendent aux moulins de Motelay et de Montaigu, qui sont pillés. Le 3 mars, à Verson, non loin de Caen, tout est mis à feu et à sang chez les propriétaires, Jouenne et Cavelier. Le préfet et l'évêque réagissent de concert. Méchin publie ce 3 mars une circulaire, affichée à Caen, qui assure à la fois que le pain ne manquera pas et que les fauteurs de troubles seront châtiés. Brault publie une lettre pastorale, le 4 mars, dans laquelle il dénonce ceux qui «à l'occasion de la crise due à la raréfaction des grains, à cause des mauvaises récoltes, ont tenu des assemblées illicites au lieu de rester soumis à l'empereur». Il demande donc le retour de l'ordre public [3]. Le préfet part pour Paris afin de recevoir les ordres du gouvernement. Le 4 mars, Caen est calme, mais le désordre gagne toute la région; ainsi, à Villers-Bocage, des incidents sont signalés; là, le blé coûte 50 francs le sac. Le 5 mars, deux cents hommes arrivent de Cherbourg, pour

---

1. A. D., 78 F 15, Bigot de Préameneu à Brault, 3 octobre 1812.
2. A. D., Chapitre de Bayeux 880, Journal de Dufour et Journal d'Esnault; GAUTIER, p. 491-492.
3. A. N., AF IV-1048.

maintenir l'ordre; le préfet revient de Paris avec des instructions strictes de répression. Le 6 mars, le général Durosel entre dans Caen avec mille lanciers et grenadiers; la ville est en état de siège. Les maisons des révoltés sont cernées et on procède à soixante arrestations. Dès le 8 mars, les mutins sont jugés au château par une commission militaire. Le 15, six d'entre eux, dont deux femmes, sont fusillés par des gendarmes d'élite dans l'enceinte du château; les autres, une cinquantaine, hommes, femmes, enfants, sont condamnés aux galères, à la prison ou remis en liberté surveillée. Le blé augmente encore : il coûte 84 francs, le 20 mars; les boulangeries sont vides. Le clergé de Caen, sur ordre de l'évêque, aide les indigents. Des cartes de secours pour le pain sont distribuées par les curés et desservants. Le 29 mars, l'évêque de Bayeux publie une seconde lettre pastorale, destinée aux curés et desservants; il les exhorte à s'associer aux autorités municipales pour aider les indigents. Ils doivent aussi dire à ceux qui stockent les grains, et provoquent donc l'augmentation des prix, de cesser ces agissements coupables. Et il lance cette mise en garde à l'égard des révoltés : «Dites aux pauvres d'éviter toute clameur ou tout mouvement séditieux car ils encourraient la punition de Dieu et celle des lois.[1]» Après une légère diminution du prix du blé, qui passe de 96 francs, le 23 mars, à 80 francs, le 3 avril, il augmente de nouveau : le 10 avril : 105 francs à Caen, et le 16 avril : 126 francs à Argences. La situation s'aggrave jusqu'au printemps; le 8 mai, le blé coûte 140 francs à Caen. Le préfet transmet un décret impérial, le 15 mai, qui fixe le prix du blé à 66 francs. Les boulangeries se garnissent de pain, mais personne n'en achète car il coûte trop cher. Le jour de la Pentecôte, le 17 mai, le pain est jeté dans l'Orne, le grand Odon et le petit Odon, car il est incomestible. Le dimanche suivant est terrible, le peuple entoure les boulangeries en réclamant du pain. Les cartes de secours distribuées par les curés ont disparu depuis le 15 mars, mais on donne encore de la soupe. À la mi-juin, la disette augmente encore du fait de la pénurie de pommes de terre. La situation, à partir de cette date, s'améliore lentement, mais la disette se maintient jusqu'à la fin de l'année. La population a définitivement rompu avec le régime; son exaspération ne va cesser de grandir jusqu'à la chute de Napoléon, deux ans plus tard, qui sera ressentie comme une vraie libération.

De retour de Russie, Napoléon dénonce le concordat de 1801 et extorque au pape un nouvel accord, le 25 janvier 1813, intitulé le «concordat de Fontainebleau». Cet accord prévoit que les évêques, nommés par l'Empereur, devront

---

1. A. D., V 159.

recevoir l'investiture canonique du pape dans un délai de six mois, sinon cette prérogative reviendra au métropolitain ou à l'évêque le plus ancien de la province[1]. Napoléon ordonne à douze prélats de se rendre à Fontainebleau pour remercier le pape; Brault fait partie de la délégation[2]. Puis l'évêque de Bayeux respecte l'ordre donné par le gouvernement de publier un mandement ordonnant des prières d'action de grâces pour ce concordat qui «rétablit la paix dans l'Église[3]». Durant les quatre dernières années du règne, le clergé subit le joug du pouvoir impérial : l'obligation d'enseigner la Déclaration gallicane de 1682 dans les grands séminaires et l'inspection de ces établissements par les préfets; Saint-Sulpice est fermé à cause de l'attitude hostile d'Émery; les petits séminaires sont intégrés à l'Université impériale; surtout, la police de Fouché fait peser une véritable inquisition sur le clergé : les relations et la correspondance des prêtres sont étroitement surveillées. Il reste que les rapports de Méchin ne font pas état d'une opposition virulente du clergé du Calvados au gouvernement. Deux rapports du 8 octobre 1813 et du 21 mars 1814 (l'abdication est du 4 avril) de Méchin, adressés au ministre de l'Intérieur, affirment que les prêtres sont calmes et «paraissent bien se conduire» (rapport de 1813). Toutefois, le préfet insiste sur la pauvreté du clergé et le danger qui consisterait à ne plus payer la pension aux prêtres, ce qui pourrait provoquer une révolte[4]. Pourtant, l'effondrement du régime, qui étouffe de plus en plus la liberté de conscience au mépris du Concordat, sera accueilli avec soulagement.

Au moment où l'impératrice Marie-Louise quitte Caen, le 1er septembre 1813, la population du Calvados ne s'attend pas au cataclysme qui va survenir[5]. Le dernier *Te Deum* retentit sous les voûtes de l'église abbatiale Saint-Étienne de Caen, le 25 septembre, pour les victoires remportées contre les armées coalisées. À partir de la Toussaint, il est évident que la Grande Armée, à la suite de la bataille des Nations (Leipzig, 16-18 octobre), bat en retraite. Le 28 décembre, on apprend, dans le Calvados, que les ennemis sont entrés en France. En janvier 1814, le territoire national est envahi de toutes parts; des conscrits sont levés : hommes mariés pour la garde nationale,

---

1. SEVESTRÉ, p. 68-69; Pie VII parvient à dénoncer cet accord, le 24 mai 1813. Napoléon le laisse repartir pour Rome, le 24 février 1814 (p. 68, n. 3).
2. A. D., F 5663, Notes de Michel et Laffetay.
3. A. D., V 159, Mandement de Brault, 1er février 1813.
4. A. N., F 1 C III Calvados 13.
5. A. D., Chapitre de Bayeux 880, Journal de Dufour.

jeunes pour l'armée active. Les désertions sont massives; on rencontre de nombreux soldats qui errent dans les campagnes. Pour la dernière fois, le 30 janvier, on fait des prières publiques pour le succès de la contre-offensive que l'Empereur a lancée sur la Marne. Le 5 février, Caen est envahie de prisonniers espagnols; leurs aumôniers célèbrent la messe à Saint-Pierre, Saint-Jean et Saint-Étienne. Le 6 février, des révoltes royalistes éclatent dans le Bocage virois; la garde nationale part de Caen pour rétablir l'ordre. Le 12 février, quarante prisonniers russes et prussiens, pris dans la forêt de Fontainebleau, arrivent à Caen et sont logés chez les bourgeois. Le 14 février, les cloches sonnent pour la dernière victoire remportée par Napoléon... à quatre lieues de Paris. Deux cent quarante religieux espagnols, prisonniers de guerre, arrivent à Caen; ils disent la messe dans les églises de la ville et logent également chez les bourgeois où ils sont bien accueillis; on quête chez les riches pour eux; ils reçoivent beaucoup d'argent. À partir du 25 février, des prisonniers, par groupes de cinquante, arrivent à Caen; le 27, on apprend que Murat, roi de Naples, a déclaré la guerre à la France et que Bernadotte, roi de Suède, est entré en Picardie. Le 4 mars, des affiches, apposées dans les villes du Calvados, décrivent les atrocités commises par les cosaques en Champagne et en Île-de-France. On décide, à Caen, de fermer le dépôt de mendicité installé à l'abbaye aux Dames et d'y mettre les blessés à la place. Le 20 mars, les habitants de la ville voient arriver avec crainte cinquante cosaques prisonniers; ils sont enfermés dans l'église Saint-Nicolas. Le 31 mars, Paris est assiégée; la poste et la diligence arrivent en retard à Caen, car elles ont dû allonger leur chemin de quinze lieues; le lendemain, la diligence ne vient pas, de même que la poste, le 2 avril. Ce jour-là, la diligence, partie en direction de Paris, ne peut pas dépasser Évreux. On apprend l'occupation de la capitale par soixante mille hommes avec, à leur tête, les souverains de Russie, d'Autriche, de Prusse, de Suède et de Saxe. Enfin, le 7 avril, on annonce à Caen, que Napoléon, prisonnier à Fontainebleau, a abdiqué.

CHAPITRE II

LE RALLIEMENT À LA MONARCHIE : LA RESTAURATION

L'épisode des Cent-Jours ne remet pas en cause l'allégeance de l'évêque à la dynastie des Bourbons. Ce revirement d'un fidèle serviteur de Bonaparte déclenche bien quelques remous dans l'opinion publique, mais, bien noté par le préfet ultra, Bertier de Sauvigny, Charles Brault se situe bientôt parmi les prélats qui ont la faveur du régime. Le concordat de 1817 offre l'occasion d'un transfert ; l'évêque de Bayeux reçoit le *pallium* pour le siège d'Albi ; on assiste, stupéfait, à la promotion d'un sage...

De régime en régime.

La première Restauration (4 avril 1814-20 mars 1815).

Le Calvados, et plus particulièrement la ville de Caen, se réjouit du retour du roi. Lentaigne de Logivière, le maire de Caen, fait afficher, dès le 8 avril, une déclaration de soutien du conseil municipal au roi Louis XVIII, tandis que le préfet, Méchin, annonce l'arrivée d'une armée coalisée sous la conduite du duc de Raguse. Dès le lendemain, une cérémonie a lieu place Royale (ex-place Impériale), en présence des corps constitués et de la musique de l'armée espagnole ; toutefois, on remarque sa brièveté, car le maire, dont les convictions bonapartistes sont bien connues, n'est pas favorable au nouveau régime [1]. Le dimanche de Pâques, 10 avril, les drapeaux blancs sortent dans toute la ville : sur le clocher de l'église Saint-Gilles, sur les bateaux... Les paroissiens portent la cocarde blanche et le *Domine salvum fac regem* est chanté à

---

1. A. D., Chapitre de Bayeux 880, Journal d'Esnault.

toutes les grand-messes. La porte de la préfecture est surmontée d'un blason aux armes royales muni de l'inscription : «Vive le roi Louis XVIII[1]». Le lundi de Pâques des soldats bonapartistes arrivent à Caen et insultent les porteurs de la cocarde blanche. Le 12, une cérémonie officielle a lieu à Saint-Étienne en présence des corps constitués et du clergé : on y chante le *Te Deum*; dans les jours qui suivent, les églises de Caen se parent de drapeaux blancs. La joie des habitants est surtout due à la fin de la conscription. Le duc de Berry[2], arrivant d'Angleterre, passe par Bayeux, le 15 avril, où il est accueilli par Mgr Brault, et à Caen, le 16, où le préfet Méchin le reçoit avec joie. Un nouveau *Te Deum* est chanté à Saint-Étienne en sa présence; la messe dominicale du lendemain, à laquelle le prince assiste, est célébrée par l'évêque de Bayeux, à Saint-Jean. La population remarque que Mgr Brault est venu exprès de Bayeux; cette attitude surprend les fidèles qui le considèrent, avec raison, comme un bonapartiste. La ville se couvre d'affiches hostiles au maire de Caen et des insultes lui sont adressées durant les cérémonies officielles. Un cantique à la gloire du roi, qui exprime la joie des fidèles est chanté dans les églises du diocèse : «la résurrection de la France à Pâques 1814[3]». L'allégresse est générale.

Brault opère un revirement total; son attitude, lors du passage du duc de Berry, est confirmée par le mandement publié, le 20 mai, au sujet du retour du roi, Louis XVIII. Les fidèles, eux, ne sont pas dupes, tel Esnault, qui note dans son journal : «On s'amusait, depuis le renversement de Bonaparte, à mettre en opposition ceux qui avaient été ses partisans et ceux qui actuellement criaient : "vive le roi!", plus fort que les vrais royalistes. On remarqua une lettre adressée à l'évêque du Calvados, Brault, à qui on reprochait son attachement à Napoléon. On lui citait un de ses mandements, dans lequel il disait : "Dieu, dans sa colère, a brisé le sceptre des Bourbons, et, dans sa divine miséricorde, il l'a remis entre les mains de Bonaparte". Malgré cette flagornerie outrée, il tourna avec le vent; il donna à déjeuner au duc de Berry, qui passa par Bayeux; il partit de suite après lui pour venir à Caen célébrer, le lendemain, une messe solennelle à Saint-Jean; il reçut et complimenta le prince à la porte de l'église et chanta la palinodie[4].»

---

1. E. GAUTIER, «Les préfets du Calvados sous le Consulat et l'Empire : 1800-1814», p. 493.
2. Biographie de Charles-Ferdinand de Bourbon, duc de Berry : voir p. 146, n. 4.
3. A. D., Chapitre de Bayeux 880, Journal de Dufour. Le texte de ce cantique est à l'annexe 8, p. 433.
4. A. D., Chapitre de Bayeux 880, Journal d'Esnault.

Le mandement, évoqué par Esnault, est celui qui fut promulgué, le 6 juin 1804, à l'occasion du sénatus-consulte qui établissait le régime impérial. Brault subit donc de nouveau les pamphlets comme au début de son épiscopat. Voici le texte du libelle qui est distribué dans tout le diocèse :

> Parmi les complices de Napoleone Buonaparte que la liberté de la presse signale à l'opinion publique, il me semble qu'on vous a oublié, Monseigneur. Vos mandements sont un tissu d'exaltation dont l'analyse répugne aux hommes qui pratiquent la troisième vertu théologale. Les habitants de votre diocèse se demandent ce qui vous empêche de leur adresser un mandement pour l'heureux avènement de Louis XVIII et le retour de notre infortuné Pontife à Rome. Depuis dix ans, vous n'avez cessé de détourner l'encens que vous ne deviez offrir qu'à Dieu pour le prodiguer au persécuteur de l'Église, au tyran qui, depuis quinze ans, a attiré toutes les calamités sur notre malheureuse patrie. Vous avez porté le blasphème jusqu'à dire que «la divine Providence avait, dans sa colère, brisé le sceptre des enfants de Saint Louis et que, dans sa miséricorde infinie, elle l'avait placé dans les mains de Buonaparte». Vous avez brigué l'emploi de promoteur d'un concile qui visait à renverser les pouvoirs que Jésus-Christ a donnés au pape, que votre demi-dieu tenait dans les fers. Vous avez écrit confidentiellement aux prêtres de votre diocèse pour les inciter à encourager les pères de famille et les veuves à livrer leurs enfants à la conscription; vous en avez fait des «caporaux de recrutement». Vous avez usurpé une décoration qui n'est due qu'au mérite et un titre de baron. Vous auriez dû suivre votre idole sur son îlot rocheux [1].

Les royalistes reprochent aussi à Brault son attitude au concile national de 1811, surtout sa nomination de secrétaire. L'évêque fait volte-face; il veut se défendre et prouver qu'il n'a pas dépassé les limites de l'obéissance, qu'il n'a pas fait preuve de servilité. Pour corriger le mandement de 1804, il désire en publier un autre, mais son frère, Mathurin, le détourne de cette pensée. Néanmoins, Brault proclame à qui veut l'entendre que la phrase qui lui est reprochée dans le mandement a été mal lue; il avait parlé de la colère de Dieu contre la France et non contre les Bourbons. De même, au sujet du concile de 1811, il rappelle que la fonction de secrétaire ne signifie pas une participation, ni une adhésion aux décisions prises, car le secrétaire n'est qu'un simple instrument. Il signale enfin qu'il n'a figuré dans aucune intrigue ni à

---

1. A. D., F 3199, Lettre confidentielle adressée à Mgr Ch..., Br... t, évêque de B... x (un imprimé), s. d.

Savone, ni ailleurs[1]... Mauvaise foi liée à son opportunisme ou bonne foi de l'évêque? Il est difficile de trancher; ce qui est visible, toutefois, c'est l'absence de tout regret pour ses déclarations précédentes. Brault pense n'avoir accompli que son devoir d'évêque concordataire, en faisant preuve d'une telle fidélité envers le régime précédent. C'est cette thèse qu'il défend dans son mandement du 20 mai 1814. Il reconnaît même que Dieu avait investi le monarque précédent de l'autorité publique. Cette fois, l'évêque n'invoque pas Bossuet. Il se présente donc, non comme un évêque d'Ancien Régime, attaché à la monarchie de droit divin, mais comme un véritable évêque concordataire; pour lui, Dieu peut changer les gouvernements à sa guise; l'évêque est seulement tenu de respecter ceux qui détiennent l'autorité car le Concordat est conclu avec un État, dont les gouvernants changent, et non avec telle ou telle famille régnante. L'évêque concordataire n'attend du gouvernement légitime, que s'est donné la Nation, que le respect du contrat qui les lie. Il reste que, dans son mandement, Brault avoue pourquoi il est convaincu personnellement du bien-fondé du retour des Bourbons : il ne s'agit pas d'une question de droit divin, mais de l'attachement populaire (principe démocratique!) qu'il a senti au cours de ses visites pastorales ainsi que le coût des guerres de Bonaparte et les plaintes liées à la conscription. Le roi est présenté alors comme un père qui revient, porté par des ennemis, devenus pour la circonstance des libérateurs; il allie les qualités de ses ancêtres : bonté de Louis XII, franchise et vivacité de Henri IV, majesté de Louis XIV. Bonaparte, qualifié de « dominateur » (et non de « tyran »; Brault est donc indulgent à son égard), a donné la gloire à la France, Louis XVIII lui apportera la paix. Brault oppose la puissance au bonheur, les *Te Deum* des victoires accompagnées des « sanglots des mères désolées » à la paix recouvrée. Le mandement évoque, rapidement, la monarchie de droit divin et se termine sur cette phrase lyrique : « Nous nous souviendrons que nos rois tiennent la couronne de Dieu dès leur naissance et la France, croissant à l'ombre de ces lys antiques, pourra être appelée la première Nation de l'univers[2]. »

---

1. A. D., F 5662, Notes de l'abbé Michel sur Brault.
2. A. D., V 159; Mandement de Brault, 20 mai 1814 : « Quand je fus appelé sur le siège de Bayeux, je fus heureux de constater combien de fidèles étaient restés attachés aux rois légitimes. Combien avais-je entendu ces fidèles dans mes tournées pastorales réclamer le retour des Bourbons? Je partageais ces sentiments mais, disciple de celui qui a dit : "mon royaume n'est pas de ce monde!", j'ai respecté celui que Dieu avait investi de l'autorité publique. J'étais loin d'être insensible aux malheurs de la France, cette

Le mandement du 20 mai 1814 est lu dans toutes les paroisses du diocèse le jour de la Pentecôte, 29 mai. Il est qualifié par Dufour de «très long mais bien fait[1]». Un *Te Deum* est chanté à la cathédrale, en présence de l'évêque, et à Saint-Étienne de Caen, en présence des corps constitués avec la participation des paroisses de toute la ville. Sur le maître-autel, on a placé un grand cadre doré orné de trois fleurs de lys et muni de cette inscription : «Dieu et le roi». Le jeudi suivant, 2 juin, des services solennels sont célébrés à la cathédrale de Bayeux et à Saint-Étienne de Caen pour les membres de la famille royale exécutés sous la Révolution : Louis XVI, Marie-Antoinette d'Autriche, et Élisabeth de France. L'attitude conciliante du préfet Méchin à l'égard du nouveau pouvoir n'empêche pas sa destitution, le 31 octobre 1814[2], alors que les autres fonctionnaires sont maintenus, sauf les sous-préfets de Caen (Thieullen) et de Bayeux (Guillot). Séguier, nommé en remplacement de Méchin par ordonnance du 3 novembre 1814, arrive à Caen le 2 décembre suivant[3]. Il

jeunesse moissonnée par la fureur guerrière, mais sans me plaindre auprès des hommes, je priais pour la délivrance de la France. Dieu, voulant faire connaître à toutes les nations que c'est à lui seul qu'appartient la gloire, choisit de frapper notre dominateur au moment où son armée, arrivée aux confins de l'Europe, menaçait l'Asie, où il ôtait et donnait à son gré les couronnes. Dieu présidait alors aux conseils des puissances alliées : plus de dissensions, ni de jalousies parmi elles. Par un prodige étonnant, nos ennemis devinrent nos libérateurs. Alors apparurent en plusieurs points de la France, les nobles rejetons de St Louis, les membres de cette illustre famille, qui fit la gloire de la France. Sans arme, sans escorte, ils firent valoir leurs droits légitimes en présentant leurs noms, leurs vertus et leurs malheurs; le peuple les acclama. Voici enfin ce Roi tant attendu qui a la bonté de Louis XII, la franchise et la vivacité de Henri IV, la majesté de Louis XIV. Il est accompagné d'une princesse miraculée qui doit faire pleurer les Français de repentir et de honte : la fille de Louis XVI et de Marie-Antoinette, la sœur de Louis XVII... Comme ses ancêtres, le roi soutiendra la gloire et l'honneur de la France, non en apportant dans les nations étrangères la mort et la dévastation, mais par des voies plus douloureuses et plus sûres, par un gouvernement juste, ferme et vraiment paternel. Nous paraîtrons moins puissants, mais nous serons plus heureux; nous ne nous réunirons plus si souvent dans les églises pour fêter des victoires, mais nos prières ne seront plus interrompues par les cris perçants et les sanglots des mères désolées. Le roi sait combien son peuple a souffert; il désire pardonner les torts du passé et étouffer toute haine et esprit de parti. Dégoûtés des théories insensées qui furent à l'origine de nos maux, nous nous souviendrons que nos rois tiennent leur couronne de Dieu dès leur naissance, et la France, croissant à l'ombre de ces lys antiques, pourra être appelée la première nation de l'univers.»

1. A. D., Chapitre de Bayeux 880, Journal de Dufour.
2. GAUTIER, p. 493.
3. G. BERTIER DE SAUVIGNY, «Ferdinand de Bertier, préfet du Calvados», t. LIV, 1957-1958, p. 213.

n'a aucune expérience de l'administration, car jusque-là il s'est consacré à la littérature. Il est doté d'un caractère affable, mais trop effacé pour avoir laissé un souvenir durable. Les relations de l'évêque avec lui sont bonnes, mais elles ne débordent pas le cadre des affaires[1]. Brault se rallie franchement aux Bourbons et, cette fois, sans retour, comme nous le verrons plus tard sous les Cent-Jours[2]. Il multiplie les actes d'allégeance ; dans le mandement du 1er juillet 1814 relatif aux prières d'action de grâces ordonnées à l'occasion de la paix, Louis XVIII a droit à un panégyrique semblable à celui que Bonaparte recevait autrefois : «La France n'a plus d'ennemis ; elle est en paix avec le monde entier. Cette paix précieuse devait être conquise par les armes ; Louis XVIII l'a obtenue en peu de temps et sans les armes. On pourra raconter aux enfants que la France, entraînée par un esprit de vertige, renversa le trône et l'autel. Dieu, irrité, livra les Français à l'anarchie, puis au despotisme. Dévorés par les factions des guerres civiles, tourmentés par la disette et les maladies contagieuses, ils ont vu les armées étrangères inonder leur patrie. Mais Louis XVIII vint et la France fut sauvée. Aimez donc ce roi et respectez-le ; que cela nous serve de leçon et que jamais nous ne retombions dans de pareilles erreurs qui entraîneraient un châtiment divin semblable[3].»

La lettre pastorale du 14 janvier 1815, promulguée à l'occasion du carême, est de la même veine et montre, à l'évidence, qu'en quelques mois Brault a retrouvé ses opinions royalistes d'antan : «Après les scandales et les profanations, la main de Dieu s'est appesantie sur nous. On a vu ces républicains farouches, si fiers de leur liberté, forcés de courber la tête sous le joug des maîtres qui les dominaient et le peuple, qu'ils avaient trompé par de fausses idées de bonheur, d'indépendance et d'égalité, réduit... à la plus horrible misère. La

---

1. Nicolas-Maximilien-Sidoine Séguier (1778-1864) devait faire une carrière dans la préfecture ; il fut nommé successivement dans la Somme (1815), la Meurthe (1816), la Côte-d'Or (1820), l'Orne (1823) et la Nièvre (1830) : BERTIER DE SAUVIGNY, p. 213, n. 100.
2. Dans le Calvados, la paix a été proclamée le 4 juin à Caen, mais la ville doit subir l'occupation russe tant redoutée. Les cosaques arrivent, le 11 juin ; on s'est empressé de disperser les soldats français dans la campagne afin d'éviter tout affrontement. Neuf cents Russes logent chez les bourgeois ; la mairie fournit eau-de-vie, bière, pain et viande. Ils boivent beaucoup d'eau-de-vie, mangent beaucoup de viande et peu de pain. Ils s'enivrent donc et mettent à sac certaines demeures de leurs hôtes. Heureusement, ils quittent Caen pour Cherbourg dès le 15 juin où ils doivent embarquer pour regagner leur pays : A. D., Chapitre de Bayeux 880, Journal de Dufour.
3. A. D., V 159.

France fut envahie par les armées étrangères et notre province menacée de dévastation. Où en serions-nous si le roi légitime n'était pas enfin revenu? Il nous a rendu la paix et le bonheur. Le roi ne puise pas les principes de gouvernement dans les écrits antireligieux de nos publicistes modernes, mais dans les grandes maximes de la foi que j'ai développées avec tant de force et que Fénelon a reprises [1].»

Brault transmet fidèlement les ordres du gouvernement au sujet des prières publiques destinées aux gouvernants. Celles qui avaient été ordonnées dans le décret du 19 février 1806 sont supprimées par l'ordonnance du 15 juillet 1814 [2] et remplacées par les suivantes : la procession du vœu de Louis XIII, le 15 août, jour de l'Assomption (lettre circulaire du 12 août 1814), la fête de Saint Louis (lettre circulaire du 18 août 1814), le service funèbre pour le jour anniversaire de la mort de Louis XVI (lettre circulaire du 8 janvier 1815) [3]. De même, le gouvernement s'empresse de supprimer les passages du catéchisme impérial de 1806 qui ont trait au service de l'Empereur. Il incite même les évêques à reprendre les catéchismes qui avaient cours sous l'Ancien Régime, ce que fait Brault en donnant cet ordre aux curés dans une lettre circulaire du 28 juillet 1814 [4]. Les fidèles se montrent particulièrement enthousiastes; les processions se multiplient, telle celle-ci, le 14 juillet 1814 : la statue de la Vierge de la Délivrande est apportée de Douvres en grande pompe. Les habitants se tiennent sur la route en foules immenses. Elle est déposée à Saint-Étienne de Caen pour y être vénérée [5]. Certaines manifestations d'enthousiasme donnent lieu à des débordements, surtout dans les campagnes. Des curés et desservants qui n'avaient pas caché leurs opinions bonapartistes sont pris à partie par certains habitants. Ainsi, à Sainte-Honorine des Pertes, le maire François de Paul de Turnely organise, le 8 mai 1814, une fête en l'honneur du retour des Bourbons. Le desservant, Corbrion, se rend au feu de joie. Le maire se dirige vers le prêtre et lui dit : «Allons, M. le curé, puisque vous avez juré contre le pape, il faut là vous rétracter et jurer pour lui.» Le curé, ne répondant rien, le maire le prend par la ceinture de sa soutane et lui dit en riant : «Voyons, il faut déjurer», par deux fois. Quelques habitants, sentant que le curé est sur le point de se mettre en colère,

---

1. A. D., V 159, Instruction pastorale et mandement de Brault pour le carême de 1815, 14 janvier 1815.
2. E. SEVESTRE, *L'Histoire, le Texte et la Destinée du concordat de 1801*, p. 73, n. 1.
3. A. D., V 159.
4. *Ibid.*
5. A. D., Chapitre de Bayeux 880, Journal d'Esnault.

prient le maire d'arrêter sa plaisanterie, ce qu'il fait sur-le-champ. La version du curé fait état d'une plus grande violence : le maire aurait tenu un bâton dans sa main et l'aurait poussé afin de le jeter dans le feu. Le maire rétorque que, même s'il avait voulu agir ainsi, il aurait renoncé face au desservant, «espèce d'hercule, d'une taille de cinq pieds à six pouces, supérieurement proportionné, d'une force majeure», alors que lui «a tout au plus cinq pieds et demi parce qu'il est maigre, faible, délicat et se ressentant aujourd'hui fortement des fatigues et des peines de l'émigration»[1].

L'évêque essaie de modérer les ardeurs des royalistes les plus ardents et d'empêcher des excès qui provoqueraient des dissensions profondes dans la population et des risques de guerre civile. Jusqu'au départ du préfet Méchin, il trouve un soutien auprès des autorités administratives. Au moment de l'abdication de Napoléon, il écrit sur les conseils du préfet aux curés et desservants pour les inciter à exhorter les fidèles «à la patience et à la modération et éviter ainsi toutes démarches inconsidérées[2].» Il apprend néanmoins que, dans certaines paroisses, les fidèles veulent obliger les curés à célébrer des fêtes supprimées par le Concordat et à les chômer. Il adresse donc une circulaire, le 20 mai 1814, aux curés et desservants pour leur rappeler que ces changements de dates ont été décidés par le pape et que, par conséquent, personne n'est en droit de revenir dessus[3]. Brault se fait donc le garant d'une application stricte du Concordat et refuse un quelconque retour à l'Ancien Régime ; la limite à ne pas dépasser est fixée par ce texte qui a déterminé le nouveau statut de l'Église en France, douze ans plus tôt, et qui a été ratifié par le pontife romain lui-même. Le Concordat s'applique donc en dehors de toute considération d'ordre politique à moins que les deux parties veuillent le modifier : les régimes changent, le Concordat demeure. Or, il subit en 1814 sa première véritable épreuve sur le plan politique ; le trahir en ce moment serait rompre le difficile équilibre acquis avec peine et de haute lutte au début de l'épiscopat, lors de l'installation des nouvelles institutions : fusion du clergé, fondation des séminaires, restauration des congrégations, mise en place des institutions financières... L'évêque, ne désirant pas ranimer la guerre entre réfractaires et constitutionnels, n'hésite pas, s'il le faut, à s'opposer au gouvernement. Ainsi, dans l'affaire précitée de Sainte-Honorine-des-Pertes, le ministre des Cultes, prenant le parti du maire, exige le changement du curé, qui est coupable

1. A. N., F 19-5668.
2. A. D., M 2837, Brault à Méchin, 5 avril 1814.
3. A. D., V 159.

d'avoir écarté ces dernières années «les plus anciennes familles de l'église[1]». Brault rétorque, par l'intermédiaire du vicaire général d'Audibert, que le curé de Sainte-Honorine-des-Pertes n'a fait l'objet d'aucune plainte jusqu'à la nomination du maire actuel il y a deux ans. L'antipathie du maire à l'encontre du curé est bien connue, car celui-ci est un ancien prêtre constitutionnel, qui s'est depuis repenti de ses erreurs passées. Brault refuse donc de le destituer, sinon il craint que cette mesure crée un malaise chez certains prêtres[2]. Il reste que Brault ne peut empêcher le gouvernement de mettre en valeur les ecclésiastiques «demeurés fidèles», c'est-à-dire les anciens réfractaires. Ainsi, le 8 août 1814, à l'approche de la fête de Saint Louis, le roi envoie des décorations (des lys) à un nombre important de prêtres qui ont refusé le serment et sont demeurés en France, exerçant leur ministère dans la clandestinité. Le 13 septembre, à Bosquay, paroisse proche d'Aunay-sur-Odon, les fidèles ont enlevé le corps de leur ancien curé réfractaire, Labbé, mort en 1793 et enterré près de Villers-Bocage, dans un jardin. Ils l'ont porté en procession jusqu'à Bosquay et ils ont placé son corps près de la croix en présence de cinq prêtres et du maire, Louis Labbé.

Les Cent-Jours (20 mars 1815-22 juin 1815).

Le 9 mars 1815, on apprend à Caen que Bonaparte a quitté l'île d'Elbe avec environ mille deux cents hommes. Le 16, le maréchal Augereau, duc de Castiglione, vient de la part du roi à Caen pour organiser le départ des volontaires. Dix jours plus tard, les habitants du Calvados sont informés que le roi a quitté Paris, et, le lendemain, 20 mars, Napoléon fait son entrée dans la capitale. Les 23, 24 et 25 mars, des affiches sont apposées sur les murs de la ville de Caen, portant une proclamation de l'Empereur destinée à ramener la paix. Un drapeau tricolore est hissé sur l'hôtel de ville et sur le palais de justice. La population refuse le retour de celui qu'on appelle le «tyran» et dont le nom est synonyme de conscription et de guerre. Cette opposition se manifeste lors du plébiscite sur l'Acte additionnel aux Constitutions de l'Empire. Alors qu'en France les deux tiers de l'électorat s'abstiennent, on compte sept mille cinq cents votants dans le Calvados sur cinq cent mille habitants; maintes communes retournent le registre qui doit contenir les votes, sans réponse. L'élection des représen-

---

1. A. N., F 19-5668, Le ministre des Cultes à l'évêque de Bayeux, 20 septembre 1814.
2. A. N., F 19-5668, Le vicaire général, d'Audibert, au ministre des Cultes, 26 septembre 1814.

tants au suffrage censitaire, dans le Calvados, ne rassemble que le quart des électeurs [1]. Le dimanche 26 mars, le *Domine salvum fac imperatorem* n'est pas chanté dans les églises de Caen ; néanmoins, à partir du 30 mars, les maires, dans les villages, font placer des drapeaux tricolores sur les clochers suivant l'ordre du nouveau préfet, nommé le 12 mars 1815, le baron Richard [2]. L'évêque s'enferme dans un silence prudent ; il ne quitte pas Bayeux et ne promulgue aucun mandement saluant le retour de l'Empereur [3]. Il se borne à répercuter l'ordre de faire chanter de nouveau le *Domine salvum fac imperatorem* pour le dimanche 2 avril. Les paroisses de Caen obéissent mais pas la plupart des paroisses rurales où, s'il est chanté, le peuple ne répond pas. À Caen, on note qu'à Notre-Dame, au moment où le maître chantre a entonné l'antienne, les enfants ont répondu : « *Regem* ». Seul le maire de Caen est satisfait du retour de Napoléon, ce qui lui vaut bien des sarcasmes ; ainsi, Lentaigne de Logivière trouve-t-il, le 10 avril, sur la porte de son domicile une affiche portant proclamation du roi ; elle sera apposée dans toute la ville à partir du 15. Cette opposition résolue du peuple ne faiblit pas avec le temps : le 16 avril, le clergé de Caen ayant chanté le *Domine... imperatorem*, le peuple lui a répondu avec détermination : « *Regem* ».

Le gouvernement mobilise tous les hommes disponibles (arrêté préfectoral du 7 avril), c'est-à-dire les hommes âgés de vingt-cinq à quarante-cinq ans d'après un quota déterminé selon l'importance de la commune ; Napoléon va entreprendre la campagne décisive qui devrait décider de son sort. Quarante-cinq mille conscrits sont appelés dans le Calvados ; le 20 avril, des révoltes contre la conscription éclatent à Douvres-la-Délivrande, Luc, Langrune, Bernières, Bazenville, Crépon et Ouistreham. On déchire les drapeaux tricolores qui sont hissés sur les clochers, comme à Thaon et le peuple crie : « Vive le roi et les Bourbons. » À Colomby, le refus est général ; l'adjoint qui procède au tirage au sort est assommé. Des gendarmes sont envoyés dans les communes révoltées, mais ils sont chassés par la population. Les bonapartistes commencent à se manifester, ce qui provoque des heurts. Le 23 avril, à la messe dominicale des paroisses de Caen, les fidèles répondent « *Regem* » ou « *Imperatorem* » à la prière publique pour l'État ; les proclamations du roi sont affichées dans la ville en toute impunité [4]. Une vague d'anticléricalisme traverse alors la

---

1. A. CHAUDEURGE, *La Chouannerie normande*, p. 146.
2. A. D., Chapitre de Bayeux 880, Journal de Dufour.
3. A. D., F 5663, Notes de Michel et Laffetay.
4. A. D., Chapitre de Bayeux 880, Journal de Dufour.

France, qui touche surtout les grandes villes, comme Paris ou Lyon, où les bonapartistes sont les plus nombreux. En effet, l'attitude du clergé, qui refuse de reconnaître le nouveau pouvoir, provoque des manifestations d'hostilité. L'entrée de Napoléon à Paris est marquée par les cris de : « Vive l'Empereur ! À bas les prêtres [1] !» À Caen, alors que le 28 avril on procède à l'ouverture des registres dans les préfectures, les sous-préfectures, les mairies et les notariats pour recueillir les signatures de soutien au régime, deux cents à trois cents jeunes salariés se répandent dans divers quartiers de la ville en criant : « Vive l'Empereur ! » et en chantant des refrains bonapartistes. On les retrouve deux jours plus tard dans les églises, insultant le clergé et chantant le *Domine... imperatorem* [2]. Le journal satirique de tendance républicaine et bonapartiste *Le Nain jaune* publie, le 15 mai 1815, un «petit catéchisme à l'usage des royalistes» dans lequel le langage religieux est utilisé au service de la cause politique ; le résultat est étonnant [3]. L'attitude du pouvoir oscille entre le désir de reconquérir la confiance du clergé, de la part de Napoléon, et un raidissement certain, voire l'hostilité de quelques ministres. L'opération séduction comporte les deux mesures suivantes : l'ordre de fermer les cafés le dimanche et d'orner les maisons sur le passage de la procession du saint sacrement, le jour de la Fête-Dieu. En revanche, des mesures anticléricales sont prises par Fouché ; le ministre se déchaîne contre les prêtres ; beaucoup sont incarcérés, tandis que Carnot, ministre de l'Intérieur, songe à laïciser l'enseignement primaire. Seul le ministre des Cultes, Bigot de Préameneu, cherche à calmer les esprits. L'Acte additionnel aux Constitutions de l'Empire du 22 avril 1815, rédigé par Benjamin Constant, comporte quelques termes inquiétants au sujet de la garantie de la liberté des cultes et de l'inviolabilité des biens nationaux. L'Empereur convoque tous les évêques à Paris, à «l'assemblée du Champ de Mai» pour la proclamation de la nouvelle Constitution. Aucun cardinal ne s'y rend, même pas Fesch ; seuls les prélats les plus fidèles sont venus sur le Champ-de-Mars, tels les évêques de Nancy, de Meaux, de Versailles, de Parme et de Liège [4]. Brault est absent ; il ne se rallie pas à l'Empereur ; la leçon de 1814 lui a suffi et il sait que les fidèles, royalistes pour la plupart, ne lui pardonneraient pas un nouveau revirement [5].

1. J. LEFLON, *La Crise révolutionnaire : 1789-1846*, p. 299.
2. A. D., Chapitre de Bayeux 880, Journal de Dufour.
3. «Petit catéchisme à l'usage des royalistes» : voir l'annexe 9, p. 422 ; A. D., Chapitre de Bayeux 880, Journal de Dufour.
4. SEVESTRE, p. 69, n. 2. Les noms de ces évêques sont indiqués dans l'annexe 2 : «L'épiscopat concordataire (1802-1823)», p. 389.
5. A. D., F 5663, Notes de Michel et Laffetay.

À la fin d'avril, chaque sous-préfet présente au préfet du Calvados un rapport sur l'état d'esprit du clergé dans son arrondissement. Le sous-préfet de Bayeux, Genas-Duhomme, s'en tient prudemment aux faits, c'est-à-dire aux plaintes qu'il reçoit et aux déclarations hostiles au gouvernement. Or, il prétend qu'aucune plainte ne lui est parvenue et que l'évêque donne l'exemple de la soumission et du respect. Il semble bien, en effet, que cet arrondissement soit moins agité que les autres [1]. Le sous-préfet de Lisieux, Le Cordier-Valencourt, n'a rien à reprocher au clergé de son arrondissement, pourtant il sait parfaitement que les prêtres sont hostiles à l'Empereur et que peu parmi eux acceptent de faire chanter la prière *Domine... imperatorem*[2]. Le sous-préfet de Pont-l'Évêque, Mollien, ne signale lui aussi aucune plainte, mais il ne peut cacher l'hostilité du clergé à l'égard du gouvernement «ou plutôt contre Sa Majesté elle-même». Le fait que dans presque toutes les communes on ne chante pas le *Domine... imperatorem* n'entraîne aucune protestation du peuple, car le clergé a beaucoup d'influence sur lui, surtout à la campagne. Dans certaines paroisses, les curés ont même supprimé le prône du dimanche pour ne pas avoir à parler de l'Empereur et de sa famille [3]. Le sous-préfet de Falaise, Rulhière, corrobore l'opinion générale en ajoutant qu'aucun prêtre ne désire pourtant prêcher la guerre civile «car ils sont sûrs d'un échec; ils n'ont pas oublié le long exil qu'ils ont subi [4]». Enfin, le sous-préfet de Vire, Philpin, va plus loin dans son analyse de la situation; il examine les nominations postérieures au Concordat : le 27 ventôse an XI (18 mars 1803), soixante-treize cures et succursales ont été pourvues dans l'arrondissement de Vire avec quarante-deux prêtres déportés, vingt-huit réfractaires cachés, dont certains avaient combattu comme chouans et trois prêtres assermentés seulement. Parmi les prêtres non placés, on comptait quinze curés de l'Ancien Régime et vingt-deux curés constitutionnels. Pas un seul curé ne fut choisi parmi les assermentés. Or, les prêtres, anciens réfractaires, sont toujours en place; «ils se sont montrés les apôtres de la guerre civile, plus que de l'Église et de la paix, pleins de fiel, mais vieux et décrépits, ils ont bien l'intention du mal, mais il ne leur reste réellement qu'une éloquence vicieuse et maladroite qui n'a plus guère d'influence sur le peuple qu'un devoir pieux et l'habitude conduisent au temple en méprisant le pontife [5]».

1. A. D., V 157, Genas-Duhomme au préfet Richard, 20 avril 1815.
2. A. D., V 157, Le Cordier-Valencourt à Richard, 20 avril 1815.
3. A. D., V 157, Mollien à Richard, 20 avril 1815.
4. A. D., V 157, Rulhière à Richard, 22 avril 1815.
5. A. D., V 157, Philpin à Richard, 26 avril 1815.

L'évêque reçoit une mise en garde très ferme du ministre des Cultes au sujet de son clergé, dont l'attitude hostile heurte le gouvernement, en particulier son refus de faire prier pour l'Empereur. Brault rompt son mutisme pour défendre ses prêtres et justifier sa position. Dans une lettre datée du 15 avril, il déclare à Bigot de Préameneu que les accusations portées contre son clergé sont des calomnies ; les prêtres de son diocèse, qui partagent ses sentiments, ont fait, selon le Concordat, la prière prescrite, pour l'Empereur ; en ce qui concerne les biens nationaux, aucun magistrat, ni maire, ni propriétaire de ces biens n'a adressé de plainte à ce sujet ; de plus, aucun curé de ce diocèse ne songe à rétablir la dîme, ni les droits féodaux. En conclusion, l'évêque affirme que le clergé de Bayeux ne s'écarte pas de la ligne modérée qui a toujours été la sienne et qu'il fera toujours preuve de respect envers l'autorité. Se réjouissant que l'Empereur ait nommé Bigot de Préameneu ministre des Cultes, Brault forme le vœu que leur bonne entente passée continue dans l'avenir [1].

Le 17 mai 1815, le préfet Richard, jugé trop timoré, est remplacé par Ramel [2]. Il arrive à Caen, le 24 mai ; de nouveau, Brault ne paraît pas lors de la réception officielle ; comme pour l'accueil du préfet Richard, le prélat se fait représenter par de Croisilles, son vicaire général [3]. Richard et Ramel sont tous deux d'anciens conventionnels régicides, à cette différence près : Richard affirme qu'il regrette d'avoir voté la mort du roi ; c'est donc un modéré. Ramel, en revanche, est un «pur» qui arrive dans le Calvados avec l'état d'esprit d'un représentant en mission. Il reste que Brault ne fait aucune différence entre les deux personnages ; les rejetant, il évite tout contact personnel avec eux [4]. Le dernier mande-

---

1. A. N., F 19-5668.
2. BERTIER DE SAUVIGNY, p. 214-215.
3. A. D., F 5663, Notes de Michel et Laffetay.
4. Joseph-Étienne Richard (1761-1834) : Avocat au parlement de Paris en 1788, il fut nommé procureur-syndic de La Flèche, en 1790. Il fut élu député de la Sarthe à la Législative, puis à la Convention, où il vota la mort de Louis XVI. Ami de Fouché, il fut membre du Comité de salut public en 1794, député du Nord aux Cinq-Cents en 1795, préfet de la Haute-Garonne en 1800 et de la Charente-Inférieure en 1806. Il fut destitué le 22 août 1814. Il fut chargé, lors du retour du roi, de surveiller Napoléon jusqu'à son embarquement pour Sainte-Hélène et, en retour, obtint d'être excepté de la loi du 12 janvier 1816 qui bannit les régicides. – Denis-Vincent Ramel (1760-1829) : député aux états généraux, il représentait le tiers état de la sénéchaussée de Carcassonne. Député de l'Aude à la Convention, il vota la mort du roi. Député de l'Aude aux Cinq-Cents, il fut nommé ministre des Finances en 1796, jusqu'en 1799. En 1815, il fut exilé comme régicide et mourut à Bruxelles. Voir BERTIER DE SAUVIGNY, p. 214, n. 110 (Richard) ; p. 215, n. 113 (Ramel).

ment de cette époque se borne à rappeler que l'indult du cardinal-légat du Saint-Siège concernant les fêtes supprimées n'est pas révoqué [1]; l'évêque répond ainsi aux curés de campagne qui, le jeudi 25 mai, ont pris l'initiative de célébrer la Fête-Dieu comme sous l'Ancien Régime alors qu'elle est transférée du jeudi au dimanche suivant depuis le Concordat. Il n'est pas entendu, car, le 24 juin, la Saint-Jean-Baptiste est fêtée comme avant la Révolution en de nombreux endroits [2]. Le peuple est acquis à la cause royaliste et les curés résistent de plus en plus ouvertement, notamment en refusant de faire chanter le *Domine salvum fac imperatorem* [3]. Dans une lettre du 27 avril 1815, Fouché ne cache pas à Bigot de Préameneu que le clergé du Calvados est en général hostile au pouvoir. Il désire faire un exemple dans la ville de Caen en s'attaquant au vicaire de la paroisse Saint-Étienne, qui est une place forte de l'opposition royaliste. Le 15 avril, ce prêtre a affirmé dans son sermon qu'il a prêté serment au gouvernement royal et a incité les fidèles «à prier pour le "Roi... des cieux" (ces deux derniers mots dits à voix basse, pour ménager sans doute une excuse auprès de l'autorité publique)». Fouché propose donc au ministre des Cultes de faire destituer le vicaire par l'évêque [4]. Le 28 avril, le ministre transmet à Brault [5]. Celui-ci prend la défense du vicaire; il affirme au ministre des Cultes, le 8 mai 1815, que ce prêtre est «paisible et vertueux; les instructions familières qu'il fait le matin avant ou après la messe ne visent qu'à inciter le peuple à pratiquer la religion. Jamais il ne parle de politique; ce sont peut-être ses bonnes œuvres qui lui ont attiré ces malveillances d'ennemis de la religion. La phrase qu'on lui attribuait ne présente au fond aucun mal; en effet, on peut exhorter les fidèles à "*prier* le *roi* des *cieux*", mais il serait équivoque de faire "prier *pour* le Roi... des cieux"; un prêtre paraîtrait insensé en le faisant» [6]. Le vicaire ne sera pas destitué. L'autre ville du diocèse qui manifeste le plus son hostilité est Lisieux. Le 14 juin, le préfet signale au ministre des Cultes que Blondel, le curé de la cathédrale Saint-Pierre, refuse obstinément de faire chanter la prière pour l'Empereur, malgré le rappel à l'ordre de l'évêque; Ramel ajoute que «si ici l'esprit public est attiédi et quelquefois égaré, cela est dû aux prêtres qui refusent de parler de

---

1. A. D., V 159, Lettre circulaire de Brault aux curés et desservants, 7 juin 1815.
2. A. D., Chapitre de Bayeux 880, Journal de Dufour.
3. A. N., F 7-9638, Lettre du conseiller de préfecture Marc à Fouché, s. d.
4. A. N., F 19-5668.
5. *Ibid.*
6. *Ibid.*

l'Empereur pendant les offices. De là vient l'opposition des parents au départ de leurs enfants pour l'armée et aussi les propos de famille sur la légitimité du gouvernement »[1]. À Douvres, le curé, Adam, a essayé par deux fois de faire chanter le *Dominum salvum fac imperatorem*, mais les fidèles ont répondu : *« Regem »* ; il s'est plaint de cette situation et a essayé de convaincre ses paroissiens de revenir à de meilleurs sentiments, mais personne n'ayant obéi, il a fait cesser le chant[2]. Les nobles se moquent ouvertement de Napoléon et des atteintes au drapeau tricolore sont attestées partout[3]. Un arrêté préfectoral du 13 juin 1815 ordonne que celui-ci doit être hissé sur les clochers des églises ; les maires des communes sont tenus de faire respecter cette mesure ; le sous-préfet de Bayeux atteste qu'à Fontenay, Isigny, Banville, Balleroy, Formigny, May-sur-Orne et Magny, le préfet est obéi[4]. En revanche, le sous-préfet de Vire note, de son côté, que de nombreux maires ignorent l'ordre préfectoral ; cela est dû, d'après lui, au fait que le décret aurait dû prévoir, lors de la mise en place du drapeau, un acte solennel qui aurait montré au peuple qu'on lui rend son « indépendance ». En conclusion, le sous-préfet rapporte ce détail cocasse : « On m'a rapporté que le drapeau blanc flotte sur le clocher de l'église de Maisoncelles ; le maire s'était borné à faire peindre du bleu et du rouge sur le drapeau et la pluie avait lavé les couleurs[5]. »

La dernière tentative de soutien au régime impérial dans le Calvados est l'initiative de quelques étudiants en droit de Caen ; le 3 mai, ils placardent dans la ville une motion de soutien au préfet et appellent les volontaires à s'enrôler dans l'armée. Si plusieurs d'entre eux partent le 11 mai, ils sont peu suivis et leurs collègues, dans leur grande majorité, estiment, dans une déclaration, que l'on a abusivement parlé en leur nom. Waterloo a lieu le 18 juin. À partir du 20 juin, l'insoumission gagne même les prisons[6] ; le désordre est tel que le directeur de la maison centrale de Beaulieu, à Caen, craint une évasion générale. Le 22 juin, jour de la seconde abdication de Napoléon, à Honfleur, on arbore le pavillon blanc et les femmes courent dans la rue avec des fleurs de lys. La nouvelle de Waterloo arrive à Caen, le 23 juin ; les mouvements

---

1. *Ibid.*
2. A. D., V 157, Le sous-préfet de Caen par intérim au préfet du Calvados, 17 mai 1815.
3. BERTIER DE SAUVIGNY, p. 216.
4. A. D., Z 897.
5. A. N., F 19-5668, Le sous-préfet de Vire au préfet du Calvados, 22 juin 1815.
6. A. D., Chapitre de Bayeux 880, Journal de Dufour.

royalistes s'amplifient : Ouistreham s'insurge le 25 juin ; on note des explosions de joie spontanées à Honfleur, Pont-l'Évêque et Falaise, le 26 juin. À Amfreville, on arrache le drapeau tricolore qui flottait sur le clocher, on le coupe et on l'enfouit. On fait de même à Évrecy. À Noyers, cette opération est dirigée par le maire ; dans ce village, une fête populaire improvisée se déroule dans les rues. À Caen, on apprend, le 28 au soir, que les alliés sont à Paris ; un millier de personnes se rassemblent sur la place de la mairie aux cris de : «Vive le roi!» Pour éviter la guerre civile, les autorités se mettent d'accord pour interdire les cris de «Vive le roi!» et de «Vive l'Empereur!»; elles ordonnent aux troupes de tenir en respect les royalistes trop ardents. Au moment où, le 8 juillet, le roi entre dans Paris, le duc d'Aumont débarque à Arromanches, venant d'Angleterre, avec une troupe de volontaires. Du Bocage, Moulin se propose de le rejoindre avec quatre mille cinq cents hommes. Aumont prend Bayeux ; le général Vedel, commandant la place de Caen, se porte à sa rencontre, le 12 juillet, avec des troupes régulières. La ville de Caen est en effervescence ; dans la soirée, des jeunes de la paroisse Saint-Julien fabriquent un Bonaparte en paille, le promènent dans le quartier en criant : «Vive le roi!», «À bas les bonapartistes!» et finalement le brûlent. Dans le bas de la route de Creully, une foule joyeuse danse au son des vielles et des violons, qui jouent des airs monarchistes. On chante :

> *Chantons tous avec allégresse*
> *Domine salvum fac regem*
> *Plus de Corse... plus de tristesse*
> *Au diable l'imperatorem*[1].

Le lendemain, 13 juillet, Vedel refuse la confrontation sanglante ; Aumont reçoit sa soumission et revient vers Caen ; il entre dans une ville en liesse, passe en revue les troupes, place Royale, en compagnie des corps constitués, mais dédaigne le maire bonapartiste. Le curé de Saint-Étienne et son clergé attendent le duc à l'entrée de l'église, où il assiste à la messe. Les façades des maisons sont ornées de drapeaux blancs et de leurs plus beaux ornements. Une foule de cultivateurs est venue de la campagne avec les maires de nombreuses communes rurales. Le soir, la municipalité ordonne l'illumination de la ville ainsi qu'un bal populaire en plein air. Le préfet Ramel quitte Caen, le 19 juillet ; il est remplacé par le comte d'Houdetot[2]. Le lendemain, le duc d'Aumont et les corps

---

1. CHAUDEURGE, p. 147, n. 21.
2. Frédéric-Christophe d'Houdetot (1778-1859). Né à Paris le 16 mai 1778, il entra en février 1806 comme auditeur au Conseil d'État,

constitués se rendent à Saint-Étienne pour entendre la messe du Saint-Esprit pour le retour de Louis XVIII. L'Empire est bien fini [1].

La seconde Restauration (1815-1823).

Brault, évêque ultra.

Le 20 juillet 1815, Mgr Brault publie une lettre pastorale suivie d'une ordonnance qui prescrit des prières solennelles en action de grâces pour l'heureux retour du roi dans la capitale. Il explique que le départ forcé du monarque l'avait indigné, mais la crainte d'attirer sur les fidèles de nouveaux malheurs l'avait contraint au silence : « [...] On voit partout que Louis le Désiré est acclamé et flotter l'antique étendard des lys, symbole de réconciliation et de paix. Est-ce ainsi que fut accueilli l'usurpateur? Son entrée à Paris fut accompagnée de stupeur et les mères apeurées tenaient dans leurs bras leurs enfants qui allaient leur être ravis. Il faut abjurer les erreurs antichrétiennes, telle la souveraineté du peuple, qui pourrait créer et déposer les rois, et revenir au principe que c'est de Dieu que les rois tiennent leur autorité. Les ennemis du roi veulent que la France soit libre et indépendante; mais n'est-ce pas parce que l'on a voulu franchir les limites qu'avaient tracées nos pères que l'on a vu par deux fois les armées étrangères envahir le territoire [2]? »

Ce mandement est lu, le 3 août suivant, dans toutes les églises. L'administration générale des Cultes adresse une circulaire aux préfets, le 31 juillet 1815, dans laquelle elle demande que les évêques rétablissent les ecclésiastiques qui,

---

puis fut intendant civil à Berlin, pendant l'occupation de cette ville. Il revint en France en janvier 1808 et fut nommé sous-préfet de Château-Salins. Le 18 septembre de cette même année, il fut promu préfet de l'Escaut, baron d'Empire le 18 juin 1809, chevalier de la Légion d'honneur le 29 mai 1810 et officier du même ordre le 30 juin 1811. Préfet de la Dyle en 1812, il dut abandonner ses fonctions lors de l'invasion, en 1814. Pendant les Cent-Jours, il fut nommé préfet du Calvados. Le 5 mars 1819, nommé pair de France, il siégea parmi les constitutionnels, adhéra à Louis-Philippe en 1830 et conserva son siège dans la Chambre haute. Le 13 mai 1849, représentant du Calvados à la Législative, il prit place à droite, se rallia à Louis Napoléon Bonaparte après le coup d'État de 1851, fut nommé député du Corps législatif, le 28 février 1852, où il siégea sans interruption jusqu'à sa mort, à Paris, le 20 janvier 1859.

1. G. LAVALLEY, «Le duc d'Aumont et les Cent-Jours en Normandie», p. 171.
2. A. D., V 159.

durant les Cent-Jours, ont été éloignés de leurs fonctions à cause de leur attachement à la famille royale[1]. Brault répond au préfet du Calvados le 7 août 1815 que, dans son diocèse, il n'en connaît pas[2]. Le Calvados subit alors à la fois l'occupation prussienne et la réaction de la Terreur blanche. Le 23 juillet, la procession annuelle de la paroisse Saint-Étienne de Caen à la Délivrande est marquée par la présence de jeunes gens portant un drapeau blanc avec l'inscription : «Dieu et le roi»; ils arborent au bras gauche des nœuds blancs. Le duc d'Aumont lui-même se rend à la Délivrande, le 25 juillet, pour y entendre un *Te Deum* au milieu d'un peuple en liesse. Les Prussiens arrivent au début d'août; le 2, ils sont deux mille cinq cents à Lisieux; le 4, ils occupent Caen et logent chez les bourgeois. Ils ont pour mission de réduire la garnison de Cherbourg, forte de dix mille hommes et demeurée fidèle à Bonaparte. Ils partent pour Cherbourg, le 7. Cinq mille autres soldats prussiens arrivent à Caen, le 12 août; ils sont rejoints par des Polonais, le 16[3]. Finalement, ce sont trente-cinq mille hommes et dix mille chevaux qui se répandent dans la région de Caen, se livrant à de nombreuses exactions, y compris l'occupation de la préfecture[4].

L'évêque multiplie les gestes d'allégeance au régime : il est à Saint-Étienne de Caen, le 25 août, pour célébrer la messe de Saint Louis devant les autorités civiles et militaires; on note que la duchesse d'Aumont quête pour les pauvres. Le 9 septembre, il rencontre le prince de Blücher, commandant de l'armée prussienne, aux côtés du duc d'Aumont et du préfet[5]. Le 12 septembre, il ordonne par mandement la prière des quarante heures en réparation des outrages faits à Dieu et à la religion sous le régime de l'usurpateur[6]. Ces prières sont faites à partir du 21 septembre, au moment où les Prussiens quittent la région; en effet, assiégée sur terre par les Prussiens et sur mer par les Anglais, la ville de Cherbourg s'est rendue, le 14 septembre. Le 21 septembre, un nouveau mandement ordonne des prières publiques à l'occasion de l'ouverture de la session parlementaire[7]. Il s'agit de la Chambre introuvable dominée par les ultras, qui provoque la démission du président du Conseil, Talleyrand[8], et son remplacement par

---

1. A. D., M 2849.
2. *Ibid.*
3. A. D., Chapitre de Bayeux 880, Journal de Dufour.
4. BERTIER DE SAUVIGNY, p. 223.
5. A. D., Chapitre de Bayeux 880, Journal de Dufour.
6. A. D., V 159.
7. *Ibid.*
8. Charles-Maurice de Talleyrand-Périgord (1754-1838). Né à Paris, il étudia au séminaire de Saint-Sulpice. Il obtint l'abbaye de Saint-Denis,

Richelieu [1]. Le duc d'Aumont devient ministre de la maison du roi et pair de France. La messe du Saint-Esprit est chantée à Saint-Étienne de Caen, le 24 septembre, en présence des corps constitués. Sous la pression des ultras, Richelieu officialise la Terreur blanche : la loi du 12 janvier 1816 bannit les régicides. Le royalisme s'étale sans retenue ; le clergé y parti-

dans le diocèse de Reims, et fut nommé agent général du clergé de France en 1780, puis évêque d'Autun en 1788. Élu député de son ordre aux états généraux de 1789, il se prononça dès le début des séances pour la réunion des trois ordres et joua un rôle prépondérant à l'Assemblée nationale constituante, où il contribua à faire voter la mise à la disposition de la nation des biens du clergé. Lors de la fête de la Fédération (14 juillet 1790), il célébra la messe au Champ-de-Mars. Bien que n'ayant pris aucune part active à la rédaction de la Constitution civile du clergé, il fut l'un des premiers à prêter serment et devint chef du clergé constitutionnel, après avoir abandonné son évêché d'Autun. Condamné comme schismatique par le pape, il quitta peu après l'Église. Sous l'Assemblée législative, il commença une longue carrière diplomatique ; envoyé en Angleterre pour tenter d'obtenir la neutralité de ce pays, il fut accusé d'avoir intrigué pour le duc d'Orléans et fut mis sur la liste des émigrés. Après un séjour aux États-Unis, il revint en France lors de la chute de Robespierre, avec sa maîtresse, Mme Grand, qu'il devait épouser en 1803. Grâce à Barras, il obtint le portefeuille des Relations extérieures, qu'il conserva sous le Consulat. Inspirateur des articles organiques du Concordat, négociateur à Lunéville, Amiens, Presbourg, Tilsit, il fut fait successivement grand chambellan (1804), prince de Bénévent (1806) et vice-grand électeur (1807). Il se sépara de Napoléon Ier sur les questions de politique extérieure et perdit son ministère en 1807. Il tomba en disgrâce en 1809, après une intrigue fomentée contre le régime, en compagnie de Fouché. Il fut nommé chef du gouvernement provisoire en 1814, fit voter la déchéance de l'Empereur par le Sénat et fit appeler Louis XVIII au pouvoir. Il fut nommé ministre des Affaires étrangères et négocia, en cette qualité, le premier traité de Paris, puis participa au congrès de Vienne. Président du Conseil en juillet 1815, il dut démissionner face aux exigences de la Chambre introuvable. Membre de la Chambre des pairs, il se rangea dans l'opposition et rallia Louis-Philippe Ier en 1830. Il fut nommé ambassadeur à Londres et participa, dans cette ville, à la conférence consacrée au problème de la Belgique et à celle qui concerna les affaires ibériques. Il mourut à Paris.
1. Armand-Emmanuel de Vignerot du Plessis, duc de Richelieu (1766-1822). Né à Paris, il fut connu jusqu'en 1791 sous les noms de comte de Chinon et de duc de Fronsac. Il émigra en Russie en 1790, où il se distingua dans la guerre contre les Turcs. Après avoir refusé les offres alléchantes de Napoléon, le tsar Alexandre Ier le nomma gouverneur d'Odessa (1803). Rentré en France en 1814, il succéda à Talleyrand comme président du Conseil et ministre des Affaires étrangères, en septembre 1815. Il dut signer le second traité de Paris, en novembre 1815, et obtint, dès le congrès d'Aix-la-Chapelle (1818), l'évacuation des troupes étrangères et l'admission de la France dans la Quintuple-Alliance. Un désaccord avec Decazes provoqua sa démission, en décembre 1818, et il fut rappelé au pouvoir après l'assassinat du duc de Berry (février 1820). La double opposition des ultras et des libéraux provoqua sa démission en décembre 1821. Il mourut à Paris l'année suivante.

cipe activement. De nombreuses fêtes supprimées par le Concordat sont célébrées comme sous l'Ancien Régime et chômées... sauf par les bonapartistes ; le mois du rosaire est l'occasion de neuvaines pour le roi, telle celle qui s'achève le 15 octobre à Saint-Étienne de Caen, en présence d'un drapeau blanc... Les bonapartistes manifestent parfois leur indignation, comme ces fidèles qui se présentent à Saint-Pierre de Caen, le 28 octobre, avec des bouquets de violettes en signe de rébellion contre le pouvoir royal. On apprend ce même jour que Murat a été fusillé [1]. L'opposition bonapartiste est particulièrement vive dans l'arrondissement de Vire, où se trouvent les terres de quelques grandes familles de la noblesse d'Empire : Pontécoulant [2], Grouchy [3], beau-frère de Ponté-

---

1. A. D., Chapitre de Bayeux 880, Journal de Dufour.
2. Louis-Gustave Le Doulcet de Pontécoulant (1764-1853). Né le 9 novembre 1764, il devint capitaine de cavalerie, puis officier des gardes du corps en 1783. Il se rallia à la Révolution, devint administrateur et président du département du Calvados, élu député suppléant à l'Assemblée législative en 1791 et membre de la Convention nationale en 1792. Envoyé en qualité d'inspecteur à l'armée du Nord, il prit part au siège soutenu par la ville de Lille avant Jemmapes. Rappelé à la Convention, il vota le bannissement du roi, puis le sursis. Malgré les menaces des Jacobins, il s'opposa au tribunal révolutionnaire et au décret d'accusation contre les députés de la Gironde. Mis hors la loi, il se réfugia en Suisse où, pour vivre, il devint apprenti menuisier à Zurich. Rentré en France en l'an III, il réintégra la Chambre ; nommé membre du Comité du gouvernement, il fut attaché à la section de la Marine puis chargé seul des opérations des armées de terre. Il admit au Bureau topographique pour ce qui concerne les armées des Alpes et d'Italie le général de brigade Bonaparte. Élu président de la Convention, il entra ensuite au Conseil des Cinq-Cents dont il devint aussi président et combattit avec talent les excès du gouvernement ultrarévolutionnaire. Il refusa de siéger dans une assemblée dont les droits étaient constamment bafoués par le Directoire et fut inscrit sur la liste de proscription du 18 Fructidor. Après le 18 Brumaire, il fut préfet de la Dyle, puis sénateur en 1805 et pair de France lors de la rentrée des Bourbons en 1814. Il mourut le 3 avril 1853.
3. Emmanuel de Grouchy. (1766-1847). Né au château de la Villette, il était issu d'une famille de la noblesse normande. Il entreprit une carrière militaire et fut nommé lieutenant aux gardes du corps, en 1783. Lorsque la Révolution éclata, il se montra partisan des idées nouvelles et la République le nomma général de division, en 1793. Obligé de quitter l'armée à la suite du décret de la Convention qui exclut les ex-nobles, il fut bientôt réintégré par le décret spécial du 13 juin 1795. Il participa à la désastreuse campagne d'Italie de 1799 et, blessé, tomba aux mains de l'ennemi, à Novi. Échangé un an plus tard, il contribua à la victoire de Hohenlinden (1800). Il avait protesté contre le 18 Brumaire, mais il se réconcilia avec le régime et devint l'un des serviteurs les plus zélés de Napoléon, le suivant dans presque toutes ses campagnes. En 1809, il fut nommé colonel général des chasseurs et comte d'Empire. Lors de la retraite de Russie, l'Empereur le plaça à la tête de l'Escadron sacré, composé d'officiers chargés de veiller à sa sûreté personnelle. Mis en disponibilité sous la première Restauration, il offrit ses services à Napoléon pendant les Cent-Jours. Il reçut la capitulation du duc d'Angoulême, ce qui lui valut le bâton de maréchal. Nommé membre de la

coulant, et Caulaincourt. Le château de Pontécoulant est un centre d'opposition très actif, malgré l'absence de ses propriétaires. Grouchy, lui-même, proscrit et en fuite est le symbole de la résistance pour les partisans de l'ex-empereur. Le préfet, Frédéric-Christophe d'Houdetot [1], n'est pas à la hauteur de la situation; il est débordé et moralement épuisé. Depuis le changement de ministère, le 25 septembre, il a perdu avec le départ de Barante, secrétaire général au ministère de l'Intérieur, son meilleur appui. La tendance de la nouvelle Chambre et du nouveau ministre de l'Intérieur Vaublanc [2] est contraire à sa ligne de modération. Des plaintes parviennent au ministre au sujet de sa couardise; ainsi, on le soupçonne, avec raison, de ne pas arrêter Grouchy, recherché activement par les ultras. Le 20 octobre, le comte d'Houdetot,

Chambre des pairs, il reçut le commandement de la cavalerie de réserve de l'armée du Nord qui devait se porter en Belgique à la rencontre de Blücher et Wellington. Le 18 juin 1815, obnubilé par les ordres de Napoléon le sommant de poursuivre Blücher, il ne rejoignit pas Waterloo et son absence pesa lourdement dans la défaite. Proscrit en juillet 1815, il passa cinq ans à Philadelphie (États-Unis). Il fut exclu du décret d'amnistie en 1819 et ne rentra qu'en 1821, bénéficiant d'une ordonnance spéciale qui lui rendit tous les titres et dignités qu'il avait avant les Cent-Jours. Louis-Philippe Ier lui rendit son grade de maréchal en 1832 et l'appela à la Chambre des pairs. Il mourut à Paris.
1. Biographie de Frédéric-Christophe d'Houdetot : voir p. 204, n. 2.
2. Vincent-Marie Viénot, comte de Vaublanc (1756-1845). Né à Saint-Domingue le 2 mars 1756, il fut élève des jésuites de la Flèche, puis admis à l'École militaire (1770); il en sortit, en 1744, sous-lieutenant au régiment de la Sarre. Il partit pour Saint-Domingue et revint en France en 1782. Il quitta l'armée et s'installa non loin de Melun. Il participa aux états généraux dans les rangs de la noblesse du bailliage de Melun, puis fut député de Seine-et-Marne, en 1791, comme membre du parti constitutionnel. Appelé à la présidence, le 11 novembre, il s'opposa aux Girondins et dut fuir l'Assemblée lors des évènements du 10 août 1792. Non réélu à la Convention, il se cacha pour échapper aux poursuites. En thermidor, il réapparut et fut nommé député aux Cinq-Cents par les électeurs de Seine-et-Marne (octobre 1795). Proscrit lors du 18 Fructidor, car jugé trop réactionnaire, il se réfugia en Suisse, puis en Italie. Il rentra en France après le 18 Brumaire et le Sénat le désigna au Corps législatif (1800). Il établit le rapport sur le consulat à vie (1802). Partisan enthousiaste de Napoléon, il fut nommé président, puis questeur du Corps législatif, en 1804, préfet de la Moselle, en 1805, baron, puis comte d'Empire, en 1810 et 1813. Il fut maintenu dans sa préfecture par Louis XVIII et fut nommé grand officier de la Légion d'honneur en 1814. Il dut s'enfuir au Luxembourg, lors des Cent-Jours et rejoignit le roi à Gand. Il rentra à sa suite à Paris et fut nommé conseiller d'État et préfet des Bouches-du-Rhône, en 1815. Le 24 septembre 1815, il devint ministre de l'Intérieur dans le cabinet Richelieu jusqu'au 8 mai 1816 où il fut remplacé par Lainé. Il ne revint à la Chambre qu'en 1820 comme député du Calvados. Hostile à Villèle, il siégea à droite, et ne fut pas réélu lors de la dissolution, en 1827. Il fut appelé par ordonnance du 25 juillet 1830 à participer aux délibérations du Conseil d'État et se retira de la vie politique. Il mourut à Paris le 21 août 1845.

ayant obtenu son congé, quitte Caen pour ne plus revenir. Il est remplacé vingt jours plus tard, le 15 novembre, par Ferdinand Bertier de Sauvigny[1]. Durant son court mandat (13 novembre 1815-17 octobre 1816), ce préfet va profondément marquer le Calvados, car il met résolument en place la politique de réaction, avec la bienveillance et l'aide de l'évêque. D'emblée, Brault retrouve l'estime, réciproque, d'un préfet, qu'il ne connaissait plus depuis le départ de Caffarelli. Bertier, si intransigeant sur les questions de fidélité politique, a confiance en cet évêque, c'est-à-dire en son ralliement aux Bourbons. Il ne l'a jamais soupçonné de mensonge et il ne cesse au contraire de le louer dans ses souvenirs comme un « prêtre respectable » aux « bons sentiments religieux et politiques que partageait en général son clergé ». Il est certain que l'appui d'un tel personnage a été décisif pour l'ascension ultérieure de Brault ; la grande confiance et l'estime que lui porteront Louis XVIII et surtout Charles X viennent en partie des excellents rapports de Bertier de Sauvigny. C'est à partir de cette date, durant cette période ultra qui correspond au préfectorat de Bertier de Sauvigny, que Brault acquiert une dimension nouvelle, celle de l'évêque légitimiste ; désormais, il ne s'écartera pas de cette ligne de conduite, comme le prouvera son attitude, en 1830, face à la dynastie des Orléans.

Bertier de Sauvigny met en place résolument la politique de réaction avec l'appui de l'évêque ; ce dernier l'aide dans son travail d'épuration administrative. Certains sous-préfets sont destitués. Si Genas-Duhomme reste à Bayeux, Le Cordier-Valencourt, à Lisieux, est remplacé par Antoine-Jean de Boulancy, un ancien émigré de l'armée de Condé. De même, le sous-préfet de Vire, Decheux de Saint-Clair, qui avait remplacé Genas-Duhomme en 1814, sous le préfectorat de Méchin, est remplacé par le comte Eugène de Valori, le 13 février 1816, ancien sous-préfet de Rouen, qui restera à ce poste jusqu'en 1825[2]. *Le Journal du Calvados* publie les décisions épiscopales ; les mandements de l'évêque, en effet,

---

1. Ferdinand de Bertier de Sauvigny (1782-1864). Fils du dernier intendant de Paris assassiné le 14 juillet 1789, il demeura en France durant toute la période de la Révolution. Membre de la société secrète des Chevaliers de la foi à partir de 1810, il coordonna les mouvements royalistes dans le Midi en 1813. Sous la première Restauration, il fut nommé major dans la garde royale. Sous les Cent-Jours, il rejoignit le duc d'Angoulême puis partit pour l'Espagne. En juillet 1815, il participa à la prise de Saint-Jean-de-Luz à la tête des royalistes qui rentraient en France. Le 26 août suivant, promu colonel, il fut nommé commandant de la place de Bordeaux. Des ennuis de santé l'obligèrent à quitter l'armée. Il fut alors nommé préfet du Calvados (ordonnance royale du 13 novembre 1815).
2. BERTIER DE SAUVIGNY, p. 237-242.

reflètent les décisions du préfet. Ainsi, Bertier de Sauvigny adresse une lettre confidentielle au prélat dans laquelle, déplorant les intempéries qui frappent les récoltes de 1816, il demande l'institution de prières publiques; l'évêque acquiesce aussitôt et publie deux mandements : le 23 juillet et le 31 juillet 1816[1]. Le préfet signale à l'évêque les curés suspects. Ainsi, le desservant de Sallenelles, ayant tenu des propos bonapartistes, l'évêque reçoit la note suivante de Bertier de Sauvigny : « Je l'ai mandé pour cet objet et j'ai su qu'il avait déformé les circonstances de l'entretien que j'ai eu avec lui... En vous communiquant confidentiellement les griefs qui existent contre cet ecclésiastique, je n'ai d'autre intention que de vous éclairer sur son compte en vous priant, si vos renseignements confirment les miens, de lui adresser quelques observations sur l'inconséquence de sa conduite[2]. »

L'évêque s'attaque aux anciens prêtres constitutionnels, achevant ainsi, treize ans plus tard, le travail d'unification de son clergé, commencé en 1802-1803, par la mise à l'écart des derniers prêtres assermentés. Il est décidé qu'à partir du 1er janvier 1816 les prêtres jureurs qui ne se sont pas rétractés seront interdits de confession et qu'ils ne pourront plus administrer les sacrements. Cette mesure est appliquée avec rigueur, mais certains prêtres sont encore autorisés à célébrer la messe en privé. Le Breton, desservant de Courvaudon, non loin de Villers-Bocage, reçoit sa lettre de destitution à cause du soutien actif qu'il a manifesté au parti bonapartiste, au moment des Cent-Jours. Il résiste et désire que ses paroissiens témoignent en sa faveur. Néanmoins, l'église est fermée sur ordre de l'évêque et le desservant est autorisé à célébrer la messe en privé. Le 1er juin, le desservant de Condé-sur-Laizon, près de Saint-Sylvain, est arrêté avec sept autres personnes, parce qu'il a arraché le drapeau blanc du clocher de l'église et insulté la famille royale. De nombreuses incarcérations de « conspirateurs » ont lieu à cette époque, surtout à Caen, du 6 au 8 juin[3]. En 1816, une ordonnance signée de Brault écarte trois desservants accusés d'être les complices des conspirateurs bonapartistes dont les chefs, dans le Calvados, sont Pontécoulant et Grouchy. Il s'agit de Letat, desservant de Pontécoulant, de Diligence, desservant de La Ferrière-Duval, et de Hansart qui, étant jugé moins coupable, est transféré à Norrey[4].

---

1. A. D., V 159.
2. BERTIER DE SAUVIGNY, t. LVI, 1961-1962, p. 392.
3. A. D., Chapitre de Bayeux 880, Journal de Dufour.
4. A.D., M 2849, L'évêque de Bayeux au préfet du Calvados, 30 avril 1816.

Le 16 janvier 1816, le préfet ordonne que l'on arrache dans le catéchisme impérial le chapitre où il est question des devoirs envers l'Empereur[1]. Un procès-verbal du commissaire de police de Falaise apprend qu'il a fait détruire huit cent soixante-dix-huit exemplaires de cet ouvrage chez les six libraires de cette ville[2]. Bertier de Sauvigny fait respecter le repos dominical ; dans une circulaire du 30 mars 1816, rappelant la loi du 18 novembre 1814, il se plaint de la négligence de nombreuses personnes. Ainsi, à Isigny, Auvray, constructeur de navires, fait travailler ses ouvriers le dimanche. Le maire l'ayant dénoncé, le juge de paix déboute ce dernier et le condamne aux dépens. Le préfet, avec le soutien de l'évêque, s'insurge contre cette décision auprès du gouvernement ; le magistrat est révoqué[3]. Les mandements épiscopaux de l'année 1816 comportent de nombreuses mises en garde contre les ennemis du régime ; Brault participe donc au conditionnement des esprits. Dans la lettre pastorale publiée à l'occasion du carême, on peut lire : « Il faut répéter souvent aux fidèles que le roi est occupé du bonheur du peuple, qu'il nous a rendu deux fois la paix. Certains hommes pervers cherchent à entraîner le peuple dans les erreurs dont nous venons à peine de sortir ; les prêtres doivent faire cesser les bruits les plus absurdes qui courent dans les campagnes[4]. » Dans le mandement publié pour la fête de Saint Louis, il est écrit : « Il reste encore trop d'hommes obstinés et endurcis ; lorsqu'on s'est laissé séduire dans sa jeunesse par une philosophie illusoire, qui attaquait la religion, il est difficile de revenir à des idées plus justes. Saint Louis est le chef de la dynastie régnante, le père de Louis XII, Henri IV, Louis XIV et de l'infortuné Louis XVI, ainsi que du roi actuel[5]. »

Le 8 février 1816, Lentaigne de Logivière, le maire de Caen, bonapartiste, est finalement remplacé par Le Forestier de Vendeuvre[6]. Les intempéries, qui ont pour conséquences

---

1. A. D., Z 106.
2. A. D., Z Falaise 83.
3. BERTIER DE SAUVIGNY, t. LVI, p. 393-394.
4. A. D., V 159, Lettre pastorale de Brault, 7 février 1816.
5. A. D., V 159, Lettre pastorale de Brault, 12 août 1816.
6. A. D., Chapitre de Bayeux 880, Journal de Dufour. Cette décision est provoquée par l'incident suivant : le 15 janvier, le préfet ordonne au maire de faire casser une tabatière offerte par la municipalité sur laquelle étaient représentés Napoléon et Marie-Louise ; le maire de Caen refuse. – Augustin Le Forestier de Vendeuvre (1786-1862), né à Caen le 6 juin 1786, est le fils de Jacques-Alexandre, comte de Vendeuvre, maire de Caen en 1781, puis d'août 1789 à février 1791. Après des études à Rouen pendant la Révolution, il entra à l'école militaire de Fontainebleau mais ne fit pas carrière dans l'armée. Maire de Caen de 1816 à 1824, il fut nommé successivement préfet d'Ille-et-Vilaine, du Tarn-et-Garonne, de la Vienne et de la Moselle. En juillet 1830, il refusa de se rallier à Louis-Philippe 1er et se retira à Vendeuvre, où il mourut.

les mauvaises récoltes de 1816, puis l'augmentation du prix du pain et son absence, à partir du 24 août à Caen, ne provoquent pas de révolte populaire comme en 1812. Malgré la disette, moins grave toutefois que quatre années auparavant, les habitants de Caen participent volontiers aux multiples réjouissances organisées en cette année 1816, qui sont marquées par des cérémonies religieuses : le 5 avril, on célèbre pour la première fois, en l'église Notre-Dame, la fête de la Compassion de Notre-Dame, instituée par le pape Pie VII en mémoire de sa captivité ; le *Te Deum* du 5 mai, ordonné par le mandement épiscopal du 27 avril [1], est chanté dans toutes les églises à l'occasion de l'anniversaire du retour du roi et du prochain mariage du duc de Berry ; la fête du Saint-Sacrement est célébrée dès le jeudi 13 juin, malgré le Concordat, dans quelques paroisses de Caen, ainsi qu'à Tilly-sur-Seulles, Audrieu, Lingèvres... Peu de monde travaille. Elle est célébrée solennellement à Saint-Étienne de Caen, le dimanche suivant, en présence des corps constitués. La procession jusqu'à Notre-Dame est supprimée à cause de la pluie, mais, dans l'octave du Saint-Sacrement, les processions qui sont organisées sont brillantes et suivies par une foule fervente. La fête de saint Jean-Baptiste, le 24 juin, coïncide avec le mariage du duc de Berry : revue, réjouissances place Royale, danses, feu d'artifice et grand bal à l'hôtel de ville. En l'église Saint-Gilles, un mariage tiré au sort pour «gens méritants» est célébré en présence des autorités civiles et militaires. L'Assomption est, toutefois, plus triste que prévu ; la pluie tombe toujours et les processions ont lieu à l'intérieur des églises. On prie pour le retour du beau temps, car le froid empêche les grains de mûrir. La Saint-Louis, le 25 août, est fêtée pompeusement malgré l'absence de pain. Pour détourner la colère du peuple, on accuse, le 6 septembre, l'ancien maire de Caen, Lentaigne de Logivière, d'encourager les paysans à stocker les grains pour affamer la population et rétablir Bonaparte. Il est recherché par la gendarmerie. Les ultras du Calvados organisent un pèlerinage, le 1er septembre, en souvenir de l'expédition du duc d'Aumont de 1815. Ils se rendent de Caen à Bayeux, accompagnés du préfet, Bertier de Sauvigny, et remettent à l'évêque le drapeau blanc que la duchesse d'Angoulême donna au duc lors de son départ de Londres, afin qu'il fût conservé dans la cathédrale [2]. Le 16 octobre, des services funèbres sont célébrés pour Marie-Antoinette d'Autriche, selon le mandement épiscopal du 14 octobre *(ibid.)*.

1. A. D., V 159.
2. Lavalley, p. 328-330.

L'année 1816 s'achève par la grande mission ouverte à Saint-Pierre de Caen, avec la participation des missionnaires de France du père Rauzan. Toute la ville y participe durant six semaines ; elle s'achève, le 23 décembre, avec l'érection du calvaire de Vaucelles que bénit Mgr Brault, puis le jour de Noël, par la messe de clôture célébrée à Saint-Pierre, en présence de l'évêque, à Saint-Étienne et à Saint-Michel de Vaucelles. Bertier de Sauvigny quitte Caen et son remplaçant, le comte de Montlivault, prend possession de la préfecture, le 7 janvier 1817[1].

La promotion d'un sage.

La charte du 4 juin 1814, octroyée par Louis XVIII, contient deux principes contradictoires, qui vont engendrer une politique religieuse du même type : l'article 5 affirme la liberté de culte, mais l'article 6 proclame le catholicisme, religion d'État. Certes, outre les dispositions concernant le repos dominical (loi du 18 novembre 1814) et les honneurs rendus au saint sacrement (loi du 11 juin 1814), la seconde Restauration ajoute encore la suppression du divorce (loi du 8 mai 1816) et l'interdiction de toute attaque contre la religion (loi du 25 mars 1822) ; pourtant, le concordat de 1801 n'est pas abrogé, ni surtout les articles organiques. Il reste que, dès 1814, le roi songe à élaborer un nouveau concordat[2]. Il forme un comité ecclésiastique de neuf membres, dirigé par Mgr de Talleyrand-Périgord[3], qui comprend en outre deux

---

1. F. Bertier de Sauvigny fut transféré à Grenoble (ordonnance royale du 17 octobre 1816) où il resta à peine un an, à cause de ses mauvaises relations avec le ministre de la Police, Decazes. Destitué, il se retira de la vie publique le 27 août 1817. Il fut nommé conseiller d'État en 1821 et fut radié par Villèle en 1824. Élu député de la Seine, il soutint la constitution du ministère Polignac et obtint la direction générale des Eaux et Forêts. En 1830, il devint membre du Conseil privé et prit parti contre la monarchie de Juillet. Le gouvernement de Louis-Philippe ayant lancé un mandat d'arrêt contre lui, il s'enfuit en Belgique, puis en Grande-Bretagne et prépara l'aventure de la duchesse de Berry. Découvert, il se retira dans l'Indre, où il subit un échec aux élections de 1849. Il mourut à Versailles en 1864.
2. SEVESTRE, p. 73-80 ; F. PONTEIL, *Les Institutions de la France de 1814 à 1870*, p. 107-108.
3. Alexandre-Angélique de Talleyrand-Périgord (1736-1821). Né à Paris, il fut nommé aumônier du roi dès son accession à la prêtrise, puis vicaire général de Verdun et titulaire de l'abbaye du Gard (diocèse d'Amiens). Il n'avait pas trente ans, quand il fut nommé coadjuteur de l'archevêque de Reims, Mgr de La Roche-Aymon, à qui il succéda, en 1777. Membre de la seconde Assemblée des notables, député du clergé aux états généraux, il s'opposa aux innovations de l'Assemblée constituante et émigra à Aix-la-Chapelle, puis à Bruxelles, Weimar et Brunswick. En 1801, il fit partie des

membres ultras influents : les abbés de Latil[1], chapelain du comte d'Artois, et de Montesquiou[2]. Le roi demande les observations de tous les évêques de France. Brault écrit un mémoire qui est très apprécié. Ainsi, l'évêque de Bayeux contribue à faire adopter des modifications concernant le statut du clergé et les fabriques. Toutefois, il faudra attendre la grande ordonnance du 12 janvier 1825 sur les fabriques pour voir le point suivant, proposé par Mgr Brault, adopté : le droit de révoquer les chantres, les sonneurs et les sacristains est retiré aux fabriciens et conféré aux curés et desservants[3]. Louis XVIII veut rétablir le concordat de Bologne de 1516[4],

prélats émigrés qui refusèrent de démissionner. Deux ans plus tard, Louis XVIII, qui résidait à Varsovie, lui offrit une place dans son Conseil. En 1808, à la mort du cardinal de Montmorency, il devint grand aumônier de Louis XVIII. Membre de la Chambre des pairs dès juin 1814, il suivit le roi à Gand pendant les Cent-Jours. Il accepta enfin de démissionner en 1816 et, avec Blacas, prit part au Comité ecclésiastique créé par le roi dans le dessein de remettre en vigueur le concordat de 1516. Il reçut, toujours en 1816, la pourpre cardinalice et le titre d'archevêque de Paris, mais ne prit possession de son siège qu'en 1819. Il désigna Quélen comme coadjuteur et reprit en main, avec vigueur, l'administration de son diocèse. Il bénit le mariage du duc de Berry et célébra le baptême du duc de Bordeaux. Il mourut à Paris.
1. Jean-Baptiste de Latil (1761-1839). Le duc de Latil naquit aux îles Sainte-Marguerite, le 6 mars 1761. Il entra au séminaire Saint-Sulpice de Paris et fut ordonné prêtre en 1784. Vicaire général de Vence, il participa aux états généraux où il s'opposa aux idées nouvelles ; il émigra à Coblence et revint en France en 1792. Arrêté à Montfort-l'Amaury, il fut jeté en prison et, après avoir recouvré la liberté, il partit pour Düsseldorf. Le comte d'Artois le choisit comme aumônier ; il ne quitta plus ce prince dont il devint premier aumônier lors de la Restauration. Nommé évêque d'Amyclée *in partibus*, il fut consacré le 7 avril 1816. Évêque de Chartres en 1821, il fut transféré à Reims, en 1824, et sacra Charles X le 29 mai 1825. Pair de France en 1823, créé comte par Charles X, il fut aussi ministre d'État. Il fut créé cardinal par Léon XII le 12 mars 1826 et reçut le titre de duc. Après 1830, il s'enfuit en Angleterre et revint en France, où il reprit possession de son siège, mais il refusa le titre de pair de France. Il mourut dans les Bouches-du-Rhône en décembre 1839.
2. François-Xavier de Montesquiou-Fezensac (1756-1832). Né au château de Marsan, il fut abbé de Beaulieu en 1782, agent général du clergé en 1785 et député aux états généraux où il s'opposa à la Constitution civile du clergé. Émigré en Angleterre en 1792, il rentra trois ans plus tard à Paris pour se joindre au Comité royaliste. Représentant des Bourbons, il porta à Bonaparte la célèbre lettre de juin 1800 dans laquelle Louis XVIII adjurait le Premier consul de rétablir la dynastie légitime. Il fut exilé à Menton. Louis XVIII le chargea de rédiger la charte et le nomma ministre de l'Intérieur, de mai 1814 à mars 1815. À la seconde Restauration, il fut nommé ministre d'État, comte, puis duc, et pair de France. Il entra à l'Académie française en 1816. Il mourut au château de Cirey, près de Troyes.
3. A. D., F 5663, Notes de Michel et Laffetay.
4. Le concordat de 1516 : voir p. 108, n. 1.

en particulier remplacer le clergé concordataire par un personnel nouveau, tout en conservant les libertés gallicanes. Il désire donc faire une déclaration unilatérale proclamant la nullité du concordat de 1801. La Grande Aumônerie s'oppose à ce projet car, pour elle, affirmer la nullité du concordat de 1801 à cause de l'illégalité du gouvernement de Bonaparte, c'est revenir sur tous les actes accomplis durant le Consulat et l'Empire. Le Saint-Siège accepte de négocier aux conditions suivantes : abolition des articles organiques, substitution de dotations en bien-fonds aux traitements de l'État, soumission solennelle des anciens évêques non démissionnaires. Le gouvernement propose de son côté : dotations en bien-fonds et en rentes sur l'État, démission de tous les évêques issus du concordat de 1801, établissement de quatre-vingt-dix sièges au lieu de cinquante actuels. Après de multiples discussions et le remplacement de Mgr Cortois de Pressigny par le comte de Blacas[1] par ordonnance royale du 22 avril 1816, une convention datée du 25 août et signée le 4 septembre remet en vigueur le concordat de 1516 et donc abroge celui de 1801 et les articles organiques. Les diocèses érigés en 1801 sont conservés avec leurs titulaires actuels, sauf quelques exceptions. Mais c'est l'échec : cinq évêques de la Petite Église, dont Thémines[2], refusent de remettre leur démission au pape, de même que quatre constitutionnels. Surtout, une déclaration de Louis XVIII, le 1er octobre, convainc le pape de ne pas ratifier l'accord : le roi veut réintroduire les libertés de l'Église gallicane et ordonne aux clercs de prêter serment à la charte qui donne une égale protection aux divers cultes. Le comte de Blacas reprend les négociations et, cette fois, un concordat est conclu le 11 juin 1817. Il est signé à regret par Consalvi[3], car cet accord ressemble à celui de 1816. La bulle papale du 1er octobre 1817 rétablit trente sièges épiscopaux. Le Conseil d'État déclare qu'un vote de la Chambre est nécessaire pour donner valeur légale au nouveau concordat, car ce traité engage les finances de l'État. Le projet de loi,

---

1. Pierre de Blacas d'Aulps (1771-1839). Né à Vérignon, il fut parmi les premiers émigrés de 1789 et succéda en 1803 à Avaray dans la faveur de Louis XVIII en exil, dont il devint l'un des premiers conseillers jusqu'en 1814. Sous la première Restauration, il dirigea la maison du roi et devint impopulaire, même parmi les royalistes. Il fut envoyé comme ambassadeur à Naples, puis à Rome. En 1817, il mena les négociations avec Pie VII et Consalvi pour l'établissement d'un nouveau concordat. Il suivit Charles X dans sa retraite et mourut en exil auprès du duc d'Angoulême, à Prague.
2. Biographie d'Alexandre-François de Lauzières de Thémines : voir p. 109, n. 1.
3. Biographie d'Hercule Consalvi : voir p. 170, n. 1.

rédigé par ses soins, réintègre, sous la pression de Lainé [1], ministre de l'Intérieur, des clauses favorables au gallicanisme, dont celle-ci : le roi nomme seul aux évêchés et archevêchés. Le pape Pie VII proteste lors du consistoire du 12 janvier 1818 ; l'épiscopat français pousse le roi à passer outre, mais Louis XVIII refuse la confrontation avec le Saint-Siège. Le concordat de 1817 reste donc lettre morte. Les négociations reprennent et sont menées, du côté français, par Portalis, le fils de l'ancien ministre des Cultes. Elles s'achèvent, de guerre lasse, par le retour au concordat de 1801 et aux articles organiques. On note un seul changement : les noms des trente nouveaux sièges épiscopaux, déjà établis en 1817, sont publiés par la bulle papale du 6 octobre 1822. De plus, quelques sièges devenus secondaires sont supprimés : Saint-Malo, Chalon-sur-Saône, Boulogne...

L'épiscopat est entièrement renouvelé entre 1815 et 1830, avec cent dix nominations. Quoique peu dévôt, Louis XVIII a une haute idée de sa qualité de Roi Très-Chrétien ; aussi comble-t-il le clergé d'honneurs. Le régime accentue le caractère aristocratique du recrutement. Ainsi, Talleyrand-Périgord est nommé archevêque de Paris en 1815, avec comme coadjuteur en 1819, puis successeur, en 1821, Mgr de Quélen [2]. Le

---

1. Joseph-Henri Lainé (1767-1835). Né à Bordeaux le 11 novembre 1767, il était avocat en 1789. Il adhéra à la Révolution et fut nommé administrateur du district de La Réole en 1793 ; des intérêts de famille le conduisirent à Saint-Domingue où il se battit en faveur de la colonie. Il revint en France et fut élu, à la fin de l'année 1795, membre de l'administration départementale de la Gironde. Démissionnaire, il reprit ses fonctions d'avocat. En 1808, il se présenta comme candidat au Corps législatif et fut choisi par le Sénat. En 1814, il se retira à Bordeaux où le duc d'Angoulême le nomma préfet provisoire de la Gironde. Le Corps législatif ayant été rappelé par Louis XVIII, sous le nom de Chambre des députés, Lainé revint à Paris et il en fut nommé président par le roi. Lors des Cent-Jours, il se réfugia en Hollande et reprit ses fonctions après la chute de Napoléon. Attaché aux idées constitutionnelles, il combattit les ultras de la Chambre introuvable. Il fut élu à l'Académie française en 1816. Le 7 mai de cette année, il reçut le portefeuille du ministère de l'Intérieur et fut à l'origine des mesures financières en faveur du clergé et de la création de nombreux établissements de bienfaisance. Il quitta le ministère, le 29 décembre 1818, et remit son portefeuille à Decazes. En 1820, il fut nommé président du Conseil royal de l'instruction publique ; réélu député de la Gironde en novembre 1820, il fut nommé, le 21 décembre, ministre secrétaire d'État sans portefeuille. Le 14 décembre 1821, il suivit la chute du ministère. Il fut nommé pair de France en 1823. En 1830, il prêta serment à la nouvelle dynastie et demeura pair de France. Il mourut à Paris le 17 décembre 1835.

2. Hyacinthe-Louis de Quélen (1778-1839). Né à Paris, il fut l'un des premiers élèves du séminaire de Saint-Sulpice réorganisé. Ordonné prêtre en 1807, il devint secrétaire du cardinal Fesch, dont il partagea la disgrâce en 1812. Après l'éloge funèbre de Louis XVI en 1814, il prononça, l'année

prince de Croy[1], évêque de Strasbourg, est nommé archevêque de Rouen, créé cardinal et promu grand aumônier de la Cour. Des évêques entrent à la Chambre des pairs (Quélen, de Croy), au Conseil privé, au Conseil d'État (le cardinal de La Fare) et même au gouvernement (l'abbé de Montesquiou est ministre de l'Intérieur en 1814-1815 ; Frayssinous[2], aumônier du roi en 1821, grand maître de l'Université en 1822 et ministre des Affaires ecclésiastiques à partir de 1824)[3]. Le ministère des Cultes disparaît. Déjà, sous

suivante, celle de Mme Élisabeth. Vicaire général de la Grande Aumônerie en 1815, il bénéficia de la protection de Mgr de Talleyrand-Périgord, qui, devenu archevêque de Paris, le choisit comme auxiliaire. Il participa aux négociations du concordat de 1817 ; coadjuteur de l'archevêque de Paris en 1819, il succéda à Mgr de Talleyrand-Périgord en 1821. Il fut nommé pair de France en 1822 et entra à l'Académie française en 1824. Il combattit le mouvement libéral qui se développa à la fin du règne de Charles X, s'opposa à Lamennais, protesta, en 1828, contre l'expulsion des jésuites et félicita le roi pour la prise d'Alger en 1830. Lors de la révolution de 1830, il dut quitter Paris pour échapper à ses adversaires. Il revint en 1831 et demeura réservé à l'égard du nouveau régime. Il subit le sac de l'archevêché le 3 février 1831, à la suite d'un service célébré à la mémoire du duc de Berry. Il se fit de nouveaux ennemis en refusant la sépulture ecclésiastique à l'abbé Grégoire mort sans avoir renié le serment. En 1832, il montra un dévouement remarquable lors de l'épidémie de choléra et se retira, peu de temps avant sa mort, au couvent des dames du Sacré-Cœur.
1. Gustave-Maximilien de Croy (1773-1844). Né au château de l'Ermitage, près du Vieux-Condé, il fut chanoine de Strasbourg et se réfugia à Vienne durant la Révolution ; il y resta jusqu'en 1817. Nommé évêque de Strasbourg, le prince de Croy succéda au cardinal de Périgord en 1821, comme grand aumônier de France. Il reçut le chapeau de cardinal en 1825, après avoir été nommé pair de France en 1822 et transféré à Rouen en 1824, jusqu'à sa mort.
2. Denis de Frayssinous (1765-1841). Né à Curières, il refusa de prêter serment et exerça clandestinement son ministère durant la Terreur. Conférencier aux Carmes de 1801 à 1803, et à Saint-Sulpice de 1803 à 1809, puis de 1814 à 1822, il contribua grandement au renouveau religieux des premières années du XIXe siècle. La publication de ses conférences, en 1825, sous le titre *Défense du christianisme* prolongea son audience. Nommé aumônier du roi en 1821, puis évêque d'Hermépolis et grand maître de l'Université en 1822, et enfin ministre des Affaires ecclésiastiques et de l'Instruction publique de 1824 à 1828, il s'efforça de christianiser l'enseignement supérieur. Il n'y parvint pas et certaines de ses mesures, comme la suppression de l'École normale et la suspension des cours à l'École de médecine, firent crier à la réaction. Après la Révolution de 1830, le comte de Frayssinous se fixa un temps à Rome. En 1833, chargé de l'éducation du duc de Bordeaux, il partit pour Prague. Il revint en France, trois ans avant de mourir, en 1838. Il mourut à Saint-Geniez-d'Olt (Aveyron). Membre de l'Académie française en 1822, on a de lui, outre ses conférences, *Les Vrais Principes sur les libertés de l'Église gallicane* (1818), et *Les Oraisons funèbres* du prince de Condé (1818), de Talleyrand (1821) et de Louis XVIII (1824).
3. SEVESTRE, p. 88, n. 4 ; J. BRUGERETTE, *Le Prêtre français et la société contemporaine. La restauration catholique (1815-1871)*, p. 9.

la première Restauration, une ordonnance royale du 24 septembre 1814 avait attribué au grand aumônier, l'archevêque de Reims, la présentation des candidats aux archevêchés, évêchés et autres titres ecclésiastiques, ainsi que la nomination des bourses fondées dans les séminaires. L'ordonnance royale du 29 mai 1816 confirme cette disposition en son article premier et stipule, en son article deuxième, que l'administration générale des Cultes est transférée au ministère de l'Intérieur. Les interlocuteurs de l'évêque de Bayeux, sous la Restauration, seront donc : du 24 septembre 1815 au 29 décembre 1818 : le comte Vincent-Marie de Vaublanc ; du 29 décembre 1818 au 21 février 1820 : le duc Élie Decazes [1] ; du 21 février 1820 au 14 décembre 1821 : le comte Joseph-Jérôme de Siméon [2] et jusqu'à la fin de l'épis-

---

1. Élie Decazes et de Glücksberg (1780-1860). Né à Saint-Martin-de-Laye (Gironde), le duc Decazes étudia le droit et débuta comme avocat à Libourne. Juge au tribunal de la Seine en 1806, conseiller au cabinet du roi de Hollande, Louis Bonaparte, l'année suivante, puis conseiller à la cour d'appel en 1811, attaché à la maison de Madame Letizia, mère de l'Empereur, il se rallia néanmoins aux Bourbons en 1814 et son refus de renouer avec le régime impérial sous les Cent-Jours fit sa fortune sous la Restauration. Préfet, puis ministre de la Police en remplacement de Fouché, en 1815, il fit voter des lois d'exception par la Chambre introuvable, mais réprouva les excès de la Terreur blanche et prit la tête des constitutionnels. Il obtint la dissolution de cette Chambre. Il fut ministre de l'Intérieur en janvier 1819, président du Conseil en novembre ; il subit les attaques des ultras (Villèle, Corbière). Après l'assassinat du duc de Berry le 14 février 1820, les ultras obtinrent son renvoi. Louis XVIII le nomma duc et pair de France et l'envoya à Londres comme ambassadeur. Lors de la formation du cabinet Villèle (décembre 1822), il rentra en France et reprit ses attaques, à la Chambre des pairs, contre les ultras. Après 1830, il se rallia avec résignation aux Orléans ; le roi le nomma grand référendaire à la Chambre des pairs de 1834 à 1848. Il se retira de la vie publique après la chute du trône en 1848 et créa alors, au milieu du bassin minier de l'Aveyron, des forges importantes au milieu desquelles se développera l'agglomération de Decazeville. Il mourut dans la ville qu'il avait fondée.
2. Joseph-Jérôme de Siméon (1749-1842). Né à Aix-en-Provence, il fut reçu avocat en 1769 puis enseigna le droit à Aix à partir de 1778 et devint assesseur de Provence en 1783. Il accueillit avec froideur la Révolution et perdit sa chaire. Il s'associa au mouvement fédéraliste du Midi, accepta la fonction de procureur-syndic, et, mis hors la loi, il s'enfuit en Italie en août 1793. Il revint en France en thermidor an III, siégea au Conseil des Cinq-Cents, dans les rangs des modérés, et présidait ce Conseil, lors du coup d'État du 18 fructidor. Inscrit sur la liste de déportation, il se cacha et partit pour l'île d'Oléron, en 1799, sur les injonctions du Directoire. Le 18 Brumaire lui rendit la liberté. En 1800, il fut nommé substitut du commissaire près le tribunal de cassation et membre du Tribunat. Son rapport sur le Concordat fut un chef-d'œuvre apprécié du gouvernement consulaire. Il fut appelé au Conseil d'État en 1804 et participa, en 1807, à la formation du royaume de Westphalie, dont il devint ministre de l'Intérieur et de la Police et président du Conseil d'État, en 1807. Baron d'Empire en 1808, il

copat, le comte Jacques de Corbière [1]. Mgr Brault a gagné la confiance du gouvernement qui croit en la sincérité de son revirement. Son ascension sous les Bourbons sera encore plus brillante que sous Napoléon. À la suite du concordat de 1817 qui prévoit le rétablissement de trente sièges épiscopaux, le roi songe à lui pour l'élever à la dignité d'archevêque. Le siège d'Albi est rétabli par la bulle du 27 juillet 1817 ; Brault est nommé à cet archevêché par la bulle du 8 août et déjà un successeur à Bayeux est désigné : Jérôme-César de Couasnon [2], qui, depuis 1814, est aumônier de Louis XVIII. Des ennuis de santé l'obligent à décliner cette charge. Après la renonciation de Couasnon, une bulle papale du 1er octobre désigne Jean de Pradelles, du clergé de Bayeux, ancien vicaire général de Mgr de Cheylus. Brault se rend à Paris en compagnie de Pradelles et rencontre Mgr de Latil qui lui explique la raison de sa promotion à l'archevêché d'Albi : afin de réconcilier l'ancien et le nouvel épiscopat, le roi a voulu choisir plusieurs archevêques parmi les évêques les plus méritants. Toutefois, la nomination de Brault demeure sans effet à cause de la

représenta la Westphalie au congrès de Berlin et revint en France en 1813. Il reconnut les Bourbons en 1814 et fut nommé préfet du Nord. Pendant les Cent-Jours, les Bouches-du-Rhône l'envoyèrent à la Chambre des représentants. Sous la seconde Restauration, il fut élu député du Var et siégea parmi les libéraux. Il devint conseiller d'État en 1815, reçut le titre de comte, et soutint le cabinet Decazes à la Chambre des pairs en tant que commissaire du roi. Inspecteur général des Écoles de droit en 1819, il devint sous-secrétaire d'État à la Justice en 1820 puis ministre de l'Intérieur jusqu'en 1821. Il entra alors au Conseil privé. Après 1830, il reconnut Louis-Philippe 1er et en 1837 devint président de la Cour des comptes jusqu'en 1839. Il mourut à Paris.
1. Jacques de Corbière (1767-1853). Né à Amanlis, près de Rennes, le comte de Corbière fut élu sous la Restauration président du conseil général d'Ille-et-Vilaine ; en 1815, il devint député et siégea à droite parmi les ultras. Élu de nouveau en 1816, il seconda Villèle dans ses attaques contre le ministère Decazes. En 1817, il fut nommé doyen de la faculté de droit de Rennes et revint à la Chambre en 1818. Le 21 décembre 1820, le roi le nomma ministre d'État et président du Conseil royal de l'instruction publique, et, après le 14 décembre 1821, ministre de l'Intérieur. Il combattit à outrance l'enseignement mutuel ainsi que la liberté de presse. Il quitta le ministère le 4 janvier 1828 et fut nommé membre du Conseil privé du roi et pair de France. Après la chute de Charles X en 1830, il refusa de prêter serment, fut exclu de la Chambre des pairs et se retira sur ses terres où il mourut.
2. Jérôme-César de Couasnon était un aristocrate, parent de Mgr d'Argentré, dernier évêque de Sées de l'Ancien Régime. Ce dernier le fit nommer aumônier de quartier du comte de Provence, futur Louis XVIII. Émigré à Münster à la suite d'Argentré, Couasnon ne rentra en France qu'en 1805 après la mort de l'évêque. À la suite de sa nomination au siège de Bayeux, il demeura à Paris où il mourut le 4 mars 1824.

dénonciation du concordat de 1817. Jean de Pradelles décède, le 2 avril 1818, avant son sacre. À la mort de l'archevêque de Rouen, Cambacérès, le roi offre à Brault, en 1819, de devenir primat de Normandie ; l'évêque de Bayeux sait que Rouen est siège cardinalice. Pourtant, Brault refuse car, ayant reçu le pallium, l'année précédente, au titre d'archevêque d'Albi, il estime devoir entrer en possession de ce siège et non d'un autre. Brault restera donc encore quatre ans à Bayeux. La bulle du 6 octobre 1822 met fin à la querelle sur le concordat de 1817. Le 31 octobre 1822, la bulle de 1817 est publiée en France et, le 26 février 1823, la nomination de Brault comme archevêque d'Albi est annoncée officiellement. Il prend possession de son nouveau siège par procureur, le 25 mai, et quitte Bayeux pour Albi, où il est intronisé dans la cathédrale, le 23 juillet 1823. Il est remplacé à Bayeux par Mgr François Duperrier-Dumourier, du clergé du Mans, ancien vicaire général et archidiacre de Laval, réfractaire exilé et dont la nomination comme évêque de Tulle en 1817 était restée sans effet [1].

La fin de l'épiscopat de Brault sur le siège de Bayeux, de 1817 à 1823, se passe sous le préfectorat du comte de Montlivault. La Chambre introuvable est dissoute par le roi, le 5 septembre 1816 ; la nouvelle Chambre est composée de constitutionnels modérés. La période ultra s'achève. Les préfets les plus engagés sont changés. Bertier de Sauvigny est remplacé, le 17 octobre 1816, par Casimir Guyon de Montlivault. Les relations de Brault avec le nouveau préfet sont excellentes. Du point de vue des opinions politiques, les itinéraires de ces deux hommes sont semblables. Montlivault est un noble d'Ancien Régime qui a émigré, puis s'est rallié à l'Empire, avant de rejoindre Louis XVIII. Il a gardé le silence durant les Cent-Jours et a reçu finalement une place honorable de préfet sous la seconde Restauration. En 1830, il refusera l'orléanisme, comme l'évêque de Bayeux [2]. L'année

---

1. *Dictionnaire d'histoire et de géographie ecclésiastiques*, Paris, 1938, t. X, p. 454 ; A. D., Chapitre de Bayeux 880, Journal de Dufour ; A. D., F 5661-5663, Notices biographiques sur l'épiscopat de Mgr Brault de l'abbé Michel, ancien secrétaire, et de l'abbé Laffetay pour son *Histoire du diocèse de Bayeux*.
2. DE VIVEROLLES, « Le comte de Montlivault », *Revue générale biographique, politique et littéraire*, Paris, 1846, p. 1-15. — Casimir Guyon de Montlivault (1770-1846) : né à Montlivault le 16 août 1770 dans une famille noble, originaire de Normandie, transplantée dans l'Orléanais, il fut officier d'artillerie à quinze ans, puis entra au régiment de La Fère et, à dix-neuf ans, prit son congé, partit pour Malte pour y être reçu dans l'Ordre. Il émigra en Allemagne au moment de la Révolution. En 1811, il fut nommé intendant général de la maison de l'impératrice Joséphine. Sous la première

1817 est marquée par la visite du duc d'Angoulême[1] à Caen, les 23 et 24 octobre, et par un nouveau séjour du duc d'Aumont. En décembre 1818, le cabinet Richelieu est remplacé par celui que forme le constitutionnel Decazes. Richelieu revient au pouvoir en 1820, à la suite de l'assassinat du duc de Berry[2] par Louvel le 13 février ; la triste nouvelle parvient à Caen deux jours plus tard. Mgr Brault fait preuve d'un zèle qui étonne même le préfet. Avant de recevoir une instruction du gouvernement, il publie un mandement, le 12 mars, qui ordonne des services funèbres pour le prince[3]. La lettre du roi arrive le lendemain ; la date retenue pour les services funèbres est le 24 mars. Dès le 17, l'évêque célèbre une messe solennelle de *requiem* à la cathédrale de Bayeux[4]. Il préside le service du 22 mars, célébré à Saint-Étienne de Caen en présence des corps constitués. Le régime est ébranlé par les dissensions entre ultras et libéraux. Richelieu subit les attaques des deux partis, tandis que l'opposition bonapartiste se réveille avec la conspiration avortée du 10 juin, qui provoque l'envoi de troupes à Caen le 13. En août, le général Grouchy, grande figure de l'opposition bonapartiste dans le Calvados, s'étant rallié à Louis XVIII rentre en France, venant des États-Unis, où il s'était réfugié après Waterloo. Il

---

Restauration, il fut préfet des Vosges, puis se retira sous les Cent-Jours. Sous la seconde Restauration, il fut nommé préfet de l'Isère et transféré à Caen, à la suite de la rébellion bonapartiste et de l'état de siège. Il resta préfet du Calvados jusqu'en 1830, date à laquelle il se retira à Blois jusqu'à sa mort. Le comte de Montlivault avait épousé, avec dispenses légales et religieuses, la fille de son frère aîné, Jacques, en 1811, Élisabeth-Marie, dont il avait eu trois fils.
 1. Louis-Antoine de Bourbon, duc d'Angoulême (1775-1844). Il naquit à Versailles et, fils du comte d'Artois et de Marie-Thérèse de Savoie, il fut le dernier Dauphin de France. Il émigra avec ses parents le 17 juillet 1789 et épousa à Mitau, en 1799, Marie-Thérèse, fille de Louis XVI, et sa cousine. Il quitta l'Angleterre en avril 1814 pour combattre en Espagne dans l'armée de Wellington et entra, le 12 mars, à Bordeaux, au nom de Louis XVIII. Il y reçut un accueil triomphal mais fut moins heureux lorsque, sous les Cent-Jours, il tenta de soulever le midi de la France contre Napoléon. Il fut chargé en 1823 de mener l'expédition d'Espagne, qui permit à Ferdinand VII de retrouver son trône. En 1824, à l'avènement de son père, il devint Dauphin. Après la révolution de juillet 1830, et l'abdication de Charles X, celui que les légitimistes appelèrent Louis XIX, renonça au trône, le 2 août 1830, en faveur de son neveu, le duc de Bordeaux, devenu Henri V et futur comte de Chambord. Il reprit le chemin de l'exil et passa ses dernières années en Angleterre, puis en Autriche, à Goritz, où il mourut.
 2. Biographie de Charles-Ferdinand de Bourbon, duc de Berry : voir p. 146, n. 4.
 3. A. D., V 159, mandement de Brault, 12 mars 1820.
 4. A. E., dossier de Mgr Brault, année 1820, Correspondance Brault-Montlivault.

est accueilli, le 10, par les quatre cents habitants de La Ferrière-au-Doyen, près d'Aunay, où se trouve son château. Le 14 août, il offre un repas de huit cents couverts avec feu d'artifice et bal. Le 30 septembre, un mandement de l'évêque ordonne des prières d'action de grâces pour la naissance du duc de Bordeaux, fils posthume du duc de Berry. Le même jour, une grand-messe est célébrée à Saint-Pierre de Caen en présence du clergé de la ville, et, le lendemain, un *Te Deum* est chanté à Saint-Étienne en présence des corps constitués. Le roi, voulant dénouer la crise gouvernementale, provoque des élections; le 12 mars 1820, Mgr Brault écrit une lettre circulaire à son clergé, dans laquelle il ne cache pas son soutien aux ultras : « L'élite de la nation va se réunir pour choisir de nouveaux députés; vous n'êtes pas appelés à concourir à cette élection à cause de votre état, mais vous devez intervenir pour que les membres du collège électoral aillent voter : c'est un devoir sacré que la patrie leur impose. Vous saurez leur conseiller de voter pour ceux qui, dans leurs discours, affirment qu'ils sont pour le roi légitime. L'état modeste de votre fortune et le fait que vous n'attendiez pas de dignité de la part de l'État éloignent de vous tout intérêt personnel; vous pouvez donc agir plus efficacement; c'est même votre devoir car Bossuet et Fénelon en parlent : le prêtre guide le peuple vers la lumière et la vérité [1]. »

À l'issue de ces élections, la majorité se déplace vers la droite, ce qui permet à Villèle [2], ministre sans portefeuille du cabinet Richelieu, de critiquer plus ouvertement la ligne modérée du gouvernement. Finalement, Richelieu remet sa démission, le 12 décembre 1821. Villèle devient président du Conseil, en janvier 1822. L'année suivante, la Chambre retrouvée sort des urnes, signe du triomphe des ultras. La

---

1. A. D., V 159.
2. Jean Baptiste de Villèle (1773-1854). Né à Toulouse, le comte de Villèle était officier de marine en 1789. Il démissionna en 1793 et se retira à l'île Bourbon. Il revint en métropole en 1807, devint maire de Morville et conseiller général de Haute-Garonne, tout en demeurant un ardent royaliste. Lors de la première abdication de l'Empereur, il participa au soulèvement de Toulouse. Il devint maire de cette ville en juillet 1815 et fut élu député à la Chambre introuvable. Il devint le chef de file des ultras et attaqua Decazes. Appelé au gouvernement sous le second ministère Richelieu, en décembre 1820, comme ministre sans portefeuille, il le quitta peu après pour protester contre la représentation insuffisante de son parti dans ce cabinet. Lors de la seconde démission de Richelieu, il revint au pouvoir comme ministre des Finances, puis président du Conseil en 1822. Il admit l'intervention de la France en Espagne. Les élections de 1824 donnèrent une majorité écrasante aux ultras. Dans cette Chambre retrouvée, la fraction dure des ultras attaqua Villèle qui dut démissionner le 3 janvier 1828. Nommé pair de France, il se retira de la vie politique active.

politique extrérieure de la France est marquée par une intervention militaire en Espagne. En effet, Chateaubriand, présent au congrès de Vérone de 1822, encourage Louis XVIII à s'engager aux côtés des Bourbons d'Espagne, menacés par une révolte des libéraux. Ferdinand VII retrouve son trône grâce à la prise du Trocadéro (31 août 1823) par l'armée française commandée par le duc d'Angoulême. Louis XVIII meurt le 16 septembre 1824.

Sous le règne de Charles X, Mgr Brault, archevêque d'Albi, est comblé d'honneurs par le régime. Le roi le fait comte et pair de France, le 5 novembre 1827[1]. Charles X éprouve estime et respect pour le vénérable prélat. L'abbé Michel, son secrétaire, raconte cette scène qui se passe de tout commentaire : «Voici une preuve de l'affection de Charles X pour Mgr Brault. En 1828, je l'accompagnais alors qu'il était aveugle, à la messe du roi aux Tuileries, un dimanche. Après la messe, Sa Majesté, qui traversait la foule pour rentrer dans ses appartements (cinq à six cents personnes étaient là), ayant aperçu Mgr Brault, archevêque d'Albi, appuyé contre la muraille, près d'une croisée, fendit la foule et lui demanda des nouvelles de sa santé. On dit que cinq à six personnes au plus ont eu ce privilège du roi sur son passage, durant son règne[2].»

Conclusion : Une Église fonctionnarisée, mais un prélat indépendant.

L'évêque concordataire, avant d'entrer en fonction, doit prêter serment de fidélité entre les mains du chef de l'État (art 6. du Concordat), de qui il tient son siège (art. 5). En contrepartie, il reçoit un traitement convenable de la part de l'État (art. 14). Le clergé est-il devenu un corps de fonctionnaires ? Certes, l'attitude de Mgr Brault en est une bonne illustration. La dépendance de cet évêque par rapport au régime politique en place, en particulier son revirement complet sous

---

1. A. D., F 5661-5663, Notice biographique sur l'épiscopat de Mgr Brault...
2. A. D., F 5661, Lettre de l'abbé Michel à Laffetay, 17 décembre 1856. Dans cette même lettre, l'abbé Michel précise que Mgr Brault fut nommé en 1828 membre d'une commission de cinq membres, qui devait établir un rapport sur les sept collèges tenus par les jésuites, en France. Il siégea aux côtés de Mgr de Quélen, archevêque de Paris. Tout en reconnaissant leur caractère illégal, la majorité des membres de la commission dont Quélen et Brault, vota pour le maintien de la Compagnie de Jésus. Toutefois une ordonnance royale la supprima et Brault en fut très affecté.

la Restauration, constitue certainement l'aspect le plus controversé de son épiscopat. Il est vrai qu'il aurait pu faire l'économie de quelques hommages trop prononcés et même de paroles proches de l'idolâtrie à l'égard d'un homme persécuteur de l'Église, qu'il qualifia ensuite de «tyran»; mais il faut aller plus loin dans l'analyse des intentions du prélat et trouver le fil conducteur qui explique cette attitude qui choque tant nos contemporains. Tout d'abord, il faut savoir que le statut légal de l'Église de France, comme gage de sa renaissance, impliquait cette dépendance politique par rapport à l'État. Mgr Brault a échappé à la soumission servile grâce au concept de légitimité; il fut un homme de son temps qui, malgré certaines déclarations de circonstance sous le règne de Louis XVIII, ne croyait plus au principe constitutionnel de la monarchie de droit divin. S'il ne lui appartenait pas, en tant qu'évêque concordataire, de se prononcer sur la légitimité des dynasties régnantes, il ne lui était pas interdit de prendre connaissance des désirs des fidèles et d'en tenir compte dans ses rapports avec les gouvernements. Ainsi, son silence, durant les Cent-Jours, était le seul moyen dont il disposait pour marquer sa désapprobation envers un régime qu'un peuple, dans son immense majorité, rejetait. Pour lui, l'Empire aussi bien que les Bourbons furent, successivement, deux gouvernements légitimes car, outre leurs bases légales, ils bénéficièrent, l'un et l'autre, de la confiance des fidèles. Toutefois, au-delà de ces considérations d'ordre politique il convient d'ajouter que Mgr Brault s'est toujours préoccupé de l'intérêt supérieur de l'Église, c'est-à-dire de sa survie et de son rayonnement au milieu des bouleversements qui secouaient la société civile. Son zèle pastoral, bien connu du gouvernement, explique sans doute le respect que lui manifestèrent deux monarques aussi différents que Napoléon 1er et Louis XVIII, qui n'hésitèrent pas à lui faire confiance et, tout en le comblant d'honneurs, à lui confier des responsabilités de plus en plus importantes. Après la révolution de 1830, Mgr Brault refusa de siéger à la Chambre des pairs. À sa mort, en 1833, son successeur sur le siège de Bayeux, Mgr Dancel, adressa un mandement aux fidèles; concernant l'attitude politique de Charles Brault, il déclare : «Il conviendrait de compléter la liste de ses vertus et d'y ajouter son intelligence aiguisée, une finesse déliée et un sens subtil des possibilités qui lui permirent, sans mauvaise grâce apparente, d'exécuter avec souplesse les ordres d'un pouvoir central particulièrement rude, préoccupé surtout de tenir en main, pour des fins politiques, l'Église qu'il avait établie»... Et aussi d'accueillir, avec la même ferveur enthousiaste, le descendant de Saint Louis!

QUATRIÈME PARTIE

LA RECONSTITUTION
DU PATRIMOINE ECCLÉSIASTIQUE

CHAPITRE PREMIER

L'ÉCHEC DU RÉGIME INITIAL
(1801-1809)

Le Concordat a établi le principe de la rémunération du clergé par l'État en contrepartie de l'acceptation par le Saint-Siège de la nationalisation des biens détenus par le clergé sous l'Ancien Régime. Le premier budget des Cultes (1801-1807) est un échec car le gouvernement, par le biais des articles organiques, parvient finalement à ne rémunérer qu'une partie infime du clergé. La pauvreté des exclus, desservants et vicaires, s'accroît encore à partir de 1804; en effet, la rébellion des paroisses rattachées oblige l'Empereur à autoriser la réouverture de certaines églises; toutefois, il ne modifie pas la législation concernant le traitement du personnel concordataire, ce qui provoque l'aggravation de la situation matérielle de la plupart des prêtres. La circonscription définitive des paroisses de 1807, qui correspond au second budget des Cultes (1807-1809), est de nouveau l'occasion pour le gouvernement de renoncer à ses obligations; le ministre des Cultes suscite la création des «chapelles annexes» desservies par un vicaire qui n'émarge pas au budget de l'État. Les curés et desservants, dont le logement est souvent déplorable, ne comptent plus alors que sur la générosité des fidèles pour les sauver de la misère. Le décret de 1803 a placé la gestion des paroisses sous la responsabilité de deux institutions parallèles : la fabrique intérieure qui dépend du curé et la fabrique extérieure qui relève de l'autorité préfectorale. Au chapitre des dépenses, les marguilliers doivent trouver des moyens de financement pour la reconstruction et la restauration des sanctuaires ainsi que pour la subsistance des ministres du culte, mais les communes se dérobent souvent... La modicité des ressources ainsi que les conflits provoqués par la dualité du statut légal sont à l'origine de la faillite générale des paroisses jusqu'en 1809.

Le budget des Cultes.

Le premier budget des Cultes (1801-1807).

Sous l'Ancien Régime, les ressources du clergé étaient constituées par la dîme et les revenus de ses biens ; le Concordat substitue à ce statut, que la Révolution a qualifié de « privilégié » avant de l'abolir, un nouveau régime fondé sur une rétribution accordée par l'État aux ministres du culte [1]. L'article 14 du concordat de 1801 prévoit qu'un « traitement convenable » sera accordé aux évêques et aux curés [2]. Les articles organiques précisent : à l'article 65, 10 000 francs pour l'évêque ; à l'article 66, 1 500 francs pour un curé de première classe et 1 000 francs pour un curé de seconde classe. Ainsi, selon le Concordat, les responsables des paroisses sont les curés qui, nommés par les évêques et agréés par le gouvernement, sont inamovibles (art. 10). Le terme « desservants » apparaît avec les articles organiques (art. 31). En effet, la loi du 18 germinal an X, méconnaissant le Concordat, établit deux catégories de paroisses : les cures et les succursales. À la différence des curés, les desservants, placés à la tête des succursales, sont amovibles *ad nutum* par l'évêque. Une déclaration importante du cardinal de Belloy [3], archevêque de Paris, établit l'identité des curés et des desservants : « Les desservants sont pasteurs ordinaires, propres prêtres et véritables curés. » Cette interprétation des articles organiques fera date, car le ministre Portalis l'approuve ainsi que l'épiscopat français à l'unanimité [4]. Autant que la cure, la succursale est donc une paroisse ; son église est pourvue de tous les attributs d'une église paroissiale : fonts baptismaux, droits de sépulture, de prédication, de perception des oblations et du casuel. Le curé « succursaliste » a la même juridiction et les mêmes pouvoirs que le curé du chef-lieu de canton ; comme lui, il est tenu à la résidence et à la messe *pro populo* [5]. En ce qui concerne le traitement des desservants et des vicaires, l'article organique 68 prévoit que, d'une part, une pension leur sera versée en exécution des lois de l'Assemblée constituante et que, d'autre part, ils recevront des « obla-

---

1. G. ROBERT-DEBEUGNY, « La fortune des prêtres dans huit cantons du Calvados de 1840 à 1880 », mémoire de maîtrise, s. d., A. D. f° 1.
2. J. LEFLON, *La Crise révolutionnaire (1789-1846)*, p. 215.
3. Biographie de Jean-Baptiste de Belloy : voir p. 171, n. 1.
4. E. SÉVESTRE, *L'Histoire, le Texte et la Destinée du concordat de 1801*, p. 255.
5. J. LASPOUGEAS, « La carte paroissiale du nouveau diocèse de Bayeux au début du XIXe siècle », p. 58.

tions », sans autre précision. Ils doivent, pour cela, être déjà inscrits sur la liste des pensionnaires ecclésiastiques, ou, s'ils demandent à être portés sur cette liste, ils doivent fournir : 1) un extrait de naissance ; 2) un certificat de résidence ; 3) le procès-verbal de la prestation de serment à la liberté et à l'égalité faite dans les délais prescrits par la loi du 14 août 1792... 5) le procès-verbal de la prestation du serment prescrit par la loi du 19 fructidor an V (5 septembre 1797) ; 6) la déclaration de non-rétractation du serment signée du prêtre et légalisée par le maire de sa commune et le sous-préfet[1]. Or, les succursalistes qui touchent la pension sont réduits au quart de la pension votée par la Constituante, ce qui ne leur permet pas de vivre. Les desservants et les vicaires, anciens jureurs non rétractés ou anciens réfractaires, sont donc réduits à toucher les « oblations » qui peuvent être de trois sortes : les dons des fidèles (quêtes), le casuel et la contribution volontaire des communes. Or, ni les paysans qui s'obstinent à croire que les curés sont riches, ni les communes ne s'empressent de payer. Les desservants en arrivent donc à regretter la portion congrue[2]...

L'article organique 72 fait obligation aux conseils municipaux de rendre les presbytères et les jardins attenants non aliénés aux desservants et, à défaut, leur donne l'« autorisation » de leur procurer un logement et un jardin. Les communes ne sont donc pas tenues de verser un traitement au desservant, leur seule obligation portant sur le logement. Le gouvernement, c'est-à-dire Portalis, se saisit de cet article et, l'interprétant, souligne le caractère obligatoire de ces dispositions (décret du 18 nivôse an XI, 8 janvier 1803). Le ministre des Cultes déclare que le verbe « autorise » de l'article organique 72 impose aux conseils municipaux « la nécessité, l'obligation » de procurer un logement aux desservants, « car l'exercice de ce droit est une nécessité ; ce n'est que dans la recherche des moyens de satisfaire à cette obligation que toute la liberté est laissée aux conseils municipaux »[3]. Toutefois, il arrive que les locataires refusent obstinément de quitter l'ancien presbytère ; le curé est alors obligé de recourir aux autorités administratives. C'est le cas du curé de Saint-Jean de Caen qui, le 2 germinal an XI (23 mars 1803), écrit au préfet du Calvados pour lui demander de « faire en sorte qu'il pourra bientôt jouir du bénéfice de la loi organique[4] ». De plus, de

---

1. A. D., Z 2433, Le préfet du Calvados au sous-préfet de Vire, 23 messidor an XI (14 juillet 1803).
2. J. LEFLON, « Le clergé de second ordre sous le Consulat et le premier Empire », p. 113-114.
3. LEFLON, *La Crise...*, p. 216.
4. A. D., V 2.

nombreux maires sont dans l'incapacité de rendre le presbytère au desservant, car il a été vendu. Ils se tournent donc, tel celui de Villy-Bocage, vers le préfet pour lui demander conseil : doivent-ils acheter une autre maison ou accorder une indemnité compensatoire [1] ? En effet, à défaut de logement, la municipalité peut décider l'octroi d'une certaine somme, qui constitue alors pour la plupart des desservants l'essentiel de leurs ressources. Pourtant, les conseils municipaux demeurent récalcitrants; les desservants se plaignent à l'évêque, qui recourt au préfet et le préfet au ministre, si bien que toute la machine administrative se met en branle pour vaincre les mauvaises volontés. On devine l'écho de ces querelles dans les villages [2]. Les dispositions gouvernementales concernant les desservants et les vicaires (décret de nivôse an XI) ont été transmises dans le Calvados par l'arrêté préfectoral du 10 floréal an XI (30 avril 1803). Les sous-préfets adressent à Caffarelli les procès-verbaux des délibérations des conseils municipaux de leur arrondissement au sujet du traitement des vicaires et des desservants. On note les multiples réticences, voire les refus des municipalités pour la prise en charge financière de leurs pasteurs respectifs. Le sous-préfet de Falaise, Rulhière, note avec amertume que les trois quarts des communes de son arrondissement n'ont pas rempli les obligations contenues dans l'arrêté préfectoral. Plusieurs municipalités, en effet, ont inscrit ce sujet à l'ordre du jour de leur réunion, mais les maires « par mauvaise volonté ou incapacité » ont rédigé des procès-verbaux « insignifiants où ils se disputent les succursales » [3].

Dès 1803, de nombreux desservants se plaignent auprès du préfet de l'absence de toute ressource. Ainsi, celui d'Épinay-sur-Odon, Morand, signale qu'il ne profite pas de l'application de l'article 72 : le presbytère n'est pas vendu, mais loué à un particulier; il ne dispose donc pas d'un logement, faute de pouvoir chasser le locataire. De plus, le jardin semble occupé car un fermier y a semé du seigle. Morand demande donc si la récolte peut lui revenir afin qu'il puisse disposer de quelques ressources [4]. Le préfet répond que tous les baux sur les jardins de presbytère sont résiliés à compter de messidor an XI (juin-juillet 1803) mais que les fruits et légumes, jusqu'à cette date, reviennent à l'ancien locataire [5]. La location des presbytères

---

1. A. D., V 2, Le maire de Villy-Bocage au préfet du Calvados, 6 ventôse an XI (25 février 1803).
2. LEFLON, La Crise..., p. 216.
3. A. D., V 2, Rulhière à Caffarelli, 25 prairial an XI (14 juin 1803).
4. A. D., V 2, Morand à Caffarelli, 18 prairial an XI (7 juin 1803).
5. A. D., V 2, Caffarelli à Morand, 22 prairial an XI (11 juin 1803).

semble effectivement poser un problème juridique que le Concordat, c'est-à-dire l'article organique 72, n'avait pas prévu. Ainsi, le 30 ventôse an XI (21 mars 1803), le maire d'Évrecy signale au préfet du Calvados qu'il ne peut restituer le presbytère au nouveau desservant, conformément à la loi du 18 germinal an X, car le sien a été loué, avec la permission du préfet, pour trois ans jusqu'au 11 nivôse prochain (2 janvier 1804) ; il demande donc à Caffarelli s'il est possible d'expulser le locataire actuel en l'indemnisant[1]. Le sous-préfet de Vire, Asselin, pose la même question au préfet, le 5 germinal an XI (26 mars 1803), car il a été consulté par de nombreux maires : ceux-ci demandent s'il convient de faire «déguerpir» les locataires actuels et si la commune est tenue de leur verser une indemnité compensatoire[2]. Le préfet signale qu'il a saisi le gouvernement de cette affaire[3]. Dans sa réponse, le ministre affirme que les baux des locataires actuels de presbytère doivent être résiliés ; le préfet transmet cette décision au directeur de l'enregistrement des domaines[4]. Celui-ci demande alors si cette mesure s'étend aux presbytères des communes dépourvues de curé ou de desservant et si les indemnités dues au locataire, dont le bail est résilié, doivent être payées par les communes ou par le gouvernement[5]. Le préfet répond qu'il n'a pas voulu prescrire dans ce cas particulier de résiliation forcée, mais qu'il a demandé aux communes de rompre, si elles le désirent, des baux de trois, six ou neuf ans. Pour les indemnités, elles doivent être payées par les communes[6]. Un arrêté préfectoral du 7 prairial an XI (27 mai 1803) tranche définitivement la question de l'interprétation de l'article organique 72 en regroupant les dispositions éparses concernant le logement des ministres du culte ; la situation est désormais claire :

Considérant que selon l'article 72 de la loi du 18 germinal an X, les presbytères et jardins attenants doivent être rendus aux curés desservants, que la circonscription des cures et succursales est faite et que la plupart des curés et desservants sont installés, ordonne :

---

1. A. D., V 2.
2. *Ibid.*
3. A. D., V 2, Caffarelli à Asselin, 14 germinal an XI (4 avril 1803).
4. A. D., V 2, Le préfet du Calvados au directeur de l'Enregistrement des domaines, 25 germinal an XI (15 avril 1803).
5. A. D., V 2, Le directeur de l'Enregistrement des domaines au préfet du Calvados, 6 floréal an XI (26 avril 1803).
6. A. D., V 2, Le préfet du Calvados au directeur de l'Enregistrement des domaines, 10 floréal an XI (30 avril 1803).

– article 1 : les curés et desservants des communes où il existe un presbytère et un jardin non aliénés par le gouvernement et qui sont libres, peuvent occuper cesdits presbytères.

– article 2 : les baux des presbytères appartenant encore au gouvernement sont résiliés à partir du 8 vendémiaire an XII (1er octobre 1803).

– article 3 : les locataires ou fermiers les libéreront à cette date.

– article 4 : les locataires ou fermiers feront des demandes d'indemnités à l'autorité compétente.

– article 5 : les instituteurs des écoles primaires qui occupent des presbytères doivent les quitter au 8 vendémiaire an XII [1]...

La carte paroissiale de 1802 n'a laissé subsister que quatre cent cinquante-deux paroisses curiales et succursales sur les neuf cent trente et une que comptait le Calvados avant la Révolution [2]. Les communes qui estiment avoir été lésées d'un desservant refusent très souvent de participer aux dépenses de la cure ou de la succursale à laquelle elles ont été rattachées. Il s'agit parfois d'une véritable fronde, comme dans la cure de Saint-Sylvain en l'an XI (1803). Le maire de Saint-Sylvain, Le Normand, convoque les conseils municipaux des communes formant la cure, c'est-à-dire Fierville, Saint-Martin-des-Bois, Bray-la-Campagne et Saint-Sylvain. Le Normand donne lecture d'un arrêté signé de sa main, sans délibération préalable, et propose aux membres présents d'y souscrire. Il s'agit : 1) d'augmenter le traitement du curé de 200 francs ; 2) de lui octroyer 200 francs pour son ameublement ; 3) d'accorder une subvention de 3 000 francs pour les décorations de l'église ; 4) d'octroyer 300 francs pour le traitement d'un vicaire qui desservira Fierville. Le conseil municipal de Fierville s'insurge contre ces décisions et quitte la séance. Le maire, Pierre Jallier, et les conseillers municipaux, Guillaume Lecourt, Charles Bonnel, Jean-François Meaulle et Jean Bouquet se réunissent le 17 prairial an XI (6 juin 1803) et décident qu'ils refuseront désormais de participer aux dépenses de la cure de Saint-Sylvain pour le motif suivant : avant la Révolution, ils avaient fait bâtir un presbytère qui leur avait coûté plus de mille francs et qui est délaissé malgré la demande incessante des habitants d'obtenir un desservant. Ils refusent donc que Fierville devienne une simple annexe, mais demandent qu'elle soit érigée en succursale à laquelle Bray sera réunie, et, considérant que les paysans sont très pauvres à cause de la mauvaise qualité du sol et doivent être dispensés des dépenses qui concernent le curé de Saint-Sylvain, ils décident que :

1. A. D., V 34.
2. LASPOUGEAS, p. 58.

– article 1 : Fierville doit être une succursale.
– article 2 : le maire est chargé de faire les démarches auprès du préfet et de l'évêque de Bayeux.
– article 3 : en cas de refus, qu'on loue une maison pour le presbytère, ce sera moins onéreux que d'en bâtir un.
– article 4 : dans la même hypothèse, on refuse une augmentation de 200 francs au curé, car les 1 000 francs octroyés par le gouvernement sont suffisants ; on refuse les 300 francs pour l'établissement d'un vicaire, à moins que les habitants de Saint-Sylvain veuillent bien le payer puisque le vicaire sera établi pour eux ; on refuse la somme demandée pour la réparation de l'église, sauf pour l'autel qui a besoin de quelques réparations.
– article 5 : les habitants de Fierville accepteront d'augmenter les traitements du curé et la réparation des églises quand on aura nommé un curé dans leur commune [1].

Nombre de paroisses obtiennent satisfaction dès janvier 1804. Une nouvelle carte paroissiale est, en effet, adoptée par le gouvernement. Elle a été élaborée au cours de l'année précédente car, au dire même du préfet, la première carte avait été «faite à la hâte et pour faire jouir les citoyens [...] des bienfaits de la religion [2]». Le diocèse de Bayeux compte désormais six cent quarante-quatre paroisses au lieu de quatre cent cinquante-deux, soit cent quatre-vingt-douze restaurations exclusivement rurales. Les protestations vigoureuses des conseils municipaux ont donc porté. Toutefois, à peine cette carte est-elle promulguée qu'il faut en élaborer une troisième en vertu du décret du 31 mai 1804 [3]. L'Empereur osant ce que n'osait le Premier consul, Bonaparte annonce, en vue de son sacre par le pape, la prise en charge par le Trésor de vingt-quatre mille desservants qui toucheront, à compter du 23 septembre, un traitement annuel de 500 francs (décret du 11 prairial an XII, 31 mai 1804). Cette mesure est encore insuffisante, car un quart des desservants demeurent à la charge des communes qui doivent leur verser 250 francs par an, une somme dérisoire qui ne leur permet pas de vivre, selon le ministre des Cultes, Portalis, lui-même [4]. Le gouvernement se montre généreux mais exige, en contrepartie, que la carte paroissiale fasse apparaître une circonscription «définitive» comportant la suppression d'un certain nombre de

---

1. A. D., V 2, Le sous-préfet de Falaise au préfet du Calvados, 25 prairial an XI (14 juin 1803).
2. A. D., G 1157.
3. LASPOUGEAS, p. 60-61.
4. LEFON, La Crise..., p. 216.

succursales de dimension modeste et la liquidation ultérieure de toutes les églises ne servant plus à la célébration du culte. Cette volonté de restructuration à la baisse gêne les évêques, dont celui de Bayeux, qui tente de contrer le gouvernement en invoquant le décret du 31 mai 1804; Brault essaie d'obtenir l'érection d'un nombre plus important de succursales en interprétant la notion de «besoins des fidèles» contenue dans le décret. Le gouvernement demeure inflexible; la circonscription définitive du 9 octobre 1804 révèle que le diocèse de Bayeux ne compte plus que six cent dix-neuf paroisses au lieu de six cent quarante-quatre. En ce qui concerne la liquidation des églises définitivement fermées, l'évêché temporise durant de longues années et publie enfin un état, le 3 juillet 1809, qui annonce la suppression de cent soixante-dix églises. Une analyse par arrondissement révèle un taux de suppression très inégal : important dans ceux de Caen (40) et de Lisieux (37) moins fort dans ceux de Pont-l'Évêque (30) de Falaise (29) et de Bayeux (28), enfin, pratiquement nul dans celui de Vire (6), le Bocage, pays de la chouannerie normande, étant une région particulièrement sensible.

À partir de 1804, les desservants non pourvus de brevets, c'est-à-dire ceux qui n'émargent pas au budget de l'État, multiplient les appels de détresse; en effet, les communes de petite taille, dépourvues de moyens financiers, ne leur règlent pas leur dû; ils sont donc dans la misère. Par exemple, Docagne est desservant à Amblie, dans le canton de Creully, une paroisse de sept cents âmes. Celle-ci est étendue et difficile à desservir et, donc, elle ne peut pas être réunie à une autre paroisse. Le desservant touche une pension ecclésiastique annuelle de 130 francs; la commune doit donc lui verser la différence, soit 250 francs par an à titre de traitement et 120 francs pour indemnité de logement. Or les revenus communaux ne s'élèvent qu'à 300 francs, y compris les centimes additionnels. La commune ne lui verse donc que 130 francs, ce qui double sa pension, mais cette somme est nettement insuffisante pour lui permettre de survivre. Elle lui doit donc au moins sept cents francs sur deux ans en application du décret du 11 prairial an XII (31 mai 1804)[1]. La situation financière de certains desservants est tellement critique qu'ils sont parfois obligés de recourir à des moyens malhonnêtes pour augmenter leurs revenus. Le plus original est Blot, le desservant de Ranville, qui est aussi aumônier d'un hospice de Caen. Il prétend avoir obtenu du conseil municipal de Ranville le versement d'une somme de 5 francs par fou traité

---

1. A. N., AF IV – 1046, Docagne à Portalis, 6 août 1806.

à l'hospice, prélevée sur les biens communaux. Les fidèles, considérant que ce procédé est illégal, refusent de payer, ce qui provoque sa colère en chaire et l'annonce de mesures de rigueur à l'encontre des paroissiens récalcitrants. Il est finalement sanctionné par l'évêque[1].

La situation pécuniaire des vicaires, pour lesquels rien n'est prévu, est encore pire. Le 9 avril 1806, l'évêque de Bayeux Brault lance ce cri d'alarme en direction du préfet du Calvados Caffarelli, en lui décrivant la détresse morale et matérielle de ces prêtres : «J'ai vu plusieurs vicaires qui m'ont dit que n'ayant plus de moyens pour subsister dans leurs vicariats, ils les abandonneront après Pâques. L'espoir que je leur avais donné d'un traitement prochain les avait soutenus jusque-là, mais, ayant appris qu'ils ne sont même pas compris dans le budget de leurs municipalités respectives, ils préfèrent quitter les places qui ne leur offrent d'autre perspective que la mendicité. Je n'envisage pas de les punir parce qu'ils abandonnent un ministère qu'ils ne pourraient plus remplir qu'en l'avilissant... Je ne doute pas de vos bonnes intentions à l'égard des vicaires des villes et même pour tous les prêtres du diocèse. Je vous demande de proposer au ministre des mesures adéquates[2].»

Le second budget des Cultes (1807-1809).

Le 30 septembre 1807, Napoléon signe un nouveau décret portant sur la réorganisation de la carte paroissiale de l'Empire. Il est transmis par le préfet du Calvados aux maires dans la circulaire du 6 octobre 1807[3]. L'Empereur s'est décidé à prendre en charge un nombre plus élevé de desservants. Sur trente-six mille succursales, vingt-quatre mille étaient déjà défrayées ; six mille autres sont prises en charge par le Trésor. Au diocèse de Bayeux, cette carte apporte une nouvelle diminution du nombre des paroisses : six cent deux au lieu de six cent dix-neuf[4]. La charge d'âmes s'élève désormais en moyenne à 840 habitants. La répartition locale révèle une correction très nette par rapport à la première carte de 1802 ; avec 730 habitants dans le Bessin, 803 dans le pays d'Auge, 882 dans les plaines de Caen et de Falaise, 892 dans le Bocage, la paroisse est moins inadaptée au peuplement rural

---

1. A. D., F 5661, Brault à Portalis, 4 frimaire an XIII (25 novembre 1804).
2. A. D., V 157.
3. A. D., V 5.
4. A. D., V 62.

qu'auparavant. En revanche, la situation initiale demeure en ville. La confection de cette quatrième carte s'est faite très rapidement pour prévenir les mouvements de protestation. Les autorités civiles et ecclésiastiques ont retenu trois éléments : le nombre d'habitants, les ressources des communes et le logement du curé. Les réclamations au sujet de cette nouvelle circonscription portent surtout sur la rapidité et le secret de l'opération et aussi sur le fait que les cimetières ne sont pas pris en compte. Le préfet met les choses au point : «Les cimetières sont des établissements civils et non religieux; toutes les communes (897 pour 602 paroisses) ont des cimetières : celles dont les églises sont supprimées entrent dans leur cimetière et non dans ceux des communes auxquelles elles sont réunies pour l'exercice du culte, peu importe donc pour la réunion que le cimetière soit grand ou petit[1].»

Il reste que l'on note encore des réclamations de la part d'habitants dont la paroisse est supprimée. Ainsi en est-il de Plumetot, qui est réunie à Cresserons sur la carte de 1807. Les habitants font savoir au préfet que la commune a toujours été une paroisse et qu'elle possède une église «belle et spacieuse» dotée d'un clocher et d'une horloge, et d'un presbytère attenant à l'église qui est neuf, car il a été construit l'année précédente. Ils rappellent que, en revanche, Cresserons n'a toujours été qu'une annexe, avec une chapelle, dépendant d'abord de Plumetot, puis de Lion-sur-Mer; cette paroisse n'a jamais eu de presbytère et son église est «petite et mal éclairée, en mauvais état et mal située au bout de la commune». Si la décision du gouvernement était maintenue, il faudrait que les deux communes réparent et agrandissent l'église et qu'elles acquièrent un terrain pour y bâtir un presbytère. Certes, ils reconnaissent que le nombre d'habitants à Cresserons est plus important qu'à Plumetot, mais ils ajoutent aussitôt qu'il y a autant de catholiques dans les deux communes à cause de la présence d'une forte communauté protestante à Cresserons. Le préfet rejette la réclamation, le 9 novembre 1808[2].

Les habitants de quelques paroisses rurales expriment leur amertume face à des injustices flagrantes; en effet, l'influence des notables s'est fait nettement sentir dans le choix de certaines succursales qui n'auraient jamais dû être rétablies. Les nobles sont particulièrement influents dans le Bocage; ainsi,

---

1. A. N., F 19-734 A, Le préfet du Calvados au ministre des Cultes, 22 janvier 1808.
2. A. D., V 108, Correspondance entre les habitants de Plumetot et le préfet du Calvados, novembre 1808.

la petite paroisse du Mesnil-au-Grain (canton d'Aunay-sur-Odon) est préférée à Beauquay bien que l'église soit plus petite et située à l'écart des chemins. Les habitants de Beauquay protestent en vain. On apprend à la lecture du dossier instruit par le préfet que le Mesnil-au-Grain a été choisi parce que le châtelain du lieu avait promis de faire don d'un presbytère à la commune à condition que cette paroisse soit érigée en succursale; le fait que le châtelain ne soit pas pratiquant n'a pas porté atteinte à la décision des autorités ecclésiastiques. Le préfet note pourtant qu'«il dit hautement que cela n'est bon que pour le petit peuple et non pour les gens d'éducation[1]». De même, Le Doulcet de Pontécoulant[2] obtient facilement que sa commune, forte de 160 habitants (selon le recensement du 1er août 1820[3]), soit érigée en succursale; la petite église de Pontécoulant (canton de Condé-sur-Noireau) n'a-t-elle pas été construite par son père et le presbytère n'est-il pas neuf[4]? Les bourgeois ne sont pas en reste, tel le pharmacien, Thierry, qui demande que Repentigny (canton de Cambremer), dans le pays d'Auge, soit érigée en succursale. Il convainc l'un des vicaires généraux de Brault, qui appuie sa demande auprès du ministre des Cultes : «M. Thierry est un homme de bien, considéré à Caen et qui mérite à tous égards que sa proposition soit favorablement accueillie[5].» La prétention d'un dignitaire rencontre parfois l'opposition ferme de l'évêque. En 1806, Bunouf-Banouville, procureur impérial à Bayeux, propriétaire d'une petite ferme et d'une maison d'été pour sa famille à Longues (canton de Ryes) réclame l'érection de cette paroisse en succursale. Il explique que les trois communes de Fontenailles, Longues et Marigny, situées au bord de la mer et «ne formant qu'une seule pièce», auraient dû constituer au départ une seule commune. Lorsque les églises ont été rouvertes, après la Révolution, Longues a été choisie car elle est située au centre et le desservant de Marigny est venu desservir cette église. Toutefois, une intrigue s'est formée à Marigny pour y transférer la succursale. L'évêque semble avoir pris ce parti. Le procureur prétend que Brault est «abusé et surtout influencé par deux membres de son

---

1. A. N., F 19-734 A, Le préfet du Calvados au ministre des Cultes, 12 février 1808.
2. Biographie de Louis-Gustave Le Doulcet de Pontécoulant : voir p. 208, n. 2.
3. A. D., V 7, Nomenclature des communes du Calvados avec la population d'après le recensement du 1er août 1820.
4. LASPOUGEAS, p. 62.
5. A. N., F 19-734 A, Correspondance du 14 mai 1813.

conseil : le desservant Lebourgeois qui, habitant Marigny, répugne de faire quelques pas supplémentaires pour se rendre à l'église de Longues et Durosier, chanoine honoraire, qui a une ferme à Marigny». On lui a dit, de plus, que l'évêque a promis aux habitants de Fontenailles la réouverture de leur église pour les empêcher de s'opposer au transfert de la succursale à Marigny : «C'est aller contre les vues du gouvernement qui refuse la multiplicité des églises et ce serait aller contre les intérêts du peuple qui subirait des charges plus lourdes», déclare Bunouf-Banouville. L'évêque de Bayeux affirme, de son côté, que son choix s'est porté sur Marigny, de préférence à Longues, à la suite de la visite qu'il fit dans ces deux paroisses; il a choisi la commune où l'église est la mieux conservée. Il a appris, depuis, que le maire de Longues a demandé au préfet l'autorisation de faire réparer son église, en estimant le montant des dépenses à 120 francs. Le vicaire général d'Audibert, accompagné d'experts, a fait une enquête et fixé le coût des réparations à 1 500 francs! L'évêque a donc décidé de conserver l'église de Marigny afin d'«éviter aux habitants de Longues d'épuiser leurs faibles ressources dans des réparations inutiles». Le ministre tranche en faveur du procureur. Longues est érigée en succursale tandis que Marigny habilement, est réunie à Le Manoir, une succursale voisine [1].

La carte de 1807 est donc loin de satisfaire les fidèles, qui réclament, sinon l'érection de leur paroisse en succursale, ce qui semble maintenant impossible, du moins le maintien de leur église et son ouverture avec le titre de «chapelle annexe», placée sous la responsabilité d'un vicaire. Le ministre des Cultes s'occupe de cette question : le décret du 30 septembre 1807 est suivi d'une circulaire du 12 octobre dans laquelle le ministre affirme que l'expérience de quatre années montre que le maintien de trente mille succursales correspond aux besoins des fidèles. Conformément à l'article 8 du décret du 30 septembre 1807, il admet toutefois la possibilité de créer des chapelles annexes rattachées à une succursale et desservies par un chapelain ou un vicaire dépendant du desservant. Les conseils municipaux doivent en faire la demande et s'engager à payer le vicaire; à défaut, un groupe de contribuables peut présenter cette requête s'ils s'engagent à payer le traitement du vicaire. Ainsi, la «chapelle annexe», catégorie non prévue par le Concordat, ni par les articles organiques, obtient une reconnaissance officielle du ministère des Cultes

---

[1]. A. D., V 157. Correspondance entre le préfet du Calvados, l'évêque de Bayeux et le procureur impérial de Bayeux, décembre 1806.

afin de suppléer à l'insuffisance des succursales [1]. Aussitôt, un certain nombre de conseils municipaux présentent des dossiers en vue de la création d'une chapelle annexe. Le préfet du Calvados demande l'avis de l'évêque de Bayeux le 5 novembre 1808 [2]. Brault examine attentivement les diverses demandes et estime que certaines doivent être rejetées pour les trois raisons suivantes : 1) l'impossibilité de trouver un nombre suffisant de prêtres destinés à desservir les chapelles annexes ; 2) plusieurs conseils municipaux, «consultant plus leur zèle que leurs moyens», font des offres qu'ils ne pourront honorer. Quelques-uns, composés uniquement de fermiers, proposent un prélèvement sur les fonds communaux, ce qui est très onéreux pour les communes et provoque souvent les protestations véhémentes des propriétaires. Certains conseils municipaux présentent une obligation souscrite par un grand nombre d'habitants, qui s'engagent plus ou moins... Il arrive, de plus, que plusieurs souscripteurs quittent la commune ; la perception est alors incomplète ; 3) quelques conseils municipaux proposent une somme et désignent en même temps le prêtre destinataire comme s'ils étaient chargés de le nommer ; certains s'engagent pour deux, quatre, six ou dix ans, ou même à vie. L'évêque considère donc que les critères qui permettent de retenir ou de rejeter les demandes ne sont pas clairs. Il en propose d'autres. Pour Brault, les églises conservées pour le culte et érigées en chapelles annexes devraient être classées en trois catégories : 1) des annexes où l'évêque établirait un prêtre qui serait placé sous l'autorité du curé ou du desservant de l'église principale ; Brault pose alors deux conditions préalables : la reconnaissance d'un besoin réel des fidèles et l'engagement de la part des communes d'entretenir le prêtre ; 2) les églises situées dans de petites communes seraient conservées comme annexes de l'église paroissiale la plus proche ; le vicaire desservant l'église principale viendrait y dire une messe les dimanches et fêtes, faire le catéchisme, administrer les sacrements aux vieillards et aux infirmes et faire les sépultures. La commune de ladite annexe ne paierait qu'un petit supplément au vicaire ; 3) les églises, où on n'établirait aucun prêtre, seraient sous l'autorité du desservant de l'église principale. Celui-ci ne viendrait à l'église annexe que pour conférer les sacrements aux vieillards et aux infirmes et y faire les sépultures. Les seules dépenses, dans ce cas, seraient l'entretien des bâtiments, dont la couverture serait assurée par des offrandes

---

1. A. D., V 157.
2. *Ibid.*

volontaires. Ces propositions, conclut l'évêque, sont inspirées par deux considérations : 1) la conservation des belles églises qui pourraient, en certains cas, remplacer une église principale en mauvais état : 2) le maintien en activité de curés âgés et cultivés qui desservent ces églises depuis longtemps, ce qui leur assurerait un ministère et un moyen de subsistance[1].

Le 26 juin 1809, l'évêque fait le point de la situation de son diocèse en ce qui concerne la rétribution des vicaires. De concert avec le préfet, il a été décidé que ceux qui desservent des paroisses urbaines reçoivent 500 francs tandis que ceux qui sont à la campagne ne touchent que 400 francs. Toutefois, là où la population est nombreuse et quand l'étendue de la paroisse est de six lieues et plus, il est convenu de fixer le traitement du vicaire à 500 francs. Toujours avec l'accord de Caffarelli, le traitement est pris sur les centimes additionnels de la commune ; il est donc porté sur le budget de la commune ou sur les biens communaux quand elle en a. Sur les cent vingt-cinq vicaires du diocèse, le préfet en a porté quatre-vingt-onze sur les budgets des communes ; une moitié d'entre eux sont mal payés, car les maires emploient les centimes additionnels à d'autres fins. Les autres vicaires sont rétribués au moyen d'offrandes volontaires qui sont insuffisantes et mal acquittées. Alors, faute de moyens de subsistance, ils doivent quitter leurs fonctions. Le nombre des vicaires est nettement insuffisant car il en faudrait dans deux cent trente paroisses et, Brault déclare : « Ce n'est que le zèle et le dévouement qui engagent les prêtres à continuer leurs pénibles fonctions. » L'évêque suggère donc que les traitements des vicaires soient portés à 800 francs au moins dans les petites paroisses et à 1 000 francs dans les grandes. Pour cela, il faudrait obliger les communes, en vertu d'un rôle exécutoire, à payer un supplément de traitement ; certaines l'ont proposé, mais n'ont pas reçu l'autorisation[2]. Le nombre de conseils municipaux réclamant le maintien de leur église et donc la nomination d'un prêtre ne cesse d'augmenter. Le préfet reçoit, à la fin de 1809, les pétitions des communes d'Amfreville, Blainville, Parfouru-sur-Odon, Feuguerolles, Loucelles, Bougy, Éterville, Perriers, Cesny-aux-Vignes, Brouay, Touffreville, Mesnil-Patry, Colomby-sur-Thaon, Junville et Fontenay-le-Pesnel. Il manifeste son inquiétude face à cette recrudescence des demandes. Il rappelle que l'article 8 du décret du 30 septembre 1807 prévoit que les annexes sont des établisse-

---

1. A. D., V 157 ; A. E., Dossier Mgr Brault, année 1809, L'évêque de Bayeux au préfet du Calvados, 25 janvier 1809.
2. A. E., Dossier Mgr Brault, année 1809, L'évêque de Bayeux au ministre des Cultes.

ments perpétuels placés là où la trop grande extension des succursales et où les difficultés de communication l'exigent. Or, il apparaît que les communes considèrent souvent la chapelle annexe comme un établissement provisoire accordé pour un prêtre qui s'y est fixé et qui ne veut pas se déplacer et remplir une autre fonction. Les requêtes sont souvent présentées sans considération des revenus communaux et de la population. Le préfet affirme qu'il est loin d'être hostile aux annexes, mais il fait remarquer qu'elles sont un sujet de discorde entre les communes réunies, c'est-à-dire entre le desservant et le prêtre de l'annexe ; de plus, les communes, où sont érigées des annexes, négligent leurs obligations à l'égard du desservant en refusant de participer au versement de son indemnité de logement et aux réparations du presbytère et de l'église ; enfin, elles réservent toutes leurs ressources pour le prêtre, qui dessert leur église car elles espèrent une nouvelle circonscription des paroisses. Il arrive d'ailleurs que les vicaires de chapelles annexes soient mieux traités par les communes que les desservants des succursales, si bien qu'il devient plus difficile de trouver des desservants que des vicaires ! Il faut, enfin, avouer, conclut Caffarelli, que les communes ont la prétention de choisir un vicaire à leur convenance [1]. L'évêque, suivant les instructions du préfet, devient intraitable et rares sont, à partir de cette date, les chapelles annexes qui sont établies. Ainsi, le 19 juillet 1813, par ordonnance il repousse la demande du conseil municipal d'Étouvy parce que les 300 francs proposés pour le paiement du vicaire sont insuffisants. Il préfère donc que le vicaire de la Graverie se déplace à Étouvy et vienne y célébrer la messe, jusqu'à l'agrandissement de l'église de la Graverie [2].

Dans de nombreuses communes, le logement des desservants et même de quelques curés continue à poser de graves difficultés. L'évêque n'hésite pas à alerter le préfet, qui fait savoir aux maires, par l'intermédiaire des sous-préfets, que, faute de pouvoir verser une indemnité de logement au prêtre qui dessert leur paroisse, l'évêque se verra dans l'obligation de supprimer la succursale. C'est le cas, par exemple, pour les communes de Coulvain et de Saint-Denis-Maisoncelles, en 1809, dans l'arrondissement de Vire. La menace est souvent suivie d'effets, car les habitants sont prêts à consentir beaucoup de sacrifices pour conserver un desservant. Dans les deux communes précitées, les conseils municipaux n'hésitent pas à recourir à une souscription volontaire auprès des habi-

---

1. *Ibid.*, Caffarelli à Brault, 5 novembre 1809.
2. A. D., Z 2417.

tants afin de fournir au prêtre une indemnité de logement[1]. Il arrive qu'un presbytère ait bien été accordé au desservant, mais il est souvent vétuste et donc inhabitable. L'évêque de Bayeux transmet de nouveau les plaintes au préfet. Les maires réagissent diversement; à Landelles, le maire est surpris, car il lui semble que le presbytère est en excellent état; il en veut pour preuve que le desservant l'habite depuis six mois et qu'il n'a encore adressé aucune réclamation. À Pontfarcy, le maire convient que le presbytère, comme l'église, est en mauvais état. Il évalue à 600 francs la somme qui devrait être affectée à la réparation de ces deux édifices. Toutefois, il avoue que la commune est incapable de supporter une telle charge. Néanmoins, désirant montrer sa bonne volonté, il propose au sous-préfet de Vire, Asselin, de vendre un terrain communal qui rapporterait 300 francs et couvrirait donc la moitié des dépenses. Le sous-préfet, qui présente cette affaire à Caffarelli le 27 mars 1809, hésite à accorder son autorisation car la vente du terrain est bien incertaine. Il préfère que le maire recoure à une souscription volontaire auprès des habitants[2]. Les impôts locaux s'alourdissent donc du fait des ministres du culte. Les habitants acceptent, sans contestation, cette charge supplémentaire qui grève parfois les maigres budgets des paysans les plus pauvres. Ils font preuve ainsi de leur attachement à la foi catholique, qui est celle de leurs ancêtres. Il faut ajouter qu'à leurs yeux rien ne remplace la présence du prêtre dans le village, présence dont, au surplus, ils sont fiers, car elle est un signe de l'importance de leur commune. L'évêque, constatant que certains presbytères d'une succursale supprimée ont été conservés, demande au préfet Caffarelli ce qu'il convient d'en faire. Celui-ci répond, au nom du ministre des Finances, que ces presbytères peuvent être remis au desservant surtout si celui-ci ne possède pas de logement dans la commune où il devrait résider. Au cas où le presbytère serait trop éloigné de sa paroisse, il est autorisé à le louer afin de pouvoir acquérir un autre logement[3]. Parfois, la situation dans les villes n'est pas plus favorable qu'à la campagne. Ainsi, Blondel, le curé de la cathédrale Saint-Pierre de Lisieux, se plaint, en 1809, de l'indécence de son logement, qui comprend une seule pièce, dans laquelle il habite depuis six ans. Ayant appris que l'ancien presbytère de sa paroisse est en vente, il demande au préfet l'autorisation de l'acquérir, mais il ajoute, afin de prévenir toute contestation : « On objec-

---

1. A. D., V 14, Le sous-préfet de Vire au préfet du Calvados, 1er juin 1809.
2. A. D., V 14.
3. A. D., F 5661, Caffarelli à Brault, 26 prairial an XII (15 juin 1804).

tera peut-être le coût, mais si cela est trop cher pour moi, c'est la preuve que l'indemnité de logement qu'on me verse est trop modique [1]. »

La situation générale de la France devient tellement préoccupante, que le ministre des Cultes prescrit aux préfets d'établir un état général des conditions de logement des ministres du culte dans leurs départements respectifs. Le préfet du Calvados signale que seules dix communes ne fournissent ni logement ni indemnité à leurs desservants ; le ministre exige donc que ces communes leur accordent une indemnité en attendant qu'elles soient en mesure de leur octroyer un logement. Il s'agit : dans l'arrondissement de Bayeux, de Montfiquet (canton de Balleroy) ; dans l'arrondissement de Caen, d'Épron (canton de Caen-Nord), Saint-Ouen de Caen (canton de Caen-Sud), Sallenelles (canton de Troarn) ; dans l'arrondissement de Pont-L'Évêque, de Bénerville (canton de Pont-l'Évêque) ; dans l'arrondissement de Lisieux, de Roques (canton de Lisieux 1), Percy (canton de Mézidon), Berville (canton de Saint-Pierre-sur-Dives) ; dans l'arrondissement de Falaise, de Fourches (canton de Coulibœuf) ; dans l'arrondissement de Vire, de La Chapelle-en-Gerbold (canton de Condé-sur-Noireau) [2]. L'évêque conteste aussitôt les résultats de cette enquête et, désirant rétablir la vérité, il décrit la situation dramatique des ministres du culte de son diocèse : en plus des dix communes déjà citées, il en existe d'autres, non signalées dans le rapport du préfet, où le desservant ne reçoit aucune indemnité. Plusieurs municipalités fournissent un presbytère, mais il est en si mauvais état que le prêtre ne peut pas y habiter ; d'autres logent le desservant dans un ancien presbytère d'une commune réunie et ce presbytère, parfois en ruines, est souvent loin de l'église. Il faudrait donc que le préfet, conclut l'évêque, en plus des dix communes signalées ici, prennent des mesures pour améliorer la situation dans les autres paroisses [3]. Dans sa réponse, Caffarelli estime que, lorsqu'une commune ne peut accorder d'indemnité de logement, elle doit y pourvoir en faisant appel à une contribution volontaire auprès des habitants ; de plus, elle peut avoir recours au fonds commun, créé par la loi du 15 septembre 1807, destiné aux communes dont les ressources sont trop modiques pour entretenir un desservant. Au sujet des presbytères inhabitables, il faudrait que l'évêque les

---

1. A. D., V 14, Blondel à Caffarelli, 24 février 1809.
2. A. E., Dossier Mgr Brault, année 1809, Le ministre des Cultes à l'évêque de Bayeux, 10 février 1809.
3. *Ibid.*, Brault à Caffarelli, 16 février 1809.

lui signale : il semble néanmoins qu'il a ordonné des réparations là où il y avait des fonds disponibles. En ce qui concerne, enfin, les presbytères trop éloignés des églises, il aurait voulu ici encore que l'évêque lui cite des lieux précis ainsi que les distances afin qu'il puisse apprécier l'importance de l'éloignement de ces logements. Caffarelli conclut sur un ton vif : « Au reste, dans un département où existent 637 cures et succursales, et où le plus grand nombre de presbytères était vendu, sauf dans quelques communes, où il n'existe ni moyens, ni ressources, ni possibilité d'en créer, j'ai pourvu aux logements, aux réparations des églises et presbytères et tout le disponible des communes fut employé exclusivement aux dépenses du culte [1] ! »

Brault rétorque sur un ton courroucé : « Vous me demandez à quelle distance un presbytère doit être de l'église ; je vous renvoie à l'intention du gouvernement à cet égard et puis vous connaissez bien la fonction d'un curé ! » L'évêque ajoute qu'il a fait établir un état complet des presbytères inhabitables en mentionnant les desservants qui n'ont ni presbytère, ni indemnité, afin que le préfet mesure l'ampleur de la catastrophe. Il lui présente dès maintenant quelques éléments de cette enquête : parmi les presbytères inhabitables, on trouve ceux de Maltot, Urville, Landelles et Pontfarcy ; parmi les presbytères éloignés, celui de Saint-Laurent qui est situé à Vierville, à trois quarts de lieue de distance de l'église [2]. L'état est envoyé le 7 mai 1810 ; l'évêque s'excuse des quelques erreurs qu'il pourrait contenir ; il note que ce sont cent cinquante paroisses qui, faute de logements, sont exposées à être privées de pasteur. Or, il rappelle que le ministre des Cultes a pour principe qu'une paroisse sans presbytère n'est pas un établissement complet [3]. Le ministre des Cultes prend le parti de l'évêque et fait remarquer au nouveau préfet, Méchin, le 12 mai 1810, que la situation dans le Calvados est grave, car seulement deux cent trente-sept paroisses ont résolu le problème du logement de leur desservant avec satisfaction [4]. Le 19 mai 1810, le préfet présente à Brault une ultime défense en tentant d'expliquer pourquoi les communes hésitent à fournir un logement au desservant. Cela est dû à l'augmentation des impôts, à la nécessité des travaux publics, à la grande division des communes et à la faiblesse de leurs revenus. Si les communes levaient un impôt extraordinaire pour

---

1. A. E., Dossier Mgr Brault, Caffarelli à Brault, 23 février 1809.
2. A. D., V 14 ; A. E., Dossier Mgr Brault, année 1809, Brault à Caffarelli, 6 mars 1809.
3. A. D., V 14.
4. *Ibid.*

acquérir un presbytère, il en résulterait des troubles pour l'agriculture, le commerce et même les caisses des familles. Que l'évêque ne croie pas que l'autorité préfectorale est hostile à l'acquisition des presbytères par les communes; Méchin désire simplement lui expliquer pourquoi on rencontre de telles difficultés. Quant aux indemnités de logement, elles ont été fixées aussi haut que le permettent les revenus des communes; elles sont généralement de 100 francs, 120 francs, 150 francs, 180 francs ou 200 francs par an. Il n'existe qu'un nombre très réduit de communes qui ne paient que 100 francs et seulement trois ou quatre qui ne paient aucune indemnité [1].

Enfin, le 4 juin 1810, l'évêque décrit au préfet du Calvados l'état déplorable de son diocèse en ces termes : « Je refuse de croire comme vous que le peu de sacrifices consentis aux curés est dû au fait qu'un grand nombre d'églises ouvertes ont été supprimées lors de la dernière réorganisation des paroisses. Ainsi, dans l'arrondissement de Vire, il n'y a d'églises ouvertes qu'en vertu de la loi. Or, on ne fait pas plus de sacrifices pour les curés et pour les indemnités de logement que partout ailleurs; et peut-être même en fait-on moins. Je sais par expérience que, lorsqu'une église est supprimée, les fidèles ne vont pas au chef-lieu où ils sont réunis, car pourquoi iraient-ils dans une église qui n'est pas la leur et qui a un pasteur que souvent ils ne veulent pas voir? J'appelle votre attention sur les sommes modiques touchées par les desservants à titre d'indemnités de logements; quelle maison peuvent-ils se procurer pour une somme de 100 à 120 livres? Or, cette somme, qui, dans plusieurs communes riches, pourrait être portée plus haut, est causée par le fait que ces communes n'ont fait aucune démarche pour obtenir des presbytères d'une manière ou d'une autre. Elles gagnent en effet à payer une faible indemnité plutôt qu'une somme importante qui serait utilisée pour loger le curé. Je crois bon de décider qu'à l'avenir je ne nommerai plus de curé ni de desservant dans les communes qui ne donnent pas une indemnité de logement assez importante pour leur procurer un logement convenable. Certains pasteurs sont logés plus misérablement que des mendiants; j'en ai été témoin. J'avais fait part en son temps à Caffarelli de ma douleur face à cette misère; celui-ci n'a pas eu le temps d'y remédier. C'est donc à vous, son successeur, de le faire » [2].

---

1. *Ibid.*
2. *Ibid.*

La gestion des paroisses.

La constitution et le statut légal des fabriques.

Une fabrique est un conseil chargé d'administrer les biens appartenant aux églises et destinés à pourvoir à leur construction, à leur réparation, à la confection des objets nécessaires au culte et aux secours à fournir aux pauvres [1]. L'article organique 75 (loi du 18 germinal an X) prévoit l'établissement des fabriques qui sont chargées de recueillir et de gérer les aumônes et les offrandes. Dès 1802, malgré l'absence de tout règlement général, les maires et les curés décident de constituer des fabriques pour permettre aux édifices du culte bien délabrés et dépourvus de toute ressource d'être rendus à leur destination. À Saint-Étienne de Caen, on constate que l'église est vide. Il n'y a ni banc, ni chaise pour les fidèles, aucun ornement dans la sacristie, hormis ceux de l'ancien curé constitutionnel, Adam. Il faut donc pourvoir à tout. Le 25 floréal an XI (15 mai 1803), les paroissiens de Saint-Étienne sont invités à élire un conseil de fabrique; ils s'assemblent au son de la cloche dans l'église et désignent cinq marguilliers par la voie du scrutin de liste simple : Daigremon père, Haingueslot, de La Fontaine, Thomine et Polinière. Le 20 mai, les marguilliers se réunissent pour la première fois; ils autorisent le trésorier à «faire fabriquer cinq ou six cents chaises dont le paiement sera avancé par les marguilliers et monsieur le curé, sauf à reprendre leurs avances sur les premiers produits». Ils fixent aussi le prix de la location des places, le taux de la sonnerie pour les inhumations et les places que devront occuper dans le chœur les membres de la fabrique et les autorités constituées. Les fidèles reprennent peu à peu le chemin de l'église. Bientôt les stalles du chœur deviennent insuffisantes; les marguilliers, dans leur délibération du 18 prairial an XI (7 juin 1803) demandent au «citoyen La Fontaine de faire placer deux rangs de bancelles de chaque côté du chœur, un rang devant les basses stalles et un rang devant les hautes». Bientôt, la nef se garnit de vingt bancs de quatre à six places et de treize cents chaises, qui se remplissent chaque dimanche. Grâce au produit de la location de ces bancs et chaises, et aux oblations des fidèles, la fabrique peut rapidement entreprendre des travaux de restauration de l'église. Dans sa séance du 17 floréal an XII (7 mai 1804), les marguilliers décident la réparation de la grille de l'enceinte du chœur et des confessionnaux; de plus, la chaire de l'église, qui

---

1. F. PONTEIL, *Les Institutions de la France de 1814 à 1870*, p. 110-111.

date de 1620, achetée à bas prix par le citoyen Corbel lors de la vente des biens nationaux, est restituée à la paroisse. Le contrat prévoit la possibilité pour le dit citoyen de disposer gratuitement pendant sa vie d'un banc de cinq places, situé en face de la chaire [1].

L'évêque a le souci de doter la cathédrale de Bayeux d'un conseil de fabrique afin qu'elle puisse être rendue au culte avec la magnificence qui convient à son rang. En 1802, il fait part de ce projet au conseil général du Calvados en précisant que l'édifice doit être réparé : la couverture et la flèche sont endommagées ; les statues et les images des chapelles sont abîmées, et la sacristie ne dispose ni de vase sacré, ni de linge d'autel, ni d'ornement [2]. Le maire de Bayeux, Le Roy, partage la préoccupation du prélat ; c'est pourquoi, le 7 nivôse an XI (28 décembre 1802), il publie l'arrêté suivant : en application de la loi du 18 germinal an X qui prévoit l'organisation des fabriques pour l'entretien des lieux de culte et considérant qu'aucune loi ni arrêté n'a encore déterminé l'organisation des fabriques, il ordonne la formation d'une fabrique provisoire à la cathédrale, composée, en plus du curé, de six citoyens habitant Bayeux et choisis par lui, avec l'approbation du sous-préfet. Ces citoyens, dont l'un d'entre eux sera nommé receveur, procéderont à la location des places et des chaises [3]. Le sous-préfet, Lalouette, approuve le règlement, le 10 nivôse an XI (31 décembre 1802). Cette décision se heurte aussitôt à l'opposition de l'évêque, qui refuse cette mainmise de l'administration municipale sur la cathédrale. Brault fait part de son inquiétude au préfet en lui rappelant la place particulière que tient une église cathédrale dans un diocèse : « La cathédrale est pour tout le diocèse ; elle est l'église de l'évêque et de son clergé » ; celle de Bayeux, certes, est paroissiale, mais cette affectation est secondaire, car nul autre endroit ne peut accueillir la paroisse. Brault reconnaît toutefois que l'administration temporelle de la cathédrale ne peut être confiée à l'évêque, mais il prétend qu'elle n'appartient pas non plus à la seule ville de Bayeux. Ce sont tous les habitants du diocèse qui ont un droit de regard sur l'administration de la cathédrale ; vouloir faire administrer cette église par des marguilliers choisis parmi les seuls habitants de la paroisse, « ce serait subordonner l'église mère à sa fille, l'évêque au curé » [4]. Une réglementation géné-

---

1. L. HUET, *Histoire de la paroisse Saint-Étienne de Caen (1791-1891)*, p. 47-49.
2. A. D., F 5661.
3. *Ibid.*
4. A. D., V 344, Brault à Caffarelli, 6 germinal an XI (27 mars 1803).

rale des fabriques se révèle donc de plus en plus nécessaire ; elle est mise en place à partir de juin 1803.

Le décret du 7 thermidor an XI (26 juillet 1803) restitue aux églises les biens non aliénés et, pour les gérer, institue une «fabrique extérieure» dont les trois administrateurs, appelés marguilliers, sont nommés par le préfet sur une liste double présentée par le maire et le curé. L'évêque de Bayeux, de son côté, en application de l'article organique 75, présente un règlement général des «fabriques intérieures» de son diocèse, qui est approuvé par le gouvernement dans l'arrêté du 15 germinal an XII (5 avril 1804)[1]. La circulaire que le préfet du Calvados adresse aux maires des chefs-lieux de cures et de succursales un mois plus tard décrit les attributions précises de ces deux institutions. Caffarelli rappelle que la fabrique extérieure, créée par le décret de l'an XI, dépend du préfet, tandis que la fabrique intérieure dépend de l'évêque ; leurs attributions sont bien distinctes : alors que la première est chargée de la gestion des biens et rentes des fabriques et de l'emploi des revenus (réparation des églises et autres besoins du culte), la seconde est chargée des revenus casuels, de la distribution des aumônes et de pourvoir aux besoins quotidiens du culte. Caffarelli insiste sur deux points : d'une part, les maires ne doivent pas lui adresser de demandes relatives aux besoins du culte (mobilier de l'église...) car, cet objet relevant de la fabrique intérieure, il se déclarerait incompétent ; d'autre part, les deux fabriques doivent demeurer rigoureusement indépendantes l'une de l'autre et donc ne pas exiger réciproquement des comptes ou des fonds[2].

La première tâche des fabriques est de faire l'état des lieux ; il est généralement peu brillant. À Saint-Pierre de Caen, la fabrique extérieure de l'église succursale se trouve devant une situation financière fortement obérée. Les trésoriers en charge au début de la Révolution, après avoir vendu pour 200 000 francs d'effets précieux tant en or qu'en argent, ont disparu sans avoir rendu compte de leur gestion et en laissant plus de 9 000 francs de dettes. Le marguillier Desmalis, chargé par ses collègues La Pigacière et Chrétien de la remise en état de l'église, ne se borne pas à la pourvoir du mobilier nécessaire. Il entreprend la reconstruction entière de quatre piliers du chœur, sans lesquels «l'église serait tombée», avouera-t-il au préfet Méchin le 9 mai 1810. Ces travaux sont autorisés par les arrêtés préfectoraux des 24 janvier, 11 et 26 mars 1806[3].

---

1. PONTEIL, p. 111.
2. A. D., V 20 ; A. D., Chapitre de Bayeux 374, Circulaire du préfet du Calvados aux maires, 17 floréal an XIII (7 mai 1805).
3. G. HUARD, «La paroisse et l'église Saint-Pierre de Caen», p. 222-223.

Les marguilliers sont choisis parmi les notables de la paroisse. Leur rang social ainsi que les pouvoirs importants dont ils disposent dans l'administration de la paroisse leur permettent d'exercer une certaine influence sur le curé. Celui-ci ne peut, en effet se dispenser de leur consentement, au moins tacite, dans la direction générale de la paroisse. Remplissant leurs fonctions avec grande conscience, les marguilliers se font naturellement les porte-parole des fidèles, n'hésitant pas, le cas échéant, à adresser quelque supplique au ministre des Cultes lui-même. Par exemple, le 16 août 1806 les marguilliers de la paroisse Saint-Pierre de Caen écrivent à Portalis pour lui expliquer l'importance de leur église dans le centre de la ville : «Cette paroisse qui, de tous temps, a été la première de cette ville, se distingue des autres par sa grandeur, sa beauté et la magnificence de ses cloches. Sa position au centre de la ville lui donne des prérogatives. Les cérémonies publiques religieuses et civiles y ont lieu. La ville y fait sonner le signal pour les assemblées électorales, l'avertissement des incendies et les fêtes civiles. Cependant, on a fait de cette église une succursale et la plus petite de la ville car on lui a enlevé des parties essentielles de son territoire. Les marguilliers de cette paroisse qui a le clergé le plus nombreux de la ville, demandent justice [1].»

Si l'administration des fabriques intérieures, qui dépend exclusivement de l'autorité ecclésiastique, ne pose pas de problème majeur, celle des fabriques extérieures est sujette à la vérification rigoureuse des autorités administratives, qui ne tolèrent aucune négligence. Il est vrai que les sommes qu'elles doivent gérer et qui sont destinées essentiellement aux édifices sont les plus importantes. On rencontre de nombreuses délibérations cassées par le préfet pour vice de forme ou insuffisance de renseignements au sujet de l'attribution des fonds disponibles. La décision du préfet, signifiée le 6 nivôse an XIII (27 décembre 1804) aux marguilliers de la paroisse Saint-Michel de Pont-l'Évêque par l'intermédiaire du sous-préfet, est significative : Caffarelli refuse d'homologuer la délibération du conseil de fabrique du 20 frimaire an XIII (11 décembre 1804) relative à diverses réparations prévues pour l'église, en invoquant les deux motifs suivants : contrairement à l'arrêté du 7 thermidor an XI, le curé n'a pas été appelé à délibérer dans l'assemblée; de plus, le préfet exige de connaître le montant exact des dépenses que ces réparations occasionneraient et les moyens d'y pourvoir [2]. Le préfet rappelle souvent aux

---

1. A. N., AF IV-1046.
2. A. D., Chapitre de Bayeux 1157.

maires, par l'intermédiaire des sous-préfets, qu'ils sont personnellement responsables de la bonne administration de la fabrique extérieure; ainsi, le 6 nivôse an XIII (27 décembre 1804), le sous-préfet de Pont-l'Évêque, Mollien, demande au maire de cette ville : les marguilliers des fabriques extérieures font-ils tout pour recouvrer les biens et rentes appartenant anciennement à des établissements ecclésiastiques et que l'arrêté du 7 thermidor leur a abandonnés? Or, Mollien s'est aperçu que de nombreux titres se prescrivent, que les remboursements des fermages sont soit négligés et, plus généralement, que les intérêts des fabriques sont sacrifiés à ceux de leurs débiteurs. Les municipalités ont donc avantage à gérer correctement le budget des fabriques extérieures pour ne pas trop alourdir les dépenses des communes [1].

La faillite financière des paroisses.

La situation financière des paroisses est suffisamment grave pour que, dans un mandement du 25 mai 1807 édicté pour la clôture des visites pastorales de son diocèse, l'évêque attire l'attention du clergé et des fidèles sur cette question. Il rappelle aux municipalités qu'«elles ne doivent rien négliger pour assurer aux établissements ecclésiastiques les avantages auxquels ils ont droit». La lettre s'adresse particulièrement aux «riches propriétaires» afin qu'ils veillent à fournir à leur pasteur une habitation convenable et qu'ils suppléent, par des oblations volontaires, à l'insuffisance du traitement accordé par le gouvernement. Pour survivre, les fabriques doivent réformer leurs sources de financement, qui sont essentiellement constituées par la location des bancs et chaises. La fabrique de Saint-Pierre de Caen se distingue particulièrement dans ce domaine. Le 3 novembre 1806, les marguilliers constatent qu'il leur est impossible de faire fabriquer deux mille chaises pour les fidèles qui fréquentent leur église. Celles-ci coûtent en effet trois mille francs; la fabrique extérieure, qui devrait supporter cette dépense, a des dettes considérables; ce sont des sommes dues pour la reconstruction de quatre piliers du chœur et la restauration de la couverture de l'église. La fabrique intérieure, de son côté, ne peut suppléer, car elle a de grands besoins en linge d'autel, ornements et vases sacrés et elle doit, de plus, payer des dettes contractées avant le 1er janvier 1806, comme le vin, la cire, les rayons de l'ostensoir, les honoraires de l'organiste et les salaires d'ouvriers. Les marguilliers ont décidé de choisir un autre adjudicataire pour les bancs et chaises au terme du contrat de trois

---

1. A. D., Chapitre de Bayeux 1157.

ans qui expire le 1er janvier 1807. En effet, cette convention ne rapportait que 1 475 francs par an à la paroisse; le locataire disposait de toute l'église et il embarrassait très souvent le chœur. Le nouveau contrat est beaucoup plus avantageux : le nouvel adjudicataire devra fournir les chaises, les réparer à ses frais et remettre à la fabrique 1 500 francs par an sur leur location. Il acquittera aussi les honoraires de l'organiste, les salaires du bedeau, du sacristain laïc et du sonneur, soit 480 francs. Il laissera six cents chaises à l'expiration du contrat et sera, en outre, chargé de la propreté de l'église. La location des chaises est fixée à six deniers par grand-messe et par vêpres, et à trois deniers par messe basse, suivant le règlement épiscopal en vigueur. L'évêque, à qui ce rapport parvient, approuve les décisions des marguilliers et les remercie pour leurs initiatives [1].

L'évêque lui-même n'échappe pas aux restrictions budgétaires; il doit se battre continuellement, en ces années 1807-1809, pour obtenir des subsides de la part du conseil général et du gouvernement. À Paris, il emploie les bons offices d'un certain abbé Letellier, qui intervient volontiers en sa faveur auprès du ministre des Cultes. Voici, à titre d'exemple, dans la correspondance entre Brault et Letellier, une lettre datée du 21 janvier 1809 : « Je [Letellier] n'ai différé de répondre à votre aimable lettre que pour vous donner des nouvelles positives des deux objets qui nous intéressent. J'ai pu accrocher le ministre des Cultes. Je lui ai parlé de vous; il ne se rappelait pas s'il avait écrit sur votre demande au préfet ou au Conseil général. Il a fait descendre son secrétaire; il lui a demandé les pièces relatives à votre personne. Quand il a vu vos demandes, qui se montent à 85 000 francs, et les réponses du Conseil général ou plutôt ses arrêtés des années précédentes, il m'a dit avec cette bonhomie que vous lui connaissez : le Conseil général ayant accordé 6 000 francs de traitement à l'évêque, 24 000 francs pour les réparations de la cathédrale... Je n'ai pas cru devoir lui en demander plus. Mais je lui ai expliqué que vous n'aviez pas touché ces 6 000 francs et qu'on ne vous donnait rien pour vos visites, que l'évêché vous coûtait plus de 20 000 francs et qu'il en fallait au moins autant pour les réparations, qu'il y avait un évêché à Bayeux, occupé par l'hôtel de ville, les tribunaux, la sous-préfecture, la poste, les greffes etc. Il parut étonné; il dit

---

[1]. A. D., V 118 : Les marguilliers de la succursale de Saint-Pierre de Caen à l'évêque de Bayeux, 3 novembre 1806; Réponse de l'évêque, 16 décembre 1806. – « Bannie des chaises de l'église Saint-Pierre. Clauses et conditions de cette bannie », voir annexe 10, p. 440.

que l'évêché devait vous appartenir, qu'on avait fait pareil pour une autre ville et qu'il s'y était opposé, qu'il écrirait donc au Conseil général. Je lui ai dit qu'il était trop tard et lui dis de convaincre le département de nous aider. Il croit qu'il accordera 25 000 francs. Assurez-vous-en par M. Genas et mandez-le-moi parce que je lui ai dit que je le reverrai d'après ce qui aura été fait; il est dans les meilleures dispositions et je l'y maintiendrai[1].»

La situation de certaines paroisses rurales est particulièrement préoccupante. À Saint-Rémy (canton d'Harcourt), le maire signale que la commune ne peut plus faire face aux dépenses de réparations de l'église, qui s'élèvent à 800 francs, ni payer les 150 francs d'indemnité de logement pour le desservant, car elle n'a d'autres ressources que les centimes additionnels et la location du cimetière qui se montent à 150 francs et ne suffisent pas à couvrir les dépenses communales[2]. La succursale des Îles-Bardels, dépendant de la cure de Saint-Gervais de Falaise, compte un peu plus de deux cents habitants. Son église a été dévastée pendant la Révolution, c'est-à-dire dépouillée de ses vases sacrés, de son linge d'autel et de ses ornements. L'autel, les tableaux, les balustrades, les bancs et les lambris ont été enlevés, et la plus belle des deux flèches a été abattue. Le maire note que «les habitants ont tapissé avec des draps de lit et autres étoffes pour en masquer le délabrement et la nudité aux yeux de l'évêque qui y célébrait la messe le jour de la confirmation». Enfin, le mur du cimetière, détruit, n'empêche plus les animaux d'entrer dans le cimetière. Or, ni la fabrique ni la commune ne peuvent faire face à ces dépenses. Le maire énumère alors les besoins les plus urgents :

- une somme annuelle pour payer le logement
  du desservant .... 100 F

- des vases sacrés (ceux dont on fait usage
  sont de cuivre ou d'étain) .... 200 F

---

1. A. D., F 5661. Genas est Genas-Duhomme, le maire de Bayeux.
2. A. D., V 14, Le maire de Saint-Rémy au préfet du Calvados, 6 novembre 1808.

- trois ornements : rouge, blanc, violet . . . . 150 F
- deux aubes, deux nappes d'autel, du linge . . . . 100 F
- une chappe, une bannière, un dais, une écharpe . . . . . 220 F
- six chandeliers, une lampe, un missel,
  des livres de plain-chant et autres . . . . 130 F
- un pupitre, des bancs pour les chantres . . . . 60 F
- réparation intérieure de l'église :
  autel, contretable, balustrade,
  lambris au-dessus du chœur. . . . . 600 F
- édification du mur du cimetière . . . . 200 F

       TOTAL . . . . 1 860 F [1]

 La faillite des paroisses, en ces années 1807-1809, met en évidence la fragilité des structures financières mises en place par le Concordat en remplacement de l'ancienne mainmorte. L'intervention des pouvoirs publics, dont dépend désormais l'Église, se révèle donc indispensable.

---

1. A. D., V 14, Le maire des Iles-Bardels au préfet du Calvados, 25 novembre 1808.

CHAPITRE II

LA RÉORGANISATION BUDGÉTAIRE (1809-1823)

Un décret du 1809 réunit les fabriques intérieure et extérieure en une seule institution; malgré cette réforme tant désirée par les marguilliers, la situation financière des paroisses ne s'améliore guère jusqu'en 1814. Dès la première Restauration, le gouvernement de Louis XVIII prend des dispositions légales importantes afin de permettre à l'Église de reconstituer son patrimoine. Ces mesures, qui concernent aussi bien les traitements des ecclésiastiques que la gestion des paroisses, permettent le retour à l'équilibre budgétaire. Elles sont complétées par l'ordonnance de 1819 qui modifie une nouvelle fois la carte paroissiale. À la fin de son épiscopat, Mgr Brault peut constater que, s'il a réussi à assainir les finances de son diocèse, les mécontents ne désarment pas dans certaines paroisses définitivement supprimées; mais l'évêque de Bayeux pouvait-il rétablir la carte de l'Ancien Régime?

La réforme de la gestion des paroisses (le décret de 1809).

Afin de pallier l'insuffisance des revenus des fabriques et pour améliorer la gestion du patrimoine paroissial dans son ensemble, le gouvernement envisage une réforme au cours de l'année 1809. Le ministre des Cultes demande l'avis de chaque évêque diocésain. Brault répond qu'il serait nécessaire de réunir les deux fabriques en une seule afin de faciliter la gestion du patrimoine. En ce qui concerne la situation financière des fabriques, il estime qu'environ la moitié des fabriques intérieures du diocèse de Bayeux sont en situation de cessation de paiement. Ne pouvant plus subvenir aux frais du culte, l'office divin est célébré par les curés d'une manière inconvenante, voire indécente. Les ressources des fabriques

extérieures ne suffisent pas généralement à supporter les frais de réparation des églises ; il propose donc qu'une contribution volontaire soit perçue sur tous les propriétaires [1].
Le décret du 30 décembre 1809 réorganise les fabriques. Les deux institutions sont réunies et toutes les ordonnances épiscopales publiées depuis le Concordat sont abolies. Désormais, un régime légal unique s'applique dans toutes les paroisses. Le conseil de fabrique est composé de cinq membres dans les paroisses de moins de 5 000 habitants et de neuf dans les autres, avec le curé et le maire qui sont donc membres de droit du conseil. Les fabriciens sont choisis en partie par l'évêque (cinq dans les paroisses de plus de 5 000 habitants, trois dans les autres), et par le préfet (quatre dans les paroisses de plus de 5 000 habitants, deux dans les autres) [2]. Le conseil est renouvelé tous les trois ans à raison de cinq membres sur neuf ou de trois membres sur cinq ; les sortants sont rééligibles. Le conseil peut être révoqué par le ministre des Cultes à la demande de l'évêque ou sur avis du préfet pour, notamment, défaut de présentation du budget [3]. Le conseil de fabrique délibère sur tout ce qui dépasse l'administration ordinaire des biens mineurs : budget, legs, dépenses de plus de 50 francs pour les paroisses de moins de 1 000 habitants ou de plus de 100 francs pour les autres paroisses. Trois membres du conseil de fabrique forment avec le curé, sous le titre de marguilliers, le bureau des marguilliers, qui se renouvelle par tiers chaque année. Le bureau dresse le budget, prépare l'ordre du jour du conseil, exécute ses délibérations, arrête les marchés et pourvoit aux réparations et aux achats. Le presbytère appartient à la paroisse quand elle l'a acquis, à la commune si celle-ci l'a acquis ou construit sur ses fonds. Les revenus de la fabrique sont formés par les produits des biens et des rentes restitués. L'autorisation de mise en possession n'est accordée que s'il s'agit d'un bien ayant appartenu à un établissement ecclésiastique ; le chef de l'État se prononce, sur avis du préfet. La commune doit suppléer à l'insuffisance des revenus de la fabrique, fournir au curé un logement ou une indemnité, si les revenus de la fabrique sont insuffisants et pourvoir aux grosses réparations. La fabrique présente son budget au conseil municipal qui délibère, puis au préfet qui demande l'avis de l'évêque. Si la commune doit supporter de gros sacrifices financiers, elle peut demander des secours au conseil général pour le département ou à l'État sur des fonds

---

1. A. E, Dossier Mgr Brault, année 1809 : Le ministre des Cultes à l'évêque de Bayeux, 15 juin 1809 ; Réponse, 26 juin 1809.
2. À titre d'exemple : «Ordonnance épiscopale de nomination des marguilliers de la paroisse Saint-Pierre de Caen» (6 décembre 1810)» : annexe 10, p. 440.
3. À titre d'exemple : «Budget de la paroisse Saint-Pierre de Caen (années 1811 et 1812)» : *ibid.*, p. 440.

dotés à cet effet. Enfin, les départements sont tenus envers la fabrique de la cathédrale aux mêmes obligations que les communes à l'égard des fabriques paroissiales [1]. Dans une lettre circulaire du 6 décembre 1810 adressée aux curés et desservants de son diocèse, Brault présente le décret en prenant bien soin de noter que, dans le conseil de fabrique aussi bien que dans le bureau des marguilliers, le curé est éligible à la place de président. Il est donc souhaitable que cette fonction lui soit attribuée car «le curé est le mieux placé pour connaître ce genre d'affaires dans une administration dont l'unique objet est de pourvoir aux besoins du culte». L'évêque ajoute que les procès-verbaux des élections au conseil de fabrique doivent être envoyés, par arrondissement, à d'Audibert pour celui de Bayeux, à Bellenger pour celui de Caen, à Vasse pour celui de Pont-l'Évêque, à de Créqui pour celui de Lisieux, à du Taillis pour celui de Falaise, à Renault pour celui de Vire [2].

Le décret de 1809 constitue une étape décisive en vue du redressement financier : outre l'unité de gestion, il rend obligatoire l'intervention des collectivités territoriales en cas de défaillance de la fabrique : tout d'abord de la commune, puis par l'intermédiaire de celle-ci, si cela se révèle nécessaire, du département et même de l'État. Jusqu'à la Restauration, toutefois, la situation générale demeure préoccupante, surtout dans les paroisses rurales. Les communes disposent de ressources insuffisantes et, lorsqu'elles font appel au conseil général pour combler leurs défaillances, celui-ci n'est pas en mesure de les aider. Quant à l'État, le budget du ministère des Cultes n'est que de douze millions de francs en 1814, à la fin de l'Empire [3]. Les dépenses les plus lourdes sont toujours relatives aux réparations des églises et au logement des desservants octroyé en nature, ou, à défaut, sous la forme d'une indemnité. À partir de 1810, la plupart des églises qui demeurent encore ouvertes au culte, malgré la fermeture d'une centaine d'entre elles [4], ont été réparées. La question cruciale demeure donc les presbytères. Deux circulaires ministérielles datées du 27 mai 1808 et du 12 mai 1810 font le point. En 1810, on estime que deux cent trente-sept paroisses sont pourvues d'un presbytère et que cent cinquante autres n'en ont pas encore. L'évêque réagit en demandant au préfet

---

1. F. PONTEIL, *Les Institutions de la France de 1814 à 1870*, p. 112.
2. A. D., V 159.
3. PONTEIL, p. 110.
4. J. LASPOUGEAS, «La carte paroissiale du nouveau diocèse de Bayeux au début du XIXe siècle», p. 61 (tableau de 1806).

d'obliger les communes qui n'ont pas encore acquis de presbytère de le faire, moyennant, si cela est indispensable, un impôt extraordinaire[1]. Le préfet refuse énergiquement car il craint «des troubles pour l'agriculture, le commerce et même les caisses des familles[2]». Il reste que des paroisses urbaines aussi importantes que Saint-Pierre de Caen connaissent des difficultés de trésorerie[3]. De même, pour l'achat d'un ostensoir, de quelques encensoirs, d'une croix et d'une lampe, les prêtres de Saint-Étienne de Caen doivent eux-mêmes se mettre en quête d'argent auprès des paroissiens, la fabrique n'acceptant que de compléter la somme ; comme il ne manquera que 300 francs, le prix d'une lampe, la fabrique acceptera finalement d'octroyer 324 francs. La fabrique dispose pourtant de ressources inconnues des modestes églises, comme la location des chapelles latérales, qui, après leur restauration, sont octroyées aux confréries. Ainsi, celle de Sainte-Marie-Magdeleine est adjugée 28 livres par an. Le curé qui succède à François Desbordeaux, mort en 1813, Claude Godefroy de Boisjugan, désire faire réparer l'orgue ; il a besoin de 2 400 francs ; il doit renoncer à son projet à cause de la pauvreté de la fabrique. En revanche, il est possible de faire construire le banc d'œuvre, qui coûte 1 200 francs[4].

L'augmentation du budget des Cultes.

Les faveurs de la Restauration.

Dès la première Restauration, le gouvernement de Louis XVIII se préoccupe de libérer l'Église du carcan juridique imposé par le Concordat sur le plan pécuniaire. Une ordonnance du 10 juin 1814, confirmée par la loi du 2 janvier 1817, modifie l'article organique 73 ; celui-ci ne reconnaissait aux prêtres que le droit de posséder à titre ecclésiastique les seuls immeubles nécessaires au culte et à leur logement. Désormais, le droit de propriété plénier est reconnu au clergé ; la même ordonnance accorde, en outre, des subsides destinés aux réparations les plus urgentes dans les presbytères. Le décret du 6 novembre 1814 augmente les traite-

---

1. A. D., V 14 : Le ministre des Cultes au préfet du Calvados, 12 mai 1810 ; L'évêque de Bayeux au préfet du Calvados, 7 mai 1810.
2. A. D., V 14, Le préfet du Calvados à l'évêque de Bayeux, 19 mai 1810.
3. Son budget pour les années 1811 et 1812, en déficit, est présenté annexe 10, p. 440.
4. L. HUET, *Histoire de la paroisse Saint-Étienne de Caen (1791-1891)*, p. 51.

ments des curés de 200 francs[1]. Après les Cent-Jours, la période 1815-1819 est marquée par une série de mesures qui vont transformer les conditions de vie du clergé. En 1816, le rapporteur du budget des Cultes déclare devant la Chambre des députés que «la détresse du Trésor est telle que les versements des traitements sont irréguliers, si bien que les prêtres ne touchent rien durant des mois et sont à la merci des propriétaires; le curé ne peut donc pas exercer la charité comme il conviendrait». Cet état des lieux dramatique suscite l'ordonnance du 5 juin 1816, qui porte le traitement des chanoines, demeuré inchangé depuis le décret du 14 ventôse an XI, de 1 000 francs à 1 100 francs, et des curés de deuxième classe de 1 000 francs (article organique 68) à 1 228 francs, tandis que les traitements des curés de première classe ne bougent pas (1 500 francs, selon l'article 66), de même que celui de l'évêque (10 000 francs d'après l'article organique 65). Le traitement des desservants passe de 500 à 600 francs et les vicaires des petites paroisses, qui jusqu'alors ne recevaient rien, obtiennent 200 francs. Des ordonnances de 1818 et 1821 relèveront encore ces traitements[2]. Le budget des Cultes double entre 1814 et 1830, passant de 12 à 23 millions de francs. La loi du 2 janvier 1817 libère enfin l'article 15 du Concordat au sujet des dons et legs faits à l'Église (ces sommes, d'après l'article organique 13, ne pouvaient consister qu'en rentes sur l'État). Désormais, dons et legs peuvent être librement accordés à tout établissement religieux reconnu par la loi. Aussitôt, les dons affluent : en 1816-1817, les paroisses, les fabriques et les congrégations reçoivent plus d'un million de francs. Durant la période 1815-1830, les donations seront de 42 122 490 francs contre 2 500 000 francs pour toute la période de l'Empire, libres de toutes charges pour les deux cinquièmes, ce qui permettra de faire pour 13 664 760 francs d'acquisitions d'immeubles et de rentes. Toutefois, l'Église veut aller plus loin; désirant l'abolition du Concordat et le retour à son statut antérieur à la Révolution, le clergé espère obtenir la reconstitution de la mainmorte, c'est-à-dire un patrimoine qu'il gérerait en toute indépendance. Tel est l'objet du concordat de 1817; le Saint-Siège réclame avec insistance la substitution de dotations en bien-fonds aux traitements versés par l'État. Les négociations ayant échoué, le régime légal de l'Église demeure inchangé,

---

1. E. SEVESTRE, *L'Histoire, le Texte et la Destinée du concordat de 1801*, p. 73, n. 1.
2. J. BRUGERETTE, *Le Prêtre français et la société contemporaine. La restauration catholique (1815-1871)*, p. 32-33.

celui d'un organisme administratif dépendant de l'État ; cela implique le maintien d'un certain nombre de restrictions d'ordre financier : ainsi, les libéralités faites à l'Église doivent être autorisées par le Conseil d'État avant d'être acceptées et celles, dont l'usage n'est pas précisé, doivent être employées en rentes ; le droit d'enregistrement de ces mutations s'alourdit durant cette période, passant de un franc sous l'Empire à dix francs en 1824 ; enfin, le clergé ne peut être légataire universel pour toute espèce de personnes. Malgré ces entraves, les donations et legs destinés aux fabriques et paroisses se multiplient, permettant d'importantes acquisitions [1]. Ainsi, à Saint-Pierre de Caen, le marchand drapier Duval-Vautier fait placer dans les chapelles des bas-côtés quatorze autels surmontés de tableaux peints par Nourry, représentant les stations du chemin de la croix. Ces autels sont bénis par Brault le 9 avril 1818. En 1819-1820, Duval-Vautier fait restaurer l'intérieur de la chapelle de la Sainte-Vierge que Brault vient bénir le 13 janvier 1822 ; ce travail coûte, de nouveau, fort cher [2].

Dans le Calvados, le nouveau préfet, Bertier de Sauvigny, se préoccupe des conditions de logement des curés et desservants. En application de la circulaire ministérielle du 22 mars 1816, il ordonne une enquête qui aboutit à un nouvel effort des municipalités pour la construction ou la restauration de nombreux presbytères [3]. Ainsi, en 1816 à Vassy, le maire annonce la construction d'un nouveau presbytère grâce à l'emploi de «la pierre et des carreaux» de l'ancien presbytère en ruines [4]. Parfois, le préfet doit intervenir pour contraindre les municipalités à se préoccuper du logement du desservant : les 17 et 21 avril 1817, il écrit au sous-préfet de Falaise, au sujet des presbytères de Clécy et d'Acqueville qui ont besoin de grosses réparations. Il lui demande de convoquer les conseils municipaux de ces communes pour délibérer d'urgence sur ce point. Il devra lui adresser la situation de la caisse communale et le compte de la fabrique pour 1816 ainsi que le projet de budget pour 1817 [5]. À Aunay-sur-Odon, le curé envoie une réclamation au préfet du Calvados, Montlivault,

---

1. PONTEIL, p. 110. Voir annexe 10, p. 440 : deux exemples d'une autorisation administrative préalable accordée à l'occasion d'une donation ou d'un legs (fabrique de la paroisse Saint-Pierre de Caen).
2. G. HUARD «La paroisse et l'église Saint-Pierre de Caen», p. 223-224.
3. G. BERTIER DE SAUVIGNY, «Ferdinand de Bertier, préfet du Calvados», p. 389-390 ; A. D., V 34, Bertier de Sauvigny aux maires du Calvados, 30 mars 1816.
4. A. D., Z 2419.
5. *Ibid.*

le 9 septembre 1817 : la municipalité refuse d'accorder des subsides pour les réparations du presbytère et de l'église, devenue trop petite. Les temps ont bien changé car, contrairement à ses prédécesseurs, Montlivault ne cherche pas à défendre la municipalité. Il prend le parti du curé et rappelle que le budget communal doit suppléer aux défaillances éventuelles de la fabrique. La municipalité doit s'incliner, le 28 mai 1818[1]. Le préfet, sous la Restauration, intervient aussi auprès du conseil général pour l'inciter à voter des subsides en faveur des établissements ecclésiastiques. À la session de juin 1816, sur la proposition de Bertier de Sauvigny, le conseil général inscrit au budget du département une somme de 13 100 francs à titre de supplément aux traitements de l'évêque, des vicaires généraux et des chanoines et pour les frais de l'administration épiscopale. Outre cette somme, en cette année 1816, le conseil général accorde encore 10 000 francs pour la réparation de la cathédrale et 3 000 francs pour l'acquisition d'un jardin en faveur de l'évêché[2]. En 1819, le préfet, Montlivault, constate que la situation du logement des curés et des desservants s'est nettement améliorée en l'espace de quatre ans, grâce aux sacrifices énormes consentis par les communes; celles-ci ont tout fait pour acheter des presbytères, sans compter la restauration des églises et l'achat du mobilier[3]. Montlivault estime qu'à cette date, deux cent soixante-huit communes sont pourvues d'un presbytère et que vingt-cinq ont été achetés depuis trois ans[4]. Ces bons résultats sont le signe que l'Église est enfin sortie de la crise financière consécutive à l'application du Concordat.

L'ordonnance de 1819.

En juin 1819, l'administration des Cultes demande aux évêques de dresser un état de toutes les communes qu'ils désirent ériger en paroisses[5]. Cette enquête montre que, dans toute la France «six cents églises non paroissiales sont ouvertes et desservies[6]». L'ordonnance royale du 25 août 1819 restaure cinq cents paroisses «dans les diocèses qui n'ont que

---

1. A. D., Z 2416, Correspondance entre le préfet du Calvados et le curé d'Aunay-sur-Odon, 1817 et 1818.
2. BERTIER DE SAUVIGNY, p. 391.
3. A. N., F 1 CIII Calvados 8, Rapport du préfet du Calvados sur la situation de son département, 31 mai 1819.
4. A. D., V 14, Le préfet du Calvados au ministre de l'Intérieur, 7 juin 1819.
5. A.E., Circonscriptions ecclésiastiques carton V, Circulaire n° 13, 29 juin 1819.
6. A. N., F 19-367 B, Rapport du ministre de l'Intérieur au roi, 24 août 1819, f° 10.

peu ou point de paroisses vacantes et qui fournissent un nombre suffisant d'ecclésiastiques[1]». En 1819, les finances du ministère des Cultes sont désormais saines; pour l'exercice de cette année, le budget du personnel ecclésiastique présente une réserve de un million de francs; or, la restauration de cinq cents paroisses n'excède pas 300 000 francs. L'ordonnance, promulguée en la fête de Saint Louis, déclare ériger les nouvelles succursales «en faveur des diocèses où le nombre des succursales établies n'est plus proportionné aux besoins des localités. Une ordonnance spéciale désignera, pour chaque diocèse, les communes dans lesquelles les succursales nouvelles seront érigées, d'après les demandes des conseils municipaux, la proposition des évêques et l'avis des préfets[2]». Le diocèse de Bayeux compte désormais six cent trente-neuf paroisses pour près de 493 000 habitants, soit une charge d'âmes de 771 par paroisse. La distribution locale maintient l'avantage du Bessin : 662 personnes par paroisse. Les plateaux orientaux et les plaines centrales viennent ensuite : 720 habitants dans le pays d'Auge, 771 dans les plaines de Caen et de Falaise. Dans le Bocage virois, enfin, la charge d'âmes s'élève à 851. En revanche, la comparaison avec la carte d'Ancien Régime ne fait pas apparaître la moindre «restauration». La réalité se mesure toujours par des taux de suppression. Il manque 18% des paroisses dans le Bocage, 22% dans les plaines de Caen et de Falaise et plus de 40% dans le pays d'Auge et le Lieuvin. Il n'y a qu'un canton qui, en 1822, compte plus de paroisses qu'au début de la Révolution : le canton de Vire (deux paroisses de plus). Le déficit total reste important : deux cent quatre-vingt-douze paroisses, alors que le peuplement est encore plus dense en 1820 qu'en 1790 : 89 habitants au kilomètre carré contre 87,5. Les villes restent les plus démunies : Bayeux n'a que cinq paroisses au lieu de quatorze, jadis; Caen, neuf au lieu de treize, alors que la population atteint 36 000 habitants au lieu de 35 000.

En 1822, l'administration des Cultes fait un bilan. De là il ressort que le Calvados est un département où «une assez grande quantité de paroisses sont composées de réunions[3]». Toute commune, «n'eût-elle que vingt habitants», qui refuse toute contribution pour l'exercice du culte dans la paroisse

---

1. A. N., F 19-367 B, Rapport du ministre de l'Intérieur au roi, 24 août 1819, f° 11.
2. *Bulletin des lois*, 7ᵉ série, n° 309, p. 321.
3. A. E., Circonscriptions ecclésiastiques, carton I.

dont elle fait partie, entrave « la marche de l'administration », conclut le rapport[1].

L'érection des nouvelles succursales peut se heurter à de multiples difficultés. Ainsi, la ville de Bayeux qui comptait quatorze paroisses sous l'Ancien Régime n'en a plus que trois en 1819 : Notre-Dame, Saint-Exupère et Saint-Patrice. Le quartier Saint-Laurent possède une église paroissiale qui fut aliénée pendant la Révolution à un sieur Seigle. En l'an XII (1803-1804), le propriétaire en fit don par acte notarié à six habitants représentatifs du quartier afin, disait le contrat, de consacrer l'église au culte catholique. Cet édifice du culte, dépendant d'abord de Saint-Patrice, est transféré en 1819 à la cure de Notre-Dame ; elle est desservie depuis 1802 par son ancien curé. Les habitants du quartier tiennent à son existence et ont donc fait beaucoup de sacrifices pour l'entretenir. L'évêque, de son côté, désire depuis longtemps l'ériger en succursale, mais le petit nombre de celles qui furent proposées en 1807 ne lui permit pas de réaliser son projet. Il le présente de nouveau en 1819 et obtient une réponse positive ; pourtant, en 1822, l'ordonnance n'a pas encore été exécutée. Le secrétaire de l'évêque, l'abbé Michel, en explique la raison au vicaire général chargé de l'administration des fabriques, l'abbé Paysant : le maire de Bayeux refuse la condition de l'offre de cession ; en effet, les deux propriétaires actuels, Le Peton et Lapierre, veulent bien céder cette église pour ériger la succursale, à condition, toutefois, qu'ils aient deux places gratuites dans l'église à titre viager. Or, l'ordonnance royale qui érige Saint-Laurent en succursale a autorisé le maire à accepter les conditions portées dans l'acte par les propriétaires ; « les uns et les autres sont entêtés comme des mulets », ajoute l'abbé Michel[2]. Le 23 septembre 1822, le gouvernement oblige le conseil municipal à accepter l'offre de cession. Le sous-préfet de Bayeux, Genas-Duhomme, réunit le conseil municipal de la ville épiscopale ainsi que les membres des fabriques de Notre-Dame et de Saint-Patrice pour leur signifier cette décision. Une autre difficulté surgit alors : la fabrique de la cathédrale n'accepte pas cette décision qui ampute le territoire de la paroisse ; elle estime que la fabrique verra ses revenus baisser. Le sous-préfet considère que cette remarque est irrecevable par « le territoire des paroisses doit être calculé en fonction des convenances des paroissiens et non d'après les bénéfices qu'en peut tirer la fabrique[3] ».

---

1. LASPOUGEAS, p. 66.
2. A. D., V 186, Michel à Paysant, 1er août 1822.
3. A. D., V 186, Genas-Duhomme à Montlivault, 24 janvier 1823.

À la fin de l'épiscopat, le problème essentiel demeure donc le non-rétablissement d'un grand nombre de petites paroisses. En 1822, le préfet, Montlivault, avoue au ministre de l'Intérieur, le comte de Corbière [1], que le mécontentement est important dans certains villages. Ce sont, en effet, au moins deux cent soixante églises qui ont été supprimées par rapport à la carte paroissiale de l'Ancien Régime, et il est certain que la plupart d'entre elles ne seront jamais rétablies. Or, les communes «fussent-elles de vingt habitants ne manquent pas de prétendre faire ériger leur église, souvent prête à s'écrouler, en succursale ou chapelle, tout en refusant toute contribution relative au culte qui s'exerce à l'église du chef-lieu». Face à l'obstination des habitants, le ministre tempère. Corbière rappelle que les églises supprimées appartiennent aux fabriques des églises conservées dans l'arrondissement où elles se trouvent. Comme toute église peut un jour obtenir le titre de succursale ou de chapelle rurale, il ne faut procéder à leur vente qu'avec prudence. Pour qu'une ordonnance royale soit rendue, il est nécessaire que l'évêque et le préfet déclarent d'un commun accord que, désormais, le culte ne sera plus célébré dans cette église [2].

À partir de 1819, le redressement financier est général. À Saint-Étienne de Caen, la fabrique, qui renonçait encore à quelques grands travaux, comme la restauration de l'orgue, en 1814, dispose de moyens suffisants, en 1821, pour remplacer les cloches que le curé Desbordeaux, avait fait mettre dix ans auparavant. À cette occasion, le duc de Bordeaux et la duchesse de Berry, parrain et marraine, offrent 1 900 francs pour l'achat d'un ornement que la fabrique paie 4 600 francs! La restauration des chapelles latérales s'achève à cette époque et un chemin de croix est édifié en 1820 [3]. Beaucoup de prêtres doivent desservir plusieurs clochers; néanmoins, à partir de 1820, leur situation matérielle s'améliore car l'administration, inflexible, oblige les municipalités à leur verser des indemnités plus importantes, si cela se révèle indispensable. Ainsi, en 1821, le desservant des trois paroisses de Saint-Julien-le-Faucon (319 habitants), Coupesarte (120 habitants) et Grandchamp (179 habitants), dans le canton de Mézidon [4], touche une indemnité de logement légale de

---

1. Biographie de Jacques de Corbière : voir p. 220, n. 1.
2. A. E., Dossier Mgr Brault, année 1822, Corbière à Montlivault, 22 août 1822.
3. HUET, p. 51.
4. A. D., V 7, D'après le recensement du 1er août 1820.

200 francs, somme qui est répartie entre les paroisses[1]. Le desservant réclame un supplément car il considère que cette somme est nettement insuffisante. Il obtient 100 francs de supplément à la fin de cette même année[2].

Conclusion : l'assainissement des finances.

Le processus d'assainissement des finances, encore inachevé à la fin de l'épiscopat, en 1823, correspond à une reconstitution, seulement partielle, du patrimoine ecclésiastique. En effet, jamais l'Église ne retrouvera son indépendance, antérieure à la Révolution, qui reposait sur le système des bénéfices. Les sources de revenus proviennent désormais, d'une part de l'État à qui revient la responsabilité de rémunérer une grande partie du clergé, d'autre part des fidèles qui, par le biais des impôts communaux et par leurs contributions volontaires, permettent aux paroisses de réparer les bâtiments (églises et presbytères) et suppléent aux défaillances de la puissance publique en accordant un supplément de traitement aux ministres du culte (en argent ou en nature). Il faut, à ce propos, souligner la grande générosité des catholiques de cette époque, quelle que soit d'ailleurs, leur condition sociale ; certaines familles fortunées ont permis, par des dons substantiels, le relèvement et la décoration intérieure de nombreux édifices du culte. À côté des aristocrates d'Ancien Régime, ces nouveaux bailleurs de fonds, négociants ou riches rentiers de la noblesse d'Empire, s'intéressent à la gestion de leur propre paroisse ; ils participent donc à l'élection des marguilliers et, parfois, font eux-mêmes partie du conseil de fabrique. Appelés à établir le budget de la paroisse et à gérer les comptes, ils s'appliquent à cette tâche avec dévouement et désintéressement. Il arrive aussi qu'ils siègent au conseil municipal ; ils interviennent alors pour que la commune, même si elle est pauvre, accorde une part privilégiée de son budget, pourtant restreint, à une fabrique paroissiale, souvent dépourvue de moyens, surtout à la campagne. Ils se heurtent souvent à une fin de non-recevoir. En effet, la responsabilité principale du redressement financier repose finalement sur des communes qui doivent déjà supporter, outre les charges ordinaires, les

---

1. A. D., Z 1814, Le sous-préfet de Lisieux aux maires de Saint-Julien-le-Faucon, Coupesarte et Grandchamp, 24 juillet 1821.
2. A. D., Z 1814, Le sous-préfet de Lisieux aux maires de Saint-Julien-le-Faucon, Coupesarte et Grandchamp, 10 décembre 1821.

dépenses relatives à l'instruction primaire. Les plaintes incessantes de l'évêque au sujet du logement des curés et des desservants provoquent des heurts incessants entre les autorités municipales et les ministres du culte. Le préfet est obligé de prendre parti ; il s'était rangé aux côtés de l'évêque lors de ses démêlés avec le gouvernement au sujet de la réorganisation des paroisses et de la nomination du personnel concordataire ; cette fois, Caffarelli, puis Méchin soutiennent fermement les communes contre les prétentions des autorités ecclésiastiques ; ils connaissent, en effet, le déficit important des trésoreries municipales ; une faillite générale des communes risquerait de provoquer des troubles qui mettraient en péril l'ordre public. Brault, de son côté, trouve, auprès du gouvernement, un appui bienveillant, qui lui permet de triompher du préfet ; le ministre des Cultes, en effet, dont le budget est si maigre, accepte volontiers de rappeler les communes à leurs devoirs. La bataille est rude et se conclut sous la Restauration, sans vainqueur, ni vaincu : les préfets, Bertier de Sauvigny et Montlivault, se rangent du côté de l'évêque et obligent les communes à verser les indemnités de logement aux ministres du culte ; mais le contexte a changé : l'État est désormais en mesure d'honorer ses engagements et les dons et legs des particuliers affluent, si bien que les finances des paroisses se rétablissent sans provoquer la faillite des communes.

En 1823, Mgr Brault peut constater, avec satisfaction, que, même si le clergé n'est plus le premier ordre de la société, mais un corps de fonctionnaires rétribués par l'État, il est de nouveau à la tête d'établissements ecclésiastiques florissants, qu'il n'aurait jamais pu reconstituer sans la générosité des fidèles. Cette preuve concrète de l'attachement de tout un peuple à ses pasteurs, après les années sombres de la Révolution, vaut bien, sans doute, tous les privilèges d'antan...

CINQUIÈME PARTIE

LA RESTAURATION RELIGIEUSE

CHAPITRE PREMIER

LE PERSONNEL CONCORDATAIRE

La restauration religieuse voulue par le Concordat nécessite la présence d'un personnel ecclésiastique nombreux et qualifié. L'évêque de Bayeux se dévoue sans compter à cette tâche en s'entourant de collaborateurs dévoués et efficaces dans les bureaux de la curie et en rencontrant les prêtres au cours de ses visites pastorales ou à l'occasion des retraites ecclésiastiques annuelles. Toutefois, sa principale préoccupation demeure la formation d'un clergé homogène, instruit et conscient de ses responsabilités pastorales ; dès 1802, Mgr Brault se lance donc avec vigueur dans une lutte sans merci contre les pouvoirs publics pour l'ouverture d'un grand séminaire à Bayeux. Six ans plus tard, l'institution tant désirée s'installe enfin dans une première maison. Tandis que la courbe des ordinations se redresse sensiblement, l'évêque complète son dispositif en faveur de la formation du clergé diocésain en ouvrant des petits séminaires ; il connaît cette fois l'épreuve de l'échec à Caen et à Vire, mais les établissements de Bayeux, Villiers-le-Sec et, surtout, Lisieux se maintiennent malgré l'opposition virulente d'une Université jalouse de son monopole. Après la prise en charge du grand séminaire par les sulpiciens en 1815, l'évêque peut considérer qu'il a atteint son but : le nombre des ordinations ne cesse de croître d'année en année, jusqu'à la fin de l'épiscopat, plaçant ainsi le diocèse de Bayeux parmi les meilleurs de France.

La sollicitude de l'évêque concordataire s'étend aux ordres religieux, dispersés au moment de la Révolution et dont l'état, en 1801, est déplorable. L'action énergique de Mgr Brault en leur faveur est entravée, sous l'Empire, par des dispositions légales restrictives qui visent en particulier les congrégations enseignantes masculines et féminines. Suivant l'exemple de l'abbé Jamet qui reconstitue le Bon-Sauveur de Caen, de nombreuses communautés religieuses obtiennent leur reconnaissance sous le titre de « congrégation hospitalière ». Le régime de la Restauration se montre plus clément, ce qui permet aux congrégations enseignantes de reprendre leur place dans l'enseignement primaire. Ce mouvement de renaissance des ordres religieux, surtout favorable aux congrégations féminines apostoliques, ne permet pas, toutefois, la restauration des vénérables abbayes bénédictines disparues lors de la Révolution.

Un clergé homogène.

L'exercice de l'autorité.

L'évêque est entouré de deux vicaires généraux qui participent directement à la direction du diocèse. Depuis 1802, ce sont Louis d'Audibert de la Villasse, premier vicaire général, ancien réfractaire, né le 5 avril 1750, qui mourra en 1828, et Jean-Jacques de Croisilles, second vicaire général, ancien constitutionnel, né le 12 août 1745. Il semble que de Croisilles ait pris de plus en plus d'envergure au fil des années; ainsi, on le voit intervenir dans les affaires qui requièrent de la ténacité; d'Audibert est plus discret, mais tout aussi efficace. Le 21 juillet 1819, de Croisilles meurt. Il est remplacé par Charles Boscher (ordonnance royale du 4 août 1819); cet ancien réfractaire est une figure éminente du clergé de Caen[1]; d'abord aumônier du lycée en 1802, il devient en outre, responsable des aspirants à l'état ecclésiastique à partir de 1807, jusqu'à l'ouverture du grand séminaire l'année suivante; il enseigne la théologie. À la mort de Charles-René Gervais de la Prise le 1er décembre 1810, il est nommé curé de la paroisse Saint-Pierre de Caen; c'est un prédicateur renommé[2]. Brault le désigne second vicaire général, le 22 juin 1819. D'Audibert et Boscher (qui mourra en 1831) seront reconduits dans leurs fonctions par le successeur de Mgr Brault, le 18 juin 1823. D'autres prêtres ont reçu le titre de vicaire général : Nicolas Renault, Louis Godechal curé de Saint-Gervais de Falaise, Claude Godefroy de Boisjugan, curé de Saint-Étienne de Caen, l'official Jean Maffre, chanoine titulaire et, à la fin de l'épiscopat, François de Cussy, chanoine titulaire (le 8 avril 1822). À partir de 1818, l'évêque désire se décharger de l'administration des fabriques qui est très lourde. Il n'hésite pas à confier cette charge à un simple vicaire : Louis-Robert Paysant. Il connaît bien cet ecclésiastique qui lui avait été présenté quelques années plus tôt par

---

1. A. D., Chapitre de Bayeux 880, Journal de Dufour.
2. G. HUARD, « La paroisse et l'église Saint-Pierre de Caen », p. 163.

Jaugain, le curé de Parfouru-l'Éclin (canton de Caumont); il fut alors impressionné par la vivacité de son esprit. Nommé vicaire de Saint-Pierre de Caen, Paysant fait preuve d'une grande compétence, ce qui lui vaut l'estime de son curé, Charles Boscher. Le 6 août 1818, Brault l'élève au rang de «provicaire général», chargé de l'administration des fabriques du diocèse. Il reçoit donc la mission de discuter et d'approuver les budgets, de faire remplir par les fabriques les formalités prescrites pour les réparations et acquisitions d'églises et de presbytères, de traiter avec le préfet de tout ce qui concerne l'administration temporelle du diocèse et donc de signer, au nom de l'évêque, les actes relatifs à ces différents objets. L'étendue de ses attributions fournit à Paysant l'occasion de montrer ses talents de gestionnaire. Il entreprend des travaux importants et surmonte bien des difficultés : il organise les fabriques dont la plupart sont sans revenu, leur permet de rentrer dans la possession de biens injustement aliénés, leur permet d'avoir, avec la location des bancs, des ressources suffisantes; il assainit leurs comptabilités et les établit sur des bases nouvelles; il négocie avec les communes, tantôt la réparation d'une église, tantôt l'acquisition d'un presbytère; il vainc l'opposition des uns, stimule l'indifférence des autres, surveille et régularise les démarches des autorités locales quand il se présente une occasion favorable pour obtenir l'érection d'une chapelle annexe en succursale ou d'une succursale en cure... Le redressement financier opéré sous la Restauration dans le diocèse est donc son œuvre; son action est couronnée de succès, ce qui lui vaut, comme le secrétaire, Michel, une promotion rapide. Il est nommé chanoine, en 1819, et Brault lui propose, en 1823, de l'accompagner à Albi et de lui confier la fonction de premier vicaire général. Il décline cette invitation, ne désirant pas s'éloigner de son diocèse d'origine. Il sera néanmoins vicaire général de Mgr Dancel, avant d'être promu évêque d'Angers, en 1839.

L'administration diocésaine est caractérisée par une remarquable stabilité. Brault sait s'entourer de collaborateurs compétents et dévoués. Au secrétariat de l'évêché, Jean-Charles Dajou Lamare, secrétaire depuis 1803, aidé de Thomas-Joseph Bidot est remplacé, le 9 octobre 1818, par l'abbé Michel, avec qui il travaille encore jusqu'en 1819. Michel est le type même de l'ecclésiastique formé sous l'épiscopat de Mgr Brault et ayant fait carrière. Il entre, en effet, au grand séminaire, à son ouverture en 1808. Il est alors en seconde; les jours de congé, il se rend à l'évêché où il rencontre Brault, qui l'initie aux affaires en lui donnant des lettres et ordonnances à copier. Ébloui par l'intelligence de ce jeune séminariste, l'évêque le fait entrer dans l'administration diocésaine dès son ordination sacerdotale en 1813. Il le charge aussitôt de l'affaire épineuse du séminaire de Bayeux, c'est-à-dire de la récupération des bâtiments de l'ancien grand séminaire, transformé en caserne. Cette affaire n'étant toujours pas résolue en 1816, Brault se rend à Paris en octobre, et emmène Michel. Il doit rentrer dans le diocèse pour assister à la clôture de la grande mission qui est prêchée à Caen et laisse Michel à Paris avec le titre de prosecrétaire et donc la charge de traiter, en son nom, avec les autorités civiles. Michel reste dans la capitale jusqu'en mars 1817 et revient avec un bon résultat. Brault le félicite et le nomme chanoine honoraire, le 1er septembre suivant, puis secrétaire en 1818, enfin chanoine titulaire, le 6 décembre 1821. Cette décision provoque un conflit avec le gouvernement. Le 9 janvier 1822, le prince de Croy, grand aumônier de France, avoue à Brault que, au moment où il allait proposer au roi la nomination de Michel, S.A.R. Monsieur lui a demandé expressément de lui préférer Nicolas Guérin, curé de Formigny depuis le rétablissement du culte, que l'évêque lui-même a recommandé fortement dans une lettre du 3 septembre 1817[1]. Mais l'évêque ne cède pas. Il tient à récompenser un collaborateur compétent plutôt qu'un curé âgé : « Je réponds à votre lettre concernant la nomination de l'abbé Michel comme chanoine. J'ai voulu récompenser un sujet qui rend depuis douze ans des services importants dans le diocèse en y remplissant les fonctions de secrétaire avec zèle. De plus, en l'attachant définitivement au diocèse de Bayeux, j'ai voulu m'assurer un collaborateur habile et dévoué à une époque où mon âge et mes infirmités m'empêchent d'agir autant que je le voudrais. En nommant Guérin, je ne pouvais atteindre ce but, quelles que soient ses vertus et ses qualités ; en effet, il est étranger à l'administration d'un diocèse. Son peu de talent et son âge avancé laissent penser que cela ne s'améliorera pas. Je vous demande d'exposer ces raisons à S.A.R. Monsieur et de lui exprimer ma vive douleur de devoir préférer Michel à Guérin. J'espère que vous me servirez d'interprète afin que vous fassiez entendre raison à Monsieur et accepter par le roi la nomination de Michel. Je vous propose de nommer Guérin, à Bény-Bocage, cure de deuxième classe, vacante depuis la démission de son curé[2]. » Quand il sera nommé archevêque d'Albi, Brault emmènera Michel avec lui et le chargera d'organiser les bureaux[3].

1. A. N., F 19-9061, Le prince de Croy à Brault, 9 janvier 1822.
2. A. N., F 19-9061, Brault au prince de Croy, 12 janvier 1822.
3. A. D., F 5662, Note biographique sur l'abbé Michel. L'abbé Michel refusera ensuite la fonction de vicaire général et sera nommé chanoine honoraire. Il reviendra dans le diocèse de Bayeux, chez ses parents. Mgr Duperrier-Dumourier le nommera secrétaire et chanoine. En 1840, Mgr Dancel le choisira comme vicaire général, puis il sera promu doyen du

L'évêque s'entoure d'un nombre restreint de collaborateurs qui sont des intimes : son frère Mathurin, qu'il a nommé chanoine titulaire; Pierre-Jean Audios, chanoine titulaire, l'un de ses amis originaire de Poitiers, qui travaille au secrétariat de l'évêché et traite certaines affaires importantes; enfin, Nicolas Renault, chanoine titulaire, qui fut secrétaire provisoire au début de l'épiscopat et demeure l'un des émissaires que Mgr Brault envoie à Paris pour dénouer des situations délicates[1].

Brault dirige son diocèse par l'intermédiaire de prêtres compétents et dévoués; ce sont tous des personnalités de l'ancien clergé réfractaire, qui habitent dans les chefs-lieux d'arrondissement. À partir de 1816, l'évêque nomme même un ecclésiastique résidant à Caen pour le représenter auprès du préfet; cela permet une plus grande rapidité dans l'expédition des affaires du diocèse[2]. Parmi ces représentants officieux de Mgr Brault, il faut citer : à Falaise, François-Robert du Taillis, docteur en théologie, qui est à la fois supérieur des religieuses de cet arrondissement et responsable des séminaristes[3]; à Lisieux, le vieil abbé Eustache de Créqui (décédé en 1828), frère de la prieure des bénédictines de l'abbaye Saint-Désir et ancien archidiacre de Mgr de La Ferronays, Jean-Baptiste Jumel, curé-doyen de Saint-Désir jusqu'à sa mort en 1817, et Jacques Blondel, curé de la cathédrale Saint-Pierre; à Vire, Thomas Allais, curé de Notre-Dame jusqu'à sa mort en 1815[4].

Brault traite de nombreuses affaires en se rendant sur place dans les paroisses; il désire connaître personnellement chacun des curés et desservants de son diocèse. Ses premières visites pastorales lui ont permis de gagner la confiance du clergé et des fidèles dès le début de son épiscopat et de constituer un *presbyterium* uni autour de sa personne. Il utilise largement ce moyen efficace pour aller à la rencontre des communautés paroissiales. Il se déplace souvent, surtout à l'occasion de l'administration de la confirmation. La visite pastorale annuelle a lieu au mois de septembre et dure environ trois semaines. Elle lui permet à la fois de régler directement les problèmes les plus épineux, mais aussi d'accéder aux requêtes, parfois très humbles, de certains curés. À titre d'illustration, considérons

---

chapitre jusqu'à sa mort en 1863. Dans une lettre envoyée au ministre de l'Intérieur, le 28 mai 1834 (A. N., F 19-2500), le préfet du Calvados portait le jugement suivant sur ce prêtre «difficilement maniable; avec ses formes doucereuses, il a des passions politiques très prononcées», c'est-à-dire qu'il était un ardent légitimiste.

1. A. D., V 48, État du clergé, an XIII.
2. G. BERTIER DE SAUVIGNY, «Ferdinand de Bertier, préfet du Calvados», p. 389.
3. A. D., F 5661, Brault à du Taillis, an XI (1803).
4. E. SEVESTRE, *La Vie religieuse dans les principales villes normandes pendant la Révolution (1787-1801)*, p. 30, n. 1.

celle que l'évêque accomplit dans l'arrondissement de Pont-l'Évêque, en 1814 : le 10 septembre, il donne la confirmation à Corbon ; il rencontre le curé et lui accorde la permission d'exposer le saint sacrement dans son église selon l'ancien usage. Le curé lui présente un aspirant au sacerdoce ; il lui permet d'aller au séminaire Saint-Sulpice avec jouissance d'une demi-bourse pendant un an ou plus. Le 11, il est à Cambremer ; le 12, à Beuvron : le curé obtient la reconnaissance de la confrérie du Saint-Sacrement établie dans sa paroisse. Le 13, il administre la confirmation à Bonnebosq et confère la tonsure à un séminariste, tandis qu'il accorde à un autre la permission d'entrer au petit séminaire de Lisieux, en rhétorique. Le 14, il est à Formentin et, le 16, il célèbre les installations canoniques de deux curés : celui du Pré-d'Auge et celui de Saint-Ouen. Le 17, il vérifie l'état des comptes des paroisses de Banneville et du Breuil. Le 18, il est à Blangy. Les 20 et 21, il se rend à Pont-l'Évêque où il préside à deux confirmations ; le 22, à Tourgeville et de nouveau, le 23, à Pont-l'Évêque où il ordonne un prêtre. Le 26, il est à Saint-Gatien où il promet au curé de lui envoyer sous peu un vicaire, tandis qu'il assure le curé de Villerville qu'il recevra bientôt quelques reliques. Le 27, il administre la confirmation à Sainte-Catherine de Honfleur et confère une tonsure ; le 28, il préside la cérémonie de la confirmation à Saint-Léonard de Honfleur. Il achève sa visite pastorale par un court séjour à Lisieux. Le 30 septembre, il donne la confirmation à Saint-Désir ; le 3 octobre, il reçoit les ecclésiastiques de la région et promet quelques nominations : un prêtre à Putot, un nouveau desservant à Corbon, un vicaire à Crèvecœur et à Touques. Il rentre à Bayeux le 6 octobre [1].

L'évêque est un grand voyageur ; il n'oublie pas son Poitou natal où il essaie d'effectuer un séjour annuel avec l'accord du gouvernement. Il se rend souvent à Paris ; outre les déplacements de 1804 (le couronnement de Napoléon), de 1811 (le concile national), de 1813 (l'entrevue de Fontainebleau avec le pape Pie VII) et de 1817 (à l'occasion de sa nomination à Albi), il n'hésite pas à se déranger pour conclure une affaire délicate ; ainsi, celle du séminaire le conduit à Paris en 1809, durant un mois en avril-mai, et de nouveau en 1816. Il préfère toutefois envoyer des représentants auprès du ministre des Cultes, tel le chanoine Renault, au début de l'épiscopat, lors de l'établissement de la carte paroissiale de 1803 qui suscite quelques litiges avec le gouvernement ; dans l'affaire du séminaire, Renault est de nouveau envoyé à Paris, en juin et

---

1. A. E., Dossier Mgr Brault, année 1814.

juillet 1807. Sous l'Empire, Brault est lié au chanoine honoraire de Paris, Jalabert, à Mme Fénelon de Campigny, originaire de Bayeux, à l'abbé Letellier, qui travaille au ministère des Cultes. Le 17 mai 1804, il reçoit l'offre suivante de Baillon, précepteur du fils de Portalis : «[...] Vous pouvez vous adresser à moi pour tout ce que vous considérerez comme urgent de faire agréer; il y a des lenteurs qui tiennent au nombre important des affaires dans les bureaux. Je rends de semblables services à l'archevêque de Bourges, à celui de La Rochelle et à quelques autres[1].»

Sous la Restauration, un prêtre du diocèse, l'abbé Tillaut, travaille au ministère des Cultes. Il fait preuve d'une grande efficacité[2]. En 1821, Brault songe à le rappeler dans le diocèse pour lui confier la paroisse de Bény-Bocage, mais, ayant reçu l'offre d'un canonicat à Sens, Tillaut demande son excardination à l'évêque de Bayeux, qui accepte[3].

Mgr Brault est l'un des premiers évêques concordataires à établir des retraites ecclésiastiques. Par ce moyen, il peut réunir les prêtres de son diocèse et leur assurer la formation spirituelle et doctrinale dont ils ont besoin; l'unité du *presbyterium* se réalise donc grâce à ces rencontres. La première retraite est prêchée, en 1810 à Bayeux par Monsieur Guillou, prêtre de Saint-Sulpice[4]. À partir de 1820, l'évêque adresse chaque année une circulaire à son clergé pour l'inciter à participer à la retraite ecclésiastique destinée à tous les prêtres du diocèse[5]. Il invite plus particulièrement les doyens des paroisses rurales et trois autres desservants ou vicaires de chaque canton qui sont désignés par le doyen parmi ceux qui ne sont pas venus aux retraites précédentes. Les curés et vicaires peuvent présenter des cas de conscience ou des observations au sujet de la direction de leurs paroisses ou de l'administration des sacrements; l'évêque leur transmet des directives fermes et précises. La retraite de 1822 est prêchée par le père Rauzan, supérieur des missions de France[6]. Les divers thèmes de la retraite sont souvent déterminés à partir des suggestions transmises par le gouvernement. Ainsi, en 1817, le ministre de l'Intérieur avertit l'évêque que la correspondance des préfets fait part des excès provoqués par les idées supersti-

---

1. A. D., F 5661.
2. *Ibid.*
3. A. E., Dossier Mgr Brault, année 1821.
4. A. D., F 5661, Biographie de Mgr Brault par l'abbé Michel.
5. A. D., V 159, Lettres circulaires de Brault à son clergé : 16 mars 1820, 1er juillet 1821 et 10 août 1822; A. D., V 160, Lettre circulaire de Brault à son clergé, 20 juin 1823.
6. A. E., Dossier Mgr Brault, année 1822, Rauzan à Brault, 8 août 1822.

tieuses de prétendus sortilèges ; ceux-ci ont donné lieu à des crimes et à des délits pour lesquels les tribunaux ont été saisis. Le ministre rappelle que l'évêque a le devoir d'«éclairer les classes du peuple ignorantes et crédules et surtout les habitants des campagnes». Brault répond qu'il donnera justement au mois d'août une retraite au séminaire, à laquelle sont convoqués plusieurs curés de chaque canton du diocèse. Il leur donnera des instructions précises sur ce point important ainsi que sur d'autres qui intéressent l'ordre public [1].

Le grand séminaire de Bayeux.

Dès son arrivée dans le diocèse, Brault se préoccupe d'établir un séminaire diocésain. Il fait part de cette intention au préfet du Calvados dès le lendemain de son installation. Dans sa réponse, Caffarelli lui rappelle que seul le gouvernement peut prendre une telle décision. L'article organique 23 prescrit en effet que «les évêques sont chargés de leurs séminaires et que les règlements de cette organisation seront soumis à l'approbation du Premier consul [2]». La liberté théorique reconnue à chaque évêque de fonder un séminaire diocésain, selon l'article 11 du Concordat, est donc restreinte par cette disposition contenue dans l'article organique 23. Le préfet ajoute que ce même article 11 n'oblige pas l'État à doter les séminaires ; les éventuelles réparations, dont aurait besoin celui de Bayeux, devraient donc être prises en charge par le conseil général du Calvados, qui est, en ce moment, bien dépourvu de fonds disponibles. Brault s'adresse alors à Portalis, le 1er thermidor (20 juillet) en ajoutant qu'il serait peut-être préférable d'installer le nouveau séminaire à Caen et non pas à Bayeux. L'évêque avance deux arguments à l'appui de cette proposition : d'une part, la ville de Caen est située au centre du diocèse ; et d'autre part, il serait plus facile de trouver dans la préfecture du Calvados des maîtres expérimentés [3]. Il abandonne bientôt ce projet et cherche alors à récupérer l'ancien grand séminaire de Bayeux, construit par Mgr de Nesmond. Les bâtiments ont été transformés en caserne et le ministère de la Guerre refuse de les restituer à l'Église [4]. Brault doit chercher une autre maison ; en 1803, il se tourne vers le conseil général du Calvados et lui présente la requête suivante : un

---

1 A. E., Dossier Mgr Brault, année 1822, le ministre de l'Intérieur à l'évêque de Bayeux, 21 juillet 1822 ; Réponse, 26 juillet 1822.
2. A. D., F 5661, Caffarelli à Brault, 14 messidor an X (3 juillet 1802).
3. A. N., F 19-5662.
4. A. D., F 5661, Notice de Laffetay.

nombre trop important de curés et de desservants âgés et infirmes n'auront pas de successeurs si les pouvoirs publics ne lui donnent pas la possibilité de former des jeunes gens dans un séminaire, qui devrait être établi à Bayeux. Le conseil général est donc requis d'intervenir auprès du gouvernement afin que la maison des «ci-devant religieuses bénédictines» soit rendue au diocèse de Bayeux [1]. Mais le gouvernement demeure sourd aux demandes réitérées de l'évêque de Bayeux. Dans un rapport sur la situation du diocèse de 1804, adressé à Portalis, Brault lance un véritable appel de détresse afin d'obtenir quelques faveurs : «Mon diocèse est l'un des plus mal pourvus en prêtres de France; bientôt, des paroisses seront sans pasteur; le clergé est âgé; il faudrait établir comme prévu un séminaire dans chaque diocèse [2].

Tout en réclamant une maison destinée à abriter le futur grand séminaire, Brault met en place une organisation provisoire destinée à rassembler les candidats au sacerdoce. En juillet 1803, alors que l'évêque d'Orléans, Bernier [3], fonde son séminaire diocésain [4], Brault charge un prêtre de chaque arrondissement, réputé «vertueux et éclairé», de surveiller les jeunes aspirants au sacerdoce [5]. Cette fonction doit revenir aux curés de chefs-lieux d'arrondissement; toutefois, les exceptions sont nombreuses. Ainsi, à Lisieux, Brault nomme de Créqui, personnalité vénérable du clergé de l'ancienne ville épiscopale [6]; à Bayeux, il choisit le chanoine Thomas Bellanger, ancien supérieur du collège du Mont de Caen [7]. À Vire, le curé de Notre-Dame, Allais, ne désirant pas assumer cette responsabilité, propose à Brault de nommer Nicolas Saillefest, qui est ancien eudiste et professeur de théologie (8 juillet 1803) [8]; l'évêque préfère choisir Romain Lecornu-Dumanoir, mais celui-ci émet aussitôt de grandes réserves auprès du vicaire général, de Croisilles (18 décembre 1803) [9]. Alors, Brault se tourne vers Allais, qui accepte sans enthousiasme [10]. À Falaise, l'évêque charge Robert du Taillis de cette impor-

---

1. A. D., F 5661.
2. *Ibid.*
3. Biographie d'Étienne-Alexandre Bernier : voir p. 36, n. 3
4. J. LEFLON, *La Crise révolutionnaire (1789-1846)*, p. 214.
5. D'après la lettre pastorale du 5 février 1806 aux curés et desservants du diocèse de Bayeux. Recueil des mandements de Mgr Charles Brault, bibliothèque du séminaire de Caen, f° 47.
6. A. D., 78 F 191.
7. A. D., V 48, État du clergé, an XIII.
8. A. D., 78 F 195.
9. *Ibid.*
10. A. D., 78 F 196.

tante fonction ; ce prêtre est docteur en théologie et ancien curé de Villy ; voici quelles sont les instructions que Brault lui adresse dans son décret de nomination (an XI, 1803)[1] : désigné comme supérieur général de ceux qui se destinent au sacerdoce dans l'arrondissement de Falaise, il le charge d'écrire aux curés et desservants pour obtenir les noms des candidats ; il devra leur donner les moyens de se former. Les candidats qui habitent la ville de Falaise se rendront une fois par semaine chez lui pour suivre ses instructions et rendre compte de leurs études ; ceux qui habitent hors de Falaise s'adresseront à lui afin qu'il désigne un prêtre chez qui ils iront une fois par semaine pour rendre compte de leurs études. Le diocèse compte donc six «écoles préparatoires» au chef-lieu de chacun des six arrondissements : Bayeux, Caen, Pont-l'Évêque, Lisieux, Falaise et Vire, auxquelles il faut ajouter celle d'Orbois (canton de Caumont)[2].

Tandis que Brault reçoit de vives félicitations du ministre Portalis pour «ces petits établissements préparatoires au séminaire qui me paraissent excellents», il obtient l'appui de Jalabert, chanoine honoraire de Paris, qui l'encourage à multiplier les réclamations afin d'obtenir l'ouverture du séminaire diocésain : «Vous faites bien d'obtenir la maison religieuse que vous avez en vue. Ne tardez pas, de peur qu'on ne vous fasse échouer, je pense que vous réussirez[3].»

À partir de 1804, Napoléon Ier, qui a besoin du soutien de l'Église, prend des mesures susceptibles de lui attirer ses faveurs. Il corrige l'article 11 du Concordat par la loi du 23 ventôse an XII (14 mars 1804), qui prescrit la fondation, aux frais de l'État, d'un séminaire par arrondissement métropolitain. En Normandie, le cardinal Cambacérès[4], archevêque de Rouen, propose tout d'abord que ce séminaire soit installé à Rouen ; en effet, Saint-Nicaise peut recevoir, d'après lui, soixante élèves au début, et jusqu'à trois cents après réparations[5]. Son projet rencontre l'hostilité de ses suffragants ; ils préféreraient une ville située au centre de la province ecclésiastique, qui ne serait pas le siège d'un évêché. Les évêques de Normandie choisissent donc la ville de Lisieux. L'ouverture solennelle du nouvel établissement est fixée au 2 juillet 1805. Ce séminaire régional aura, dans l'avenir, une maison de correspondance dans chaque diocèse, appelée «maison supplémentaire[6]». La loi du 23 ven-

---

1. A. D., 78 F 196.
2. A. D., 78 F 134.
3. A. D., F 5661, Jalabert à Brault, 15 août 1803.
4. Biographie d'Étienne-Hubert de Cambacérès : voir p. 35, n.4.
5. A. N., F 19-7261, Cambacérès à Portalis, avril 1804.
6. A. D., 78 F 187.

tôse an XII est peu appliquée, car l'État ne désire pas avancer des sommes trop importantes ; aussi les évêques vont-ils devoir créer, à leurs frais, leur propre séminaire diocésain [1].

Le 8 août 1805, Napoléon Ier approuve le règlement du grand séminaire fondé par le cardinal Cambacérès, archevêque de Rouen et primat de Normandie [2]. En 1806, le cardinal Fesch, archevêque de Lyon et primat des Gaules, crée un grand séminaire et quatre petits séminaires [3]. Ces initiatives encouragent l'évêque de Bayeux, qui décide de placer le gouvernement devant le fait accompli : Brault s'adresse directement aux curés et desservants de son diocèse, dans une lettre pastorale datée du 5 février 1806 [4], « afin, dit-il, de mettre à exécution l'article 23 de la loi du 18 germinal an X qui nous permet d'établir un séminaire ». Il constate que le clergé de Bayeux vieillit : « Tous les jours nous voyons avec douleur grossir la liste des victimes que la mort nous enlève » et « déjà nous ne pouvons plus donner de coopérateurs à ces vénérables vieillards qui, peut-être, hélas, n'auront plus de successeurs ». Brault avertit donc les curés et desservants qu'il a pris la décision suivante : il prescrit aux candidats au sacerdoce, dispersés sous la direction d'« ecclésiastiques vertueux et éclairés » de se réunir à Caen sous l'autorité de deux professeurs chargés de leur enseigner les « sciences ecclésiastiques » : Boscher, aumônier du lycée, pour la théologie, et Viel, professeur à l'ancienne université, pour la philosophie [5]. Il ajoute aussitôt que cette mesure lui paraît insuffisante car « ces jeunes ecclésiastiques dispersés dans le monde ne peuvent que très difficilement acquérir les lumières et les vertus qu'exige le ministère auquel ils se disposent ». Brault annonce donc l'ouverture prochaine d'un séminaire, sans avoir une maison pour l'abriter et, puisque ni le gouvernement ni le conseil général n'ont daigné l'aider, il s'adresse « aux vrais amis de la religion afin qu'ils concourent à cette bonne œuvre ». Il demande donc aux curés et desservants d'inviter les paroissiens à leur remettre des oblations qui seront consacrées à l'établissement du futur séminaire. Une commission chargée de gérer ces fonds est créée, composée d'un vicaire général, d'un cha-

---

1. E. SEVESTRE, *L'Histoire, le Texte et la Destinée du concordat de 1801*, p. 52, n. 4.
2. C. LÈDRE, *Le Cardinal Cambacérès, archevêque de Rouen (1802-1818)*, p. 319.
3. *Dictionnaire d'histoire et de géographie ecclésiastiques*, fasc. 102-103, bibliothèque de l'université de Caen, Lettres, p. 117.
4. Recueil des mandements, bibliothèque du séminaire de Caen, f° 47.
5. A. D., F 5661, Notes de Michel sur la notice de Laffetay.

noine, de deux curés ou desservants et de trois laïcs nommés par Brault. Le budget sera consacré pour les deux tiers à la location de la maison, aux réparations et à son ameublement, et le dernier tiers en secours accordés aux séminaristes pauvres.

La lettre pastorale de 1806 est l'acte fondateur du grand séminaire, mais il reste à trouver la maison... Le couvent des bénédictines auquel Brault a songé est inhabitable à cause de sa vétusté. Il jette alors son dévolu sur la maison Notre-Dame-de-Charité, qui est déjà occupée par une prison et une gendarmerie, mais dont une partie du corps de bâtiment paraît libre[1]. L'évêque envoie alors sa lettre pastorale au préfet du Calvados Caffarelli, le 22 mars, avec cette mention : «nous comptons sur votre appui dans cette tâche[2].» Caffarelli ne répond pas. Brault, sûr de son bon droit et jugeant qu'il ne peut plus attendre, engage alors la bataille décisive. Le 19 mai, il demande de nouveau à Caffarelli d'appuyer sa demande auprès du gouvernement afin que la maison Notre-Dame-de-Charité soit affectée à l'établissement du séminaire[3]. Trois jours plus tard, le préfet rejette la requête de l'évêque : les bâtiments de l'ancien couvent sont destinés aux seuls services administratifs suivants : les prisons et la gendarmerie[4]. Le 27 mai, l'évêque se tourne vers Portalis, en l'assurant qu'il se contenterait d'une partie de la maison[5]. Le ministre ne répond pas. L'évêque a noté les étapes de cette lutte acharnée : «*Le 2 juin 1806* : j'écris de nouveau au ministre en lui disant qu'on peut placer prison, gendarmerie et séminaire dans la même maison, sans inconvénient. *11 juillet* : le ministre répond qu'il a transmis mes observations au préfet. *15 juillet* : j'ai écrit au ministre pour réitérer ma demande. *21 août* : le ministre me prévient que le préfet lui a répondu : impossible : toute la maison sera pour la gendarmerie et les prisons. *21 février 1807* : j'adresse au ministre des Cultes le tableau de situation de mon séminaire et un mémoire qui résume les démarches faites pour obtenir une partie de la maison de la Charité. Je persiste dans ma demande. *23 avril* : j'écris au préfet : j'adresse un plan de Lejeune, ingénieur en chef du Calvados, qui prouve qu'il est facile et moins onéreux pour le département d'installer gendarmerie, prisons et séminaire à la Charité. *24 avril* : le préfet vient me voir à Caen et m'assure qu'il a adressé le plan de

---

1. A. D., F 5661, Notes de Laffetay.
2. A. D., V 3.
3. A. D., F 5661.
4. *Ibid.*
5. *Ibid.*

Lejeune au ministre en lui demandant de l'adopter. *24 avril :* j'écris au ministre des Cultes pour lui faire savoir l'accord du préfet. *11 mai :* le ministre des Cultes me répond qu'il a transmis au ministre de l'Intérieur, dont dépend l'administration pénitentiaire, et qu'il attend le résultat [1]. »

Ainsi, à cette date, Brault pense qu'il a réussi à lever l'obstacle principal : le refus du préfet, qu'il sera plus facile de convaincre le gouvernement. Sachant que seul un émissaire peut, sur place, régler ce genre d'affaires, il envoie à Paris le chanoine Nicolas Renault, en qui il a toute confiance. Celui-ci a deux interlocuteurs : Baillon, au ministère des Cultes, et l'abbé Dulondel, qui a quelques amis au ministère de l'Intérieur. Très rapidement, il s'avère que le blocage ne provient ni du ministère des Cultes, ni du ministère de l'Intérieur. Ce dernier est disposé à céder une partie de la maison de la Charité, si l'évêque l'assure de l'excellente séparation entre le séminaire et la prison «de telle sorte qu'on ne puisse entendre dans l'une ce qui se ferait dans l'autre». Il engage toutefois Brault à choisir un autre local, mais l'évêque lui répond sèchement qu'il ne doit pas ignorer qu'il n'en existe aucun autre disponible, en ajoutant qu'il a une «piètre opinion de cette affaire vu le peu d'intérêt qu'y prend le préfet»[2]. Brault, en effet, ne doute pas que le ministre réagisse à partir des rapports défavorables de Caffarelli. Le 24 juin 1807, l'évêque communique ses impressions au chanoine Renault, en ces termes : «Vous verrez que les inconvénients soulevés par le ministre de l'Intérieur n'avaient pour fondements que les réflexions du préfet; Lejeune donne de nouveau l'assurance qu'il n'y a aucun problème. J'en parlerai moi-même au préfet et à l'ingénieur samedi prochain. Il est certain que séminaire et prison-gendarmerie seront séparés; chacun aura son entrée et aucune fenêtre ne donne l'un sur l'autre. Vous verrez que si le préfet écrit au ministre de l'Intérieur dans un sens favorable, tous les obstacles seront aussitôt levés[3]. »

L'évêque a vu juste; Caffarelli accepte quelques jours plus tard de transmettre les observations de Brault au ministre de l'Intérieur auxquelles sont jointes celles de Lejeune, en le priant de les accepter[4]. Renault reçoit l'ordre de se rendre au ministère afin de recevoir la réponse du ministre. Ce dernier consent et, l'affaire étant conclue, Renault peut rentrer à Bayeux à la mi-juillet[5].

1. A. D., F 5661, Journal personnel de Ch. Brault; cité par Laffetay.
2. A. D., F 5661, d'après la lettre de Mathurin Brault au chanoine Renault, du 20 juin 1807.
3. A. D., F 5661.
4. A. D., F 5661, Mathurin Brault à Renault, 26 juin 1807.
5. A. D., F 5661, Brault à Renault, 22 juillet 1807.

Dix mois sont encore nécessaires avant l'ouverture effective de la maison. Jusqu'en mai 1808, l'évêque se heurte à deux obstacles qu'il réussit à surmonter grâce à son opiniâtreté : le manque de ressources financières et la nomination d'un personnel compétent. Le corps de bâtiment, cédé au diocèse, est dans un état lamentable [1]. Brault, puisant dans sa fortune personnelle, donne beaucoup d'argent ; son frère Mathurin fait preuve de la même générosité. La commission, créée en 1806, chargée d'administrer les oblations destinées au séminaire, est mise en place et, aussitôt, les dons affluent [2]. Des travaux importants sont entrepris afin de rendre l'ancienne maison de la Charité habitable. L'évêque désire nommer un supérieur de qualité. Il se tourne naturellement vers les eudistes qui tenaient les séminaires de Caen et de Lisieux avant la Révolution et dont plusieurs membres vivent encore dans le diocèse. Toutefois, ces prêtres sont dispersés et se sont reconvertis dans le ministère paroissial ; ils déclinent l'invitation de l'évêque [3]. Brault insiste et nomme Martin, ancien supérieur du grand séminaire de Lisieux, qui s'est exilé en Angleterre et vit à Caen depuis la conclusion du Concordat. Il accepte, mais il meurt peu après [4]. L'évêque songe alors au chanoine Durozier, ancien curé de Saint-André de Bayeux, prêtre réfractaire exilé ; celui-ci, en guise de réponse, propose un autre nom : Boscher, qui connaît bien les séminaristes, puisqu'il leur enseigne la théologie ; mais, ce dernier refuse, car il préfère le ministère paroissial [5]. Finalement, Durozier est nommé supérieur et, le 16 mai 1808, Brault peut enfin installer solennellement son séminaire dans le principal corps de bâtiment de Notre-Dame-de-Charité. L'évêque, les professeurs et les séminaristes, qu'accompagne le clergé de la ville de Bayeux, se rendent en procession du séminaire à la cathédrale, où Brault lit solennellement le mandement dans lequel il exprime sa joie [6]. Durozier est supérieur jusqu'en 1815 [7]. En application de l'article organique 23, le règlement du grand

---

1. A. D., F 5661, Notice de Laffetay sur la fondation du séminaire de Bayeux.
2. A. D., F 5663, Note de Laffetay sur Brault.
3. A. D., F 5661, Notice de Laffetay sur Brault.
4. A. D., F 5661, Note de Michel à propos de la notice de Laffetay.
5. A. D., F 5661, Notice de Laffetay.
6. *Ibid.*
7. Durozier est aussi supérieur du Bon-Sauveur de Caen ; ne résidant pas sur place, il délègue ses pouvoirs au chapelain, Pierre-François Jamet. Durozier donne sa démission de supérieur du Bon-Sauveur, en 1819 (fin février) et meurt le 8 juillet 1820, à l'âge de soixante ans : A. E., Chapitre de Bayeux, Nécrologie.

séminaire est envoyé, le 25 avril 1809, au ministre des Cultes et agréé le 28[1]. Solidement implantée, la nouvelle institution peut maintenant accueillir les candidats au sacerdoce dont dépend l'avenir du diocèse.

Les séminaristes sont peu nombreux jusqu'à la Restauration. De 1802 à 1808, Brault ordonne moins de dix prêtres chaque année, ce qui explique son désir d'obtenir le plus rapidement possible l'ouverture du séminaire diocésain : deux en 1804, quatre en 1805, cinq en 1806[2]. Quelques mois après l'inauguration du nouvel établissement, Brault ordonne, le 17 décembre 1808 : cinq prêtres, huit diacres et quatre sous-diacres[3]. Le gouvernement restreint le nombre des ordinations par un contrôle très strict; un décret du chef de l'État transmis par le préfet du Calvados est nécessaire pour autoriser les évêques à ordonner les aspirants à la prêtrise. En 1807, les séminaristes ne sont que quatorze[4]. L'année suivante, lors de l'ouverture du séminaire, les séminaristes de philosophie sont deux et les théologiens seize[5]. L'évêque est tenu de supprimer les «écoles préparatoires»; Brault n'obéit pas immédiatement à cet ordre du ministre des Cultes; en effet, faute de moyens financiers, il n'accepte dans le nouvel établissement, outre les théologiens, qu'un nombre restreint de philosophes. Le nombre des séminaristes augmente brusquement : en 1810, quarante-deux, dont douze boursiers, vingt-deux demi-boursiers et huit pensionnaires; en 1811 : cinquante-deux. Durant cette même période, on compte deux cent trente-cinq séminaristes formés dans les écoles préparatoires dont seulement quarante-quatre dans ce qu'il est convenu d'appeler un «petit séminaire», à Lisieux[6]. À partir de 1813, le nombre de séminaristes devient tellement important que les soixante cel-

---

1. A. D., F 5661, Portalis à Brault, 28 avril 1809.
2. A. D., V 5, Le ministre de l'Intérieur à Caffarelli, 27 messidor an XII (16 juillet 1804).
3. A. D., 78 F 134.
4. A. D., V 38, Caffarelli à Portalis, 14 avril 1808.
5. A. D., F 5661, Note de Michel sur une notice de Laffetay.
6. A. D., 78 F 134. De 1808 à 1810 : – école préparatoire de Bayeux, 39 poursuivent leurs études à l'école secondaire de Bayeux ou chez les curés de leurs paroisses; – école préparatoire d'Orbois, 9 au collège d'Orbois – 1 chez le curé de Cormolain; – école préparatoire de Caen, 76 au lycée de Caen et dans diverses écoles secondaires; – école préparatoire de Pont-l'Évêque, 18 chez les curés des paroisses; – école préparatoire de Lisieux, 44 à l'école préparatoire de Lisieux, 6 chez les curés ou dans les collèges d'Orbec, Moyaux... – école préparatoire de Falaise, 11 au collège de Falaise ou chez les curés; – école préparatoire de Vire, 37 au collège de Vire, 3 chez les curés; 1 au collège de Tinchebray.

lules sont insuffisantes ; toutefois, le nombre d'ordinations sacerdotales, bien qu'en constante augmentation, n'excède pas le chiffre de quinze par an. C'est encore bien peu [1]. Il est vrai que cette situation est générale, car durant cette période du Consulat et de l'Empire, les ordinations sacerdotales en France ne dépassent pas les six mille, ce qui correspond au nombre d'une seule année sous l'Ancien Régime [2]. Aussi les évêques poussent-ils un cri d'alarme : « Dans deux ans, la moitié du diocèse sera sans prêtre et sans culte », écrit en 1803 le cardinal de Boisgelin, archevêque de Tours [3] ; de son côté, l'archevêque de Rouen, Cambacérès, s'exclame : « Sous peu d'années, dans ce vaste diocèse de Rouen, il n'y aura plus de prêtres [4] ». Il faut ajouter que les professeurs sont rares, pris parmi les prêtres diocésains et donc souvent médiocres ; certes, les sulpiciens sont reconnus comme congrégation enseignante, au même titre que les frères des écoles chrétiennes, grâce à l'influence de Monsieur Émery [5] qui marque beaucoup la politique religieuse de la France jusqu'à sa mort en 1811, mais ils sont trop peu nombreux pour reprendre les séminaires [6].

Brault profite de la première Restauration pour réclamer, en juin 1814, la restitution de l'ancien grand séminaire construit par Mgr de Nesmond et transformé depuis lors en caserne ; la présence de la prison dans la maison Notre-Dame-de-Charité devient, en effet, insupportable [7]. Le préfet Séguier demande l'avis du sous-préfet de Bayeux et de la municipalité qui, considérant que la présence d'une caserne comporte des avantages financiers pour la ville, refusent ; Séguier transmet donc un avis défavorable à Brault, le 9 janvier 1815. Durant les Cent-Jours, la question reste en suspens. En septembre 1815, la situation des séminaristes devient intolérable ; ils sont, en effet, soixante-huit dans un bâtiment trop exigu [8]. Le conflit éclate en février 1816 quand,

---

1. A. D., F 5663, Notice de Laffetay.
2. *Dictionnaire d'histoire...*, p. 117. Ces six mille ordinations sacerdotales de la période du Consulat et de l'Empire correspondent à quatre cents par an, à cent par diocèse et à six ou sept par diocèse et par an.
3. LEFLON, p. 213.
4. LÈDRE, p. 315 : lettre pastorale du 11 août 1805. Il est vrai qu'il n'ordonne que 3 sous-diacres en 1803, 6 candidats aux diverses ordinations en 1806, et 15 prêtres, 13 diacres, 13 sous-diacres, en 1815 ; LÈDRE, p. 332-333.
5. Biographie de Jacques-André Émery : voir p. 170, n. 3.
6. *Dictionnaire d'histoire...*, p. 117.
7. BERTIER DE SAUVIGNY, p. 390.
8. A. E., Registre des ordinations, 1815-1816.

en dépit de finances peu brillantes, la municipalité décide de faire agrandir les bâtiments de l'ancien séminaire, afin d'accueillir six cents cavaliers, ce qui empêcherait toute restitution à l'Église. Mgr Brault s'insurge et avertit le préfet, Bertier de Sauvigny, qui, cette fois, le soutient. Il demande à l'administrateur général des Cultes la remise du bâtiment à l'évêque et obtient satisfaction. Les dragons doivent partir; leur mécontentement est grand, ainsi que celui de la population; le sous-préfet Genas-Duhomme, hostile au projet de l'évêque, s'efforce d'amplifier les récriminations des habitants de Bayeux. La municipalité se pourvoit devant le Conseil d'État, afin d'obtenir l'annulation de l'ordonnance royale de concession; elle fait valoir le double motif suivant : d'une part, le décret qui l'avait cédé à la ville pour en faire une caserne a force de loi et ne peut être révoqué par une simple ordonnance; d'autre part, une caserne est indispensable à la ville et ne peut être installée dans un autre local. Le ministre de la Guerre prend fait et cause pour la municipalité de Bayeux. De son côté, l'évêque désire obtenir l'appui sans réserve du ministre des Cultes. Il fait exprès le voyage de Paris, en octobre 1816. Le baron de Longuève, maître des requêtes au Conseil d'État, est nommé rapporteur dans cette affaire. Celle-ci traîne en longueur, car le ministre de la Guerre tarde à fournir les documents réclamés par Longuève. Brault doit revenir dans son diocèse afin de présider la clôture de la première mission importante que les missionnaires de France prêchent à Caen, sous la direction du père Rauzan, leur supérieur. En quittant Paris, il laisse sur place un prêtre de son entourage, Michel, avec le titre de prosecrétaire, jusqu'à la conclusion de cette affaire. Enfin, il présente son dossier à la section du contentieux qui conclut au maintien de l'ordonnance royale de 1815. Toutefois, il faut encore obtenir la décision d'une réunion plénière du Conseil d'État, qui se fait attendre jusqu'en juin 1817; dans son arrêt, celui-ci se prononce pour le maintien de l'ordonnance, moyennant une transaction comme contrepartie en faveur de la ville de Bayeux : l'État cède à la municipalité, en échange de l'ancien séminaire, le bâtiment de Notre-Dame-de-Charité où sont installés le séminaire et la prison, avec les jardins attenants [1]. Brault a gagné et, au début de l'année 1818, les séminaristes retrouvent définitivement la maison construite par Mgr de Nesmond.

Le séminaire a besoin de réparations urgentes. Le préfet Bertier de Sauvigny demande au conseil général une subven-

---

1. A. D., F 5663, Notice de Laffetay.

tion de 120 000 francs, qui est finalement réglée par l'État, en application de l'ordonnance royale du 5 juin 1816[1]. Pour faire face aux énormes dépenses qui doivent être engagées, l'évêque a déjà reçu des dons importants. Toutefois, les séminaires, dépourvus de la personnalité juridique, ne peuvent pas, en principe, acquérir ni posséder. Cela gêne l'évêque ; pourtant, lorsque le séminaire reçoit un don, il défend sa cause, même contre le préfet ; ainsi en est-il pour le legs de Mlle de Garcelles qui fait l'objet d'une contestation à la fin de l'année 1814. Brault s'insurge, en effet, contre la décision du ministre des Finances, obtenue par le préfet Méchin, d'aliéner les terres provenant de ce legs en faveur du séminaire diocésain. Le nouveau préfet, Séguier, ordonne au sous-préfet de Bayeux, le 8 décembre 1814, de surseoir à cette adjudication[2].

L'évêque décide, en 1816, de remplacer la commission chargée de gérer les oblations en faveur du séminaire, qu'il avait constituée dix ans auparavant, par une autre institution, plus adaptée à la gestion des sommes de plus en plus importantes qui sont collectées dans les paroisses. Alors que la commission de 1806 était composée en majorité de membres du clergé (quatre contre trois laïcs) et centralisée à Bayeux, la nouvelle association est administrée par les donateurs, c'est-à-dire les laïcs, et sa structure est décentralisée afin de correspondre aux réalités diverses du diocèse. Le 20 décembre 1816, une lettre circulaire de Mgr Brault annonce au clergé et aux fidèles la création d'une institution «dont le but est d'augmenter les fonds destinés aux aspirants à l'état ecclésiastique». L'évêque s'est inspiré du système qui est en vigueur dans d'autres diocèses, dont celui de Paris. Le centre de l'association est établi à Caen (art. 1); tous les souscripteurs sont membres de la société (art. 2) et l'évêque désigne parmi eux douze trésorières et une trésorière générale sur une liste présentée par les curés de la ville de Caen (art. 3 et 14). Il est établi une association de trésorières, dont une trésorière générale, au chef-lieu de chaque arrondissement ; elles sont désignées par les curés de chacune de ces villes et elles sont chargées de collecter les fonds destinés au séminaire. Dans les communes rurales et dans les autres villes, les curés de paroisses collectent les dons des fidèles et les envoient à la trésorière générale de chaque arrondissement (art. 17)[3]. À partir de 1816, la lettre pastorale, publiée à l'occasion du carême et

---

1. A. N., Recueil des lettres, circulaires... du ministère de l'Intérieur, 1816, f° 361.
2. A. D., V 3.
3. Recueil des mandements, bibliothèque du séminaire de Caen, f° 163.

lue au prône dans toutes les paroisses, comporte une instruction adressée aux curés, qui leur demande de soutenir l'association établie en faveur des séminaires et de destiner la quête du dimanche de Pâques à cette intention[1].

Jusqu'en 1823, le séminaire diocésain fait l'objet de la sollicitude toute particulière de l'évêque; celui-ci entreprend d'importants travaux de restauration à partir de 1817[2]. La loi du 2 janvier 1817 et l'ordonnance du 2 avril 1817 accordent la personnalité juridique aux séminaires; désormais, ils peuvent acquérir et posséder[3]. Les legs affluent, ce qui permet au séminaire de Bayeux de se consolider.

En 1815, Durozier encourage l'évêque à confier le séminaire à une congrégation de prêtres. Mgr Brault charge Gournay, envoyé à Saint-Sulpice pour poursuivre ses études de théologie, de remettre à Duclaux une demande de prise en charge du séminaire par les sulpiciens. Le supérieur général, objectant la pénurie de sujets, réclame un délai de réflexion. Tharin[4] est nommé supérieur, le 14 octobre 1815, avec une équipe composée de jeunes prêtres originaires du diocèse formés à Saint-Sulpice[5]. Il remet en vigueur la règle de Saint-Sulpice; il fait régner la discipline et la ferveur, si bien que le nombre des élèves, attirés par la qualité de l'enseignement, ne cesse d'augmenter, dépassant bientôt la centaine[6]. Désormais, seuls les théologiens sont admis au grand séminaire, les philosophes étant formés, soit dans les petits séminaires, dont l'existence légale est reconnue en 1819 (Lisieux, Villiers-le-Sec, Bayeux), soit dans les collèges et, de ce fait, placés sous la responsabilité d'un curé (Caen, Vire, Falaise).

Le 12 octobre 1818, Gournay est nommé supérieur jusqu'à sa mort en 1821, à l'âge de vingt-neuf ans. Le dernier supérieur sous l'épiscopat de Mgr Brault, toujours sulpicien, est

---

1. Dans le recueil des mandements de Mgr Brault, bibliothèque du séminaire de Caen, lettres circulaires pour les carêmes de : 1817, f° 165; 1818, f° 173; 1819, f° 186; 1820, f° 190; 1821, f° 207; 1822, f° 215; 1823, f° 224.
2. A. E., Dossier Mgr Brault, année 1817, Le préfet du Calvados à l'évêque de Bayeux, 29 juillet 1817.
3. SEVESTRE, L'Histoire..., p. 257.
4. En 1818, Tharin sera nommé supérieur du séminaire Saint-Sulpice d'Issy, à l'âge de vingt-six ans et, lors de la dispersion de la compagnie, il saura conserver les traditions afin de pouvoir les transmettre. Il sera ensuite vicaire général de Besançon, puis évêque de Strasbourg et, enfin, grâce à l'intervention de Mgr de Frayssinous, il deviendra précepteur du duc de Bordeaux. A. D., 78 F 100, Note de Michel sur Tharin.
5. A. D., 78 F 100; A. D., F 5663, Notice de Laffetay.
6. A. D., 78 F 100, Note de Michel sur Tharin.

Lamothe (1821-1824), professeur de théologie morale[1]. En 1818, alors que Gournay est supérieur, les grands séminaristes sont 137, tous théologiens, à Bayeux, plus deux formés à Saint-Sulpice, sur un total de 521 (dont 54 philosophes). En 1819, ils sont 148, plus un formé à Saint-Sulpice, sur un total de 553 (dont 36 philosophes). À partir de 1820, le nombre des jeunes gens recensés comme séminaristes continue à augmenter très fortement, soit, en six ans, de 1818 à 1823, une croissance de 40% (en 1820 : 639[2]; 1821 : 760; 1822 : 802; 1823 : 902). Ces statistiques englobent les élèves de la septième à la rhétorique comprise, qui étudient les «humanités», et dont le gonflement est considérable : en 1818 : 328 sur un total de 521; en 1823 : 727 sur un total de 902. L'entrée en philosophie est marquée par une déperdition notable, qui se répercute sur le nombre de théologiens, qui stagnent aux alentours de 120. Ainsi en 1820, on compte 34 philosophes et 147 théologiens; en 1821, 26 philosophes et 128 théologiens; en 1822, 60 philosophes et 119 théologiens; en 1823, 51 philosophes et 124 théologiens. Les élèves des petits séminaires persistent donc peu dans la voie du sacerdoce, eu égard à leur nombre. Dans une perspective à long terme, pour la période 1823-1860, on peut noter que : 1) le nombre total des séminaristes continuera à augmenter jusqu'en 1827 où il atteindra le chiffre record de 965. Puis il fléchira brusquement; en effet, en 1834, l'évêque fera état de 505 candidats au sacerdoce. Il se situera ensuite entre ce chiffre et celui de 763 atteint en 1847. Jusqu'en 1860, on comptera donc une moyenne de sept cents séminaristes par année, surtout durant une période très stable qui va de 1843 à 1854. L'épiscopat de Mgr Brault, qui correspond à la mise en place des séminaires, est marqué par une progression importante, suivie d'un tassement qui se confirmera au long des années, tout en demeurant toujours à un niveau très élevé; 2) à la fin de l'épiscopat, en 1823, le nombre de philosophes est encore très insuffisant; il augmentera pour se situer dans une moyenne de 63 environ durant la période considérée, ce qui est peu. Le nombre de théologiens se stabilisera aux alentours de 119, en moyenne, avec une chute notable en 1840-1842 (66 à 68) anticipée par l'effondrement du nombre des philosophes en 1836-1838 (52 à 25, en 1838), ce qui explique les années creuses 1843-1844 en ce qui concerne les ordinations sacerdotales.

1. A. D., 78 F 97.
2. À titre de comparaison, le diocèse de Rouen ne compte, en 1820, que 342 séminaristes dont 55 théologiens, 36 philosophes et 132 en humanités, c'est-à-dire un chiffre deux fois moindre : LÈDRE, p. 327.

Ainsi, pour le diocèse de Bayeux, les années 1827-1830 marquent la fin de la période d'expansion qui commence en 1815 et s'accélère à partir de 1820. L'épiscopat de Mgr Brault apparaît donc bien comme une période faste marquée par un essor impressionnant que l'avenir aurait dû confirmer. Toutefois, après les trois chiffres record : 1827 : 965 séminaristes; 1829 : 200 théologiens; 1830 : 60 ordinations sacerdotales, l'expansion s'arrête brusquement. Il reste que, malgré la baisse en 1840-1842, les années 1830-1860 sont une période calme marquée par un recrutement sacerdotal important, mais incapable de retrouver l'élan des années 1820, donc de connaître un nouvel essor [1].

Le soutien particulièrement actif et continu du séminaire diocésain de la part de Mgr Brault commence à porter ses fruits à partir de 1815. L'évêque bénéficie de la nouvelle législation mise en place sous la Restauration : une circulaire du 18 septembre 1814, corrigeant l'article organique 26, établit la liberté des ordinations [2]. La ténacité de l'évêque, jointe à ces nouvelles dispositions légales, contribuent à consolider le recrutement des séminaristes. La courbe des ordinations sacerdotales, qui ne progressait que lentement depuis 1808, malgré l'ouverture du séminaire, amorce une période de forte croissance : – 15 prêtres en 1815; – 21 prêtres en 1816 (plus 21 diacres et 20 sous-diacres) [3]; 23 prêtres en 1817 (plus 24 diacres et 23 sous-diacres).

En 1818, Mgr Brault n'ordonne que 19 prêtres, mais aussi 37 diacres et 52 sous-diacres. En 1819, le nombre de prêtres ordonnés augmente brusquement, passant en l'espace de deux années du simple au double (44 contre 19 en 1817); Mgr Brault ordonne aussi 47 diacres et 40 sous-diacres. La courbe des ordinations se stabilise ensuite : on compte, en effet, près de quarante nouveaux prêtres en moyenne chaque année de 1820 à 1823 [4]. Même si ces chiffres paraissent

---

1. A. D., 78 F 137; voir l'annexe 11, p. 449 : les statistiques concernant le nombre des séminaristes, ainsi que les ordinations au sous-diaconat, au diaconat et à la prêtrise.
2. SEVESTRE, *L'Histoire...*, p. 73, n. 1.
3. Ce chiffre est bien supérieur à celui du diocèse de Rouen, du moins en ce qui concerne les ordinations sacerdotales (diocèse de Rouen en 1816 : 12 prêtres, 21 diacres, 19 sous-diacres) : LÈDRE, p. 333.
4. A. E., Dossier Mgr Brault, année 1808. Voir à l'annexe 11, p. 449 : le tableau des ordinations. Il faut noter : en 1820, 40 prêtres, 38 diacres, 38 sous-diacres; en 1821, 27 prêtres, 7 diacres, 24 sous-diacres; du 1er décembre 1822 au 1er décembre 1823, 40 prêtres, 30 diacres, 25 sous-diacres (A. D., 78 F 145).

encore modestes par rapport à l'effort intense déployé par l'évêque de Bayeux pour obtenir l'ouverture d'un grand séminaire, le diocèse se situe néanmoins dès cette époque au-dessus de la moyenne nationale, tout en suivant fidèlement ses tendances. Jusqu'à la reprise en main du grand séminaire par les sulpiciens, les chiffres suivent tout d'abord ceux de l'ensemble de la France. Sur le plan national, en effet, on constate que, de 1802 à 1808, les évêques ordonnent moins de dix prêtres par an et par diocèse, puis, à partir de 1808, qui correspond à l'ouverture des grands séminaires, on compte en moyenne quinze ordinations sacerdotales par an et par diocèse. Le diocèse de Bayeux ne s'écarte pas de la moyenne nationale jusqu'en 1814. Après les débuts difficiles du Consulat et de l'Empire, l'équilibre se rétablit sous la Restauration[1] : la France compte 6 677 grands séminaristes en 1818 et 7 030 en 1822. Bayeux participe au redressement national[2]. Le diocèse connaît toutefois la même stagnation que le reste de la France entre 1815 et 1818 à cause de la mauvaise conjoncture économique et des incertitudes religieuses, mais la moyenne nationale est inférieure : quinze par an, contre vingt-et-un pour Bayeux. La progression plus rapide, suivie d'une stabilisation, se vérifie de la même manière à partir de 1819, mais alors que la moyenne nationale tend vers les vingt ordinations par an, en 1822, le diocèse de Bayeux atteint le double de ce chiffre, profitant d'une brusque flambée, en 1819, que l'on note dans certains diocèses de l'Ouest, comme celui de Vannes[3]. Cette année-là, le grand séminaire de Bayeux profite du double facteur de la reprise : l'installation dans la nouvelle maison et la qualité de la formation dispensée par les sulpiciens, dont la congrégation est rétablie en 1815-1816 en même temps que les Missions étrangères, les Pères de Picpus et les Lazaristes[4]. Ainsi, à partir de 1815, le diocèse de Bayeux se situe, comme les autres diocèses de l'ouest de la Normandie, très au-dessus de la moyenne nationale, ce qui fait dire à Leflon : « Bayeux est favorisé[5]. » Il suit toutefois assez fidèlement la tendance générale qui prévaut partout ailleurs en France, sans connaître cependant de brusques flambées qui auraient été

---

1. LEFLON, p. 214.
2. PONTEIL, *Les Institutions de la France de 1814 à 1870*, p. 106.
3. C. LANGLOIS, *Le Diocèse de Vannes (1800-1830)*, p. 299. À cette même page, l'auteur présente le tableau des ordinations sacerdotales en France de 1800 à 1835.
4. PONTEIL, p. 107.
5. LEFLON, p. 215.

justifiées, à partir de 1819, par la présence des petits séminaires; mais nous verrons que ces établissements sont encore mal établis et trop récents pour contribuer au développement du grand séminaire. Il faut noter que, par rapport à un diocèse de l'ouest de la France aussi important que celui de Nantes, Bayeux fait figure de modèle. À Nantes, en effet, de 1810 à 1822, l'évêque n'a ordonné que seize prêtres en moyenne par an, malgré la présence d'un grand séminaire depuis novembre 1807[1].

Dans une perspective plus large, c'est-à-dire pour la période qui s'étend de 1801 à 1860, on note : 1) une période d'expansion continue et inégalée : 2 prêtres en 1804, 40 en 1823. La courbe variera ensuite deux fois : vers le haut, atteignant son point culminant en 1830-1831 (60 prêtres, 57 diacres, 56 sous-diacres ordonnés en 1830); vers le bas, lors de l'effondrement sans lendemain des années 1842-1843 (1841, 11 sous-diacres; 1842, 14 diacres; 1843, 7 prêtres); 2) dans l'ensemble, toutefois, surtout de 1844 à 1860, la courbe des ordinations demeurera stable, ne manifestant aucun mouvement de croissance ou de régression notable à long terme[2]. Les successeurs du premier évêque concordataire récolteront donc les fruits abondants de son immense effort en faveur du redressement du clergé diocésain.

Les petits séminaires.

Fonder un grand séminaire ne suffit pas; Mgr Brault sait que les petits séminaires, seuls, permettent d'assurer un recrutement sacerdotal abondant; malheureusement, l'Université contrôle étroitement l'enseignement et elle interdit aux évêques de fonder des petits séminaires indépendants. L'évêque essaie de contourner cette difficulté en ouvrant des «écoles secondaires ecclésiastiques», organisées selon le modèle suivant : les petits séminaristes sont envoyés dans les collèges pour suivre les cours d'humanités et ils logent au petit séminaire où un prêtre leur enseigne les premiers rudiments de la philosophie[3]. Le bilan de l'épiscopat dans ce domaine est assez médiocre, si bien que Mgr Duperrier-Dumourier avouera au maire de Caen, dès son arrivée dans le diocèse, le 24 juillet 1823 : «Les séminaires de Bayeux et de Lisieux sont

---

1. M. FAUGERAS, *Le Diocèse de Nantes sous la monarchie censitaire*, t. II, p. 2.
2. A. D., 78 F 137.
3. A. D., 78 F 153, Notes de l'abbé de Barry, ancien supérieur du séminaire de Sommervieu, 1907.

bien établi et le petit séminaire de Villiers-le-Sec à peu près bien [1]. »

À Caen, l'évêque subit un échec ; certes, le 1er septembre 1817, le conseil municipal donne son accord pour l'établissement d'un petit séminaire dans les bâtiments du collège royal, mais, après avoir présenté des plans et des devis, l'évêque doit renoncer à son projet, car la municipalité de Caen retire son habilitation en affirmant que le collège qui occupe les vastes bâtiments de l'ancienne abbaye aux Hommes, ne peut pas côtoyer un autre établissement sans subir de graves inconvénients [2]. En 1820, le collège royal compte 365 élèves : 139 pensionnaires, 7 demi-pensionnaires, 153 externes et 66 « à titre gratuit », c'est-à-dire les petits séminaristes. Ils sont reçus sur simple présentation d'un certificat de l'évêque. Toutefois, leur présence comporte de nombreux inconvénients. Ils sont souvent âgés ; ainsi, certains commencent le latin en entrant en sixième, à quinze ou seize ans... En 1823, on en compte en cinquième qui ont vingt ans. Après de multiples réclamations, on finit par les classer à part, comme « vétérans ». De plus, l'esprit des petits séminaristes ne convient pas aux autres élèves, issus de la bourgeoisie libérale, qui supportent mal ces ultraroyalistes... L'absence d'un petit séminaire dans la principale ville du diocèse constitue un handicap important pour le recrutement de nombreuses vocations sacerdotales [3].

À Vire, le curé Allais supervise la formation des petits séminaristes ; ceux-ci suivent les cours de l'école secondaire que dirige Moutier et ils se rendent aux exercices de piété prêchés par Allais dans son église [4]. Cette situation perdure jusqu'en 1820 ; le 25 janvier de cette année, l'évêque fait part au curé de son intention de fonder un petit séminaire à Vire [5]. Encore faut-il trouver un local approprié. Brault songe à l'ancien hôpital général. Le conseil municipal délibère sur ce sujet à la fin de cette même année et, le 9 décembre 1820, le maire annonce à l'évêque que le bâtiment convoité par Mgr Brault abritera sans doute prochainement les services de la sous-préfecture ; en effet, l'État a réclamé l'hôpital général en même temps que l'évêque. Toutefois, la municipalité, prudente, ne s'est pas prononcée définitivement, préférant attendre encore

---

1. A. D., 78 F 191.
2. A. D., 78 F 191 : Le maire de Caen à l'évêque de Bayeux, 1er septembre 1817 ; L'évêque de Bayeux au maire de Caen, 24 juillet 1823.
3. C. POUTHAS, *Le Collège royal de Caen sous la Restauration*, p. 18-20.
4. A. D., 78 F 196, Allais à Brault, 16 octobre 1808.
5. A. D., 78 F 195.

une année avant d'émettre un avis : « Il se peut que cela échoue, car cela dépend de circonstances qui m'échappent », avoue le maire, embarrassé. Brault quittera le diocèse avant d'avoir pu fonder le petit séminaire de Vire [1].
En 1817, l'évêque fonde le petit séminaire de Bayeux sur les conseils du supérieur du grand séminaire, Lamothe. Il nomme l'abbé Rivière supérieur et, aussitôt, les candidats affluent : ils sont cent un en 1819, dont huit philosophes [2]. Après l'installation des grands séminaristes dans les bâtiments construits par Mgr de Nesmond, en 1819, la ville de Bayeux qui a, par décision du Conseil d'État, récupéré le monastère Notre-Dame-de-Charité, accepte de louer ces locaux au supérieur pour 900 francs, à charge pour lui d'entretenir et de réparer cette maison. En ce qui concerne la formation intellectuelle de ces jeunes candidats au sacerdoce, l'évêque prend exemple sur Cambacérès qui, pour parer aux restrictions légales concernant la création de nouveaux petits séminaires, envoie ses 158 petits séminaristes au « collège mixte » de la ville, de la quatrième à la classe de philosophie [3]. Mgr Brault prend la même décision pour son établissement de Bayeux, mais cette institution originale est un échec, car il est difficile de faire cohabiter deux catégories d'élèves dans un collège qui demeure soumis aux lois de l'Université. Les administrateurs du collège admettent mal ces petits séminaristes qui ne paient aucune pension, contrairement aux autres élèves. Ils assistent avec stupeur à l'accroissement du nombre des petits séminaristes, attirés par la gratuité des cours. La plupart d'entre eux (ils sont environ une centaine) n'ont pas la vocation et supportent donc mal le règlement du petit séminaire, dont ils pervertissent l'esprit : leur attitude provoque les réactions indignées du clergé local ; par conséquent, tout le monde est d'accord pour demander à l'évêque de fonder un petit séminaire totalement distinct du collège. Hélas, Mgr Brault ne peut pas réaliser ce projet, faute de personnel [4]. Les petits séminaristes formés au collège de Bayeux ne cesseront d'augmenter jusqu'à la fin de l'épiscopat : en 1820, 89 dont 5 philosophes ; en 1821, 151 dont 10 philosophes ; en 1822, 159 dont 19 philosophes ; en 1823, 207 dont 49 philosophes [5].

---

1. A. D., 78 F 196.
2. A. D., 78 F 137.
3. J. BRUGERETTE, *Le Prêtre français et la société contemporaine*, p. 18, n. 3.
4. A. D., 78 F 154 ; A. D., F 5663, Note de Laffetay et Note de Michel. Le petit séminaire de Bayeux disparaîtra lors de la révolution de 1830, quand la municipalité prendra la décision de récupérer les bâtiments de Notre-Dame-de-Charité pour y installer une garnison.
5. A. D., 78 F 137.

À Villiers-le-Sec, une « école préparatoire », en réalité une école libre, rassemble autour de l'abbé Troppé 58 élèves, en 1818 ; ils sont 66 en 1819, et 91 en 1820, dont 5 philosophes, le reste étant des élèves de la sixième à la rhétorique [1]. Un petit séminaire totalement autonome est créé à cet endroit en 1821, deux années avant le départ de Mgr Brault. L'évêque bénéficie alors de l'application de l'ordonnance du 5 octobre 1819 qui détache les petits séminaires de l'Université et leur rend donc leur indépendance. Dirigé par Troppé, le nouvel établissement ne peut accueillir que dix-huit élèves dans des locaux exigus. Troppé s'en plaint car quarante-quatre candidats se sont présentés : « Je vous le dis non par vanité, mais seulement avec vérité », déclare-t-il à l'évêque [2]. Mgr Brault intervient. Le petit séminaire ouvre ses portes finalement pour 107 élèves de la septième à la rhétorique (8 en rhétorique). En 1822, ils sont 115 dont 9 philosophes, et 153, en 1823 [3].

Le petit séminaire de Lisieux demeure le mieux établi à la fin de l'épiscopat de Mgr Brault. Dès son arrivée dans le diocèse, le premier évêque concordataire confie au ministre des Cultes qu'il désire fonder un grand séminaire à Bayeux et un petit séminaire à Lisieux ; l'ancienne ville épiscopale serait, en effet, à la fois digne et fière d'accueillir un tel établissement, à défaut d'un grand séminaire [4]. Nous avons vu que les évêques de Normandie, désirant appliquer la loi du 23 ventôse an XII (14 mars 1804), ont envisagé d'ouvrir le séminaire métropolitain à Lisieux en raison de sa situation géographique plutôt centrale mais ce fut un échec. Brault ne renonce pas pour autant à son projet et, en cette même année 1804, il décide de fonder « une école ecclésiastique secondaire », c'est-à-dire un collège libre, placé à partir de 1806 sous l'autorité de l'Université impériale, que dirige l'abbé Foubert-Despallières, un homme ambitieux et opiniâtre. Celui-ci est décidé à transformer peu à peu son collège ecclésiastique, qui a en réalité les dimensions d'une classe de trente-cinq élèves, en un véritable petit séminaire [5]. Son tempérament fougueux et autoritaire provoque des heurts avec les autorités administratives et même le clergé local. Tenace, il réussira pourtant à franchir tous ces obstacles et à imposer la fondation du petit séminaire. En 1808, Foubert-Despallières est nommé principal du collège de Lisieux ; les dix-huit petits séminaristes de « l'école secondaire ecclésiastique » sont donc intégrés aux

1. A. D., 78 F 137.
2. A. D., 78 F 192, Troppé à Brault, 15 juin 1821.
3. A. D., 78 F 137.
4. A. D., F 5663, Note de Laffetay.
5. A. D., F 5663, Notice de Laffetay.

soixante-sept élèves du collège. Dans l'esprit du nouveau principal, toutefois, le collège tout entier doit devenir petit séminaire [1]. Entre 1808 et 1810, le nombre des petits séminaristes augmente, puisque quarante-quatre candidats au sacerdoce poursuivent leurs études dans cette maison durant cette période [2]. Dès 1808, l'Université impériale s'émeut, car elle considère que Foubert-Despallières ne suit pas les normes qui régissent les collèges. Elle lui adresse donc une remontrance par l'intermédiaire du maire de Lisieux. Le directeur veut s'assurer de l'appui inconditionnel de l'évêque avant d'engager la bataille contre les autorités administratives; c'est pourquoi il écrit à Mathurin Brault, le 27 mars 1808, et s'exclame : « M. l'évêque tient-il toujours dans sa résolution de créer un petit séminaire à Lisieux? Veut-il me permettre de faire des démarches en conséquence? Voudra-t-il enfin me seconder? C'est à quoi je vous conjure de répondre [3]. »

Le directeur reçoit l'appui de Blondel, le curé de la cathédrale qui craint, dans une lettre du 4 mai 1808 adressée à l'évêque, que cet « établissement précieux que rien ne peut suppléer n'éprouvât une chute funeste et irréparable », ajoutant : « Je vous demande pardon pour cette remarque dont vous n'avez pas besoin sans doute pour éclairer votre conscience » [4]. Foubert-Despallières explique sa position à Charles Brault en ces termes : si son institution n'est pas reconnue comme séminaire, du moins pourrait-on le considérer comme une école préparatoire au séminaire. L'évêque devrait aussi demander à Fontanes [5], le grand maître, et à Émery [6], le supérieur des Sulpiciens, d'obtenir du gouvernement la reconnaissance de ce nouveau genre d'établissements qui sont certainement très rares. Bien sûr, ajoute Foubert-Despallières, il existe bon nombre d'écoles ecclésiastiques,

1. A. D., T 1555.
2. A. D., 78 F 137.
3. A. D., 78 F 188.
4. *Ibid.*
5. Louis de Fontanes (1757-1821). Né à Niort, il débuta dans la carrière littéraire en faisant publier ses poèmes dans le *Mercure de France*. La Révolution le séduisit sans excès et la Terreur le contraignit à une clandestinité à laquelle mirent fin les événements de Thermidor. Membre de l'Institut et professeur à l'École centrale, Fontanes fut de nouveau inquiété au lendemain du 18 Fructidor et dut se réfugier en Angleterre, où il fit la connaissance de Chateaubriand. Il se rallia à Bonaparte, fut élu au Corps législatif, qu'il présida en 1805, à l'Institut (1803) et reçut le titre de grand maître de l'Université, en 1808. Il fut sénateur deux ans plus tard et comte d'Empire. Il se rallia à Louis XVIII, qui lui donna le titre de marquis. Il mourut à Paris.
6. Biographie de Jacques-André Émery : voir p. 170, n.3.

mais on y admet toutes sortes de jeunes gens ; si cela se révélait impossible, il faudrait savoir pourquoi l'Église doit renoncer à ce projet. Foubert-Despallières conclut : «Je vous conjure, Monseigneur, de faire tout pour qu'on nous considère comme une école préparatoire à votre séminaire et donc soumis à votre juridiction. Dans cette école, on y enseigne le latin, le grec, l'histoire sainte et à peu près les mêmes exercices de piété qu'au séminaire et on y porte le même costume ; on n'y reçoit que des jeunes qui veulent devenir prêtres [1].»

Foubert-Despallières, en voulant soustraire son collège à la juridiction de l'Université impériale, s'est placé dans une situation illégale, ce qui provoque la réaction indignée du sous-préfet de Lisieux, Le Cordier-Valencourt. Celui-ci avertit le préfet du Calvados, Caffarelli, que le directeur enseigne le latin à de nombreux jeunes ; or Foubert-Despallières prenant prétexte qu'il donne des leçons gratuitement, refuse de payer la rétribution due par les élèves des collèges à l'État. Le préfet lui répond que ce prêtre doit être considéré comme un directeur de collège et qu'à ce titre il doit réclamer une rétribution à chaque élève pour la remettre au receveur de l'arrondissement. Il avertit le grand maître, qui approuve sa décision [2]. De son côté, l'évêque prend parti pour Foubert-Despallières et le prouve : en effet, le 4 août 1809, il signe l'acte d'érection du petit séminaire de Lisieux en le nommant supérieur [3]. L'institution du «collège mixte» apparaît donc dès cette époque, mais son statut, sous l'Empire, demeure assez flou ; l'Université, en effet, est toute-puissante et il est difficile d'échapper à sa juridiction. Foubert-Despallières est désormais à la fois directeur du collège et supérieur du séminaire. Les candidats au sacerdoce suivent les cours du collège et doivent loger dans une autre maison, où, recevant un supplément d'instruction religieuse, ils vivent selon la règle des séminaires. Brault s'efforce donc de donner satisfaction à l'Université en écartant partiellement les petits séminaristes du collège, sans pour autant fonder un établissement totalement indépendant. Il reste que le maintien de Foubert-Despallières à la tête des deux institutions va provoquer bien des litiges entre l'Église et l'État.

L'évêque demande au supérieur de chercher une maison pour les élèves ecclésiastiques de son collège ; il lui propose de réclamer l'ancien petit séminaire. Foubert-Despallières répond, que, propriété de l'Université impériale, cet établis-

---

1. A. D., 78 F 188, Foubert-Despallières à Brault, 20 octobre 1808.
2 A. D., Z 1953, Le préfet du Calvados au sous-préfet de Lisieux, 28 mars 1809.
3. A. D., 78 F 188.

sement a été transformé en dépôt ; il faut craindre, ajoute-t-il, que cette autorité louera ou vendra cette maison plutôt que de la restituer à l'Église, à moins qu'elle n'y installe l'école secondaire, selon les désirs de son directeur. Foubert-Despallières propose donc à l'évêque de réclamer la maison du Bon Pasteur qui, d'après le sous-préfet, n'est affectée à aucun service, sinon à une prison qui sera transférée dans les bâtiments de l'ancien évêché dans quelques mois ; or le Bon Pasteur n'est réclamé par personne [1]. Malheureusement, le préfet du Calvados refuse de restituer le Bon-Pasteur ; Brault ne fait pas preuve d'une grande audace dans cette affaire, ce qui lui vaut quelques reproches de la part de Foubert-Despallières. Le supérieur multiplie les démarches ; il se rend chez le sous-préfet qui lui présente, comme Caffarelli, les inconvénients de la maison : son état lamentable et sa situation dans un quartier peu agréable. Foubert-Despallières ne cède pas et le 30 novembre 1809 avoue à l'évêque qu'il s'estimerait heureux de l'avoir : « Elle est grande, a une belle cour et une chapelle fort décente [2] ». Une nouvelle fois, la ténacité du supérieur convainc Brault ; il soutient donc la pétition que Foubert-Despallières adresse au préfet, le 18 février 1810 [3]. Le préfet se contente de transmettre la pétition au ministre de l'Intérieur. Le 11 juin 1810, Foubert-Despallières confie à Mathurin Brault : « Je suis plus que jamais décidé à poursuivre mon affaire. Je me suis adressé à une dame de Paris qui, par ses intrigues, la fera avancer. S'il le faut, j'irai moi-même à Paris. Je suis décidé à ne pas laisser aller ma proie [4]. »

Pour tenter de décourager le supérieur, on lui dit que la maison du Bon-Pasteur va être détruite. Celui-ci fait front en adressant, avec l'appui de l'évêque, une nouvelle supplique au ministre, le 20 août 1810, dans laquelle il affirme qu'il dispose de l'argent nécessaire pour réparer le bâtiment. Il insiste pour que l'évêque demande cette maison au ministre très rapidement, en ajoutant : « Je voudrais savoir jusqu'à quel point on nous attaquera [5] ». « On », ce sont les autorités académiques ainsi qu'une partie du corps enseignant du collège de Lisieux qui supportent mal la double autorité de Foubert-Despallières sur le collège et le séminaire, ainsi que ses méthodes pédagogiques. Les élèves du collège sont en effet soumis au règlement strict du petit séminaire composé par Foubert-Despallières ; chez lui, la fonction de supérieur prévaut donc sur celle

---

1. A. D., 78 F 188, Foubert-Despallières à Brault, 11 septembre 1809.
2. *Ibid.*
3. *Ibid.*
4. *Ibid.*
5. *Ibid.*

de directeur. La maison du Bon-Pasteur est enfin restituée à l'Église, en septembre 1811. Dix pensionnaires s'y installent et, pour la rendre habitable, Foubert-Despallières entreprend des travaux importants malgré la cherté du blé et la pauvreté des jeunes clercs [1].

De plus en plus, Foubert-Despallières assimile ses fonctions de directeur de collège à celles de supérieur; cette confusion provoque de nouveaux heurts avec l'Université et un corps enseignant qui lui est en grande partie hostile. Des reproches véhéments lui sont adressés dans deux domaines : d'une part ses prises de position politique hostiles au gouvernement à l'occasion de la conscription et d'autre part le non-respect des normes fixées par l'Université impériale concernant les collèges.

Brault laisse Foubert-Despallières terminer l'année scolaire de 1814 et, au mois d'octobre de cette même année, il le remplace à la tête du petit séminaire par Hurel, avant de nommer, en février 1815, Deniaux, jusque-là professeur de philosophie au collège [2]. L'ordonnance du 5 octobre 1814 donne la faculté aux évêques de créer des écoles secondaires libres; l'Université voit son monopole brisé et, profitant de ce changement de climat, l'évêque parvient sans peine à imposer au nouveau recteur le maintien de Foubert-Despallières à la tête du collège; celui-ci conserve donc la haute main sur l'enseignement à Lisieux. Le petit séminaire, sans atteindre l'importance de celui de Villiers-le-Sec, ne cesse pas de croître : en 1818, 62 séminaristes dont 15 philosophes; 1819, 72 dont 3 philosophes; 1820, 82 dont 7 philosophes; 1821, 140 dont 7 philosophes; 1822, 127 dont 10 philosophes; 1823, 106 [3].

L'histoire des petits séminaires du diocèse de Bayeux est mouvementée et, au total, l'énergie apportée par l'évêque pour la fondation de ces établissements est couronnée de peu de succès; les statuts demeurent divers, incertains; beaucoup n'ont pu s'établir faute de moyens financiers et en l'absence d'un personnel qualifié. Le plus stable, celui de Villiers-le-Sec, est trop récent; c'est pourquoi on ne peut mesurer son impact sur le recrutement sacerdotal. Seul finalement, le petit séminaire de Lisieux paraît solidement établi, grâce à la ténacité de Foubert-Despallières et malgré ses nombreuses erreurs. Pourtant, Mgr Brault a réussi à fonder quelques établissements qui, profitant des faveurs obtenues par l'Église sous la Restauration et du renouveau de la vie chrétienne, donneront des fruits abondants, mais après 1823... Il reste

---

1. A. D., 78 F 188, Foubert-Despallières à Brault, 11 janvier 1812.
2. A. D., 78 F 188, Brault à Deniaux, 10 février 1815.
3. A. D., 78 F 137.

que, par rapport à d'autres diocèses, surtout de l'ouest de la France, l'épiscopat de Mgr Brault est, dans ce domaine, à court terme, un demi-échec.

Des congrégations sous tutelle.

Au lendemain du Concordat, les congrégations religieuses, jadis florissantes dans le Calvados, sont pratiquement réduites à néant.

L'institution monastique a particulièrement souffert de la Révolution, d'autant plus que le XVIIIe siècle n'avait guère été favorable aux abbayes, dont le recrutement avait baissé. Le 3 novembre 1789, les biens du clergé sont mis à la disposition de la Nation et le décret des 13-19 février 1790 supprime les congrégations dans lesquelles des vœux solennels sont prononcés; le législateur estime, en effet, qu'ils sont contraires à l'inaliénabilité de la liberté humaine, proclamée dans la Déclaration des droits de l'homme du 26 août 1789. Les bâtiments abbatiaux sont mis en vente et les religieux se dispersent. Ainsi disparaissent les grandes abbayes de Normandie, dont la plupart ne seront jamais rétablies.

Les abbayes d'hommes sont les plus touchées; ainsi disparaissent : de l'ordre des Bénédictins, la prestigieuse abbaye aux Hommes de Caen et l'abbaye de Saint-Pierre-sur-Dives; de l'ordre des Cisterciens, Notre-Dame d'Aunay, et, de l'ordre des Prémontrés, Mondaye et Notre-Dame d'Ardennes. La plupart des abbayes, après leur mise en vente, tombent en ruines et celles qui demeurent encore en bon état deviennent, en 1802, églises paroissiales, telle l'abbaye aux Hommes, à Caen, devenue Saint-Étienne, Saint-Sever et Saint-Pierre-sur-Dives [1].

Les abbayes de femmes résistent mieux et plus longtemps; en effet, les moniales désirent demeurer fidèles à leurs vœux et refusent de se disperser. Jusqu'en 1792, elles profitent de l'exécution assez souple du décret de dissolution. Toutefois la situation s'aggrave sous la Législative et la loi du 18 août 1792 retire toute existence légale au clergé régulier. Les moniales doivent se disperser. Ainsi disparaissent l'abbaye aux Dames à Caen, celle de Saint-Désir, à Lisieux, ainsi que les couvents tenus par les bénédictines du Saint-Sacrement à Caen, Vire et Bayeux [2].

---

1. N. J. CHALINE, *Histoire religieuse de la Normandie*, p. 297-298.
2. CHALINE, p. 298.

La Révolution a ruiné les hôpitaux; l'Assemblée constituante, malgré sa promesse, avait négligé de régler le sort des pauvres en omettant de voter une loi. Les hospices, à cause de la cherté des vivres, de la suppression des dîmes et des droits sur les boissons, qui formaient l'essentiel de leurs revenus, furent incapables de faire face à leurs obligations, ce qui provoqua sinon la fermeture de quelques établissements, du moins une dégradation notable des conditions d'existence dans l'ensemble du secteur hospitalier. Ainsi, dans toutes les villes du Calvados, les religieuses durent se disperser : les servantes de Jésus, qui tenaient l'hôtel-Dieu, à Caen, les filles de la Charité de Saint-Vincent de Paul, à Bayeux et Pont-l'Évêque et les augustines hospitalières, à Vire.

Les congrégations enseignantes ont disparu à la suite du décret des 13-19 février 1790 concernant la dissolution des ordres religieux dont les membres prononçaient des vœux perpétuels. Les ursulines durent fermer les écoles qu'elles tenaient dans les principales villes du Calvados. Les frères des écoles chrétiennes, autre congrégation enseignante qui tenait les « petites écoles » pour garçons, connurent le même sort [1].

La reconstitution des congrégations féminines.

Sous le Consulat et l'Empire, les congrégations religieuses ne concourent pas autant que les évêques le voudraient au renouveau de la vie chrétienne, notamment dans le domaine des vocations. Elles sont, en effet, rétablies avec parcimonie à cause de l'attitude hostile du gouvernement. Napoléon considère qu'elles constituent un danger potentiel pour l'autorité de l'État et il tient pour valide la législation révolutionnaire. L'Empereur exprime bien son aversion envers les congrégations dans cette lettre qu'il adresse, en 1806, à sa sœur Élisa, promue depuis peu grande-duchesse de Toscane : « Allez votre train; supprimez les couvents... Ne perdez pas un moment, pas une heure pour réunir tous les biens des couvents au domaine. Ne vous mêlez dans aucun dogme; emparez-vous des biens des moines; c'est là le principal et laissez courir le reste [2]. »

Le Concordat ne traite pas des congrégations, car le gouvernement ne désire que des prêtres séculiers sur lesquels il puisse exercer un contrôle par l'intermédiaire des évêques. Le

---

1. J. LAFFETAY, *Histoire du diocèse de Bayeux*, p. 390-400; SEVESTRE, *La Vie...*, p. 9-41-73-74-126-241-249-250-287-296-299-320.
2. « Correspondance de Napoléon », Bibliothèque nationale, t. XII, pièce 10 265, 24 mai 1806, f° 483.

décret du 3 messidor an XII (22 juin 1804) maintient la suppression des congrégations. Pourtant des exceptions vont être tolérées pour quelques ordres, surtout féminins, qui exercent des activités caritatives[1]. En effet, le décret laisse entrevoir le bénéfice de l'autorisation pour certaines associations, soit existantes, soit à créer, moyennant le visa impérial de leurs statuts et règlements. Le gouvernement ne songe alors qu'aux congrégations hospitalières qui peuvent rendre de grands services et dont les membres, très nombreux, se sont déjà regroupés dans les hôpitaux. Certains, d'ailleurs, ne les ont jamais quittés et ont continué à soigner les malades en renonçant à leur état religieux. L'Empereur décide alors de nommer Madame Mère «protectrice générale des établissements de bienfaisance et de charité de l'Empire». Les demandes de reconnaissance doivent lui être adressées ; ses multiples interventions permettent aux congrégations hospitalières de se reconstituer rapidement. Les autorisations sont accordées par décret après une enquête minutieuse menée par le préfet. Ces dispositions se heurtent à l'opposition du ministre de la Police, Fouché. Dans une lettre circulaire du 19 vendémiaire an XIII (11 octobre 1804) adressée aux préfets de l'Empire, il déplore que le décret de messidor an XII sur les congrégations soit mal appliqué. Il rappelle donc que les préfets doivent rigoureusement interdire la formation de couvents d'hommes et de femmes, que les anciennes religieuses peuvent se réunir, vivre en commun et se vêtir de l'habit dans leurs maisons religieuses, mais qu'elles ne peuvent pas accepter de novices ni sortir dans leur tenue de religieux. Toutefois, une exception est accordée aux filles de la Charité (sœurs de Saint-Vincent-de-Paul) et en général à toutes les congrégations qui s'occupent des hôpitaux. «Ces associations sont trop utiles pour qu'on ne permette pas leur agrandissement et la possibilité de former des élèves», déclare Fouché. Le préfet doit seulement s'assurer qu'elles sont en communion avec l'évêque, sinon il devra les dissoudre sur-le-champ[2].

Dans le Calvados, l'épiscopat de Mgr Brault est marqué par la reconstitution progressive des congrégations religieuses féminines hospitalières et enseignantes. Dès 1803, l'évêque charge un prêtre, dans chaque arrondissement, de la responsabilité des nombreuses religieuses qui vivent en communauté ou demeurent dans leur famille ou dans une maison particulière. Ces six «vicaires généraux» sont chargés d'établir tous les deux mois un rapport concernant ces religieuses et de pré-

---

1. *Dictionnaire d'histoire...*, p. 117-118.
2. A. D., V 157.

ciser leurs activités : enseignement ou soulagement des pauvres. Celles qui désirent se réunir en congrégation doivent s'adresser à ce responsable pour obtenir des permissions et dispenses [1]. Les sœurs de Saint-Vincent-de-Paul, bénéficiant d'une reconnaissance officielle sur tout le territoire de l'Empire, reviennent à Caen dès la publication du Concordat; deux d'entre elles s'installent sur le territoire de la paroisse Saint-Étienne. Le 25 juin 1807, le bureau de bienfaisance de la ville de Caen en appelle une troisième pour tenir un établissement destiné à l'accueil et aux soins des pauvres. Enfin, en 1820, le curé de Saint-Étienne, Boisjugan, leur confie l'école paroissiale de filles, tenue auparavant par les sœurs de la Providence; une quatrième sœur est envoyée par la Congrégation. Elles sont désormais à la tête d'un important établissement qui ne cessera de croître au cours du XIXe siècle [2]. D'après Évelyne Danlos [3], 43,7 % des autorisations, demandées au XIXe siècle, sont obtenues durant l'épiscopat de Mgr Brault, plus exactement en 1810-1811. Il faut noter que la plupart de ces congrégations reconnues sont à la fois hospitalières et enseignantes. Quelques monastères de contemplatives (bénédictines, visitandines) peuvent se reconstituer en se déclarant congrégations enseignantes. Cela leur est d'autant plus facile que le gouvernement n'a guère développé l'enseignement féminin, l'Empereur étant persuadé que «la faiblesse du cerveau des femmes» ne le rend ni nécessaire, ni souhaitable. Ce rôle enseignant durera jusqu'à la fin du siècle. Ainsi, les bénédictines du Saint-Sacrement se reconstituent à Bayeux, en 1804; à Caen, elles ouvrent un pensionnat avec, en outre, des «dames en chambre» pour augmenter leurs ressources [4]. À l'abbaye Notre-Dame-du-Pré, à Saint-Désir, près de Lisieux, la vie conventuelle s'était maintenue durant la Révolution; une profession a lieu dès 1802. Les moniales ouvrent un pensionnat; la communauté est reconnue par le décret du 11 septembre 1816 [5] : une prieure la dirige à partir de 1818, car les religieuses ne sont plus assez nombreuses pour élire une abbesse. Enfin, le décret impérial du 1er mars 1806

---

1. A. D., F 5661, Brault à du Taillis, Décret de nomination, 1803.
2. Abbé HUET, *Histoire de la paroisse Saint-Étienne de Caen*, p. 89.
3. É. DANLOS, *Les Congrégations religieuses dans le Calvados au XIXe siècle*, p. 12.
4. CHALINE, p. 300-301. Les bénédictines de Bayeux sont autorisées en 1825, celles de Caen en 1827. La discipline monastique, avec reprise progressive de l'habit religieux, de l'office choral, de la clôture, se fera lentement : à Caen, par exemple, en 1854.
5. A. D., V 107, État des congrégations autorisées dans le département du Calvados, ministère des Cultes, 1897.

ayant rétabli l'ordre de la Visitation[1], les religieuses reviennent dans leur monastère de Caen dès 1810[2], en tant que congrégation enseignante, mais ne seront reconnues que par décret du 22 février 1826[3]. Les carmélites, présentes à Caen avant la Révolution[4], ne peuvent se reconstituer, car leur règle de vie est incompatible avec des activités apostoliques.

La congrégation des Augustines hospitalières se reconstitue à Falaise (décret du 22 octobre 1810), Honfleur (décret du 22 octobre 1810), Bayeux (décret du 25 novembre 1810), Vire (décret du 14 décembre 1810) et Caen, où elles desservent l'hôtel-Dieu (décret du 26 décembre 1810). À l'hospice Saint-Louis de Caen, les sœurs de Saint-Louis, dites servantes de Jésus, sont reconnues par le décret du 25 novembre 1810. Parmi les congrégations hospitalières et enseignantes, on peut citer : les sœurs de la Providence de Sées, à Saint-Germain, Gavrus, Landes et Crouay (décret du 22 janvier 1811); puis deux ordres religieux dont la maison mère est située à Lisieux : les sœurs de Notre-Dame-de-Charité, présentes aussi à Pont-l'Évêque (décret du 22 octobre 1810), et les sœurs de la Providence de Lisieux, qui prennent une grande ampleur, surtout dans le pays d'Auge, où elles tiennent des écoles et des ouvroirs; reconnues le 30 septembre 1811[5], elles s'installent à Lisieux et à Pont-l'Évêque. La congrégation de Notre-Dame-de-Charité-du-Refuge, fondée par saint Jean Eudes, est reconstituée le 29 juin 1811, sous la dénomination «communauté-refuge»; dans la maison mère de Caen, les religieuses accueillent des filles abandonnées et repenties[6].

Le décret de 1804, très restrictif, empêche de nombreux ordres religieux d'obtenir la reconnaissance qui leur permettrait de se reconstituer. Ainsi, dans un rapport sur les congrégations de 1808, le sous-préfet de Pont-l'Évêque, Mollien, signale l'existence, à Honfleur, d'un pensionnat de jeunes filles dirigé par «quelques dames» assez nombreuses, mais qui ne peuvent être considérées comme des religieuses, car ce qui constitue une telle association «ce n'est pas la quantité de personnes réunies, mais les motifs de leur réunion; or ces dames

---

1. A. D., Z 2433, d'après la correspondance entre le préfet du Calvados et le sous-préfet de Vire. En 1789, Les visitandines de Caen étaient trente-deux religieuses et neuf converses : d'après SEVESTRE, La Vie..., p. 126.
2. E. DE ROBILLARD DE BEAUREPAIRE, Caen illustré. Son histoire, ses monuments, Caen, 1896; Bruxelles, 1977 (2ᵉ éd.), p. 340.
3. A. D., V 107.
4. SEVESTRE, La Vie..., p. 126.
5. A. D., V 178[1], extrait des minutes de la secrétairerie d'État.
6. D'après E. SEVESTRE, elles étaient quarante-deux religieuses et huit converses, en 1789 (La Vie..., p. 126).

sont des institutrices qui se livrent à l'instruction pour des motifs qui ne sont pas purement religieux, puisqu'elles sont payées quatre cents francs; elles n'ont, de plus, ni statut ni règlement». Le sous-préfet signale aussi qu'à Pont-l'Évêque, il existe deux dames qui se disent religieuses, instruisent les jeunes filles et sont payées par la fabrique. Le sous-préfet, «vu leur nombre infime», refuse de les reconnaître comme congrégation [1].

Les religieux et religieuses membres des congrégations dissoutes qui n'ont pas refusé de prêter serment à la Constitution civile du clergé sont inscrits sur la liste des pensionnaires ecclésiastiques. Le décret du 5 prairial an VI (24 mai 1798) oblige ceux qui demandent la pension de présenter un certificat de non-inscription sur la liste des émigrés. Beaucoup oublient volontairement, mais le préfet applique le décret très rigoureusement et refuse d'envoyer l'état général tant que le sous-préfet n'a pu obtenir les certificats demandés [2]. Toutefois, un arrêté du 3 prairial an X (23 mai 1802) assouplit un peu cette législation pour les religieux non jureurs restés en France qui ne disposent d'aucune ressource. Ainsi en est-il de la dernière abbesse de la Trinité de Caen (abbaye aux Dames), Mme Le Doulcet de Pontécoulant qui réclame, par l'intermédiaire du général Grouchy, une pension de mille francs. Dans son rapport, Portalis reconnaît, que âgée de soixante-quatorze ans à l'époque de la suppression des ordres religieux, elle toucha une pension de deux mille livres jusqu'en 1793, date à laquelle son nom fut rayé de la liste des pensionnaires ecclésiastiques, car sa conscience lui interdisait de prêter le nouveau serment exigé. Portalis estime donc que l'arrêté de l'an X s'applique à cette dame et que le gouvernement doit lui accorder la pension [3].

Les congrégations féminines hospitalières.

Le Bon-Sauveur de Caen. – Sous l'Empire, la reconstitution des congrégations dans le Calvados se heurte à des conditions légales très restrictives et à l'hostilité latente de l'administration locale. Les religieuses demeurent éparpillées, hormis les hospitalières qui bénéficient d'un statut préférentiel. Une congrégation aussi réputée dans le diocèse que le

---

1. A. D., V 157, Le sous-préfet de Pont-l'Évêque au préfet du Calvados, 10 juin 1808.
2. A. D., V 157, Le sous-préfet de Falaise au préfet du Calvados, 3 juin 1808.
3. A. N., F 1, C III Calvados 13, Rapport de Portalis, 25 germinal an XI (15 avril 1803).

Bon-Sauveur, pourtant congrégation hospitalière, a bien du mal à se reconstituer ; elle n'a valu sa résurrection qu'à la ténacité de son chapelain, Pierre-François Jamet, qui sera considéré comme son second fondateur [1].

Établi à Caen depuis 1720, date de sa fondation par Anne Le Roy, le Bon-Sauveur fut fermé en septembre 1792. L'abbé Jamet était chapelain de l'institut depuis le 19 novembre 1790. La maison comprenait alors un pensionnat de jeunes filles (vingt-cinq pensionnaires) et surtout un asile d'aliénés depuis 1735, qui constituait la marque spécifique de la congrégation (seize pensionnaires) ; les vingt-trois religieuses se dispersèrent. Elles se retirèrent dans des maisons particulières, sauf quelques-unes qui partirent pour Mondeville, où elles installèrent l'asile d'aliénés. La maison du Bon-Sauveur, rue d'Auge à Caen, était devenue une maison de détention. Le chapelain avait refusé tous les serments, s'était exilé à Jersey pendant quelques mois, puis, rentré en France, il avait vécu dans la clandestinité, ne cessant pas de s'occuper des religieuses dispersées.

Après le Concordat, l'abbé Jamet sort de l'ombre et obtient la régularisation de sa situation auprès du préfet le 28 floréal an X (18 mai 1802) [2]. Il apprend que la maison du Bon-Sauveur est mise en vente. Il demande à Caffarelli d'user de son autorité près du gouvernement pour obtenir qu'elle soit rendue aux religieuses car il reconnaît que les sœurs ne peuvent racheter la maison, faute de fonds disponibles. La réponse de Caffarelli, datée du 27 fructidor (14 septembre) est particulièrement sèche : « 1) le gouvernement ne connaît pas d'ordres religieux et les a anéantis, 2) les pétitionnaires peuvent s'adresser aux commissions des hospices pour être admises, s'il y a lieu, à soigner les pauvres malades, 3) il y a des établissements publics pour les individus atteints de folie, 4) le gouvernement n'a encore autorisé aucun établissement pour l'instruction des filles ».

C'est un refus net, mais Jamet ne se laisse pas impressionner ; il refuse de fusionner avec les débris d'autres communautés hospitalières qui, en 1802-1803, servent dans les hôpitaux à titre individuel. Le Bon-Sauveur doit vivre et demeurer le Bon-Sauveur ; telle est la résolution des sœurs et l'abbé

---

1. Sur la reconstitution du Bon-Sauveur de Caen : G. A. SIMON, *La Vie de l'abbé Pierre Jamet*, p. 67 s. ; P. J. JAMET, « Le Bon-Sauveur à Caen », p. 379-396, p. 531-548. La biographie officielle de P. F. Jamet a été publiée par le Saint-Siège à l'occasion de sa béatification, à Rome, par le pape Jean-Paul II, le 10 mai 1987 : voir annexe 12, p. 463.

2. A. D., Q, Émigrés, Jamet ; Registre des pétitions tendant à obtenir l'amnistie accordée aux émigrés.

Jamet les encourage. En octobre 1803, il apprend que l'ancien couvent des capucins, propriété d'un marchand de Caen en faillite, est à vendre. Accompagné de l'abbé Boscher, il va le visiter et estime que ce bâtiment convient parfaitement à son institut. Il acquiert cette maison à un prix modique (30 000 francs) à cause des réparations importantes qui doivent être faites. Le 22 mai 1805, les sœurs qui sont à Mondeville rejoignent la communauté avec les aliénés et celle-ci est enfin reconstituée dans des bâtiments en cours de restauration. Toutefois, elle n'est toujours pas reconnue. Elle comprend alors vingt et une religieuses dont quatre novices et deux postulantes ; le pensionnat n'a qu'une élève et l'hôpital douze femmes aliénées ; enfin deux aumôniers assurent la direction spirituelle : Jamet et Boscher.

L'abbé Jamet écrit à Madame Mère, protectrice des hôpitaux, afin de lui demander la reconnaissance de la congrégation. La réponse de cette dernière, le 3 septembre 1806, est encourageante. Les statuts sont envoyés le 9 septembre, mais Portalis oublie l'affaire. Jauffret, ami de Brault, n'est plus à Paris, car, nommé évêque de Metz, il a quitté la capitale après son sacre en la chapelle des Tuileries, le 8 décembre 1806. Enfin une lettre signée de Portalis arrive, datée du 6 juin 1807 : il réclame de nouveau la copie des statuts car «l'autre a été égarée dans les bureaux du ministère». Brault les lui envoie aussitôt le 23 juin 1807 en le pressant de les agréer[1]. Pourtant le ministre est hostile aux congrégations, affirmant volontiers qu'elles ne sont plus «adaptées à l'esprit du siècle». Il accuse réception des statuts le 20 juillet et tombe gravement malade. Il meurt un mois plus tard et il est remplacé par son fils, le comte Joseph-Marie Portalis, qui assure l'intérim avec le titre de «secrétaire attaché au ministère» jusqu'à la nomination du comte Félix-Jean Bigot de Préameneu. La situation est peu propice à l'examen des statuts. Un autre fils du ministre, le baron David Portalis, chef du Bureau de la comptabilité, adresse une lettre à Brault, le 14 novembre 1807, qui est une demande d'explications exprimées en des termes très discourtois. À son avis, les statuts manquent de précision : «Quel est l'objet particulier que se proposent les personnes qui composent l'association du Bon-Sauveur ? Le bien de la société et de la religion ! Mais il n'est pas une association qui ne s'y consacre ! On réclame des sœurs une vie honnête et irréprochable ? Vous comprendrez, monsieur l'évêque, que cet article seul suffirait à prouver que ces statuts ont été rédigés avec une extrême négligence.» Portalis voudrait savoir si l'évêque exige

---

1. A. E., Bon-Sauveur.

des personnes en question «quelque dot, quelque vœu, quelque engagement». À la vérité, la façon dont les choses se sont présentées «semble annoncer l'intention de ne rien apprendre à ceux qui les liront et cette intention n'est pas propre à inspirer confiance». L'évêque de Bayeux voudra bien en conséquence lui faire parvenir «les véritables statuts, rédigés d'une manière convenable, dans le plus court délai possible»[1] Jamet se met aussitôt en devoir de corriger les statuts et le nouveau texte est envoyé; le 14 décembre 1807, Brault ne reçoit de Portalis qu'un accusé de réception[2] et le silence retombe pour de longs mois. Les statuts sont de nouveau demandés par le ministre en 1809 et ils lui sont envoyés le 7 août mais, cette fois, aucune réponse ne parvient à l'évêché de Bayeux.

Le 13 décembre 1810, le nouveau ministre Bigot de Préameneu réclame des éclaircissements à l'évêque : il voit dans les statuts que «l'un des premiers buts» des «filles du Bon-Sauveur» est de «donner l'éducation aux jeunes demoiselles, de faire les petites écoles pour les enfants pauvres et former des maîtresses pour les écoles de campagne». Or, s'il ne conteste pas que la congrégation exerce une activité hospitalière, particulièrement dans le domaine des aliénés, il s'inquiète de cette autre finalité et demande à l'évêque de rayer cette disposition des statuts car «il n'a encore été rien statué sur l'instruction publique donnée par les femmes»[3]. De nouveau, l'évêque, de concert avec Jamet, rédige des statuts et, le 13 septembre 1811, le ministre répond... par une série de questions : «1) La maison habitée par les sœurs était-elle un hospice appartenant à la ville ou bien les sœurs l'ont-elles acquise elles-mêmes? 2) Ont-elles du revenu? 3) Sur les trente aliénées qu'elles soignent, y en a-t-il qui paient pension? 4) Les enfants habitent-ils la maison ou sont-ils seulement externes? 5) N'est-il pas excessif de consacrer un nombre de vingt et une sœurs pour soigner trente malades et trente-cinq enfants?»

Le 20 septembre, Jamet transmet à l'évêque des éléments de réponses : 1) la maison appartient à quelques sœurs et c'est seulement «en attendant que la ville leur donne un emplacement convenable»; 2) il n'y a pas de revenus proprement dits, hormis le patrimoine des sœurs, les pensions ecclésiastiques des anciennes et les sommes fournies par les pensionnaires; 3) faute de moyens, on ne peut recevoir gra-

---

1. *Ibid.*
2. *Ibid.*
3. *Ibid.*

tuitement les aliénées; les pensions varient de 400 à 600 francs; 4) les jeunes pensionnaires au nombre de trente-cinq habitent la maison; leurs pensions sont de 200 à 250 francs, mais il y a une école gratuite pour les pauvres qui est fréquentée par un nombre d'enfants variant entre soixante et quatre-vingts; «ce nombre, note M. Jamet, varie souvent d'une semaine à l'autre!»; 5) les sœurs ne sont pas trop nombreuses car plusieurs d'entre elles sont malades ou infirmes. De plus, il y a, à la maison, une «panserie» pour les indigents et plusieurs sœurs vont en ville chez les pauvres malades qui ne peuvent marcher. L'évêque transmet ces renseignements au ministre le 28 septembre. Pas de réponse. Pendant ce temps, la maison ne cesse de prendre de l'ampleur; le nombre d'aliénés est passé brusquement de 12 en 1804 à 295 au 1er janvier 1812. Enfin, Bigot de Préameneu se prononce[1], c'est un refus pour quatre motifs : 1) la maison est la propriété de l'une des sœurs et non un établissement public; 2) on n'y reçoit que des aliénées payantes; 3) un pensionnat de jeunes filles est incompatible avec le service des aliénées d'autant plus que celui-ci est devenu très important; 4) la tenue d'une école gratuite et le service des malades en ville ne peuvent faire disparaître ces obstacles. Le ministre, en conclusion, laisse entrevoir une lueur d'espoir car il dit : «Veuillez me transmettre vos observations.» Brault transmet à Jamet, qui sans se décourager, commence à rédiger les observations demandées, mais sans se hâter, si bien que la chute de l'Empire survient en janvier 1814 sans qu'il les ait envoyées.

Le premier préfet de la Restauration, le comte Ferdinand Bertier de Sauvigny, se montre bienveillant envers le Bon-Sauveur, ainsi qu'en témoignent les vœux qu'il adresse à l'évêque, le 1er janvier 1816, dans lesquels il espère que des améliorations seront apportées aux établissements de bienfaisance et de charité[2]. Il est remplacé à la fin de 1816 par le comte Casimir Guyon de Montlivault qui approuve sans réserve tous les projets de Jamet, en particulier celui de fonder une école de sourds-muets en employant une nouvelle méthode d'éducation que le chapelain a lui-même mise au point. En 1819, l'école est officiellement ouverte avec vingt-deux élèves, filles et garçons. C'est aussitôt un grand succès[3]. Le préfet ne s'en tient pas là; considérant que les sœurs s'occupent bien des aliénés de la ville de Caen, il songe à leur confier tous ceux

---

1. A. E., Bon-Sauveur, Bigot de Préameneu à Brault, 20 juillet 1813.
2. A. D., F 657, Legs Bourienne.
3. A. D., Série x sourds-muets, Jamet à Montlivault, 6 janvier 1819.

du département qui sont soignés à la maison de force de Beaulieu, au milieu des détenus criminels, dans des conditions déplorables. Jamet accepte et le préfet, le 17 juin 1818, passe l'arrangement suivant avec la communauté : le conseil général acceptera de verser 50 000 francs sans intérêt pour l'agrandissement de la maison contre un remboursement en annuité de 10 000 francs à partir de 1828. En 1820, le département prête encore 40 000 francs pour une nouvelle construction, car les élèves pensionnaires s'élèvent maintenant à cinquante-deux. La reconnaissance officielle n'est toujours pas obtenue ; elle le sera après l'épiscopat de Mgr Brault, le 22 avril 1827[1].

Les religieuses hospitalières, seules reconnues jusqu'en 1815, sont employées dans trois types d'établissements. Dans les hôpitaux sont reçus et traités les malades indigents. La congrégation des Augustines hospitalières dessert les hôtels-Dieu de Caen[2], Vire, Falaise et Bayeux. La congrégation Notre-Dame-de-Charité tient l'hôpital de Lisieux, au lieu de la maison mère. À titre d'exemple, considérons la reconstitution des Augustines hospitalières de Bayeux[3]. En 1802, le personnel laïc préposé à cet établissement laissait beaucoup à désirer ; certes, les infirmières, dès leur entrée en fonction, prêtaient serment de mourir à leur poste, mais elles étaient peu zélées. Un arrêté de la commission des hospices de la ville de Bayeux du 25 décembre 1803 (3 nivôse an XII) autorise provisoirement six religieuses de la congrégation dissoute de la Miséricorde de Jésus de l'hôtel-Dieu de Bayeux à se réunir en association sous sa surveillance pour reprendre le soin des malades de l'hospice civil. Elles entrent en fonctions, le 2 pluviôse an XII (23 janvier 1804). Le 22 pluviôse an XII (12 février 1804), la commission restitue le nom d'«hôtel-

---

1. A. D., V 107 ; A. N., F 1 C III Calvados 8, État des congrégations autorisées dans le département du Calvados, 1897.
2. M. T. LENTAIGNE DE LOGIVIÈRE, *Un maire impérial et son œuvre, Jacques Lentaigne de Logivière*, t. II, p. 269. Les bâtiments de la prestigieuse abbaye aux Dames de Caen furent affermés sous l'Empire à Louis Savary, chancelier de la XIVe cohorte de la Légion d'honneur, mais ils abritèrent un dépôt de mendicité à partir de 1809, qui fut créé par le décret impérial décidant la fondation d'un dépôt de mendicité par département. Le choix des bâtiments civils s'étaient portés sur l'abbaye, seule capable d'abriter près de cinq cents mendiants des deux sexes, dont s'occupaient cinquante personnes de service. En 1817, le dépôt de mendicité suscitant des critiques, sa suppression fut proposée au conseil général, qui l'accepta l'année suivante. En 1821, une ordonnance royale donnait toute liberté à la ville de Caen pour acquérir l'abbaye afin d'y transférer l'hôtel-Dieu, ce qu'elle fit deux ans plus tard. L'installation eut lieu le 6 novembre 1823.
3. C. GARNIER, *Les Hospices de Bayeux*, p. 55 s.

Dieu» à l'hospice civil ou de «la Montagne». Un traité est passé avec les religieuses le 19 vendémiaire an XIV (11 octobre 1805) : durant dix ans, à partir du 1er janvier 1806, dix religieuses sont affectées au service des malades et une converse est chargée de la cuisine; elles assurent donc tout le service intérieur de l'hôpital et reçoivent pour frais d'ameublement, de nourriture, de chauffage et d'habillement trois cents francs par an. Le contrat est renouvelé en 1816. L'hôtel-Dieu reçoit d'importantes libéralités sous forme de dons (en argent et en nature, en particulier de la toile, du marquis de Campigny et de Mme de Banville) et de legs (les immeubles de Fontenay-les-Veys de Mme Cahier estimés à 16 500 francs)[1]. Toutefois elles sont insuffisantes, ce qui oblige le conseil municipal à octroyer 20 000 francs pour la réparation de la salle des malades, le 26 juin 1820. Finalement, le même conseil décide la reconstruction de cette salle en accordant un crédit de 40 000 francs.

Dans les *hospices* sont entretenus et admis les vieillards et les infirmes d'une part, et parfois, les orphelins et les enfants trouvés d'autre part. Dans cette catégorie entrent les établissements tenus par la congrégation des Servantes de Jésus[2]. le 30 brumaire an X (21 novembre 1801), la commission administrative des hospices civils de la ville de Caen rappelle Les servantes de Jésus; elles sont alors treize. La commission de la ville de Vire fait de même en août 1802. Quatre religieuses arrivent à Vire, venant de la communauté de Caen, le 16 prairial an XI (5 juin 1803). En 1807, les deux communautés sont séparées. Le 25 mars 1809, Mlle de Marguerye, supérieure à Caen, adresse l'état suivant de cette congrégation propre au diocèse de Bayeux : dix-neuf sœurs, quatre novices et deux converses. À Caen, les activités de l'hospice Saint-Louis ont tendance à s'étendre puisque, en 1816, outre les vieillards, les servantes de Jésus accueillent les asociaux, marginaux, handicapés, veuves, soldats estropiés et enfants trouvés et abandonnés[3].

Entre aussi dans cette catégorie l'hôpital général de Bayeux[4]. Jusqu'en 1804, vieillards, infirmes, enfants abandonnés et orphelins sont accueillis à l'hôpital civil, devenu hôtel-Dieu. En effet, le 22 pluviôse an XII (12 février 1804),

---

1. GARNIER, p. 56; pour les dons et legs destinés aux hospices de Bayeux (hôtel-Dieu et hôpital général) de 1802 à 1823 : voir l'annexe 13, p. 466.
2. L. HUET, *Histoire de l'hospice Saint-Louis de Caen et de la congrégation des servants de Jésus*, p. 71.
3. DE LOGIVIÈRE, p. 267-268.
4. GARNIER, p. 87.

la commission des hospices restitue son nom originel à l'«hôpital d'humanité» et décide la division des deux établissements (hôtel-Dieu et hôpital général), le 7 germinal suivant (28 mars). Quatre-vingt-onze vieillards ou infirmes et trente orphelins réintègrent l'hôpital général. La commission désire que les sœurs de Saint-Vincent-de-Paul, qui avaient tenu cet établissement de 1732 à la Révolution, reviennent. Un accord ne peut s'établir entre les deux parties et c'est finalement la congrégation de Saint-Thomas de Villeneuve qui prend en charge la maison à compter du 23 juin 1807, avec quatre religieuses et deux converses. Les enfants abandonnés continuent à être recueillis à l'hôtel-Dieu; leur nombre est considérable puisque, depuis 1801, il est déposé jusqu'à cinq nouveaux-nés par jour et leur nombre ne cesse de croître. La mortalité est importante; en effet, 14% d'entre eux meurent durant les trois premiers mois de l'an XI (septembre-novembre 1802). Par décision de la commission du 11 avril 1808, ils sont transférés à l'hôpital général afin de les écarter des malades contagieux[1].

Les *hôpitaux-hospices* sont des établissements mixtes accueillant des malades et des vieillards valides ou incurables; des religieuses sont employées dans ces maisons établies à Condé-sur-Noireau et Orbec. L'hôpital-hospice de Honfleur est desservi par les Augustines hospitalières, celui de Pont-l'Évêque par la congrégation Notre-Dame-de-Charité de Lisieux. À Cesny-en-Cinglais (ou Bois-Halbout), l'année 1808 voit la renaissance du vieil hospice Saint-Jacques, fondé en 1160 par Raoul de Tesson; dans cet établissement, avec l'accord conjoint du ministre des Cultes et de l'évêque de Sées, la supérieure de l'hospice civil de Mortagne (Orne) décide d'envoyer deux religieuses. En 1814, quatre religieuses s'occupent de treize indigents qui sont des vieillards, des infirmes ou des incurables[2].

L'ordonnance du 31 octobre 1821 relative à l'administration des hospices et des bureaux de bienfaisance reprend et complète les principales dispositions de la loi du 16 vendémiaire an V (7 octobre 1796). Elle fixe en particulier le statut des congrégations hospitalières et prévoit la nomination d'une

---

1. GARNIER, p. 88.
2. É. DANLOS, *Les Congrégations religieuses dans le Calvados au XIXe siècle*, p. 18-19. Les aliénés, nous l'avons vu, sont soignés à la maison de détention de Beaulieu à Caen et au Bon-Sauveur jusqu'en 1818. À cette date, ils sont tous regroupés au Bon-Sauveur. Les prisons du Calvados comprennent la prison centrale de Beaulieu (à la Maladrerie de Caen) et les autres prisons à Caen, Bayeux, Pont-l'Évêque, Lisieux, Falaise, Vire, Croissanville, Honfleur et Villers.

commission administrative des hospices [1]. À Caen, elle est présidée par le maire et comporte cinq administrateurs bénévoles. La commission se réunit chaque mercredi à l'hôtel-Dieu et gère les deux hôpitaux de Caen : l'hôtel-Dieu et l'hospice Saint-Louis. Elle est chargée de les visiter, de nommer le personnel laïc, de superviser les achats ainsi que l'entretien. Elle tient les comptes moraux et administratifs qui sont présentés à la municipalité. Elle prépare le budget qui est discuté chaque année avec celui de la ville [2]. Les sœurs hospitalières sont liées à l'établissement par un contrat fixe passé avec la commission administrative de la maison, approuvé ensuite par le ministre. Cet accord fixe le statut des religieuses, en particulier leur rétribution. À Caen, la prieure de l'hôtel-Dieu touche sept mille francs chaque année pour sa communauté, dont elle est l'économe [3]. Certains statuts sont stricts, tel celui de l'hôtel-Dieu de Bayeux où les religieuses ne soignent «ni les femmes ou filles de mauvaise vie, ni les personnes atteintes du mal qui en procède, ni les personnes riches, ni les femmes dans leur accouchement». Les religieuses distribuent, après les avoir reçus de l'économe, les vêtements, aliments et autres objets nécessaires au service. Elles ne peuvent gérer aucun bien ni percevoir aucun revenu de l'administration hospitalière. Infirmiers et servants sont sous la direction de la supérieure [4].

Sauf les Augustines hospitalières, les autres congrégations de femmes reconnues d'abord comme hospitalières essaient d'étendre leurs activités vers l'enseignement. Elles se heurtent sous l'Empire à l'apathie des autorités administratives qui s'occupent peu de l'enseignement primaire puisque le décret de 1804 ne concerne que le domaine caritatif. Alors, faute de pouvoir diriger des pensionnats, les religieuses obtiennent des curés de paroisses et des fabriques l'ouverture de salles appelées bientôt «ouvroirs» où elles accueillent des filles pauvres pour les faire travailler. Ainsi en est-il à Caen, en 1809, quand le curé de Saint-Pierre, Gervais de la Prise, décide d'appeler les sœurs de la Providence de Lisieux pour cet établissement interne à la paroisse qui ne requiert pas une reconnaissance explicite de l'État. Souvent le curé signale l'existence de l'ou-

---

1. Au sujet de l'administration et de la gestion des hôpitaux au XIXe siècle, voir : G. CROS-MAYREVIEILLE, *Traité de l'administration hospitalière*, Paris, 1886 ; J. IMBERT, *Le Droit hospitalier de la Révolution et de l'Empire*.
2. DE LOGIVIÈRE, p. 273-274.
3. *Ibid.*, p. 269.
4. DANLOS, p. 18-19.

vroir au préfet ou même au ministre, quand il réclame l'érection de sa paroisse en cure, montrant ainsi l'importance de la succursale dont il a la charge[1]. L'ouvroir est dirigé par une religieuse ; il reçoit des filles pauvres et les orphelines âgées de cinq à vingt et un ans. Les plus jeunes apprennent à coudre, à repriser et à raccommoder. Les aînées font des vêtements pour leurs familles et pour les pauvres, confectionnent du linge pour les malades des hospices ou des ouvrages de dentelle. À la campagne, l'ouvroir est ouvert du 1er novembre au 1er mai ; l'été, les filles travaillent dans les champs. C'est par le biais des ouvroirs qu'une congrégation comme la Providence de Lisieux peut s'étendre dans les communes rurales et ouvrir de petits pensionnats attenants à ces établissements, sous la protection des fabriques paroissiales. Cette congrégation retrouve ainsi sa finalité propre : l'enseignement ; avant la Révolution, en effet, elle ne tenait aucun établissement hospitalier[2].

Les congrégations féminines enseignantes.

L'épiscopat de Mgr Brault est une période difficile pour les congrégations enseignantes. Elles sont généralement interdites sous le Consulat et l'Empire. La congrégation des Ursulines bénéficie d'un statut privilégié, puisqu'un décret du 6 avril 1806 autorise leur reconstitution sur tout le territoire de l'Empire. Le 30 avril 1807, le sous-préfet de Falaise transmet la copie de leurs statuts au préfet Caffarelli ; outre leur reconnaissance, les religieuses réclament un local à Falaise pour ouvrir un pensionnat[3]. Le 2 novembre 1807, l'évêque, consulté par le préfet, donne un avis négatif ; selon lui, les ursulines sont dispersées dans tout le diocèse et ne pourront pas se réunir facilement ; le décret impérial sur les congrégations de 1804 ne peut donc s'appliquer à elles puisqu'elles n'en remplissent pas les conditions[4]. Dans un rapport, le sous-préfet de Falaise, hostile aux ursulines, signale que le conseil municipal de Falaise avait prévu de leur louer une

---

1. A. N., F[1], C III, Calvados 8, Gervais de la Prise au ministre de l'Intérieur, 26 décembre 1809.
2. Sous l'Ancien Régime, ces religieuses étaient présentes à Lisieux (maison mère), à Bayeux (elles tenaient une petite manufacture où les filles apprenaient à faire de la dentelle, à coudre et à filer), à Falaise, à Pont-l'Évêque et à Honfleur : SEVESTRE (*La Vie...*, p. 41, n. 2) signale, toutefois, qu'à Lisieux une partie de la communauté, composée de vingt sœurs, prenaient soin des malades à domicile.
3. A. D., V 5.
4. *Ibid.*

maison lors de l'établissement du budget de 1809 ; il a finalement renoncé, ce dont Rulhière se réjouit[1].
Selon J. Leflon, la Restauration est une «période de créativité» car elle est marquée par la reconstitution des ordres religieux[2]. Toutefois, il faudra attendre la loi du 24 mai 1825 pour assister à la renaissance sans entrave des congrégations de femmes, surtout dans le domaine de l'éducation. L'ordonnance sur l'enseignement primaire du 29 février 1816 permet déjà aux associations religieuses approuvées par la commission de l'Instruction publique de fournir des maîtres aux communes qui en demandent[3]. Cette législation libératrice permet à la catégorie «congrégation hospitalière et enseignante», telle que la Providence de Lisieux, de retrouver définitivement sa finalité propre en participant à l'instruction publique dans les campagnes. L'attitude bienveillante du préfet, Bertier de Sauvigny, puis, à partir de 1816, de son successeur, Montlivault, encourage cette expansion[4]. À cette époque, deux monastères de sœurs contemplatives peuvent se reconstituer en tant que congrégation enseignante en ouvrant un pensionnat de jeunes filles en dehors de la clôture : les bénédictines de Saint-Désir, près de Lisieux, officiellement reconnues par le décret du 11 septembre 1816, et la Visitation de Caen, présente depuis 1810, qui ne sera approuvée qu'en 1826[5]. Il reste que les ursulines ne bénéficient toujours pas d'une reconnaissance légale dans le département du Calvados. Leurs tentatives de reconstitution échouent. Ainsi, celles de Vire, réfugiées à Avranches, demandent de pouvoir revenir dans cette ville en octobre 1816. Le sous-préfet de Vire rend un avis négatif qu'il exprime ainsi : «Cette propriété étant celle de la ville de Vire, et se trouvant dans les propriétés nationales, et vu les déclarations subséquentes du roi, il y a lieu de rejeter cette réclamation des sœurs ursulines[6].» Il semble que les difficultés de cette congrégation enseignante viennent de la présence déjà active de congrégations telles que la Providence de Lisieux qui, dès le Consulat et l'Empire, ont pu se reconstituer dans le département du Calvados en optant pour des activités caritatives, qu'elles ont peu à peu étendues à l'enseignement proprement dit. Ainsi, à Vire, le sous-préfet

---

1. A. D., V 157, Le sous-préfet de Falaise au préfet du Calvados, 2 novembre 1807.
2. LEFLON, p. 371.
3. SEVESTRE, *L'Histoire...*, p. 84.
4. BERTIER DE SAUVIGNY, p. 411-413.
5. A. D., V 157, État des congrégations féminines, 1897.
6. A. D., Z 2433, Questionnaire relatif au rétablissement des ursulines d'Avranches à Vire, 22 octobre 1816.

est d'autant moins pressé d'accueillir les ursulines que l'école des filles est déjà tenue par les sœurs de la Providence depuis mai 1816, en vertu de l'ordonnance royale du 29 février 1816 qui a approuvé leur établissement[1].

Les congrégations masculines.

Contrairement aux communautés monastiques féminines, aucune abbaye d'hommes ne peut-être reconstituée durant l'épiscopat de Mgr Brault[2]. Il est vrai que les ordres monastiques masculins, plus atteints que les moniales par la crise du recrutement au XVIIIe siècle, ont connu aussi plus de défections pendant la Révolution. Les religieux qui persévèrent ont souvent rejoint le clergé séculier. Contrairement aux jésuites, dont la forte structure permettra le rétablissement rapide depuis l'étranger, les ordres monastiques sont dépourvus d'une organisation centralisée susceptible de faciliter leur restauration. D'où le vide jusqu'en 1860... Certes, les trappistes font exception, car Napoléon est impressionné par la personnalité de dom de Lestrange[3], mais aucune abbaye bénédictine ou prémontrée n'est rétablie à cause de l'hostilité des pouvoirs publics. Dans le diocèse de Bayeux, Mondaye ne renaîtra qu'en 1859[4]...

Sous l'Empire, la congrégation des Frères des écoles chrétiennes bénéfice d'un statut privilégié. Dès le 11 frimaire an XII (3 décembre 1803), Portalis leur permet de tenir une école à Lyon. Une instruction du ministre des Cultes adressée aux préfets, le 21 frimaire an XIII (12 décembre 1804), annonce la publication prochaine d'une mesure générale au sujet de la place des Frères des écoles chrétiennes dans l'enseignement primaire[5]. Napoléon n'autorise que deux congrégations enseignantes masculines : les Sulpiciens, grâce à l'influence de M. Émery, pour les séminaires et les Frères des écoles chrétiennes à qui il confie l'enseignement primaire. Une existence légale leur est accordée par le décret du 17 mars 1808 qui organise l'Université impériale. Lorsque, après l'échec du concile national de 1811, l'Empereur res-

---

1. A. D., Z 2433, Le maire de Vire au sous-préfet de Vire, 4 mai 1816.
2. CHALINE, p. 304-305.
3. Dans la province ecclésiastique de Normandie, la grande trappe de Soligny (diocèse de Sées) est rouverte en 1815 et la trappe de Bricquebec (diocèse de Coutances) en 1824, grâce à l'abbé Offroy.
4. ... et Saint-Wandrille, dans le diocèse de Rouen (bénédictins), en 1894.
5. H. CLOAREC, *Les Frères des écoles chrétiennes et l'éducation populaire à Caen de 1814 à 1887*, p. 14.

treint la liberté de l'Église et, attaquant les congrégations, supprime celles qu'il avait autorisées dans les décrets de l'an XII (1804) (Lazaristes, Sulpiciens, Missions étrangères), il épargne les Frères des écoles chrétiennes. Le 30 juillet 1808, le ministre des Cultes ordonne aux évêques de lui envoyer un rapport sur la présence de la congrégation dans leurs diocèses respectifs[1]. Dans le Calvados, les curés notent que les frères ont disparu, sauf à Honfleur, où ils dirigent une école[2]. Blondel, le curé de Saint-Pierre de Lisieux, fait état, avant la Révolution, d'un établissement de frères ignorantins appelés ici «frères de Saint-Yvon»; depuis deux ans, le seul qui était resté dans la ville, est parti pour Lyon rejoindre sa congrégation. Blondel avoue qu'il a demandé au maire de Lisieux d'en rappeler quelques-uns, mais ceux-ci n'ont pas répondu. Il faudrait quatre frères; leur maison est encore en bon état et libre car les sœurs de la Providence qui l'occupaient jusqu'à cette année se sont installées dans l'ancien grand séminaire[3]. À Falaise, Godechal, curé de Saint-Gervais, ne signale aucun frère dans son arrondissement[4]. Allais, le curé de Notre-Dame de Vire, intéressé par l'établissement d'une école de garçons, déplore l'absence de tout frère dans le Bocage[5].

À Lisieux, où le maire et le curé de la cathédrale Saint-Pierre désirent tant l'établissement d'une école tenue par les frères, le conseil municipal accorde une subvention de trois mille francs sur les revenus communaux pour le traitement de trois d'entre eux. Le 29 septembre 1809, le préfet Caffarelli s'inquiète de l'importance de la somme auprès du sous-préfet, en lui avouant qu'il n'est pas favorable au retour de cette congrégation dans le Calvados[6]. Le maire de Lisieux ne cède pas; pour lui, l'ouverture de cette école est indispensable et «les frères se rendront là où ils seront le mieux payés». Il ajoute qu'il faudra appeler un quatrième frère pour l'établissement de la maison et qu'il désire régler cette affaire avec l'autorité compétente, c'est-à-dire le grand maître de l'Université[7]. Le préfet ordonne alors au conseil municipal d'annuler sa décision et de reporter à l'année suivante son

---

1. A. E., Dossier Mgr Brault, année 1808.
2. SEVESTRE, La Vie..., p. 338, n. 1.
3. A. E., Dossier Mgr Brault, année 1808, Blondel à Brault, 12 août 1808.
4. Ibid., Godechal à Brault, 13 août 1808.
5. Ibid., Allais à Brault, 29 août 1808.
6. A. D., Z 1953.
7. A. D., Z 1953, Le maire de Lisieux au sous-préfet de Lisieux, 3 octobre 1809.

projet d'établissement des frères[1]. En 1810, comme prévu, les frères des écoles chrétiennes, à la demande du conseil municipal, arrivent à Lisieux. Il faut attendre la Restauration pour que l'Institut ouvre une école à Caen. Dès le 30 avril 1811, le maire de cette ville, Lenteigne de Logivière, souhaite le rétablissement des frères[2]. Les pourparlers s'engagent avec les supérieurs de l'Institut. Le conseil municipal propose dans sa séance du 10 mars 1812 l'établissement de huit frères[3]. Les pourparlers s'éternisent; enfin, le 17 octobre 1814, trois frères arrivent à Caen et ouvrent une école; cette nouvelle est annoncée par une affiche apposée par le maire, le 2 décembre. Il s'agit d'une «école primaire gratuite pour les enfants d'artisans et des pauvres». La première classe a lieu le 6 décembre. Soixante enfants sont inscrits dans cette maison de la cour des cordeliers qui est transférée, en 1816, dans l'ancien et vaste couvent des bénédictines, rue de Geôle; elle porte le nom d'école Saint-Pierre. Une autre école s'ouvre cette même année sur la paroisse Saint-Michel de Vaucelles, en décembre, avec quatre frères et cent quarante-six inscrits dès les premiers jours. Le 22 octobre 1818, le préfet, Montlivault, estime que le nombre d'élèves scolarisés chez les frères s'élève à 290-300 pour l'école Saint-Pierre et à plus de 145 pour l'école de Vaucelles[4]. En 1820, une troisième école est ouverte sur la paroisse Saint-Étienne. En 1822, à la fin de l'épiscopat de Mgr Brault, le nombre d'élèves scolarisés atteint le chiffre important de 597 dont 292 à Saint-Pierre, 160 à Vaucelles et 145 à Saint-Étienne[5].

En 1794, quelques émigrés, échappant aux palabres de l'armée de Condé et à l'oisiveté de la noblesse de Cour à Coblence, se regroupent pour vivre dans le recueillement à Luxembourg, puis à Anvers. Ils prennent le nom de «petite société du Sacré-Cœur de Jésus». Sans être des jésuites, ils en ont l'esprit et beaucoup rejoindront la compagnie de Jésus lorsqu'elle sera rétablie par le pape en 1814. Le nouvel institut est approuvé par Rome. Ses membres, appelés «pères de la foi», gagnent l'Europe entière. Ils arrivent en France en 1799 sous la direction du père Varin, prêtre auxiliaire à l'hôpital de la Salpêtrière, qui a l'ambition de reconquérir la jeunesse par l'éducation. Dès 1801, le premier établissement s'ouvre à

---

1. A. D., Z 1953, Le préfet au sous-préfet de Lisieux, 25 octobre 1809.
2. Archives municipales de Caen, année 1811, Lentaigne de Logivière à Méchin, 13 juillet 1811.
3. A. N., F 17-12452.
4. *Ibid.*
5. «Les frères des écoles chrétiennes à Caen» : voir annexe 14, p. 467.

Lyon avec le père Barat. Les méthodes de ces collèges ressemblent tellement à celles des jésuites que les pères de la foi sont bientôt attaqués par les Jacobins. Fouché, hostile aux religieux, convainc Bonaparte de fermer l'établissement, mais les maires de Belley, Roanne et Amiens appellent les pères de la foi dans leur ville. Leurs succès sont importants; Portalis les soutient, mais Fouché ne change pas d'attitude. Il s'affronte à Fesch, cardinal-archevêque de Lyon, que soutient le ministre des Cultes et obtient satisfaction : le décret du 3 messidor an XII (22 juin 1804) sur les congrégations religieuses dissout la Compagnie[1]. Aussitôt, Fouché s'adresse aux préfets et leur demande, dans une circulaire du 19 vendémiaire an XIII (11 octobre 1804), de mettre fin aux tentatives de reconstitution des pères de la foi qui «peuvent réveiller l'esprit de parti et renouveler les divisions religieuses oubliées depuis longtemps». Fouché ajoute : «l'empereur ne veut pas le retour des jésuites; il ne veut admettre comme ministres du culte que des prêtres séculiers»[2]. Afin d'empêcher toute réunion des pères de la foi, le gouvernement ordonne que ces ecclésiastiques se retirent dans leur département d'origine. Les évêques peuvent les employer, moyennant une autorisation expresse du ministre des Cultes. Ainsi, Brault demande si Trourdat, ancien père de la foi, peut être nommé curé, desservant ou vicaire. Portalis lui répond, le 24 juin 1809, qu'il n'y voit aucun inconvénient puisque l'évêque l'assure qu'il n'y a «aucune réunion de cette sorte» dans son diocèse[3]. En revanche, l'évêque se heurte à un refus quand il demande que Charles-Marie Leblanc soit nommé professeur au grand séminaire de Bayeux, qui vient d'ouvrir ses portes en 1808[4]. Il le nomme alors chanoine honoraire et aumônier des prisons de Bayeux, en février 1808. Leblanc fait preuve d'un zèle remarquable, si bien que l'évêque accepte, au mois d'août suivant, de l'envoyer à Parfouru-sur-Odon, canton de Caumont, afin de rendre tous les services que les prêtres du canton voudront lui demander, spécialement dans le domaine de la prédication[5]. Le gouvernement s'inquiète de cette décision et demande des renseignements au maire de Bayeux; celui-ci répond au sous-préfet de Bayeux, le 15 octobre 1808, que Leblanc dirige des missions dans les cantons de Caumont et de Balleroy, que «c'est un prêtre à l'attitude honnête et chari-

---

1. M. H. JETTE, *La France religieuse sous la Révolution et l'Empire.*
2. A. D., V 157.
3. A. E., Dossier Mgr Brault, année 1809.
4. *Ibid.*, Réal à Brault, 23 janvier 1808.
5. A. N., F 7-8058, L'évêque de Bayeux au préfet du Calvados, 26 septembre 1808.

table grâce à sa grande fortune, ce qui lui vaut beaucoup de partisans». Il conseille au sous-préfet de faire surveiller ce prêtre car, dans ses prédications, il «passe quelquefois les bornes, entraîné par son zèle»[1]. En 1811, le préfet Méchin ordonne au recteur d'établir un rapport sur les activités des pères de la foi dans le domaine de l'enseignement. Celui-ci déclare que, parmi ses fonctionnaires, il n'en connaît aucun qui appartienne à cet ordre[2]; l'évêque de Bayeux signale que Leblanc a disparu depuis un an de Caumont : «aucune trace n'a pu être retrouvée de lui[3].»

Le 7 août 1814, Pie VII rétablit la compagnie de Jésus; en France, les Bourbons sont revenus et les jésuites se reconstituent sous le vocable de «pères de la foi» sous la direction du père de Clorivière. Ils ne forment pas une congrégation religieuse, mais ils sont placés sous la juridiction immédiate des évêques, comme de simples prêtres séculiers[4]. Sous les Cent-Jours, le préfet du Calvados demande, le 22 mai 1815, au sous-préfet de Caen, un rapport sur les jésuites; il agit sur ordre du directeur général des Cultes[5]. Le 27 juin 1815, le sous-préfet affirme au préfet du Calvados que les pères de la foi ne tiennent aucun établissement à Caen, seul lieu de l'arrondissement où ils auraient pu ouvrir une école[6]. Les jésuites ne s'implantent pas dans le diocèse de Bayeux durant l'épiscopat de Mgr Brault. Leur influence, en France, demeure bien faible, car, en 1824, ils ne comptent que 108 prêtres et 212 scolastiques et frères coadjuteurs[7].

Il faut signaler que les lazaristes, qui tenaient le grand séminaire de Bayeux sous l'Ancien Régime, ne sont pas revenus dans le diocèse après le Concordat. Quant aux eudistes, qui dirigeaient le grand séminaire de Lisieux et le petit séminaire de Caen, ils sont employés dans les paroisses et ne se reconstitueront qu'en 1826 en tant que congrégation[8].

---

1. A. N., F 7-8058.
2. A. D., V 38, Le recteur de l'académie de Caen au préfet du Calvados, 6 février 1811.
3. A. D., V 38, Brault à Méchin, 15 février 1811.
4. BRUGERETTE, p. 51.
5. A. D., V 40. Face à l'inertie du sous-préfet, le préfet lui adresse une nouvelle lettre le 22 juin suivant.
6. A. D., V 40.
7. BRUGERETTE, p. 52.
8. SEVESTRE, *L'Histoire...*, p. 88, n. 1.

CHAPITRE II

LE RENOUVEAU DE LA VIE RELIGIEUSE

La restauration religieuse accomplie sous l'épiscopat de Mgr Brault a pour cadres deux endroits aussi différents que la paroisse et l'école. La paroisse est, certes, le lieu habituel de la prédication et de l'évaluation de la pratique religieuse; il est vrai aussi que la présence des prêtres et des religieux dans les écoles et les facultés est indispensable pour contribuer au renouveau de la vie intellectuelle et pour assurer l'avenir du catholicisme dans tous les milieux sociaux; il est certain, en effet, que le contenu de l'enseignement n'est jamais neutre.
Selon le droit canonique, la paroisse est, dans un diocèse, une portion de territoire sur lequel vit une communauté de fidèles conduite par un prêtre, nommé par l'évêque, qui porte le nom de «curé». Les grands gestes de la vie humaine, baptême, mariage, sépulture, ont donc pour cadre l'église paroissiale, où est célébrée chaque dimanche la grand-messe, point culminant de la vie religieuse des fidèles. En dehors de ce temps fort dominical, l'activité paroissiale, très variée et très riche, suit le cycle de l'année liturgique et s'ordonne autour de la célébration des sacrements. Mgr Brault remet en vigueur un principe intangible de l'ecclésiologie catholique, dont la structure paroissiale est l'expression en droit canonique : l'unité des fidèles autour du curé, agissant au nom de l'évêque *in persona Christi*. L'action incessante de l'évêque de Bayeux en faveur des vocations sacerdotales s'inscrit dans un contexte pastoral de restauration religieuse; on pourrait exprimer ainsi la pensée de Mgr Brault : «à chaque clocher, si humble soit-il, son desservant!» Pourtant, au lendemain de la Révolution, la pratique religieuse oscille entre l'indifférence et la superstition. Certes, les lieux de pèlerinage traditionnels, Notre-Dame-de-la-Délivrande et Notre-Dame-de-Grâce, sont très fréquentés, mais la différence entre les paroisses rurales et les paroisses urbaines s'accentue. À la campagne, les fidèles retrouvent rapidement le chemin de l'église; toutefois, les curés notent avec regret la persistance de certaines pratiques superstitieuses ainsi que l'indifférence religieuse d'une partie

de la population masculine. Dans les villes, l'indifférence religieuse gagne du terrain dans tous les milieux sociaux à cause de l'influence des idées libérales. Toutefois, les paroisses retrouvent leur vitalité d'antan grâce à la reconstitution des confréries, où s'exprime la piété des fidèles; la présence de nombreuses confréries de Charité montre l'importance du culte des morts dans maintes paroisses rurales, surtout dans le pays d'Auge. L'évêque encourage les missions paroissiales qui, après bien des vicissitudes sous l'Empire, prennent leur essor sous la Restauration. Il fonde même, à la fin de son épiscopat, une Société de prêtres missionnaires à la Délivrande sur le modèle de la Société des missions de France du père Rauzan.

Au lendemain de la Révolution, l'Église, forte de son expérience séculaire d'éducatrice de la jeunesse, a la prétention de participer à la réorganisation de l'enseignement voulue par Bonaparte. Avec la fondation de l'Université, en 1806, le gouvernement met en place un système éducatif centralisé qui provoque désarroi et inquiétude parmi les membres du clergé. Toutefois, Napoléon consent à remettre les écoles primaires aux congrégations. En ce qui concerne l'enseignement secondaire, le contrôle de l'État est plus strict, mais il admet, à côté des lycées et des collèges publics, l'existence d'écoles libres placées sous la surveillance des préfets. À partir de la nomination de Fontanes au poste de grand maître de l'Université impériale en 1809, l'Église prend peu à peu le contrôle des écoles primaires non tenues par les congrégations : les curés reçoivent le pouvoir de noter les instituteurs. De plus, les évêques ne ménagent pas leurs critiques contre les lycées et les collèges publics, décrits comme des établissements mal tenus où règne l'impiété. Sous la Restauration, le clergé obtient satisfaction : l'ordonnance du 29 février 1816 place les écoles primaires sous le contrôle de l'Église, mais, malgré le développement de l'enseignement mutuel, le nombre d'établissements scolaires demeure insuffisant; tandis que, profitant de la crise de l'enseignement public, la France se couvre d'écoles libres, le statut du 4 septembre 1821 assure la mainmise de l'autorité ecclésiastique sur les collèges royaux. Les universités, qui ont été, dès l'Empire, le théâtre de violents affrontements entre voltairiens et cléricaux pour le contrôle des chaires d'enseignement, subissent le joug des ultras à partir de 1822. Le nouveau grand maître, Mgr Frayssinous, épure le corps enseignant avec l'aide bienveillante de l'épiscopat; les prêtres entrent en grand nombre dans les conseils académiques; à Caen, l'abbé Jamet remplace Hippolyte Marc, le recteur libéral et franc-maçon. L'Église triomphe.

La renaissance de la paroisse[1].

La pratique religieuse.

Dans le diocèse de Bayeux, la pratique religieuse apparaît comme une réalité avant tout féminine. Le sénateur Roederer[2] écrit sous l'Empire : « Je n'ai pas passé devant une église sans y entrer et je n'y ai guère vu que des femmes. Il passe pour constant que les hommes y vont peu.» Ce caractère féminin de la pratique s'accuse en ville; le clergé de Falaise se plaint de ne voir aux offices «qu'une poignée de femmes». À Caen, Roederer signale : «les femmes, très dévotes, très nombreuses; très peu d'hommes, on pourrait dire point».

Le clergé déplore le caractère minoritaire et contrasté de la pratique dominicale, inconnu à ce point sous l'Ancien Régime. En 1819, l'évêque de Bayeux dresse un bilan de son diocèse : après avoir rappelé que les milieux «philosophiques» restent sur leurs positions, il classe les fidèles en trois groupes : les pratiquants épisodiques («si, dans les jours plus solennels, nous voyons encore nos temples remplis, devons-nous nous en réjouir! Hélas, on abandonne les sacrements»), les pratiquants réguliers minoritaires («la voie qui conduit au temple n'est plus connue de personne... La pompe de nos cérémonies nous fatigue et nous ennuie») et les dévots plus rares encore («tout au plus quelques âmes privilégiées ou quelques pauvres que le monde méprise, se séparent de la masse et avancent jusqu'à l'autel»). Mgr Brault conclut : «La plus profonde indifférence règne dans presque tous les cœurs pour tout ce qui touche à la religion.» En revanche, la communion pascale précédée de la confession est une pratique largement répandue, de même que la confirmation. L'évêque l'administre à la masse des habitants lors de ses visites pastorales, c'est-à-dire aux enfants et aux adultes qui ne l'ont pas reçue durant la Révolution.

Le culte des saints est très important; partout on fait part de la même confiance dans leur intercession, spécialement celle de la Vierge Marie dont on fête l'Immaculée Conception, le 8 décembre, alors que le dogme ne sera proclamé qu'en 1854 par le pape Pie IX. Cette dévotion intense envers les saints dégénère en maints endroits en superstitions : vénérations de statues diverses, présence de crucifix dans les

---

1. G. Désert, «Ruraux, religion et clergé dans le diocèse de Bayeux au XIXe siècle», p. 133-138; J. Laspougeas, «Un aspect de la vie religieuse en Normandie au lendemain de la Révolution».
2. Biographie de Pierre-Louis Roederer : voir p. 145, n. 1.

étables dans le but de protéger les troupeaux... L'évêque essaie de réduire et de christianiser cette conception erronée de la «religion-assurance» inscrite dans la mentalité des fidèles. Il ordonne, par exemple, de multiples neuvaines et des prières publiques pour obtenir un temps favorable à la moisson. Il rappelle à ses ouailles que la colère divine ne peut s'apaiser que moyennant la conversion de leurs mœurs. Ainsi, en mai 1817, en même temps qu'il ordonne des prières publiques, il déclare qu'elles s'adressent à «un Dieu justement irrité de vos impiétés, de vos ingratitudes et du désordre de vos mœurs».

La paroisse rurale.

La grande majorité des habitants du Calvados vit dans les campagnes. La population du département passe de 452 000 en 1802 à 491 000 en 1851. En 1821, sur 485 251 habitants, seulement 90 000 habitants (89 705 exactement) vivent dans les «villes» du Calvados dont la plus importante, Caen, ne dépasse pas 37 000 habitants! La vie religieuse est associée à un genre de vie qui n'a pas ou peu changé depuis la fin de l'Ancien Régime, très semblable dans les diverses contrées du Calvados malgré la variété de l'habitat et des patois, et souvent marqué par la misère : maisons la plupart du temps insalubres et sans eau potable, épidémies d'été et d'automne liées à l'état de l'eau, alcoolisme, maladies vénériennes... On note un grand nombre de naissances illégitimes, y compris dans le Bocage, sous le Consulat, région pourtant réputée pour sa ferveur religieuse. Partout sévissent des brigands de grand chemin, d'où l'insécurité chronique dont se plaignent paysans et voyageurs... La violence est présente dans les jeux favoris des villageois, comme la «saoule» : jeu de balle où tous les coups sont permis. Le clergé se plaint généralement des marchés, des cabarets et des bals. Dans ces trois domaines, rien n'a changé par rapport à l'Ancien Régime. Les marchés sont les lieux privilégiés de la «superstition» et des «mauvais livres; c'est là que se concertent les faiseurs de miracles, les porteurs de fausses reliques et les vendeurs de litanies. Sous l'Empire, la suppression de quelques fêtes religieuses et la translation de quelques autres provoquent des divisions dans les villages. Certains habitants chôment la fête supprimée et remettent le marché au lendemain; les autres, moins nombreux, tiennent le marché le jour même. On voit donc souvent deux marchés organisés deux jours de suite, mais peu fréquentés [1]. Sous la

---

1. A. N., F 7-8058, Rapport d'Aveline, juge de paix du canton de Caumont au ministre de la Police, 14 juin 1806.

Restauration, le Concordat est entré dans les mœurs. Ainsi, à une enquête ordonnée par le ministre de l'Intérieur, au sujet des transferts des foires et des marchés, le sous-préfet de Vire répond que sur les quarante foires organisées dans son arrondissement, trente-sept sont transférées au lendemain du jour où elles sont fixées car elles tombent un dimanche ou un jour de fête. Les trois autres foires, c'est-à-dire celles de Saint-Gilles à Condé-sur-Noireau, celle des Rogations et de la Saint-Michel à Vire ne commencent qu'après vêpres [1].

Deux historiens, spécialistes de la Normandie, se rejoignent dans leurs conclusions à propos de la mentalité religieuse du paysan normand : G. Désert : « Le paysan se présente avec les traits d'un matérialiste ayant les yeux tournés vers le ciel [2] », et R. de Felice : « Le Normand n'est pas un mystique... Il tient à sauver son âme et, de même qu'il s'adresse à un homme pour sauvegarder ses intérêts matériels, il s'adresse à son curé pour sauvegarder ses intérêts spirituels [3] ». Or, l'intérêt spirituel du paysan normand est d'accéder à l'au-delà. Les conflits les plus durs éclatent donc au moment des inhumations ; en cas de refus de sépulture, les habitants passent souvent outre, le maire en tête. Les raisons en sont parfois politiques. De simples faits, comme le refus de sonner l'angélus, peuvent provoquer des rixes violentes. Le monde rural est donc susceptible et attaché aux rites ancestraux ; il a le culte des morts. Dès le Consulat, les populations rurales cherchent à refaire de leurs églises la terre des morts alors que l'État l'interdit avec soin et s'efforce au contraire d'établir la séparation entre le lieu de culte (paroissial) et le cimetière (communal), voire la séparation du cimetière et du village. Parfois, le desservant n'accepte pas que le pouvoir de police sur les cimetières appartienne à l'autorité municipale, conformément au décret du 23 prairial an XII (12 juin 1804). Ainsi, le desservant de Lassy (canton de Condé-sur-Noireau) a planté de jeunes pommiers sur les sépultures et a enclos une partie du cimetière, ce qui a provoqué la fureur du maire [4]. À Saint-Germain-de-Crioult (canton de Condé-sur-Noireau), commune de 1 452 habitants, les corps des défunts sont inhumés dans un cimetière acquis depuis peu. Le desservant s'oppose à

---

1. A. D., Z 2464, Le sous-préfet de Vire au préfet du Calvados, 20 juillet 1814.
2. G. Désert, « Les paysans du Calvados (1815-1895), 3 vol., Lille, 1975 ; cité par Laspougeas, p. 269.
3. R. de Felice, *La Basse Normandie, étude de géographie régionale*, Paris, 1907, p. 311.
4. A. D., Z 2418, Le préfet du Calvados au sous-préfet de Vire, 18 octobre 1814.

la décision du préfet, prise après délibération du conseil municipal; il refuse donc de bénir le cimetière. Le 16 avril 1819, une dame Auvray meurt. Craignant des troubles, le sous-préfet de Vire ordonne au desservant de bénir le cimetière et de faire l'enterrement. Celui-ci refuse; une inhumation civile a lieu en présence du maire. La population prend le parti du curé. Le 19, au matin, au retour de la procession des rogations, des femmes, au nombre de plus de soixante, parmi lesquelles doivent se trouver des hommes habillés en femmes, se rendent au nouveau cimetière, exhument le corps et le portent jusque sous le portail de l'église. Puis, précédées de la croix, elles le déposent dans l'ancien cimetière au son des cloches. Le maire dresse procès-verbal et transmet au procureur du roi; il accuse le desservant, Boutry, d'être la seule cause du scandale [1]. L'évêque prend le parti des autorités administratives contre le curé; mais, pour le contraindre à accepter cette décision, le sous-préfet doit se rendre sur place avec des gendarmes pour l'obliger à bénir le nouveau cimetière et à faire la translation du corps du défunt [2].

L'attachement aux pratiques extérieures de la religion explique le respect dont, très généralement, sont entourés les ministres du culte; comme le note A. Siegfried : « Le curé fait partie du mobilier de la commune [3]. » Ce respect est d'autant plus grand que le desservant est depuis longtemps dans la paroisse et a su s'intégrer à la communauté villageoise dont il partage la vie et même les défauts. Les paysans, d'ordinaire si réservés, extériorisent leur attachement à leur curé quand celui-ci leur est enlevé pour des motifs qui, à leurs yeux, ne sont pas déshonorants. Ainsi, les habitants de Culey-le-Patry (canton d'Harcourt) réclament la réintégration de leur desservant suspendu, car il avait l'habitude de s'enivrer. Un tel renvoi peut parfois donner lieu à une émeute... Les paysans veulent donc des curés utiles et nullement encombrants. Le curé doit savoir se montrer prudent, se cantonner dans le domaine spirituel et ne pas s'immiscer dans les affaires temporelles, spécialement dans les querelles politiques. S'il désire plus de confort au presbytère, il arrive souvent que la froideur succède à l'amitié. Le préfet doit souvent protéger les membres du clergé contre les maires ou, à l'inverse, les maires contre les

---

1. A. N., F 19-5668, Le préfet du Calvados au ministre de l'Intérieur, 21 mai 1819.
2. A. N., F 19-5668, Le préfet du Calvados au ministre de l'Intérieur, 27 mai 1819.
3. A. SIEGFRIED, « Psychologie du Normand », *Études normandes*, n° XV, 2ᵉ trimestre 1955, p. 233-241.

curés surtout à propos des fabriques : dans ce cas, ce sont, soit les jeunes prêtres qui font preuve de prétentions exagérées, soit des marguilliers, conseillers municipaux, qui font passer les intérêts de la fabrique avant ceux de la commune.

La paroisse urbaine.

Les villes du Calvados ne sont pas très importantes au début du XIXe siècle : Caen, en 1821, compte 37 000 habitants; Lisieux : 10 400; Bayeux : 10 300; Falaise : 9 900; Honfleur : 9 600; Vire : 8 380, et Pont-l'Évêque : 2 100. La ville présente trois conditions défavorables à la vie religieuse : la dislocation des structures ecclésiastiques et la propagande hostile à l'Église, héritages de la Révolution, et l'évolution économique. La Révolution a brisé la structure ecclésiastique de la ville : les corporations, les confréries, les communautés religieuses ont disparu et le culte public, pendant la période de la Terreur, a été interdit; enfin, la majorité des paroisses n'a pas été rétablie. En 1789, la pratique religieuse des citadins est moins importante qu'à la campagne. La Révolution, en brisant la structure religieuse de la ville, provoque une diminution des activités; il en résulte un contraste général avec la campagne, reconnu par les contemporains : désormais, et pour longtemps, les habitants des campagnes seront réputés plus religieux que ceux des villes. L'évolution économique contribue, à sa manière, à faire baisser le niveau religieux des villes : au travail artisanal s'ajoute le travail lié au premier machinisme, celui de la force hydraulique, qui ne connaît aucun arrêt de production dans ces nouvelles usines qui se multiplient dans le Bocage. Artisanat et industrie se concurrencent; salaires et ressources diminuent. La masse des citadins s'appauvrit, se prolétarise, se marginalise. Sous l'Empire et la Restauration, mendicité et délinquance font des classes laborieuses des classes dangereuses, conditions tout à fait détestables pour la vie spirituelle; Beaucoup de ces pauvres citadins ne sont que des immigrants déracinés, conditions non moins détestables pour les habitudes religieuses. Le clergé a du mal à exercer son apostolat au milieu de cette population urbaine, entassée dans de vastes paroisses. Dès la Restauration, les ecclésiastiques ne manquent pas de dénoncer la corruption de la vie par l'urbanisation et l'industrialisation. Le clergé se plaint en particulier du travail dominical; le manichisme hydraulique n'est pas seul en cause car, à Caen, en 1805, toutes les boutiques sont ouvertes et fréquentées le dimanche. Lorsque la Restauration rétablit l'obligation du repos dominical, maintes municipalités protestent aussitôt. De plus, le clergé déplore l'établissement de la vente aux enchères le dimanche matin, alors qu'elle se faisait l'après-midi sous l'Ancien Régime[1]. Enfin c'est en ville que la propagande anticléricale trouve son milieu et ses moyens ; c'est aussi en ville qu'elle s'exprime de façon permanente ou occasionnelle. L'anticléricalisme se manifeste d'une façon permanente dans le travail comme dans les loisirs : patrons voltairiens obligeant au travail, les dimanches et fêtes notamment, les femmes et les enfants pour mieux les émanciper des « superstitions » et du clergé ; théâtre et journaux, aux mains des milieux philosophiques, peuplés de prêtres fanatiques ou lubriques, de religieux rusés, de jésuites haineux... Cette propagande crée une mentalité obsidionale qui se répand des milieux voltairiens jusqu'aux classes inférieures de la société. Il reste qu'en ville la religion « familiale » est bien vivante pour le baptême, le mariage et l'enterrement. Les anticléricaux les plus acharnés exigent, comme un droit de l'homme, des obsèques religieuses. L'Église s'active pour reconstituer le tissu religieux urbain avec les communautés féminines qui, dès le Consulat et l'Empire, ouvrent des écoles et des ateliers pour les classes populaires et des pensionnats pour la haute société. Ces œuvres révèlent des noyaux de population fervents qui, dans le diocèse de Bayeux, permettent, entre 1803 et 1819, un recrutement sacerdotal plus important à Caen que dans les campagnes : six ordinations pour dix mille habitants contre trois ailleurs.

Quelques problèmes pastoraux.

Dans la vie des paroisses, les sonneries de cloches provoquent bien des conflits, surtout dans les villes. L'article organique 48 prévoit que l'évêque se concerte avec le préfet pour régler cette question et qu'il est interdit de sonner les cloches sans la permission de la police locale. Caffarelli écrit à Brault le 7 nivôse an XI (28 décembre 1802) pour lui faire part des plaintes quotidiennes d'habitants du diocèse, spécialement de Caen, gênés par les sonneries incessantes des cloches[2]. Brault édicte donc un règlement, le 9 nivôse an XI (30 décembre 1802) envoyé le 11 nivôse (1er janvier 1803) au préfet du Calvados pour approbation[3]. Un règlement ultérieur du 26 floréal an XII (16 mai 1804) étend les dispositions du précédent règlement à certains cas : messes basses (deux coups de cloches), catéchisme (volée de dix minutes),

---

1. A. N., F 7-8058, Brault à Fouché, 6 octobre 1807.
2. A. D., F 5661.
3. A. D., V 5.

processions[1]. Toutefois, des plaintes continuent à parvenir aux autorités civiles et religieuses, telle celle-ci, émanant du procureur général impérial de Lisieux : « [...] Je voudrais vous parler d'une chose qui depuis deux ans environ fait le tourment de mon existence, tue les malades et déchire le tympan de tous les êtres bien portants : c'est le *son des cloches*. D'après la description que je vais en faire, vous allez être étonné que tout le monde souffre avec patience, qu'un fracas aussi extraordinaire trouble journellement le repos public. Dès cinq heures et demie du matin, l'angélus est sonné par le vol des cloches de toutes les églises de la ville. Ce n'est pas assez d'avoir ainsi réveillé l'homme fatigué de ses travaux, on ne veut pas permettre qu'il se rendorme. Alors les grosses cloches de Saint-Pierre et de Saint-Jacques commencent à sonner une agonie générale : chacune des deux cloches sonne à peu près deux coups par minute et ce pendant une demi-heure, jusqu'à six heures. On ne peut imaginer l'impression que peuvent faire sur le sens de l'ouïe et sur le genre nerveux, des sons dont les tintements qui les suivent sillonnent dans les airs et agacent jusqu'à la plante des pieds. Ensuite, les messes se succèdent en très grand nombre dans toutes les églises et chacune d'elles est sonnée. À onze heures et demie, les sonneries recommencent jusqu'à midi. De plus, ici, matines et vêpres, tout est sonné. La naissance d'un enfant est annoncée par des carillons proportionnés à la générosité des parrains et marraines; on sonne pour les naissances environ trois à quatre fois par jour. On sonne même l'agonie des mourants et, quand le trépas arrive, malheur si le défunt laisse de l'argent à ses héritiers : on sonnera pour lui en mort toute la journée ! Tout cela se termine à neuf heures du soir. Ainsi, durant toute la journée et les trois quarts de la nuit, le son des cloches cause un vrai martyre. Si je n'étais pas attaché à ma fonction, cela me ferait fuir la ville. Je serais toutefois fâché que ce récit soit connu du clergé, car nous avons trop d'exemples qu'il ne fait pas bon d'être l'ennemi de ces messieurs[2]. »

La position particulière de la cathédrale de Bayeux provoque quelques conflits avec la municipalité, dans lesquels l'évêque se trouve directement impliqué : Le 23 septembre 1813, le conseil municipal de Bayeux statue sur une lettre que la fabrique de la cathédrale a envoyée au préfet et qui lui a été

---

1. A. D., F 5661, Règlements de Brault sur les sonneries de cloches : 9 nivôse an XI (30 décembre 1802) et 26 floréal an XII (16 mai 1804).
2. A. N., F 19-5668, Le procureur général impérial près de la cour de justice criminelle du Calvados au ministre des Cultes, 23 brumaire an XIV (14 novembre 1805).

communiquée. Le litige porte sur l'horloge de la cathédrale, c'est-à-dire celle qui a été construite aux frais du chapitre sous l'Ancien Régime. Lors de la Révolution, la municipalité en reçut l'administration. Puis, au moment du Concordat, l'évêque ne demanda pas à exercer seul son droit de surveillance, d'autant que l'église était pauvre et n'aurait pu en supporter les frais. Toutefois, il demanda, sans succès, les clefs de la tour de l'horloge au maire, pour y avoir accès. La fabrique déclare donc : « La loi a mis la cathédrale à la disposition de l'évêque et une fabrique est établie, selon la loi, pour veiller à la conservation de l'édifice. La loi, en remettant la cathédrale à l'évêque, lui a octroyé un droit de surveillance sur toutes les parties de la cathédrale. La loi ne divise pas le pouvoir de surveillance ; il est donc remis à l'évêque seul et non à la ville. La municipalité n'a eu pendant la Révolution qu'un droit d'administration sur l'horloge ; on ne peut produire aucun décret qui lui en attribue la propriété, ni aucun titre ou acte de vente. Les changements que la municipalité a faits à l'horloge ne l'ont pas rendue propriétaire, mais elle les a faits par droit d'administration ; les administrations qui ont fait quelques changements aux biens nationaux qui leur étaient confiés n'ont jamais réclamé un droit de propriété sur ces biens...! La loi remet la cathédrale et son mobilier à l'évêque ; or, l'horloge fait partie du mobilier ; elle n'est remise ni au chapitre, ni à la ville mais à la cathédrale[1]. »

Le conseil municipal de Bayeux estime que l'analyse de la fabrique est erronée. L'horloge fut construite, non par le chapitre, mais par la ville à l'issue du conseil du 16 frimaire an V (6 décembre 1796) et une partie de la somme fut le produit d'une collecte faite à domicile auprès des habitants. L'ancienne horloge usée fut vendue à bas prix. Or, cette horloge présente un grand intérêt pour les habitants, car elle est la seule horloge publique de la ville de Bayeux. L'endroit où elle se trouve n'empêche nullement l'évêque d'exercer son droit de surveillance sur la cathédrale, car on accède à la tour par une porte située à l'extérieur sur la place de la cathédrale ; de plus, toutes les portes qui conduisent aux galeries sont fermées à clef et les clefs sont entre les mains des marguilliers. D'après les décrets concernant les sonneries de cloches, tout ce qui n'est pas réservé au culte revient au maire. Or, seule cette horloge peut servir à fixer l'heure des actes judiciaires et administratifs ainsi que des réunions politiques des habitants. Le conseil municipal conclut : « [...] En fait la réclamation de

---

1. A. D., V 186, Extrait du registre des arrêtés du conseil général de la fabrique de la cathédrale de Bayeux, 13 juillet 1813.

l'horloge par la fabrique repose sur des convenances qui peuvent nuire à l'intérêt public ; on ne peut accepter de remettre la cloche qui sert au pouvoir de police entre les mains de la fabrique qui n'a aucun pouvoir civil et n'est chargée d'aucune responsabilité envers le gouvernement et les citoyens. Nous regrettons ce conflit avec un prélat si vénérable que l'évêque de Bayeux[1]. »

Le sous-préfet de Bayeux, Guillot, après avoir pris connaissance de la pétition de la fabrique et de la délibération du conseil municipal tranche en faveur de ce dernier, car il rappelle qu'aucune cloche autre que celles qui appellent les fidèles à l'office ne peut être sonnée sans la permission du maire qui détient les pouvoirs de police locale[2]. Le 21 décembre 1813, l'évêque se tourne vers le préfet, et, avec humeur, lui signale que l'horloge est mal réglée, ce qui provoque des erreurs préjudiciables au service public ; il lui demande de prendre rapidement position dans cette affaire en remettant l'horloge à la fabrique[3]. Le 31 décembre 1813, un arrêté préfectoral déclare l'horloge propriété de la fabrique de la cathédrale, la soustrayant donc aux autorités municipales. L'évêque, ravi, remercie le préfet le 10 janvier 1814[4].

La question des sépultures constitue un point délicat de la pastorale diocésaine, à cause de l'attachement des Normands au culte des morts et de leur désir de recevoir une sépulture chrétienne, gage du salut de leur âme. Le respect de la volonté du défunt est sacré, même si celle-ci est difficile à accomplir. Ainsi, la famille de Lemoine, militaire et membre de la Légion d'honneur, se plaint du fait suivant : le curé de la cathédrale a refusé de convoquer douze prêtres pour la cérémonie d'inhumation, selon la volonté du défunt[5]. L'évêque défend le curé en affirmant qu'il n'avait pas pu accéder à cette requête à cause des cérémonies de la semaine sainte ; il propose un service solennel ultérieur à Saint-Exupère[6]. Le 24 avril 1817, le ministre déclare à l'évêque que ces explications lui conviennent ; il considère donc que cette affaire est close[7]. Les curés appliquent strictement les règles canoniques concernant les inhumations, ce qui provoque des

---

1. A. D., V 186, Extrait du registre des délibérations du conseil municipal de Bayeux, 23 septembre 1813.
2. A. D., V 186, Le sous-préfet de Bayeux au préfet du Calvados, 4 décembre 1813.
3. A. D., V 186.
4. *Ibid.*
5. A. N., F 19-5668, Le vicaire général d'Audibert au ministre de l'Intérieur, 7 avril 1817.
6. A. N., F 19-5668, L'évêque de Bayeux au ministre de l'Intérieur, 7 avril 1817.
7. A. N., F 19-5668.

troubles de l'ordre public. À Caen, deux affaires défraient la chronique sous le règne de Louis XVIII : le 10 décembre 1815, une comédienne est morte sans s'être confessée ; le curé de Saint-Jean refuse de l'enterrer. Le chef de la troupe et quelques amis se rendent chez le préfet pour protester et menacent le curé d'une révolte des fidèles, au cas où il ne changerait pas d'avis. Le curé ne cède pas, ce qui ne provoque aucun trouble de l'ordre public. En revanche, la révolte éclate le 20 avril 1818. Ce jour-là, un jeune clerc de notaire, mort au cours d'un duel avec un Anglais dans le quartier de Vaucelles, est conduit par une centaine de jeunes gens à l'église Saint-Michel ; le curé refuse de l'inhumer. Ils vont à l'église Saint-Jean et reçoivent la même réponse négative. Ils rencontrent alors le préfet, qui en réfère à l'évêque ; face à la détermination des jeunes gens, Mgr Brault accepte que l'enterrement soit célébré en l'église de Saint-Contest. Plus de trois cents personnes s'y rendent. Le curé n'a pas préparé la cérémonie. Alors, les jeunes gens entreprennent de décorer l'église d'un voile blanc garni de rubans de la même couleur ; ils déposent le corps chez les parents du clerc de notaire, creusent une fosse, font sonner les cloches et procèdent à l'enterrement. Ils rentrent ensuite à Caen en marchant à dix de front, armés de bâtons, en signe de protestation [1].

L'évêque de Bayeux est saisi du cas des suicidés à la suite de plaintes adressées à Bayeux et à Caen, contre la sévérité du clergé. À Bayeux, le 4 juin 1818, Nicolas Larru, tambour au 1er régiment de la garde royale, s'est donné la mort ; le curé de la cathédrale a refusé de l'inhumer malgré la demande réitérée du maire ; alors, celui-ci l'a fait ensevelir en présence d'un agent de police et d'un gendarme[2]. Le 15 juin 1818, le ministre de l'Intérieur, alerté par le préfet, déclare à Brault qu'il aurait préféré que le curé célèbre l'enterrement, car « cette conduite charitable aurait évité le mauvais effet qu'a dû produire la rigueur d'un refus[3] ». À Caen, le curé de la paroisse Saint-Sauveur a refusé d'inhumer un suicidé ; pour éviter un plus grand scandale, le maire a ordonné l'enterrement civil[4]. Le ministre de l'Intérieur déclare à l'évêque le 14 mai 1818 qu'il doit envoyer « des réprimandes aux curés qu'un zèle trop ardent entraîne ». Le ministre rappelle ensuite

---

1. A. D., Chapitre de Bayeux 880, Journal de Dufour.
2. A. N., F 19-5668, Le préfet du Calvados au ministre de l'Intérieur, 10 juin 1818.
3. A. N., F 19-5668.
4. A. N., F 19-5668, Le préfet du Calvados au ministre de l'Intérieur, 7 mai 1818.

que l'évêque doit prêter attention aux modifications des anciens rituels et du degré d'indulgence qui existe depuis ces changements. Il ajoute, enfin, cette note, écrite de sa propre main : «Les règles du rituel même indiquent les moyens charitables pour ne pas refuser la sépulture aux suicidés; elles sont appliquées de cette manière à Rome et à Paris»[1]. Mgr Brault réagit le 12 juin 1818; il fait part de son désaccord au ministre de l'Intérieur en déclarant que les curés de Bayeux et de Caen n'ont fait qu'appliquer les lois canoniques. Il affirme que, contrairement à ce que déclarent les plaignants, les refus de sépulture ecclésiastique, loin de provoquer des troubles, satisfont la plupart des habitants qui auraient été indignés si ces ecclésiastiques avaient adopté une autre conduite. Il ajoute que les curés ne prononcent pas injustement de tels refus mais qu'ils regardent si l'individu était ou non en état de démence au moment du suicide; de plus, ils vérifient si le crime a été juridiquement constaté[2]. Dans sa réponse du 20 juin 1818, le ministre reconnaît que, effectivement, la loi canonique concernant les suicidés n'a pas changé et que la loi civile se réfère à elle. Il reste qu'il fallait autrefois un «acte judiciaire» pour la constatation d'un tel crime; dans le silence des lois actuelles, les prêtres sont placés dans une position inconfortable. Or, ils doivent «se réfugier dans la charité évangélique dont la maxime est que : dans les choses incertaines, il faut toujours présumer le bien». Pour le ministre, même si les faits prouvent le suicide, le curé peut toujours accéder au désir de la famille en invoquant la démence; il faudrait rappeler ce principe au clergé, surtout aux curés de Caen et de Bayeux; il est conforme à l'avis que Portalis avait déjà exprimé dans une lettre envoyée à l'évêque de Bayeux en 1806[3].

La location des bancs et chaises est un évènement important dans la vie d'une paroisse. Chaque famille tient à conserver sa situation dans la nef de l'église; la municipalité, les marguilliers et les membres des confréries ont droit aux places d'honneur. À Pont-Bellanger, on procède, en 1821, à la location des bancs et bancelles; le curé, Goret, estime que hommes et femmes ne doivent pas s'asseoir sur les mêmes bancs; il décide que, comme jadis, les hommes se mettront près du chœur dans le haut de l'église et les femmes dans la nef. Les familles sont troublées car elles s'attendaient à retrouver les places de la location précédente. Le curé, de

1. A. N., F 19-5668.
2. *Ibid.*
3. *Ibid.*

plus, refuse d'octroyer les deux bancs d'honneur au maire et à son adjoint et préfère les réserver aux chantres et aux enfants [1]. Le Normand ne desserre pas volontiers les cordons de sa bourse; il refuse parfois l'augmentation de la location; au Bény-Bocage, en 1816, le curé, Criquet, a bien du mal à convaincre les paroissiens de louer des bancs dont le tarif leur paraît trop élevé [2]. À Bernières-le-Patry, des jeunes gens occupent un banc dans la nef, au milieu des femmes, ce qui donne lieu à des scènes scandaleuses. Ils sont soutenus par les marguilliers. Le desservant obtient de l'évêque une ordonnance qui leur enjoint de déguerpir. Les marguilliers l'interceptent avant qu'elle soit lue au prône. Saisi par l'évêque, le préfet menace de traduire en justice les marguilliers qui s'opposent à l'ordonnance épiscopale et de les remplacer [3].

Les éléments du renouveau.

Les pèlerinages.

Après la clandestinité des années de la Révolution, on constate la renaissance des pèlerinages. Les épidémies et les disettes (1812-1816) contribuent à leur résurgence. Dans le diocèse, le pèlerinage côtier de Notre-Dame-de-Grâce, surplombant Honfleur et l'estuaire de la Seine, est très fréquenté. Dès 1802, il est desservi par un ancien réfractaire et Bonaparte y vient cette année-là. En 1817, ce seront le cardinal Cambacérès et le duc d'Angoulême. En 1821, deux touristes voltairiens, traversant l'estuaire de la Seine, du Havre à Honfleur, voient tous les matelots qui sont sur le paquebot faire le signe de la croix au moment où le bateau passe à la hauteur de Notre-Dame-de-Grâce; les marins ne sont donc pas en reste pour les dévotions. Toutefois le plus important sanctuaire demeure, dans la plaine de Caen, Notre-Dame-de-la-Délivrande qui n'a pas cessé d'attirer les foules de pèlerins durant la Révolution, malgré la vente de la chapelle et l'enlèvement de la statue. Au plus fort de la Terreur, les gens chantaient messe et vêpres dans les champs ou sur la place de la chapelle. Le culte est rétabli à la Délivrande, dès juin 1802,

---

1. A. D., Z 2433, Le maire de Pont-Bellanger au sous-préfet de Vire, 24 janvier 1821.
2. A. D., Z 2433, Le curé de Bény-Bocage au sous-préfet de Vire, 7 juin 1816.
3. A.D., Z 2433, Le préfet du Calvados au sous-préfet de Vire, 30 frimaire an XIV (21 décembre 1805).

avant même le retour de la statue et plus de quatre mille messes sont enregistrées avant la fin de cette année, atteignant d'emblée le régime «de croisière» de plus de huit mille par an (8 079 en 1809). Les marins viennent en grand nombre : ils accrochent des petits vaisseaux aux voûtes de la chapelle. Des guérisons sont signalées; les dons affluent. En 1816, un inventaire mentionne que le trésor du sanctuaire possède huit manteaux et sept voiles pour la statue de la Vierge noire, un ostensoir, un grand ciboire et deux burettes en argent. L'évêque de Bayeux n'oublie pas la Délivrande; il s'y rend lors de la prise de possession de son siège, comme les évêques d'Ancien Régime, et dans les grandes circonstances.

Les confréries.

Sous l'Ancien Régime, le diocèse de Bayeux était très riche en confréries. La vitalité de certaines paroisses s'expliquait par le rayonnement des nombreuses fraternités. C'était le cas à Vire où l'on trouvait des confréries pieuses de drapiers, menuisiers, etc., celles de Saint-Michel, de la Passion, de Sainte-Marguerite, de Sainte-Cécile, de la Nativité, du Saint-Sacrement et du Sainte-Esprit. La dernière née était celle du Calvaire, en 1789. Ces confréries commandaient des messes et des saluts, si bien qu'il y avait dans les églises une alternance perpétuelle d'offices religieux. On notait la même vitalité à Pont-l'Évêque avec les confréries du Saint-Sacrement, du Rosaire, de Saint-Sébastien et de Saint-Roch. En revanche, Honfleur avait une vie religieuse perturbée; les confréries étaient donc peu actives, hormis celles du Saint-Sacrement, du Saint-Nom de Jésus et des Charités [1].

À partir du concordat de 1801, la reconstitution des confréries est soumise à une approbation de l'évêque, avalisée par l'autorité administrative. Sous l'Empire, le gouvernement se méfie de ces groupements qui peuvent être des foyers de résistance royaliste et entretenir l'esprit de division dans les paroisses. Un règlement épiscopal du 2 fructidor an XI (20 août 1803) signale que des associations de fidèles non reconnues par les autorités se créent en diverses paroisses et prétendent choisir leurs chapelains sans l'autorisation de l'évêque. Il rappelle donc les conditions de reconnaissance des confréries : envoi des statuts à l'évêque et approbation du gouvernement [2]. En 1807, le préfet avertit l'évêque que la congré-

---

1. E. SEVESTRE, *La Vie religieuse dans les principales villes normandes pendant la Révolution (1787-1801)*, p. 7 (Vire), 295 (Pont-l'Évêque), 321 (Honfleur).
2. A. D., V 157.

gation du Culte de la Vierge Marie est une association interdite par le gouvernement car ses principaux membres, qui se réunissent dans quelques églises de Paris et de Bordeaux, ont été arrêtés. Ils s'entretenaient, en effet, de faits étrangers à la religion. Brault doit lui signaler si cette confrérie a quelque ramification dans son diocèse[1]. Le curé de Vire, Allais, note que quelques membres de la congrégation habitent Tallevende-le-Grand et qu'ils ont l'intention de demander prochainement leur reconnaissance. Le curé est opposé à ce projet car, depuis la suppression de cette confrérie, le canton est calme. Or, si la congrégation est rétablie à Tallevende-le-Grand, les membres de la ville de Vire relèveront la tête. Allais conclut : « Si ces gens veulent être dévots à la Sainte Vierge, qu'ils fréquentent les sacrements les jours de fêtes instituées en son honneur, qu'ils se montrent assidus à la paroisse et qu'ils édifient par leur conduite régulière. Il n'est pas besoin de dévotions particulières qui engendrent l'orgueil et ne rendent pas les gens meilleurs[2]. »

Le gouvernement de la Restauration ne met plus d'obstacle à la reconstitution des confréries. À Vire, par exemple, le premier curé concordataire, Allais, meurt en 1815. Son successeur, de La Coudre, rétablit la congrégation dès sa nomination. Le 6 mai 1817, les membres de la congrégation se réunissent avec ceux de la confrérie de la Nativité, érigée à la chapelle Sainte-Anne, et décident leur fusion. Il est prévu que la nouvelle confrérie, dont le nom sera choisi par l'évêque, organisera des processions ; il s'agit de celles du vendredi saint au calvaire, du samedi de la Pentecôte à Neuville, du dimanche dans l'octave de saint Roch à l'hospice, du dimanche dans l'octave de la Nativité à Sainte-Anne. La procession comportera le transport de la statue de la Sainte Vierge et, au retour, la bénédiction avec le saint ciboire. Il est spécifié, enfin, que ces processions auront lieu de grand matin pour ne pas troubler les offices de la paroisse auxquels les membres de la confrérie participent[3]. Le curé de Vire appuie la demande des membres des deux fraternités en signalant à l'évêque qu'il leur a permis de se réunir dans l'église Sainte-Anne tous les dimanches matin pour y réciter l'office de la Sainte Vierge ; ils le font depuis l'Annonciation à la grande édification de toute la ville. Le 19 mai 1817, l'évêque autorise les processions de la nouvelle confrérie à condition qu'elles soient présidées par le curé ou l'un de ses vicaires[4].

---

1. A. E., Dossier Mgr Brault, année 1807, Le préfet du Calvados à l'évêque de Bayeux, 7 novembre 1807.
2. A. E., Dossier Mgr Brault, 1808, Allais à Brault, 29 août 1808.
3. A. D., 78 F 206, Les membres de la congrégation de Vire à l'évêque de Bayeux, 6 mai 1817.
4. A. D., 78 F 206 : de La Coudre à Brault, 15 mai 1817 ; Brault à de La Coudre, 19 mai 1817.

On note dans les villes une diminution notable du nombre des confréries par rapport à l'Ancien Régime ; à Honfleur, par exemple, sur neuf confréries établies avant la Révolution, seulement deux se reconstituent sous le Concordat : la confrérie de Sainte-Catherine, fondée en 1660, disparue en 1789 et rétablie en 1803, et la confrérie de Sainte-Anne ou de la Sainte-Famille, fondée en 1684, qui n'a pas disparu durant la Révolution. Elle est confirmée par Bisson le 15 floréal an VIII (5 mai 1800), puis par Brault, le 29 novembre 1810. Le règlement du 12 juillet 1811 prévoit que chaque membre doit faire célébrer une messe pour le repos de l'âme de chacun des frères décédés et qu'il assiste chaque année à divers offices religieux [1]. La cathédrale de Bayeux comprend deux grandes confréries : celle du Saint-Sacrement qui contribue à l'adoration du saint sacrement, érigée par ordonnance de Mgr Brault, le 8 novembre 1804 [2], et la confrérie de la Sainte-Croix-du-Calvaire, fondée par les jésuites en 1747 et rétablie en 1805 pour honorer la croix, encourager la pénitence et la patience dans les épreuves, ainsi que la préparation à une bonne mort. Ses exercices spirituels sont ordonnés à cette finalité ; le vendredi : chemin de la croix et assistance à la messe paroissiale, pratique du premier vendredi du mois (messe et salut du saint sacrement), des cinq vendredis de carême ; le vendredi saint : halte au calvaire avec veille par les frères à tour de rôle. La fête de la confrérie est le 14 septembre : l'exaltation de la Sainte Croix ; elle demande ce jour-là un service solennel pour les morts ; elle organise des neuvaines au calvaire, assiste les confrères malades et les assure des prières des membres au moment de leur agonie [3]. Une grande paroisse comme Saint-Étienne de Caen comprend : une confrérie du Très-Saint-Sacrement restaurée en juillet 1803, dont les statuts datent du 23 juillet 1645. Le curé, Desbordeaux, prescrit aux membres de se rendre à l'église toutes les fois que le saint-sacrement est exposé et d'assister aux offices et processions de la Fête-Dieu, un cierge à la main. On trouve aussi une confrérie de la Bonne-Mort, «afin d'obtenir du ciel une mort douce et heureuse». La cotisation annuelle de ses membres est de un franc vingt ; ils peuvent aussi souscrire un abonnement à vie. Les membres inscrits ont droit à une messe au moment de leur agonie et à plusieurs autres après leur mort. Chaque jour, deux messes sont dites pour les associés : une pour les vivants et une pour les morts. Les deux messes du dimanche sont célébrées à l'intention de la per-

---

1. P. BRÉAD, *Les Anciennes Confréries de Honfleur*, p. 64-65.
2. A. D., F 5661.
3. *Statuts de la confrérie de Sainte-Croix du Calvaire*, Bayeux, 1805.

sonne agrégée à la confrérie qui mourra la première. Le fête principale est le quatrième dimanche de janvier. On compte aussi une congrégation de vierges fondée par Desbordeaux en 1808, approuvée par Brault en 1814 et par le pape Pie VII en 1817, qui se réunit dans la chapelle Halbout. Enfin, le tiers ordre de Saint-François est fondé par le père Jean-François Michel, missionnaire retiré sur la paroisse. Une grande chapelle située sous la tribune de l'horloge, baptisée Saint-François-d'Assise, est consacrée à cette pieuse union [1].

Les confréries de Charité [2] sont typiquement normandes. Leur origine remonte à 1060, à l'époque du duché, lors des grandes épidémies de peste bubonique. Leurs membres étaient chargés d'enterrer les morts et ils faisaient célébrer des messes de *requiem*. La plus ancienne serait celle de Menneval, près de Lisieux, fondée en 1080. Les confréries de Charité, supprimées par la Révolution, se reconstituent à partir de 1807, spécialement dans le pays d'Auge, autour de Lisieux et de Pont-l'Évêque. Les «charitons» apportent des secours matériels et spirituels aux indigents, constituent des dots pour les filles des confrères dans le besoin, assistent les orphelins, décorent et entretiennent les églises; ils rehaussent de leur présence les cérémonies religieuses. Leurs statuts datent des XIVe et XVe siècles. La confrérie est en principe érigée en l'honneur de la Sainte Trinité, du Saint Esprit, de Notre-Seigneur, du saint sacrement, de la Sainte Vierge ou d'un saint : Joseph, Jean-Baptiste, Michel, Sébastien. Tous y ont accès : nobles, bourgeois, ouvriers... Une Charité comporte douze membres servants, chiffre des apôtres (ou treize : évoquant le Christ et les apôtres) et un nombre illimité de participants des deux sexes qui assistent aux prières et aux messes. Ils paient tous une cotisation hebdomadaire ou une somme fixe qui les affranchit de toute cotisation. À leur tête est placé le chapelain, c'est-à-dire le curé dans les petites paroisses ou un vicaire dans les paroisses urbaines, puis deux membres élus : l'échevin, dont les pouvoirs sont étendus, et le prévost ou l'économe, assisté du sous-prévost et du clerc receveur. À la fin de sa charge, l'échevin devient antique, puis antique honoraire à vie, dignité la plus élevée. Tous les charitons sont vêtus de la soutanelle avec bonnet carré et, surtout, le chaperon, vaste écharpe de velours reposant sur l'épaule gauche, de couleur vive et brodée, portant sur un pan la dignité et sur l'autre pan le nom de la confrérie. Le cloqueteur, seul, est

---

1. L. HUET, *Histoire de la paroisse Saint-Étienne de Caen (1791-1891)*, p. 71-74; A. D., Chapitre de Bayeux 880, Journal de Dufour; «Notice sur la paroisse Saint-Étienne de Caen» : voir l'annexe 15, p. 469.
2. M. QUÉRUEL, Les confréries de charité de Normandie», p. 9 s.

vêtu d'une dalmatique aux couleurs de la confrérie. Précédant la bannière et la croix d'argent, il scande la marche de ses deux tintenelles. Il se rend aux carrefours annoncer le décès des confrères et les fêtes du lendemain et, certaines nuits, en particulier les 1er et 2 novembre, il parcourt les rues en lançant le cri des patenostres : « Réveillez-vous, vous tous qui dormez, priez Dieu pour les fidèles trépassés. » Aux inhumations et processions, les charitons portent un cierge de cire jaune au panonceau frappé de l'effigie du saint patron. Ils ont un banc réservé à l'église, aussitôt après le clergé, appelé « chambre de charité », ont droit à l'eau bénite, au pain bénit, au baiser de paix et à une chapelle particulière. Les confréries de Charité se reconstituent bien dans les campagnes, beaucoup plus difficilement dans les villes. Elles acquièrent donc un aspect rural qu'elles n'avaient pas avant la Révolution et contribuent, dans le pays d'Auge, à la renaissance de la vie religieuse et au dynamisme des paroisses.

Les missions paroissiales.

Sous l'Empire, le nombre des missions paroissiales se multiplie malgré leur interdiction. Cette mesure est rappelée par le ministre des Cultes dans une circulaire du 19 septembre 1809. L'Empereur défend d'employer, pour la prédication, des prêtres missionnaires; ceux-ci, errants, ne connaissent ni les habitants ni les mœurs du peuple : « Ils ne font que l'agiter par un zèle outré sans utilité pour la religion. » Les évêques doivent donc, avec l'aide des préfets, faire cesser leurs activités sans délai [1]. La circulaire est suivie d'une lettre explicative de Fouché dans laquelle le ministre de la Police avoue au préfet la véritable raison de cette interdiction : cette mesure vient de lui, car il a souvent présenté à Napoléon les abus qui résultent de la prédication et des missions de « prêtres ambulants ». Ces hommes étrangers se font remarquer par des « sermons extravagants et fanatiques ». Or, le gouvernement, depuis le Concordat, ne reconnaît que les évêques, chanoines, curés, vicaires et desservants légalement désignés : « voilà les vrais ministres de la religion ». Hors du cadre du Concordat qui prévoit un clergé sédentaire dont la surveillance est facile, le gouvernement ne peut donc admettre l'existence de prêtres itinérants difficilement contrôlables, dont les idées lui sont hostiles; il ne néglige pas non plus l'impact de leurs prédications sur une population avide de les

---

[1]. A. D., V 38, L'évêque de Bayeux au préfet du Calvados, 16 octobre 1809.

entendre. Fouché rappelle donc que le préfet doit interdire toutes les missions et arrêter tout prêtre prédicateur [1]. Le préfet du Calvados transmet cette instruction à Brault, le 4 octobre, en ajoutant qu'il suffit que l'évêque adresse un simple avis aux prédicateurs pour qu'ils renoncent [2]. L'évêque prend acte de cette décision auprès du préfet du Calvados, sans commentaire, le 6 octobre [3]. Brault n'admet pas cette interdiction totale, qui contredit le Concordat; l'article organique 50 stipule, en effet, que les prédications, en particulier les stations d'avent et de carême, seront données par des prêtres autorisés par l'évêque. Il reçoit de nombreuses lettres des curés de Caen, à qui le maire bonapartiste, Lentaigne de Logivière, s'est empressé de transmettre la lettre du préfet du 4 octobre; ces prêtres, hostiles à cette mesure, demandent à l'évêque quelle conduite ils doivent adopter. De plus, le maire de Bayeux, Genas-Duhomme, lui a signalé que dans plusieurs chapelles particulières fermées depuis le Concordat, ont lieu des offices religieux célébrés par des prêtres dont il ignore s'ils sont en communion avec l'évêque. Des prédications sont assurées par ces ecclésiastiques; cette conduite ne va-t-elle pas à l'encontre des ordres du gouvernement [4]? L'évêque de Bayeux se résout alors à rédiger un règlement qu'il présente ainsi au préfet du Calvados : « J'ai résolu de rédiger un règlement général dont je vous adresse un exemplaire. Je crois avoir suivi les intentions de Sa Majesté tout en usant de la faculté de chaque évêque de régler comme bon lui semble la prédication de la parole de Dieu dans son diocèse. Vous pouvez assurer le ministre de la Police qu'il ne se fait aucune mission dans le diocèse sans que je le permette et tant que Sa Majesté jugera qu'elles n'ont aucun inconvénient [5]. »

Autant dire que Brault ignore l'interdiction totale décidée par Fouché. Le règlement en quatre articles est envoyé à tous les curés et desservants du diocèse :

La prédication de l'évangile est une tâche essentielle du prêtre; mais on doit apporter une grande vigilance à ceux qui en sont chargés afin de prévenir les abus d'un zèle mal entendu préjudiciable à la religion et à la tranquillité de l'État.

---

1. A.D., V 38, Le ministre de la Police au préfet du Calvados, 1er octobre 1809.
2. A. D., V 38.
3. *Ibid.*
4. A. E., Dossier Mgr Brault, année 1809, Genas-Duhomme à Brault, 28 octobre 1809.
5. A. D., V 38.

article 1 : il n'y aura aucune prédication ni retraite sans autorisation spéciale et écrite de l'évêque.

article 2 : une permission analogue est exigée des prédicateurs d'Avent et de Carême.

article 3 : tout prêtre qui ne sera pas chanoine, curé, desservant, vicaire, supérieur de séminaire, chapelain d'hospice ou d'école, ne pourra pas prêcher sans l'autorisation spéciale de l'évêque.

article 4 : ces mêmes personnes ne pourront prêcher hors de l'arrondissement où ils ont leur domicile sans permission spéciale de l'évêque[1].

Ce règlement est approuvé par le ministre des Cultes[2]. Fouché rencontre l'opposition d'un nombre important d'évêques. Le ministre des Cultes leur adresse une lettre d'éclaircissements, le 4 novembre 1809 : « La circulaire que j'ai envoyée sur les ordres de sa Majesté le 19 septembre 1809 ainsi que celle du ministre de la Police ont laissé quelques doutes dans l'esprit de plusieurs prélats. » Il répond donc à quelques questions : « 1) un évêque peut-il employer un prêtre étranger pour prêcher ? oui, avec l'approbation du ministre des Cultes. 2) un évêque peut-il employer pour prêcher ou pour donner des instructions pastorales dans une paroisse de son diocèse un ou deux prêtres d'une autre paroisse ? oui, sans permission. J'en réponds. 3) un évêque peut-il employer pour la prédication un ecclésiastique de son diocèse qui, s'étant plus particulièrement adonné à ce ministère, n'a point d'emploi fixe, tel que celui de chanoine, curé, desservant ou vicaire ? 1° oui, s'il a été reçu docteur ou gradué en théologie dans nos écoles ; 2° s'il a prêté serment de professer les quatre propositions ; 3° s'il n'a pas été missionnaire, s'il n'est pas sorti de France, enfin s'il ne tient aucune coterie, églises particulières, et s'il n'a de relations qu'avec son évêque, curé ou chapitre »[3].

Portalis revient donc sur l'interdiction totale ; il cède face à la résistance de l'épiscopat. Brault, habilement, ne manquera pas de se référer à cette circulaire pour dénoncer la lettre du ministre de la Police quand celle-ci sera invoquée par certaines autorités locales pour interdire toute prédication. Il la publie sous la forme d'un règlement épiscopal en date du 4 janvier 1810[4]. Le 20 novembre 1809, Brault demande à Caffarelli d'écrire aux sous-préfets et aux maires pour leur

---

1. A. D., V 38 ; A. N., F 19-5668, Règlement de l'évêque de Bayeux concernant les prédications, 12 octobre 1809.
2. A. N., F 19-5668.
3. A. D., V 38.
4. A. D., V 38.

demander « de ne pas donner une interprétation trop étendue à la lettre du ministre de la Police » ; ils doivent tenir compte de la lettre du ministre des Cultes du 4 novembre qui exprime exactement les intentions de l'Empereur[1]. Le préfet est bien embarrassé ; il envoie le 28 novembre 1808 à Fouché la lettre du ministre des Cultes ainsi que celle de l'évêque et lui demande quelle conduite il doit tenir[2]. On connaît la réponse par l'attitude du préfet dans l'affaire qui survient à Vire au début de 1810. Brault a permis à plusieurs prêtres de son diocèse de prêcher les stations de carême à Notre-Dame. Le maire de Vire, s'appuyant sur les décisions du ministre de la Police, a demandé au curé de renvoyer ces prédicateurs. Or, l'évêque rappelle que le ministre des Cultes a permis, dans une circulaire du 4 novembre 1809, l'emploi des prédicateurs autorisés par l'évêque. Il demande au préfet d'intervenir auprès du maire[3]. Caffarelli obtempère aussitôt en invitant le sous-préfet de Vire à dire au maire que, dans le domaine des prédications, « il ne peut pas de son chef décider de cette question ». Il joint à sa lettre la circulaire du ministre des Cultes du 4 janvier 1810. L'épiscopat a donc gagné contre Fouché. Les missions auront lieu, mais moyennant une permission accordée cas par cas par le ministre des Cultes lui-même. Ainsi, le 19 avril 1810, Brault demande au ministre des Cultes que Guillou, prêtre de Saint-Sulpice à Paris, puisse prêcher à Saint-Étienne de Caen, à la demande du curé, dans l'octave de l'Ascension[4]. Le 27 avril 1810, le ministre accorde la permission pour ce seul sermon[5]. Jusqu'à la fin de l'Empire, les autorités administratives réduiront le droit de prédication pour des raisons politiques.

Sous la Restauration, les missions sont encouragées et deviennent un moyen privilégié d'évangélisation et de renouveau de la vie religieuse. Les missions se multiplient dans les paroisses, spécialement lors de l'avent ou du carême. La Société des missions de France, dirigée par le père Rauzan, est érigée et, en 1820, le gouvernement retire aux préfets le droit d'interdire une mission[6]. L'évêque de Bayeux se lance totalement dans cette forme d'évangélisation qui a fait ses preuves sous l'Ancien Régime, spécialement au lendemain du concile de Trente, au XVIIe siècle, avec saint Jean Eudes. Une mission destinée à toute la ville de Caen est annoncée dans

---

1. A. D., V 38.
2. *Ibid.*
3. A. D., V 38, Brault à Caffarelli, 29 mars 1810.
4. A. N., F 19-5668.
5. *Ibid.*
6. F. PONTEIL, *Les Institutions de la France de 1814 à 1870*, p. 108.

une lettre épiscopale du 10 octobre 1816 ; elle commence le 10 novembre et dure jusqu'à Noël. Le 10 novembre, une procession du clergé et des fidèles a lieu dans le centre de la ville ; le point de départ et d'aboutissement est l'église Saint-Pierre ; le trajet passe par la place Royale. Quatre églises sont retenues pour les prédications : Saint-Pierre, centre de la mission, Saint-Étienne, Saint-Jean et Saint-Michel de Vaucelles. Une instruction est donnée chaque jour après la messe de six heures du matin et celle de cinq heures et demie du soir, ainsi que chaque dimanche après les vêpres. La prédication est assurée par huit missionnaires de la Société des missions de France en présence de Rauzan lui-même. Brault participe activement à la retraite. Il est à Saint-Pierre, le jour de l'ouverture ; le 23 décembre, il bénit le calvaire de Vaucelles, payé par les fabriques de Saint-Étienne, Saint-Pierre, Saint-Jean, Saint-Sauveur, Notre-Dame et celles de Saint-Gilles et de Saint-Michel de Vaucelles associées, chacune pour un sixième de la somme globale. La cérémonie est impressionnante et contée ainsi par *Le Journal du Calvados* : « Les missionnaires ont planté lundi 23 décembre un calvaire sur une de nos grandes routes. À midi, la procession s'est mise en marche. Elle était ouverte par la gendarmerie. Viennent ensuite les jeunes filles qui se sont consacrées au culte de la Vierge. Elles étaient vêtues de blanc... Bientôt apparaissait la croix ; elle était portée par des hommes qui se relayaient. Ils étaient cinq cents... Le clergé, les missionnaires, Mgr l'évêque, les autorités civiles et militaires suivaient dans l'ordre accoutumé. La marche était fermée par la compagnie départementale ; c'était la garde nationale et la légion de la Seine qui formaient la haie... Sur toutes les éminences environnantes se pressait une foule considérable, partout on n'entendait que des chants, que des cris d'amour et de joie. Après que la croix a été plantée, M. de Rauzan a improvisé un éloquent discours [1]... »

La clôture de la retraite est présidée par l'évêque le jour de Noël 1816 à Saint-Pierre ; trois mille hommes communient et les fidèles voient les missionnaires prendre la route de Rennes avec regret. Les paroisses de Caen vont bénéficier d'un renouveau important de la pratique religieuse à la suite de cette retraite qui a marqué profondément les esprits [2].

Les paroisses rurales ne sont pas en reste dans le domaine des missions. Par exemple, à Cahagnes, bourgade de 1 835 habitants dans le canton d'Aunay-sur-Odon, une mission est prêchée par sept missionnaires en mai 1821. Elle dure six semaines avec trois sermons chaque jour à cinq heures,

---

1. HUET, p. 53-54.
2. A. D., Chapitre de Bayeux 880, Journal de Dufour.

quinze heures et dix-neuf heures, sauf le samedi où il est prononcé seulement à cinq heures. L'église a bien du mal à contenir tous les fidèles qui viennent non seulement de Cahagnes, mais encore des communes alentour. Les dimanches et fêtes, les missionnaires prêchent dehors, dans la cour du presbytère, car l'église est trop petite pour accueillir les six mille personnes présentes. Au début de juin, treize processions viennent à Cahagnes de différentes paroisses voisines ; les curés sont invités à venir aider les missionnaires pour entendre les confessions. Mille deux cents personnes chantent les vêpres dans la cour du presbytère. Enfin, le 6 juin 1821, la mission s'achève par la plantation d'un calvaire au cours d'une cérémonie durant laquelle les fidèles sont invités à acclamer le roi, les Bourbons et le duc de Bordeaux [1]. Une mission coûte cher à la paroisse ; aussi le curé est-il parfois obligé, avec regret, de renoncer à ce projet. À Vimoutiers, le desservant, Larnelle, fait part de son désappointement à l'évêque : il aurait voulu faire appel à la Société des missions de France pour prêcher une mission, mais ses ressources modiques l'obligent à renoncer à ce projet. Il le regrette car « une simple retraite aurait ébranlé les consciences opaques de mes gens, ouvrant la voie à mon propre travail [2] ».

Mgr Brault désire instaurer une Société de missionnaires dans son propre diocèse [3]. Il est encouragé par Rauzan qui, le 21 février 1815, lui présente l'avantage qu'il aurait d'organiser des missions pour la renaissance de la foi. Il ajoute que le roi souhaite voir chaque évêque faire le sacrifice de quelques sujets pour une telle œuvre qui vise à restaurer la religion en France ; il incite donc Brault à désigner quelques prêtres pour aller se former à Paris [4]. L'évêque répond qu'il existe à trois lieues de Caen, près de la mer, une chapelle placée sous le vocable de Notre-Dame-de-la-Délivrande, qui est très vénérée dans le diocèse et dans les diocèses voisins. Pendant l'été, elle est fréquentée par un grand nombre de pèlerins ; elle est desservie par deux ou trois prêtres désignés par Brault et logés dans une maison dépendante de la chapelle. L'évêque propose à Rauzan d'envoyer deux ou trois membres de la Société des missions de France, qui seraient fort utiles à la Délivrande. Ils pourraient prêcher des retraites dans les dif-

---

1. A. D., Z 2433, Le maire de Cahagnes au sous-préfet de Vire, 29 mai 1821.
2. A. E., Dossier de Mgr Brault, année 1819, Le curé de Vimoutiers à l'évêque de Bayeux, 6 août.
3. GAUTIER *Histoire des missionnaires de Notre-Dame-de-la-Délivrande*, p. 13-47 ; A. D., F 5661, Biographie de Mgr Brault par l'abbé Michel.
4. A. D., 78 F 94.

férentes villes du diocèse, et comme le nombre des pèlerins n'est important que durant deux ou trois mois, il suffirait de n'en laisser qu'un pendant le reste de l'année pour desservir la chapelle. « Il faut savoir enfin, ajoute l'évêque, que les oblations des fidèles sont plus que suffisantes pour l'entretien de deux prêtres; si des missionnaires s'établissaient ici, elles augmenteraient encore [1]. » Rauzan envoie deux prêtres : Montanier et Lowenbruck. L'évêque s'entretient avec son conseil et les directeurs des séminaires, en particulier, Gournay, supérieur du grand séminaire, pour choisir de jeunes ecclésiastiques en vue de constituer cette nouvelle œuvre. Il en découvre quatre : Louis Saulet : vicaire à Longueville (canton d'Isigny) depuis quelques mois, il a été ordonné prêtre en 1819, à l'âge de vingt-trois ans ; Il est réputé pour ses talents de prédicateur et son zèle pastoral, surtout auprès des enfants ; Le Herpeur, encore diacre à cette époque, futur évêque de la Martinique ; Farolet et Guérard, deux prêtres du diocèse. La petite communauté des missionnaires diocésains s'installe au château de Sommervieu, près de Bayeux, ancienne résidence d'été des évêques de Bayeux, devenue propriété du grand séminaire depuis 1808. Gournay propose donc que son économe, Houssard, pourvoie aux besoins matériels des six missionnaires ; l'évêque approuve ce projet. Après une courte période de formation assurée par le supérieur provisoire, Montanier, aidé de Lowenbruck, les missionnaires de Bayeux entreprennent, en 1820-1821, une première série de missions qui les conduisent successivement à Pont-l'Évêque (29 octobre 1820-7 mars 1821, avec une interruption en janvier et février), à Honfleur (mars-avril 1821) et à Cahagnes (13 mai-10 juin 1821). Leurs efforts sont couronnés de succès ; c'est pourquoi l'évêque leur confie aussitôt d'autres missions. Ils repartent donc à l'automne 1821 pour prêcher une mission à Banneville-sur-Ajon, Orbec, Aunay-sur-Odon et Villers-Bocage ; durant le carême de 1822, ils sont à la Falaise : quatre mille hommes participent en l'église de la Trinité à la rénovation des vœux du baptême, et la plantation du calvaire se déroule dans une atmosphère de liesse populaire. Ils se rendent ensuite à Clécy, en mai 1822, puis à Angerville, Dozulé, Danestal et Douville à l'automne de cette même année, enfin, à Isigny, en décembre, et à Saint-Pierre-sur-Dives, en mai 1823.

Dès 1821, quatre nouveaux prêtres rejoignent les missionnaires : Rauval, Davoult, Halley et Fouques. Toutefois, Lowenbruck est rappelé par Rauzan en avril-mai 1821, et les départs de Farolet et de Halley, suivis de Fouques, réduisent

---

1. A. D., F 5661, Brault à Rauzan, 8 avril 1815.

le nombre des missionnaires à six. Mgr Brault encourage les missionnaires ; il leur assure la subsistance et fait tout pour les mettre en contact avec les paroisses du diocèse. Dans son mandement de 1821, l'évêque veut intéresser le diocèse à l'œuvre qu'il a créée : « Il y a, dans ce diocèse, deux établissements dignes de votre attention et de vos bienfaits. Dans l'un sont réunis les élèves du sanctuaire... L'autre établissement est destiné à des ecclésiastiques qui se consacrent à l'œuvre des missions dans le diocèse. Nous les emploierons dans tous les lieux où nous reconnaîtrons l'utilité de leur ministère. Ils viennent d'en exercer les prémices avec les plus heureux succès ; bientôt, une nouvelle mission va succéder à la première. Nous avons les espérances les mieux fondées que le Seigneur répandra, de jour en jour, de plus abondantes bénédictions sur les travaux de ces hommes apostoliques. C'est donc avec confiance, nos très chers frères, que nous sollicitons vos pieuses largesses en faveur d'un établissement si important que nous n'avons formé que pour l'avantage du diocèse et le salut de vos âmes. »

Dans le dispositif du mandement, l'article 12 prévoit que le jour de Noël 1821, une quête supplémentaire devra être faite en faveur des missionnaires du diocèse. Les sommes recueillies devront être transmises par les desservants aux curés ou doyens, qui feront parvenir le montant total au secrétaire de l'évêché. À l'automne 1821, l'évêque entreprend la réalisation de son projet initial : l'installation des missionnaires de son diocèse à la Délivrande. Mais où peut-on les loger ? Au chevet de la chapelle, les deux chapelains habitent bien une maison, entourée d'un jardin, mais elle est trop petite pour abriter une communauté. Mgr Brault préside une réunion à la Délivrande à laquelle participent de nombreux prêtres et laïcs. Une somme de 8500 francs est recueillie ; parmi les bienfaiteurs figurent les noms des familles Delaunay et d'Osseville.

Les travaux pour la construction d'une nouvelle maison peuvent commencer... Dans une circulaire du 19 janvier 1822, adressée aux curés et aux desservants, l'évêque exprime son plus vif désir de voir s'affermir et se perpétuer parmi nous le précieux établissement des missionnaires diocésains ». Le 9 mars suivant, une nouvelle circulaire adressée cette fois aux seuls curés et doyens les presse d'envoyer les sommes déjà recueillies et de réclamer les quêtes qui ne leur seraient pas parvenues. Enfin, le 2 décembre de cette même année, une nouvelle circulaire adressée au clergé exhorte chacun des prêtres à recueillir au moins 30 francs pour l'établissement des missionnaires de la Délivrande. Les fidèles se montrent peu généreux, car les travaux commencés à l'automne 1821, continuent lentement en 1822 ; au commencement de l'année

1823, le vicaire général Michel ordonne de les interrompre, faute d'argent. Cet obstacle n'empêche pas l'évêque de publier l'ordonnance par laquelle il confie la chapelle de la Délivrande à la Société des missionnaires diocésains (7 avril 1823). Les deux chapelains, Berthomé et Villeroy, sont donc remplacés par une communauté de prêtres dirigée par un supérieur provisoire, Montanier, de la Société des missions de France. Le missionnaires prennent possession, en juin 1823, de l'étroite résidence des chapelains, tandis que les travaux reprennent en vue d'achever la nouvelle maison. La Société des missionnaires de la Délivrande est vraiment née [1].

1. Le 27 septembre 1823, Mgr Duperrier, successeur de Mgr Brault, promulgue l'ordonnance par laquelle la Société des missionnaires des saints Cœurs de Jésus et Marie (ou Société des missionnaires de Notre-Dame de la Délivrande) est reconnue définitivement dans le diocèse de Bayeux, après trois années de probation positives. Rappelé par Rauzan, le supérieur provisoire, Montanier, quitte la Délivrande. Son successeur, Saulet, est nommé par l'évêque de Bayeux, le 22 décembre 1823. M. Saulet contribuera à la fondation de deux congrégations féminines près du sanctuaire marial de la Délivrande : la congrégation Notre-Dame-de-la-Fidélité, en 1831, avec Mlle Henriette d'Osseville, pour l'accueil et l'enseignement des orphelines et des filles pauvres (religieuses cloîtrées) ; la congrégation de la Sainte-Famille, en 1855-1860, avec Mlle Simplice de Nicolai, pour l'accueil des filles pauvres, spécialement originaires du monde ouvrier (religieuses séculières).

CHAPITRE III

L'ÉGLISE ET L'ENSEIGNEMENT

L'enseignement primaire.

Le régime initial : 1801-1808.

La Révolution a détruit les multiples écoles paroissiales dont l'Église soutenait seule la charge. La Constituante a démoli sans reconstruire; elle a simplement posé le principe d'une instruction publique commune et gratuite. La Convention entre dans la voie des réalisations en décidant la création d'écoles primaires : le décret du 29 primaire an II (19 décembre 1793) affirme le principe de la gratuité et de l'obligation de l'enseignement. À la suite du décret du 27 brumaire an III (17 novembre 1794), la loi du 3 brumaire an IV (25 octobre 1795) prévoit la création «d'une ou plusieurs écoles primaires dans chaque canton avec gratuité pour les indigents[1]».

En 1797, un rapport sur l'état de l'enseignement dans le Calvados montre la situation pitoyable du département : «Le besoin d'instruction se fait généralement sentir, mais les écoles, sauf l'école centrale, sont mal tenues et peu fréquentés[2]». Des raisons financières obligent l'État à délaisser ou négliger l'instruction primaire. On estime qu'il faudrait vingt millions pour entretenir quarante mille écoles primaires. Or, on ne les a pas. C'est pourquoi, sous le Consulat, la loi du II floréal an X (1er mai 1802) précise que «les instituteurs seront choisis par les maires et les conseillers municipaux, logés dans les bâtiments communaux et rémunérés, comme autrefois, par les parents». Ainsi, jusqu'à la Restauration, les écoles primaires n'émargent ni au budget de l'État, ni à celui des Départements. Le gouvernement de Napoléon se préoccupe peu de l'enseignement primaire. Jusqu'en 1808, les

---

1. H. CLOAREC, *Les Frères des écoles chrétiennes et l'éducation populaire à Caen de 1814 à 1887*, p. 12.
2. A. N., F 1, C III Calvados 8.

écoles se reconstituent sous la responsabilité des préfets. Caffarelli ordonne, en l'an XI (août 1803), à chaque sous-préfet du département du Calvados d'établir un état des besoins de leur arrondissement. Dans les remarques qu'il leur adresse au vu de leurs rapports, il leur reproche de proposer la création d'un trop grand nombre d'écoles par rapport à la population.

Ainsi, il demande au sous-préfet de Lisieux de renoncer à établir des écoles dans des communes aussi peu peuplées que Ouilly-le-Vicomte, Saint-Léger-du-Houley ou Saint-Martin-du-Houley; il ajoute que pour Lisieux, le nombre d'écoles primaires peut être réduit [1]. Le préfet, après avoir établi un tableau des écoles primaires à créer, fait convoquer les conseils municipaux par le sous-préfet; ceux-ci sont chargés de désigner un instituteur et de fixer son traitement, qui est donc payé par la commune. Or, les écoles manquent de maîtres; des prêtres, qui ne peuvent pas être inclus dans la nouvelle organisation du diocèse parce qu'ils sont en surnombre ou d'anciens jureurs, offrent leurs services aux communes ou créent des écoles libres. À Falaise, tandis que l'école municipale est tenue par Jean-Pierre Hervieu, trois écoles libres sont fondées, l'une par un laïc : Jacques Dufoud (28 élèves), et les deux autres par des prêtres : Duchemin, ancien vicaire constitutionnel de Saint-Gervais pendant douze ans tient une école primaire (17 élèves) [2], tandis que Pierre Lefillatre, ancien capucin, ouvre un pensionnat (12 élèves) où enseigne Ambroise Delarue, clerc tonsuré, en tant que professeur de mathématiques [3]. À Honfleur, Jacques-Léon Martin, l'ancien curé constitutionnel de Sainte-Catherine et premier maire de la ville, dirige une école, qui comprend trente élèves, avec l'aide de trois autres prêtres anciens jureurs : Joseph Hue, Pierre Vastel et Jacques-Michel Lefèvre [4]. À Bayeux, à côté de l'école primaire, un laïc, Paul Hébert, crée une école primaire de trente élèves. À Caen, les deux premières écoles primaires ouvertes par la municipalité sont dirigées par deux laïcs : Jean-Louis Dufour et Pierre-Jean Lahlier [5]. Au 18 germinal an XII (8 avril 1804), on compte huit écoles à Caen, peu fréquentées [6]. En 1806, elles ne sont plus que trois : celle

---

1. A. D., Z 1953, Le préfet au sous-préfet de Lisieux, 12 fructidor an XI (30 août 1803).
2. A. D., F 5661.
3. A. D., T 1155; E. SEVESTRE, *La Vie religieuse dans les principales villes normandes*, p. 287.
4. SEVESTRE, p. 338.
5. SEVESTRE, p. 241.
6. A. D., 1 T 5, État préparatoire à l'organisation de l'Université.

du sieur Marc (rue Porte-au-Berger), celle de Blachet (place Saint-Gilles), et celle de Mirey (rue d'Auge). Tous trois demandent une rétribution de un franc à un franc vingt-cinq ou un franc cinquante suivant la section et ils appliquent la loi du 11 floréal an XII qui limite à un cinquième le nombre maximum d'enfants à titre gratuit. À l'encontre de Bayeux ou de Lisieux où des frères Ignorantins (frères des écoles chrétiennes) tiennent des écoles, Caen ne compte encore aucun frère instituteur», affirme le maire de Caen dans un rapport de frimaire au XIII (décembre 1804)[1].

Dans les campagnes, où les écoles primaires sont peu nombreuses, on note la fondation de quelques écoles libres : dans l'arrondissement de Lisieux à Ellon, Maison et Planquery; dans l'arrondissement de Vire à Mesnil-Ozouf, Landelle, Saint-Jean-le-Gast et Sainte-Marie-Caumont; dans l'arrondissement de Pont-l'Évêque à Beuvron, Cambremer et Saint-Hymer[2]. Les écoles s'installent souvent dans les anciens presbytères. Au moment de la nomination des nouveaux desservants, les instituteurs doivent laisser la place et bien souvent ils entrent en conflit avec la municipalité quand celle-ci ne peut pas leur accorder un nouveau logement. Ainsi Duhamel, instituteur à Moyaux, signale au sous-préfet de Lisieux qu'un arrêté préfectoral du 7 prairial an XI (27 mai 1803) lui demande d'évacuer le presbytère avant le 8 vendémiaire suivant (1er octobre 1803). Or, la commune refuse de lui fournir un autre local, faute de moyens suffisants; il demande au sous-préfet ce qu'il doit faire pour arriver à ses fins[3]. De même, lorsque le curé de Saint-Pierre-sur-Dives, Montigny, arrive d'Angleterre, en avril 1802, il trouve une école installée dans son presbytère, tenue par Choron. Celui-ci accepte de quitter les lieux et part fonder le collège de Falaise[4]. Le nouvel instituteur, Boscher, renonce au presbytère contre une indemnité de logement accordée par la commune le 2 fructidor an X (20 août 1802)[5]. Les curés demeurent vigilants et se plaignent de certains directeurs d'écoles libres. Ainsi, Desbordeaux, curé de Saint-Étienne de Caen, demande à l'évêque d'ordonner la fermeture de l'établissement scolaire

---

1. A. D., 1 T 6, Enquête du 30 frimaire an XIII (21 décembre 1804). Le maire de Caen paraît bien mal renseigné; si quelques frères isolés enseignent à Bayeux et Lisieux, il faudra attendre 1808 pour qu'ils reviennent officiellement dans le diocèse avec l'ouverture de l'école de Honfleur.
2. A. D., T 1155.
3. A. D., Z 953, Duhamel au sous-préfet de Lisieux, 18 messidor an XI (7 juillet 1803).
4. Choron partira plus tard pour Paris où il sera appelé à diriger l'Opéra.
5. H. P. VAUTORTE, *La Période révolutionnaire à Saint-Pierre-sur-Dives et dans ses environs (1786-1806)*, Caen, 1969, p. 15.

tenu par un ancien prêtre constitutionnel, Barrassin. Brault accepte et demande à Desbordeaux de lui signifier sa décision ; Barrassin ne consent qu'à la condition d'être nommé desservant de Saint-André de Fontenay [1].

Le décret du 17 mars 1808.

Le décret du 17 mars 1808 organise l'Université impériale, créée par la loi du 10 mai 1806. Le gouvernement remet officiellement l'enseignement primaire aux frères des écoles chrétiennes. Cette mesure a peu de répercussion dans le diocèse de Bayeux, où seules deux écoles sont fondées par l'institut : à Honfleur, en 1808 et à Lisieux en 1810. Dans ce dernier établissement, de vifs reproches sont adressés aux frères par Roquette, un instituteur, qui les accuse de ne recevoir que des enfants de familles aisées. Le maire de Lisieux défend la congrégation en ces termes : « Les frères remplissent les vœux du gouvernement et reçoivent les indigents comme ceux qui ont le sou et donnent des leçons gratuitement. Ce que nous avons à regretter, c'est qu'ils ne puissent en recevoir plus. Je ne crois pas qu'on puisse interdire l'entrée d'un enfant dans une telle école parce que ses parents sont aisés [2]. »

L'évêque se plaint auprès de Mgr de Casal, chancelier de l'Université impériale, de la mauvaise tenue de nombreuses écoles primaires : « Les instituteurs des campagnes et même de quelques villes enseignent dans la même classe des enfants des deux sexes ; il résulte de ce mélange de grandes inconvenances. Il est arrivé devant le juge une affaire : un instituteur accusé d'avoir séduit plusieurs de ses élèves. Toutefois, les instituteurs ont en général de bonnes mœurs. Ils sont néanmoins pour la plupart ou des ivrognes qui passent la plupart de leur temps au cabaret ou des impudiques vivant publiquement avec des personnes sans être mariés, ou des prêtres sans fonction qui ont abandonné leur état, ou des prêtres mariés. Le chagrin que me causent ces instituteurs ne doit pas cacher que quelques-uns mènent une vie exemplaire [3]. »

Les plaintes des curés à l'égard de certains maîtres d'école aboutissent parfois à leur renvoi. Ainsi, à Anctoville, Hue, le desservant signale au sous-préfet de Bayeux, le 30 mars 1810, qu'un inconnu domicilié dans sa paroisse tient une école ; c'est un homme sans mœurs ; c'est pourquoi le curé voit avec

---

1. A. D., 78 F 133, Desbordeaux à Brault, 19 février 1806.
2. A. D., Z 1953, Le maire de Lisieux au sous-préfet de Lisieux, 4 mai 1811.
3. A. E., Dossier Mgr Brault, année 1808, Brault à Casal, 24 novembre 1808.

peine que l'éducation de la jeunesse est confiée à cet individu. Le maire, à qui le curé s'est adressé, n'ose pas intervenir, car il craint, en lui demandant ses papiers, les vengeances de quelques mauvais sujets; c'est pourquoi il attend les ordres du sous-préfet[1]. Celui-ci, le 12 avril 1810, charge le maire François Lairon de mener une enquête de moralité. Il se trouve que l'instituteur, Jean-Joseph Courège, n'est pas enseignant; il exerce cette profession, car il ne bénéficie d'aucune source de revenus[2]. Le sous-préfet de Bayeux ordonne son expulsion de la commune, mais, le 8 mai 1810, quand le lieutenant de gendarmerie se présente au domicile de Courège, celui-ci a déjà pris la fuite[3].

Le gouvernement, surtout préoccupé de former l'élite bourgeoise de la nation, néglige l'enseignement primaire; c'est pourquoi des entorses au monopole sont tolérées[4]. Dans le Calvados, les écoles libres se multiplient : à Balleroy (28 élèves) et Coulombiers (44 élèves) dans l'arrondissement de Bayeux; à Lampaux (5 élèves) et Sainte-Marie-Caumont (12 élèves) dans l'arrondissement de Vire; à Le Mesnil-Touffay (19 élèves) dans l'arrondissement de Falaise; à Orbec (77 élèves), Saint-Pierre-sur-Dives (123 élèves), Saint-Jacques (2 élèves), Viette (50 élèves) et Hiéville (14 élèves) dans l'arrondissement de Lisieux; à Pont-l'Évêque (deux écoles de 50 et de 26 élèves) et à Honfleur (une deuxième école de 20 élèves)[5]...

Conscient de la situation déplorable des écoles primaires, le grand maître de l'Université impériale, Fontanes[6], adresse une lettre circulaire aux évêques de France, datée du 30 janvier 1809. Il reconnaît que les inspecteurs généraux n'ont pas le temps de visiter les établissements scolaires situés à la campagne. Or les instituteurs doivent avoir une conduite irréprochable; c'est pourquoi, il juge nécessaire de confier aux évêques, par l'intermédiaire des curés, le soin de lui fournir des renseignements sur les instituteurs afin qu'il puisse juger s'il est convenable de les maintenir dans leurs fonctions. Et Fontanes conclut : «Des instituteurs primaires plus éclairés et mieux choisis ne peuvent que favoriser les destinées de l'Église, car ils seront les alliés indispensables des curés, sur-

---

1. A. D., Z 897.
2. *Ibid.*
3. *Ibid.*
4. J. LEFLON, *La Crise révolutionnaire : 1789-1846*, p. 237.
5. A. D., T 1155, État établi par Brault en 1808 et adressé au préfet du Calvados.
6. Biographie de Louis de Fontanes : voir p. 297, n. 5.

tout dans l'instruction de la classe indigente[1]. » Ce texte, qui annonce déjà l'ordonnance de 1816, place donc les écoles primaires sous la férule des curés de paroisses. Ceux-ci n'hésitent pas à prendre le contrôle des écoles, avec l'encouragement de l'évêque, mais ils rencontrent bien des déboires. L'exemple de Saint-Jean des Essartiers est significatif : en 1809, Doyère, le curé, a créé, à la demande de l'évêque, une école qui comprend quatre élèves. Le 2 février 1809, il se plaint auprès de Brault car cette charge nouvelle, jointe aux obligations de son ministère, lui procure trop de travail. De plus, il manque d'argent et réclame une aide de Brault[2]. À la rentrée d'octobre 1809, les élèves sont huit, pour la plupart des nécessiteux et, de nouveau, le 28 mars 1810, le curé réclame des subsides à l'évêque. Le grand maître lui demande de verser la rétribution exigée dans toute école primaire, soit deux cents francs par an pour chaque élève; or, parmi les huit garçons qui fréquentent l'école, un seul paie la pension complète, les autres bénéficiant de l'aide de quelques personnes charitables[3]. L'année suivante, le curé annonce à Brault, le 9 juin 1812, qu'il va devoir démissionner; en effet, le recteur lui interdit de recevoir désormais des élèves de seconde dans son école; de plus, six élèves ne sont pas inscrits sur les listes de l'Université; or, cette omission est une infraction. Enfin, le recteur réclame toujours la rétribution de deux cents francs qu'il est incapable de payer. Et le curé conclut : « Vous auriez préféré que je démissionne de mon titre de maître de pension comme vous me le conseillâtes à Caen et que j'enseigne dans le secret, mais j'aurais été mis au nombre des maîtres qui enseignent sans autorisation, donc passible de poursuites. Je prévois qu'il faudra que j'arrête d'enseigner, ce qui me déçoit ainsi que les jeunes dont je suis chargé[4]. »

L'ordonnance du 29 février 1816.

Malgré la tentative de Carnot, ministre de l'Intérieur pendant les Cent-Jours, de laïciser l'enseignement primaire, le gouvernement de Louis XVIII édicte l'ordonnance du 29 février 1816 qui accentue la mainmise des évêques sur les écoles. Les congrégations, approuvées par la commission d'Instruction publique, ont désormais le droit de fournir des

---

1. Cité par M. GONTARD, *L'Enseignement primaire en France de la Révolution à la loi Guizot (1833)*, p. 244-245.
2. A. D., 78 F 199.
3. A. D., 78 F 133.
4. A. D., 78 F 199.

maîtres aux communes qui en demanderont (art. 36)[1]; cela permet aux sœurs de la Providence de Lisieux de s'implanter dans de nombreuses localités : Bonnebosq, Blangy, Meules, Saint-Hymer, Moyaux, Saint-Martin-de-Mailloc, Heurtement, Beuvron, Rumesnil, Littry, Saint-Vaast et Norolles[2]. Un comité cantonal pour la surveillance de l'instruction présidé par le curé est créé (art. 1); ce comité comprend le juge de paix et le principal du collège s'il y en a un dans le canton (art. 2) ainsi que trois ou quatre membres au plus, choisis par le recteur sur les indications du sous-préfet et des inspecteurs d'académie; leur nomination est approuvée par le préfet (art. 3). De plus, chaque école est surveillée conjointement par le curé ou desservant et par le maire. L'article 14 demande que tous les enfants de chaque commune reçoivent une instruction primaire et que les enfants indigents la reçoivent gratuitement[3]. En application de cette ordonnance, Bertier de Sauvigny fait publier par le recteur Alexandre, le 15 novembre 1816, un règlement de l'instruction primaire pour toute l'académie de Caen. La collusion entre l'Église et l'État pour dominer l'enseignement est totale. Il est prévu, en effet, que chaque classe commencera par le « *Veni sancte spiritus* et finira par l'*Angelus* et que la prière sera faite avant la classe du matin et à la fin de celle du soir (art. 1). Tous les samedis, il y aura répétition des leçons de catéchisme que le curé aura prescrites pour le dimanche suivant (art. 2) et les instituteurs devront accompagner leurs élèves au catéchisme du dimanche ainsi qu'à la messe et aux vêpres (art. 3 et 4). Les instituteurs devront aussi veiller à ce que les enfants, surtout ceux de la première communion, aillent se confesser (art. 5). L'article 8 présente la finalité de l'instruction publique voulue par le gouvernement de Louis XVIII avec le soutien de l'Église : « Les instituteurs feront leurs efforts pour inspirer aux enfants l'amour, le respect et l'obéissance qu'ils doivent à Dieu et à la sainte Église, à leurs parents, au roi, aux lois et aux magistrats. Ils auront soin de leur recommander autant par leurs exemples que par leurs discours l'exacte observation des commandements de Dieu et de l'Église. »

Enfin, l'article 14 stipule que les instituteurs dans les villes conduiront tous les jours les élèves à la messe : « Ils marcheront deux à deux. » En conclusion, il est rappelé que l'institu-

---

1. E. SEVESTRE, *L'Histoire, le Texte et la Destinée du concordat de 1801*, p. 84.
2. A. D., V 107, État des congrégations autorisées dans le département du Calvados, ministère des Cultes.
3. GONTARD, p. 300-304.

teur rendra compte du respect du présent règlement au maire et au curé de la commune [1].

L'Église surveille donc l'instruction primaire et, dans chaque commune, le curé s'acquitte fidèlement d'une visite mensuelle dont il rend compte au recteur de l'académie. Le 29 septembre 1816, le préfet Bertier de Sauvigny ordonne un état des écoles primaires du Calvados, mais il est muté avant d'en connaître le résultat. En août 1817, son successeur, Montlivault, présente les résultats de cette enquête, qui indique que 557 communes sont pourvues d'un instituteur, que 188 en réclament un, pour une population scolaire de 15 188 enfants[2]. Une solide évaluation se heurte toutefois à une difficulté : certaines communes ont un instituteur mais pas d'école; faute de locaux, elles préfèrent verser une indemnité de logement au maître d'école qui s'installe alors là où il peut. La Restauration permet une sensible amélioration de l'infrastructure scolaire dans le Calvados, même si les locaux demeurent encore dans un état médiocre, surtout dans les campagnes. Alors qu'en 1819, 677 communes ont un instituteur, ce qui représente une augmentation considérable depuis 1817, seules 438 communes ont une école; ce nombre baisse en 1820 : 425, et augmente sensiblement en 1821 : 457. Jusqu'en 1833, date de la loi Guizot, qui est la véritable charte de l'enseignement primaire, la situation ne s'améliorera guère, car on ne dénombrera à cette date que 535 écoles dans le Calvados, soit un établissement pour 925 habitants[3]. La situation du diocèse de Bayeux est semblable à celle de la France où le nombre d'écoles progresse peu de 1815 (20 500) à 1821 (27 581) alors que, dans le même temps, les élèves augmentent beaucoup : de 865 000 à 1 122 700[4]. Les frères des écoles chrétiennes ouvrent un troisième pensionnat à Caen en décembre 1814, qui compte soixante élèves, puis une autre école à Vaucelles en 1817[5]; dès l'année suivante, les deux établissements accueillent de trois cents à quatre cents enfants[6]. Une dernière école est créée sur la paroisse Saint-Étienne en 1820. Les trois établissements : Saint-Pierre, Saint-Michel et Saint-Étienne scolarisent 597 élèves à la fin de l'épiscopat, en 1822[7]. Les frères doivent-ils se soumettre à

---

1. A. D., Chapitre de Bayeux 880.
2. A. N., F 17-10372.
3. G. DÉSERT *Les Progrès de l'institution primaire dans le Calvados : XIXe-XXe siècles*, p. 65-82.
4. F. PONTEIL, *Les Institutions de la France de 1814 à 1870*, p. 127.
5. CLOAREC, p. 29, 38.
6. A. N., F 17-10372.
7. CLOAREC, p. 39, 41; «Les frères des écoles chrétiennes à Caen» : voir l'annexe 14, p. 467.

l'ordonnance de 1816 ? La circulaire du 19 mars 1816 résout ce problème en déclarant que l'institut fait partie de l'Université ; le monopole est donc sauvegardé, car les frères obtiennent leur brevet d'enseignement du comité cantonal en présentant la lettre d'obédience de leur supérieur général. Cette disposition est étendue aux autres congrégations enseignantes légalement reconnues [1], ce qui permet, par exemple, aux sœurs de la Providence d'ouvrir une école à Vire [2]. Toutefois, l'enseignement congréganiste, soutenu par les autorités locales, ne s'étendra qu'à partir de 1825, grâce à la loi du 4 mai sur les congrégations de femmes. L'aboutissement de la législation de 1816 sera l'ordonnance du 8 avril 1824 qui attribuera la surveillance des écoles primaires à l'évêque ; celui-ci, désormais, nommera et révoquera, seul, les instituteurs [3].

Malgré le nombre plus important d'instituteurs à la fin de l'épiscopat de Mgr Brault, on ne peut pas encore parler d'un corps enseignant ; le recrutement est anarchique et les instituteurs vivent pauvrement, devant exercer un autre métier, très souvent, pour survivre. À sa rétribution, l'instituteur ajoute, la plupart du temps, un modeste traitement de sacristain, de chantre ou de greffier de la mairie [4]. Le métier d'instituteur n'attire pas les jeunes du monde des notables et il apparaît comme le rebut où se trouvent des individus dotés d'une instruction moyenne. Le salaire est peu élevé ; vers 1815, sur 183 instituteurs du Calvados dont nous connaissons les revenus, l'indemnité annuelle versée par les communes se situe autour de 50 francs. Les indemnités supérieures à 100 francs représentent 18 % du total et 18 % sont égales ou inférieures à 30 francs. De plus, la qualification des maîtres et leur moralité restent souvent douteuses ; les curés se plaignent de leur ivresse, du concubinage, de leur âge élevé (certains enseignent encore alors qu'ils sont âgés de plus de soixante-dix ans). Les élèves, peu nombreux (autour de vingt mille en 1823) paient une indemnité mensuelle de 10 à 25 sous, selon leur classe. Les communes doivent verser pour les indigents. Les enfants reçoivent un enseignement médiocre où ne figurent ni l'arithmétique, ni les sciences, ni l'histoire, ni le dessin qu'introduira la loi Falloux de mars 1850. Il est vrai que les écoles normales n'existent pas encore puisqu'elles seront créées en 1833 pour les garçons et en 1845 pour les filles [5].

---

1. PONTEIL, p. 127.
2. A. D., Z 2433.
3. SEVESTRE, *L'Histoire...*, p. 85, 1.
4. E. SEVRIN, *Monseigneur Clauzel de Montals, évêque de Chartres (1769-1857)*, p. 72-73.
5. DÉSERT, p. 65-82.

L'enseignement mutuel.

Sous la Restauration, la commission de l'Instruction publique, désirant pallier la pénurie des maîtres, encourage une méthode d'enseignement qui s'inspire du système anglais *monitorial system* ou «enseignement mutuel», appelé aussi «lancastérien». L'enseignement mutuel est autorisé dans le royaume par l'arrêté du 22 juillet 1817. Dans ces écoles, les enfants s'instruisent par eux-mêmes; le maître donne des leçons à l'enfant le plus instruit qui transmet son savoir à ses camarades. Le maître n'a donc de contact qu'avec le moniteur. À la fin de 1819, il y a 912 écoles mutuelles en France dont 67 de filles et, en 1820, 1 300, groupant 150 000 élèves. L'Église s'insurge contre ce système d'enseignement, à cause de ses tendances républicaines et protestantes; évêques et curés signalent le danger. Le grand aumônier supplie le roi de ne pas subventionner les écoles mutuelles, hormis celles qui sont tenues par les frères des écoles chrétiennes. Les pouvoirs publics rétorquent que les écoles mutuelles n'auront que des maîtres catholiques et que la religion y sera enseignée, mais l'Église reste sceptique et il est vrai que le système représentatif à l'école sape son autorité, c'est-à-dire la foi et les principes monarchiques. Les curés interviennent alors pour entraver la création de ces écoles, avec l'appui des frères et de certains conseils généraux et municipaux; on tente de leur enlever leur soutien financier. La France est donc divisée en deux camps [1].

Dans le Calvados, cette effervescence est moins vive qu'ailleurs, car la population demeure dans l'expectative. Sa réserve est due à l'opposition résolue et unanime du clergé et des frères. Le préfet constate en 1818 : «Le Conseil général n'a rien fait pour l'enseignement mutuel. Cette méthode n'a point encore été adoptée par les conseils municipaux. Généralement, on préfère les écoles chrétiennes... Dans ce département, on calcule, on ne s'enthousiasme pas pour les nouveautés; on attend et on profite des fruits de l'expérience [2].»

Une école mutuelle est créée en septembre 1817 à Caen par l'avocat Gravier; le comité d'instruction primaire du canton ouest invite les frères à abandonner leur méthode et à adopter l'enseignement mutuel. Le frère directeur Pierre refuse et le comité porte plainte auprès du recteur le 14 septembre 1818. Celui-ci, tout en prédisant le succès de la méthode mutuelle, ne tranche pas et laisse les frères libres de choisir leur pédagogie [3]. En réalité, les parents sont attirés par

---

1. PONTEIL, p. 125-126.
2. A. N., F 1 C III Calvados 8.
3. A. N., F 17-10156.

la gratuité des écoles chrétiennes car, sans subvention de la municipalité et du département, les écoles mutuelles demandent une rétribution élevée : en 1817, 10 francs par an et par élève, 15 francs par trimestre pour les élèves de première division et 20 francs pour ceux de la deuxième division. Pourtant les écoles mutuelles acceptent les indigents ; celle de Boyau, à Caen, compte en 1822 : vingt-huit élèves gratuits et soixante-dix-sept payants [1]. L'hostilité du clergé provoque des plaintes ; on accuse les curés de paroisses de faire pression sur les familles en faveur des écoles chrétiennes. En 1819, l'évêque défend le clergé auprès du préfet : il affirme tout d'abord que ces accusations sont des calomnies ; ainsi, Beaumont, vicaire de Saint-Étienne de Caen, aurait renvoyé un enfant du catéchisme paroissial sous le prétexte qu'il fréquentait l'école mutuelle. Or, il apparaît après enquête, que cet enfant est en réalité inscrit à l'école des frères. Selon Mgr Brault, le clergé, au contraire, fait preuve d'une grande impartialité : par exemple, à Caen, le curé de Saint-Gilles accepte que les enfants de chœur aillent à l'école mutuelle ; le curé de Saint-Pierre, Boscher, habille pour la première communion les enfants pauvres qui fréquentent cette même école [2].

L'enseignement mutuel s'effondre dès 1821 car le gouvernement accepte de demander aux départements et aux communes de ne plus subventionner les écoles mutuelles. Les enfants des familles catholiques, menacés, désertent ces écoles qui sont aussi abandonnées par les maîtres, persécutés par le clergé [3].

L'enseignement secondaire.

La situation en 1801.

Comme l'enseignement primaire, les collèges d'enseignement secondaire ont été fermés par la Constituante. Les grands collèges du Calvados disparaissent, c'est-à-dire, à Caen, le collège de Normandie (ancien collège des Arts) qui, depuis l'édit-règlement de 1786 qui avait réorganisé l'université de Caen, était devenu une annexe des grandes écoles des facultés ; le collège du Mont, ancien collège des jésuites, et le collège du Bois [4]. Chacun d'entre eux comptait plus de cinq

---

1. A. D., *Journal politique et annonces*, 6 octobre 1822.
2. A. E., Dossier Mgr Brault, année 1819, L'évêque de Bayeux au préfet du Calvados, 13 septembre 1819.
3. PONTEIL, p. 128.
4. SEVESTRE, *La Vie ...*, p. 124, 131.

cents élèves. Par la loi du 3 brumaire an IV (25 octobre 1795), la Convention établit une école centrale par département. Roederer, sénateur de Caen, estime que les études scientifiques occupent trop de place par rapport aux lettres à l'école centrale de Caen : «Les écoles centrales semblent avoir entrepris de peupler la France d'encyclopédies vivantes[1].» Le recrutement de ces écoles était médiocre : on n'y entrait qu'à l'âge de douze ans et peu d'élèves se présentaient à cause du nombre insuffisant d'écoles primaires publiques. Les écoles privées gardaient donc leurs élèves.

L'enseignement secondaire sous l'Empire.

La loi du 11 floréal an X (1er mai 1802) établit l'enseignement secondaire. Il est prévu de créer un lycée dans le ressort de chaque cour d'appel, où le gouvernement accepte d'envoyer gratuitement un certain nombre d'élèves choisis par lui, et, si possible, un collège par arrondissement[2]. Pour le Calvados, on réussit à fonder, en plus du lycée de Caen, les collèges de Bayeux, Vire, Falaise et Lisieux.

Le gouvernement tarde à octroyer les fonds nécessaires à l'établissement du lycée de Caen. De peur de voir d'autres villes de France faire les premières démarches, la municipalité ouvre une souscription, le 14 germinal an XI (4 avril 1803) afin d'obtenir des fonds pour l'ouverture prochaine du lycée; de nombreuses personnes aisées s'inscrivent. Cette détermination de la ville de Caen incite le gouvernement à édicter l'arrêté du 16 floréal an XI (6 mai 1803) qui accorde pour l'année suivante les bâtiments de l'ancienne abbaye aux Hommes pour accueillir le lycée[3]. Les débuts de l'établissement sont modestes et incertains. Son administration est déterminée par le règlement général des lycées du 21 prairial an XI (10 juin 1803). Celui-ci attribue la gestion financière de l'établissement à un conseil d'administration composé du proviseur, du censeur et du procureur gérant (l'économe). On retire ensuite cette attribution au censeur. Le conseil est lui-même dirigé par un bureau d'administration composé de six membres : le préfet, qui le préside, le premier président de la cour d'appel (Le Mennet), le procureur général de la cour d'appel (Lautour-Duchâtel), le procureur général de la cour criminelle (de Mortreux), le maire de Caen (d'Aigremont Saint-Manvieux) et le proviseur (Vastel). Ses attributions sont vastes : il contrôle la gestion financière, fixe les appointements

---

1. POUTHAS, *Note sur le lycée de Caen : 1804-1812*, p. 3.
2. A. D., Chapitre de Bayeux 880, Journal d'Esnault.
3. SEVESTRE, *L'Histoire...*, p. 242.

des employés et domestiques (quarante francs pour le médecin et l'aumônier et douze francs cinquante pour les domestiques). Il désigne les professeurs titulaires et la commission chargée de la correction des compositions, d'attribuer les prix et d'arrêter la liste des lauréats [1]. Le décret du 17 mars 1808 organise l'Université impériale ; les pouvoirs du bureau d'administration passent alors au conseil académique présidé par le recteur et composé de dix membres désignés par le grand maître parmi les fonctionnaires et officiers d'académie.

Le 15 mai 1806, Mgr de Casal envoie une circulaire aux évêques de France : « L'empereur, en confiant à un évêque la place de chancelier a voulu exécuter le décret impérial qui donne comme base à l'enseignement public les préceptes de la religion catholique. Je suis d'autant plus honoré de la place dont Sa Majesté m'honore et j'espère que les évêques m'aideront en donnant les renseignements au grand maître et au conseil de l'Université sur le mérite des sujets chargés de l'instruction publique. Je vous demande de m'adresser les noms des chefs d'école, des professeurs qui ont acquis l'estime de leurs concitoyens par leurs talents, que vous jugez dignes de la confiance du gouvernement, par leur attachement à la dynastie et la pureté de leurs principes... Pour cela, il faut s'adresser aux parents qui sont les meilleurs juges ; vous savez combien l'esprit d'insubordination de la jeunesse est le principal mal de notre temps qui nuit à la vie de famille. Les renseignements sont bien sûr confidentiels ; ils ne seront connus que de moi seul et ne sortiront jamais de mon portefeuille particulier [2]. »

Dans son rapport sur le lycée de Caen, Brault signale que l'établissement est dans un état lamentable. Le discrédit dont il fait l'objet auprès de la population est dû au peu de discernement avec lequel on a choisi les maîtres. Son proviseur, Vastel, est doué, mais il n'est pas apte à diriger une telle maison, car « il suit trop les philosophies à la mode ». Le censeur, Magi, ancien curé de Paris, marié et père de deux enfants, est cultivé et honnête ; les parents lui font confiance. Le professeur de rhétorique, Bouisset, ancien chanoine de Bayeux et jureur, était professeur à l'école centrale où il se montra très extrémiste. Au lycée, il fait preuve maintenant d'une plus grande modération, mais il n'a pas changé de principes ; il est âgé de plus de soixante-dix ans. Les deux autres professeurs, laïcs, sont des « incrédules décidés », qui ne renoncent pas

---

1. POUTHAS, p. 15-16.
2. A. D., 78 F 14.

assez à leurs idées erronées. Brault conclut que la mauvaise réputation du lycée vient des deux causes suivantes : 1) il a peu d'élèves et peu d'élèves payant pension; 2) le proviseur a confié des responsabilités à de mauvais sujets sans religion.

Les quatre collèges publics sont mieux notés. Celui de Bayeux (22 pensionnaires et 60 externes) est dirigé par Mouton, un ancien lazariste, qui est excellent mais pourrait être plus utile comme professeur de rhétorique. Le corps professoral est composé de quatre autres prêtres excellents, dont Le Comte, un ancien bénédictin de Saint-Maur. À Vire, le collège (141 élèves) jouit d'une bonne réputation depuis longtemps; il est dirigé par un laïc, Moutier, et six professeurs dont trois excellents prêtres pour la philosophie, la rhétorique et la grammaire latine, et le français. Le collège de Falaise, le plus important du diocèse (198 élèves) est dirigé par un prêtre, Hervieu, excellent directeur apte à tenir une telle maison. Parmi les quatorze professeurs, deux se distinguent par la qualité de leur enseignement : Loriot, prêtre, et Dufour, laïc marié. Enfin, le collège de Lisieux (67 élèves) dirigé par Daubichon, aidé de trois professeurs, devrait être pris en main par le prêtre qui est à la tête du petit séminaire, Foubert-Despallières[1]. Brault obtient satisfaction; les directeurs des collèges sont maintenus, hormis Daubichon que Foubert-Despallières remplace dès septembre 1808. Au lycée de Caen, le corps professoral est profondément remanié. Pierre Robert de Saint-Vincent devient proviseur en 1810; il est secondé par un prêtre en tant que censeur : Nicolas Tyrard-Deslongchamps, ancien chanoine de Rouen et professeur de philosophie à la faculté et au lycée. Les professeurs sont au nombre de dix-sept dont quatre prêtres : deux anciens religieux bénédictins : Henry Laballe, maître d'études, et Claude Ribard, professeur de grammaire; un ancien prêtre jureur, Pierre Delarivière, originaire du diocèse de Sées et ancien vicaire général de l'évêque constitutionnel, qui enseigne les humanités en première, et un chanoine de Bayeux, François Duchemin, professeur de mathématiques au lycée et à la faculté des sciences dont il est le doyen[2].

Dans les lycées, la religion est utilisée pour fortifier le régime; aussi le poste de l'aumônier est-il très important[3]. À Caen, l'évêque nomme l'un de ses meilleurs sujets, Charles Boscher, un ancien bénédictin. En 1810, le grand maître

---

1. A. D., 78 F 14, Brault à de Casal, juin 1808.
2. A. D., T 1251, État des administrateurs, professeurs, agrégés, maîtres d'études et d'exercices du lycée de Caen, novembre 1810.
3. LEFLON, p. 237.

demande s'il est utile de le remplacer; il obtient du recteur une réponse négative, car Boscher donne toute satisfaction [1]. Toutefois le 1er décembre 1810, Boscher, remplacé par Hervieu, est nommé curé de Saint-Pierre de Caen, le grand maître n'a choisi aucun des deux prêtres recommandés par le recteur : ni Joseph Villers, ancien professeur d'humanités et ex-recteur de l'université de Caen, ni François Duchemin [2]. L'incroyance demeure élevée et comme les autres évêques, Brault s'en plaint. Il est alerté par l'aumônier, Boscher, qui déplore l'irréligion et les mauvaises mœurs de plusieurs maîtres, le mauvais esprit des enfants du catéchisme qui lui débitent les objections de Voltaire lorsqu'il explique l'histoire de Moïse, et la façon irrespectueuse dont se fait la prière : « Les élèves assistent à la messe, la plus grande partie du temps avec une dissipation et une irrévérence scandaleuse, au point que le public murmure et que M. le curé de Saint-Étienne a été obligé de s'en plaindre [3]. »

La Constitution de l'an III a permis la résurrection des collèges libres en proclamant la liberté de l'enseignement. Sous le Consulat, la loi du 11 floréal an X (1er mai 1802) autorise la création d'écoles secondaires libres, sous la surveillance des préfets; presque toutes sont créées par des ecclésiastiques [4]. La loi du 10 mai 1806 qui fonde l'Université impériale, établit le monopole de l'enseignement et place donc les collèges libres sous le contrôle du ministère de l'Instruction publique. Dans les états de 1802, 1806 et 1808 transmis par l'évêque au préfet du Calvados, on compte dans le département deux établissements sous la rubrique : « école secondaire particulière » : à Honfleur, sous la direction d'un laïc, elle comprend, en 1808, soixante-treize élèves et trois professeurs, dont Vastel. À Juaye, dans l'ancienne abbaye de Mondaye, Louis Cotentin, prêtre, dirige un pensionnat de quarante-six élèves avec cinq professeurs; cet établissement a remplacé en 1808 l'école primaire tenue par les religieuses non reconnues de Saint-Bernard. Il faut noter aussi que de nombreuses écoles classées dans les états sous la dénomination « maison d'éducation particulière » sont à la fois des écoles primaires et des collèges. En 1808, tel est le cas de l'école d'Orbec (77 élèves) dirigée par un prêtre, Fouge, de celle de Saint-Pierre-sur-Dives (123 élèves) dirigée par un laïc, Bertrand, et classée

---

1. A. D., T 1251 : Le grand maître au recteur, 16 février 1810; Réponse, 26 février 1810.
2. A. D., F 5661; A. D., T 1251, Le recteur au grand maître, 26 février 1810.
3. A. E., Dossier Caen, Lycée, Boscher à Brault, 15 janvier 1808.
4. SEVESTRE, *L'Histoire...*, p. 53-54.

comme école civile, et de celle que dirige Toussaint à Pont-l'Évêque. Il faut aussi signaler que le petit séminaire de Lisieux, dirigé par Foubert-Despallières, entre jusqu'en 1808 dans cette catégorie avec la mention « école religieuse »; elle compte alors dix-huit élèves [1].

L'enseignement secondaire au début de la Restauration.

Au début de la Restauration, le 4 juin 1816, le préfet Bertier de Sauvigny dresse le tableau de l'enseignement dans le Calvados lors de la séance d'ouverture du conseil général. Il constate que les élèves sont encore peu nombreux, qu'ils sont mal nourris, que les traitements des enseignants sont peu élevés et qu'ils font plus d'instruction que d'éducation [2]. Au collège royal de Caen, le nouveau proviseur est, depuis 1812, l'abbé Blavinhac, un fervent royaliste qui comme l'aumônier Hervieu a donné sa démission plutôt que de prêter serment, en alléguant des « douleurs rhumatismales ». Il fut remplacé par Vasse de Saint-Ouen de juin à octobre 1815. Blavinhac a quitté l'habit ecclésiastique; aussi, les élèves, ignorant qu'il est prêtre, le voient sortir un jour, avec surprise, de la chapelle du lycée, revêtu des ornements sacerdotaux; il devait remplacer l'aumônier du lycée, malade. Le corps professoral est divisé, ce qui provoque des heurts : Ribard le censeur, les régents Delahaye et Trébutien sont des libéraux qui ont prêté serment pendant les Cent-Jours. Les plus hostiles au régime royal sont deux anciens prêtres jureurs : Delarivière, déjà là en 1809, et Bacheley. Ce panachage d'éléments ecclésiastiques et laïcs, de prêtres fidèles et défroqués, n'inspire pas confiance. Le collège ne compte en 1816 que trois cents élèves [3]. Les préfets Bertier de Sauvigny et Montlivault essaient, sans succès, de faire nommer par le recteur Marc un proviseur à la hauteur. Le Laidier et, surtout, Delaroche (d'avril 1819 à 1823) se succèdent, plus soucieux de leur avancement que de la moralité des enfants qui leur sont confiés. Leurs rapports se veulent rassurants; invariablement, ils déclarent que « les sentiments religieux des élèves sont manifestes » et que la moralité est satisfaisante. Voici, par exemple, les propos que tient Delaroche dans le rapport adressé au recteur Marc le 18 mars 1822 : « Le rapport annuel sur la discipline, les études et l'état moral du collège est le suivant : la discipline est en général

1. A. D., T 1155.
2. G. BERTIER DE SAUVIGNY, « Ferdinand de Bertier, préfet du Calvados », p. 408.
3. *Ibid.*, p. 407.

satisfaisante ; elle sera meilleure encore quand nous pourrons construire des classes spacieuses qui nous permettront de séparer internes et externes et quand nous aurons pu diviser la maison en trois parties afin de former en quelque sorte des collèges particuliers afin de séparer constamment externes et internes. Les études sont bonnes ; dans le domaine de la religion et des mœurs, il faut toujours faire des progrès, mais il est heureux de voir l'union entre l'aumônier et les professeurs à ce sujet. De même pour les protestants, Mollin, président du consistoire, fait bien son travail. Les opinions politiques des élèves sont bonnes : fidélité au roi [1]. »

La religion est à l'ordre du jour ; de telles déclarations sont de rigueur et Marc, le recteur franc-maçon, qui sait se montrer opportuniste, ne manque jamais de les transmettre au ministre [2]. Pourtant, les proviseurs sont soucieux de la bonne réputation du collège. Ils dénoncent, soutenus par une partie du corps professoral, la mainmise du clergé sur l'enseignement, ainsi que son statut privilégié. Ainsi, en 1820, Delaroche fait part au recteur Marc de son inquiétude au sujet de la classe de philosophie. Elle est tenue par l'abbé Viel, qui est aussi titulaire de la chaire à l'université. Le proviseur lui reproche d'obliger les élèves à aller à la faculté pour suivre les cours de philosophie, ce qui nuit à la dignité d'un grand collège comme celui de Caen, sans compter la promiscuité de ces élèves avec les étudiants, qui sont souvent de mauvais sujets car ils ne logent pas chez leurs parents et ne sont pas surveillés par ceux chez qui ils logent. Le proviseur ajoute que Viel touche un double traitement, ce qui provoque l'hostilité des professeurs du collège. Il est vrai que Viel fait doublement tort à ses collègues : d'une part, il ne contribue pas à l'accroissement du traitement global des enseignants que néanmoins il partage et, d'autre part, il diminue ce traitement en enlevant à la maison des élèves externes pour le cours qu'il donne à la faculté [3].

La médiocrité de l'enseignement dans les collèges royaux incite beaucoup de familles à confier leurs enfants à des institutions libres, souvent petites, qui se multiplient dans toute la France. Le monopole de l'Université est donc de plus en plus méconnu. Pourtant, la législation antérieure a été maintenue par l'ordonnance du 22 juin 1814 et le ministre de l'Intérieur, Lainé, dont dépend l'Instruction publique depuis l'ordon-

---

1. A. D., T 1254.
2. G. A. SIMON, *La Vie de l'abbé Pierre-François Jamet, second fondateur de l'institut du Bon-Sauveur de Caen*, p. 181.
3. A. D., T 1253, Delaroche à Marc, 6 novembre 1820.

nance du 17 février 1815[1], ne cesse de le rappeler[2]. Certes, aux yeux des ultras, les lycées sont, non sans raison, « des écoles où l'on apprenait aux enfants, au son du tambour, l'irréligion, la débauche et le mépris des vertus domestiques », affirme Chateaubriand. Il reste que l'ordonnance de 1814 n'apporte que des changements insignifiants dans le statut des établissements publics d'enseignement secondaire : les lycées impériaux prennent le nom de collèges royaux ; la cloche est substituée au tambour pour régler les mouvements et le chapeau haut de forme remplace le tricorne napoléonien quant à l'uniforme. Toutefois, le statut du 21 septembre 1814 renforce la mainmise de l'Église en plaçant l'instruction religieuse en tête des programmes d'enseignement[3]. La France, néanmoins, se couvre d'écoles libres ; en 1817, le royaume compte trente-cinq lycées avec six mille élèves et mille cinq cents établissements privés avec quatre-vingt mille élèves[4]. Cette différence considérable entre enseignement public et enseignement privé, en faveur de ce dernier, inquiète le gouvernement, qui tient à sauvegarder le monopole de l'Université afin de conserver un certain contrôle sur l'instruction publique. Il tente donc d'empêcher l'ouverture de certaines écoles libres tenues par des professeurs incompétents et il ordonne la fermeture de quelques établissements où règnent le désordre et l'irréligion. Le préfet du Calvados, Bertier de Sauvigny, transmet fidèlement les instructions du ministre[5] et il est approuvé par l'Église en la personne de l'abbé de La Rue, membre éminent du conseil académique. Cet ecclésiastique déplore que les écoles libres échappent à la tutelle du gouvernement et de l'Église et il donne un exemple : à Caen, un prêtre marié, Lacoudre, accueille les enfants des meilleures familles de la ville, ce qui scandalise de nombreux fidèles attachés à la moralité publique[6]. Cet établissement réussit néanmoins à se maintenir, car le conseil municipal de Caen demande au préfet de tolérer cette école, dont l'existence est justifiée par la mauvaise tenue du collège royal[7].

---

1. L'ordonnance du 17 février 1815 a supprimé le poste de grand maître dont les fonctions ont été transférées au ministre de l'Intérieur.
2. A. N., Recueil des lettres, circulaires... du ministère de l'Intérieur, 1816, p. 403-406.
3. C. POUTHAS, *Le Collège royal de Caen sous la Restauration*, p. 4.
4. PONTEIL, p. 118.
5. A. D., Actes de la préfecture du Calvados, 16 juillet 1816, p. 147.
6. BERTIER DE SAUVIGNY, p. 407-408.
7. Archives municipales de Caen, Registre des délibérations, 113, f° 128-129.

Dans les autres collèges publics du Calvados, la situation est aussi déplorable qu'au collège royal de Caen, sauf, toutefois, à Falaise, grâce à la compétence du proviseur, Hervieu; il est aidé par trois prêtres, quatre séminaristes et sept laïcs. À Lisieux, le collège dirigé par Foubert-Despallières est mal considéré; le principal est trop cassant et se heurte à deux prêtres du corps professoral aux idées libérales. À Vire, les cinq prêtres et les deux laïcs qui enseignent au collège se plaignent de Morice, un professeur, qui organise des réunions «suspectes». Enfin, à Bayeux, le principal, l'abbé Cotentin, est dénoncé par le préfet Bertier comme un ennemi du régime; il est destitué avec l'accord de l'évêque [1].

En 1820, le triomphe des ultras, qui entraîne la chute du ministère Decazes, aboutit au statut du 4 septembre 1821, par lequel l'autorité ecclésiastique obtient un droit de contrôle sur les collèges royaux [2]. L'aumônier est alors assimilé à un censeur pour le rang et le traitement et tout élève doit lui être présenté à son entrée au collège. Il est le seul de tous les fonctionnaires à être admis à la table commune, c'est-à-dire au réfectoire des professeurs. L'évêque exerce le droit de surveillance sur tous les collèges du diocèse, en les visitant ou en les faisant visiter par ses vicaires généraux, et il peut saisir le conseil royal de l'Instruction publique. Le titre de grand maître est rétabli, en 1822, et confié à un évêque, Mgr de Frayssinous [3]; partout, en France, des prêtres deviennent recteurs, proviseurs, professeurs de philosophie [4]...

À Caen, le nouveau recteur, Pierre-François Jamet, supérieur du Bon-Sauveur, dresse un état du collège royal, en décembre 1822. Dans ce rapport, il note que le proviseur Delaroche donne un exemple déplorable; la prière faisant partie du règlement, «il ne lui concède qu'une minute»; les offices du dimanche étant de rigueur, «il y paraît soit au milieu, soit à la fin comme un homme qui a mieux à faire». Le vendredi, il fait ostensiblement gras. La moralité des élèves est détestable : «Les mauvais livres, introduits par les externes sont, au su de tous, conservés sous clef par les internes.» Si l'aumônier ou quelque maître d'étude fait une remarque à un élève, le proviseur le traite de «calomniateur» et n'entreprend aucune démarche pour connaître la vérité. Jamet mène une enquête sur chacun des trois cents élèves et se dit convaincu de la nécessité d'en renvoyer une quarantaine; il avertit Mgr de Frayssinous qui approuve cette mesure d'expulsion.

---

1. BERTIER DE SAUVIGNY, p. 410.
2. *Ibid.*, p. 410-411.
3. Biographie de Denis de Frayssinous : voir p. 218, n. 2.
4. SEVESTRE, *L'Histoire...*, p. 85, n. 1.

Jamet rêve de faire du collège royal de Caen un centre de rénovation catholique. Il se préoccupe de la situation des enfants protestants qui sont assez nombreux dans le collège ; une circulaire du 22 mars 1820 a, en effet, ordonné le regroupement des élèves internes du culte réformé jouissant d'une bourse dans un nombre limité de collèges : Caen, Bordeaux, Grenoble, Metz, Strasbourg et Paris (Louis-le-Grand), «afin qu'ils puissent bénéficier plus facilement des services d'un aumônier». Jamet désire que le collège de Caen soit soustrait de la liste des collèges d'accueil [1]. Au début de l'été 1823, il donne ordre au censeur de ne pas admettre onze élèves protestants. Un mois plus tard, il ajoute une seconde liste de dix-sept élèves «à faire sortir sur-le-champ du collège royal»; les élèves protestants non exclus devront suivre les cours de religion catholique. La plupart d'entre eux sont anglais ; ils repartent donc en Grande-Bretagne, si bien que le nombre de pensionnaires chute de cent quarante en juillet 1823 à moins de cent en octobre 1823. Le proviseur Delaroche proteste, inquiet pour les finances du collège. Les familles, de leur côté, alertent le grand maître qui s'étonne auprès du recteur qu'on ne l'ait pas prévenu de l'exclusion d'élèves souvent bien notés. L'abbé Jamet comprend qu'il s'est laissé emporter par son zèle ; il a violé la charte qui garantit la liberté des cultes ; de plus, seul le ministre est compétent pour révoquer des boursiers. Le recteur cherche à se tirer d'affaire en alléguant «le mauvais caractère des élèves, leurs mœurs dégradées» et en ajoutant que «le proviseur n'est pas difficile sur le rapport de la conduite et des mœurs lorsqu'il s'agit de donner des certificats!» Face aux réclamations de plus en plus fortes, Jamet va jusqu'à déclarer qu'il ne se souvient pas d'avoir transmis de tels ordres et somme le proviseur de lui remettre les lettres alléguées. Delaroche s'exécute et Jamet conteste l'interprétation qui leur a été donnée : il n'avait pas voulu «l'exclusion proprement dite», mais «avait seulement remis la liste des élèves dont il jugeait la sortie nécessaire». Jamet doit céder et les élèves exclus reviennent. Toutefois, Jamet exige que Delaroche rectifie ses états en mentionnant qu'il a mal interprété la décision rectorale en excluant les élèves protestants. Le proviseur refuse en déclarant que «monsieur le recteur a seul qualité pour interpréter ses propres paroles et pour faire modifier après coup les états». Jamet exclut Delaroche et le remplace par le vicaire de Saint-Pierre de Caen, l'abbé Royer, un homme aux convictions fermes et au tempérament autoritaire [2].

---

1. G. A. SIMON, *La Vie de l'abbé Pierre-François Jamet*, p. 185.
2. POUTHAS, *Le Collège royal...*, p. 23-27. D'après G. A. Simon, l'abbé Jamet reviendra sur cette attitude en 1828 ; jugeant alors que l'influence des

Les autres collèges font l'objet de la sollicitude du recteur Jamet qui les visite tous et s'efforce d'y maintenir un personnel conforme aux vues du gouvernement de la Restauration[1]. Toutefois, la toute-puissance des évêques ne doit pas franchir certaines limites. Les conseils d'administration des collèges se plaignent parfois du remplacement unilatéral des professeurs ; le maire de Vire se fait ainsi le porte-parole du conseil d'administration de son collège qui se dit «choqué de voir que tous ses efforts pour recruter de bons professeurs vertueux sont voués à l'échec». Le maire reproche donc à l'évêque le 9 décembre 1809, de vouloir muter un certain Calbris, professeur de troisième, alors que cet homme a changé de poste trois fois de suite en peu de temps ; cela nuit à la qualité des études[2]. Certains abus de pouvoir de la part de l'autorité ecclésiastique ne sont pas tolérés par le gouvernement, notamment en ce qui concerne les demandes d'exemption pour le service militaire dont bénéficient les petits séminaristes inscrits dans les collèges. Le 4 juillet 1821, le ministre de l'Instruction publique renvoie au recteur les vingt et une demandes d'exemption des élèves qui, au collège royal de Caen, se préparent au sacerdoce. Il estime que la raison invoquée, le sacerdoce, n'est qu'un prétexte pour obtenir plus facilement l'exemption ; or, comme il est accordé dans l'académie de Caen mille à mille cents exemptions par an, il est normal que le gouvernement se montre exigeant quant à leur répartition. Le ministre a remarqué que de nombreux élèves sont déjà âgés : de dix-huit à vingt-quatre ans ; est-il indispensable de vouloir les considérer comme des séminaristes ? «Il est à craindre, en effet, que des hommes commençant leurs études à un âge où ils devraient les avoir terminées n'acquièrent que des connaissances superficielles ; ce serait fâcheux pour un futur prêtre.» Alors, pour éviter des abus éventuels, le ministre demande qu'au nouvel état soit jointe une attestation individuelle de l'évêque[3]. Le recteur lui répond, le 24 juillet 1821, après information auprès de l'évêque, que ce dernier estime qu'il n'a pas à fournir une autre attestation que celle remise par le curé de Saint-Jean de Caen, qu'il a nommé pour superviser les élèves ecclésiastiques de la ville de Caen[4]. Le ministre ne cède pas et refuse d'accorder des exemptions pour les élèves les plus âgés[5].

élèves protestants est devenue moindre, il demandera à l'abbé Daniel, proviseur, d'accepter des internes du culte réformé.
1. SIMON, p. 182.
2. A. D., 78 F 196.
3. A. D., T 1254.
4. *Ibid.*
5. A. D., T 1254, Le ministre de l'Instruction publique au recteur, 30 août 1821.

L'enseignement supérieur.

Rétrospective.

L'université de Caen fut fondée par Henri VI, roi d'Angleterre, en janvier 1432; elle comprenait une faculté de droit civil et une faculté de droit canon, à laquelle s'ajouteront, en 1437, une faculté de théologie et des arts et, en 1438, une faculté de médecine. L'université fut finalement inaugurée le 20 octobre 1439. Après le départ des Anglais, cette institution fut maintenue par le pape Nicolas V (bulle d'érection du 6 juillet 1452) et confirmée par le roi de France Charles VII (lettres patentes du 30 octobre 1452 se conformant à la bulle pontificale). Au moment de la Révolution, la majorité des professeurs, qui étaient des prêtres, refusèrent le serment (quarante-sept sur un total de soixante). L'université ferma ses portes en 1791 et fut supprimée par le décret du 4 décembre 1794. Le décret du 25 février 1795 institua, dans chaque département, des écoles centrales pour l'enseignement supérieur. Celles du Calvados furent installées aux Grandes-Écoles et dans une partie du collège des Arts avec neuf chaires : langues anciennes, grammaire générale, littérature, histoire, législation, mathématiques, physique et chimie, histoire naturelle et dessin. En 1803, une partie de cet enseignement fut reportée au lycée : l'école centrale fut fermée le 20 mai 1803.

L'Université impériale.

La loi du 10 mai 1806 crée l'Université impériale qui est organisée par le décret du 17 mars 1808. Napoléon nomme comme premier grand maître le comte Louis de Fontanes, un administrateur éminent qui demeurera dans cette fonction jusqu'au 15 février 1815. Pour s'assurer la bienveillance et le concours des évêques, l'Empereur désigne, aux côtés de Fontanes, un évêque, Mgr de Casal, avec le titre de chancelier de l'Université impériale.

À Caen, une école de droit ouvre dès 1806 et devient faculté en 1808, avec comme premier doyen, Alexandre [1]. Il est décidé que les facultés de médecine et de théologie ne seront pas rétablies puisque cette dernière discipline est enseignée au grand séminaire [2]. En juin 1808, Mgr Brault, dans le

---

1. M. A. DE SAINT-GERMAIN, «Recherches sur l'histoire de la faculté des sciences de Caen de 1809 à 1850», p. 42.
2. A. D., Chapitre de Bayeux 880, Journal d'Esnault.

rapport confidentiel qu'il adresse à Mgr de Casal, fait état de l'excellente réputation de la faculté de droit. Il encourage le chancelier de l'Université impériale à nommer de nombreux prêtres dans les facultés de lettres et de sciences qui vont être fondées; il cite : Bellenger, ancien recteur et professeur d'éloquence, ancien principal du collège du Bois à Caen, docteur de la faculté des arts : «très vertueux, bon citoyen, compétent en lettres et aux goûts exquis»; Hersan, docteur en médecine, ancien professeur à l'université, «très bon aussi»; Duchemin, docteur ès arts, ancien professeur de philosophie à l'université de Caen, discipline qu'il enseigne en ce moment au lycée : «bon physicien et bon mathématicien»; de La Rue, qui pourrait être un bon professeur d'histoire; Viel, docteur en théologie, pourrait enseigner la logique et la métaphysique; Tyrard-Deslongchamps, docteur ès arts, ancien professeur de philosophie au collège du Mont, que sa mauvaise santé empêche d'enseigner[1]. Brault est perspicace car la plupart des noms qu'il vient de citer vont former les cadres des facultés naissantes, assurant ainsi la continuité entre l'ancienne université et celle de Napoléon.

La faculté des lettres ouvre en 1809 et l'arrêté ministériel du 20 juillet nomme les abbés Tyrard-Deslongchamps, doyen et professeur de philosophie, de La Rue, à la chaire d'histoire, Bouisset, professeur de rhétorique au lycée, à la chaire de latin et Bellenger, professeur de littérature française[2]. Cette même année, la faculté des sciences est fondée avec, pour premier doyen, l'abbé Duchemin, aidé par cinq professeurs laïcs[3]. Le décret du 17 mars 1808 crée trente-trois académies, dont celle de Caen; le premier recteur est désigné le 24 avril 1809; il s'agit d'Alexandre, le doyen de la faculté de droit. Il est installé, en présence du préfet, Méchin, le 1er mai 1810, au cours d'une cérémonie solennelle, durant laquelle l'évêque célèbre la messe du Saint-Esprit en l'église abbatiale Saint-Étienne de Caen, avec la prestation de serment des professeurs[4]. Le 14 mai 1812, le conseil académique est constitué avec Alexandre, le recteur, comme président, deux inspecteurs : Chantepie, un ancien oratorien, et de Chénedolle, un ancien émigré, deux hommes aux idées totalement opposées; Hippolyte Marc, doyen de la faculté de droit, et Chantereine, professeur dans cette faculté; Duchemin et Thierry, doyen et

---

1. A. D., 78 F 14.
2. E. G. LÉONARD, *L'Abbé de La Rue, professeur et doyen, et la faculté des lettres de Caen de l'Empire à la monarchie de Juillet*, p. 11.
3. DE SAINT-GERMAIN, p. 11.
4. A. D., Chapitre de Bayeux 880, Journal de Esnault.

professeur à la faculté des sciences ; Tyrard-Deslongchamps et de La Rue, doyen et professeur à la faculté des lettres, Robert de Saint-Vincent, proviseur du lycée. Plus tard, Mgr de Frayssinous y introduira, en 1823, le maire de Caen, le comte de Vendeuvre [1].

À la fin de l'Empire, la chaire de philosophie fait l'objet d'un litige. En décembre 1813, le doyen, l'abbé Tyrard-Deslongchamps, qui assure cet enseignement depuis la fondation de la faculté, demande un suppléant. Le recteur Alexandre nomme l'abbé Charles Viel, qui fut le dernier professeur de philosophie à l'ancienne université, de 1786 à 1791. Le ministre, jugeant que les ecclésiastiques sont trop puissants, nomme un laïc, Sallandrouze, professeur de philosophie au lycée. Le recteur proteste ; deux professeurs de philosophie lui paraissent de trop. Le ministre réplique en supprimant, le 8 janvier 1814, la chaire de philosophie de l'université. Le recteur désapprouve cette mesure, faisant valoir que, s'il faut supprimer un cours, il vaut mieux choisir celui du lycée qui ne compte que trois élèves. Il propose, en guise de conciliation, que l'enseignement de la philosophie soit donné au rectorat, à la fois pour le lycée et pour l'université (lettre du 26 janvier 1814). Finalement, le ministre cède. Viel est nommé professeur au lycée et il donnera son cours à l'université pour les étudiants et les collégiens. Cela déplaît fortement au proviseur du lycée, Delaroche, un libéral convaincu [2]. Cette péripétie montre le caractère conflictuel des relations entre, d'une part, un pouvoir impérial, soutenu par une partie du corps enseignant présent surtout dans les collèges, qui, depuis l'échec du concile national de 1811, cherche à limiter l'influence de l'Église dans l'enseignement, et, d'autre part, un clergé, devenu tout-puissant, qui, soutenu par le recteur, règne sans partage sur l'Université.

L'Université sous la Restauration.

Le gouvernement de la Restauration maintient l'Université par l'ordonnance du 22 juin 1814. Toutefois, l'ordonnance du 17 février 1815 rejette la centralisation à outrance établie au profit du grand maître, dont le poste est supprimé. Il est remplacé par une commission de l'Instruction publique puis par un conseil royal composé de cinq à sept membres. En dépit des ultras, les académies sont sauvées *in extremis*. L'Instruction publique est rattachée au ministère de l'Intérieur [3].

---

1. DE SAINT-GERMAIN, p. 10.
2. LÉONARD, p. 20.
3. PONTEIL, p. 118.

Toutefois, le libéralisme gagne du terrain; le corps enseignant en est pénétré. En 1819, le collège royal de Caen est agité par des troubles antiroyalistes; les étudiants de la faculté de droit se joignent aux collégiens [1]. Le 19 juin, le recteur Alexandre meurt et il est remplacé par Hippolyte Marc, un libéral convaincu que le gouvernement, lors de la première Restauration, avait destitué de son titre de doyen de la faculté de droit. Soutenu par le proviseur du collège, Delaroche, et un groupe de professeurs laïcs, il tente de limiter l'influence du clergé. Il n'hésite pas à envoyer des instituteurs libéraux dans les campagnes, ce qui provoque des réactions violentes de la part du clergé qui rappelle l'appartenance de Marc à la franc-maçonnerie ainsi que son incroyance et son opposition au roi; n'a-t-il pas chanté, lors d'une réunion d'avocats, à l'occasion de la Saint-Yves, une chanson intitulée : *Un jour Dieu mit la tête à la fenêtre*, outrageant grossièrement Dieu et le roi [2]?

La chaire de philosophie de l'université fait l'objet d'une nouvelle controverse, en janvier 1821, à la mort de Tyrard-Deslongchamps, son titulaire. Le parti libéral désire prendre une revanche sur l'affaire de 1814; le recteur est cette fois de son côté. Il refuse de nommer le suppléant, l'abbé Charles Viel, en invoquant son grand âge. Marc trouve un allié inespéré en la personne du doyen de la faculté des lettres, l'abbé Gervais de La Rue, une figure de l'académie qu'il est utile d'évoquer, car il est représentatif de l'ensemble des membres qui la composent. On peut le présenter comme un homme libéral et donc opportuniste en politique, mais fidèle à la hiérarchie catholique. Sous l'Ancien Régime, il était l'un des ecclésiastiques le plus en vue dans le diocèse : confesseur du marquis de Mathan et de Mme de Pontécoulant, abbesse de la Trinité de Caen, professeur d'histoire au collège du Bois depuis 1786, il venait d'être nommé doyen de la faculté des arts, en 1788, quand la Révolution éclata. Il accueillit favorablement les idées nouvelles, mais s'opposa à la Constitution civile du clergé. Il devint même un ardent polémiste en publiant, en 1791, une «lettre au curé de Saint-Pierre», Gervais de la Prise, qui avait accepté de prêter serment. Il fut réélu doyen en 1791, mais jugea plus prudent de partir pour l'Angleterre en septembre 1792. Revenu en France en juillet 1797, il se cacha chez le marquis de Mathan. En 1801, il fut chargé de la classe de littérature au lycée de Caen, mais il aurait voulu retrouver sa chaire d'histoire; Roederer, conseiller d'État chargé de l'Instruction publique, s'y opposa.

---

1. A. N., F 17-5268.
2. SIMON, p. 171-172.

Après sa nomination à la chaire d'histoire de la nouvelle faculté des lettres, fondée en 1809, il fut l'un des plus ardents partisans du régime impérial. L'académie fut bonapartiste, jusqu'en 1811, année du concile national et de l'excommunication de l'Empereur. Elle refusa de participer aux cérémonies organisées en l'honneur des souverains lors de leur visite cette année-là à Caen. Seul de La Rue accepta de prononcer un discours à cette occasion, sauvant ainsi l'académie du courroux de Napoléon. En 1812, de La Rue prêcha encore à Falaise pour l'anniversaire de la bataille d'Austerlitz. La première Restauration ne provoqua pas l'enthousiasme de l'académie. L'abbé Vasse note : « Je vois avec plaisir tous les corps qui s'empressent de féliciter Louis XVIII du recouvrement de son trône tandis que notre université de Caen ne fait aucune démarche pour remplir ce devoir », et Vasse cite de La Rue comme un exemple d'opposition au roi. De La Rue ne céda pas. Lors des Cent-Jours, le décret du 8 avril 1815 prescrivit à tous les fonctionnaires de l'instruction publique de prêter serment de fidélité à l'Empire. De La Rue, comme les autres membres de l'académie, ne se pressa pas de le prêter. Il avait accueilli en Bonaparte le restaurateur de l'ordre, s'était attristé de sa chute et, en bon libéral, avait craint la Restauration, mais il refusait l'aventure. Il fut rappelé à l'ordre le 9 juin ; son serment devait être prêté sous les huit jours ; mais Waterloo eut lieu le 18[1]...

En 1821, on assiste donc à l'étrange alliance entre le voltairien et franc-maçon, Marc, et le prêtre libéral, de La Rue, partisan de la monarchie constitutionnelle comme son ami et protecteur, le marquis de Mathan, l'un des chefs du parti libéral à Caen. De La Rue soutient le recteur Marc et propose un laïc, Périaux, professeur de philosophie à Lisieux. Un autre candidat, extérieur à l'université, est présenté par l'évêque et le préfet Montlivault, donc par le gouvernement et le parti des ultras : l'abbé Pierre-François Jamet, supérieur du Bon-Sauveur de Caen, partisan irréductible du régime, et de la remise en ordre. Les libéraux du conseil académique, de La Rue en tête, se sentent visés. Le conseil refuse en invoquant le tempérament inquiet de Jamet ; de La Rue ajoute qu'il n'a pas les diplômes requis ; « Il n'a, dit-il, même pas son baccalauréat[2]. » Cet argument est faux ; Jamet réplique en alléguant ses divers titres ; ce sont « les études brillantes que j'ai faites tant au collège royal de Vire qu'à l'ancienne université de Caen ; les degrés de maître ès arts et de bachelier obtenus dans la même

---

1. LÉONARD, p. 15-16.
2. *Ibid.*, p. 21-23.

université, une institution de sourds-muets nombreuse et florissante que j'ai dressée à Caen, une maison sanitaire pour fous des deux sexes que j'ai formée et à laquelle j'ai consacré ma fortune ; le désir de servir mon Prince et d'être utile à ma Patrie ; enfin, l'étude de la philosophie que je n'ai jamais interrompue et à l'enseignement de laquelle mes autres occupations ne m'ont pas rendu étranger [1]». L'évêque, encouragé par le préfet Montlivault, loue auprès du gouvernement l'attachement de Jamet «au roi et à son auguste famille et aux vrais principes de la Monarchie [2]». L'académie ne cède pas et feint de composer en proposant habilement le vieil abbé Charles Viel, puisqu'il faut que «par convenance générale ou nécessité ce soit un prêtre» ; le gouvernement est obligé d'accepter cette nomination. La victoire revient aux libéraux.

La nomination et le rectorat de l'abbé Jamet (1822) [3]. – Les ultras, parvenus au pouvoir en 1820, renforcent leur position. Le président du Conseil Villèle rétablit par ordonnance du 1er juin 1822 la fonction de grand maître au profit de Mgr Denis de Frayssinous, évêque *in partibus* d'Hermépolis ; l'instruction publique demeure toutefois rattachée au ministère de l'Intérieur. Frayssinous est chargé d'épurer l'enseignement avec l'aide de l'épiscopat. Les évêques, en particulier celui de Bayeux [4], cèdent à l'université les plus instruits de leurs prêtres. De 1822 à 1825, neuf des treize proviseurs nommés par Frayssinous sont des prêtres [5], si bien qu'en 1824, dans les collèges communaux, 144 principaux sur 309 et 509 régents sur 1 809 sont des ecclésiastiques [6]. Dans le Calvados, Frayssinous destitue le recteur Marc jugé trop libéral. L'évêque et le préfet peuvent prendre leur revanche contre les libéraux. Frayssinous désire nommer un ecclésiastique ; il demande à Brault de lui fournir des renseignements sur les membres de son clergé qui lui paraissent les plus aptes à remplir cette mission. Le 16 septembre 1822, Brault cite plusieurs candidats, parmi lesquels P. F. Jamet. Mais le ministre s'inquiète : «Chargé d'autres fonctions importantes, le directeur de l'institut des sourds-muets pourrait-il encore prendre sur lui l'administration d'une académie ?» Le ministre laisse

---

1. A. N., F 17 C, Dossier Viel, Jamet à Frayssinous, 21 février 1821.
2. *Ibid.*, Brault à Frayssinous, 23 juillet 1821.
3. «Pierre-François JAMET» : voir l'annexe 12, p. 463.
4. D'après J. BRUGERETTE, *Le Prêtre français et la société contemporaine*, p. 20.
5. PONTEIL, p. 119.
6. BRUGERETTE, p. 20.

Brault juger de l'opportunité de cette décision[1]. Le conseil académique s'émeut et avance un autre candidat : l'abbé de La Rue. Le 16 octobre 1822, l'évêque écrit à Frayssinous : il écarte de La Rue qui n'a « ni la dignité, ni l'aplomb qui convient à cette place et dans les principes duquel je n'ai pas une entière confiance. » Le temps est loin où l'évêque envoyait à de La Rue des lettres débordantes d'amitié, lui, qu'il avait nommé chanoine honoraire... En revanche, Mgr Brault recommande l'abbé Jamet qu'il considère comme « un ecclésiastique de beaucoup d'esprit, irréprochable dans ses mœurs et dans ses principes religieux et politiques, très capable de diriger l'enseignement et plus propre à remplir les fonctions de recteur que les autres prêtres du diocèse ». Cependant, Brault ne veut pas dissimuler au ministre qu'une cabale s'est formée contre Jamet, qu'elle cherche à faire passer pour un « homme rusé et ambitieux ». Il lui propose donc finalement de trouver un autre ecclésiastique « de mérite distingué, qui serait étranger à la province et ferait peut-être plus de bien qu'un prêtre choisi dans notre département[2] ». En dépit des scrupules de l'évêque de Bayeux, l'ordonnance du 14 novembre 1822 nomme Jamet aux fonctions de recteur de l'académie de Caen en même temps qu'elle destitue Marc. L'émotion du conseil académique est considérable ; Jamet est obligé de partir pour Paris afin de s'assurer de l'appui irrévocable de Frayssinous au cas où il devrait prendre des mesures de nature à faire taire les opposants du parti libéral. De retour à Caen, il charge le conseil académique d'adresser les convocations pour la cérémonie de prise de possession et menace de casser dans les trois jours les membres du conseil qui n'assisteront pas à la cérémonie. Tous sont présents et de La Rue, son opposant le plus farouche, est le premier à féliciter le recteur. Les professeurs, en revanche, sont peu nombreux. Dans son discours d'installation, Jamet déclare qu'il a l'intention d'« user de ménagements et de bonté » dans la tâche délicate d'épuration du personnel. Prudent, il ne remplace pas les titulaires et ainsi de La Rue qui se rallie à lui peut demeurer doyen de la faculté des lettres[3]. Mais, il n'hésite pas à écarter des chaires d'enseignement les candidats qui lui paraissent hostiles à la religion. Ainsi, en 1823, la chaire de physique est vacante ; la faculté et le conseil académique présentent en première ligne de Lafoye, docteur ès sciences et l'abbé Périaux, ancien régent de philosophie à Bayeux. Frayssinous et Jamet demandent

---

1. A. E., Dossier Mgr Brault, année 1822, Frayssinous à Brault, 27 septembre 1822.
2. *Ibid.*, Brault à Frayssinous, 16 octobre 1822.
3. Il mourra à Cambes le 25 septembre 1835 : LÉONARD, p. 23-24.

au conseil de nommer l'une des deux autres personnes suivantes : Claston, principal du collège de Cherbourg, et l'abbé Rivière, régent de seconde au collège de Bayeux. Le conseil académique refuse. Jamet mène une enquête sur les sentiments religieux de Lafoye ; ses conclusions sont positives. Le recteur le nomme à la chaire de physique, le 3 mai 1823, en faisant remarquer qu'il est le seul des quatre candidats à avoir le titre de docteur ès sciences [1]. Le 8 avril 1823, à l'instigation de Jamet, la faculté de droit réclame l'érection d'une chaire de droit commercial. Jusqu'alors, le Code de commerce n'a fait l'objet d'aucun commentaire et pourtant, affirme la faculté, Caen a besoin d'une telle chaire, car n'est-elle pas le chef-lieu d'une région commerçante et le département du Calvados ne compte-t-il pas huit tribunaux de commerce ? Le ministre approuve et le conseil académique propose de nommer Bougon-Longrais, un avocat ; le recteur s'y oppose car il le juge « bon avocat, sans doute, mais sans aucune religion » ; il préfère François Joyau qu'il décrit ainsi : « Sa capacité, son amour constant de la religion, les bonnes doctrines et l'auguste famille de nos rois et les connaissances qu'il a dans le droit commercial le mettent beaucoup au-dessus de son collègue. » Ce candidat convient parfaitement aux vues du gouvernement car il est rédacteur au journal ultra-royaliste, *L'Observateur neustrien,* et il sera plus tard le directeur de la feuille légitimiste *L'Ami de la vérité.* Finalement, sa nomination interviendra après la publication de l'ordonnance royale du 10 décembre 1823 établissant la chaire de droit commercial [2].

Conclusion : Le début d'une nouvelle ère.

Après la tourmente révolutionnaire, l'Église, dans le diocèse de Bayeux, opère un rétablissement tout à fait étonnant grâce à l'action pastorale du premier évêque concordataire. Le renouveau de la paroisse est le résultat tangible de ses efforts en faveur des vocations sacerdotales et religieuses. Mgr Brault, en effet, savait que la renaissance de l'Église dépend toujours de la présence d'un personnel ecclésiastique nombreux et de qualité qui, seul, peut faire revivre les œuvres qui servent de cadre à l'apostolat. Cette conviction explique, notamment, la ténacité dont il a fait preuve pour obtenir la

1. DE SAINT-GERMAIN p. 17.
2. SIMON, p. 176-177.

réouverture du grand séminaire de Bayeux. On note donc, à l'actif de cet évêque bâtisseur, non pas tant la mise en place d'institutions nouvelles souvent précaires, que la restauration de celles qui avaient fait leur preuve dans le passé et que la Révolution avait détruites : séminaires, congrégations hospitalières et enseignantes... Toutefois, l'évêque met l'accent sur le caractère missionnaire de l'Église, en favorisant la présence des prêtres et des religieuses dans les paroisses : il veut que chaque clocher soit desservi au moins par un vicaire ; il encourage les congrégations à ouvrir des petites écoles et des ouvroirs dans les paroisses rurales ; il veille à renforcer la présence de l'Église dans l'enseignement secondaire et à l'université en envoyant les meilleurs éléments de son clergé. Sa seule création, la société des missionnaires à la Délivrande, est symbolique de cette volonté de reconquête. L'épiscopat de Mgr Brault dessine le visage de l'Église des XIXe et XXe siècles, au moins jusqu'au concile Vatican II ; certaines institutions survivront à celui qui les a rétablies : séminaires, congrégations, confréries... Cette époque, 1801-1823, est marquée par de grands rassemblements de fidèles dans les lieux de pèlerinage, à la Délivrande, à Notre-Dame-de-Grâce, à l'occasion des missions paroissiales ; cette ferveur religieuse, qui se manifeste aussi dans le rétablissement des confréries, montre que le rationalisme des Lumières n'a pas encore entamé en profondeur la foi des fidèles. Pourtant, les germes de la déchristianisation demeurent et, même, se développent, surtout dans les villes : une certaine indifférence religieuse, qui résiste à l'action du clergé et des congrégations, devient plus sensible dans quelques milieux. En effet, une frange importante de la bourgeoisie libérale, acquise aux idées nouvelles, ne supporte plus la domination de l'Église sur les esprits, en particulier dans le domaine si sensible de l'enseignement ; les tensions si vives entre les autorités académiques et le clergé dans les années 1820 sont les premières expressions du laïcisme virulent de la fin du siècle. Il faut ajouter une nouvelle catégorie sociale en plein essor : les ouvriers des fabriques, hommes déracinés, souvent misérables, qui sont la proie de ceux que les catholiques appellent les « voltairiens ». Il reste que, malgré bien des maladresses, l'Église parvient à retrouver une position dominante dans cette nouvelle société issue de la Révolution française. Ce véritable tour de force est l'œuvre d'une génération de clercs et de religieux remarquables, conduits par un évêque compétent et déterminé, qui ont su utiliser le Concordat comme un instrument au service de la nouvelle christianisation d'un monde en pleine mutation.

CONCLUSION GÉNÉRALE

En vingt et un ans d'épiscopat, Mgr Brault a réussi l'œuvre de rénovation religieuse voulue par le Concordat. Les difficultés n'ont pas manqué : clergé déchiré entre réfractaires et constitutionnels, disparition des séminaires, dispersion des congrégations, spoliation et dilapidation des biens ecclésiastiques, anéantissement des œuvres paroissiales, telles les confréries, qui servaient de cadre à l'apostolat... Très habile et rompu aux subtilités de l'administration, le prélat s'est inspiré du modèle de rénovation posttridentin pour restaurer le catholicisme dans la nouvelle société issue de la Révolution française. Avec le concours bienveillant des huit préfets successifs dont il a été l'interlocuteur entre 1801 et 1823, Mgr Brault a maintenu fermement les prêtres diocésains dans l'obéissance en écartant résolument tous ceux qui s'opposaient au Concordat. Unifier un clergé si divisé depuis la Constitution civile du clergé, et, de plus, originaire des trois anciens diocèses de Bayeux, Lisieux et Sées, était une mission redoutable. À l'issue de la période de pacification religieuse, durant laquelle l'arme de la suspense fut maintes fois employée contre les récalcitrants, l'évêque remit en vigueur les canons du concile de Trente : fondation du séminaire diocésain, organisation des retraites ecclésiastiques, rétablissement de la discipline grâce aux visites canoniques... On connaît le résultat très positif d'une telle action en faveur du clergé : essor des vocations sacerdotales, augmentation constante du nombre des ordinations, dynamisme des curés et desservants qui, malgré la faillite financière des fabriques jusqu'à la Restauration, appliquèrent scrupuleusement les directives pastorales de leur évêque en restaurant les sanctuaires et en rétablissant les œuvres paroissiales que la Révolution avait détruites. En 1823, confréries et ouvroirs, missions et pèlerinages sont les signes tangibles de la vitalité religieuse des catholiques. L'Église retrouve sa place traditionnelle dans la société, comme dans le domaine de l'assistance aux malades, aux orphelins et aux vieillards avec la reconstitution des congrégations féminines hospitalières et, surtout, la seconde fondation du Bon-Sauveur par le père Jamet, à qui le préfet confie les aliénés du département. Dans l'enseignement, l'Église se heurte au monopole de l'Université mais elle parvient à prendre le contrôle des écoles primaires et secondaires à partir de la Restauration, tandis que l'évêque n'hésite pas à envoyer quelques sujets brillants parmi ses prêtres pour occuper les chaires d'enseignement dans les facultés. Certes, on note les symptômes de la déchristianisation progressive de certains milieux sociaux : l'anticléricalisme d'une partie du corps enseignant dans les collèges publics et au conseil académique ou l'indifférence religieuse des milieux d'affaires, mais la renaissance religieuse est générale, touchant aussi bien les humbles bourgades du pays d'Auge ou du Bessin que des villes comme Caen, Bayeux ou Lisieux. Il appartiendra aux successeurs immédiats du premier évêque concordataire de mener à son terme la rénovation du diocèse ; les fondations, qui ont été posées au début du XIXe siècle sous l'épiscopat de Mgr Brault, seront assez solides pour résister aux secousses consécutives à la montée du laïcisme.

L'épiscopat de Mgr Brault s'achève avec la lettre pastorale qu'il adresse aux fidèles du diocèse de Bayeux, le 28 avril 1823. Il prend congé avec regret du siège de Saint-Exupère et tient à saluer tout d'abord les prêtres et les missionnaires diocésains qu'il avait toujours grande joie à rencontrer au cours de ses visites pastorales, puis les séminaristes, enfin les religieuses. Il se tourne vers les autorités civiles à qui il adresse son hommage et bénit les habitants des villes et des campagnes. Il part, conscient d'avoir réalisé une grande œuvre de reconstruction, qui couronne vingt années d'efforts assidus ; il cite, parmi les réalisations les plus notables : la disparition des divisions, le renouveau de la ferveur religieuse et « la renaissance de plusieurs de ces institutions utiles que le temps avait détruites [1] ».

Mgr Brault se mit en route pour Albi, en laissant beaucoup de regrets parmi le clergé et les fidèles ; l'abbé Michel, son secrétaire, assure que de nombreuses larmes ont été versées lors de son départ. Il séjourna quelque temps à Paris, où il rencontra son successeur, Mgr Duperrier-Dumourier, puis il passa plusieurs semaines dans sa famille, à Poitiers. Il partit pour Albi à la fin du mois de juin 1823 où il arriva le 8 juillet. Son premier acte fut de reprendre possession, dès le 13 juillet,

---

1. Lettre pastorale de Brault au clergé et aux fidèles de son diocèse, 28 avril 1823, Recueil des mandements de Mgr. Brault, bibliothèque du séminaire de Caen, 225.

de l'ancien archevêché que le préfet dut quitter sur-le-champ. Dans son esprit, Albi devait retrouver le prestige d'une cité archiépiscopale. Il fut installé solennellement en sa cathédrale, le 23 juillet, au milieu d'un si grand enthousiasme populaire que son arrivée fit penser à l'entrée de quelque souverain dans sa capitale; on lui rendit les honneurs militaires, tandis que les fidèles jetaient des fleurs sur son passage; dans la soirée, la municipalité décida spontanément l'illumination de la ville pour lui rendre hommage. Dans ce diocèse restauré par le concordat de 1817, qui appartenait auparavant à celui de Montpellier, tout était à organiser. Mgr Brault, pourtant déjà septuagénaire, montra le même zèle et la même compétence qu'à Bayeux. Son épiscopat dura dix années, décennie singulièrement féconde. Il forma un chapitre métropolitain, dans lequel il fit entrer son frère, Mathurin, fonda un séminaire diocésain, établit l'association Saint-Charles pour venir en aide aux prêtres âgés dépourvus de ressources, publia un catéchisme et reconstitua les congrégations religieuses. En particulier, Mgr Brault appela, en 1832, quelques religieuses du Bon-Sauveur de Caen, qui s'établirent à Albi. La même année, naissait, à Gaillac, l'institut des sœurs de Saint-Joseph de l'Apparition. Enfin, l'évêque, comme à Bayeux, établit des missionnaires diocésains et organisa des retraites ecclésiastiques annuelles pour son clergé.

Mgr Brault ne revint qu'une seule fois à Bayeux; en 1827, il fut reçu avec une joie indicible par les fidèles assemblés dans la cathédrale; il célébra la messe de la Dédicace. Le bourdon de Notre-Dame et les cloches des autres églises de Bayeux sonnèrent en son honneur; dans la soirée, la musique de la garde nationale vint donner une aubade sous les fenêtres de l'évêché. Nommé comte et pair de France en 1827, il venait chaque année à Paris pour participer à la session parlementaire et revoyait avec bonheur des prêtres du diocèse de Bayeux qui venaient lui rendre visite. Quand il parut pour la première fois à la Chambre des pairs, tous se levèrent spontanément en signe de respect : outre qu'il était très connu et vénéré, chacun admirait ce beau vieillard, au port noble et majestueux, dont les cheveux blancs comme la neige contrastaient avec de longs sourcils noirs comme l'ébène. Dans *L'Histoire biographique de la Chambre des pairs*[1], le prélat est décrit comme «trop éclairé pour être intolérant, trop monarchique pour être ultra; il fut naturellement appelé à siéger parmi les défenseurs des institutions consacrées par nos lois». Lors de la révolution de 1830, il cessa de faire partie de la

---

1. Cité par A. D. F 5663. Note de Michel.

Chambre des pairs. Les honneurs ne lui ôtèrent pas ses mœurs simples ; ainsi, il refusait les aliments gras les jours d'abstinence, même lorsqu'il était invité par quelque personnalité civile. Il dirigea le diocèse d'Albi pendant dix ans, avec une sagesse qui lui attira le respect de tous ; il désira se retirer, car il devenait aveugle. Il mourut, à Albi, avant qu'on eût accepté de le remplacer, le 25 février 1833. Suivant son désir, son corps fut porté dans le cimetière de l'hospice, au milieu des pauvres, dont il avait été l'ami et le protecteur. Il repose à côté de son frère, Mathurin, lui-même décédé le 27 février 1827. Mgr Dancel fit annoncer la nouvelle de sa mort dans le diocèse de Bayeux ; des services funèbres furent célébrés dans toutes les paroisses et les fidèles vinrent en grand nombre rendre un dernier hommage au premier évêque concordataire qui les avait servis *ad majorem Dei gloriam.*

Annexes

Annexe 1

CARTE DES ANCIENS ET DES NOUVEAUX
DIOCÈSES NORMANDS

ANNEXE 1

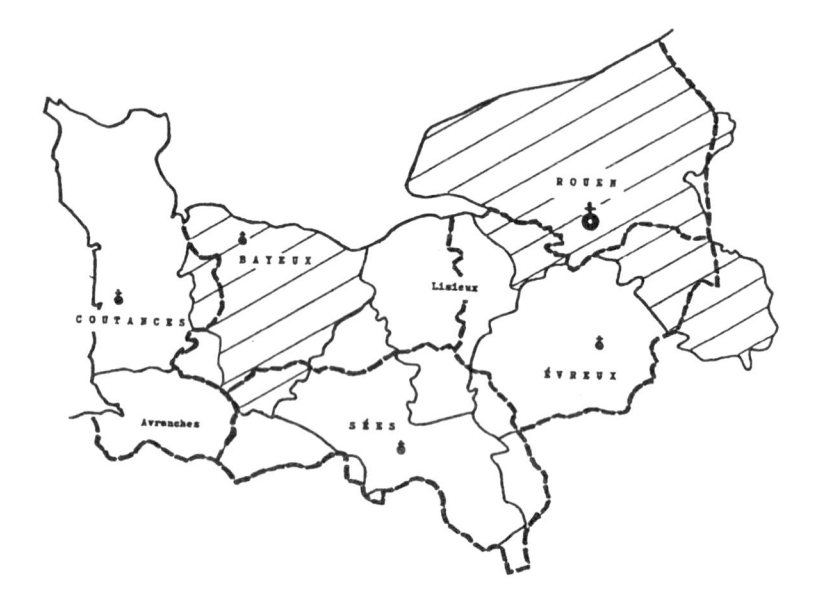

Minuscules : les diocèses supprimés.
Trait continu : limites des anciens diocèses.
Pointillé : limites des diocèses actuels.

Annexe 2

CONCORDAT DU 15 JUILLET 1801 ET LOI DU 18 GERMINAL AN X (ARTICLES ORGANIQUES)

L'ÉPISCOPAT CONCORDATAIRE (1802-1823)

Le Concordat de 1801

« Sa Sainteté le Souverain Pontife Pie VII et le Premier Consul de la République Française ont nommé pour leurs plénipotentiaires respectifs :
« Sa Sainteté, S. Em. Mgr Hercule Consalvi, cardinal de la Sainte Église romaine, diacre de Sainte-Agathe ad Suburram, son Secrétaire d'État; Joseph Spina, archevêque de Corinthe, prélat domestique de Sa Sainteté, assistant du trône pontifical, et le P. Caselli, théologien consultant de Sa Sainteté, pareillement munis de pouvoirs en bonne et due forme.
« Le Premier Consul, les citoyens Joseph Bonaparte, conseiller d'État; Cretet, conseiller d'État, et Bernier, docteur en théologie, curé de Saint-Laud d'Angers, munis de pleins pouvoirs.
« Lesquels, après l'échange des pleins pouvoirs respectifs, ont arrêté la convention suivante.

CONVENTION ENTRE SA SAINTETÉ PIE VII
ET LE GOUVERNEMENT FRANÇAIS

« Le Gouvernement de la République reconnaît que la religion catholique, apostolique et romaine est la religion de la grande majorité des citoyens français.
« Sa Sainteté reconnaît également que cette même religion a retiré et attend encore en ce moment le plus grand bien et le plus grand éclat de l'établissement du culte catholique en France, et de la profession particulière qu'en font les Consuls de la République française.
« En conséquence, d'après cette reconnaissance mutuelle, tant pour le bien de la religion que pour le maintien de la tranquillité intérieure, ils sont convenus de ce qui suit :
« ART. 1er. – La religion catholique, apostolique et romaine sera librement exercée en France; son culte sera public, en se confor-

mant aux règlements de police que le Gouvernement jugera nécessaires pour la tranquillité publique.

«ART. 2. – Il sera fait par le Saint-Siège, de concert avec le Gouvernement, une nouvelle circonscription des diocèses français.

«ART. 3. – Sa Sainteté déclarera aux titulaires des évêchés français qu'elle attend d'eux avec une ferme confiance, pour le bien de la paix et de l'unité, toute espèce de sacrifice, même celui de leurs sièges.

«Après cette exhortation, s'ils se refusaient à ce sacrifice commandé par le bien de l'Église (refus néanmoins auquel Sa Sainteté ne s'attend pas), il sera pourvu par de nouveaux titulaires au gouvernement des évêchés de la circonscription nouvelle, de la manière suivante.

«ART. 4. – Le Premier Consul de la République nommera dans les trois mois qui suivront la publication de la bulle de Sa Sainteté aux archevêchés et évêchés de la circonscription nouvelle. Sa Sainteté conférera l'institution canonique suivant les formes établies par rapport à la France avant le changement du Gouvernement.

«ART. 5. – Les nominations aux évêchés qui vaqueront dans la suite seront également faites par le Premier Consul, et l'institution canonique sera donnée par le Saint-Siège en conformité de l'article précédent.

«ART. 6. – Les évêques, avant d'entrer en fonctions, prêteront directement entre les mains du Premier Consul le serment de fidélité qui était en usage avant le changement de Gouvernement, exprimé dans les termes suivants :

«Je jure et promets à Dieu sur les Saints Évangiles de garder obéissance et fidélité au Gouvernement, établi par la Constitution de la République française. Je promets aussi de n'avoir aucune intelligence, de n'assister à aucun conseil, de n'entretenir aucune ligue, soit au dedans, soit au dehors, qui soit contraire à la tranquillité publique, et si, dans mon diocèse ou ailleurs, j'apprends qu'il se trame quelque chose au préjudice de l'État, je le ferai savoir au Gouvernement.»

«ART. 7. – Les ecclésiastiques du second ordre prêteront le même serment entre les mains des Autorités civiles désignées par le Gouvernement.

«ART. 8. – La formule de prière suivante sera récitée à la fin de l'office divin dans toutes les églises catholiques de France : «*Domine, salvam fac rempublicam. Domine, salvos fac consules*».

«ART. 9. – Les évêques feront une nouvelle circonscription des paroisses de leurs diocèses, qui n'aura d'effet que d'après le consentement du Gouvernement.

«ART. 10. – Les évêques nommeront aux cures. Leur choix ne pourra tomber que sur des personnes agréées par le Gouvernement.

«ART. 11. – Les évêques pourront avoir un chapitre dans leur cathédrale, et un séminaire pour leur diocèse, sans que le Gouvernement s'oblige à les doter.

«Art. 12. – Toutes les églises métropolitaines, cathédrales, paroissiales et autres non aliénées, nécessaires au culte, seront mises à la disposition des évêques.

«Art. 13. – Sa Sainteté, pour le bien de la paix et l'heureux rétablissement de la religion catholique, déclare que ni Elle, ni ses successeurs, ne troubleront en aucune manière les acquéreurs des biens ecclésiastiques aliénés et qu'en conséquence la propriété de ces mêmes biens, les droits et revenus y attachés demeureront incommutables entre leurs mains, ou celles de leurs ayants cause.

«Art. 14. – Le Gouvernement assurera un traitement convenable aux évêques et aux curés dont les diocèses et les cures seront compris dans la circonscription nouvelle.

«Art. 15. – Le Gouvernement prendra également des mesures pour que les catholiques français puissent, s'ils le veulent, faire en faveur des églises des fondations.

«Art. 16. – Sa Sainteté reconnaît dans le Premier Consul de la République française les mêmes droits et prérogatives dont jouissait auprès d'Elle l'ancien Gouvernement.

«Art. 17. – Il est convenu entre les parties contractantes que, dans le cas où quelqu'un des successeurs du Premier Consul actuel ne serait pas catholique, les droits et prérogatives mentionnés dans l'article ci-dessus et la nomination aux évêchés seront réglés par rapport à lui par une nouvelle convention.

«Les ratifications seront échangées à Paris dans l'espace de quarante jours.

«Fait à Paris le vingt-six messidor de l'an neuf de la République Française.»

Concordat entre Pie VII et le Premier Consul (15 juillet 1801)

Sanctitas Sua Summus Pontifex Pius VII, atque Primus Consul Gallicæ Reipublicæ, in suos respective plenipotentiaros nominarunt :
Sanctitas Sua, Emum Dominum Herculem Consalvi S. R. E. cardinalem diaconum S. Agathæ ad Suburram, suum a secretis Status; Josephum Spina archiepiscopum Corinthi, S. S. prælatum domesticum, ac Pontificio Solio assistentem, et Patrem Caselli theologum consultorum S. S... pariter munitos facultatibus in bona et debita forma.

Primus Consul, cives Josephum Bonaparte consiliatum Status, Cretet consiliatum pariter Status, ac Bernierium doctorem in S. theologia parochum S. Laudi Andegavensis, plenis facultatibus munitos.

Qui post sibi mutuo tradita respectivæ plenipotentiæ instrumenta, de iis quæ sequuntur convenerunt.

CONVENTIO INTER SUMMUM
PONTIFICEM PIUM VII
ET GUBERNIUM GALLICANUM

Gubernium Reipublicæ recognoscit religionem catholicam apostolicam Romanam, eam esse religionem quam longe maxima pars civium Gallicanæ Reipublicæ profitetur.

Sa Sainteté le Souverain Pontife Pie VII et le Premier Consul de la République Française ont nommé pour leurs plénipotentiaires respectifs :
Sa Sainteté, S. Em. Mgr Hercule Consalvi, cardinal de la Sainte Église Romaine, diacre de Sainte-Agathe *ad Suburram*, son Secrétaire d'État; Joseph Spina, archevêque de Corinthe, prélat domestique de Sa Sainteté, assistant au trône pontifical, et le P. Caselli, théologien consultant de Sa Sainteté, pareillement munis des pouvoirs en bonne et due forme.

Le Premier Consul, les citoyens Joseph Bonaparte, conseiller d'État; Crétet, conseiller d'État et Bernier, docteur en théologie, curé de Saint-Laud d'Angers, munis des pleins pouvoirs.

Lesquels, après l'échange des pleins pouvoirs respectifs, ont arrêté la convention suivante.

CONVENTION ENTRE
SA SAINTETÉ PIE VII ET
LE GOUVERNEMENT FRANÇAIS

Le Gouvernement de la République reconnaît que la religion catholique, apostolique et romaine est la religion de la grande majorité des citoyens français.

Summus Pontifex pari modo recognoscit eamdem religionem maximam utilitatem, maximumque decus percepisse, et hoc quoque tempore præstolari ex Catholico cultu in Gallia constituto, nec non ex peculiari ejus professione quam faciunt Reipublicæ Consules.

Hæc cum ita sint, atque utrinque recognita, ad religionis bonum internæque tranquilitatis conservationem, ea quæ sequuntur inter ipsos conventa sunt.

ARTICULUS PRIMUS

Religio catholica apostolica romana libere in Gallia exercebitur. Cultus publicus erit, habita tamen ratione ordinationum quoad politiam, quas Gubernium pro publica tranquillitate necessarias existimabit.

ART. 2

Ab Apostolica Sede, collatis cum Gallico Gubernio consiliis, novis finibus Galliarum diœceses circumscribentur.

ART. 3

Summus Pontifex titularibus gallicarum Ecclesiarum episcopis significabit se ab iis pro bono pacis et Unitatis, omnia sacrificia firma fiducia expectare, eo non excepto quo ipsas suas episcopales sedes resignent.

Hac hortatione præmissa, si huic sacrificio quod Ecclesiae bonum exigit renuere ipsi vellent (fieri id autem posse Summus Pontifex suo non reputat animo)

Sa Sainteté reconnait également que cette même religion a retiré et attend encore en ce moment le plus grand bien et le plus grand éclat de l'établissement du culte catholique en France, et de la profession particulière qu'en font les Consuls de la République.

En conséquence, d'après cette reconnaissance mutuelle, tant pour le bien de la religion que pour le maintien de la tranquillité intérieure, ils sont convenus de ce qui suit.

ARTICLE PREMIER

La religion catholique, apostolique et romaine sera librement exercée en France; son culte sera public, en se conformant aux règlements de police que le Gouvernement jugera nécessaires pour la tranquillité publique.

ART. 2

Il sera fait par le Saint-Siège, de concert avec le Gouvernement, une nouvelle circonscription des diocèses français.

ART. 3

Sa Sainteté déclarera aux titulaires des évêchés français qu'elle attend d'eux avec une ferme confiance, pour le bien de la paix et de l'Unité, toute espèce de sacrifice, même celui de leurs sièges.

Après cette exhortation, s'ils se refusaient à ce sacrifice commandé par le bien de l'Église (refus néanmoins auquel Sa Sainteté ne s'attend pas), il sera gubernationibus gallicarum Ecclesiarum novæ circumscriptionis de novis titularibus providebitur eo qui sequitur modo.

ART. 4

Consul Primus Gallicanæ Reipublicæ intra tres menses, qui promulgationem Constitutionis Apostolicæ consequentur, archiepiscopos et episcopos novæ circumscriptionis diœcesibus præficiendos nominabit. Summus Pontifex institutionem canonicam dabit, juxta formas, relate ad Gallias ante regiminis commutationem statutas.

ART. 5

Item Consul Primus ad Episcopales sedes quæ in posterum vacaverint, novos antistites nominabit, iisque ut in articulo præcedenti constitutum est, Apostolica Sedes canonicam dabit institutionem.

ART. 6

Episcopi antequam munus suum gerendum suscipiant, coram Primo Consule juramentum fidelitatis emittent, quod erat in more ante regiminis commutationem, sequentibus verbis expressum.

«Ego juro et promitto ad sancta Dei Evangelia obedientiam, et fidelitatem Gubernio per constitutionem Gallicanæ Reipublicæ statuto. Item promitto me nullam communicationem habiturum, nulli consilio interfuturum, nullamque suspectam unionem, neque intra, neque extra conservaturum, quæ tran-

pourvu par de nouveaux titulaires au gouvernement des évêchés de la circonscription nouvelle de la manière suivante.

ART. 4

Le Premier Consul de la République Française nommera, dans les trois mois qui suivront la publication de la bulle de Sa Sainteté, aux archevêchés et évêchés de la circonscription nouvelle. Sa Sainteté conférera l'institution canonique suivant les formes établies par rapport à la France avant le changement du Gouvernement.

ART. 5

Les nominations aux évêchés qui vaqueront dans la suite seront également faites par le Premier Consul, et l'institution canonique sera donnée par le Saint-Siège en conformité de l'article précédent.

ART. 6

Les évêques, avant d'entrer en fonction, prêteront directement entre les mains du Premier Consul le serment de fidélité, qui était en usage avant le changement de Gouvernement, exprimé dans les termes suivants :

«Je jure et promets à Dieu sur les saints Évangiles de garder obéissance et fidélité au Gouvernement établi par la Constitution de la République Française. Je promets aussi de n'avoir aucune intelligence, de n'assister à aucun conseil, de n'entretenir aucune ligue, soit quillitati publicæ noceat, et si tam in diœcesi mea, quam alibi, noverim aliquid in Status damnum tractari, Gubernio manifestabo.»

ART. 7

Ecclesiastici secundi ordinis idem juramentum emittent coram auctoritatibus civilibus a Gallicano Gubernio designatis.

ART. 8

Post divina officia in omnibus catholicis Galliæ templis sic orabitur :
«Domine salvam fac Rempublicam :»
«Domine salvos fac Consules.»

ART. 9

Episcopi in sua quisque diœcesi novas parochias circumscribent; quæ circumscriptio suum non sortietur effectum, nisi postquam Gubernii consensus accesserit.

ART. 10

Iidem episcopi ad parochias nominabunt, nec personas eligent nisi Gubernio acceptas.

ART. 11

Poterunt iidem episcopi habere unum capitulum in cathedrali ecclesia, atque unum seminarium in sua quisque diœcesi sine dotationis obligatione ex parte Gubernii.

au dedans, soit au dehors, qui soit contraire à la tranquillité publique, et si, dans mon diocèse ou ailleurs, j'apprends qu'il se trame quelque chose au préjudice de l'État, je le ferai savoir au Gouvernement.»

ART. 7

Les ecclésiastiques du second ordre prêteront le même serment entre les mains des autorités civiles désignées par le Gouvernement.

ART. 8

La formule de prière suivante sera récitée à la fin de l'office divin dans toutes les églises catholiques de France :
«Domine etc.
«Domine etc.

ART. 9

Les évêques feront une nouvelle circonscription des paroisses de leurs diocèses, qui n'aura d'effet que d'après le consentement du Gouvernement.

ART. 10

Les évêques nommeront aux cures. Leur choix ne pourra tomber que sur des personnes agréées par le Gouvernement.

ART. 11

Les évêques pourront avoir un chapitre dans leur cathédrale, et un séminaire pour leur diocèse, sans que le Gouvernement s'oblige à les doter.

ART. 12

Omnia templa metropolitana, cathedralia, parochialia, atque alia quae non alienata sunt; cultui necessaria, episcoporum dispositioni tradentur.

ART. 13

Sanctitas Sua pro pacis bono felicique religionis restitutione, declarat eos qui bona Ecclesiæ alienata acquisiverint, molestiam nullam habituros neque a se, neque a romanis pontificibus successoribus suis ac consequenter proprietas eorumdem bonorum, redditus et jura iis inhærentia immutabilia penes ipsos erunt, atque ab ipsis causam habentes.

ART. 14

Gubernium Gallicanæ Reipublicæ in se recipit, tum episcoporum, tum parochorum quorum diœceses atque parochias nova circumscriptio complectitur, sustentationem, quæ cujusque statum deceat.

ART. 15

Idem Gubernium curabit ut catholicis in Gallia liberum sit, si libuerit, ecclesiis consulere novis fundationibus.

ART. 16

Sanctitas Sua recognoscit in Primo Consule Gallicanæ Reipublicæ eadem jura ac privilegia quibus apud Sanctam Sedem fruebatur antiquum regimen.

ART. 12

Toutes les églises métropolitaines, cathédrales, paroissiales et autres non aliénées, nécessaires au culte, seront mises à la disposition des évêques.

ART. 13

Sa Sainteté, pour le bien de la paix et l'heureux rétablissement de la religion catholique, déclare que ni Elle ni ses successeurs ne troubleront en aucune manière les acquéreurs des biens ecclésiastiques aliénés, et qu'en conséquence la propriété de ces mêmes biens, les droits et revenus y attachés demeureront incommutables entre leurs mains ou celles de leurs ayants cause.

ART. 14

Le Gouvernement assurera un traitement convenable aux évêques et aux curés dont les diocèses et les cures seront compris dans la circonscription nouvelle.

ART. 15

Le Gouvernement prendra également des mesures pour que les catholiques français puissent, s'ils le veulent, faire en faveur des Églises des fondations.

ART. 16

Sa Sainteté reconnaît au Premier Consul de la République Française les mêmes droits et prérogatives dont jouissait près d'Elle l'ancien Gouvernement.

ART. 17

Utrique conventum est : quod in casu quo aliquis ex successoribus hodierni Primi Consulis catholicam Religionem non profiteretur, super juribus ac privilegiis in superiori articulo commemoratis, nec non super nominatione ad archiepiscopatus et episcopatus, respectu ipsius, nova conventio fiet.

Ratificationum mutua traditio Parisiis fiet quadraginta dierum spatio.

Datum Parisiis die decima quinta mensis Julii 1801.

ART. 17

Il est convenu entre les parties contractantes que, dans le cas où quelqu'un des successeurs du Premier Consul actuel ne serait pas catholique, les droits et prérogatives mentionnés dans l'article ci-dessus et la nomination aux évêchés seront réglés par rapport à lui par une nouvelle convention.

Les ratifications seront échangées à Paris dans l'espace de quarante jours.

Fait à Paris, le 26 messidor de l'an IX de la République Française [1].

1. André LATREILLE, *L'Explication des textes historiques*, Paris, 1944, p. 184-187.

Loi du 18 germinal an X

ARTICLES ORGANIQUES DU CULTE CATHOLIQUE

TITRE PREMIER

DU RÉGIME DE L'ÉGLISE CATHOLIQUE DANS SES RAPPORTS GÉNÉRAUX AVEC LES DROITS ET LA POLICE DE L'ÉTAT

ARTICLE PREMIER. – Aucune bulle, bref, rescrit, décret, mandat, provision, signature servant de provision, ni autres expéditions de la cour de Rome, même ne concernant que les particuliers, ne pourront être reçus, publiés, imprimés, ni autrement mis à exécution sans l'autorisation du Gouvernement.

ART. 2. – Aucun individu se disant nonce, légat, vicaire ou commissaire apostolique, ou se prévalant de toute autre dénomination, ne pourra, sans la même autorisation, exercer, sur le sol français ni ailleurs, aucune fonction relative aux affaires de l'Église gallicane.

ART. 3. – Les décrets des synodes étrangers, même ceux des conciles généraux, ne pourront être publiés en France avant que le Gouvernement en ait examiné la forme, leur conformité avec les lois, droits et franchises de la République française, et tout ce qui, dans leur publication, pourrait altérer ou intéresser la tranquillité publique.

ART. 4. – Aucun concile national ou métropolitain, aucun synode diocésain, aucune assemblée délibérante n'a lieu sans la permission expresse du Gouvernement.

ART. 5. – Toutes les fonctions ecclésiastiques seront gratuites, sauf les oblations qui seraient autorisées et fixées par les règlements.

ART. 6. – Il y aura recours au Conseil d'État dans tous les cas d'abus de la part des supérieurs et autres personnes ecclésiastiques. Les cas d'abus sont : l'usurpation ou l'excès de pouvoir ; la contravention aux lois et règlements de la République ; l'infraction des règles consacrées par les canons reçus en France ; l'attentat aux libertés, franchises et coutumes de l'Église gallicane, et toute entreprise ou tout procédé qui, dans l'exercice du culte, peut compromettre l'honneur des citoyens, troubler arbitrairement leur conscience, dégénérer contre eux en oppression ou en injure, ou scandale public.

ART. 7. – Il y aura pareillement recours au Conseil d'État s'il est porté atteinte à l'exercice du culte et à la liberté que les lois et les règlements garantissent à ses ministres.

Art. 8. – Le recours comptera à toute personne intéressée. À défaut de plainte particulière, il sera exercé d'office par les préfets.

Le fonctionnaire public, l'ecclésiastique ou la personne qui voudra exercer ce recours adressera un mémoire détaillé et signé au conseiller d'État chargé de toutes les affaires concernant les cultes, lequel sera tenu de prendre, dans le plus bref délai, tous les renseignements convenables ; et, sur son rapport, l'affaire sera suivie et définitivement terminée dans la forme administrative, ou renvoyée, selon l'exigence des cas, aux autorités compétentes.

TITRE II

DES MINISTRES

Section I. – *Dispositions générales*

Art. 9. – Le culte catholique sera exercé sous la direction des archevêques et évêques dans leurs diocèses, et sous celle des curés dans leurs paroisses.

Art. 10. – Tout privilège portant exemption ou attribution de la juridiction épiscopale est aboli.

Art. 11. – Les archevêques et évêques pourront, avec l'autorisation du Gouvernement, établir dans leurs diocèses des chapitres cathédraux et des séminaires. Tous autres établissements ecclésiastiques sont supprimés.

Art. 12. – Il sera libre aux archevêques et évêques d'ajouter à leur nom le titre de citoyen ou celui de monsieur. Toutes autres qualifications sont interdites.

Section II. – *Des archevêques ou métropolitains*

Art. 13. – Les archevêques consacreront et installeront leurs suffragants. En cas d'empêchement ou de refus de leur part, ils seront suppléés par le plus ancien évêque de l'arrondissement métropolitain.

Art. 14. – Ils veilleront au maintien de la foi et de la discipline dans les diocèses dépendant de leur métropole.

Art. 15. – Ils connaîtront des réclamations et des plaintes contre la conduite et les décisions des évêques suffragants.

Section III. – *Des évêques, des vicaires généraux et des séminaires*

Art. 16. – On ne pourra être nommé évêque avant l'âge de trente ans, et si on n'est originaire français.

Art. 17. – Avant l'expédition de l'arrêté de nomination, celui ou ceux qui seront proposés, seront tenus de rapporter une attestation de bonnes vie et mœurs, expédiée par l'évêque dans le diocèse duquel ils auront exercé les fonctions du ministère ecclésiastique ; et ils seront examinés sur leur doctrine par un évêque et deux prêtres qui seront commis par le Premier Consul, lesquels adresseront le résultat de leur examen au conseiller d'État chargé de toutes les affaires concernant les cultes.

Art. 18. – Le prêtre nommé par le Premier Consul fera les diligences pour rapporter l'institution du Pape.

Il ne pourra exercer aucune fonction avant que la bulle portant son institution ait reçu l'attache du Gouvernement et qu'il ait prêté en personne le serment prescrit par la convention passée entre le Gouvernement français et le Saint-Siège.

Ce serment sera prêté au Premier Consul; il en sera dressé procès-verbal par le Secrétaire d'État.

Art. 19. – Les évêques nommeront et institueront les curés; néanmoins, ils ne manifesteront pas leur nomination et ils ne donneront l'institution canonique qu'après que cette nomination aura été agréée par le Premier Consul.

Art. 20. – Ils seront tenus de résider dans leurs diocèses; ils ne pourront en sortir qu'avec la permission du Premier Consul.

Art. 21. – Chaque évêque pourra nommer deux vicaires généraux, et chaque archevêque pourra en nommer trois; ils les choisiront parmi les prêtres ayant les qualités requises pour être évêques.

Art. 22. – Ils visiteront annuellement et en personne une partie de leur diocèse et, dans l'espace de cinq ans, le diocèse entier.

En cas d'empêchement légitime, la visite sera faite par un vicaire général.

Art. 23. – Les évêques seront chargés de l'organisation de leurs séminaires, et les règlements de cette organisation seront soumis à l'approbation du Premier Consul.

Art. 24. – Ceux qui seront choisis pour l'enseignement dans les séminaires souscriront la Déclaration faite par le clergé de France en 1682 et publiée par un édit de la même année; ils se soumettront à enseigner la doctrine qui y est contenue, et les évêques adresseront une expédition en forme de cette soumission au conseiller d'État chargé de toutes les affaires concernant les cultes.

Art. 25. – Les évêques enverront toutes les années à ce conseiller d'État le nom des personnes qui étudieront dans les séminaires et qui se destineront à l'état ecclésiastique.

Art. 26. – Ils ne pourront ordonner aucun ecclésiastique s'il ne justifie d'une propriété produisant au moins un revenu annuel de 300 francs; s'il n'a atteint l'âge de vingt-cinq ans, et s'il ne réunit les qualités requises par les canons reçus en France.

Les évêques ne feront aucune ordination avant que le nombre des personnes à ordonner ait été soumis au Gouvernement, et par lui agréé.

Section IV. – *Des curés*

Art. 27. – Les curés ne pourront entrer en fonctions qu'après avoir prêté entre les mains du préfet le serment prescrit par la convention passée entre le Gouvernement et le Saint-Siège. Il sera dressé procès-verbal de cette prestation par le secrétaire général et la préfecture, et copie collationnée leur en sera délivrée.

Art. 28. – Ils seront mis en possession par le curé ou le prêtre que l'évêque désignera.

Art. 29. – Ils seront tenus de résider dans leurs paroisses.

Art. 30. – Les curés seront immédiatement soumis aux évêques dans l'exercice de leurs fonctions.

Art. 31. – Les vicaires et desservants exerceront leur ministère sous la surveillance et la direction des curés.

Ils seront approuvés par l'évêque et révocables par lui.

Art. 32. – Aucun étranger ne pourra être employé dans les fonctions du ministère ecclésiastique sans la permission du Gouvernement.

Art. 33. – Toute fonction est interdite à tout ecclésiastique, même Français, qui n'appartient à aucun diocèse.

Art. 34. – Un prêtre ne pourra quitter son diocèse, pour aller desservir dans un autre, sans la permission de son évêque.

Section V. – *Des chapitres cathédraux et du gouvernement des diocèses pendant la vacance du siège*

Art. 35. – Les archevêques et évêques qui voudront user de la faculté qui leur est donnée d'établir des chapitres ne pourront le faire sans avoir rapporté l'autorisation du Gouvernement, tant pour l'établissement lui-même que pour le nombre et le choix des ecclésiastiques destinés à les former.

Art. 36. – Pendant la vacance des sièges, il sera pourvu par le métropolitain et, à son défaut, par le plus ancien des évêques suffragants, au gouvernement des diocèses.

Les vicaires généraux de ces diocèses continueront leurs fonctions, même après la mort de l'évêque, jusqu'à remplacement.

Art. 37. – Les métropolitains, les chapitres cathédraux seront tenus, sans délai, de donner avis au Gouvernement de la vacance des sièges et des mesures qui auront été prises pour le gouvernement des diocèses.

Art. 38. – Les vicaires généraux qui gouvernent pendant la vacance, ainsi que les métropolitains ou capitulaires, ne se permettront aucune innovation dans les usages et coutumes des diocèses.

TITRE III

DU CULTE

Art. 39. – Il n'y aura qu'une liturgie et un catéchisme pour toutes les églises catholiques de France.

Art. 40. – Aucun curé ne pourra ordonner des prières publiques extraordinaires dans sa paroisse sans la permission spéciale de l'évêque.

Art. 41. – Aucune fête, à l'exception du dimanche, ne pourra être établie sans la permission du Gouvernement.

Art. 42. – Les ecclésiastiques useront, dans les cérémonies religieuses, des habits et des ornements convenables à leur titre ; ils ne pourront, dans aucun cas ni sous aucun prétexte, prendre la couleur et les marques distinctives réservées aux évêques.

Art. 43. – Tous les ecclésiastiques seront habillés à la française et en noir. Les évêques pourront joindre à ce costume la croix pastorale et les bas violets.

Art. 44. – Les chapelles domestiques, les oratoires particuliers ne pourront être établis sans une permission expresse du Gouvernement accordée sur la demande de l'évêque.

Art. 45. – Aucune cérémonie religieuse n'aura lieu hors des édifices consacrés au culte catholique, dans les villes où il y a des temples destinés à différents cultes.

Art. 46. – Le même temple ne pourra être consacré qu'à un même culte.

Art. 47. – Il y aura, dans les cathédrales et paroisses, une place distinguée pour les individus catholiques qui remplissent les autorités civiles ou militaires.

Art. 48. – L'évêque se concertera avec le préfet pour régler la manière d'appeler les fidèles au service divin par le son des cloches. On ne pourra les sonner pour toute autre cause sans la permission de la police locale.

Art. 49. – Lorsque le Gouvernement ordonnera des prières publiques, les évêques se concerteront avec le préfet et le commandant militaire du lieu, pour le jour, l'heure et le mode d'exécution de ces ordonnances.

Art. 50. – Les prières solennelles appelées sermons, et celles connues sous le nom de stations de l'Avent et du Carême, ne seront faites que par des prêtres qui en auront obtenu une autorisation spéciale de l'évêque.

Art. 51. – Les curés, aux prônes des messes paroissiales, prieront et feront prier pour la prospérité de la République française et pour les Consuls.

Art. 52. – Ils ne se permettront, dans leurs instructions, aucune inculpation directe ou indirecte, soit contre les personnes, soit contre les autres cultes autorisés par l'État.

Art. 53. – Ils ne feront au prône aucune publication étrangère à l'exercice du culte, à moins qu'ils n'y soient autorisés par le Gouvernement.

Art. 54. – Ils ne donneront la bénédiction nuptiale qu'à ceux qui justifieront, en bonne et due forme, avoir contracté leur mariage devant l'officier civil.

Art. 55. – Les registres tenus par les ministres du culte, n'étant et ne pouvant être relatifs qu'à l'administration des sacrements, ne pourront, dans aucun cas, suppléer les registres ordonnés par la loi pour constater l'état civil des Français.

Art. 56. – Dans tous les actes ecclésiastiques et religieux, on sera obligé de se servir du calendrier d'équinoxe établi par les lois de la République ; on désignera les jours par les noms qu'ils avaient dans le calendrier des solstices.

Art. 57. – Le repos des fonctionnaires publics sera fixé au dimanche.

TITRE IV

DE LA CIRCONSCRIPTION DES ARCHEVÊCHÉS, DES ÉVÊCHÉS
ET DES PAROISSES, DES ÉDIFICES DESTINÉS AU CULTE,
ET DU TRAITEMENT DES MINISTRES

Section I. – *De la circonscription des archevêchés et des évêchés*

Art. 58. – Il y aura en France dix archevêchés ou métropoles et cinquante évêchés.

Art. 59. – La circonscription des métropoles et des diocèses sera faite conformément au tableau ci-joint.

Section II. – *De la circonscription des paroisses*

Art. 60. – Il y aura au moins une paroisse par justice de paix. Il sera, en outre, établi autant de succursales que le besoin pourra l'exiger.

Art. 61. – Chaque évêque, de concert avec le préfet, réglera le nombre et l'étendue de ces succursales. Les plans arrêtés seront soumis au Gouvernement et ne pourront être mis à exécution sans son autorisation.

Art. 62. – Aucune partie du territoire français ne pourra être érigée en cure et en succursale sans l'autorisation expresse du Gouvernement.

Art. 63. – Les prêtres desservant les succursales seront nommés par les évêques.

Section III. – *Du traitement des ministres*

Art. 64. – Le traitement des archevêques sera de 15.000 francs.
Art. 65. – Le traitement des évêques sera de 10.000 francs.

ART. 66. – Les curés seront distribués en deux classes : le traitement des curés de la première classe sera porté à 1.500 francs ; celui des curés de la seconde classe, à 1.000 francs.

ART. 67. – Les pensions dont ils jouissent, en exécution des lois de l'Assemblée Constituante, seront précomptées sur leur traitement. Les conseils généraux des grandes communes pourront, sur leurs biens ruraux ou sur leurs octrois, leur accorder une augmentation de traitement, si les circonstances l'exigent.

ART. 68. – Les vicaires et desservants seront choisis parmi les ecclésiastiques pensionnés en exécution des lois de l'Assemblée Constituante.

Le montant de ces pensions et le produit des oblations formeront leur traitement.

ART. 69. – Les évêques rédigeront les projets de règlement relatifs aux oblations que les ministres du culte sont autorisés à recevoir pour l'administration des sacrements.

Les projets de règlement rédigés par des évêques ne pourront être publiés, ni autrement mis à exécution, qu'après avoir été approuvés par le Gouvernement.

ART. 70. – Tout ecclésiastique pensionnaire de l'État sera privé de sa pension s'il refuse, sans cause légitime, les fonctions qui pourront lui être confiées.

ART. 71. – Les conseils généraux de département sont autorisés à procurer aux archevêques et évêques un logement convenable.

ART. 72. – Les presbytères et les jardins attenants, non aliénés, seront rendus aux curés et aux desservants des succursales. À défaut de ces presbytères, les conseils des communes sont autorisés à leur procurer un logement et un jardin.

ART. 73. – Les immeubles, autres que les édifices destinés au logement, et les jardins attenants, ne pourront être affectés à des titres ecclésiastiques, ni possédés par les ministres du culte, à raison de leurs fonctions.

SECTION IV. – *Des édifices destinés au culte*

ART. 74. – Les édifices anciennement destinés au culte catholique, actuellement dans les mains de la nation ; à raison d'un édifice par cure et par succursale, seront mis à la disposition des évêques par arrêtés du préfet du département.

Une expédition de ces arrêtés sera adressée au conseiller d'État chargé de toutes les affaires concernant les cultes.

ART. 75. – Il sera établi des fabriques pour veiller à l'entretien et la conservation des temples, à l'administration des aumônes.

ART. 76. – Dans les paroisses où il n'y aura point d'édifice disponible pour le culte, l'évêque se concertera avec le préfet pour la désignation d'un édifice convenable.

XII

TABLEAU DE LA CIRCONSCRIPTION DES ARCHEVÊCHÉS ET ÉVÊCHÉS ANNEXÉ AUX ARTICLES ORGANIQUES

Paris,	archevêché :	comprendra dans son diocèse le département de la Seine.
Troyes,	évêché :	l'Aube et l'Yonne.
Amiens,	évêché :	la Somme et l'Oise.
Soissons,	évêché :	l'Aisne.
Arras,	évêché :	le Pas-de-Calais.
Cambrai,	évêché :	le Nord.
Versailles,	évêché :	Seine-et-Oise, Eure-et-Loir.
Meaux,	évêché :	Seine-et-Marne, Marne.
Orléans,	évêché :	Loiret, Loir-et-Cher.
Malines,	archevêché :	les Deux-Nèthes, la Dyle.
Namur,	évêché :	Sambre-et-Meuse.
Tournay,	évêché :	Jemmapes.
Aix-la-Chapelle,	évêché :	la Roër, Rhin-et-Moselle.
Trèves,	évêché :	la Sarre.
Gand,	évêché :	l'Escaut, la Dys.
Liège,	évêché :	Meurthe-Inférieure, Ourthe.
Mayence,	évêché :	Mont-Tonnerre.
Besançon,	archevêché :	Haute-Saône, Doubs, Jura.
Autun,	évêché :	Saône-et-Loire, Nièvre.
Metz,	évêché :	la Moselle, les Forêts, les Ardennes.
Strasbourg,	évêché :	Haut-Rhin, Bas-Rhin.
Nancy,	évêché :	la Meuse, la Meurthe, les Vosges.
Dijon,	évêché :	Côte-d'Or, Haute-Marne.
Lyon,	archevêché :	le Rhône, la Loire, l'Ain.
Mende,	évêché :	l'Ardèche, la Lozère.
Grenoble,	évêché :	l'Isère.
Valence,	évêché :	la Drôme.
Chambéry,	évêché :	le Mont-Blanc, le Léman.

Aix,	archevêché :	le Var, les Bouches-du-Rhône.
Nice,	évêché :	Alpes-Maritimes.
Avignon,	évêché :	Gard, Vaucluse.
Ajaccio,	évêché :	le Golo, le Liamone.
Digne,	évêché :	Hautes-Alpes, Basses-Alpes.
Toulouse,	archevêché :	Haute-Garonne, Ariège.
Cahors,	évêché :	Lot, Aveyron.
Montpellier,	évêché :	Hérault, Tarn.
Carcassonne,	évêché :	Aude, Pyrénées-Orientales.
Agen,	évêché :	Lot-et-Garonne, Gers.
Bayonne,	évêché :	Landes, Hautes-Pyrénées, Basses-Pyrénées.
Bordeaux,	archevêché :	Gironde.
Poitiers,	évêché :	Deux-Sèvres, Vienne.
La Rochelle,	évêché :	Charente-Inférieure, Vendée.
Angoulême,	évêché :	Charente, Dordogne.
Bourges,	archevêché :	Cher, Indre.
Clermont,	évêché :	Allier, Puy-de-Dôme.
Saint-Flour,	évêché :	Haute-Loire, Cantal.
Limoges,	évêché :	Creuse, Corrèze, Haute-Vienne.
Tours,	archevêché :	Indre-et-Loire.
Le Mans,	évêché :	Sarthe, Mayenne.
Angers,	évêché :	Maine-et-Loire.
Nantes,	évêché :	Loire-Inférieure.
Rennes,	évêché :	Ille-et-Vilaine.
Vannes,	évêché :	Morbinan.
Saint-Brieuc,	évêché :	Côtes-du-Nord.
Quimper,	évêché :	Finistère.
Rouen,	archevêché :	Seine-Inférieure.
Coutances,	évêché :	Manche.
Bayeux,	évêché :	Calvados.
Sées,	évêché :	Orne.
Évreux,	évêché :	Eure [1].

---

1. A. LATREILLE

L'Épiscopat concordataire (1802-1823)

DIOCÈSES FRANÇAIS SOUS LE CONSULAT
ET LE PREMIER EMPIRE
(D'APRÈS LES ARTICLES ORGANIQUES)

s. : suffragant
d. : département

AGEN   (s. Toulouse (1802), puis Bordeaux (1823))
* 1802 : d. Lot-et-Garonne, Gers
1822 : d. Lot-et-Garonn
évêque : – JACOUPY (Jean) : 1802-1840.

† AIX   (archevêché)
* 1802 : d. Bouches-du-Rhône, Var
1823 : d. Bouches-du-Rhône : arrondissements d'Aix et Arles
archevêques : – CHAMPION DE CICE (Jérôme-Marie) : 1802-1810
– vacance du siège : 1810-1819
– BAUSSET-ROQUEFORT (Pierre-François-Gabriel) : 1819-1829.

AJACCIO   (s. Aix)
* d. Corse
évêque : – SEBASTIANI (Louis) : 1802-1831.

AMIENS   (s. Paris (1802), puis Reims (1822))
* 1802 : d. Somme, Oise
1822 : d. Somme
évêques : – VILLARET (Jean-Chrysostome de) : 1802-1804
– DE MANDOLX (Jean-François) : 1805-1817
– BOMBELLES (Marc-Marie de) : 1819-1822
– CHABONS (Jean-Pierre GALLIEN de) : 1822-1838.

ANGERS   (s. Tours)
* d. Maine-et-Loire
évêque : MONTAULT DES ISLES (Charles) : 1802-1839

ANGOULÊME (s. Bordeaux)
* 1802 : d. Charente, Dordogne
1822 : d. Charente
évêque : – LACOMBE (Dominique) : 1802-1823.

ARRAS (s. Paris)
* d. Pas-de-Calais
évêque : + LA TOUR D'AUVERGNE LAURAGUAIS (Hugues, Robert, Jean) : 1802-1851. Cardinal en 1839.

AUTUN (s. Besançon (1802), puis Lyon (1822))
* 1802 : d. Saône-et-Loire, Nièvre
1822 : d. Saône-et-Loire
évêques : – MOREAU (Gabriel-François) : 1802
– FONTANGES (François de) : 1802-1806
– IMBERTIES (Fabien-Sébastien) : 1806-1819
– VICHY (Roch-Étienne, comte de) : 1819-1829.

AVIGNON (s. d'Aix (1802), archevêché en 1821)
* 1802 : d. Vaucluse, Gard
1821 : d. Vaucluse
évêque : – PÉRIER (Jean-François) : 1802-1821
archevêque : – MAUREL DE MONS (Étienne-Martin) : 1821-1830.

BAYEUX (s. Rouen)
* d. Calvados
évêque : – BRAULT (Charles) : 1802-1823.

BAYONNE (s. Toulouse (1802), puis Auch (1822))
* 1802 : d. Basses-Pyrénées, Hautes-Pyrénées, Landes
1822 : d. Basses-Pyrénées
évêques : – LOISON (Joseph-Jacques) : 1802-1820
– ASTROS (Paul-Thérèse-David d') : 1820-1830.

† BESANÇON (archevêché)
* 1802 : d. Doubs, Haute-Saône, Jura
1822 : d. Doubs, Haute-Saône
archevêques : – LE COZ (Claude) : 1802-1815
– CORTOIS DE PRESSIGNY (Gabriel) : 1817-1823.

† BORDEAUX (archevêché)
　　　　　　　* d. Gironde
　　　　　　　archevêque : – AVIAU DU BOIS DE SANZAY (Charles-François d'): 1802-1826

+ BOURGES (archevêché)
　　　　　　　* d. Cher, Indre
　　　　　　　archevêques : – MERCY (Marie-Charles, Isidore de) : 1802-1811
　　　　　　　– LA TOUR (Étienne, Jean-Baptiste des GALOIS de) : 1819-1820
　　　　　　　– FONTENAY (Jean-Marie CLIQUET de) : 1820-1824.

CAHORS (s. Toulouse (1802), puis Albi (1822))
　　　　　　　* 1802 : d. Lot, Aveyron
　　　　　　　1822 : d. Lot
　　　　　　　évêque : – COUSIN DE GRAINVILLE (Guillaume-Balthazar) : 1802-1828.

CAMBRAI (s. Paris)
　　　　　　　* d. Nord
　　　　　　　évêque : – BELMAS (Louis) : 1802-1841.

CARCASSONNE (s. Toulouse)
　　　　　　　* 1802 : d. Aude, Pyrénées-Orientales
　　　　　　　1822 : d. Aude
　　　　　　　évêque : – PORTE (Arnaud-Ferdinand de la) : 1802-1824.

CHAMBÉRY (s. Lyon, archevêché en 1817)
　　　　　　　* 1802 : d. Mont-Blanc, Léman
　　　　　　　1815 : Savoie rattachée au royaume de Piémont-Sardaigne
　　　　　　　évêque : – MERINVILLE (René des MONSTIERS de) : 1802-1805
　　　　　　　archevêque : – DESSOLE (Irénée-Yves) : 1805-1823.

CLERMONT (s. Bourges)
　　　　　　　* 1802 : d. Puy-de-Dôme, Allier
　　　　　　　1822 : d. Puy-de-Dôme
　　　　　　　évêque : – DAMPIERRE (Charles-Antoine-Henry DUVALK de) : 1802-1833.

COUTANCES (s. Rouen)
　　　　　　　* d. Manche
　　　　　　　évêque : – ROUSSEAU (Claude-Louis) : 1802-1807
　　　　　　　– DUPONT DE POURSAT (Pierre) : 1808-1835.

DIGNE :   (s. Aix)
                * 1802 : Basses-Alpes, Hautes-Alpes
                1822 : Basses-Alpes
                évêques : – DESSOLE (Irénée-Yves) : 1802-1805
                            – MIOLLIS (François-Melchior-Charles BIENVENU de) : 1805-1835.

DIJON :   (s. Besançon (1802), puis Lyon (1822))
                * 1802 : d. Côte-d'Or, Haute-Marne
                1822 : d. Côte d'Or
                évêques : – REYMOND (Henri) : 1802-1820
                            – DUBOIS (Jean-Baptiste) : 1820-1822
                            – MARTIN DE BOISVILLE (Jean-François) : 1822-1829.

ÉVREUX   (s. Rouen)
                * d. Eure
                évêques : – BOURLIER (Jean-Baptiste) : 1802-1821
                            – SALMON DU CHATELLER (Charles-Louis) : 1822-1841.

GRENOBLE   (s. Lyon)
                * d. Isère
                évêque : – SIMON (Claude) : 1802-1825.

LE MANS   (s. Tours)
                * d. Sarthe, Mayenne
                évêques : – PIDOLL VON QUITTENBACH (Michel-Joseph de) : 1802-1819
                            – LA MYRE-MORY (Claude-Madeleine de) : 1820-1828.

LIMOGES   (s. Bourges)
                * 1802 : d. Haute-Vienne, Creuse, Corrèze
                1822 : d. Haute-Vienne, Creuse
                évêques : – DUBOURG (Marie-Jean-Philippe) : 1802-1822
                            – PINS (Jean-Paul-Gaston de) : 1822-1824.

† LYON   (archevêché)
                * 1802 : d. Rhône, Loire, Ain
                1822 : d. Rhône, Loire
                archevêque-primat des Gaules : – + FESCH (Joseph) : 1802-1839. Cardinal en 1803.

MEAUX   (s. Paris)
                * 1802 : d. Seine-et-Marne, Marne
                1822 : d. Seine-et-Marne

évêques : – BARRAL (Louis-Mathias de) : 1802-1805
– FAUDOAS (Pierre-Paul de) : 1805-1819
– COSNAC (Jean-Joseph-Marie-Victoire de) : 1819-1830.

MENDE (s. Lyon (1802), puis Albi (1822))
* 1802 : d. Lozère, Ardèche
1822 : d. Lozère
évêques : – CHABOT (Jean-Baptiste de) : 1802-1804
– MAUREL DE MONS (Étienne-Parfait-Martin) : 1805-1821
– BRULLEY DE LA BRUNIÈRE (Claude-Jean-Joseph) : 1822-1848.

METZ (s. Besançon)
* 1802 : d. Moselle, Ardennes, forêts
1817-1830 : d. Moselle
évêques : – BIENAYME (Pierre-François) : 1802-1806
– JAUFFRET (Gaspard, Jean-André) : 1806-1823.

MONTAUBAN (rétabli en 1808 ; s. Toulouse)
* d. Tarn-et-Garonne
vacance du siège de 1808 à 1824
évêque : – CHEVERUS (Jean, Louis-Magdelaine, LE FEBVRE de) : 1824-1826.

MONTPELLIER (s. Toulouse (1802), puis Avignon (1821))
* 1802 : d. Hérault, Tarn
1822 : d. Hérault
évêques : – ROLLET (Jean-Louis-Siméon) : 1802-1806
– FOURNIER (Marie-Nicolas) : 1806-1834.

NANCY (s. Besançon)
* 1802 : d. Meurthe, Meuse, Vosges
* 1822 : d. Meurthe
évêque : – OSMOND (Antoine-Eustache d') : 1802-1823.

NANTES (s. Tours)
* d. Loire-Inférieure
évêques : – DUVOISIN (Jean-Baptiste) : 1802-1813
– ANDIGNE DE MAYNEUF (Louis-Jules-François d') : 1819-1822
– MICOLON DE GUÉRINES (Joseph-Michel, Jean) : 1822-1838.

NICE (s. d'Aix (1802), puis Gênes (1815))
* 1802 : d. Alpes-Maritimes
1815 : Comté de Nice rattaché au royaume de Piémont-Sardaigne
évêque : – COLONNA D'ISTRIA (Jean-Baptiste) : 1802-1833.

ORLÉANS (s. Paris)
* 1802 : d. Loiret, Loir-et-Cher
1822 : Loiret
évêques : – BERNIER (Étienne-Alexandre-Jean-Baptiste) : 1802-1806
– ROUSSEAU (Claude-Louis) : 1807-1810
– vacance du siège de 1810 à 1819
– VARICOURT (Pierre-Marin ROUPH de) : 1819-1822.
– BEAUREGARD (Jean BRUMAULD de) : 1823-1839.

† PARIS (archevêché)
* d. Seine
archevêques : – + BELLOY (Jean-Baptiste de) : 1802-1808. Cardinal en 1803.
– vacance du siège de 1808 à 1819. MAURY (Jean-Siffrein) : nommé en 1810, décédé en 1817; nommé par Napoléon Ier, non confirmé par Pie VII. Cardinal en 1794.
– + TALLEYRAND-PÉRIGORD (Alexandre-Angélique de) : 1819-1821. Cardinal en 1817.
– QUELEN (Hyacinthe-Louis de) : 1821-1839.

POITIERS (s. Bordeaux)
* d. Deux-Sèvres, Vienne
évêques : – BAILLY (Luc) : 1802-1804
– PRADT (Dominique-Georges-Frédéric de) : 1805-1809
– vacance du siège de 1809 à 1819
– BOUILLE (Jean-Baptiste de) : 1819-1842.

QUIMPER (s. Tours)
* d. Finistère
évêques : – ANDRÉ (Claudre-André) : 1802-1804
– DOMBIDAU DE CROUSEILHES (Pierre-Vincent) : 1805-1823.

RENNES   (s. Tours)
         * d. Ile-et-Vilaine
         évêques : – MAILLE-LA-TOUR-LANDRY (Jean-Baptiste-Marie de) : 1802-1804
         – ENOCH (Étienne-Célestin) : 1805-1819
         – MANNAY (Charles) : 1821-1824.

LA ROCHELLE   (s. Bordeaux)
         * 1802 : d. Charente-Inférieure, Vendée
         1822 : d. Charente-Inférieure
         évêques : – LORRY (Michel, François de COUET DU VIVIER de) : 1802
         – MANDOLX (Jean-François de) : 1803-1804
         – PAILLOU (Gabriel-Laurent) : 1805-1826.

† ROUEN (archevêché)
         * d. Seine-Inférieure
         archevêques : – + CAMBACÉRÈS (Étienne-Hubert de) : 1802-1818. Cardinal en 1803
         – BERNIS (François de PIERRE de) : 1819-1823.

SAINT-BRIEUC   (s. Tours)
         * d. Côtes-du-Nord
         évêques : – CAFFARELLI (Jean-Baptiste-Marie) : 1802-1815.
         – LA ROMAGÈRE (Mathias, LE GROING de) : 1819-1841.

SAINT-FLOUR   (s. Bourges)
         * 1802 : d. Cantal, Haute-Loire
         1822 : d. Cantal
         évêques : – BELMONT (Jean-Éléonor, MONTANIER de) : 1802-1808
         – vacance du siège de 1808 à 1820
         – SALAMON (Louis, Siffrein-Joseph de) : 1820-1829.

SÉES   (s. Rouen)
         * d. Orne
         évêques : – BOISCHOLLET (Hilaron-François CHEVIGNÉ de) : 1802-1811
         – SAUSSOL (Alexis) : 1819-1836.

SOISSONS   (s. Paris (1802), puis Reims (1821))
         * d. Aisne

évêques : – LEBLANC DE BEAULIEU (Jean-Claude) : 1801-1820
– VILLÈLE (Guillaume, Aubin de) : 1820-1825.

STRASBOURG (s. Besançon)
* d. Bas-Rhin, Haut-Rhin
évêques : – SAURINE (Jean-Pierre) : 1802-1813
– vacance du siège de 1813 à 1820
– CROY-SOLRE (Gustave-Maximilien-Just, prince de) : 1820-1823.

† TOULOUSE (archevêché)
* 1802 : d. Haute-Garonne, Ariège
1822 : d. Haute-Garonne
archevêques : – PRIMAT (Claude-François-Marie) : 1802-1816
– BOVET (François de) : 1819-1820
– + CLERMONT-TONNERRE (Anne-Antoine-Jules de) : 1820-1830. Cardinal en 1822.

+ TOURS (archevêché)
* d. Indre-et-Loire
archevêques : – + BOISGELIN DE CICE (Jean de Dieu-Raymond de) : 1802-1804.
– BARRAL (Louis-Mathias de) : 1805-1815.
– CHILLEAU (Jean-Baptiste du) : 1819-1824.

TROYES (s. Paris (1802), puis Sens (1822))
* 1802 : d. Aube, Yonne
1822 : d. Aube
évêques : – NOE (Marc-Antoine de) : 1802
– LA TOUR DU PIN-MONTAUBAN (Louis-Apollinaire de) : 1803-1807
– BOULOGNE (Étienne-Antoine de) : 1809-1825.

VALENCE (s. Lyon (1802), puis Avignon (1821))
* d. Drôme
évêques : – BECHEREL (François) : 1802-1815
– LA TOURETTE (Marie-Joseph-Laurent de LA RIVOIRE de) : 1819-1840.

VANNES (s. Tours)
* d. Morbihan

évêques : – MAYNEAUD DE PANCEMONT (Antoine-Xavier) : 1802-1807
– BAUSSET-ROQUEFORT (Pierre-François-Gabriel de) : 1808-1819
– BRUC (Henri-Marie-Claude de) : 1819-1826.

VERSAILLES (s. Paris)
* 1802 : Seine-et-Oise, Eure-et-Loir
* 1822 : Seine-et-Oise
évêque : – CHARRIER DE LA ROCHE (Louis) : 1802-1827.

DIOCÈSES FRANÇAIS SOUS LE CONSULTAT ET LE PREMIER EMPIRE : DE 1802 À 1814

(D'APRÈS LES ARTICLES ORGANIQUES)

Province ecclésiastique de Malines

† MALINES (archevêché)
* d. Deux-Nèthes, la Dyle
archevêque : – BESSUEJOULS DE ROQUELAURE (Jean-Armand) : 1802-1808.

AIX-LA-CHAPELLE
* d. Roër, Rhin-et-Moselle
évêques : – BERDOLET (Marc-Antoine) : 1802-1819
– CAMUS (Denys-François) : 1809-1814.

GAND
* d. la Lys, Escaut
évêques : – FALLOT DE BEAUMONT (Étienne-André-François-de-Paule) : 1802-1807
– BROGLIE (Maurice-Jean-Madeleine, prince de) : 1807-1821.

LIÈGE
* d. Ourthe, Meuse-Inférieure
évêque : – ZAEPFELL (Jean-Évangéliste) : 1802-1808.

MAYENCE
* d. Mont-Tonnerre
évêque : – COLMAR (Joseph-Louis) : 1802-1818.

NAMUR
* Sambre-et-Meuse
  évêque : – PISANI DE LA GAUDE (Charles-François-Joseph) : 1804-1826.

TOURNAI
* d. Jemmapes
  évêque : – HIRN (François-Joseph) : 1802-1819.

TRÈVES
* d. Sarre
  évêque : – MANNAY (Charles) : 1802-1816.

DIOCÈSES FRANÇAIS RÉTABLIS SOUS LA RESTAURATION
(CONCORDAT NON RATIFIÉ DU 11 JUIN 1817 ; BULLE PAPALE DU 6 OCTOBRE 1822)

AIRE (s. Auch)
* d. Landes
  évêque : – LE PAPPE DE TREVERN (Jean-François-Marie) : 1823-1827

† ALBI (archevêché)
* d. Tarn
  archevêque : – BRAULT (Charles) : 1823-1833

ANNECY : (s. Chambéry, rétabli par lettres apostoliques de Pie VII du 15 mars 1821)
* 1815 : Savoie rattachée au royaume de Piémont-Sardaigne
  évêque : – THYOLLAZ (Claude-François de) : 1822-1832.

† AUCH (archevêché)
* d. Gers
  archevêque : – MORLHON (André-Étienne-Antoine, comte de) : 1822-1828.

BEAUVAIS (s. Reims)
* d. Oise
  évêque : – LESQUEN (Claude-Louis de) : 1823-1825.

BELLEY (s. Besançon)
* d. Ain
  évêque : – DEVIE (Alexandre-Raymond) : 1823-1852.

BLOIS (s. Paris)
* d. Loir-et-Cher
  évêque : – SAUSIN (Philippe-François de) : 1823-1844.

CHÂLONS-SUR-MARNE   (s. Reims)
    * d. Marne (hormis l'arrondissement de Reims)
    évêque : – PRILLY (Marie-Joseph-François-Victor MONYER de) : 1823-1860.

CHARTRES   (s. Paris)
    * d. Eure-et-Loir
    évêque : – LATIL (Jean-Baptiste-Marie-Anne-Antoine de) : 1821-1824.

FRÉJUS   (s. Aix)
    * d. Var
    évêque : – RICHERY (Charles-Alexandre de) : 1823-1829.

GAP (s. Aix)
    * d. Hautes-Alpes
    évêque : – ARBAUD (François-Antoine) : 1823-1836.

LANGRES   (s. Lyon)
    * d. Haute-Marne
    évêque : – ORCET (Gilbert-Paul ARAGONES d') : 1824-1832.

LE PUY   (s. Bourges)
    * d. Haute-Loire
    évêque : – BONALD (Louis-Jacques-Maurice de) : 1823-1839.

LUÇON   (s. Bordeaux)
    * d. Vendée
    évêque : – SOYER (René-François) : 1821-1845.

MARSEILLE   (s. Aix)
    * d. Bouches-du-Rhône : arrondissement de Marseille
    évêque : – MAZENOD (Charles-Fortuné de) : 1823-1837.

MOULINS (s. Sens)
    * d. Allier
    évêque : – PONS (Antoine de LA GRANGE de) : 1823-1849.

NEVERS   (s. Sens)
    * d. Nièvre
    évêque : – MILLAUX (Jean-Baptiste-François) : 1823-1829.

NÎMES (s. Avignon)
* d. Gard
évêque : – CHAFFOY (Claude-François-Marie PETIT-BENOÎT de) : 1821-1837.

PAMIERS (s. Toulouse)
* d. Ariège
évêque : – LATOUR-LANDORTE (Louis-Charles-François de) : 1823-1835.

PÉRIGUEUX (s. Bordeaux)
* d. Dordogne
évêque : – LOSTANGES-SAINT-ALVÈRE (Alexandre-Charles-Louis-Rose de) : 1821-1835.

PERPIGNAN (ELNE) (s. Albi)
* d. Pyrénées-Orientales
évêque : – SAUNHAC-BELCASTEL (Jean-François de) : 1823-1853.

† REIMS (archevêché)
* d. Ardennes, Marne (arrondissement de Reims)
archevêque : – COUCY (Jean-Charles, comte de) : 1821-1824.

RODEZ (s. Albi)
* d. Aveyron
évêque : – RAMOND-LALANDE (Charles-André-Toussaint-Bruno de) : 1823-1830.

SAINT-CLAUDE (s. Lyon)
* d. Jura
évêque : – CHAMON (Antoine-Jacques de) : 1823-1851.

SAINT-DIÉ (s. Besançon)
* d. Vosges
évêque : – JACQUEMIN (Jacques-Alexis) : 1824-1830.

+ SENS (archevêché ; titre d'évêque d'Auxerre par bref de Pie VII du 3 juin 1823)
* d. Yonne
archevêque : – + LA FARE (Anne-Louis-Henri de) : 1821-1829. Cardinal en 1823.

TARBES (s. Auch)
* d. Hautes-Pyrénées
évêque : – NEIRAC (Antoine-Xavier de) : 1823-1833.

TULLE (s. Bourges)
* d. Corrèze

évêque : – SAGEY (Claude-Judith-François-Xavier de) : 1823-1825.
VERDUN   (s. Besançon)
  * d. Meuse
  évêque : – ARBOU (Étienne-Marie-Bruno d'): 1823-1827.
VIVIERS   (s. Avignon)
  * d. Ardèche
  évêque : – MOLIN (André) : 1823-1825.

Annexe 3

CHANT SACRÉ COMPOSÉ EN L'HONNEUR DE CHARLES BRAULT POUR SON INSTALLATION EN LA CATHÉDRALE DE BAYEUX LE 8 MESSIDOR AN X (27 JUIN 1802)

Récit

Peuples, qui du Seigneur, suivez les divines lois
de ses élus, troupe aimable et fidèle,
faites en ce saint jour éclater votre zèle,
à mes accords mêlez vos voix
du Dieu que nous servons, le pontife s'avance
il apporte du ciel l'indulgence et la paix.
Chantons, célébrons sa présence,
chantons, célébrons ses bienfaits.

Le chœur

Béni soit l'ange du Seigneur
béni soit le Seigneur lui-même,
à son amour, à sa bonté suprême,
gloire, triomphe, amour

Trois voix

Qu'il est bon, qu'il est doux, mes frères, d'être ensemble
pour chanter le Seigneur, pour toujours l'adorer ;
quel bras de notre Dieu pourrait nous séparer,
quand son ministre nous rassemble.

Béni soit l'ange du Seigneur etc.

Récit

Mais j'entends à vos chants une voix se mêler :
soumission, respect, émotion et silence ;
l'envoyé du Seigneur, rempli de sa science,
à nos cœurs va parler.

Une voix

Vous que d'un monde perfide
séduit la trompeuse voix
du Dieu qui fut votre guide,
revenez suivre les lois ;
oh ! que son joug est aimable,
que le poids en est léger !
Ce fardeau si désirable,
un enfant peut le porter.

Le chœur

Oh ! que son joug est aimable etc.

Une voix

Aussi ingrats, toujours propice
sa bonté retient les coups que frapperait la justice
d'un légitime courroux ;
revenez à ce bon père ;
hélas ! au lieu d'être un jour
les objets de sa colère,
soyez ceux de son amour.

Le chœur

Revenez à ce bon père etc.

Une voix

L'iniquité répandue
comme l'eau sur l'univers,
sur son immense étendue
cache à vos yeux les enfers,
rentrez dans l'arche immortelle,
est-il un plus doux séjour ?
De la colombe fidèle
imitez le prompt retour.

Le chœur

Rentrez dans l'arche immortelle etc.

Chœur général

Béni soit l'ange du Seigneur,
béni soit le Seigneur lui-même
à son amour, à sa bonté suprême,
gloire, triomphe, honneur.

Prêtre [1] DE TANQUERAY.

---

1. A. D., F 5661, notes de Michel et Laffetay.

Annexe 4

CHANSON ÉCRITE À L'OCCASION DU MARIAGE DU PRÊTRE JUREUR QUESNOT

Sur l'air : *Et mais oui da, on ne peut pas trouver de mal à ça.*

1

J'ai mis bas ma tonsure
et mon bonnet carré
je veux une manture
une femme à maugrer
hé, mais oui da,
restera prêtre, prêtre qui voudra

2

Je ne dis plus de messe
je m'en passe fort bien
le cœur de ma maîtresse
ah n'est pas fait pour rien
hé mais oui da
restera prêtre, prêtre qui voudra

3

J'abhorre la prêtrise
la prenne qui voudra
ma Victoire [1] en chemise
vaut mieux que tout cela
hé mais oui da
restera prêtre, prêtre qui voudra

---

1. La femme s'appelait Victoire Letourne.

[*Deux couplets ajoutés par la suite*]

4

Ma Victoire est l'idole
que j'adore à genoux
ses bras sur mon étole
que je me mets au cou
hé mais oui da
restera prêtre, prêtre qui voudra

5

J'aime mieux ma Victoire
que mon petit rabat
rire, chanter et boire
vaut mieux qu'un «libera»
hé mais oui da
restera prêtre, prêtre qui voudra

[*Dernier couplet ajouté*]

6

Le cœur de ma Victoire
est bien fait pour le mien
elle demeure aux carrières
aux carrières Saint-Julien
ha mais oui da
restera prêtre, prêtre qui voudra [1]

1. A. D., Chapitre de Bayeux, 880.

Annexe 5

ÉTAT DU CLERGÉ DU DIOCÈSE DE BAYEUX EN L'AN XIII (1805)

Arrondissement de Bayeux.

Pour un nombre de paroisses de : 128.

Curés + desservants	81 R[1]	47 C	T : 128
Curés + desserv. + vic.	97 R	56 C	T : 153
Curés	3 R	3 C	T : 6
Desservants	78 R	44 C	T : 122
Vicaires	16 R	9 C	T : 25
Autres :			
– vicaires généraux, chapitre, curie diocésaine	24 R	3 C	T : 27
– chapelain hospice	1 R	0 C	T : 1
– enseignement :			
collège	3 R	0 C	T : 3
instituteur	1 R	0 C	T : 1
– chantres, chappiers	2 R	1 C	T : 3
Clergé concordataire	128 R	60 C	T : 188
habitués	44 R	74 C	T : 118
TOTAL	172 R	134 C	T : 306

1. R : Réfractaires ; C : Constitutionnel ; T : Total.

Arrondissement de Caen.

Pour un nombre de paroisses de : 164.

Curés + desservants	144 R	20 C	T : 164
Curés + desserv. + vic.	176 R	24 C	T : 200
Curés	9 R	0 C	T : 9
Desservants	135 R	20 C	T : 155
Vicaires	32 R	4 C	T : 36
Desservant annexe	0 R	1 C	T : 1
Autres :			
– chapelains hospice	3 R	0 C	T : 3
– enseignement :			
lycée	4 R	4 C	T : 8
école second.	3 R	0 C	T : 3
instituteur	3 R	0 C	T : 3
précepteur	1 R	0 C	T : 1
– chapelains de la Délivrande	1 R	1 C	T : 2
Clergé concordataire	191 R	30 C	T : 221
habitués	125 R	78 C	T : 203
TOTAL	316 R	108 C	T : 424

Arrondissement de Falaise.

Pour un nombre de paroisses de : 109.

Curés + desservants	93 R	16 C	T : 109
Curés + desserv. + vic.	101 R	17 C	T : 118
Curés	5 R	0 C	T : 5
Desservants	88 R	16 C	T : 104
Vicaires	8 R	1 C	T : 9
Autres :			
– supér. religieuses	1 R	0 C	T : 1
– chapelains hospice	2 R	0 C	T : 2
– enseignement :			
école second.	1 R	0 C	T : 1
pensionnat	1 R	0 C	T : 1
instituteur	0 R	1 C	T : 1
Clergé concordataire	106 R	18 C	T : 124
habitués	38 R	32 C	T : 70
TOTAL	144 R	50 C	T : 194

Arrondissement de Lisieux.

Pour un nombre de paroisses de : 120.

Curés + desservants	86 R	34 C	T : 120
Curés + desserv. + vic.	100 R	38 C	T : 138
Curés	6 R	0 C	T : 6
Desservants	80 R	34 C	T : 114
Vicaires	14 R	4 C	T : 18
Autres :			
– supérieur ordinand	1 R	0 C	T : 1
– chapelains hospice	2 R	0 C	T : 2
– enseignement :			
instituteurs	1 R	1 C	T : 2
Clergé concordataire	104 R	39 C	T : 143
habitués	49 R	45 C	T : 94
TOTAL	153 R	84 C	T : 237

Arrondissement de Pont-l'Évêque.

Pour un nombre de paroisses de : 90.

Curés + desservants	71 R	19 C	T : 90
Curés + desserv. + vic.	81 R	24 C	T : 105
Curés	5 R	0 C	T : 5
Desservants	66 R	19 C	T : 85
Vicaires	10 R	5 C	T : 15
Autres :			
– chapelains hospice	2 R	0 C	T : 2
– enseignement :			
instituteurs	2 R	2 C	T : 4
Clergé concordataire	85 R	26 C	T : 111
habitués	35 R	23 C	T : 58
TOTAL	120 R	49 C	T : 169

Arrondissement de Vire.

Pour un nombre de paroisses de : 86.

Curés + desservants	55 R	31 C	T : 86
Curés + desserv. + vic.	69 R	39 C	T : 108
Curés	6 R	0 C	T : 6
Desservants	49 R	31 C	T : 80
Vicaires	14 R	8 C	T : 22
Autres :			
– chapelains hospice	2 R	0 C	T : 2
– enseignement :			
école second.	4 R	1 C	T : 5
– chapel., religieuses	1 R	0 C	T : 1
– chapelain ermitage	0 R	1 C	T : 1
– diacre	1 R	0 C	T : 1
Clergé concordataire	77 R	41 C	T : 118
habitués	72 R	74 C	T : 146
TOTAL	149 R	115 C	T : 264

Diocèse de Bayeux.

Pour un nombre de paroisses de : 698.

Curés + desservants	530 R	168 C	T : 698
Curés + desserv. + vic.	624 R	199 C	T : 823
Curés	34 R	3 C	T : 37
Desservants	496 R	165 C	T : 661
Vicaires	94 R	31 C	T : 125
Autres :			
– vicaires généraux	1 R	1 C	T : 2
– chapitre	21 R	2 C	T : 23
– curie diocésaine	2 R	0 C	T : 2
– chapelains hospice	12 R	0 C	T : 12
– chapel. lieux pèl.	1 R	2 C	T : 3
– chapel. religieuses	2 R	0 C	T : 2
– chapel. ordinands	1 R	0 C	T : 1
– enseignement :			
lycée	4 R	4 C	T : 8
école sec. collèges et pens.	12 R	1 C	T : 13
instit. et précep.	8 R	4 C	T : 12

– chantres et chappiers de la cathédrale	2 R	1 C	T : 3
– diacre	1 R	0 C	T : 1
Clergé concordataire	691 R	214 C	T : 905
habitués	363 R	326 C	T : 689
TOTAL	1054 R	540 C	T : 1594 [1]

---

1. A. D., V 48.

Annexe 6

RÉTRACTATION DE JEAN-JACQUES DE CROISILLES PRÊTRE DU DIOCÈSE DE BAYEUX, 1ER SEPTEMBRE 1795

1) Je rétracte les différents serments que j'ai prêtés comme impies et absolument contraires aux lois divines et ecclésiastiques.

2) [...]

3) Je condamne et anathématise toutes les innovations contenues dans la constitution civile du clergé, comme la source de toutes les erreurs et de tous les fléaux qui ont ravagé l'Église de France.

4) Je reconnais, selon l'ordre du Souverain Pontife Pie VI, dans son bref du 13 juin 1791, que toutes les ordinations reçues et données par les intrus sont sacrilèges, que leur autorité qui leur a été conférée est nulle et que leur élection est absolument injuste et sans valeur, ainsi que les actes qui en sont émanés.

5) Je reconnais, en conséquence, que toutes les absolutions données et les mariages célébrés par les intrus ou autres prêtres constitutionnels, sans mission ni juridiction spirituelles sont nuls et invalides etc.[1].

---

1. Brochure, annexe de : J. TORCAPEL, «Guerre ecclésiastique ou conduite de M. Brault, évêque de Bayeux, envers les prêtres soumis à l'autorité», s. d. (A.D., BR 7565).

Annexe 7

BROCHURE : « GUERRE ECCLÉSIASTIQUE OU CONDUITE DE M. BRAULT, ÉVÊQUE DE BAYEUX, ENVERS LES PRÊTRES SOUMIS À L'AUTORITÉ », DE JACQUES TORCAPEL

[...] M. Brault, à son arrivée dans le diocèse, a refusé d'accueillir les prêtres anciennement assermentés ; qu'il les a privés de la satisfaction de l'accompagner processionnellement à son installation sur le siège épiscopal de Bayeux ; que cette faveur n'a été accordée qu'aux prêtres qui s'étaient fait un devoir de se révolter ou qui avaient publiquement déclaré que leur soumission précédente était un crime, que parmi ces mêmes prêtres, que M. Brault admettait exclusivement dans sa communion, on en distinguait qui avaient été condamnés à la peine de mort [...] qu'avant d'entrer dans la cathédrale de Bayeux, M. Brault avait souffert que les prêtres de sa communion la rebénissent, comme ayant été souillée par la présence du respectable prélat, son prédécesseur, qu'à l'exemple de M. Brault, presque tous les nouveaux curés ou desservants avaient rebéni les Temples, avant d'y célébrer l'office [...] qu'ils n'ont cessé de prêcher contre le prétendu schisme des prêtres constitutionnels, que plusieurs ont rebaptisé les enfants, remarié les époux [...] proteste contre son remplacement à la cure d'Écoville par Lemoine, qui est soutenu par le maire Boisard, ce dernier lui ayant interdit l'accès à l'église.

Fait le 24 brumaire an XII [1].

---

1. J. TORCAPEL, A. D., Dr 7565.

Annexe 8

LA RÉSURRECTION DE LA FRANCE À PÂQUES 1814 : CHANT D'ALLÉLUIA

1

Français, célébrant en ce jour
de la paix l'aimable retour
oublions qui nous gouverna
alléluia.

2

La guerre fut sa passion
il aima la destruction
oublions cet ambitieux-là
alléluia.

3

En prodiguant le sang humain
était-il bon souverain?
oublions tous ce tyran-là
alléluia.

4

Oh vous qui pleurez vos enfants
détruits à la fleur de leurs ans
oubliez tous ce monstre-là
alléluia.

5

Vous qu'il a laissés sans argent
presque sans pain, sans vêtement
oubliez ce corsaire-là,
alléluia.

6

Des garnissaires le tourment
et dont fini dans ce moment
de ce temps on se souviendra
alléluia.

7

Vous qui pour éviter la mort
depuis longtemps couchez dehors
oubliez le mauvais temps là
alléluia.

8

Nous devons tous nous réjouir
le commerce va refleurir
et l'abondance renaîtra
alléluia.

9

De l'allégresse et du bonheur
pénétrons chacun notre cœur
c'est un Bourbon qui régnera
alléluia.

10

Nous avons un libérateur
aimons-le de tout notre cœur
c'est le ciel qui nous le donne
alléluia.

11

Sexe charmant, consolez-vous
bientôt vous aurez des époux
le bon roi vous en renverra
alléluia.

12

Princes magnanimes et vaillants
recevez nos remerciements
notre bon cœur nous les dicte
alléluia.

13

Fils de Henry, fils des Bourbons
de tout notre cœur nous t'aimons
pour nous le ciel te conservera
alléluia [1].

---

1. A. D., Chapitre de Bayeux 880, Journal de Dufour.

Annexe 9

PETIT CATÉCHISME À L'USAGE DES ROYALISTES EXTRAIT DU « NAIN JAUNE » 15 MAI 1815

Demande : Êtes-vous français ?
Réponse : Non, je suis royaliste.
D : Qu'est-ce qu'un roi ?
R : C'est un être d'une nature plus élevée que les autres hommes, qui ne doit compte à personne de ses conduites, qui peut tout, qui voit par les yeux de ses ministres et est supposé tout savoir.
D : Qui est le roi ?
R : Louis XVIII, par la grâce de Dieu.
D : Où est le siège de sa puissance ?
R : En différents lieux. Selon les circonstances, il a régné pendant dix-neuf ans successivement en Allemagne, en Russie, en Angleterre et pourtant il régnera en dépit des méchants jusqu'à ce que le Bon Dieu le retire à lui.
D : Pourquoi est-il roi ?
R : Parce qu'il est le petit-fils de Louis XV et le frère de Louis XVI.
D : Qui sera roi après Louis XVIII ?
R : Le comte d'Artois et après lui tous les Bourbons les uns après les autres sans exception de la maison de Sicile jusqu'à extinction de la race ; plutôt que de rester sans maître, on ferait taire la loi salique s'il y avait disette d'hommes.
D : Pourquoi avons-nous été créés et mis au monde ?
R : Pour regretter le passé... pour obtenir des décorations et des récompenses et pour déclamer dans le besoin.
D : **Que faut-il faire pour être sauvé ?**
R : Les qualités indispensables sont d'être chevalier du lys et d'être prêts à combattre contre la France dans les armées étrangères.
D : Que doit faire un bon royaliste ?
R : D'abord être prudent de peur de compromettre la bonne cause, dénigrer tout ce qui est français, fuir la scandaleuse joie des bonapartistes et des constitutionnels, se renfermer dans une petite société d'élite membres des bons principes, avoir une contenance mystérieuse, semer sous le manteau de fausses nouvelles, prôner le censeur et le patriote de 89, payer

le plus tard possible ses contributions à l'État, faire une neuvaine à Saint-Roch pour qu'il plaise à Dieu d'accélérer la marche de Louis XVIII et du reste avoir entière confiance dans la sage bonté de la Providence qui n'a permis le retour de B... que pour rendre sa punition plus terrible et le triomphe des Bourbons plus complet.

D : Quelles sont les vertus théologales du royaliste ?
R : La foi et l'espérance. Il doit les conserver en dépit de l'expérience pour qu'il puisse les pratiquer plus à son aise. Il est dispensé de la charité.

D : Quel doit être l'état de l'âme d'un bon royaliste ?
R : Son âme doit être partagée en deux sentiments bien prononcés ou même se confondre et anéantir toutes les autres : pensées de haine de B... et des idées libérales ; amour infini des Bourbons et de leur doctrine.

D : La haine n'est donc pas un péché pour un royaliste ?
R : Non, assurément. Les Bonapartistes n'étant pas notre prochain, c'est même une action louable et méritoire que de détester ses parents quand ils sont infectés de cette abominable erreur. Les injures et les imprécations qui jouent un si beau rôle dans nos conversations ne doivent pas causer le plus léger scandale puisque les doyens royalistes, dont la conduite fait dogme, poussent le zèle généreux de leur indignation jusqu'à invoquer sur les têtes réprouvées de leurs coupables concitoyens les désastres de la guerre, la famine, la peste...

D : La colère n'est donc pas un péché pour un royaliste ?
R : Non, parce qu'elle se sanctifie en passant par sa bouche. Plus la colère approche de l'acharnement et de la rage, plus elle est sainte.

D : L'orgueil est-il permis à un royaliste ?
R : C'est l'apanage des gens comme il faut ; cependant, il faut en user avec modération en attendant les évènements qui mettront chacun plus à sa place.

D : Quels sont les péchés capitaux dans un royaliste ?
R : 1) De rester plus d'une demi-heure en compagnie d'un Bonapartiste 2) assister à une cérémonie publique : revue de troupes ou représentation théâtrale où B... pourrait se trouver de peur de se laisser gagner par la contagion de l'enthousiasme 3) en passant devant les Tuileries, de lever les yeux sur le château de nos rois souillé par l'odieuse présence du Corse 4) d'omettre par oubli les dénominations d'imprimerie : académie royale... 5) de lire de sang-froid les déclarations des partisans du Corse 6) d'être abonné au *Nain jaune* ou à tout autre journal français, car il y a de l'importance à mettre sa gravité en péril et à ne pas éviter toute persuasion, même momentanée.

D : N'y a-t-il pas une voie de salut offerte aux apostats ?

R : Si quelqu'un des royalistes (que Dieu nous en préserve) reniait son parti et servait B..., le bercail est ouvert par cette brebis égarée; notre bon roi ne sévira pourvu qu'on trahisse encore une fois pour lui l'usurpateur, ce qu'on peut faire sans remords de conscience et avec certitude d'obtenir l'indulgence plénière pour le passé.

D : Récitez le «confiteor» secret du royaliste.

R : Je me repens d'avoir aidé les révolutionnaires de 89 en exaspérant un peuple raisonneur, d'avoir aux États-Généraux préparé nos désastres particuliers et la chute du bras de notre antique sauvegarde par des persécutions justes, mais qu'il fallait réserver pour un meilleur temps, d'avoir ensuite cédé à une petite troupe de scélérats. Je me mords les lèvres d'avoir laissé perdre facilement mon château, mon carrosse, ma croix de Saint Louis, et mon banc seigneurial; loin de me repentir de n'avoir pas défendu Louis XVIII, je me félicite de lui avoir conservé un sujet fidèle en restant tranquillement chez moi tandis qu'il perdait ses provinces, de n'avoir pas prodigué un courage inutile puisque tout le monde était pour B..., mais ce que je regrette sincèrement, c'est de n'avoir pas mieux professé les bonnes dispositions du roi à notre égard. S'il plaît à Dieu et aux alliés, il reviendra en bon monarque et sans regagner le temps perdu.

D : Récitez le «pater» des royalistes.

R : Louis le Désiré qui êtes à Gand, que vos proclamations retentissent d'un bout de l'Europe à l'autre, que votre volonté soit faite dans le congrès et dans les camps des alliés comme dans la chambre des députés, que votre règne nous arrive à Paris; venez nous rendre nos privilèges et notre bienséance quotidienne, venez bien vite de peur que nous succombions à la tentation d'accepter quelque chose de B... et délivrez-nous de ce maudit Corse. Ainsi soit-il.

D : Récitez la salutation royaliste.

R : Je vous salue courageuse amazone dont le nom est béni par les dames de Bordeaux, faites en sorte que le fruit de vos entrailles soit béni; priez pour nous dans ces heures d'épreuves, priez pour les péchés de la France afin qu'elle reconnaisse son aveuglement et revienne à son roi légitime. Ainsi soit-il.

D : Dites l'acte de foi des royalistes.

R : Au risque de me brouiller avec tous les hommes soit-disant raisonnables, je crois aux droits imprescriptibles de la maison de Bourbon sur le trône de France, je crois autant au «moniteur de Gand» qu'aux saints évangiles, je crois aux miracles de la coalition qui nous ramènera nos Bourbons chéris à travers les champs de carnages et nos villes désolées. Ainsi soit-il.

R : Dites l'acte d'amour d'un royaliste.

R : J'aime Louis XVIII quoiqu'il ait eu la faiblesse d'octroyer à d'indignes sujets une charte constitutionnelle que je lui pardonne néanmoins parce que si on lui avait laissé le temps, il aurait rétabli les privilèges sacrés de la noblesse et du clergé, donné la croix du lys à tout l'univers et rendu aux légitimes possessions des biens dont une Nation rebelle les a dépouillés. J'aime la duchesse d'Angoulême parce qu'elle était maussade avec tout le monde excepté avec les héros de Coblence et de Quiberon et qu'enfin, conjointement avec son auguste époux, elle nous promettait un règne tout spirituel. J'aime le duc de Berry parce qu'il traitait convenablement ces brigands de militaires et que l'on aurait vu refleurir sans lui l'aimable politesse, la galanterie magnifique de Versailles et du palais royal.

D : Dites l'acte d'espérance d'un bon royaliste.

R : J'espère voir la défaite de l'armée et du peuple rebelles. J'espère voir les Russes, les Prussiens, les Autrichiens, les Anglais, les Espagnols, les Cosaques, les Bashirs, les Tartares et autres occuper Paris et les places fortes pour maintenir dans le devoir cette nation insolente qui prétend être libre. J'espère voir les gardes du corps reprendre aux Tuileries leur brillant service, les Français vassaux de l'étranger et mâtés par nous, devenir plus obéissants que des Turcs. J'espère enfin recouvrer au prix de leur honte et de leur désespoir honneurs, décorations, privilèges, biens et puissances.

Ainsi soit-il.

NOTE : *Le Nain jaune* :
    fondé sous le titre de : *Journal des arts, de littérature et de commerce*, le 8 thermidor an VII.
    puis s'intitule *Journal des arts, des sciences et de littérature* au n° 33, enfin *Le Nain jaune* à partir du n° 341. Il est publié sans interruption jusqu'au n° 379 du 15 juillet 1815 [1].

---

1. A. D., Chapitre de Bayeux 880, Journal de Dufour.

Annexe 10

PAROISSE SAINT-PIERRE DE CAEN
(ADMINISTRATION ET GESTION)

*Bannie des chaises de l'église Saint-Pierre :
clause et conditions de cette bannie*

[Modèle imprimé]

SAVOIR

1

L'adjudicataire mettra autant de chaises qu'il sera nécessaire pour le besoin du public : les personnes qui se permettraient d'en apporter paieraient également la rétribution due aux fermiers.

2

L'adjudicataire ne pourra prendre que 3 deniers pour chaque messe et 3 deniers par vêpres dans les simples dimanches; et aux jours de fêtes mobiles, majeures, solennelles majeures et annuelles, telles que Noël, l'Épiphanie, Pâques, l'Ascension, la Pentecôte, la Trinité, la Fête-Dieu, la fête de saint Pierre, de saint Exupère, l'Assomption de la Sainte Vierge, la Toussaint, la Dédicace et les fêtes tombant au dimanche, comme la Purification, l'Annonciation, la Nativité, et la conception de la Sainte Vierge etc. il prendra 6 deniers à la messe et 6 deniers à vêpres; lorsqu'il y aura sermon dans l'un des deux offices, trois deniers d'augmentation.

3

L'adjudicataire est tenu de balayer l'église tous les huit jours; il se fournira de balais.

4

Cette bannie est faite à la requête des citoyens d'Héricy, Moret, de Than et Anvray, de Coursanne, marguilliers de ladite succursale Saint-Pierre de Caen[1].

Ordonnance épiscopale de nomination des marguilliers de la paroisse Saint-Pierre de Caen

[Imprimé]
[Armoiries]

Charles Brault, par la miséricorde divine et la grâce du Saint-Siège apostolique, évêque de Bayeux, baron de l'Empire, membre de la légion d'honneur,

en exécution du décret impérial concernant les fabriques, en date du 30 décembre 1809, nous nommons, par la présente, les marguilliers ci-après désignés, pour composer avec ceux nommés par monsieur le baron Méchin, préfet du Calvados, le conseil de fabrique de la succursale de : Saint-Pierre, canton de Caen, section du nord, arrondissement de Caen :

Marguilliers nommés par l'évêque	Marguilliers nommés par le préfet
MM	MM
Desmosis	La Pigacière
Delalonde	Chrétien
Chibourg	Alexandre
de la Vigne Christot	Desmortreux

Donné à Bayeux, sous le seing de notre vicaire général, le sceau de nos armes, et le contreseing de notre secrétaire, le 6 décembre 1810.

    signé : de Croisilles, vicaire général,
     par m. l'évêque de Bayeux, signé :
      BIDOT, secrétaire[1].

1. A. D., V 118.

Budget de la paroisse Saint-Pierre de Caen
(années 1811 et 1812)

[Modèle imprimè]

DIOCÈSE DE BAYEUX   BUDGET de l'an 1811 et 1812.
arrondissement de Caen
canton de la section du nord de Caen
cure de Saint-Pierre de Caen

[RECTO]

Revenus de la fabrique	Frs	Ctes	Observations

1 Reliquats du compte
   de la fabrique : intérieure
                             extérieure
	37
	330
		16
		60	

2 Fermage des biens ruraux	71	32	

3 Loyers des maisons
   (y compris la poisson-
   nerie –
   MANUSCRIT)
	4260	68	

4 Fermages du cimetière	50		

5 Arrérages des rentes
   exemptes de retenues :
   en grains et en nature
   foncières constituées
			*NOTA : on portera sans déduction des impositions les fermages et les loyers des immeubles, et les arrérages de toutes les rentes non exemptes, parce qu'on portera au chapitre de la dépense les impositions et les retenues, en évaluant les rentes en grains et en nature d'après les mercuriales des années précédentes.

6 Arrérages des rentes
   non exemptes de retenues :
   en grains et en nature
   foncières constituées			

7 Arrérages des rentes
   exemptes de retenues,
   sujettes à fondations :
   en grains et en nature
   foncières constituées			

8 Arrérages des rentes non exemptes de retenues, sujettes à fondations : en grains et en nature fonçières constituées	182 312	77 7
9 Loyers : des églises supprimées des presbytères supprimés	château idem	
10 Ventes de matériaux	néant	
11 Rachat de rentes	322	92
12 Location ou régie des chaises	2700	
13 Location, régie ou concession des bancs MANUSCRIT (location de chapelles)	404 466	10 55
14 Produits des quêtes et troncs		
15 Oblations faites à la fabrique		
16 Droits : Sur les inhumations et services sur le son des cloches sur les tentures sur le transport des corps	400	
17 Somme accordée sur la commune		
18 Cimetière MANUSCRIT : (sur les quais)		

MANUSCRIT : soit communiqué au conseil municipal de la ville de Caen, vu qu'il lui plaît, vu le déficit du présent budget de continuer de payer durant les années 1811-1812 le traitement de deux vicaires en l'église Saint-Pierre, après en avoir reconnu la nécessité.
Bayeux, le 11 mai 1811,
DE CROISILLES,
vicaire général.

MANUSCRIT : le conseil municipal, sur le rapport de la commission de comptabilité qui a examiné le présent et a trouvé plusieurs articles exagérés est d'avis : que la ville ne peut subvenir aux besoins de la fabrique de Saint-Pierre à cause des dépenses extraordinaires qu'elle a été obligée de faire pendant le séjour de leurs Majestés et que cette fabrique peut, avec des économies, satisfaire à ses dépenses.
Délibéré en conseil, le 20 mai 1811 (signatures de 4 conseillers).

MANUSCRIT : le maire s'empare de ce bien rendu à la fabrique par M. le préfet.
Le 22 germinal an XII, sur avis de M. le Maire.

[VERSO]

Nature des dépenses	dépenses proposées par le conseil de fabrique		dépenses arrêtées par M. l'évêque		Observations
Déficit des comptes : de la fabrique intérieure de la fabrique extérieure	443 108	82			MANUSCRIT : le conseil de fabrique a ajourné indéfiniment le paiement de 6 425 F dus à M. les ecclésiastiques sur les revenus de l'extérieur autant que les moyens le permettaient.
Impositions : des biens ruraux des maisons (MANUSCRIT : y compris la poissonnerie) des cimetières	37 664	36 11			
Retenue sur les rentes Non exemptes : non sujettes à fondations sujettes à fondations	98	96			
Paiement des fondations	651	30			
Dépenses ordinaires pour la célébration du culte : saintes huiles pain et vin cire et encens huile, chandelle, balais, charbon, épingles, papiers, plumes et encre, blanchissage et raccommodage des linges	1400				

Frais de réparation : des ornements des chaises et bancs, des portes et fenêtres de la chaire et des stalles, des confessionnaux des livres, de l'orgue	500					MANUSCRIT : il a besoin de réparations qu'il est très urgent de faire.
Gages des officiers et serviteurs du chœur : vicaire : 400 diacre : 100 sous-diacre : 100 prédicateur : 300 sacristains MANUSCRIT : clercs et 150 laïcs : bedeaux ou custes : 60 chantres 1° et dernière messe MANUSCRIT : 520 serpent ou bourdon organiste et souffleur : 360 enfants de chœur sonneurs pour 4 cloches MANUSCRIT : 150	2140					
Réparations locatives : de l'église : 400 du presbytère des murs des cimetières des maisons louées MANUSCRIT : la poissonnerie : 100 des autres immeubles	500					MANUSCRIT : la plate-forme et la couverture, ainsi que l'intérieur entraîneront au moins 400 F.

Grosses réparations : de l'église du presbytère des murs des cimetières	2000				
Dépenses extraordinaires : achat de vases sacrés achat d'ornements achat de linges achat de livres	1000				On aurait besoin d'un ciboire dont il faut se passer à défaut de moyens.
Secours accordés à des prêtres âgés ou infirmes : à M. DESMASURES à M. DE LA BRETONIÈRE	100 100				
Registres : de l'église de la fabrique	15				
Ports de lettres secrétariat de l'évêché pour l'expédition des budgets	1	50	1	50	
M. le curé ou desservant : pour indemnité de logement pour supplément de traitement	400				
MANUSCRIT : Chaises : 320 achetées Armoire faite pour la sacristie : 246 Armoire ou coffre-fort à trois clefs indispensables : 100					

TOTAL	666		

Entretien
  de l'horloge : 150
  recherche de
  livres :   150
  dépenses impré-
  vues : 100			

TOTAL	400		

Degrés de l'autel;
  le coq de garde;
  double porte
  et tambourin
	400		

Total de la dépense	11 626	5	
Total des revenus	9 538	17	
Résultat en : excédent déficit	2087	88	Faute de moyens, le conseil a ajourné la clôture du chœur et du sanctuaire.

Vu et approuvé par
le conseil de
fabrique
le 27 avril 1811,
   BOSCHER,
  + 4 signatures.

Arrêté à Bayeux
le 11 mai 1811,
   DE CROISILLES
  vicaire général [1].

---

1. A. D., V 118.

AUTORISATION ADMINISTRATIVE PRÉALABLE À UNE DONATION ET À UN LEGS

*Fabrique de la paroisse Saint-Pierre de Caen
autorisation administrative préalable*

1) *Donation.*

Le 17 juin 1817, le maire de Caen expédie aux marguilliers de la fabrique de Saint-Pierre de Caen l'arrêté du préfet qui autorise la vente d'une maison donnée aux pauvres de la paroisse.

2) *Legs.*

Le 2 décembre 1816, le maire de Caen transmet l'ordonnance royale du 13 novembre 1816 qui autorise l'acceptation d'un legs au profit de la fabrique de François Tostain. L'ordonnance déclare que « les trésoriers des fabriques des églises Saint-Pierre et Saint-Michel de Vaucelles peuvent accepter le legs de F. T. suivant son testament, d'une maison située grande rue de Vaucelles, qui sera vendue ; l'argent qui en proviendra sera distribué aux pauvres par les deux curés de ces deux églises [1] ».

---

1. A. D., V 118.

Annexe 11

DIOCÈSE DE BAYEUX
NOMBRE DES GRANDS SÉMINARISTES, PETITS SÉMINARISTES, PRÊTRES, DIACRES ET SOUS-DIACRES ORDONNÉS DE 1816 À 1864 (EXCEPTÉ LES ANNÉES 1828, 1846, 1857, 1861)

ANNÉE	1816	1817	1818	1819	1820	1821	1822
Grand séminaire de Bayeux théologie			137	130	135	118	111
(+ en attente)				18	12	10	8
+ à Paris (Saint-Sulpice)			2	1	0	0	0
+ à Paris (autres)			9	8	8	2	0
Grand séminaire de Bayeux philosophie			0	0	0	0	0
Petit séminaire de Lisieux philosophie			15	3	7	7	10
Petit séminaire de Lisieux autres			47	69	75	133	117
Petit séminaire de Villiers-le-Sec philosophie			58	66	5	0	9
Petit séminaire de Villiers-le-Sec autres					86	107	106
Autres collèges : philosophie			0	0	0	0	0
autres :			0	0	0	0	0
+ collège de Bayeux : philosophie			8	8	5	10	19
autres			68	93	84	141	140

+ collège royal de Caen			78	77	87	98	93
+ collège Pont-l'Évêque			0	0	24	15	35
+ collège de Falaise			4	10	25	25	36
+ collège de Vire			95	70	86	94	108
Chez M. M. les curés			0	0	0	0	10
Total théologie			139	149	147	128	119
Total philosophie			54	36	34	26	60
Total autres			328	368	458	606	623
Total			521	553	639	760	802
Prêtres	21	23	19	44	40	27	31
Diacres	21	24	37	47	38	7	35
Sous-diacres	20	23	52	40	38	24	36

ANNÉE	1823	1824	1825	1826	1827	1829	1830
Grand séminaire de Bayeux théologie	115	125	145	170	183	200	155
(+ en attente)	9	8	10				
+ à Paris (Saint-Sulpice)							
+ à Paris (autres)							
Grand séminaire de Bayeux philosophie	0						
Petit séminaire de Lisieux philosophie	0	1	3	10	19	12	12
Petit séminaire de Lisieux autres	106	106	120	96	108	83	78
Petit séminaire de Villiers-le-Sec philosophie	0	0	4	8	17	15	13
Petit séminaire de Villiers-le-Sec autres	153	169	170	141	184	145	98
Autres collèges : philosophie	0	0	0	63	47	49	38
autres :	0	0	0	415	382	343	177
+ collège de Bayeux : philosophie	49	52	58				
autres	158	133	104				
+ collège royal de Caen	109	80	84				
+ collège Pont-l'Évêque	31	22	22				
+ collège de Falaise	44	34	36				
+ collège de Vire	118	124	127				
Chez MM. les curés	10	29	29	25	25	40	30
Total théologie	124	133	155	170	183	200	155
Total philosophie	51	59	79	81	83	76	63
Total autres	727	691	678	677	699	611	383

Total	912	912	941	953	990	927	601
Prêtres	40	23	18	41	35	42	60
Diacres	30	21	23	39	36	39	57
Sous-diacres	25	23	33	36	49	53	56

ANNÉE	1831	1832	1833	1834	1835	1836	1837
Grand séminaire de Bayeux théologie (+ en attente) + à Paris (Saint-Sulpice) + à Paris (autres)	150	142	140	132	127	130	112
Grand séminaire de Bayeux philosophie		12	16				
Petit séminaire de Lisieux philosophie	15	15	15	10	12	12	4
Petit séminaire de Lisieux autres	79	71	75	70	73	78	88
Petit séminaire de Villiers-le-Sec philosophie	10	8	10	22	12	19	20
Petit séminaire de Villiers-le-Sec autres	120	135	140	140	143	165	175
Autres collèges : philosophie autres : + collège de Bayeux : philosophie autres + collège royal de Caen + collège Pont-l'Évêque + collège de Falaise + collège de Vire	23 135	17 104	8 98	13 102	17 131	21 138	10 151
Chez MM. les curés	20	16	18	16	16	20	22
Total théologie	150	142	142	132	127	130	112
Total philosophie	48	52	52	45	41	52	34
Total autres	354	326	326	328	363	401	436
Total	552	520	520	505	531	583	582

Prêtres	56	47	50	44	30	29	54
Diacres	51	42	38	40	36	22	63
Sous-diacres	40	38	38	27	43	34	43

ANNÉE	1838	1839	1840	1841	1842	1843	1844
Grand séminaire de Bayeux théologie (+ en attente) + à Paris (Saint-sulpice) + à Paris (autres)	114	87	66	69	68	100	104
Grand séminaire de Bayeux philosophie		21	41	45	62	70	72
Petit séminaire de Lisieux philosophie	4	12	9	5	3	4	
Petit séminaire de Lisieux autres	100	88	82	95	97	96	100
Petit séminaire de Villiers-le-Sec philosophie	13	8	9	6			
Petit séminaire de Villiers-le-Sec autres	185	192	200	193	200	198	200
Autres collèges : philosophie autres : + collège de Bayeux : philosophie autres + collège royal de Caen + collège Pont-l'Évêque + collège de Falaise + collège de Vire	8 125	2 154	2 160	1 190	1 236	0 214	4 233
Chez MM. les curés	20	10	15	20	15	15	15
Total théologie	114	87	66	69	68	100	104
Total philosophie	25	43	61	57	66	74	76
Total autres	430	444	457	498	548	523	548

Total	569	574	584	624	682	697	728
Prêtres	34	29	38	27	12	7	28
Diacres	30	33	31	16	14	18	34
Sous-diacres	24	36	29	11	12	32	28

ANNÉE	1845	1847	1848	1849	1850	1851	1852
Grand séminaire de Bayeux théologie (+ en attente) + à Paris (Saint-Sulpice) + à Paris (autres)	95	90	101	96	121	95	102
Grand séminaire de Bayeux philosophie	61	76	70	73	85	88	83
Petit séminaire de Lisieux philosophie	0	1					
Petit séminaire de Lisieux autres	100	106	98	103	94	95	95
Petit séminaire de Villiers-le-Sec philosophie							
Petit séminaire de Villiers-le-Sec autres	200	200	200	198	183	174	165
Autres collèges : philosophie autres : + collège de Bayeux : philosophie autres + collège royal de Caen + collège Pont-l'Évêque + collège de Falaise + collège de Vire	4 253	4 276	246	235	230	235	231
Chez MM. les curés	10	10	12	10	10	10	9
Total théologie	95	90	101	96	121	95	102
Total philosophie	65	81	70	73	85	88	83
Total autres	563	592	556	546	517	514	500
Total	723	763	727	715	723	697	685

Prêtres	33	26	27	28	22	34	20
Diacres	32	27	29	25	30	27	30
Sous-diacres	24	30	23	23	35	24	31

ANNÉE	1853	1854	1855	1856	1858	1859	1860
Grand séminaire de Bayeux théologie (+ en attente) + à Paris (Saint-Sulpice) + à Paris (autres)	129	131	90	85	92	90	92
Grand séminaire de Bayeux philosophie	69	62	62	62	58	56	66
Petit séminaire de Lisieux philosophie Petit séminaire de Lisieux autres	98	105	106	108	108	109	97
Petit séminaire de Villiers-le-Sec philosophie							
Petit séminaire de Villiers-le-Sec autres	183	180	169	160	250	211	200
Autres collèges : philosophie autres : + collège de Bayeux : philosophie autres + collège royal de Caen + collège Pont-l'Évêque + collège de Falaise + collège de Vire	223	216	233	231	105	111	108
Chez MM. les curés	10	10	10	9	9	10	9
Total théologie	129	131	90	85	92	90	92
Total philosophie	69	62	62	62	58	56	66
Total autres	514	511	518	508	472	441	414
Total	712	704	670	655	622	587	572

Prêtres	32	28	30	34	23	23	22
Diacres	25	35	28	18	20	23	26
Sous-diacres	28	33	34	30	24	22	24

ANNÉE	1862	1863	1864
Grand séminaire de Bayeux théologie (+ en attente) + à Paris (Saint-Sulpice) + à Paris (autres)	80	85	90
Grand séminaire de Bayeux philosophie	82	70	65
Petit séminaire de Lisieux philosophie			
Petit séminaire de Lisieux autres	100	100	108
Petit séminaire de Villiers-le-Sec philosophie			
Petit séminaire de Villiers-le-Sec autres	210	288	280
Autres collèges : philosophie autres : + collège de Bayeux : philosophie autres + collège royal de Caen + collège Pont-l'Évêque + collège de Falaise + collège de Vire	112	112	115
Chez MM. les curés			
Total théologie	80	85	90
Total philosophie	82	70	65
Total autres	422	500	503
Total	584	655	658

Prêtres	17	17	23
Diacres	10	24	18
Sous-diacres	6	23	7[1]

---

1. A. D., 78F134, 78F137, 78F145.

Annexe 12

PIERRE-FRANÇOIS JAMET

BIENHEUREUX PIERRE-FRANÇOIS JAMET
Second Fondateur du Bon-Sauveur
BÉATIFIÉ PAR LE PAPE JEAN PAUL II
le 10 mai 1987

BEATO PIETRO FRANCESCO JAMET
Secondo Fondatore del Buon Salvatore
BEATIFICATO DAL PAPA GIOVANNI PAOLO II
il 10 maggio 1987

BANNIÈRE DE LA BÉATIFICATION

Le vénérable Pierre-François Jamet a été béatifié, à Rome, par le pape Jean-Paul II, le 10 mai 1987. Voici la biographie officielle rédigée à cette occasion par le Saint-Siège :

Pierre-François Jamet, « martyr de la charité »

Aujourd'hui, l'Église nous présente en ce nouveau Bienheureux Pierre-François Jamet, un bel exemple de charité chrétienne active et généreuse jusqu'au martyre. Sa charité envers les plus nécessiteux et les plus malheureux n'avait ni répit ni limites, si bien qu'il pourra dire à la fin de sa vie : « Je suis heureux que Dieu, s'il ne m'a pas jugé digne du martyre de la foi, m'ait au moins dans sa miséricorde, appelé à cueillir la palme du martyre de la charité. »

Il naquit le 22 septembre 1762 à Fresnes, en Normandie (France), au sein d'une famille aisée et très chrétienne. Vers l'âge de vingt ans, il se sentit appelé à la vie sacerdotale et fut ordonné prêtre en 1787. En 1790, il fut nommé chapelain et confesseur des Filles du Bon-Sauveur de Caen, dont il devint aussi supérieur religieux en 1819. À ce titre, il fut considéré et appelé « second fondateur » de l'Institut.

La Révolution, qui éclata en 1789, fut pour notre Bienheureux l'occasion providentielle qui révéla son tempérament de prêtre zélé et intrépide. Il refusa énergiquement de prêter le serment exigé par les révolutionnaires, subit la prison et les menaces de mort. Sa vie, en cette période, a des allures d'un roman d'aventures.

Quand la Révolution fut terminée, il se donna avec un enthousiasme sans pareil à la restauration et au développement de l'Institut du Bon-Sauveur. C'est par son initiative que fut entreprise l'œuvre d'éducation des sourds-muets. Il fit même des études particulières dans ce but, créant une nouvelle méthode d'enseignement au bénéfice de ces handicapés. Il s'employa aussi afin que les sœurs prennent soin des malades mentaux et de tant d'autres malheureux, si bien qu'on le compara à son contemporain italien, saint Joseph-Benoît Cottolengo.

Recteur de l'université de Caen de 1822 à 1830, et fécond écrivain d'œuvres théologiques et ascétiques, il sut créer parmi les professeurs et étudiants, minés par le rationalisme et l'illuminisme, une atmosphère renouvelée de foi chrétienne. Il faut rechercher le secret de sa fécondité apostolique dans sa profonde vie intérieure, solidement fondée sur la Parole de Dieu et le Magistère de l'Église. Il s'endormit dans le Seigneur le 12 janvier 1845.

L'Institut du Bon-Sauveur, qu'il a tant aimé, exerce aujourd'hui son œuvre de charité parmi les malheureux, les petits et les pauvres du monde entier. Le Bienheureux Pierre-François Jamet vit encore à travers les œuvres charitables de ses filles et il nous entraîne tous à le suivre dans l'amour et le service des plus nécessiteux, nous faisant découvrir dans leur pauvreté l'aimable présence de Jésus « Bon Sauveur »[1].

---

1. Archives du Vatican, 1987.

Annexe 13

DONS ET LEGS DESTINÉS AUX HOSPICES DE BAYEUX : L'HÔTEL-DIEU ET L'HÔPITAL GÉNÉRAL, DE 1802 À 1823

1802 : M. Lanjalley : 400 F, don.
1804 : Mme de la Bellière : 1000 F pour achat de toile, don.
1805 : Mme Cahier : 16500 F, legs.
1804 : Marquis de Campigny : 600 aux hospices, don.
1805 : Abbé de Marguerye, don de toile aux hospices.
1806 : M. Dupucé, habillement de six garçons et de six filles à l'hôpital général.
1811 : Napoléon Ier : 6000 F, don.
1819 : Mme de Banville : 2000 F et sept cents aunes de toile, moitié pour l'hôtel-Dieu et moitié pour l'hôpital général.
1819 : Mme Pinel : 2500 F pour achats de rentes, hôpital général.
1823 : Abbé Le Moussu, de la part d'un anonyme : 260 F de rentes pour la fondation d'un lit à l'hôtel-Dieu en faveur des pauvres de Saint-Vigor-le-Grand et de Sommervieu.
1823 : Abbé Eudeline, de la part d'un anonyme : don de 30 F de rente à l'hôpital général pour récompenser cinq fois par an un garçon ou une fille qui se sont distingués par leur piété, leur docilité et leur amour du travail[1].

1. C. GARNIER, *Les Hospices de Bayeux*, p. 102-103.

Annexe 14

LES FRÈRES DES ÉCOLES CHRÉTIENNES À CAEN

Les communautés.

Communauté Saint-Julien : 6 décembre 1814 à septembre 1816, cour des Cordeliers.
Communauté Saint-Pierre : septembre 1816 à avril 1880, rue de Geôle.
École Saint-Michel : rue de Vaucelles, 1er juillet 1817 à 1er juillet 1822, puis rue de l'église de Vaucelles, 1er juillet 1822 à 1852.
École Saint-Étienne : rue Bicoquet, janvier 1820 à 25 septembre 1884.

Les directeurs.

Frère Pierre : 17 octobre 1814 à 21 janvier 1818, décédé à Lyon le 2 juin 1828.
Frère Alexis : 21 janvier 1818 à 3 janvier 1820, décédé à Riom le 13 mars 1841.
Frère Félix de la Croix : 24 septembre 1820 à 24 octobre 1821, décédé à Caen le 24 octobre 1821.
Frère Ferreol (intérimaire) : [...] à 16 septembre 1822.
Frère Conteste : 16 septembre 1822 à 21 mai 1827, décédé à Paris le 15 juin 1840.

Nombre d'élèves.

De 1819 à 1822

	Saint-Pierre	Saint-Michel	Saint-Étienne	TOTAL
1819	300	142		442
1820	233	140	182	555
1822	292	160	145	597

En 1820

	Octobre	Novembre	Décembre
Saint-Pierre	229	231	233
Saint-Michel	135	138	140
Saint-Étienne	168	170	182
TOTAL	532	539	555[1]

1. J. CLOAREC, *Les Frères des écoles chrétiennes et l'éducation populaire à Caen de 1814 à 1887*

Annexe 15

NOTICE SUR LA PAROISSE SAINT-ÉTIENNE DE CAEN

La paroisse Saint-Étienne de Caen, durant l'épiscopat de Mgr Brault, est dirigée successivement par les deux curés suivants : François Desbordeaux (1745-1813) et Claude Godefroy de Boisjugan (1749-1827) ; ils sont aidés par des vicaires dont voici la liste :

1. François Desbordeaux, curé de 1803 à 1813.
   Vicaires

   P. Leboussonnier de 1802 à 1803
   J. Surosnes de 1803 à 1808
   J. Vasvier de 1803 à 1804
   C. Boscher en 1804
   J. F. Lebreton de 1804 à 1805
   J. B. Bobuier de 1804 à 1805
   Héribel de 1809 à 1810
   F. Sarrazin de 1811 à 1812

2. Claude Godefroy de Boisjugan, curé de 1813 à 1827.

   G. Saffray de 1813 à 1817
   Beaumont de 1817 à 1820
   Croquet de 1818 à 1820
   D. M. Roussel de 1820 à 1827
   Bellée de 1821 à 1822
   Delalande de 1822 à 1826
   F. Duparc de 1822 à 1826
   P. de La Londe de 1826 à 1832

En 1820, l'ordonnance royale du 8 novembre rétablit la paroisse Saint-Julien, ce qui provoque une nouvelle démarcation des paroisses de Caen. Désormais, la ville compte neuf paroisses : Saint-Michel de Vaucelles, Saint-Jean, Saint-Pierre, Saint-Gilles, Saint-Julien, Saint-Sauveur, Notre-Dame, Saint-Ouen et Saint-Étienne, et trois «hameaux réunis» : La Maladrerie, La Folie, et Couvrechef.

Malgré les réclamations du curé et de la fabrique, l'évêque décide de transférer tout un quartier de cinq cents âmes de la paroisse Saint-Étienne à la paroisse Notre-Dame.

L'église abbatiale Saint-Étienne reçoit de nombreux privilèges : l'indulgence plénière pour sa visite en les fêtes de Saint-Étienne, Saint-Nicolas, Saint-François-de-Sales et de la translation de Saint-Martin : bulle de Pie VII du 18 décembre 1804, ainsi qu'à l'occasion de l'adoration des quarante heures : décret de Caprara du 19 mars 1805 ; le 11 août 1816, Mgr Brault la confirme dans la possession des fêtes et cérémonies publiques ; le 24 janvier 1818, il lui confère le bâton cantoral qui est porté par le grand chantre lors des fêtes solennelles et dans les cérémonies publiques et inscrit dans le blason [1].

---

1. L. HUET, *Histoire de la paroisse Saint-Étienne de Caen (1791-1891)*, A. D., Chapitre de Bayeux 880, «Journal» de Dufour.

Sources et bibliographie

SOURCES

ARCHIVES NATIONALES

Série F 19 : Série de l'Église concordataire de 1800 à 1905.

335 :	Affaires par départements; Calvados.
5668 :	Police des cultes : Empire et Restauration.
9061 :	Nominations : Restauration.

Série A F IV : Fonds de la secrétairerie d'État impériale.

1045, dossier 2 :	Rapport du ministre des Cultes, an XII-1813.
1046 :	Attitude des membres de l'épiscopat.
1048 :	Disette de 1812 à Caen.
1317 :	Cultes, an X-1813.

Série F 7 : Archives de la police générale.

3021 :	Concordat, Calvados.
8058 :	Affaires religieuses dans les départements dépendants du premier arrondissement, an XIII-1813; Aisne à Calvados.

Série F 1 : Administration générale.

B II :	Rapports des préfets.
5 :	1811-1815.
C III :	Rapports des préfets.
Calvados 8 :	Comptes-rendus administratifs, an VI-1819.
Calvados 13 :	Correspondance et divers, an IX-1852.

ARCHIVES DÉPARTEMENTALES DU CALVADOS

Série V : Culte catholique.

2 :	Réunions de paroisses, an IX-an XI.
3 :	Affaires diverses : Empire.
5 :	Affaires générales, an X-an XII ; quelques lettres concernant la Restauration.
6 :	Affaires diverses, an XII.
7 :	Affaires diverses : Empire.
14 :	Églises et presbytères : Empire (1807-1810).
20 :	Fabriques : Empire.
34 :	Circulaires du ministre et du préfet : Empire et Restauration.
38 :	Police du culte (conscription, congrégations) : Empire, surtout.
40 :	Police du culte : Cent-Jours.
42 :	État des églises en l'an X.
107 :	État des congrégations autorisées dans le Calvados, 1897.
108 :	Affaires diverses : Empire, Restauration.
116 :	Affaires diverses : Empire, Restauration.
118 :	Paroisse Saint-Pierre de Caen : Empire.
129 :	Liste des marguilliers de Saint-Sauveur de Caen, 1810-1848.
133 :	Circulaires de Mgr Brault : Empire, Libelles contre Mgr Brault.
157 :	Affaires divers : Empire.
159 :	Mandements et instructions pastorales de Mgr Brault, 1803-1823.
161 :	Affaires locales : Empire.
178 :	Congrégations : Empire.
186 :	Paroisses de Bayeux, 1801-1848.
251 :	Affaires locales : paroisses et fabriques.
253 :	Affaires locales : paroisses et fabriques.
344 :	Affaires diverses : Empire.

Série F : Versements divers non classés.

3199 :	Première Restauration.
5661, 5662, 5663 :	Empire. Notices biographiques sur l'épiscopat de Mgr Brault (états, correspondance...) de l'abbé Michel, ancien secrétaire, et de l'abbé Laffetay pour son *Histoire du diocèse de Bayeux*.

Série M : Police du culte et affaires politiques.

2814 :	Affaires de police du culte : Empire.
2816 :	Affaires de police du culte : Empire.
2837 :	Affaires de police du culte : Empire.
2847 :	Affaires politiques : Restauration.
2849 :	Affaires politiques : Restauration.

Série T : Instruction publique.

1155 :	Liste des établissements scolaires du Calvados : Empire.
1251, 1252, 1253, 1254 :	Instruction publique, affaires religieuses : Empire et Restauration.

Série Z : Sous-préfectures.

897 :	Sous-préfecture de Bayeux.
1737 :	Sous-préfecture de Falaise.
1814, 1953 :	Sous-préfecture de Lisieux.
2407, 2416, 2417, 2419, 2420, 2433, 2464, 2508 :	Sous-préfecture de Vire.

Série 78 F : Fonds du grand séminaire de Bayeux.

7, 13, 15, 16, 94, 100, 133, 153, 154, 187, 188, 191, 192, 195, 196, 199, 207, 234 : Dossiers concernant le grand séminaire de Bayeux et les petits séminaires.

Série CB : Fonds du chapitre de la cathédrale de Bayeux.

374, 586, 739, 1157 : Pièces diverses non classées.
880 : Journal de V. Dufour, jardinier, et Journal de Laurent d'Esnault, avocat.

ARCHIVES DE L'ÉVÊCHÉ DE BAYEUX

Correspondance épiscopale, registres des ordinations et dossiers divers ; classement par année, épiscopat de Mgr Brault, de 1803 à 1823, 21 liasses.

BIBLIOGRAPHIE COMMENTÉE

Hormis quelques bibliographies sommaires sur Mgr Brault, l'œuvre de cet évêque demeurait inconnue jusqu'à nos jours. En effet, la seule *Histoire du diocèse de Bayeux* qui a été publiée, écrite par J. LAFFETAY (t. II, Bayeux, 1876), s'achève au moment de l'entrée en vigueur du concordat de 1801. Or, j'ai eu la chance de retrouver aux archives départementales du Calvados les notes que l'abbé Michel, secrétaire de l'évêque, avait adressées à Laffetay pour lui permettre de rédiger le chapitre consacré à l'épiscopat de Mgr Brault. Il faut noter aussi la découverte de quelques éléments du journal personnel de l'évêque conservés aux archives de l'évêché de Bayeux.

Biographies sommaires sur Mgr. BRAULT.

FISQUET (M. H.), *La France pontificale. – Histoire chronologique et biographique des archevêques et évêques de tous les diocèses de France depuis l'établissement du christianisme jusqu'à nos jours. Métropole de Rouen Bayeux et Lisieux*, Paris, s. d.

(Anonyme), *Notice sur l'évêché de Bayeux et sur ses évêques*, Bayeux, 1849.

Pour établir le cadre événementiel de l'étude et réaliser cette synthèse inédite à l'échelle du département du Calvados sous son aspect religieux depuis le Concordat jusqu'en 1823, j'ai bénéficié de l'apport inestimable de deux chroniques publiées dont j'ai retrouvé les originaux aux archives départementales du Calvados. Il s'agit de :

ESNAULT (L.) et DUFOUR (L.), *La Vie caennaise du Consulat au IIe Empire racontée par un bourgeois et un homme du peuple, 1re partie 1800-1828*, annotée par G. LESAGE, Paris-Caen, 1927.

Pour rendre compte de la situation de l'Église à la fin de l'Ancien Régime et pendant la Révolution, j'ai bénéficié de la remarquable étude de :

SEVESTRE (E.), *La Vie religieuse dans les principales villes normandes pendant la Révolution (1787-1801)*, Caen, 1945.

À ces deux sources principales, on peut ajouter les ouvrages célèbres concernant l'histoire générale et religieuse de la Normandie :

BOUARD (M. DE), *Histoire de la Normandie*, Toulouse, 1970.
CHALINE (N. J.), *Histoire religieuse de la Normandie. Moines et moniales en Normandie aux XIXe et XXe siècles*, coll. « Histoire religieuse des provinces de France », sous la direction de G. M. OURY, Chambray, 1981.

Il faut signaler deux thèses qui, du fait de leur publication récente, n'ont pu être consultées. Il s'agit de :

BÉE (M.), « La Croix et la Bannière. Confréries, Église et société en Normandie du XIIe siècle au début du XXe siècle » doctorat d'État, histoire, Paris, 1991.
BOUDON (J. O.), « L'Épiscopat français de l'époque concordataire (1802-1905) : origines, formation, désignation », histoire, Paris, 1991. – Publié sous le même titre aux Éd. du Cerf (1996).

La bibliographie abonde en ouvrages généraux publiés sur la période concordataire, spécialement entre 1801 et 1823. Citons :

Histoire générale.

BERGERON (L.), *Nouvelle histoire de la France contemporaine*, t. IV, *L'épisode napoléonien, aspects intérieurs, 1799-1815*, Paris, 1972.
BERGERON (L.) et CHAUSSINAND-NOGARET (G.), *Grands notables du Ier Empire. Notices de biographie sociale*, Paris, CNRS, 1978-1988 (18 vol. parus).
BERTIER DE SAUVIGNY (G. DE), *La Restauration*, Paris, 1955.
BRAUD (P.) et BURDEAU (F.), *Histoire des idées politiques depuis la Révolution*, Paris, 1983.
CANDILLE (M.), *Les Soins à l'hôpital en France au XIXe siècle*, Paris, 1974.
CHARLE (C.), *Les Hauts Fonctionnaires en France au XIXe siècle*, Paris, 1980.
– *Histoire sociale de la France au XIXe siècle*, Paris, 1991.
CHAUDEURGE (A.), *La Chouannerie normande*, Paris, 1982.

CHAUSSINAND-NOGARET (G.), *Une histoire des élites (1700-1848)*, Paris-La Haye, 1975.
DUBY (G.) et WALLON (A.) (sous la direction de), *Histoire de la France rurale*, t. II-III, Paris, 1976.
DUPEUX (G.), *La Société française (1789-1860)*, Paris, 1972.
DUVERGIER (J. B.), *Collection complète des lois, décrets, arrêtés, ordonnances règlements et avis du Conseil d'État depuis 1788 à 1830*, 28 vol., t. XII s. : 1801-1830, Paris, 1836.
FUZIER-HERMAN, *Répertoire alphabétique du droit français*, Paris, 1886-1905.
GERBOD (P.), *La Condition universitaire en France au XIXe siècle*, Paris, 1965.
GIRARD (L.), *Les Libéraux français : 1814-1875*, Paris, 1984.
GODECHOT (J.), *Histoire des institutions*, Paris, 1984.
GONTARD (M.), *L'Enseignement primaire en France de la Révolution à la loi Guizot (1833)*, Lyon, 1959.
HAUSSONVILLE, (Comte d') *L'Église romaine et le premier Empire*, 5 vol. Paris, 1868-1870.
HAUTERIVE (E. D'), *La Police secrète du premier Empire, Bulletins quotidiens adressés par Fouché à l'Empereur*, 4 vol., Paris, 1908-1913.
HUGO (A.), *France pittoresque ou description pittoresque, topographique et statistique des départements et colonies de la France*, t. I, Paris, 1835.
IMBERT (J.), *Les Hôpitaux en droit canonique*, Paris, 1947.
–, *Le Droit hospitalier de la Révolution et de l'Empire*, Paris, 1955.
JULIA (D.) (sous la direction de), *L'Enseignement (1760-1815). Atlas de la Révolution française*, t. II dirigé par S. BONIN et Cl. LANGLOIS, Paris, 1987.
LA GORCE (P. DE), *Louis XVIII*, Paris, 1926.
LA SICOTIÈRE (L. DE), *Louis de Frotté et les insurrections normandes*, 2 vol., Paris, 1889.
LEQUIN (Y.) (sous la direction de), *Histoire des Français (XIXe et XXe siècle*, 3 t., Paris, 1983.
LEVER (E.), *Louis XVIII*, Paris, 1988.
LIARD, *L'Enseignement supérieur en France : 1789-1889*, 2 vol., Paris, 1888-1894.
MADELIN (L.), *Le Consulat et l'Empire*, 2 vol., Paris, 1922-1923.
MANSEL (P.), *Louis XVIII*, Paris, 1982.
MAYEUR (F.), *Histoire générale de l'enseignement et de l'éducation en France*, t. III, *De la Révolution à l'école républicaine*, sous la direction de L.-H. PARIAS, Paris, 1981.
POIRIER (J.), «L'opinion publique et l'Université pendant la première Restauration», *Annales révolutionnaires*, mars-avril 1909, p. 234-270, 330-342.
PONTEIL (F.), *Les Institutions de la France de 1814 à 1870*, coll. «Histoire des institutions», Paris, 1966.

PROST (A.), *L'Enseignement en France : 1800-1967*, Paris, 1968.
RÉMOND (R.), *La Vie politique en France depuis 1789*, 2 t., Paris, 1969.
ROGIER (L. T.), *Le Siècle des Lumières. Révolutions, Restaurations*, Paris, 1966.
ROUSSELOT, « Les écoles mutuelles et le gouvernement de la Restauration », *Revue pédagogique*, t. II, 1887, p. 355-362.
ROUX (M. DE), *La Restauration*, Paris, 1929.
SECONDY (L.), « Place et rôle des petits séminaires dans l'enseignement secondaire en France au XIXe siècle », *Revue d'histoire de l'Église de France*, t. LXVI, juill.-déc. 1980, p. 243-259.
SEVRIN (R.), *L'Histoire de l'enseignement primaire en France. La Restauration : 1815-1830*, Paris, 1933.
TRONCHOT (R.), *L'Enseignement mutuel en France de 1815 à 1833*, 3 vol., Service de reproduction des thèses, Lille III, 1973.
TULARD (J.), *Napoléon ou Le mythe du Sauveur*, Paris, 1977.
–, *Les Révolutions (de 1789 à 1851)*, Histoire de France (sous la direction de J. Favier), t. IV, Paris, 1984.
VIEL-CASTEL, *Histoire de la Restauration*, 20 vol., Paris, 1860-1878.
VERGER (J.) (sous la direction de), *Histoire des universités en France*, Toulouse, 1986.
VILLAT (L.), *La Révolution et l'Empire*, t. II, *Napoléon : 1799-1815*, Paris, 1942.
VIVIEN, *Études administratives*, 1859, 3e éd., réédité par Cujas en 1974.
WEILL (G.), *L'Histoire de l'enseignement secondaire en France*, Paris, 1924.

Histoire religieuse.

AUDARD (E.), « L'Histoire religieuse de la Révolution française aux Archives vaticanes », *Revue d'histoire de l'Église de France*, t. IV, 1913, p. 624-639.
BASDEVANT-GAUDEMET (B.), *Le Jeu concordataire dans la France du XIXe siècle. Le clergé devant le Conseil d'État*, t. IV, 1913, p. 624-653.
BAUNARD, *Un siècle de l'Église de France*, Paris, 1900.
BERTIER DE SAUVIGNY (G. DE), « L'Histoire religieuse de la Restauration (1814-1830) aux Archives du Vatican », *Revue d'histoire de l'Église de France*, XXXVIII, 1952, p. 77-90.
BINDEL (V.), *Histoire religieuse de la France aux XIXe siècle : histoire religieuse de Napoléon*, 2 vol., Paris, 1940-1943.
BOUDON (J.-O), « *Le Saint-Siège et les nominations épiscopales en*

France au XIXe siècle, d'après les sources romaines». Mélanges de l'École française de Rome, Italie-Méditerranée, t. CCII, 1990, 1, p. 111 à 161.

—, «L'Influence de la Congrégation sur les nominations épiscopales dans la première moitié du XIXe siècle», *Revue d'histoire de l'Église de France*, t. LXXVIII, 1992, p. 21 à 34.

—, «Le Clergé dans la société française au XIXe siècle», *Historiens et géographes*, octobre 1993, n° 341, p. 235 à 254.

—, «Les élites ecclésiastiques à la fin du Premier Empire : les vicaires généraux de 1813», *Revue historique*, avril-juin 1994, t. CCXCI, 2, p. 265 à 297.

—, «Le Rôle de la formation dans le recrutement des évêques du XIXe siècle», *Paedagogica Historica. International Journal of the History of Education*, t. XXX, 1994, p. 83 à 98.

BOISARD (P.), *La Compagnie de Saint-Sulpice. Trois siècles d'histoire*, 2 t., s.l.n.d.

BOULARD (F.), *Matériaux pour l'histoire religieuse du peuple français, XIXe-XXe siècle, région de Paris, Haute-Normandie, Pays de Loire, Centre*, CNRS, Paris, 1986.

BOULAY DE LA MEURTHE, *Documents sur la négociation du Concordat et sur les autres rapports de la France avec le Saint-Siège*, 6 vol., Paris, 1891-1905.

BOURGAIN (L.), *L'Église de France et l'État au XIXe siècle (1802-1900)*, t. I, 1802-1848, 2 vol., Paris, 1901.

BOURGIN (G.), *Les Sources manuscrites de l'histoire religieuse de la France moderne*, Paris, 1925.

BRUGERETTE (J.), *Le Prêtre français et la société contemporaine*, t. I, *La restauration catholique (1815-1871)*, Paris, 1933.

BURNICHON (J.), *La Compagnie de Jésus en France. Histoire d'un siècle (1814-1914)*, 4 t., Paris, 1914-1922.

CHAPEAU (A.) et COMBALUZIER (F.), «L'Épiscopat français de Clément VIII à Paul VI», article «France», *Dictionnaire d'histoire et de géographie ecclésiastiques*, t. XVIII, col. 157 à 544.

CHEVALIER (A.), *Les Frères des écoles chrétiennes et l'enseignement primaire après la Révolution*, Paris, 1887.

CHOLVY (G.) et HILAIRE (Y.-M.), *Histoire religieuse de la France contemporaine*, t. I, *1800-1880*, Paris, Privat, 1986.

CONSTANT (G.), *L'Église de France sous le Consulat et l'Empire : 1800-1814*, Paris, 1928.

CRÉTINEAU-JOLY (J.), *Mémoires du cardinal Consalvi*, Paris, 1895.

DANSETTE (A.), *Histoire religieuse de la France contemporaine*, t. I, *De la Révolution à la IIIe République*, Paris, 1965.

DEBIDOUR (A.), *Histoire des rapports de l'Église et de l'État en France de 1789 à 1870*, Paris, 1898; rééd. Genève, Slatkine, 1977.

DECHÊNE (A.), *Contre Pie VII et Bonaparte, le blanchardisme*, Paris, 1932.
DELACROIX (S.), «Les Congrégations religieuses sous le Consulat et l'Empire», thèse dactylographiée, École des hautes études, s. d.
– *La Réorganisation de l'Église de France après la Révolution : 1802-1809*, t. I, *Les Nominations d'évêques et la liquidation du passé : 1801-1802*, Paris, 1962.
DERIES, *Les Congrégations religieuses du temps de Napoléon*, Paris, 1929.
DESJARDINS (G.), *Le Concordat*, Paris, 1885.
DROCHON, *La Petite Église*, Paris, 1894.
DUBOSQ (G.), «Inventaire d'archives départementales, communales et hospitalières se rapportant à l'histoire ecclésiastique», *Revue d'histoire de l'Église de France*, t. XL, n° 135, juillet-décembre 1956.
DUMOULIN (C.), *Un séminaire français au XIXe siècle. Le recrutement, la formation, la vie des clercs à Bourges*, Paris, 1978.
DUPONT (E.), *La Part des communes dans les frais du culte paroissial pendant l'application du Concordat*, Paris, 1906.
GADILLE (J.), «Histoire du catholicisme moderne et contemporain», *Revue historique*, juillet-septembre 1970, p. 125-148; octobre-décembre 1970, p. 387-446.
GAUDEMET (J.) et *alii*, *Administration et Église du Concordat à la séparation de l'Église et de l'État*, Genève, 1985.
GUICHEN (E. DE), *La France morale et religieuse sous la Restauration*, Paris, 1911.
GUILLEMIN (H.), *Histoire des catholiques français au XIXe siècle*, Paris, 1947.
HÉBRARD, *Les Articles organiques devant l'histoire, le droit et la discipline de l'Église*, Paris, 1870.
Histoire des diocèses de France, dirigée par PALANQUE (J.-R.) et PLONGERON (B.), puis PLONGERON (B.) et VAUCHEZ (A.), Paris, Beauchesne.
JAUFFRET, *Mémoires historiques sur les affaires ecclésiastiques de la France pendant les premières années du XIXe siècle*, 3 vol., Paris, 1819-1824.
JETTE (M. H.), *La France religieuse sous la Révolution et l'Empire*, Paris, 1958.
JOURDAIN (C.), *Le Budget des cultes en France*, Paris, 1859.
LA GORCE (P. DE), *Histoire religieuse de la Révolution française*, t. V, Paris, 1923.
LAFONT (J.), *Les Prêtres, les Fidèles et l'État*, Paris, 1987.
LANGLOIS (Cl.), *Religion et politique dans la France napoléonienne : un essai de réévaluation. Christianisme et pouvoirs politiques de Napoléon à Adenauer*, Paris-Lille, université Lille III-Éditions universitaires, 1974, p. 13 à 37.

–, « Philosophe sans impiété et religieux sans fanatisme. Portalis et l'idéologie du système concordataire », *Ricerche di storia sociale et religiosa*, 15-16, 1979, p. 37 à 57.
–, *Le catholicisme au féminin. Les congrégations françaises à supérieure générale au XIXe siècle*, Paris, 1984.
LANZAC DE LABORIE (L. DE), *Paris sous Napoléon Ier*, t. IV, *La Religion*, Paris, 1908.
LATREILLE (A.), *L'Opposition religieuse au Concordat*, Paris, 1910.
– *Napoléon et le Saint-Siège, l'ambassade du cardinal Fesch à Rome*, Paris, 1935.
– *Le Catéchisme impérial de 1806*, Paris, 1935.
– *L'Église catholique et la Révolution française*, t. II, *L'Ère napoléonienne et la crise européenne : 1801-1815*, Paris, 1950. rééd. Paris, Éd. du Cerf, 1970.
LATREILLE (A.) et RÉMOND (R.), *Histoire du catholicisme en France*, t. III, *La Période contemporaine*, Paris, 1962.
LAUNAY (M.), *Le Bon Prêtre. Le Clergé rural au XIXe siècle*, Paris, 1986.
LEFLON (J.), *Étienne-Alexandre Bernier*, Paris, 1938.
– « Le clergé de second ordre sous le Consulat et le premier Empire », *Revue d'histoire de l'Église de France*, t. XXXI, n° 118, janvier-juin 1945, p. 97-119.
– *L'Église consulaire et impériale*, Paris, 1947.
– *Monseigneur de Mazenod*, Paris, 1957.
– *La Crise révolutionnaire : 1789-1846*, t. XX de *L'Histoire de l'Église*, de FLICHE et MARTIN, Paris, 1966.
LEGOFF (J.) et RÉMOND (R.) (sous la direction de), *Histoire de la France religieuse*, III : *XVIIIe-XIXe siècle*, Paris, 1991.
LENIAUD (J.-M.), *L'Administration des cultes pendant la période concordataire*, Paris, 1988
LOEW (J.) et MESLIN (M.), *L'Église contemporaine*, livre IV de *Histoire de l'Église par elle-même*, Paris, 1978.
MANARANCHE (A.), *Attitudes chrétiennes en politique*, Paris, 1978.
MANDAT-GRANCEY (E. de), *Le Clergé français et le Concordat*, Paris, 1906.
MATHIEU, *Le Concordat de 1801*, Paris, 1903.
MAYEUR (J.-M.) (sous la direction de), *L'Histoire religieuse de la France, XIXe-XXe siècle. Problèmes et méthodes*, Paris, 1975.
MOLETTE (C.), *Guide des sources de l'histoire des congrégations féminines françaises de vie active*, Paris, 1974.
MOURRET (F.), *Histoire générale de l'Église*, t. VII-VIII, Paris, 1919.
PESCHEUX DE VENDÔME (H.-H.), *Vie de M. de Sausin, évêque de Blois*, Romorantin, 1844.
PIERRARD (P.), *La Vie quotidienne du prêtre au XIXe siècle*, Paris, 1986.

PINAUD (P.-F.), «L'Administration des cultes de 1800 à 1815», Revue de l'institut Napoléon, n° 132, 1976, p. 31 à 39.
PISANI (P.), Répertoire biographique de l'épiscopat constitutionnel. 1791-1802, Paris, 1907.
PORTALIS, Discours, rapports et travaux du comte Portalis sur le Concordat, Paris, 1845.
POUTHAS (C.), «Le clergé sous la monarchie constitutionnelle : 1814-1848», Revue d'histoire de l'Église de France, t. XXIV, 1943, p. 19-53.
–, L'Église et les questions religieuses sous la monarchie constitutionnelle : 1814-1848, Les cours de la Sorbonne, 1943.
PRELOT (M.), Le Libéralisme catholique, Paris, 1969.
PRÉSENCE (E. DE), L'Église et la Révolution française. Histoire des relations de l'Église et de l'État de 1789 à 1814, Paris, 1889.
RICARD (L.), Les Grands Evêques de l'Église de France au XIXe siècle, trois séries : deux premières séries, Lille, 1892; troisième série, Lille, 1893.
–, Le Concile national de 1811, Paris, 1894.
RIGAULT (G.), Histoire générale de l'Institut des frères des écoles chrétiennes, t. IV, L'Institut restauré (1805-1830), Paris, 1942.
ROGIER (L.-J.), BERTIER DE SAUVIGNY (G.) et HAJJAR (J.), Nouvelle histoire de l'Église, et IV, Siècle des Lumières, révolutions, restaurations, Paris, 1966.
SAGNAC (P.), Le Concordat de 1817, Paris, 1906-1907.
SÈCHE, Les Origines du Concordat, Paris, 1894.
SEVESTRE (E.), L'Histoire, le Texte et la Destinée du concordat de 1801, Paris, 1905.
SEVRIN (E.), Les Missions religieuses sous la Restauration (1815-1830), t. I, Le Missionnaire et la Mission, Paris, 1948; t. II, Les Missions (1815-1820), Paris, 1959.
VAUTHIER (G.), «Les congrégations religieuses sous l'Empire», Revue des études napoléoniennes, t. II, 1917, p. 233-245.
–, «Les missions sous la Restauration», Revue des questions historiques, t. LXXXVI, 1920, p. 390-412.
VIGUERIE (J. DE), Christianisme et Révolution. Cinq leçons d'histoire de la Révolution française, Paris, 1986.
TACKETT (Th.), La Révolution, l'Église, la France, Paris, 1986.
UZUREAU, «Les premières applications du Concordat et les congrégations», Les Études, t. LXXXIX, 1901, p. 136-145.
ZIND (P.), Les Nouvelles Congrégations de frères enseignants de 1800 à 1830, Le Montet, 1969.

On trouve de nombreuses études réalisées sur un diocèse particulier pour la période considérée (de 1802 à 1823). Les plus remarquables sont les suivantes :

ACHARD (M.), « Notice biographique sur M. de Belloy », Mémoires publiées par l'académie de Marseille, t. VII, 1810, p. 301-307.

ANCELY (R.), « Correspondance du baron Jean Dombidau de Crouseilhes (1768-1774) et de son fils Pierre-Vincent, évêque de Quimper (1805-1823) », Bulletin de la société des sciences, lettres et arts de Pau, t. VII, 1947, p. 1 à 28; t. VIII, 1948, p. 23 à 71.

BILLAUD (A.), La Petite Église dans la Vendée et les Deux-Sèvres (1800-1830), Paris, 1962.

BINDET (J.), François Bécherel, 1732-1815. Député à la Constituante, évêque constitutionnel de la Manche, évêque concordataire de Valence, Coutances, 1971 (2e éd. augm.).

BOUTRY (P.), Prêtres et paroisses au pays du curé d'Ars, Paris, 1986.

BRUMAULD DE BEAUREGARD (J. DE), Mémoires de Mgr Jean Brumauld de Beauregard, évêque d'Orléans, chanoine de premier ordre au chapitre royal de Saint-Denis, précédés de sa vie, écrite sur des notes et des documents authentiques, 2 t., Poitiers, 1842.

BRYE (B. DE), Un évêque d'Ancien Régime à l'épreuve de la Révolution. Le cardinal A.-L.-H. de La Fare (1752-1829), Paris, 1985.

CARRIOU (A.), « La Restauration religieuse dans le diocèse de Vannes au lendemain du Concordat », diplôme des hautes études, s. d.

CHALINE (N.-J.), « Le Recrutement du clergé dans le diocèse de Rouen au XIXe siècle », Revue d'histoire économique et sociale, t. XLIX, n° 3, p. 385 à 405.

CHAPUSOT (P. R.), Mgr Jean-Baptiste Colonna d'Istria, premier évêque de Nice 1758-1835, Paris, 1970.

CHEVREAU (G.), « Mgr de Coucy, évêque de La Rochelle, archevêque de Reims, 1745-1824 », La Rochelle, Carmel, dactyl., 1977.

CHOLVY (G.), Religion et société au XIXe siècle, le diocèse de Montpellier, 2 t., Lille, service de reproduction des thèses de l'université Lille-III, 1973.

CLÉMENT (J.), Le Personnel concordataire dans le département de l'Allier, Moulins, 1904.

–, L'Évêché de Moulins, projeté sous l'Ancien Régime (1788-1790), réalisé sous la Restauration (1822). Son premier évêque, Moulins, 1923.

COGNAT (J.), Vie de Mgr Alexandre-Raymond Devie, évêque de Belley, 2 t., Paris-Lyon, 1865.

COLOMBANI (H.), Le Cardinal Fesch, Paris, 1979.

COMMANDRE (abbé), Mandements, circulaires et ordonnances

de Mgr Claude-Jean-Joseph Brulley de La Brunière, évêque de Mende, précédés d'une notice sur la vie du prélat, Toulouse, 1849.

CONTRASTY (J.), *Le Mouvement religieux dans la Haute-Garonne sous le Consulat*, Toulouse, 1907.

COUDERC DE LATOUR-LISSIDE (F.-A.), *Vie de Mgr de Chaffoy, ancien évêque de Nîmes*, 2 t., Nîmes, 1856.

COURIVAULT DE LA VILLATE (abbé), *Un prélat charentais : notice sur Mgr Pierre Dupont-Poursat, évêque de Coutances (1808-1835)*, Angoulême, 1923.

CREGUT (R.), «Mgr Duwalk de Dampierre et l'organisation concordataire du diocèse de Clermont (1802-1804), Clermont-Ferrand, Mémoires de l'académie des sciences, lettres et arts de Clermont-Ferrand, 2e série, fasc. 23, 1910.

DANIEL (Y.), *L'Équipement paroissial d'un diocèse urbain : Paris (1802-1956)*, Paris, 1957.

DELACROIX (A.), *Monsieur de Boulogne, archevêque, évêque de Troyes, pair de France*, Paris, 1886.

DELRIEU (J.-B.), *Notice historique sur la vie et l'épiscopat de Mgr Jean Jacoupy, évêque d'Agen*, Agen, 1874.

DERIES (L.), *Un prélat du temps de Napoléon : Mgr Rousseau, premier évêque concordataire du diocèse de Coutances (1802-1807)*, Avranches, 1930.

DISSARD (J.), *Mgr L. F. d'Aviau (1736-1826)*, Bordeaux, 1953 (diocèse de Bordeaux).

DOISY (H.), *Un grand curé de Paris sous la Restauration. Mgr Joseph Bernet, curé de Saint-Vincent-de-Paul, chanoine honoraire de Saint-Denis, évêque de La Rochelle, archevêque d'Aix et cardinal (1770-1827)*, Paris, 1949.

DOUSSET (E.), *L'Abbé de Pradt, grand aumônier de Napoléon*, Paris, 1959 ; *Cahiers d'histoire*, numéro spécial, 1962.

DUBOURG (dom), *La Vie religieuse en France sous la Révolution, l'Empire et la Restauration. Mgr Du Bourg, évêque de Limoges, 1751-1822*, Paris, 1907.

DURAND (A.), *Un prélat constitutionnel, Jean-François Périer (1740-1824), oratorien, évêque assermenté du Puy-de-Dôme, évêque concordataire d'Avignon*, Paris, 1902.

FAUGERAS (M.), *Le diocèse de Nantes sous la monarchie censitaire (1813-1822-1849)*, 2 vol., Fontenay-le-Comte, 1964.

FLAMENT (P.), «Recherches sur la Petite Église dans le diocèse de Sées», *Revue de l'Institut Napoléon*, 1975, p. 1 à 60.

FOUCAULT (P.), «L'origine socioprofessionnelle du clergé sarthois durant la période concordataire (1801-1905)», *Cahier des annales de Normandie*, n° 8, 1976, p.149 à 170.

GABORY (E.), *Un grand évêque oublié, Mgr Duvoisin, évêque de Nantes, aumônier de l'impératrice Marie-Louise*, Nantes, 1947.

GARABY (chanoine de), *Vie de Mgr Le Groing de La Roma-*

gère, évêque du diocèse de Saint-Brieuc, suivie d'une notice sur M. Le Mée, son successeur, Saint-Brieuc, 1841.

GÉNEVRAY (P.), L'Administration et la vie ecclésiastique dans le grand diocèse de Toulouse pendant les dernières années de l'Empire et sous la Restauration, Toulouse, 1941.

GODEL (J.), La Reconstruction concordataire dans le diocèse de Grenoble après la Révolution (1802-1809), Grenoble, 1968.

GUILLAUME (P.), Vie épiscopale de Mgr Antoine-Eustache d'Osmond, évêque de Nancy (1802-1823), Nancy, 1862.

HENRION (baron), Vie et travaux apostoliques de Mgr Hyacinthe-Louis de Quelen, archevêque de Paris, Paris, 1840.

HUMBERT (M.), Éloge de Marc-Antoine de Noé, évêque de Troyes, Auxerre, 1804.

HUOT-PLEUROUX (P.), Le Recrutement sacerdotal de 1801 à 1960 dans le diocèse de Besançon, Paris, 1966.

LACROIX (G.), Un cardinal de l'Église d'Arras : Charles de La Tour d'Auvergne, Quarante-neuf ans d'épiscopat concordataire, Lens, 1960.

LAGRÉE (M.), Mentalités, religion et histoire en haute Bretagne. Le diocèse de Rennes, 1815-1848, Paris, 1977.

LANGLOIS (Cl.), Le Diocèse de Vannes au XIXe siècle (1800-1830), Paris, 1974.

LA ROQUE (A. DE), Notice biographique sur Mgr Roch-Étienne de Vichy, évêque d'Autun, Paris, 1869.

LAUGIER (F.), Pierre-Ferdinand de Bausset-Roquefort, archevêque d'Aix. Ses rapports spéciaux et personnels avec le diocèse de Fréjus, Fréjus, 1897.

LAVAQUERY (L.), Le Cardinal de Boisgelin (1732-1804), 2 vol., Paris, 1921.

LE DOUAREC (F.), Le Concordat dans un diocèse de l'Ouest. Mgr Caffarelli et le préfet Bouillé, Paris, 1958 (diocèse de Saint-Brieuc).

LÈDRE (C.), Le Cardinal Cambacérés, archevêque de Rouen (1802-1818). La réorganisation d'un diocèse français au lendemain de la Révolution, Paris, 1943.

LEFLON (J.), Bernier, évêque d'Orléans et l'application du Concordat, 2 vol., Paris, 1938.

LE SUEUR, Le Clergé picard et le Concordat (1801-1904), 2 vol., Abbeville, 1929-1930.

LÉVY-SCHNEIDER (L.), L'Application du Concordat par un évêque d'Ancien Régime, Mgr Champion de Cicé, archevêque d'Aix et d'Arles (1802-1810), Paris, 1921.

LIMOUZIN-LAMOTHE (R.), Mgr de Quelen, archevêque de Paris. Son rôle dans l'Église de France de 1815 à 1839 d'après ses archives privées, Paris, 1955.

LYONNET (J.-P.), Le Cardinal Fesch, archevêque de Lyon. Fragments biographiques, politiques et religieux pour servir à l'histoire ecclésiastique contemporaine, 2 t., Lyon, 1841.

–, *Histoire de Mgr d'Aviau du Bois de Sancay, successivement archevêque de Vienne et de Bordeaux*, 2 t., Lyon, 1847.
MARTIN (J.-C.), *La Vendée de la mémoire (1800-1980)*, Paris, 1989.
MAHIEU (L.), *Mgr Louis Belmas, ancien évêque constitutionnel de l'Aude, évêque de Cambrai (1757-1841)*, 2 vol. Paris, 1934.
MAUPOINT (abbé), *Vie de Mgr Charles Montault des Isles, évêque d'Angers*, Angers-Paris, 1844.
MAYJONADE (J.-B.), «Notes inédites sur Mgr Lacombe», *Revue des sciences ecclésiastiques*, mai-juin 1902.
MAZIN, *Mgr Pidoll*, Paris, 1932 (diocèse du Mans).
MOULY, *Le Concordat en Lozère et en Ardèche (1801-1905)*, Mende, 1943.
MULLER (C.), *Dieu est catholique et alsacien. La vitalité du diocèse de Strasbourg au XIXe siècle (1802-1914)*, 2 t., Lille, Atelier de reproduction des thèses de l'université Lille-III, s.d.
PALLUEL, *L'Épiscopat de Savoie au début du XIXe siècle*, Chambéry, 1972.
PESCHEUX DE VENDÔME (H.-H.), *Vie de M. de Sausin, évêque de Blois*, Romorantin, 1844.
PEYRON (C.), *La Restauration du culte dans le diocèse de Quimper*, Quimper, 1901.
PILVENT (J.-M.), «Mgr Dombidau de Crouseilhes et la restauration du culte dans le diocèse de Quimper et de Léon, 1805-1823», extrait du *Bulletin diocésain d'histoire et d'archéologie de Quimper et de Léon*, Quimper, 1915.
PINET (R.), *Le Diocèse de Valence sous le régime du Concordat : l'épiscopat de Bécherel (1802-1815)*, Valence, 1963.
PUISEUX (abbé), *Vie et lettres de Mgr de Prilly, évêque de Châlons*, 2 t., Châlons-sur-Marne, 1897.
SAUREL (F.), *Marie-Nicolas Fournier, évêque de Montpellier, baron de la Contamine, surnommé «le Père des pauvres»*, Montpellier, 1892.
SAUSSOL (A.), *Souvenirs de Mgr Alexis Saussol, évêque de Séez*, Séez, 1836.
SEVESTRE (E.), «La Petite Église dans le sud du département de la Manche», *Revue de l'Avranchin*, années 1920-1921, p. 373 à 377; années 1922-1923, p. 17 à 29.
–, *L'Enquête gouvernementale et l'Enquête ecclésiastique sur le clergé de Normandie et du Maine de l'an IX à l'an XIII avec les portraits des principaux personnages. Livre premier : Les Enquêtes de Normandie*, Paris, Bibliothèque nationale, s.d.
SIFFLET (chanoine), *Les Évêques concordataires du Mans*, t. I : *Mgr de Pidoll, 1802-1819*, Le Mans, 1914; t. II : *Mgr de La Myre-Mory (1820-1828)*, Le Mans, 1915.
SOL (E.), «Mgr Guillaume-Balthazar Cousin de Grainville, premier évêque concordataire de Cahors», *Bulletin de la société des études littéraires, scientifiques et artistiques du Lot*, 1933,

t. LIV, p. 380 à 395, t. LV, p. 124 à 139, 192 à 207, 311 à 325 et 389 à 397, t. LVI, p. 209 à 220.
TACEL (M.), *Un prélat napoléonien : Mgr de Villaret, évêque d'Amiens et de Casal, chancelier de l'Université (1739-1824)*, Rodez, 1955.
TALLEYRAND-PÉRIGORD, *Notice historique sur S. E. Mgr Alexandre-Angélique de Talleyrand, cardinal de Périgord, archevêque de Paris*, Versailles-Paris, 1821.
TOURNIER (C.), *Le Cardinal de Clermont-Tonnerre et le drame de la Petite Église*, Toulouse, 1935 (diocèse de Toulouse).
UZUREAU (F. C.), *Les Premières Applications du Concordat dans le diocèse d'Angers*, 1901.

La bibliographie est toutefois plus clairsemée en ce qui concerne le Calvados pour la période considérée (1802-1823). Outre quelques ouvrages publiés, elle comprend essentiellement un ensemble d'articles publiés dans des collections aussi prestigieuses que le *Cahier des annales de Normandie*, le *Bulletin de la société des antiquaires de Normandie* et les *Mémoires de l'académie de Caen*.

ANGOTS DES RETOURS (J. A. DES), «Napoléon Ier en Basse-Normandie», *Bulletin de la société historique et archéologique de l'Orne*, t. XXXI, 1er bulletin, 1912, p. 1-25.
ANQUETIL (E.), «Une biographie manuscrite des évêques de Bayeux», *Mémoires de la société des sciences, arts et belles-lettres de Bayeux*, 1913 (8-12), p. 62-72.
BÉE (M.), «Les cimetières du Calvados en 1804», dans : *Mentalités religieuses dans la France de l'Ouest aux XIXe et XXe siècles, Cahiers des annales de Normandie*, 1976, n° 8, p. 25-36.
BEGOUEN (H.), «Charles-Ambroise de Caffarelli, chanoine; préfet et chanoine (1758-1826)», *Mémoires de l'académie de Toulouse*, 12e série, t. VII, 1929, p. 49-72.
BERTIER DE SAUVIGNY (G.), «Ferdinand de Bertier, préfet du Calvados», *Bulletin de la société des antiquaires de Normandie* : t. LIV, années 1957-1958, Caen, 1959, p. 193-263 ; t. LV, années 1959-1960, Caen, 1961, p. 191-261 ; t. LVI, années 1961-1962, Caen, 1963, p. 359-415 ; t. LVII, années 1963-1964, Caen, 1965, p. 61-145.
BRÉARD (P.), *Les Anciennes Confréries de Honfleur*, Caen, 1912.
CHOLLET (J.), «L'instruction dans le Calvados(1820-1965) : effectifs, niveaux, progrès», *Actes du 95e congrès national des Sociétés savantes*, t. I, Reims, 1970, p. 461-480.
CHRÉTIEN (E.), *Le Bienheureux Pierre-François Jamet, serviteur des handicapés et recteur d'université (1762-1793)*, 2 vol., Paris, 1909.
DÉDOUIT (A.), *Souvenirs inédits. Bayeux sous la Révolution, le Consulat et l'Empire*, Bellême, 1892.

Delaunay (J. B.), *Notice sur Louis-Charles Bisson, ancien évêque de Bayeux*, Caen, s. d.

Désert (G.), «Ruraux, religion et clergé dans le diocèse de Bayeux au XIXe siècle», dans : *Mentalités religieuses dans la France de l'Ouest aux XIXe et XXe siècles, Cahiers des annales de Normandie*, n° 8, Caen, 1976, p. 117-145.

Faucon (P.), *Notice sur la congrégation des sœurs de Notre-Dame de Charité de la ville de Lisieux*, Lisieux, 1899.

Formigny de la Londe (A. de), *Notices pour servir à l'histoire du clergé des diocèses de Bayeux, Lisieux et Sées*, Caen, 1866.

Garnier (C.), *Les Hospices de Bayeux*, Bayeux, 1908.

Gautier (E.), *Histoire des missionnaires de Notre-Dame-de-la-Délivrande, de la fondation à la dispersion*, Caen, 1919.

— «Les préfets du Calvados sous le Consulat et l'Empire : 1800-1814», *Mémoires de l'académie des sciences, arts et belles-lettres de Caen*, année 1942, p. 469-496.

Grall (J.), «Le voyage de Napoléon Ier en Basse-Normandie», *Le Mois à Caen*, n° 79, novembre 1969, p. 64-67.

Gouhier (P.), *L'Abbaye aux hommes, Saint-Étienne de Caen*, Nancy, 1974.

Huard (G.), «La paroisse et l'église Saint-Pierre de Caen», *Mémoires de la société des antiquaires de Normandie*, vol. XXXV, 1er fascicule, Caen, 1925.

Huet (L.), *Histoire de la paroisse Saint-Étienne de Caen (1791-1891)*, Évreux, 1892.

— *Histoire de l'hospice Saint-Louis de Caen et de la congrégation des servantes de Jésus*, Caen, 1926.

Jamet (P. F.), «Le Bon-Sauveur à Caen», *Mémoires de l'académie de Caen*, 1836, p. 379-396, 531-548.

Laspougeas (J.), «Une source pour l'histoire du clergé dans le diocèse de Bayeux au début du XIXe siècle : le recensement départemental de 1805», *Cahiers des annales de Normandie*, 24, n° 1, mars 1974, p. 73-88.

— «La carte paroissiale du nouveau diocèse de Bayeux au début du XIXe siècle. Étude locale d'un problème de la réorganisation concordataire en France sous le Consulat, l'Empire et la Restauration (1802-1822)», *Actes du 105e congrès national des Sociétés savantes, Histoire moderne*, t. II, Caen, 1980, p. 57-70.

— «Un aspect de la vie religieuse en Normandie au lendemain de la Révolution : la pratique et le sentiment religieux», dans *Histoire religieuse de la Normandie*, sous la direction de N. J. Chaline, Chambray, 1981, p. 265-275.

Lavalley (G.), «Le duc d'Aumont et les Cent-Jours en Normandie», *Mémoires de l'académie de Caen*, 1898, p. 171.

Lemenorel (A.), «Le Calvados à l'époque napoléonienne (1800-1815). Tournant ou continuité?», *Cahiers des Annales de Normandie*, mars 1975, n° 1, p. 33-69.

LÉONARD (E. G.), *L'Abbé de La Rue, professeur et doyen, et la faculté des lettres de Caen de l'Empire à la monarchie de Juillet*, Caen, 1937.
MARTIN (J.), *Le Rosaire et ses confréries dans le diocèse de Bayeux et Lisieux (XIIIe-XIXe siècle)*, Caen, 1885.
ORANGE (F. L.), «Rapport de l'État et de l'Église de Bayeux du Concordat à 1830», *Bulletin de la société des sciences, arts et belles-lettres de Bayeux*, 1955, p. 35-48.
PLUQUET (F.), *Mémoire historique sur l'Hôtel-Dieu de Bayeux*, Caen, 1825.
POUTHAS (C.), *Note sur le lycée de Caen : 1804-1812*, Caen, 1904.
– *Le Collège royal de Caen sous la Restauration*, Caen, 1905.
– *L'Instruction publique à Caen pendant la Révolution*, IIe partie : *Organisation et fonctionnement de l'école centrale : 1796-1803*, Caen, 1915.
QUÉRUEL (M.), «Les confréries de charité de Normandie», *Annuaire des départements de Normandie*, 1956.
SAUVAGE (R. N.), «Une présentation à la cure de Bretteville-sur-Bardel en 1801», *Bulletin de la société des antiquaires de Normandie*, t. XLV, 1937, p. 390-392.
SAINT-GERMAIN (M. A. DE), «Recherches sur l'histoire de la faculté des sciences de Caen de 1809 à 1850», *Mémoires de l'académie de Caen*, 1891, p. 42-58.
SEVESTRE (E.), *Les Édifices du culte de l'an IX à l'an XIII dans le département du Calvados*, Paris, s. d.
–, *L'Institut du Bon-Sauveur de Caen : l'origine et l'expansion d'une grande œuvre*, Caen, 1955 et 1957.
SIMON (G. A.), *La Vie de l'abbé Pierre-François Jamet, second fondateur de l'Institut du Bon-Sauveur de Caen*, Caen, 1959.
VAUTORTE (C. DE), «La désertion dans le département du Calvados sous le premier Empire», *Revue d'histoire moderne et contemporaine* t. VI, 1959, p. 60-72.
– «Une querelle de clocher à Saint-Pierre-sur-Dives au lendemain du Concordat», *Bulletin de la société des antiquaires de Normandie*, LV, 1961 (1959-1960), p. 484-489.
Anonyme, «Extrait du rapport du préfet relatif aux hospices de Caen», *Bulletin de la société des antiquaires de Normandie* t. XLVI, 1938, p. 136, n. 133.
Anonyme, «Napoléon et Marie-Louise à Caen (1811-1813) ou Les avatars d'un préfet de l'Empire», *Mémoires de l'académie de Caen*, 1969-1972, p. 75-86.
Anonyme, «Napoléon et la disette de 1812», *Mémoires de l'académie de Caen*, 1895, p. 209-215.
Anonyme, «Trois journées de Napoléon et de Marie-Louise en 1813», *Mémoires de l'académie de Caen*, 1913, p. 1-13.
Anonyme, *Notice sur l'évêché de Bayeux et sur ses évêques*, Bayeux, 1849.

Anonyme, « Requête à Mgr Brault du 20 thermidor an XI pour la célébration de la fête de Saint-Sulpice à Maisoncelles-sur-Ajon. Réponse », *Bulletin de la société des antiquaires de Normandie*, t. L, 1946-1948, p. 66-67.

Anonyme, « Le premier recteur de l'Académie de Caen : P. R. Alexandre (1809-1819) », *Mémoires de l'académie de Caen*, 1890, p. 223.

Anonyme, « Note sur M. Bisson, évêque de Bayeux », *Baiocana*, Caen, 1909-1911, p. 196.

Anonyme, « Lettre de Mgr Brault à son successeur, Mgr. Duperrier, 15 juin 1823 », *Baiocana*, Caen, 1909-1911, p. 198.

Anonyme, « Translation des reliques du Bx. Jean Eudes en 1810 », *Baiocana*, Caen, 1909-1911, p. 240.

Anonyme, *Confrérie de la Sainte-Croix du Calvaire. Statuts*, Bayeux, 1805.

Anonyme, « Aperçu historique sur l'abbaye de Saint-Pierre-sur-Dives », *Bulletin du patronage Saint-Pierre*, 1923.

Anonyme, « La Confrérie de Charité de Saint-Michel de Vaucelles », *Petit écho vaucellais*, novembre-décembre 1937.

Enfin, la consultation de quelques études non publiées ont permis de cerner certains points particuliers. Ainsi :

CLOAREC (H.), *Les Frères des écoles chrétiennes et l'éducation populaire à Caen de 1814 à 1887*, mémoire de D. E. S., Caen, 1953.

DANLOS (E.), *Les Congrégations religieuses dans le Calvados au XIXe siècle. Religieuses enseignantes et hospitalières*, Caen, université, 1976.

DÉSERT (G.), *Les Progrès de l'instruction primaire dans le Calvados : XIXe-XXe siècles*, Caen, université, 1975, p. 65-82.

LAS (J.), *Les Notables du Calvados sous l'Empire*, 2 tomes, Caen, U. E. P. histoire, octobre 1973.

LENTAIGNE DE LOGIVIÈRE (M. T. DE), *Un maire impérial et son œuvre, Jacques Lentaigne de Logivière (1769-1839), maire de Caen (1810-1816)* mémoire de maîtrise, 2 vol., Caen, université, 1982.

LETHUILLIER (J.), *L'opinion publique dans le Calvados : évolution politique comparée du bocage virois, de la plaine et du pays d'Auge (1789-1956)* 4 vol., Caen, université, 1982.

TANQUEREL (H.), *Enquête sur le recrutement du clergé dans le diocèse de Bayeux : 1802-1967*, Caen, université, 1969.

TORCAPEL (J.), *Guerre ecclésiastique ou conduite de M. Brault, évêque de Bayeux, envers les prêtres soumis à l'autorité*, Caen, 24 brumaire an XII, A. D. BR 7565, s. d.

TABLE DES MATIÈRES

Préface 7
Avant-propos 15
Prologue 21

Première partie
LES DIFFICULTÉS DE L'INSTALLATION

Chapitre premier. Le préfet violet 33
    La nomination du nouvel évêque 33
    L'arrivée de Charles Brault dans le diocèse
    (juin-juillet 1802) 39
    La querelle des évêques (juillet-août 1802) 44
    La consolidation du siège épiscopal 52

Chapitre II. L'échec de l'application pacifique
du Concordat 61
    Église concordataire, Église constitutionnelle :
    de la confrontation à la rupture 61
        La situation à Caen en 1801 61
        Le conflit et la réorganisation provisoire de la ville
        de Caen (juillet-août 1802) 68
    Les prémices de la réorganisation du diocèse
    (août-septembre 1802) 73
        la carte paroissiale et son échec 73
        Les nominations des curés et desservants 84
    L'échec de l'organisation provisoire du diocèse 90
    La défaite de l'Église constitutionnelle 94

Conclusion : Un évêque dans la tourmente 97

Deuxième partie

LA VICTOIRE DE L'ÉGLISE CONCORDATAIRE

Chapitre premier. La mise en place du personnel concordataire 101
   À la découverte du diocèse (les visites pastorales de novembre-décembre 1802) 101
      Vire 101
      Lisieux 102
      Pont-l'Évêque et Honfleur 105
      Falaise 111
   Les nominations définitives et le serment (janvier-mars 1803) 114
      L'âpreté des négociations et l'accord 114
      Les nominations définitives et la prestation du serment 119
   L'installation du nouveau personnel (mars 1803) 123

Chapitre II. L'écrasement des opposants 127
   L'effondrement de la Petite Église 127
   La résistance de l'Église constitutionnelle 131
      Une lutte sans merci 131
      La victoire de l'évêque 139

Conclusion : L'enracinement des nouvelles institutions 147

Troisième partie

LES TRÔNES ET L'AUTEL

Chapitre premier. Les vicissitudes de l'alliance : l'Empire 151
   Napoléon, le «Sauveur» 151
      Analyse des mandements 151
      La fidélité de l'évêque et la religion impériale 157
      L'ascension de Brault 163
   Napoléon, le «Tyran» 169
      Le conflit entre le Sacerdoce et l'Empire 169

La question de la conscription 176
La rupture de l'alliance 184

Chapitre II. Le ralliement à la monarchie :
la Restauration 189
   De régime en régime 189
      La première Restauration
      (4 avril 1814-20 mars 1815) 189
      Les Cent-Jours (20 mars 1815-22 juin 1815) . . . 197
   La seconde Restauration (1815-1823) 205
      Brault, évêque ultra 205
      La promotion d'un sage 214

Conclusion : Une Église fonctionnarisée,
mais un prélat indépendant 224

Quatrième partie

LA RECONSTITUTION DU PATRIMOINE ECCLÉSIASTIQUE

Chapitre premier. L'échec du régime initial
(1801-1809) 229
   Le budget des Cultes 230
      Le premier budget des Cultes (1801-1807) 230
      Le second budget des Cultes (1807-1809) 237
   La gestion des paroisses 248
      La constitution et le statut légal
      des fabriques 248
      La faillite financière des paroisses 252

Chapitre II. La réorganisation budgétaire
(1809-1823) 257
   La réforme de la gestion des paroisses
   (le décret de 1809) 257
   L'augmentation du budget des Cultes 260
      Les faveurs de la Restauration 260
      L'ordonnance de 1819 263

Conclusion : L'assainissement des finances 267

Cinquième partie :
LA RESTAURATION RELIGIEUSE

Chapitre premier. Le personnel concordataire 271
  Un clergé homogène 272
    L'exercice de l'autorité 272
    Le grand séminaire de Bayeux 278
    Les petits séminaires 293
  Des congrégations sous tutelle 301
    La reconstitution des congrégations
    féminines. 302
    Les congrégations féminines hospitalières : 306
    Les congrégations féminines enseignantes 315
    Les congrégations masculines 317

Chapitre II. Le renouveau de la vie religieuse 323
  La renaissance de la paroisse 325
    La pratique religieuse 325
    La paroisse rurale 326
    La paroisse urbaine 329
    Quelques problèmes pastoraux 330
  Les éléments du renouveau 336
    Les pèlerinages 336
    Les confréries 337
    Les missions paroissiales 341

Chapitre III. L'Église et l'enseignement 351
  L'enseignement primaire 351
    Le régime initial 1801-1808. 351
    Le décret du 17 mars 1808 354
    L'ordonnance du 29 février 1816. 356
    L'enseignement mutuel 360
  L'enseignement secondaire 361
    La situation en 1801 361
    L'enseignement secondaire sous l'Empire 362
    L'enseignement secondaire au début
    de la Restauration 366
  L'enseignement supérieur 372
    Rétrospective. 372
    L'Université impériale 372
    L'Université sous la Restauration. 374

Conclusion : Le début d'une nouvelle ère   379

Conclusion générale   381

ANNEXES

Annexe 1. Carte des anciens et des nouveaux
 diocèses des normands   387
Annexe 2. Concordat du 15 juillet 1801
 et loi du 18 germinal an X
 (articles organiques)   389
Annexe 3. Chant sacré composé en l'honneur de
 Charles Brault pour son installation
 en la cathédrale de Bayeux le 8 messidor
 an X (27 juin 1802)   421
Annexe 4. Chanson écrite à l'occasion du mariage
 du prêtre jureur Quesnot.   424
Annexe 5. État du clergé du diocèse de Bayeux
 en l'an XII (1805).   426
Annexe 6. Rétractation de Jean-Jacques de Croisilles,
 prêtre du diocèse de Bayeux,
 1er septembre 1795.   431
Annexe 7. Brochure : *Guerre ecclésiastique ou conduite
 de M. Brault, évêque de Bayeux,
 envers les prêtres soumis à l'autorité,*
 de Jacques Torcapel   432
Annexe 8. La résurrection de la France à Pâques
 1814 : chant d'Alléluia   433
Annexe 9. Petit catéchisme à l'usage des royalistes
 extrait du *Nain jaune* 15 mai 1815.   436
Annexe 10. Paroisse Saint-Pierre de Caen
 (administration et gestion)   440
Annexe 11. Diocèse de Bayeux : Nombre des grands
 séminaristes, petits séminaristes,
 prêtres, diacres et sous-diacres ordonnés
 de 1816 à 1864.   449
Annexe 12. Pierre-François Jamet   463
Annexe 13. Dons et legs destinés aux hospices
 de Bayeux.   466

Annexe 14. Les frères des écoles chrétiennes
    à Caen 467
Annexe 15. Notice sur la paroisse Saint-Étienne
    de Caen 469

SOURCES ET BIBLIOGRAPHIE

Sources................................. 471
Bibliographie commentée 474

Achevé d'imprimer en février 1997
dans les ateliers de Normandie Roto Impression s.a.
N° d'imprimeur : 970276
N° d'édition : 10306
Dépôt légal : février 1997

Imprimé en france

HISTOIRE RELIGIEUSE DE LA FRANCE

Colletion publiée sous la direction de
Michel MOLLOT DU JOURDIN
Membre de l'Institut
Professeur émérite à l'unversité de Paris-Sorbonne

1. Marc VENARD, *Réforme protestante, Réforme catholique dans la province d'Avignon XVIe siècle*.
2. *La Christianisation des pays entre Loire et Rhin (IVe-VIIIe siècle)*, sous la direction de Pierre RICHÉ.
3. Marie-Ange DUVIGNACQ-GLESSGEN, *L'Ordre de la Visitation à Paris aux XVIIe et XVIIIe siècles*.
4. *Chrétiens dans la Première Guerre mondiale*, sous la direction de Nadine-Josette CHALINE.
5. Jacqueline ROUX, *Sous l'étendard de Jeanne. Les fédérations diocésaines de jeunes filles, 1904-1945. Une ACJF féminine ?*
6. Daniel MOULINET, *Les Classiques païens dans les collèges catholiques ? Le combat de Mgr Gaume*.
7. Pierre BLET, *Le Clergé du Grand Siècle en ses assemblées (1615-1715)*.
8. *L'Enseignement catholique en France aux XIXe et XXe siècles*, sous la direction de Gérard CHOLVY et Nadine-Josette CHALINE.
9. Jacques-Olivier BOUDON, *L'Épiscopat français à l'époque concordataire (1802-1905)*
10. Thierry BLOT, *Reconstruire l'Église après la Révolution : le diocèse de Bayeux sous l'épiscopat de Mgr Charles Brault (1802-1823)*.

À paraître :

Michelle FOURNIÉ, *Le Ciel peut-il attendre ? Le culte du Purgatoire dans le Midi de la France, vers 1320-vers 1520.*
Hervé-Augustin LAFFAY, *Dom Augustin de Lestrange et L'avenir du monachisme (1754-1827).*